Wilhelm Martin Leberecht De Wette

Lehrbuch der hebräisch-jüdischen Archäologie,

ebst einem Grundriss der hebräisch-jüdischen Geschichte

Wilhelm Martin Leberecht De Wette

Lehrbuch der hebräisch-jüdischen Archäologie,
ebst einem Grundriss der hebräisch-jüdischen Geschichte

ISBN/EAN: 9783742813008

Hergestellt in Europa, USA, Kanada, Australien, Japan

Cover: Foto ©ninafisch / pixelio.de

Manufactured and distributed by brebook publishing software (www.brebook.com)

Wilhelm Martin Leberecht De Wette

Lehrbuch der hebräisch-jüdischen Archäologie,

Lehrbuch

der

hebräisch-jüdischen

Archäologie

nebst

einem Grundrisse der hebräisch-jüdischen Geschichte

von

W. M. L. de Wette.

Vierte Auflage

bearbeitet

von

Dr. F. J. Raebiger,

ordentl. Professor der Theologie an der Universität zu Breslau.

Mit zwei Tafeln.

Leipzig
Verlag von F. C. W. Vogel.
1864.

Vorwort zur dritten Auflage.

Dieses im Jahre 1814 in erster, und 1830 in zweiter verbesserter Auflage erschienene Lehrbuch wollte ich zum dritten Male nicht in seiner alten Gestalt herausgeben. In dieser war es für den Gebrauch zu Vorlesungen berechnet und daher an manchen Stellen so kurz and bloss andeutend, dass es ohne Erklärung kaum verstanden werden konnte. Da ich nun aber seit längerer Zeit nicht mehr über dasselbe lese, indem ich den Vortrag der hebräischen Archäologie einem jüngern Collegen überlassen habe, auch, so viel ich weiss, kein anderer akademischer Lehrer es bei seinen Vorträgen geradezu zum Grunde legt: so schien mir diese allzugrosse Kürze nicht mehr zweckmässig zu sein, während doch das Buch, nach seinem Absatze zu urtheilen, eine vorhandene Lücke ausfüllt. Ich entschloss mich daher es umzuarbeiten und es so einzurichten, dass es zwar noch immer bloss einen Abriss darstellt, aber doch zum Selbststudium eine bessere Hülfe gewährt. Dazu kam, dass ich manche Lücken auszufüllen fand, indem gewisse Gegenstände ganz übergangen oder doch nur nebenbei berührt waren. Ich schaltete daher mehrere neue §§. ein, wie §. 149 b. *das Synedrium;* §. 246 b. *die Samaritaner;* §. 256 a. *Transport- und Reisemittel;* §. 256 c. *Strassen, Herbergen, Boten und Briefe;* §. 269 b. *Spruchweise;* §. 273 b. *Gelehrte und Schulen.*

Andere neue §§. verdanken ihre Entstehung der Ausdehnung oder veränderten Anordnung des Stoffs, z. B. §. 214 a. b. *der Sabbath-Cyclus.* 1. *der Wochensabbath;* §. 215 a. 2. *der Mondsabbath nebst den Neumonden;* §. 215 b. *der Jahrsabbath nebst dem Jubeljahr;* §. 233 a. *Astarte;* §. 233 b. *Aschera.* So viel über die veränderte Einrichtung und Ausdehnung.

Weit mehr fand ich zu thun in Benutzung dessen, was seither für die Erweiterung und Berichtigung der archäologischen Kenntnisse gethan worden. Ich musste Rücksicht nehmen auf die bewundernswerthen Entdeckungen im Gebiete der ägyptischen Alterthümer, wenn ich gleich nicht Alles aus der ersten Quelle schöpfen konnte; auf die neuern Reisebeschreibungen, besonders die wichtige, nicht genug zu preisende *Robinsonsche;* auf die grossartigen metrologischen Untersuchungen von *Böckh*, den Theologen näher gelegt durch *Bertheau;* auf die trefflichen paläographischen Arbeiten von *Gesenius* und *Hupfeld;* auf die neuern Untersuchungen von *v. Meyer*, *Grüneisen*, *Keil*, *Hirt* über den Tempel Salomo's und Herodes; auf *Movers* gelehrtes und combinationsreiches Werk über die Religion der Phönicier; auf *Bähr's* und *Friederich's* symbolische Deutungen; endlich (um manche andere kleinere Schriften zu übergehen) auf *Winer's* fleissig und gründlich ausgearbeitetes *biblisches Realwörterbuch*, das mir die trefflichsten Dienste geleistet hat. Leider muss ich fürchten, dass manche neuere literarische Erscheinungen mir unbekannt und im Werke unbenutzt geblieben sein mögen, weil ich für literarische Vollständigkeit nicht genug Aufmerksamkeit und Gedächtniss zu haben gestehen muss. Immer aber darf ich hoffen, hinter dem heutigen Stande der Wissenschaft nicht zurückgeblieben zu sein und ein für den angehenden Bibelforscher nützliches Hülfsmittel geliefert zu haben. Die Wissenschaft für Kenner derselben zu fördern lag nicht in meinem Plane, zum Theil überhaupt nicht in der Richtung meiner Studien. Die biblische Chronologie

z. B. ist ein Feld, auf dem ich mich niemals als selbstständiger Forscher bewegt habe, und auch diess Mal bin ich hierin wieder Andern und zwar vorzüglich *Winer* gefolgt. Auch für baukünstlerische Combinationen ist mir die Gabe versagt, und ich habe in diesem Fache ebenfalls nur mit Urtheil und Auswahl das von Andern Dargebotene benutzt. Wenn indess das Werk in seiner ersten Erscheinung nicht ohne Eigenthümlichkeit war, und besonders in der Archäologie der Theokratie und des Cultus manche Aufklärung und Berichtigung gab, oder doch das in Streit Liegende zur Entscheidung bringen half: so darf ich glauben, dass es diesen Dienst in seiner erneuten Gestalt noch mehr leistet. Das Urtheil der Kenner möchte ich besonders auf folgende Punkte leiten: die §. 207. gegebene Berichtigung über die Erstgeburt des Viehes; die Behauptung §. 202., dass die *Hebe* nicht ein besonderer von der *Webe* verschiedener Gebrauch war; die Nachweisung der Burg (*Baris*, später *Antonia*) in Nehemia's Zeit und deren Vereinerleiung mit der den Syrern durch die Hasmonäer abgenommenen Burg (gegen *Michaelis*) §. 237.; die Bemerkungen gegen *Bähr's* Symbolik §. 221. und gegen *Movers* Meinung von der *Aschera* §. 233 b.; die Behandlung der mosaischen „*Reinigkeit*" §. 187—89. Schliesslich erlaube ich mir jüngern Bibelforschern das Problem zur Lösung zu stellen (wofür *Bertheau* Einiges geleistet hat), wie es gekommen ist, dass Galiläa nach dem Exile wieder bevölkert erscheint und in welchem Verhältnisse es zum abhängigen Priesterstaate der Juden unter den Persern und Macedoniern und zum selbstständigen Staate unter der hasmonäischen Dynastie gestanden habe.

Basel, im Februar 1842.

Der Verfasser.

Vorwort zur vierten Auflage.

Als der geehrte Herr Verleger die Aufforderung an mich richtete, eine neue Ausgabe der hebräischen Archäologie *de Wette's* zu besorgen, konnte ich mir die Schwierigkeiten nicht verhehlen, die mit der Arbeit verbunden sein mussten. Ueber zwanzig Jahre waren seit dem Erscheinen der letzten Ausgabe verflossen. In dieser Zeit hatten theils Monographien und besondere Abhandlungen, theils Commentare ein so reiches, bei der Bearbeitung einer neuen Ausgabe zu beachtendes Material geliefert, dass es als keine geringe Aufgabe erscheinen konnte, nach dem Vorgange eines *de Wette* und in seinem Sinn aus der vorhandenen Literatur das Werthvollste auszuwählen und alles in archäologischer Beziehung Wichtige zur Ergänzung zu verwerthen. Indessen die Bedenken, die mich abhalten konnten, die Arbeit zu übernehmen, wurden sowohl durch das eigene Interesse an dem Gegenstande, als durch die Pietät gegen den Verfasser und die Rücksicht auf die anerkannten Vorzüge des *de Wette*'schen Lehrbuchs überwogen. Zu letzteren ist besonders seine streng geschichtliche Haltung zu rechnen, und sie allein schon musste es als wünschenswerth erscheinen lassen, zu einer Zeit, wo von verschiedenen Seiten der Versuch gemacht wird, die Schrifterklärung von der geraden historischen Bahn wieder auf die Irr- und Kreuzwege dogmatischer Schriftdeutung zurückzuführen, der Archäologie *de Wette's* durch eine neue Bearbeitung ihre fernere Benützung vorzüglich im Kreise der Studirenden zu sichern.

Für die fremde Hand, welche in das Werk eines Andern ergänzend eingreifen soll, scheint es geboten, demselben so viel als möglich seine Eigenthümlichkeit zu bewahren. Ich habe daher die Eintheilung, welche *de Wette* der Archäologie gegeben hat, da sie ausserdem durch ihre Uebersichtlichkeit sich empfiehlt, unverändert gelassen, obschon eine andere von einem andern Gesichtspunkt aus vorzüglicher erscheinen könnte. Ebenso habe ich die knappe Form der Paragraphen und Anmerkungen zu bewahren gesucht. Ausser der neuen Literatur, die ich in der Weise *de Wette's* an den betreffenden Stellen angegeben habe, wurden daher die sachlichen Ergänzungen in möglichster Kürze eingefügt; für zweckmässig hielt ich es, dieselben, um den Leser nicht zu stören, ohne irgend eine Notiz dem Texte *de Wette's* einzuverleiben. Vorzüglich bestrebt habe ich mich, den Einfluss der Religion auf die Gestaltung des alten hebräischen Lebens, welcher bei einer geschichtlichen Darstellung desselben ganz besonders zu berücksichtigen ist, von *de Wette* aber nicht immer in genügender Weise hervorgehoben wurde, soweit es nach der ganzen Anlage des *de Wette*'schen Werkes zulässig war, anzudeuten. Trotzdem dass nur wenige Seiten ganz unverändert bleiben konnten, und die Ergänzungen ziemlich zahlreich sind, hat es die Wahl eines etwas grösseren Formats möglich gemacht, den Umfang der dritten Ausgabe nicht zu sehr zu überschreiten und den Preis des Buches in mässiger Höhe zu halten. Die Aenderung, dass der Text im fortlaufenden Zusammenhange gedruckt und die Anmerkungen sämmtlich unter den Text gesetzt wurden, wird hoffentlich ebenso die Zustimmung aller Freunde des Buches finden, wie ihnen die gefälligere Ausstattung, die der Herr Verleger der neuen Ausgabe gegeben hat, erwünscht sein wird.

Ich übergebe das Werk *de Wette's* in dieser vierten Ausgabe dem theologischen Publikum mit dem Wunsche, dass es auch in der neuen Gestalt der alten Anerkennung sich erfreuen und noch ferner dazu dienen möge, das Studium des A. T. zu fördern und den Eifer für dasselbe unter den Studirenden der Theologie anzuregen.

Breslau, am 12. August 1864.

Raebiger.

Inhalt.

Einleitung.

§. 1. Begriff der hebräischen Archäologie. — §. 2. Inhalt. — §. 3. Methode. — §. 4. Nutzen. — §. 5. Quellen. Denkmäler. — §. 6. Schriftstellerische Quellen. I. Classe. Die heilige Schrift. — §. 7. II. Classe. Flavius Josephus. — §. 8. Philo Judaeus. — §. 9. Der Talmud und die Rabbinen. — §. 10. III. Classe. Schriftsteller der Griechen und Römer. — §. 11. IV. Classe. Morgenländische Schriftsteller und Reisebeschreiber. — §. 12. Hülfsmittel.

Grundriss der hebräisch-jüdischen Geschichte.

§. 13. Quellen. — §. 14. Chronologie. — §. 15. Hülfsmittel. — §. 16. Perioden.

I. Periode. Von Abraham bis Saul.

A. Patriarchalisches Zeitalter. §. 17. Zeitrechnung. — §. 18. Abraham, Stammvater der Hebräer. — §. 19. Seine Söhne und Enkel. — §. 20. Wanderung nach Aegypten.

B. Aufenthalt in Aegypten. §. 21. Zeitrechnung. — §. 22. Zustand des hebräischen Volks in Aegypten.

C. Zeitalter Mose's und Josua's. §. 23. Zeitrechnung. — §. 24. Auszug aus Aegypten. — §. 25. Zug durch die Wüste. — §. 26. Eroberung Canaans durch Josua.

D. Zeitalter der Richter oder Helden. §. 27. Zeitrechnung. — §. 28. Zustand des Volks. — §. 29. Samuel.

II. Periode. Von Saul bis zum babylonischen Exile.

A. Ungetheiltes Königreich. §. 30. Zeitrechnung. — §. 31. Saul. — §. 32. David. — §. 33. Salomo.

B. Getheiltes Reich bis zum Untergange des israelitischen. §. 34. Zeitrechnung. — §. 35. Rehabeam und Abiam; Jerobeam. — §. 36. Assa; Nadab, Baësa, Ela, Simri, Omri. — §. 37. Josaphat, Joram, Ahasja; Ahab, Ahasja, Joram. — §. 38. Athalja, Joas, Amazia; Jehu, Joahas, Joas. — §. 39. Usia; Jerobeam II., Sacharja, Schallum, Menahem. Pekahja.

Inhalt.

— §. 40. Jotham, Abas, Hiskia; Pekah, Hosea. — §. 41. Wegführung der zehn Stämme; Samaritaner.

C. Uebriggebliebenes Reich Juda bis zum babylonischen Exile. §. 42. Zeitrechnung. — §. 43. Hiskia. — §. 44. Manasse, Amon, Josia. — §. 45. Joahas, Jojakim, Jojachin, Zedekia.

III. Periode. Vom babylonischen Exile bis zur Zerstörung Jerusalems und des jüdischen Staats durch die Römer.
A. Babylonisches Exil. §. 46. Zeitrechnung. — §. 47. Zustand des Volks während des Exils.
B. Die jüdische Ansiedlung unter persischer Oberherrschaft von Cyrus bis Alexander. §. 48. Zeitrechnung. — §. 49. Serubabel und Josua. — §. 50. Esra. — §. 51. Nehemia. — §. 52. Die übrige Zeit unter der persischen Oberherrschaft.
C. Die Juden unter macedonischer Oberherrschaft von Alexander bis Antiochus Epiphanes. §. 53. Zeitrechnung. — §. 54. Alexander. — §. 55. Kriege der Feldherren Alexanders. — §. 56. Macedonisch-ägyptische Oberherrschaft. — §. 57. Wechselnde Oberherrschaft.
D. Von Antiochus Epiphanes bis zur Eroberung Jerusalems durch Pompejus. Die Periode der Freiheit. §. 58. Zeitrechnung. — §. 59. Jason und Menelaos. Aufstand der Makkabäer. Siege des Judas Makkabäus, und Reinigung des Tempels. — §. 60. Judas des Makk. fernere Laufbahn und Tod. — §. 61. Jonathan. — §. 62. Simon und Hyrkan. — §. 63. Aristobulus I., Alexander Jannäus, Alexandra. — §. 64. Hyrkan II. und Aristobulus II.
E. Von der Eroberung Jerusalems durch Pompejus bis zum Tode Herodes d. Gr. Abhängigkeit von den Römern. §. 65. Zeitrechnung. — §. 66. Hyrkan II. und Antigonus. — §. 67. Herodes d. Gr.
F. Von Herodes d. Gr. Tode bis zum Ende des jüdischen Staats. Zerstückelte idumäische Dynastie und römische Herrschaft. §. 68. Zeitrechnung. — §. 69. Archelaus, Philippus, Antipas Tetrarchen. Römische Procuratoren. — §. 70. Herodes Agrippa I. Agrippa II. Römische Procuratoren. — §. 71. Cestius' Feldzug, Rüstungen der Juden. — §. 72. Vespasian und Titus.

Uebergang zur Archäologie.

Erster Theil.
Naturzustand der Hebräer.

I. Abschnitt. Leidendes Verhältniss zur Natur od. physische Geographie.

1. Hauptstück. Eigenthümlichkeiten des Bodens und Klimas von Palästina oder physische Geographie im engern Sinne.

§. 73. Grenzen von Palästina. — §. 74. Oberfläche. — §. 75. Gebirge und Berge. — §. 76. Ebenen. — §. 77. Gewässer. Meere. — §. 78. Flüsse. Seen. — §. 79. Quellen, Brunnen und Cisternen. — §. 80. Witterung. — §. 81. Fruchtbarkeit. — §. 82. Landplagen.

Inhalt.

2. Hauptstück. Naturgeschichtliche Merkwürdigkeiten.

§. 83. Merkwürdige Bäume Palästina's. — §. 84. Merkwürdige wilde Thiere. — §. 85. Einfluss des Klimas auf die Gesundheit. — §. 86. Der Aussatz.

II. Abschnitt. Thätiges Verhältniss zur Natur.

1. Hauptstück. Bezwingung und Bearbeitung der Natur.

Erstes Capitel. **Jagd und Fischfang.**
§. 87. Jagd. — §. 88. Fischfang.

Zweites Capitel. **Viehzucht.**
§. 89. Alter und Achtung des Hirtenlebens. — §. 90. Einrichtung der Viehzucht. — §. 91 a. Das Vieh. Schafe und Ziegen. — §. 91 b. Das Rindvieh. — §. 91 c. Kameele, Esel, Hunde. — §. 92. Räuberei.

Drittes Capitel. **Landbau.**
§. 93. Alter und Achtung dieser Lebensart. — §. 94. Urbarmachung des Landes und Beförderung der Fruchtbarkeit. — §. 95. Bearbeitung und Bestellung des Feldes. — §. 96. Feldfrüchte. — §. 97. Ernte. — §. 98. Dreschen und Wurfeln. — §. 99. Weinbau. — §. 100. Weinlese und Weinbereitung. — §. 101. Oelbau. — §. 102. Obstbau und Gärten. — §. 103. Bienenzucht. — Schlussbetrachtung.

Viertes Capitel. **Handwerke und Künste.**
§. 104. Ursprung derselben. — §. 105. Metallarbeit, Gewinnung der Metalle. — §. 106. Verarbeitung der Metalle. — §. 107. Holz- und Stein-Arbeiten. — §. 108. Irdene Arbeiten. — §. 109. Arbeiten in Edelstein, Elfenbein etc. — §. 110. Lederarbeit. — §. 111. Weberei. — §. 112. Walken und Färben. — §. 113. Bunt- und Goldwirkerei. — §. 114. Salben und Räucherwerk. — §. 115. Handwerker und Künstler.

Fünftes Capitel. **Schiffbau und Schifffahrtskunde.**
§ 116. Schiffbau. — §. 117. Schifffahrt.

2. Hauptstück. Benutzung der Natur- und Kunstproducte.

Erstes Capitel. **Wohnung und Hausgeräth.**
§. 118. Erste unvollkommene Wohnungen. — §. 119. Hütten. — §. 120. Zelte. — §. 121. Häuser. — §. 122. Innere Einrichtung der Häuser. — §. 123. Baumaterialien. — §. 124. Geräthschaften. — §. 125. Dörfer und Städte. — §. 126 a. bis d. Die Stadt Jerusalem.

Zweites Capitel. **Kleidung und Putz.**
§. 127. Erste unvollkommene Kleidung. — §. 128 a. b. Kleidung der Mannspersonen. — §. 129. Kleidung der Frauen. — §. 130. Haartrachten. — §. 131. Geschmeide und Putzsachen.

Drittes Capitel. **Speisen und Getränke.**
§. 132. Geschichtlicher Stufengang. — §. 133. Brod und Backwerk. — §. 134. Zukost. — §. 135. Getränk. — §. 136 a. Mahlzeiten. — §. 136 b. Gastmähler.

Zweiter Theil.
Gesellschaftszustand.

I. Abschnitt. Politisches Verhältniss.

1. Hauptstück. Politische Geographie.

§. 137. Recht der Israeliten auf Palästina. — §. 138. Vertheilung des Landes unter die zwölf Stämme. — §. 139. Theilung des Reiches in die beiden Reiche Israel und Juda. — §. 140. Eintheilung Palästina's zu Christi Zeit.

2. Hauptstück. Bürgerliches Verhältniss.

Erstes Capitel. Staatsrecht.
§. 141. Vormosaische Periode. — §. 142. Verfassung unter Mose. — §. 143. Theokratische Verfassung. — §. 144. Schicksale der theokratischen Verfassung bis zur Einführung der Monarchie. — §. 145. Einführung des Königthums. — §. 146 a. Würde und Gewalt des Königs. — §. 146 b. Einkommen des Königs. — §. 147. Beamte, Diener und Leibwache des Königs. — §. 148. Einweihung, Ehrenzeichen und Hofstaat des Königs. — §. 149 a. Verfassung in und nach dem Exile. — §. 149 b. Das Synedrium. — §. 150. Bürgerrecht. Beschneidung.

Zweites Capitel. Privatrecht.
I. Gewohnheitsrecht der vormosaischen Periode. — §. 151. Ueberbleibsel derselben.
II. Geschriebenes mosaisches Recht. [A. Rechte die Sachen betr.] §. 152. Unveräusserliches Grundeigenthum. Jubeljahr. — §. 153. Sabbath- oder Ruhejahr. — §. 154. Vererbung des Eigenthums. — [B. Rechte der Personen.] §. 155. Verhältniss der Eltern und Kinder. — §. 156. Ehe, Kauf der Frauen, Vielweiberei. — §. 157 a. Leviratsehe. — §. 157 b. Verbotene Heirathen. — §. 158. Ehescheidung. — §. 159 Leibeigenschaft. — §. 160. Rechte über die Leibeigenen, ihre Loslassung. — — [C. Persönliche Rechte und Verbindlichkeiten.] §. 161. Schuldsachen. Erlassjahr. — §. 162. Beschädigung, Veruntreuung und Ersatz. — §. 163. Vorschriften zum Besten der Armen, Fremden, Gebrechlichen, Alten und Thiere.

Drittes Capitel. Peinliches Recht.
§. 164. Grundsätze.
I. Strafen. — §. 165. Eintheilung derselben. — §. 166. Lebensstrafen. — § 167. Leibesstrafen. — §. 168. Geldstrafen. — §. 169. Gottesdienstliche Büssungen.
II. Verbrechen. — §. 170. Theokratische. — §. 171. Verbrechen gegen Obrigkeit und Eltern. — §. 172. Todtschlag und Leibesverletzung. — §. 173. Verbrechen gegen das Eigenthum. — §. 174. Verbrechen der Unzucht.

Viertes Capitel. Gericht.
§. 175. Ort und Zeit des Gerichts. — §. 176. Gerichtsordnung. — §. 177. Execution. Blutrache.

Fünftes Capitel. Polizei.
I. Zeiteintheilung. — §. 178. Das Jahr. — §. 179. Die Monate. — §. 180. Die Woche. — §. 181. Der Tag.
II. Die Maasse der Dinge. — §. 182 a. Maasse. — §. 182 b. Längenmaasse. — §. 183. Hohl-Maasse. — §. 184. Gewichte. — §. 185. Geld vor dem Exile. — §. 186. Geld nach dem Exile.
III. Reinigkeit. — §. 187. Natürliche Reinigkeit des Körpers. — §. 188.

Inhalt.

Verbot des Genusses unreiner Thiere und andere Speise-Verbote. — §. 189.
Theokratische Reinigkeit. — §. 190. Verbot der Castration und der Heterogenen.

3. Hauptstück. Kirchliches Verhältniss.

Erstes Capitel. Vormosaischer Gottesdienst.
§. 191. Gottesdienst der Patriarchen. — §. 192. Heilige Steine, Bätylien. — §. 193. Götzendienst der Israeliten in Aegypten und in der Wüste.

Zweites Capitel. Der im Pentateuch vorgeschriebene Gottesdienst.
I. Heiligthum. — §. 194. Stiftshütte. — §. 195. Geräthe der Stiftshütte. — §. 196. Einheit des Heiligthums.
II. Priesterthum. — §. 197. Priesterstamm, Leviten. — §. 198. Die Priester. — §. 199. Die Hohepriester.
III. Die verschiedenen Stücke des Gottesdienstes. — [A. Opfer und Gaben.] §. 200. a. Schlachtopfer. Opferthiere und Gebräuche. — §. 201. α. Dankopfer. — §. 202. β. Sünd- und Schuldopfer. — §. 203. γ. Brandopfer. — §. 204. b. Unblutige Opfer, α. Speis- und Trankopfer. — §.205. β. Rauchwerk. — §. 206. c. Andere Gaben. α. Erstlinge und Erstgeburt. §. 207. β. Zehenten. — [B. Gelübde.] §. 208. α. Eigentliche Gelübde. — §. 209. b. Ablobungen. — §. 210. c. Verbannungsgelübde. — [C. Fasten.] §. 211. Fasten. — §. 212. Gebet und Segen.
IV. Ordnung des Gottesdienstes. — §. 213. Täglicher Gottesdienst. — §. 214 a, b. Der Sabbaths-Cyclus. 1. Der Wochen-Sabbath. — §. 215 a. 2. Der Mond-Sabbath nebst den Neumonden. — §. 215 b. 3. Der Jahr-Sabbath nebst dem Jubeljahre. — §. 216. Der Versöhnungstag. — §. 217. Die drei grossen Feste. — §. 218 a. b. Das Passah. — §. 219. Das Pfingstfest. — §. 220. Das Laubhüttenfest. — §. 221. Symbolische Bedeutung dieses Gottesdienstes.

Drittes Capitel. Zustand des Gottesdienstes nach Mose bis zum Exile.
I. Heiligthum. — §. 222. Verschiedene heilige Orte bis zu David. — §. 223. Das Heiligthum zu Jerusalem. — §. 224. Der Tempel Salomo's, Umgebung. — §. 225 a. b. Das Tempelhaus.
II. Priesterthum. — §. 226. Spuren von Priestern bis zu Davids Regierung. — §. 227. Das Priesterthum in späterer Zeit.
III. Gottesdienst. — §. 228. Bilderdienst. — §. 229. Gebräuche und Feste.
IV. Götzendienst. — §. 230. Herrschaft desselben. — §. 231. Aegyptischer Thierdienst. — §. 232 a. b. Baal. — §. 233 a. Astarte. — §. 233 b. Aschera. — §. 234 a. Adonis. — §. 234 b. Gestirndienst. — §. 235 a. Moloch. — §. 235 b. Andere Götzen. — §. 236. Wahrsagerei und Zauberei.

Viertes Capitel. Zustand des Gottesdienstes nach dem Exile.
I. Heiligthum. — §. 237. Der Tempel Serubabels. — §. 238. Der Tempel des Herodes. — §. 239. Das Tempelhaus.
II. Priesterthum. — §. 240. Zahlreiches Personal.
III. Gottesdienst. — §. 241. Gebräuche und Feste.
IV. Synagogen. — §. 242. Ursprung und Einrichtung derselben. — §. 243. Gottesdienst der Synagogen. — §. 244. Beamte und Diener der Synagogen.
V. Proselyten. — §. 245. Arten derselben. — §. 246 a. Aufnahme derselben.
VI. Die Samaritaner. — §. 246 b. Ihr Gottesdienst und Verhältniss zu den Juden.

XIV   Inhalt.

4. Hauptstück. Auswärtiges politisches Verhältniss oder Krieg und Friede.

Erstes Capitel. Krieg.
§. 247. Waffen. Schutzwaffen. — §. 248. Trutzwaffen. — §. 249. Reiterei und Wagen. — §. 250. Aushebung und Einrichtung des Heeres. — §. 251. Marsch, Lager, Schlacht. — §. 252. Festungskrieg, Festungen. — §. 253. Belagerung. — §. 254. Folgen und Feier des Sieges.

Zweites Capitel. Friede.
§. 255. Friedliche Verhandlungen.

II. Abschnitt. Geselliges Verhältniss.

1. Hauptstück. Reisen, Verkehr und Handel.
§. 256 a. Transport- und Reisemittel. — §. 256 b. Caravanen. — §. 256 c. Strassen, Herbergen, Boten und Briefe. — §. 257. Handel der Hebräer vor dem Exile. — §. 258. Handel der benachbarten Völker. — §. 259. Handel der Juden nach dem Exile.

2. Hauptstück. Gesellige Sitten in der Familie.
§. 260. Geburt und Kindheit. — §. 261. Ehe. — §. 262. Zustand der hebräischen Frauen. — §. 263. Tod und Begräbniss.

3. Hauptstück. Gesellige Sitten ausser der Familie.
§. 264. Gastfreundschaft. — §. 265. Höflichkeit. — §. 266. Ergötzung und Unterhaltung.

III. Abschnitt. Wissenschaftlich-ästhetisches Verhältniss.

1. Hauptstück. Wissenschaft und Literatur.
Erstes Capitel. Wissenschaft.
I. Vor dem Exile. — §. 267. Charakter. — [A. Gelehrte und Schulen.] §. 268. Propheten. — §. 269 a. Priester. — §. 269 b. Spruchweise. — — [B. Wissenschaften.] §. 270. Theologie und Philosophie. — §. 271 a. Mathematik und Naturkunde. — §. 271 b. Arzneikunde. — §. 272. Historische Wissenschaften.
II. Nach dem Exile. — §. 273 a. Charakter. — §. 274 b. Gelehrte und Schulen. — §. 274. Secten. Pharisäer und Sadducäer. — §. 275 a. Essener. — §. 275 b. Therapeuten.
Zweites Capitel. Literatur.
§. 276. Ursprung der hebräischen Schreibekunst. — §. 277. Gebrauch der Schreibekunst bei den Hebräern. — §. 278. Althebräische und Quadratschrift. — §. 279 a. b. Vocale und andere Zugaben der Schrift. — §. 280. Schreibmaterialien.

2. Hauptstück. Schöne Künste.
§. 281. Dichtkunst. — §. 282. Musik. Instrumente. — §. 283. Ursprung, Ausbildung und Beschaffenheit der hebräischen Musik. — §. 284. Tanz. — §. 285. Bau- und bildende Künste.

Einleitung.

§. 1.

Begriff der hebräischen Archäologie.

Die hebräische Archäologie bildet einen Theil der exegetischen Theologie, welche die Aufgabe hat, die Literatur A. u. N. Testamentes, die von dem hebräischen Volke ausging, geschichtlich zu verstehen. Alles daher, was zur Kenntniss dieses alten Volkes beiträgt, ist für die exegetische Theologie von Werth. Dem Wortsinn nach bedeutet Archäologie Alterthumskunde und umfasst als solche Alles, was von dem geschichtlichen Dasein u. Leben eines alten Volkes bekannt ist[1]). Die Bedeutung, welche das hebräische Alterthum für die Theologie hat, führte zur besondern Bearbeitung der einzelnen Seiten desselben. Durch die vollkommnere Ausbildung der exegetischen Theologie zu den Disciplinen der biblischen Philologie, der biblischen Geschichte, der biblischen Literaturgeschichte, der biblischen Religionsgeschichte, welche sämmtlich der hebräischen Alterthumskunde in jenem weiten Sinne angehören würden, ist die hebräische Archäologie auf die dem geschichtlichen Wechsel weniger unterworfenen natürlichen, socialen und politisch-religiösen Zustände beschränkt, unter denen das hebräische Volk lebte. Sie ist daher die wissenschaftliche Darstellung des eigenthümlichen Natur- und Gesellschafts-Zustandes des hebräischen Volkes von seinem ersten geschichtlichen Auftreten an bis zu seinem politischen Untergange, gleichsam eine Statistik des alten hebräischen Volks-

---

[1]) In diesem Sinne hat *Josephus* (Antiqq. Prooem. §. 2.) seine jüdische, *Dionysius Halicarn.* seine römische Archäologie geschrieben.

lebens. Den Einfluss der Geschichte, der auch diesen Zuständen nicht ganz fern bleiben konnte, hat sie hauptsächlich nach den grossen Perioden der vor- und nachexilischen Zeit zu beachten. Nach *Josephus* nennen wir die Israeliten vor dem Exile Hebräer, nach dem Exile Juden, welche einen von jenen vielfach verschiedenen Charakter zeigen [1]). Wie die übrigen genannten exegetischen Disciplinen Hülfswissenschaften für die hebräische Archäologie sind, so ist sie selbst wieder Hülfswissenschaft für jene. Da sie das Alterthum des hebräischen Volkes in der angegebenen Begrenzung zu ihrem Hauptgegenstande hat, so hat sie die Alterthümer anderer Völker, mit denen die Hebräer in geschichtliche Berührung kamen, wie der Aramäer, Araber, Phönicier, Philister, Aegypter, Assyrer, Meder, Perser, Griechen und Römer, nur nebenbei zu erwähnen. Das ausführliche Eingehen auf die Alterthümer dieser Völker hat die hebräische Archäologie theils andern exegetischen Disciplinen, wie der Geschichte des Volkes Israel, theils der besondern Darstellung einzelner ihrer eignen Theile, wie der Geographie, des mosaischen Rechts, des mosaischen Cultus, zu überlassen. Ausserdem hat sie auf die nicht-theologischen Werke über Geschichte und Alterthümer jener nicht-israelitischen Völker zu verweisen. Durch die hebräische Archäologie, durch die übrigen exegetischen Disciplinen und die nicht-theologischen Werke der genannten Art wird die biblische Archäologie, welche ausser den Alterthümern der Hebräer auch die der sonst in der Bibel erwähnten alten Völker in ihren Bereich zieht (*Rosenmüller*), entbehrlich gemacht. Als praktisches Hülfsmittel kann an ihre Stelle das biblische Real-Wörterbuch treten [2]).

§. 2.
Inhalt.

Der Inhalt der hebräischen Archäologie ergiebt sich aus dem, was zum ganzen Zustande der hebräischen Nation in

---

[1]) *Joseph.* Antiqq. XI, 5., 7. Meine bibl. Dogm. §. 76. — Von der Archäologie der Juden bringen wir hauptsächlich das zum Verständnisse des N. T. Nothwendige bei.
[2]) Ueber den Begriff der Archäologie vgl. *Hagenbach* Encycl. und Method. der theol. Wissensch. §. 45. u. *Rütschi* in *Herzog's* RE. unt. Archäologie.

ihrer geschichtlichen Erscheinung gehört. Wir theilen denselben ein I. in den *Naturzustand*, II. in den *Gesellschafts-Zustand*. In jenem erscheint der Mensch im *Verhältnisse zur Natur* und zwar 1. im *leidenden Verhältnisse*, welches a) die *physische Geographie* nebst b) der *geographischen Zoologie, Botanik* und *Anthropologie* beschreibt; 2. im *thätigen Verhältnisse*, wie er nämlich a) *die Natur bezwingt* und *sich dienstbar macht*, b) *wie er dieselbe zur Erhaltung* und *Verschönerung seines physischen Lebens benutzt und geniesst*. Im *Gesellschafts-Zustande* erscheint der Mensch im Verhältnisse zu seines Gleichen, und zwar 1. im *politischen*, welches a) *geographisch*, b) *bürgerlich-rechtlich*, c) *kirchlich-religiös*, d) *auswärtig-völkerrechtlich* ist; 2. im *geselligen*, welches durch Bedürfniss, Uebereinkommen und Sitte gebildet wird, und a) im *Handel und Verkehre*, b) im *Familienleben*, c) im übrigen *geselligen Umgange* besteht; 3) im *wissenschaftlich-ästhetischen Verhältnisse*, welches durch das höhere Bedürfniss der wissenschaftlichen Mittheilung und ästhetischen Unterhaltung hervorgebracht und durch die Ausbildung a) der *Wissenschaft* und *Literatur*, b) der *schönen Künste* bestimmt wird.

§. 3.
Methode.

Abgesehen von der formalen Systematik, in der die hebräische Archäologie nach §. 2. die einzelnen Lebensformen des hebräischen Alterthums als ein gegliedertes Ganzes darzustellen hat, muss sie als historische Wissenschaft ihren Inhalt historisch behandeln, d. h. 1. mit Berücksichtigung des nationalen Geistes, der bei den Hebräern als der religiöse sich darstellt und allen jenen Lebensformen ihr eigenthümliches Gepräge gegeben hat [1]; 2. mit Unterscheidung der verschie-

---

[1] Durch die Beziehung der einzelnen Zustände des Volkslebens auf die Religion des Volkes zeichnet sich unter den neuern Bearbeitungen der hebräischen Archäologie die Schrift von *Ewald* aus: Die Alterthümer des Volkes Israel. Götting. 1847. 2. Ausg. ebd. 1854. Mit Unrecht aber beschränkt *Ewald* seine Darstellung auf das Leben des Volkes, „sofern es durch die in ihm rege gewordenen Wahrheiten und Triebe des Jahvethums bestimmt und beherrscht wurde," und schliesst „die Dinge des allgemeinen menschlichen Lebens" von ihr aus. S. 4. Denn wenn schon mit Rücksicht auf die

denen Zeiten und Verhältnisse, was man ehedem vernachlässigt hat. Aus dieser doppelten Rücksicht hat sie sowohl von der sogenannten biblischen Theologie Notiz zu nehmen, als auch besonders von der hebräischen Geschichte, deren Grundzüge sie ihrer Darstellung voranstellt. 3. Mit Vergleichung der Zustände anderer Völker, welche entweder gleichzeitig oder verwandt, oder vermöge des Grades ihrer Cultur und ihres Charakters vergleichbar sind. — Von selbst versteht sich, dass, wie alle biblische Wissenschaft, so auch die hebräische Archäologie mit Anwendung der Kritik behandelt werden muss.

§. 4.
Nutzen.

Die hebräische Archäologie ist nützlich und nothwendig 1. zur Ergänzung und Erläuterung der Geschichte, weil sie die eigenthümlichen Sitten und Einrichtungen des Volkes darstellt, ohne deren Kenntniss jene unvollständig bleibt; 2. zum rechten Verständniss der Volksreligion, indem sie dieselbe als die geistige Macht erkennen lässt, welche das Volksleben in allen seinen Aeusserungen und Erscheinungen bestimmt und beherrscht; 3. zur Erklärung der heil. Schrift A. und N. T., nicht nur einzelner Stellen derselben, die sich auf Sitten, Gebräuche u. dergl. beziehen, sondern des Schriftganzen, das nach dem Geist und Charakter des Volkes, wie ihn die Archäologie darlegt, aufzufassen ist; 4. zur rechten Einsicht in die Verwandtschaft ebenso wie in den Unterschied des alt- und neutestamentlichen Geistes [1]).

Vollständigkeit die Archäologie auch diese Dinge aufzunehmen hat, so muss sie ausserdem zu ermitteln suchen, ob nicht auch ihnen zum Theil der religiöse Volkssinn eine eigenthümliche Gestaltung gab.
[1]) Vgl. *T. M. van den Honert* diss. de necess. ad recte interpretandum Scr. S. antiquitatum hebr. cognitione, in s. dissertt. hist. L. B. 1738. *F. H. Hottinger* εἰσαγωγή ad studium antiqq. jud., in s. Ausg. von *Goodwin* Moses et Aaron (s. §. 12.). *Sam. Turretini* orat. de antiqq. hebr. utilitate etc. Genev. 1718. *Hadr. Reland* orat. inaug. de usu antiqq. jud., in *J. E. Kapp* clariss. virorum oratt. select. Lips. 1722. 8. *Meyer* Vers. einer Hermeneut. d. A. T. II, 82 ff. — Dass die Archäologie der Schrifterklärung dient und doch selbst ihren Stoff zumeist durch Schrifterklärung gewinnt, darin liegt kein Zirkel, durch den ihr wissenschaftlicher Werth für

§. 5.
Quellen. Denkmäler.

Von der einen vorzüglichen Gattung von Quellen, von wirklichen Denkmälern, steht uns sehr Weniges zu Gebote, da die bildende Kunst den Hebräern ziemlich fremd und selbst durch die Religion verboten war, und die Baudenkmäler (ohnehin meistens in der spätern seleucidischen oder römischen Zeit entstanden) durch die über Palästina ergangenen vielfachen Verheerungen zerstört worden sind. Die wenigen noch vorhandenen Denkmäler sind: 1. Ueberreste der Tempel, Einschliessungs-Mauer und darin der Brücke, welche vom Tempel nach dem Xystus führte; des Thurmes Hippikus (§. 126. b. c.); des Grabmals der Patriarchen zu Hebron u. a. (§. 263.). 2. Der Triumphbogen des Titus zu Rom, mit den Spolien des zerstörten Tempels geschmückt [1]. 3. Jüdische Münzen aus der makkabäischen Zeit, gewöhnlich wegen des dem samaritanischen ähnlichen Schriftcharakters samaritanische genannt [2].

die Exegese beeinträchtigt würde. Denn sie findet in der Schrift ihren Stoff nur als vereinzeltes Material, leistet aber gerade dadurch der Schrifterklärung einen wesentlichen Dienst, dass sie dasselbe zu einem Ganzen verarbeitet, dass sie also dem Exegeten die antiquarischen Einzelnheiten, auf die er bei der Schrifterklärung stösst, nach ihrer Bedeutung im Zusammenhang mit dem Ganzen darstellt und ihn zum Verständniss des Volksgeistes führt, aus dessen Eigenthümlichkeit heraus die Schrift zu erklären ist. Es folgt daher nur, dass Exegese und Archäologie sich immer gegenseitig fördern werden.

[1] *Hadr. Reland* de spoliis templi hierosolymit. in arcu Titiano Romae conspicuis. Traj. ad Rh. 1716. Mit Anmerkk. herausgeg. von *E. A. Schulze.* Ebend. 1765.
[2] Abbildungen und Beschreibung bei *Fröhlich* annales Syriae nummis vet. illustrati. Vindob. 1744. f. Prolegg. p. 87 sqq. Tab. XVIII. (vgl. *Jahn* Arch. I, 2. Taf. VI.) *Jos. Eckhel* doctrina numorum vet. P. I. Vol. III. p. 455 sqq. *Reland* dissert. V de numis vet. Hebraeorum etc. Traj. 1709. *E. D. Hauber* Nachr. v. d. jüd., insgem. genannten samarit. Münzen. Kopenh. 1778. *Franc. Perez Bayer* de numis hebraeo-samaritanis. Valent. Edet. 1781. Vgl. §. 186.
Auch gehören in gewissen Beziehungen hieher phönicische Inschriften und Münzen. *Gesen.* scripturae linguaeque Phoeniciae monumenta etc. P. I—III. Lips. 1837. *F. C. Movers* die Phönizier. Bd. I. Bonn 1841. Bd. II. Th. 1—3. Berlin 1849—56. 8. Ders., Phönizische Texte erklärt. Th. 1. 2. Breslau 1845. 47. 8. *Ed. Gerhard* über die Kunst der Phönicier. Mit 7 Kpftf. Berlin 1848.

H. Ewald Erklärung der grossen phönikischen Inschrift von Sidon u. einer Aegyptisch-Aramäischen mit d. zuverlässigen Abbildern beider. (A. d. 7. Bde der Abhandl. der k. Gesellsch. der Wiss. zu Gött.) Göttingen 1856. 4. *M. A. Levy* phönikische Studien. 1 Heft: Erklärung der grossen sidon. u. anderer phöniz. Inschriften. Die ältesten Formen d. phöniz. Alphabets u. das Princip der Schriftbildung. Mit 3 Taf. Breslau 1856. 8. *A. Müller* vier sidonische Münzen a. d. röm. Kaiserzeit. (A. d. Sitzunsgber. d. k. Akad. d. Wiss.) Wien 1860. 8. *E. Meier* Erklärung phönikischer Sprachdenkmale, die man auf Cypern, Malta u. Sicilien gefunden. Tübing. 1860. 4. Vgl. *J. G. Vaihinger* in *Herzog's* RE. unt. Phönicien. Beachtenswerth sind auch seleucidisch-syrische und römische auf Palästina bezügliche Münzen, bei Fröhlich und Eckhel. Vgl. *Vaillant* Seleucidarum imperium, s. Historia regum Syriae ad fidem numismatum accomm. Paris. 1682. 4. *Th. Mommsen* Geschichte des römischen Münzwesens. Berlin 1860. Von besonderer Wichtigkeit für die hebräische Alterthumskunde sind ägyptische Denkmäler und zwar mit hieroglyphischen Inschriften. S. Description de l'Égypte ou recueil des observatt. et des recherches qui ont été faites en Égypte pendant l'expédition de l'armée françoise. Par. 1809 ff. 9 Voll. gr. fol. mit 843 Kpf. Wohlf. Ausg. 1821 ff. 24 Voll. in 8., wovon hieher gehören: Antiquités, Vol. I—IX. Atl. Vol. I—V. *Denon* voyage dans la basse et haute Égypte. Par. 1800. 2 Voll. 4. mit einem Atlas in fol. *W. Hamilton* Aegyptiaca or an account of ancient a. modern Egypt. 1809. mit einem Kpfbd. in gr. Fol. *Belzoni* Narrative of the operations and recent discoveries in Egypt a. Nub. 1820. 4. mit 1 Kpfbd. *H. v. Minutoli* R. z. Tempel d. Jupiter Ammon in d. libyschen Wüste u. nach Ober-Aegypten in d. JJ. 1820 u. 1821. Herausgeg. v. *Tölken*. 1824. mit 1 Atl. von 38 Taff. Monum. dell' Egitto e della Nubia, disegnati della speditione scientifico-litteraria Toscana in Egitto ... illustrati dal Dott. *Ippolit. Rosellini.* P. I. Monum. storici T. I—III. P. 1. 2. P. II. Mon. civili T. I—III. 8. 1832—39. Nebst 3 Bdn. Atl. fol. Monumens de l'Égypte et de la Nubie d'après les dessins exécutés sous la direction de *Champollion le Jeune* etc. Livr. 1—26. Par. 1837—40. fol. Vgl. die Rec. von *Gesen.* Allg. LZtg. 1842. Nr. CX. CXI. CXLV ff. *C. R. Lepsius* Denkmäler aus Aegypten u. Aethiopien. Bd. I—XII. Berlin 1849—59. *H. Brugsch* geographische Inschriften altägyptischer Denkmäler. Bd. 1—3. Leipz. 1857—60. Ders., die ägyptischen Alterthümer in Berlin. Berlin 1857. 8. Ders., Monumens de l'Égypte. 1 Livr. Berlin 1857. Fol. Ders., Recueil des monuments égyptiens, dessinés sur lieux. P. 1. Leipz. 1862. 4. — Zur Kenntniss Aegyptens überh. zu vergl. *Wilkinson* manners a. customs of the anc. Egyptians. Lond. 1837. 3 Tom. *C. R. Lepsius* die Chronologie der Aegypter. Einl. u. 1. Th. Kritik der Quellen. Berlin 1849. Ders., Briefe aus Aegypten, Aethiopien u. der Halbinsel des Sinai geschrieben in d. J. 1842—45. Berlin

1852. 8. *H. Brugsch* Reiseberichte aus Aegypten. Leipz. 1855.
8. Ders., Karte des alten Aegypten. Leipz. 1857. Fol. Ders.,
histoire de l'Égypte dès les premiers temps de son existence jusqu'à nos jours. 1. P. Leipz. 1859. 4. *J. L. Saalschütz* Forschungen
auf dem Gebiete der Hebräisch-Aegyptischen Archäologie. Hft. 1—3.
Königsb. 1838. 1851. *L. W. Lane* Sitten u. Gebräuche der heutigen Egypter. N. d. 3. Originalausg. a. d. Engl. übers. von *J. Th.
Zenker*. 3 Bde. Leipz. 1852. 2. verm. Ausg. ebd. 1856. *G. Erbkam* über den Gräber- u. Tempelbau der alten Aegypter. (Abgedruckt a. d. Zeitschrift für Bauwesen.) Berlin 1852. 8. *G. Seyffarth*
theologische Schriften der alten Aegypter n. d. Turiner Papyrus
zum ersten Male übersetzt. Leipz. 1855. 8. *H. Stobart* Egyptian
antiquities collected on a voyage made in Upper Egypt in the
years 1854 and 1855. Berlin 1855. Fol. *Chr. C. J. Bunsen* Aegyptens Stelle in der Weltgeschichte. Geschichtliche Untersuchung
in 5 Büchern. Hamb. Gotha 1845—57. *Uhlemann* Handbuch der
gesammten ägyptischen Alterthumskunde. Th. 1—4. Leipz. 1857. 58.
A. Knötel System der ägyptischen Chronologie. Leipz. 1858. 8.
S. Sharpe's Geschichte Aegyptens von d. ältesten Zeit bis zur Eroberung durch die Araber 640 n. Chr. N. d. 3. verb. Originalaufl.
deutsch bearbeitet von *H. Jolowicz*. 2 Bde. Leipz. 1857. 58. 8.
2. Ausg. ebd. 1862. *G. Parthey* zur Erdkunde des alten Aegyptens.
(A. d. Abhandl. d. k. Akad. der Wiss. zu Berlin 1858.) Mit 16
Kart. Berlin 1859. 4. *F. J. C. Mayer* Aegyptens Vorzeit u. Chronologie in Vergleich. mit der west- u. ost-asiatischer Kulturvölker.
Bonn 1862. 8. *A. v. Kremer* Aegypten. Forschungen über Land
u. Volk während eines 10jähr. Aufenthalts. 2 Thle. Leipz. 1863.
8. — Die Entzifferung der Hieroglyphen ist nach *Young* und *Salt* zu
einem hohen Grade von Sicherheit gebracht durch *Champollion le
jeune* Précis du Système hiéroglyphique des anc. Égyptiens. 2. Ed.
Par. 1828. Vgl. Uebersicht der wichtigsten bis jetzt gemachten Versuche zur Entzifferung der ägypt. Hierogl. Nach *Brown* von *Mor.
Fritsch*. Leipz. 1828. *J. L. Saalschütz* über die Hieroglyphen-Entzifferung. Königsb. 1851. Benutzung der ägyptischen Denkmäler
zur Bibelerklärung und Archäologie durch *Taylor* illustrations of
the Bible from the monuments of Egypt. Lond. 1838. *Hengstenberg*
d. BB. Moses und Aegypten. Berl. 1841. *Lepsius* in *Herzog's* RE. unt.
Aegypten. Vgl. überh. *H. Jolowicz* bibliotheca Aegyptiaca. Leipz. 1861. 8.

Den ägyptischen Denkmälern treten zur Seite die assyrischen,
babylonischen u. persischen mit ihren Keilinschriften. Zur Kenntniss der erstern sind wir erst in neuester Zeit durch die Bemühungen der Franzosen u. Engländer gelangt. Monument de Ninive découvert et décrit par *M. P. E. Botta*, mesuré et dessiné
par *M. E. Flandin*. T. 1—5. Paris 1849. 50. Fol. *A. H.
Layard* Niniveh and its remains. Vol. 1. 2. London 1849. Ders.,
Discoveries in the ruins of Niniveh and Babylon. London 1853.
A. H. Layard Niniveh u. s. Ueberreste. Nebst einem Berichte

8 Einleitung.

§. 6.

Schriftliche Quellen. I. Classe. Die heilige Schrift.

Die erste und wichtigste Quelle ist das A. T., welches aber mit sehr vorsichtiger Unterscheidung des Alters der einzelnen Schriften und mit strenger Würdigung ihres historischen Charakters zu benutzen ist. Die hebräischen Historiker tragen gern die Sitten und Einrichtungen der spätern Zeit in die über einen Besuch bei den chaldäischen Christen in Kurdistan und. den Jezidis oder Teufelsanbetern, sowie eine Untersuchung über die Sitten u. Künste der alten Assyrier. Deutsch von *N. N. W. Meissner*. Leipzig 1850. Neue wohlf. Ausg. Nebst einem Anhang: die ägyptischen Alterthümer in Nimrud u. d. J. der Zerstörung Niniveh's, von *G. Seyffarth*. Leipz. 1854. 8. *A. H. Layard's* populärer Bericht über die Ausgrabungen zu Ninive. N. d. grössern Werke von ihm selbst abgekürzt. Deutsch v. *N. N. W. Meissner*. Mit d. 22 Kupf. des grössern Werkes. Leipz. 1852. *A. H. Layard* Ninive u. Babylon. Nebst Beschreibung seiner Reisen in Armenien, Kurdistan u. der Wüste. Uebers. v. *J. Th. Zenker*. Leipz. 1856. 8. *Bonomi* Niniveh and its palaces. London 1852. The cuneiform inscriptions of Western Asia. Vol. I. A selection from the historical inscriptions of Chaldaea, Assyria and Babylonia. By *H. C. Rawlinson* and *E. Norris*. London 1861. *Weissenborn* Ninive u. sein Gebiet mit Rücksicht auf die neuesten Ausgrabungen im Tigristhale. Erfurt 1851. *W. S. W. Vaux* Niniveh u. Persepolis. Eine Geschichte des alten Assyricus u. Persiens nebst Bericht über die neuesten Entdeckungen in diesen Ländern. Uebers. v. *J. Th. Zenker*. Leipz. 1852. 2. unveränd. Ausg. ebd. 1856. 8. *J. v. Gumpach* die Zeitrechnung der Babylonier u. Assyrer. Heidelb. 1852. Ders., Abriss der Babylonisch-Assyr. Geschichte unter Zugrundelegung einer Skizze der Geschichte Assyriens von *H. C. Rawlinson*, nach den von *A. H. Layard* unter den Trümmern Ninive's entdeckten Inschriften. Mannheim 1854. 8. *J. Brandis* rerum Assyriarum tempora emendata. Bonnae 1853. 8. Ders., über den historischen Gewinn aus der Entzifferung der assyrischen Inschriften. Mit einer Uebersicht über die Grundzüge des assyrisch-babylonischen Keilschriftsystems. Berlin 1856. 8. — Die historische und antiquarische Ausbeute, die bereits aus den assyrischen Inschriften gewonnen wurde, wird noch bedeutender werden, je mehr es gelingt, in der Entzifferung der assyrischen Keilschrift, um die sich bis jetzt besonders die Engländer *Hincks* u. *Rawlinson* u. der Deutsche *J. Oppert* verdient gemacht haben, dieselbe Sicherheit zu erreichen, die bereits in der Entzifferung der altpersischen erreicht ist. *Fr. Spiegel* die altpersischen Keilschriften. Im Grundtexte mit Uebersetz., Grammatik u. Glossar. Leipz. 1862. 8. Vgl. *Spiegel* in *Herzog's* RE. unt. Niniveh, u. *Rütschi* ebd. unt. Babel.

frühere zurück, welches sich vom Pentateuch und von der Chronik in manchen Punkten genügend beweisen lässt[1]). Auch die Apokryphen, besonders die Bücher der Makkabäer enthalten Manches über die Sitten und Einrichtungen ihrer Zeit. Das N. T. dient theils zur Bestätigung des Alten, theils ist es Quelle für die spätere Zeit.

§. 7.
II. Classe. Flavius Josephus.

Flavius Josephus (geb. 37 J. n. Chr.), ein gelehrter Jude aus priesterlichem Geschlechte, von der Secte der Pharisäer, ist für seine Zeit ein wichtiger, obschon auch da nicht in allen Punkten glaubwürdiger Zeuge, in Sachen des Alterthums aber mit Vorsicht zu gebrauchen [2]).

---

[1]) S. meine Beitr. z. Einleit. ins A. T. 1. 2. Bd. Lehrbuch der Einl. ins A. T. §. 148. 150. 190 c. 191.

[2]) Ausgaben seiner Werke (näml. VII BB. der Gesch. des jüd. Kriegs, XX BB. der jüd. Alterth., s. Lebensbeschreib., 2 BB. gegen Apion): *Joh. Hudson.* Oxon. 1720. 2 Voll. fol. *Sigb. Havercamp.* Amst. 1726. 2 Voll. fol. *Franc. Oberthür.* Lips. 1782—85. 3 Voll. 8. maj. *C. E. Richter.* Lips. 1826. Vol. 1—5. 12. maj. *Guil. Dindorf.* Par. 1847. 2 Voll. 8. Edit. stereot. Lips. 1850. 6 Voll. 16. *Imm. Bekker.* Lipsiae 1855. 56. 6 Voll. 8. — Ueber Josephus' Leben, Schriften und Glaubwürdigkeit s. *Fabric.* bibl. graec. L. IV. c. 6. und in *Havercamp's* Ausg. Vol. II. p. 57 sqq. *Thom. Ittigii* prolegg. ad Joseph. ebendas. p. 78 sqq. *Oberthür* de vita et scriptis Flav. Josephi in *Fabric.* bibl. graec. ed. *Harles* IV, 8. Vol. V. *Buddei* Isag. hist. theol. ad theol. univ. p. 771. Dess. hist. eccles. V. T. Prolegg. 89. *Thalemann* comment. de auctoritate Philonis et Josephi in hist. rituum sacr., an s. Schrift de nube super arca foederis. 2. Ausg. Leipz. 1771. S. 225 ff. „Er schrieb zu Rom, fern von seinem Vaterland und lange nach der Zerstörung Jerusalems; dabei ist gar keine Bürgschaft, nicht einmal Wahrscheinlichkeit dafür vorhanden, dass er in seinem Vaterlande besondere Materialien für seine Werke, ehe diese Katastrophe eintrat, gesammelt habe. Wenn er daher in specielle Beschreibungen eingeht, u. bestimmte Einzelheiten u. Messungen von Höhen u. Grössen mitzutheilen behauptet, so hat man volles Recht dazu, die Genauigkeit seiner Angaben in Zweifel zu ziehen — — — u. sowohl National-Eitelkeit als auch seine eigenthümliche Stellung mussten ihn geneigt machen alle die Einzelheiten, welche irgendwie die Ehre seines Volkes oder den Ruhm seiner nachherigen Schutzherrn fördern helfen, auszuschmücken u. zu verschönern." *Robinson* Palästina etc. II. 53 f. *Ewald* Gesch. des Volkes Israel, Bd. VI. S.

§. 8.

Philo Judaeus.

Philo von Alexandria (geb. 20—30 J. v. Chr.)[1]), ein Jude aus priesterlichem Geschlechte, von gelehrter griechischer Bildung, ist wegen seines Mangels an gehöriger Sachkenntniss in manchen Dingen (§. 199. Not. 3.), seiner Unbekanntschaft mit der hebräischen Sprache und seiner allegorischen Erklärungsart von geringerem Nutzen für die Alterthumskunde[2]).

---

649 ff. u. Bd. VII. S. 78—97. 2 Ausg. *H. Paret* in *Herzog's* RE. unt. Josephus. Ueber Josephus hebräische Gelehrsamkeit s. *J. A. Ernesti* exercitt. Flavian. Lips. 1756. (Opusc. philol. crit. ed. 2. L. B. 1776.) *J. D. Michael.* Vorr. zum spicileg. geogr. hebr. exter. und Or. Bibl. V. Nr. 84. VII. Nr. 116. *Spittler* de usu vers. Alex. apud Joseph. Gott. 1779. *Scharfenberg* de Joseph. et vers. Alex. consensu. Lips. 1780. *Gesen.* Gesch. d. hebr. Spr. S. 80 ff. Ueber den unächten jüdischen Geschichtschreiber Joseph Sohn *Gorions* s. *Fabric.* bibl. graec. ed. *Harl.* V, 56. *Wolf* bibl. hebr. I, 508 sqq. *Köcher* uov. bibl. hebr. I, 53 sqq. *Meusel* bibl. hist. I, 2. p. 236 sqq. *Ph. H. Külb* in *Ersch* u. *Gruber* allg. Enc. II, 23, 184. Die unter d. Namen des Josephus Gorionides in 6 Büchern vorhandene „Jüdische Geschichte" ist eine blosse mit spätern Zusätzen versehene hebräische Bearbeitung des bellum iudaicum des Flavius Josephus u. das Werk eines in Frankreich wahrscheinlich im 9. Jahrh. n. Chr. lebenden Juden. Beste Ausg. von *Breithaupt.* Gotha 1707. 4. — Ebenso ist *Hegesippus* de bello iudaico in 5 Büchern ein blosser lateinischer, dem *Ambrosius* v. Mailand zugeschriebener u. desshalb auch seinen Werken beigegebener Auszug aus d. bellum iud. des Josephus. Die neueste Ausg. von *C. Fr. Weber*: Hegesippus qui dicitur sive Egesippus de bello iudaico. Marburg 1858—1862.

[1]) Er war als Greis im J. Chr. 41 Gesandter an den Kaiser Cajus Caligula.

[2]) Ausgaben seiner Werke: Par. 1552. 1640. fol. Frkf. 1691. fol.; ed. *Mangey*, Lond. 1742. 2 Voll. f.; *Pfeiffer*, Erlang. 1785—92. 5 Voll. 8. (unvollendet); *Richter*, Lips. 1828—30. 8 Voll. (die vollständigste Ausg.); edit. stereot. Tom. 1—8. Lips. 1851—53. Zur Kritik seiner Schriften u. über sein Leben *Fr. Creuzer* theol. Studd. u. Kritt. 1832. 1 ff. *Ewald* Gesch. d. Volkes Isr. Bd. VI. S. 231—286. *J. G. Müller* in Herzogs RE. unt. Philo. Ueber seine hebräische Gelehrsamkeit *Hody* de bibl. text. orig. III, 1. p. 228 sqq. *Loesner* lectionum Philon. spec. p. 116 sqq. *Carpzov* Philoniana, vor s. Exercitt. in epist. ad Hebr. ex Philone; *Hornemann* exercitatt. crit. in vers. LXX ex Phil. Gott. 1775.; dgg. *Scaliger* animadverss. ad Euseb. Chron. p. 7. *Mangey* praef. ad

§. 9.

Der Talmud und die Rabbinen.

Der Talmud, besonders der ältere Theil desselben, die *Mischna*[1]), ist die wichtige Quelle der um die Zeit Christi unter der pharisäischen Partei geltenden Satzungen und näheren Bestimmungen des mosaischen Gesetzes, von geringerer Glaubwürdigkeit hingegen in Dingen der alttestamentlichen Archäologie [2]).

Die spätern Rabbinen [3]) stehen vom hebräischen Alter-

Philon. opp. p. XLVI. ed. Pfeiff. *Michael.* de chronol. Mosis post diluvium (Commentt. soc. reg. scientt. Gott. per annos 1763. 1764. 1765. 1768. oblatae. Brem. 1769. 4. p. 164.). *Gesen.* a. O. S. 83.
¹) Sammlung der Mischna durch *R. Juda Hakkadosch*, gegen das Ende des 2. Jahrh. nach Chr., der hierosolymit. Gemara durch *R. Jochanan* (?), zu Ende des 3. oder zu Anf. des 4. Jahrh., der babylonischen durch *R. Asche* und *R. Jose* (?) vom Anfange des 5. bis zu Anfange des 6. Jahrh. *Wolf* bibl. hebr. II, 674 sqq. Ueber die Ausgaben des Talmud s. *Wolf* a. O. p. 892 sqq. Die Mischna nebst den Commentt. des *Maimonides* und *Bartenora* von *Surenhus.* Amst. 1698—1703. 6 Voll. fol. Deutsche Uebers. von *Rabe.* Ansb. 1760—1763. 6 Bde. in 4. Der hieros. Talmud bei *Dan. Bomberg* (1524?) fol. u. Cracau 1609. fol. Der babylon. bei *Dan. Bomberg* Ven. 1520. 12 Voll. fol. Ebend. bei *Justinian* 1546—1550. Bei *Froben* Bas. 1578—1580. Amst. 1644. 4. Frkf. a. d. O. u. Berl. 1715—21. Amst. u. Frkf. a. M. 1714 ff. Ueber Bedeutung, Literatur, Inhalt u. Entstehung des Talmud vergl. *Pressel* in *Herzog's* RE. unt. Thalmud.
²) *Seb. Rau* dissert. de eo, quod fidei merentur monumenta Jud. sacris in antiquitt. et sensu earum myst. (*Oelrichs* coll. opusc. hist. philol. theol. T. I. P. II. p. 162 sqq.) *Wolf* bibl. hebr. II, 1095 sqq. *Fabric.* bibl. antiquar. ed. *Schaffshausen.* Hamb. 1760. 4. I, 4. p. 8. und notit. scriptorum, qui antiquitt. jud. illustrarunt, an *Dassovii* antiqq. hebr. p. 334 sqq. *Brunsmann* dissert. de jud. levitate sive de eo, qualem Judaei de rebus sacr. patriis testantes mereantur fidem. Hafn. 1705. 8. *Warnekros* Vorber. zu s. Entw. der hebr. Alterth. Beispiele von Irrthümern des Talm. s. §. 126 z. Ende. 207. 238. 246.
³) Hieher gehören die talmud. Commentare von *R. Moses Ben Maimon* und *R. Obadja* von Bartenora, in *Surenhus* Ausg. der Mischna; des Ersteren חקיר ר״, herausgeg. von *Jos. Athias.* Amst. 1702. 4 Voll. fol. Desselb. More Nevochim, Doctor perplexorum, ed. *Jo. Buxtorf* fil. Bas. 1629. 4. Le guide des Égarés par Moise ben Maimon publ. dans l'original arabe et accompagné d'une traduction française par *S. Munk.* 2 Voll. Paris 1856. 8. *R. Jak.*

12 Einleitung.

thume noch weiter ab, und können daher in Beziehung darauf noch weniger auf Glaubwürdigkeit Anspruch machen.

§. 10.

III. Classe. **Schriftsteller der Griechen und Römer.**

Diejenigen alten Schriftsteller, welche die Geschichte und Alterthümer der Israeliten in besondern Schriften behandelt oder sonst viel darüber beigebracht haben, als *Alexander Polyhistor*, *Aristobulus*, *Hecataeus Abderita*, *Apio*, sind verloren gegangen [1]); die übrigen enthalten darüber sehr Weniges und zum Theil sehr Irriges, selbst *Tacitus* (Hist. V, 1—13.), obgleich er den Josephus benutzt hat, und *Justinus* (XXXVI, 2. 3.), der etwas mehr mit der Bibel übereinstimmende Nachrichten giebt [2]). Brauchbarer ist *Strabo* (L. XVI.) für die

Ben Ascher טורים ארבע. Berl. 1703. fol. *R. Jos. Karo* כסף משנה. Dess. יוסף בית. Dess. ערוך טולחן. Auszug aus dem Talmud von *Alphesi*, Cracau 1597. f., mit dem Comment. *Jarchi's* u. A. Basel 1602. 8. ohne Comment. Ferner die rabbinischen Ausleger des A. T.: *Sal. Jarchi*, *Aben Esra*, *Dav. Kimchi* u. A. Vgl. *Vriemoet* syllabus scriptt. rabb. in *Oelrichs* collect. opusc. I, 355. *Fabricii* bibl. ant. c. 1. §. 2. 3. Ueber die geschichtl. Entwickelung des Rabbinismus vergl. *Zunz* die gottesdienstlichen Vorträge der Juden. Berlin 1832. 8. *J. M. Jost* Geschichte des Judenthums u. seiner Sekten. Abth. 1—3. Leipz. 1857—59. 8. *Pressel* in *Herzog's* RE. unt. Rabbinismus.

Eine subsidiarische Quelle sind die heutigen Gebräuche der Juden. Schriftsteller darüber s. bei *Wolf* bibl. hebr. I, 101. 146. 603. II, 1354. III, 592. 982. 1203. IV, 1050. S..besonders *Leonis Mutinensis* hist. rituum hebraeorum praes. temporis (zuerst ital. Vened. 1638.) Franc. a. M. 1693. 12. Französ. von *Simonville* (R. Simon.) à la Haye. 1682. 12. *Jo. Buxtorf* synag. jud. Bas. 1661, zuerst deutsch Bas. 1603. *Bodenschatz* Deutsch redender Hebr. od. kirchl. Verf. d. Juden. 4 Thle. 1756. 4.

[1]) Auszüge bei *Joseph.* c. Ap., *Euseb.* de praepar. evang., *Hecataei Abderitae* eclogac s. fragmenta integri olim libri de hist. et sacris Hebraeor. c. not. *J. Scaligeri* et comment. perpet. *Zornii*. Alton. 1730. Vgl. *Eichhorn* Allg. Biblioth. V, 431 ff.

[2]) *Crophius* sacra in profanis, s. res scripturae s. in scriptt. gent. obvias illustr. Jen. 1722. 4. *Carstens* Comment. de monumentorum jud. ex scriptoribus exteris antiqu. quum graec. tum lat. collectione. Hann. 1747. *Meier* Judaica,' s. vet. scriptorum prof. de rebus jud. fragmm. Jen. 1832. *Jo. Reiske* diss. de scriptorum rom. judaicam circa hist. falsis narratiunculis. *Kirchmaier* exercit.

Geographie und *Plinius* für die Naturgeschichte. Dagegen leisten *Herodot, Diodor* von Sicilien, *Xenophon* u. A. vortreffliche Dienste zur Aufklärung des ägyptischen, babylonischen, persischen Alterthums [1]) und solcher Einrichtungen und Gebräuche, welche die Israeliten mit andern Völkern gemein hatten [2]).

---

ad Tacit. Hist. L. V. capp. aliquot priora de rebus moribusque Jud. *J. G. Artopaei* elenchus errorum a Justino circa res jud. L. XXXVI. c. 2. admissorum. Alle drei Diss. in *Schläger* fasc. diss. de antiqq. sacris et prof. Helmst. 1742. 4. *Worm* LL. II. de corruptis antiquitatum hebr. apud Tac. et Mart. vestigiis. Hafn. 1693. 94. 4. in *Ugolini thesaur.* T. II. *E. A. Schulze* de hebr. antiqq. vestigiis in Horat. eclog., in s. exercitt. philol. fasc. II, Hag. Com. 1774. 8. *Vriemoet* orat. de gentilium et christianorum quorund. conviciis in Judaeos ex ignorantia rerum orient. max. partem ortis, an s. observatt. miscell. *Buddei* hist. eccles. V. T. I, 541 sqq. Beispiele solcher Irrthümer s. §. 153. 195. 211. 220. — *Leonhard* über den Bericht des Tacitus über die Juden hist. V, 2—6. Ellwangen 1852. 4.

[1]) Aegyptiaca, s. vet. scriptorum de rebus Aegypti commentarii et fragm., collegit *Fr. Andr. Stroth.* Goth. 1782. 84. 2 Partt. 8. *W. Hupfeld* exercitt. Herodot. spec. I. Marb. 1837. II. III. Rint. 1843. 51. *H. M. Johnson* Herodoti orientalia antiquiora; comprising such portions of Herodotus, as give a connected history of the East to the fall of Babylon and the death of Cyrus the Great. New-York 1856. 12.

[2]) Verloren gegangene Schriften: *Manetho's* Gesch. d. ägypt. Dynastieen (c. 260 v. Chr.), welche neuerlich *Hengstenberg* d. BB. Mos. u. Aegypten (Berl. 1841.) Beil. S. 237 ff. für ein Werk des Betruges erklärt hat, wovon Bruchstücke bei *Joseph.* c. Ap., bei *Julius Africanus,* in *Euseb.* Chron. (lat. von *Hieronym.* [Opp. ed. *Vallars.* VIII, 2.], aus d. Armen. Venet. 1818. 2 Voll. 4. Mediol. 1818. 1 Vol. 4., in Scriptor. vet. nov. collect. ed. ab *Angel. Maio,* Rom. 1833. 4.); in *Georg. Syncell.* Chronograph. Par. 1652. fol. Ex recens. *G. Dindorfii.* Bonn. 1829. 2 Voll. 8. corp. script. hist. Byzant. — Vergl. *Lepsius* in *Herzog's* RE. unt. Aegypten S. 144 ff. Ders., über die Manethonische Bestimmung des Umfangs der ägyptischen Geschichte. (A. d. Abhandl. d. k. Akad. der Wiss. zu Berlin 1857.) Berlin 1857. 4. — *Sanchuniathon's* phönicische Geschichte, griechisch von *Philo Byblius* (gegen Ende d. 1. Jahrh. n. Chr.), wovon Bruchstücke bei *Euseb.* praep. evang. I, 10, gesammelt von *J. Conr. Orelli* (Sanchun. fragmm. etc. 1826.) Vergl. *H. Ewald* Abhandl. über die Phönikischen Ansichten v. d. Weltschöpfung u. den geschichtl. Werth *Sanchuniathon's.* (A. d. 5. Bd. der Abhandl. d. k. Gesellsch. d. Wiss. zu Götting.) Göttingen 1851. *Vaihinger* in *Herzog's* RE. unt. Phönizien S. 614 ff. — *Berosus* 3 BB. von

14 Einleitung.

§. 11.

IV. Classe. Morgenländische Schriftsteller und Reisebeschreiber.

Da die Sitten des Morgenlandes im Ganzen (das was der Muhammedanismus und andere Revolutionen verändert haben, abgerechnet) dieselben geblieben sind, so können Sittenschilderungen morgenländischer Schriftsteller [1]) und Reise-

den chald., assyr. u. medischen Alterth., wovon Bruchstücke bei *Joseph.*, *Euseb.*, *Syncell.*, gesammelt und erläutert von *Scaliger* (de emendat. tempp.), *Richter* (Berosi Chaldaeor. hist. quae supersunt. 1825).

[1]) Einiges zur Erläuterung Dienende bieten dar: der Zendavesta (zuerst bekannt gemacht franz. durch *Anquetil du Perron.* Par. 1769—71. 3 Bde. 4. Deutsch durch *J. Fr. Kleuker*. Rig. 1776. 77. 3 Bde. 4. Ein Anhang 1781—83. 2 Bde. 4. Avesta die heil. Schriften d. Parsen zum ersten Male im Grundtext herausggb. v. *Fr. Spiegel.* Bd. 1. 2. Leipz. Wien 1851. 58. 8. Aus d. Grundtexte übersetzt v. *Fr. Spiegel.* Bd. 1. 2. Leipz. 1852. 59. 8. Zendavesta or the religious books of the Zoroastrians edited and interpreted by *N. L. Westergaard*. Vol. 1. The zend texts. Copenhag. 1852. 54. 4.); der Coran (ed. *Marracci.* Patav. 1698. f. rec. *G. Fluegel.* Lipsiae 1834. 4. Deutsch von *L. Ullmann.* 4. Aufl. Bielefeld 1857. 8.), vgl. *Chr. B. Michael.* dissert. philol. Hebraeorum antiqq. e Corano illustrans. Hal. 1739. 4. Naturalia quaed. et artificial. Cod. S. ex Alcorano illustr., in *Pott* Syll. commentatt. theol. Vol. II. III.; die ältesten arabischen Gedichte, Moallakat genannt, einzeln herausgeg. von *Reiske* (Leid. 1742.), *Lette* (ib. 1748), *Rosenm.* (Leipz. 1792.), *Silv. de Sacy* (in s. Uebers. der Fabeln des Bidpai, Par. 1816.), *Menil* und *Wilmet* (Leyd. 1816.), *Kosegarten* (Jen. 1819.), *Knatchbull* (Oxf. 1820.), *Fr. A. Arnold* (Septem Moallakat rec. Lips. 1850. 4. Deutsch nach *Jones* von *Hartmann.* Münst. 1802.); andere in der sogen. Hamasa, woraus *A. Schultens* Excerpta lieferte. (Anh. z. Gramm. des *Erpen.* Leyd. 1748.) Hamasae carmina ed. *G. Guil. Freitag.* P. I. Text. arab. P. II. Versio lat. Bonnae 1828. 47. 4. Hamasa od. die ältesten arabischen Volkslieder übers. v. *Fr. Rückert.* 2 Thle. Stuttg. 1846. 8. Geschichtswerke: *Pococke* spec. hist. Arab. Ox. 1650. 4. ed. *Jos. White.* ib. 1806. *Greg. Abulfaragii* hist. dynastiarum ed. *Pococke.* Ox. 1663. 4. Deutsch von *G. L. Bauer.* Leipz. 1783. 2 Bde. Desselben (unter dem Namen *Bar Hebraeus*) Chronicon Syriac. ed. *Bruns* et *Hirsch.* Lips. 1789. 4. *Georg Ebn ol-Amid Elmakin's* grosses Geschichtsbuch zum Theil herausgeg. v. *Golius* Histor. Saracen. Leyd. 1625. *Abulfedae* annal. moslemici ed. *Reiske* et *Adler.* Hafn. 1789 sq. 5 Voll. 4. Für die Geographie: *Abu Abdallah Mohammed* (gew. *El Edrisi* od. Geo-

Morgenl. Schriftsteller u. Reisebeschreiber. §. 11. 15

beschreiber[1]), auf dem Grunde alter Nachrichten und Andeutungen und nach Analogie der bestätigten alten Sitten,

graph. Nubiens. genannt) de Geograph. univers. etc., im Auszuge Rom. e typogr. Medic. 1592. Lat. von *Gabr. Sionita* u. *Jo. Hesronita*. Par. 1619. 4. Géographie d'Edrisi trad. p. *P. A. Jaubert.* T. 1. 2. Paris 1836—40. Vgl. *J. M. Hartmann* comment. de Edrisio ejusq. geograph. univers. vor s. Ausgabe von *E.'s* Afrika. 2. Aufl. Gött. 1796. 8. Syria descr. a Scherifo el Edrisio et Khalil Ben-Schahin Dhaheri ed. *Rosenmüller*, in Analectis arab. P. III. Lips. 1828. 4. *Abulfedae* tabb. Syriae arab. et lat. ed. *Köhler* et *Reiske*. Lips. 1766. Ed. 2. 1786. Ejusd. descr. Aegypt. ar. et lat. c. nott. *J. D. Michael.* Gott. 1776. 4. Descr. Mesopot. ed. *Rosenm.* in *Paul.* Repert. III. Ejusd. Africa cur. *J. G. Eichhorn*, Gott. 1791. 4. Ejusd. tabb. quaed. geogr. etc. ed. *F. Theod. Rink.* Leipz. 1791. *H. J. Wüstenfeld.* Gotting. 1835. *Abulfed.* opus geogr. ed. *Reinaud* et *Mac Gueckin de Slane*. P. I. Par. 1838., ex arab. lat. fecit *J. J. Reiske*, in *Büschings* Mag. f. d. u. Hist. u. Geogr. IV, 121 ff. V, 299 ff. Géographie d'Abulféda trad. p. *Reinaud.* T. 1. 2. Paris 1848. Abou'l Fédâ, géographie en Arabe, publiée d'après deux manuscrits p. *Ch. Schier.* Livr. 1—4. Dresde 1841—46. *Abdollatiph* compend. memorabilium Aegypti, ed. *D. J. White.* Tub. 1789. Deutsch von *Wahl.* Halle 1790. Franz. m. Anm. v. *Silv. de Sacy.* Par. 1810. 4. Aus *Ibn el-Wardi's* geograph. naturgeschichtlichem Werke gab die Beschreibung von Aegypten heraus *Fraehn.* Hall. 1804. Für die Naturkunde: *Avicennae (Ibn Sinae)* opera med. Rom. e typogr. Med. 1593. fol. Physiologus syr., s. hist. animalium 32 in S. S. memoratorum syr. ed. *Ol. G. Tychsen.* Rost. 1795. 8. Excerpte aus and. orient. Schriftstellern (*el-Kazwin*, aus *Ibn el-Wardi's* naturgeschichtlichem Theile) finden sich in den Werken von *Bochart* und *Celsius* (§. 12.).

[1]) Gewissermaassen gehören hieher: Gesta Dei per Francos, Han. 1611., worin besonders *Wilhelms von Tyrus* hist. belli sacri (vorher Bas. 1583.), und für die Geographie: *Euseb.* et *Hieronym.* onomasticum urbium et locor. S. Scr. gr. et lat., auct. et illustr. a *Jac. Bonfrerio*, cum animadvv. *Jo. Clerici.* Amst. 1707. fol. Die merkwürdigsten Reisebeschreiber: *Benj. Tudelensis* (will gereist haben 1160—1173). Hebr. zuerst Const. 1543. cum vers. et nott. *Constantini L'Empereur.* L. B. 1633. Deutsch, Frkf. 1711. Franz. m. Anmm. u. Abhh. v. *J. P. Baratier.* Amst. 1734. 2 Bde. *M. Thetmari* iter ad Terram Sanctum a. 1217. Ex cod. msc. ed. *T. Tobler.* St. Galli 1851. 8. *Fr. Bonav. Brocardi* (1280) Palaestina, s. descript. terrae S. Col. 1724. 8. (auch an *Cleric.* Ausg. des Onomast.). Bewährtes Reisebuch d. heil. Landes. Nürnb. 1609. fol. 2 Th. Frkf. a. M. 1609. fol., worin 21 Reisen, *Breitenbachs* (1482), *Leonh. Rauwolfs* (1573—76), *Radzivils* (1583. 1584) u. *A. P. Belon du Mans* (1537) observatt. de plus. singularités et

mit Nutzen gebraucht werden. In Naturbeschreibungen haben sie oberste Autorität, wiewohl auch hier die durch ver-

---

choses mémor. trouvées en Grèce, Judée, Égypte, Arab. etc. Par. 1553. 2. ed. 1588. 4. *Christoph Fürer ab Heimendorf* (1565—1567) itinerar. Aegypt. Arab. Palaest. etc. Norimb. 1621. c. figg. aen. Deutsch 1646. *Jo. Cotovici* (1598—1599) itinerar. hierosolymit. syriac. Antwerp. 1619. 4. *Geo. Sandys* (1610—1611) Travels contain. an hist. of the pres. state of the Turkish emp. Lond. 1615. fol. ib. 1621. 1673. Deutsch Frkf. 1669. 12. *Pietro della Valle* (1614—26) [er brachte den samar. Pentateuch nach Europa] viaggi etc. Rom 1650—53. Deutsch Genf 1674. fol. Elucidatio terrae s. hist., theol. et moral. etc. auct. *Fr. Quaresmio*, olim (1619—1652) terrae S. praesule ac commiss. apost. Antw. 1639. 2 Voll. fol. c. figg. aen. *Ad. Olearius* (1636—38) Reise in Persien (Hamb. 1696. 2 Bde. fol.). *J. B. Tavernier* (1638—64) Six voyages en Turquie, en Perse et aux Indes. Par. 1676. 2 Tom. 4. Deutsch Nürnb. 1681. Genf 1681. *Jean de Thevenot* (1655—79) voy. fait au Levant. Par. 1665. Deutsch Frkf. 1693. 4. Mém. du Chev. *d'Arvieux* (1653 ff.) conten. ses voy. dans l'Asie, la Palést., l'Égypte et la Barbarie, par *J. B. Labat*. Deutsch Kop. u. Leipz. 1753—56. 6 Bde. 8. *Dess.* Voyage dans la Palést. vers le Grand Émir, chef des Arabes du désert etc. Par *M. de la Roque*. Par. 1717. gr. 12. Amst. 1718. 12. av. figg. Deutsch Leipz. 1740. *J. Chardin* (1664 ff.) Journ. du voy. en Perse et aux Indes orient. Lond. 1686. 1 T. fol. Amst. 1711. 3 T. 4. Ib. 1735. 4 T. 4. Mit Anm. von *L. Langles*. Par. 1811. 10 T. u. 1 T. Atlas fol. *Franz Ferd. v. Troilo* (1666—69) orient. Reisebeschr. (nach Jerusalem u. s. w.) Dresd. 1677. 4. u. öft. *de la Roque* (1688) voy. d. Syr. et du mont Liban. Par. 1722. 2 Bde. *Henr. Maundrell* (1697) Journey from Aleppo to Jerusalem. 6. Ausg. Oxf. 1740. 8. Deutsch Hamb. 1706. *Egid. van Egmond van der Nyenburg* (1720—1723) en *J. Heymann* (1700—1709) Reizen door etc. Reisen durch Syr., Paläst. u. s. w. Leid. 1757. 1758. 2 Thle. 4. *Thom. Shaw* (1730) Travels a. observat. relat. to several parts of Barbary a. the Levant. 2. verm. Ausg. Lond. 1757. gr. 4. Deutsch Leipz. 1765. 4. *Rich. Pococke* (1737 ff.) Travels of the East. Lond. 1748. 3 Bde. fol. Ibid. 1770. 3 Bde. 4. mit Kupf. u. Chart. Deutsch von *Windheim*. Erl. 1754. 3 Bde.; verb. von *Breyer*. Erl. 1771 ff. gr. 4. *Jon Korte* (1738) R. nach d. gelobten Lande u. s. w. Alt. 1741. 3. verm. Ausg. Halle 1751. *F. Hasselquist* (1749—52) Resa til heliga landet etc. herausgeg. von *C. Linnaeus*, dessen Lehrer. Stockh. 1757. R. nach Paläst. u. s. w. Rost. 1762. *Steph. Schulz* (1752 ff.) Leitungen d. Höchsten auf d. Reisen durch Europa, Asien, Afrika. Halle 1771 —77. 5 Thle. (d. 4. 5. Thl. die Reise durch Vorderas. Aegypt. Syr.). *Mariti* (1760—68) Viaggi per la Soria e Palest. Lucca

Morgenl. Schriftsteller u. Reisebeschreiber. §. 11.

schiedene Cultur entstandenen Veränderungen zu berücksichtigen sind.

1769—1771. Deutsch im Ausz. v. *Hase*. Alt. 1777. *Carsten Niebuhr* (1762 ff.) Beschreib. von Arabien. Kop. 1772. 4. R. nach Arab. u. den umlieg. Ländern. Kop. 1774. 78. 2 Bde. 4. mit K. Vgl. *Michael*. Fragen an e. arab. Reisegesellsch. Frkf. 1762. *Volney* (1783—85) voyage en Syrie et en Égypte etc. Par. 1787. u. verm. 1807. 2 Tom. 8. Deutsch 3 Bde. Jen. 1788. 90. *W. G. Browne* (1792—98) travels in Afr. Eg. a. Syr. Lond. 1799. 4. Deutsch Leipz. 1800. 8. Descript. de l'Égypte etc. (§. 5.), wovon hieher gehören: État moderne et Hist. nat. Vol. X—XXIV. *E. D. Clarke* (1800 ff.) Trav. in var. countr. of Europ. As. a. Afr. Lond. 1811. 12. 5 Voll. 4. m. K. u. Ch. *U. J. Seetzen* (1803 ff.) Briefe in Zach mon. Corresp. Bd. XVIII. (über d. ostjord. Land). *U. J. Seetzen's* Reisen durch Syrien, Palästina, Phönicien, die Transjordan-Länder, Arabia Petraea u. Unter-Aegypten. Herausgeg. u. commentirt v. *Fr. Kruse*. Bd. 1—4. Berlin 1854—59. *de Chateaubriand* (1806 f.) itinér. de Paris à Jérus. etc. 1811. 3 T. Deutsch Leipz. 1811. 3 Bde. *J. L. Burkhardt* Trav. in Syr. a. the Holy-Land (1810—16.) Lond. 1822. 4. Deutsch mit Anm. v. *Gesen*. Weim. 1823 f. 2 Bde. (*Bertuchs* Samml. 34. u. 38. Bd.). *J. G. Mayr* (1812 ff.) Schicksale eines Schweizers währ. s. R. nach Jerus. u. u. d. Liban. St. Gall. 1815. 2. A. 1821. *Buckingham* (1815 f.) R. durch Syr. u. Paläst. Weimar 1827. 2 Bde. *O. F. v. Richter* (1815 f.) Wallfahrt im Morgenl. v. *Ewers*. Mit K. Berl. 1822. *Joliffe* (1817) Lettres from Palest. etc. 2. A. Lond. 1820. Deutsch Leipz. 1821. *J. M. A. Scholz* R. in die Geg. zwischen Alexandrien und Paraetonium ---- Aeg. Paläst. u. Syr. Leipz. 1822. *Jowett* (1823) christian researches in Syria a. the holy Land. Lond. 1825. *A. Prokesch* (R. v. Osten) R. ins heil. Land im J. 1829. Wien 1831. *G. H. v. Schubert* (1837) R. nach d. Morgenl. 3 Bde. 1838—40. *Ed. Robinson* Palästina u. d. südlich angrenz. Länder. Tagebuch e. Reise im J. 1838. Mit v. Ch. u. Plänen 1. 2. 3. Bd. A. d. Engl. Hall. 1841. 42. Ders., neuere biblische Forschungen in Palästina u. den angrenzenden Ländern. Tagebuch einer Reise im J. 1852. Mit einer K. v. Palästina v. *H. Kiepert*. Berlin 1857. 8. *J. Russegger* Reisen in Europa, Asien u. Afrika, unternommen in d. J. 1835—41. Mit einem Atlas. 4 Bde. Stuttg. 1842—49. 8. *C. Tischendorf* Reise in den Orient. 2 Bde. Leipz. 1846. 8. Ders., Aus dem heil. Lande. Ebd. 1862. 8. *F. A. Strauss* Sinai u. Golgatha. Reise in d. Morgenland. Berlin 1847. 7. Aufl. Ebd. 1859. *W. F. Lynch* Expedition der Ver. Staaten nach d. Jordan u. dem todten Meere. A. d. Engl. übers. v. *N. N. Meissner*. Leipz. 1850. 8. *F. A. Neale* eight years in Syria and Palestine. 2 Voll. Lond. 1851. *M. Wagner* Reise nach Persien u. dem Lande der Kurden. 2 Bde. Leipz. 1852. 8. *J. Schiferle*

DE WETTE Archäologie. 4. Aufl.

Reise in d. heil. Land, im J. 1851 unternommen. 2 Bde. Augsb. 1852. 12. Ders., zweite Pilgerreise n. Jerusalem u. Rom in d. J. 1856 u. 1857. 2 Bde. Ebd. 1858. 59. 12. *J. H. van Senden* das heil. Land oder Mittheilungen aus einer Reise n. d. Morgenl. in d. J. 1849 u. 1850. A. d. Holländ. v. *P. W. Quack.* Stuttg. 1852. 8. *F. J. Gehlen* aus den Erlebnissen u. Forschungen eines Pilgers zum heil. Lande. 2. Bdchen. Münster 1852. *Fr. Dieterici* Reisebilder a. d. Morgenl. 2 Thle. Berlin 1853. *Th. Plitt* Skizzen aus einer Reise n. d. heiL Lande. Karlsruhe 1853. 8. *Fr. Bodenstedt* Tausend u. Ein Tag im Orient. 3. Aufl. Berlin 1859. 8. *E. W. Schulz* Reise in d. gelobte Land im J. 1851. 3. Aufl. Mühlheim a. d. Ruhr 1855. 8. *T. Tobler* Denkblätter aus Jerusalem. St. Gallen 1853. 2. Ausg. Constanz 1856. *F. de Saulcy* voyage autour de la mer morte. 2 Voll. Paris 1853. *E. Delessert* voyage aux villes maudites: Sodome, Gomorrhe etc. Paris 1853. *J. G. Schulthess* Reise ins Morgenland, unternommen im J. 1847. Schaffhausen 1854. 8. *C. W. M. van de Velde* Reise durch Syrien u. Palästina in d. J. 1851 u. 1852. A. d. Niederdeutsch. v. *K. Göbel.* 2 Thle. Leipz. 1855. 56. 8. *F. N. Lorenzen* Jerusalem. Beschreibung meiner Reise n. d. heil. Lande im J. 1858. Kiel 1859. 8. *T. Tobler's* dritte Wanderung nach Palästina im J. 1857. Ritt durch Philistäa, Fussreisen im Gebirge Judäas u. Nachlese in Jerusalem. Mit 1 Karte. Gotha 1859. 8. *K. Andree* Forschungsreisen in Arabien u. Ost-Afrika. 2 Bde. Leipz. 1861. 8. *H. Petermann* Reisen im Orient. 2 Bde. Leipz. 1860. 61. 8. *A. v. Noroff* meine Reise n. Palästina. A. d. Russ. v. *A. Zenker.* 2 Thle. Leipzig 1862. 8. *J. N. Sepp* Jerusalem u. das heil. Land oder Pilgerfahrt n. Palästina, Syrien u. Aegypten. Lief. 1. 2. Schaffh. 1862. *H. Brugsch* Reise der k. preuss. Gesandtschaft n. Persien 1860 u. 1861. 1. Bd. Leipz. 1862. 8.

Für die Kenntniss d. Beduinen: Die Sitten der Beduinen-Araber. Aus d. Franz. d. Ritters *Arvieux* mit Anm. u. Zus. v. *Rosenmüller.* Leipz. 1789. Les Bédouins, ouvrage publié d'après les notes inédites de *Dom Raphaël* par *Mayeux.* Par. 1816. *J. L. Burkhardts* Bemerkk. üb. d. Beduinen u. Wahaby etc. Aus dem Engl. Weim. 1831. Für Naturkunde insbesondere: *Prosper Alpinus* (1580) de plantt. aegypt., an s. Buche de medic. Aegypt. Ven. 1591. 4. *Al. Russel* the natural history of Aleppo and parts adjacents. Lond. 1756. gr. 4. 2. verm. Ausg. von *Patrik Russel.* Lond. 1794. 2 Bde. gr. 4. Deutsch von *Gmelin.* Gött. 1797. 3 Bde. 8. *Forskål* flora aegypt. arab. Hafn. 1775. 4.

Die für die biblische Archäologie interessantesten Reisebeschreibungen von *P. Belon, Maundrell, Korte* u. A. s. in *Paulus* Sammlung der merkw. Reisen in d. Orient in Uebersetz. u. Auszügen. Mit K. u. Ch., Einleitt., Anmerkk. u. collect. Registern. Jena 1792 ff. 7 Thle. Literarnotizen über die Reisebeschrr. s. in *Meusel* biblioth. hist. Vol. I. P. II. p. 70 sqq. *Rosenm.* bibl. Alterthumsk. I, 61 ff.

§. 12.

Hülfsmittel.

Eine Zeit lang beschränkte man das archäologische Studium auf die heiligen und theokratisch-politischen Alterthümer [1], selbst nachdem schon Einige es auch auf Gegen-

---

Robins. I. XVII ff. *Winer's* Handb. d. theol. Lit. I, 151 ff. und *Ritter's* Erdkunde Bd. XV. Unmittelbare Anwendungen der Reisebeobachtungen auf Bibelerklärung und Archäologie enthalten: *F. M. Luft* Bibl. Erläuterungen a. d. morgenl. u. and. Reisebeschrr. Nürnb. 1735. *B. L. Eskuche* Erläuterungen d. heil. Schrift a. morgenl. Reisebeschrr. Lemgo 1745 f. (*Harmer*) Beobacht. üb. d. Orient aus Reisebeschrr. Aus d. Engl. m. Anm. von *J. E. Faber.* 1. Th. Hamb. 1772. 2. Th. 1775. 3. Th. Zus. d. n. engl. Aufl. 1779. *Chr. W. Lüdecke* Expositio brevis locorum Script. S. ad Orientem sese referentium. Hal. 1777. 8. *E. F. K. Rosenmüller* Das alte u. neue Morgenland od. Erläut. d. heil. Schrift aus d. natürl. Beschaffenheit, d. Sagen, Sitten u. Gebräuchen d. Morgenl. mit eingeschalt. Uebers. v. *S. Burders* morgenl. Gebr. u. *W. Wards* Sitten u. Gebr. d. Hindu's. Leipz. 1818—20. 6 Thle.

[1] *Ben Ariae Montani* LL. IX antiqq. jud. L. B. 1593. 4., in den Critt. s. T. VI. *Jo. Spencer* de legibus Hebr. ritualibus earumque rationibus LL. IV cum *Oph. Matth. Pfaffii* dissert. prael. Tub. 1732. f. Cantabr. 1685. verm. 1727. *C. Sigon.* de republ. Hebraeor. LL. VII. Fref. 1585. 8. cum *J. Nicolai* nott. L. B. 1701. 4. *Petr. Cunaei* de republ. Hebr. LL. III. L. B. 1617. 4. ed. *J. Nicol.* L. B. 1703. 4. *Melch. Leidekker* de republ. Hebr. LL. XII, quibus de sac. gentis orig. et statu in Aegypto, de miraculis div. providentiae in reipubl. constitutione, de theocratia, . . . de regimine polit., de relig. publ. et priv. disseritur. Amst. 1704. fol. Ejusd. op. T. II. h. e. LL. IX de vario reipubl. Hebr. statu etc. ib. 1710. fol. *Joh. Lund* die alten jüd. Heiligthümer etc. Hamb. 1695. 8. u. 1704. 1712. fol. Mit Anmerkk. von *J. Chr. Wolf.* Hamb. 1738. fol. m. K. *Hadr. Reland* Antt. s. vett. Hebr. Ultraj. 1708; c. nott. *Ravii* 1743; c. comm. phil. *Blas. Ugolini* in dessen Thesaur. Vol. II.; ed. *Vogel.* Hal. 1769. *E. A. Schulz* comp. archaeol. hebr. L. I. antiqq. polit., L. II. antt. eccles. contin., ed. *Schickedanz.* Dresd. 1793. Doch behandelte man andere Gegenstände in besonderen Werken wie *Bynaeus* de calceis Hebr. Dordr. 1715. 4., *N. W. Schröder* de vestitu mulier. Hebr. L. B. 1735. 4. u. a., welche gesammelt sind in *Ugolini* thes. antiqq. s. Venet. 1744—69. 34 T. fol. — In neuester Zeit hat *Ewald* wieder die hebr. Archäologie auf das Gebiet des eigentl. Theokratischen beschränkt. Vergl. §. 3. Anmerk.

stände des weltlichen Gebietes ausgedehnt hatten [1]). Erst später befliss man sich einer ganz umfassenden Behandlung, und benutzte zugleich andere als biblische und rabbinische Quellen [2]).

[1] *Thom. Goodwin* Moses et Aaron, s. civil. et eccles. ritus antiqq. Hebr. (zuerst engl. Oxf. 1616, lat. v. *J. H. Reiz*, Brem. 1679 u. 1685) ed. 3. c. praef. *Herm. Witsii* 1690. illustr. emend. stud. *J. H. Hottingeri*, Frcf. a. M. 1716. 8. Apparatus hist. crit. antiquitatum S. codicis et gentis hebr. uberrimis annotatt. in *Th. Goodwini* M. et A. subministravit *Jo. Gottl. Carpzov.* Frcf. et Lips. 1748. 4. *Conr. Iken* antiqq. hebr. sec. triplicem statum eccles. polit. et oecon. breviter delin. Brem. 1730. ed. 2. 1735. ed. 3. 1741. *J. Herm. Schacht* animadverss. ad antiqq. hebr. olim delin. a *Conr. Ikenio*, patre mortuo ed. *G. J. Schacht.* Traj. 1810. *A. G. Waehner* antiqq. Hebr., de israel. gentis origine, fatis, rebus S., civil. et dom., fide, moribus, ritibus et consuetudinibus antiquioribus, recentior. exponentes. Gott. 1743. 2 Voll. (unvollendet.) *Theod. Dassovii* antiqq. hebr. quibus plurima utriusque Foed. loca diffic. illustrantur, ed. *Mummius.* Hafn. et. Lips. 1742. *Chr. Brunings* comp. antiqq. Hebr. Frcf. 1734. ed. 4. 1765. *J. H. Pareau* antiqu. Hebr. brev. descriptae. Traj. 1817.
[2] *J. E. Faber* Archäol. d. Hebräer. 1. Th. Halle 1773. (unvoll.) Entwurf der hebr. Alterthümer von *H. E. Warnekros.* Weim. 1782. 3. A. von *Hoffmann* 1832. *Bellermann* Handb. d. bibl. Literatur. 1. Th. Erf. 1787. 2. verb. Aufl. Erf. 1796. (In Beziehung auf Literatur und Kunstgeschichte) *G. L. Bauer* kurz. LB. d. hebr. Alterth. Leipz. 1797. 2. A. v. *Rosenm.* 1835. Dess. Beschr. d. gottesdienstl. Verfass. d. alten Hebr. 2 Bde. Leipz. 1805. f. *J. Jahn* bibl. Archäologie 1 Th. 1. 2. B. Häusl. Alterth. 2. Th. 1. 2. B. Polit. Alterth. 3. Th. Heil. Alterth. Wien 1796—1805, mit K. u. Ch. 2. Aufl. 1. Th. 1817. 18. 2. Th. 1824. 25. Dess. Archaeol. bibl. in comp. redact. ib. 1805. ed. 2. 1814. *E. F. K. Rosenmüller* Hdb. d. bibl. Alterthumsk. Leipz. 1823—31. 4 Bde. in 7 Thln. (bloss die Geographie u. Naturgesch. enthaltend.) *F. M. Ackermann* archaeol. bibl. Vind. 1826. *J. M. A. Scholz* Hdb. d. bibl. Archäol. Bonn 1834. *J. F. Allioli* Handbuch der biblischen Alterthumskunde. Bd. 1. 2. Landshut 1844. *J. M. Ath. Löhnis* das Land u. Volk der alten Hebräer nach den in der Bibel angegebenen Zuständen. Regensb. 1844. *J. L. Saalschütz* Archäologie der Hebräer. 2 Thle. Königsb. 1855. 56. 8. *G. G. Roskoff* die hebräischen Alterthümer in Briefen. Wien 1857. 8. *K. F. Keil* Handbuch der biblischen Archäologie. 1. Hälfte. Die gottesdienstlichen Verhältnisse der Israeliten. Mit 4 lith. Taf. Frankf. a. M. 1858. 2. Hälfte. Die bürgerlich-socialen Verhältnisse der Israeliten. Ebd. 1859. 8. Alphabetische Zusammenstellungen: *Calmet* bibl. WB. Aus d. Franz. 1751—54. 4 Bde. 4. *Hezel* bibl. Real-

Hülfsmittel. §. 12.   21

lexicon. Leipz. 1783—86. 3 Bde. 4. Bibl. Encyclop. Gotha 1793 —98. 4 Bde. 4. *G. B. Winer* bibl. Realwörterbuch. Leipz. 2 Bde. 1819. 1820. 3. umgearb. A. 1847. 48.
Für Geographie sind die bekanntesten und wichtigsten Hülfsmittel: *Chr. Adrichom.* theatrum terrae S. et bibl. historiarum c. tabb. geogr. Colon. 1590. f. u. öft. *Sam. Bocharti* Geogr. s. seu Phaleg et Canaan. Caen. 1646 f. *Nic. Sanson* Geographia S. ex vet. et nov. Test. desumta etc. ed. *Cleric.* Amst. 1704. fol. (zuerst Par. 1665). *Fr. Spanheim* introd. ad geograph. s., patriarch., israel. et christ. L. B. 1679. 8. Frcf. 1698. 4. u. in s. Opp. T. I. L. B. 1701. fol. *Chr. Cellarii* notit. orbis antiqu. Lips. 1701. 5. 2 T. 4. aux. *J. C. Schwarz* 1731. 32. (Syrien u. Paläst. im 2. Bd.) *Hadr. Relandi* Palaestina ex monumentis vet. illustr. Traj. 1714. II Tomi in 4. c. tab. geogr. Norimb. 1716. u. in *Ugolini* thes. T. VI. *Wilh. Alb. Bachiene's* histor. u. geogr. Beschr. v. Palästina, n. Landch., aus d. Holl. Clev. u. Leipz. 1766—1775. 2 Thle. in 7 Bdn. *Büching's* Erdbeschr. V. Th. Palästina etc. Alt. 1785. *Frege* geogr. Handb. bei Lesung d. heil. Schrift. Gotha 1788—89. 2 Thle. *Ysbrand van Hamelsveld* bibl. Geographie, aus d. Holl. 3 Thle. Hamb. 1793—96. m. Ch. *Klöden's* Landeskunde v. Palast. n. Ch. in d. Alterth. d. israel. Volks. Berl. 1817. *Rühr* hist.-geogr. Beschr. d. jüd. Landes zur Zeit Jesu, n. e. Ch. 1816. 8. Aufl. 1845. *K. Ritter* Erdkunde. 14—16. Thl. 2. Ausg. Berl. 1848—52. *M. Russel* Palästina etc. a. d. Engl. Leipz. 1833. *K. v. Raumer* Palästina 1835. 4. verb. A. 1860. *A. Knobel* die Völkertafel der Genesis. Giessen 1850. 8. *R. J. Schwarz* das heilige Land nach seiner ehemaligen u. jetzigen geograph. Beschaffenheit, nebst kritischen Blicken in d. *C. v. Raumer'sche* Palästina. Deutsch bearb. v. *J. Schwarz.* Frankf. a. M. 1852. 8. *A. Rathgeber* Palästina, Land u. Volk. Langensalza 1853. 4. Aufl. Ebd. 1861. 8. *C. Beiling* der christl. Führer in d. heil. Land od. histor.-geograph. Beschreib. v. Palästina. Landshut 1854. 8. *Sepp* Jerusalem u. das heil. Land. Pilgerbuch n. Palästina, Syrien u. Aegypten. 2 Bde. Schaffhausen 1863. — Charten von Palästina: von *d'Anville* 1784; von *Klöden* (s. vorh.); von *Grimm* 1830; zu *Burkhardt's* Reisen in Syr. etc. Weim. 1822; von *Robinson*; von *G. Mayr*, München 1842; von *M. D. de Bruyn*, Amstel. 1844. 2 ed. Traj. ad Rhen. 1851; von *H. Kiepert*, herausgeg. v. *C. Ritter*, Berlin 1844; von Dems. Bibel-Atlas, Berl. 1846. 2. Ausg. neu bearb. v. *A. Lionnet*, ebd. 1859; von *C. Zimmermann* Atlas von Palästina u. d. Sinai-Halbinsel, zu *C. Ritter's* Erdkunde Bd. XIV—XVI. Berlin 1850; von *C. Beiling*, Landshut 1854; von *J. F. Weiland*, Bibel-Atlas. 3 unveränderte Ausg., Weimar 1855; von *C. Baur*, Stuttg. 1855; von *C. W. M. van de Velde*, Gotha 1858; von *R. Riess*, Regensb. 1862. — Vergl. *M. D. de Bruyn* über Cartographie v. Palästina. A. d. Holl. v. *J. Müller.* Berlin 1859. 8.

Für die Naturkunde: *J. J. Scheuchzer* physica S. iconibus aen. illustr. ed. *J. A. Pfeffel.* Aug. Vind. et Ulm. 1731 sq. 4 Tomi fol. Deutsch u. d. T. Kupferbibel u. s. w. *S. G. Donat* Auszug aus *Scheuchzer's* Phys. s. Mit Anmerkk. u. Erläutt., auch nöthigen Kupferst. Leipz. 1777. gr. 4. 1. Th. 3 Bde. *Schmidt's* bibl. Physicus. Leipz. 1731. 8. *Sam. Bochart* hierozoicon, s. bipart. op. de animalibus Script. S. Lond. 1663. fol. u. öft.; recens. suis nott. adj. *E. F. K. Rosenmüller.* 3 Voll. 1793—96. gr. 4. *J. Jac. Schoder* Hieroz. ex Bocharto aliisque clar. virr. comment. et itinerar. comp. Tub. 1784—86. 3 Specc. Hierophyticon, s. comment. in loca script. S. quae plantarum faciunt mentionem auct. *Matth. Hillero.* Traj. 1725. 4. *Ol. Celsii* Hierobotanicon, s. de plantis script. S. Upsal. 1745. 47. 2 Tomi 8. *Sam. Oedmann* verm. Sammll. a. d. Naturkunde zur Erklär. der heil. Schrift; a. d. Schwed. Rost. u. Leipz. 1786—95. 6 Hfte. 8. m. Kpfrn. *J. B. Friedreich* Zur Bibel. Naturhist., anthropol. u. medicin. Fragmente. 2 Thle. Nürnb. 1848. 8.

Die Literatur der hebr. Alterthümer s. in *Fabricii* biblioth. antiqu. ed. *Schaff'sh. Wolf* bibl. hebr. II, 1074. IV, 506 sqq. *Meusel* bibl. hist. Vol. I. P. II. p. 118 sq.

Grundriss
der hebräisch-jüdischen Geschichte.

§. 13.
Quellen.

Für die Periode vor dem Exile sind, abgesehen von dem, was *Herodot.* u. A. zur Geschichte der mit den Israeliten in Berührung tretenden Völker beitragen (vgl. §. 10.), die Schriften des A. T. die einzige Quelle, aus welcher auch *Josephus* geschöpft hat; sagenhafte Ueberlieferungen aber, Unvollständigkeit und Ungenauigkeit erschweren deren Benutzung. Für die Periode nach dem Exile, wo die übrige Geschichte, besonders die der Perser, der macedonischen Reiche, vor allen des syrischen, und der Römer, tief eingreift, mithin die Benutzung der griechischen und römischen Historiker (*Herodot.*, *Ktes.*, *Plutarch.*, *Diod. Sic.*, *Justin.*, *Appian.*, *Polyb.*, *Liv.* u. A.) unerlässlich ist, enthalten die BB. Esra u. Neh., Daniel und das 1. B. der Makkab.[1]) nütz-

---

[1]) Zur geschichtlichen Erläuterung des B. Dan. s. dessen Commentatoren, *Hieronym.*, *Theod.*, *Chr. B. Michael.*, *Bertholdt*, *v. Lengerke*, *Hitzig* u. A. Zuletzt ist das historische Verständniss des Buches wieder verdunkelt worden durch *Auberlen* u. *Zündel.* Das Richtige s. bei *Bleek* Einleit. in d. A. T. S. 577—611. Ueber den geschichtlichen Werth der BB. d. Makk. *G. Wernsdorf* de fide hist. librorum Macc. Vratisl. 1747. 4. Vgl. dagegen *J. D. Michael.* Anm. z. 1. B. der Makk. *Eichhorn* Einleit. in d. apokr. Schrr. des A. T. S. 213. 249 ff. Exeget. Handbuch zu den Apokryph. des A. T. von *Fritzsche* u. *Grimm*, 3. Lief. S. XVII ff.

liche Materialien, und *Josephus* ist, je näher die Geschichte seiner Zeit kommt, ein desto wichtigerer Gewährsmann [1]).

§. 14.
Chronologie.

Das A. T. kennt keine Aera [2]), und die hebräischen Historiker berechnen Lebensalter, Regierungszeiten u. dergl. oft mit runden Zahlen; ja, sie lassen sogar ganze Zeiträume unberechnet [3]). Erst das 1. Buch der Makk. rechnet nach einer Aera [4]). Daher ist es unmöglich eine ganz genaue Chrono-

---

[1]) Vgl. ausser den §. 7. angef. Schrr. noch *Petr. Brinch* examen chronolog. et hist. Fl. Josephi, Hafn. 1701., auch hinter *Havercamp's* Ausg. Vol. 2. p. 291 sqq. *Christ. Cellarii* diss. qua Fl. Josephi de Herodibus hist. a νοθείας suspicione contra J. Harduinum justis vindiciis adseritur, bei *Haverc.* p. 324 sqq. *A. F. Gfrörer* Vorr. zu der von ihm herausgeg. Uebers. des jüdischen Krieges. 1836.

[2]) Die natürliche wäre die vom Auszuge aus Aegypten, welche auch 1 Kön. VI, 1. aufgefasst, aber nicht fortgeführt wird. Vergl. *Ewald* Gesch. d. Volkes Israel. Bd. I. 2. Ausg. S. 274—286.

[3]) *J. D. Michael.* Schreiben an Schlözer, die Zeitrechnung v. d. Sündfluth bis Salomo betreff., im Götting. Mag. d. Wissensch. u. Liter. 1. Jahrg. 5. St. 1780. S. 163 ff.; auch in s. zerstreuten kl. Schriften. Jena 1793. 94. S. 220 ff. vgl. dess. or. Bibl. XII, 23 ff. Dess. sententia de chronol. Mosis ante diluvium und sent. de chronol. Mosis a diluvio ad Abrah. in s. Commentatt. (Brem. 1769.) p. 116 sqq. 153 sqq. Ueber d. Jahre d. Welt nach d. bibl. Zahlen, bes. über d. hohen Lebensjahre d. Patriarchen, in *Bredow's* Untersuch. üb. einzelne Gegenst. d. alten Gesch. u. s. w. Alt. 1800. S. 1 ff. *Bruns* üb. die Zahl Vierzig im A. T. in *Paul.* Mem. I, 53 ff. — Ueber die Differenz zwischen den LXX, Josephus, dem samarit. Text und dem hebräischen s. *Is. Voss* dissert. de vera aetate mundi etc. Hag. Com. 1659. 4. Dess. dissert. de LXX interprett. corumque translat. et chronol. ib. 1661. 4. *Paul Pezron* l'antiquité des temps rétablie et défendue. Par. 1687. 4. *Michael.* de chronolog. Mos. ante diluv. l. l. p. 121 sqq. Zerstr. kl. Schriften S. 250 f. *Vater's* Comment. üb. d. Pentat. I, 48 ff. 174. *Gesen.* de Pentat. Samarit. orig. (Hal. 1815. 4.) p. 48 sqq. *Tuch* Comm. üb. d. Gen. S. 126 f. 278 ff.

[4]) Die seleucidische Aera oder die aera contractuum der Juden, מִנְיָן שְׁטָרוֹת. *Petavii* doctr. temp. L. IX. c. 40. II, 219. *Hegewisch* Einl. in d. histor. Chronol. (Alt. 1811) S. 112. *Ideler* Handb. d. mathem. u. technischen Chronol. II, 446 ff. 530 ff. Sie beginnt mit dem Herbste des J. 312 v. Chr. In Beziehung auf die BB. der Makk. s. *Jahn* Arch. II, 1, 328 f. *Eichh.* Einleit. in d.

logie der hebräischen Geschichte zu geben, und man muss sich damit begnügen von Christi Geburt bis auf Saul mit annähernden Zahlen zurückzurechnen. Dessen ungeachtet ist auf nichts so viel Mühe und Geisteskraft verwandt worden als auf die biblische Chronologie, und deren unbegründete und willkürliche Festsetzungen haben lange die ganze Geschichte beherrscht [1]).

§. 15.
Hülfsmittel.

Die Geschichte des für uns merkwürdigsten Volkes der Erde war wegen der in ihr liegenden Schwierigkeiten und

---

Apokr. S. 233 f. Exeget. Handb. zu d. Apokryph. des A. T. 3. Lief. S. 11 f. *Wieseler* in *Herzog's* RE. unt. Aere.

[1]) Die merkwürdigsten Chronologieen: Thesaurus temporum, *Eusebii Pamph.* chronicorum canonum omnimodae historiae LL. II, interpr. *Hieronymo* etc., cura *Jos. Just. Scaligeri.* L. B. 1606. fol. *Scaligeri* opus de emendat. temporum. Ed. 2. 1598. Ed. auct. Genev. 1629. fol. *Sethi Calvisii* chronol. etc. Lips. 1605. 4. *Dion. Petavii* opus de doctrina tempp. Par. 1627. 2 T. f. Ed. auct. op. *J. Harduini* cum dissertt. Antw. 1723. 3 T. f. *Jac. Usserii* Annales Vet. et Nov. Test, una cum rerum asiat. et aegypt. chronico a temporis hist. principio usque ad extr. templi et reipubl. jud. excidium producto. Lond. 1650. 54. f. Gen. 1722. f. c. praef. *Clerici. Jo. Marsham* Canon chronicus aeg., ebr., graec. Lond. 1672. 4. *Alph. des Vignoles* Chronol. de l'hist. s. et-des histoires étrang., qui la concernent depuis la sortie de l'Égypte jusqu'à la captivité de Babylone. Berl. 1738. 2 T. 4. *J. W. Beer's* Abhandl. z. Erläut. d. alten Zeitrechn. u. Gesch. u. Zeittaf. 3 Thle. Leipz. 1852. 56. *J. G. Frank* novum system. chronologiae fundament. — — in cyclo jobileo detectae etc. cum praef. *Gattereri.* Gott. 1778. f. *Frank's* astronom. Grundrechn. d. bibl. Gesch. u. d. alten Völker. Dess. 1783. — Kürzere Handbücher: *Lud. Capelli* chronolog. S. Par. 1655. 4., auch in *Waltoni* apparatu ed. Tig. *Jo. Lightfoot* chronica tempp. Opp. T. I. *Jo. Alb. Bengel* ordo temporum. Ed. 2. auct. em. cur. *Stellwagii.* Stuttg. 1770. *Jo. Es. Silberschlag* Chronol. d. Welt, berichtigt durch d. h. Schrift. Berl. 1783. gr. 4. *J. N. Tiele* Chronol. d. A. T. von Erschaffung Adams bis z. Befreiung d. Juden im 1. J. des Koresch, m. 6 Tabb. Brem. 1839. *A. Archinard* la chronologie sacrée basée sur les découvertes de Champollion. Par. 1841. *G. Seyffarth* chronol. sacra, Untersuchungen über d. Geburtsjahr des Herrn u. die Zeitr. d. A. u. N. T. Leipz. 1846. Ders., Berichtigungen der röm., griech., pers., ägypt., hebräischen Geschichte u. Zeitrechnung, Mythologie u. alten Religionsgesch. auf Grund neuer hist. u. astron. Hülfsmittel. Leipz. 1855. 8.

des Einflusses, den die religiöse Ansicht bei deren Bearbeitung ausgeübt hat, bis auf die neueste Zeit als eine noch nicht gelöste Aufgabe zu betrachten. Entweder hat dabei die unkritische altgläubige Ansicht[1]) oder Skepticismus und Hypothesensucht vorgewaltet[2]). Erst in neuester Zeit wurde der

---

[1]) *Jo. Franc. Buddei* hist. eccles. Vet. Test. Hall. ed. 3. 1726. 29. 2 Voll. 4. *Holberg's* jüd. Gesch. von Erschaff. d. Welt bis auf gegenw. Zeiten, a. d. Dän. Alt. 1747. 2 Thle. 4. *Bastholm* Gesch. d. Juden von Schöpfung d. W. an bis auf jetz. Zeiten, a. d. Dän. Leipz. 1786. 3 Thle. 8. Gesch. d. Israel. vor den Zeiten Jesu, vom Verf. d. Gesch. Jesu (*J. Jac. Hess*). Zür. 1776—88. 12 Bde.; auch unter einzelnen Titeln: Gesch. d. Patriarchen, Gesch. Mosis u. s. w. Mit besonderer Benutzung der Nachrichten griechischer u. römischer Historiker: The old and new Test. connected in the history of the Jews and neighbouring nations by *Humphrey Prideaux*. Lond. 1716. 18. 2 Voll. 8. u. öft. Deutsch: *H. Pr.'s* A. u. N. T. in e. Zusammenhang mit d. J. u. benachbarten Völker Hist. gebracht vom Verfall der Reiche Israel u. Juda an bis auf Christi Himmelfahrt etc. Berl. 1725. 2 Thle. 4. u. öft. The sacred a. profan hist. connected — by Sam. *Shukford*. Lond. 1728—38. 3 Bde. 8. Deutsch: Harmonie d. heil. u. Profanscribenten in d. Gesch. d. Welt. Berl. 1731—38. 2 Bde. 4. Vers. e. Harm. d. heil. u. Profanscr. in d. Gesch. d. Welt v. *C. G. Langen*. Bayr. 1775—80. 3 Thle. 4. *Jahn* Archäol. 2. Theils 1. 2. Bd. Vom Standpunkt der neueren Orthodoxie: *J. H. Kurtz* Geschichte des Alten Bundes. Bd. 1. 2. 2. Aufl. Berlin 1853. 58. 8. Ders., Lehrbuch der heil. Geschichte. 8. Aufl. Königsb. 1858. 8. *Fr. R. Hasse* Geschichte des Alten Bundes. Leipz. 1863.

[2]) *G. L. Bauer* Handbuch d. Gesch. d. hebr. Nation von ihrer Entsteh. bis z. Zerstör. ihres Staats. Nürnb. 1800. 1804. 2 Thle. *J. L. W. Scherer* die Gesch. d. Israeliten vor Jesus nach ihren heil. Büchern für d. Bedürfnisse uns. Zeit bearb. Zerbst 1803. 1804. 2 Thle. *Heinr. Leo* Vorles. üb. d. Gesch. d. jüd. Staates. Berl. 1828. Viel Willkürliches findet sich auch noch in *J. M. Jost* Allg. Geschichte des israelit. Volks etc. 2 Bde. Berl. 1832. Für die spätere Geschichte Dess. Gesch. d. Israel. seit d. Zeit d. Makk. bis auf unsere Tage. Bd. 1—10. Berlin 1820—47. *J. Remond* Gesch. d. Ausbreit. d. Judenth. von Cyrus bis auf d. Untergang d. jüd. Staats. Leipz. 1789. *L. Herzfeld* Geschichte des Volkes Jisrael von d. Zerstörung des ersten Tempels bis zur Einsetzung des Makkabäers Schim'on zum hohen Priester u. Fürsten. Braunschweig 1847. Nordh. 1854. 2 Bde. 8. *K. A. Menzel* Staats- u. Religionsgeschichte der Königreiche Israel u. Juda. Breslau 1853. 8. *Eisenlohr* das Volk Israel unter der Herrschaft der Könige. 2 Thle. Leipz. 1855. 56. 8.

Anfang gemacht, auch die israelitische Geschichte in wissenschaftlicher Weise mit richtiger Anwendung historischer Kritik zu bearbeiten [1]).

§. 16.
Perioden.

Theils nach Beschaffenheit der vorhandenen Berichte, theils nach den geschichtlichen Verhältnissen selbst zerfällt die hebräisch-jüdische Geschichte in drei Hauptperioden: I. die sagenhafte *von Abraham bis Saul;* II. *von Saul bis zum babylonischen Exile;* III. *vom babylonischen Exile bis zur Zerstörung Jerusalems und des jüdischen Staats* durch die Römer. Jede dieser Hauptperioden kann wieder in Unterperioden getheilt werden.

I. Periode.
Von Abraham bis Saul.
(Etwa von 2136 bis 1095 vor Chr.)

A. Patriarchalisches Zeitalter.
(Von 2136 bis 1921 vor Chr.)

§. 17.
Zeitrechnung.

Abrahams Einwanderung in Canaan im Jahre seines Alters	75—	1
Isaaks Geburt im J. des Alters Abrahams	100—	25
Isaaks Verheirathung im J. seines Alters	40—	65
Esaus und Jakobs Geburt im Jahre des Alters Isaaks	60—	85
Jakobs Einzug in Aegypten im J. s. Alters	130—	215
Zeitdauer		215 J.

[1]) *E. Bertheau* zur Geschichte der Israeliten zwei Abhandlungen. Götting. 1842. Die zweite Abhandl. m. d. Tit.: Die Bewohner Palästinas seit den ältesten Zeiten bis auf die Zerstörung Jerusalems durch die Römer. *C. v. Lengerke* Kenáan. Volks- u. Religionsgeschichte Israels. Bd. 1. Königsb. 1844. *H. Ewald* Geschichte des Volkes Israel bis Christus. 2. Ausg. 7 Bde. Gött. 1851—59. 8. Vgl. auch *M. Duncker* Geschichte des Alterthums. Bd. 1—4. Ausg. 2. Berlin 1855—60. Bd. 1. Ausg. 3. ebd. 1863.

§. 18.

Abraham, Stammvater der Hebräer.

Von Nordost aus dem Lande der Semiten [1]) wanderte der Stammvater der Hebräer [2]) über den Euphrat nach Südwest [3]) in das von theils stamm- theils sprachverwandten Stämmen [4])

---

[1]) Vergl. über die Abstammung u. Einwanderung der Hebräer *Ewald* Bd. I, S. 370 ff.

[2]) Ueber das Geschichtliche in der bibl. Erzählung von Abraham *Ewald* Bd. I, S. 400 ff.

[3]) Daher nach der gewöhnlichen Ableitung der Name עִבְרִי. S. Einleit. ins A. T. §. 30. *Knobel* Völkertafel S. 176 f. Bedenklich scheint nur, den Abrahamiden den Namen עִבְרִים vom Lande, aus dem sie kamen, durch die Palästinenser geben u. darnach erst die Hebräer einen Stammvater עֵבֶר annehmen zu lassen. Vergl. *Ewald* Bd. I, S. 379 f.

[4]) Nämlich ausser den Resten der wahrscheinlich semitischen Urbewohner (über die zu vergl. *Bertheau* S. 138—152. u. *Ewald* Bd. I, S. 301—312.) von den Cananitern und Phöniciern (über deren verschiedene Stämme und Wohnplätze s. *Bachiene* Paläst. I, 1. 1 ff. *Vater's* Comm. I, 136 ff., und ihre Wanderung *Herod.* I, 1. VII, 89. *Justin.* XVIII, 3. vgl. *Michael.* spicil. geogr. Hebr. exter. I, 166 sqq. Mos. Recht I, 157 ff. *Faber* Archäol. S. 79 ff. *Bertheau* S. 152—186. *Ewald* Bd. 1, S. 312—325. *Knobel* Comm. zu Genes. c. X, 15—19. Völkertafel S. 305 ff.) und den Philistern (über deren Wanderung und Wohnplätze Jer. XLVII, 4. Am. IX, 7. 5 Mos. II, 23. 1 Mos. X, 14. 1 Chr. I, 12. *Bach.* S. 37 ff. *Michael.* p. 276. *Bertheau* S. 186 - 200. *Ewald* Bd. I, S. 325—335. *Knobel* Völkertafel S. 215 ff.). Die Philister waren ohne Zweifel semitischen Stammes; eine chamitische Abstammung derselben folgt nicht aus Gen. X, 14. S. *Knobel* Comm. zu dieser Stelle. — Unleugbar ist die Sprachverwandtschaft der Phönicier od. Cananiter mit den Hebräern. *Gesen.* Gesch. d. hebr. Spr. S. 16. Auf Grund derselben wurde die Geschichtlichkeit des bibl. Berichtes Gen. X, 6 ff., nach dem die Cananiter den Chamiten beigezählt werden, bestritten u. die semitische Abstammung der Cananiter behauptet. S. *Tuch* Comm. zur Genes. S. 245. Indessen mit Sicherheit lässt sich aus der Sprachverwandtschaft nicht die Stammverwandtschaft folgern. Mit guten Gründen halten *Bertheau*, *Ewald* u. *Knobel* a. d. angef. Stt. an dem Bericht der Genesis fest und betrachten die Phönicier od. Cananiter als Chamiten, welche in uralter Zeit vom persischen Meerbusen an die Küste des mittelländ. Meeres wanderten u. von hier aus ziemlich lange vor Abraham über Palästina sich verbreiteten, indem sie die Urbewohner des Landes

bewohnte Canaan, wo er als Gast seine Heerden weidete, auch seine Wanderungen bis nach Aegypten ausdehnte. Ein Aramäer von Abkunft (5 Mos. XXVI, 5.) und Sprache (vgl. 1 Mos. XXXI, 47.), ward er in Canaan Gründer eines eigenen Volksstammes, welcher die aramäische, damals vielleicht noch weniger verschiedene Mundart mit der verwandten cananitischen vertauschte [1]).

§. 19.
Seine Söhne und Enkel.

Abrahams Sohn *Isaak* erscheint wenig ausgezeichnet. Durch dessen Verheirathung mit einer Verwandten vom Euphrat, durch die Wanderung seines Sohnes *Jakob* eben dahin und dessen Verheirathung mit den beiden Töchtern *Labans* wurde die Verbindung des jungen Stammes mit dem Mutterlande fortgesetzt, und dessen Verschwägerung mit den Landeseinwohnern im Geiste des mosaischen Gesetzes verhindert; wogegen der ältere Sohn Isaaks *Esau* oder *Edom* dieser Haussitte untreu und dadurch der Stifter eines andern unächten Stammes wurde, während der jüngere *Jakob* das Erstgeburtsrecht an sich riss und den ächten Stamm fortsetzte, ja, obschon durch seinen Charakter nichts weniger als vortheilhaft ausgezeichnet, dessen zweiter Stammvater unter dem Ehrennamen *Israel* wurde [2]).

Durch seinen mit einer Sklavin erzeugten Sohn *Ismael* und seine mit der *Ketura* gezeugten Söhne soll Abraham auch

---

zurückdrängten. — Ist diese Annahme richtig, so muss man jedenfalls voraussetzen, dass die chamitischen Cananiter in frühester Zeit von semitischer Cultur berührt wurden.

[1]) Sagenmässig dichterische Behandlung der Geschichte und des Charakters A.'s: seine Berufung aus Mesopotamien (vgl. die Fabeln bei *Joseph.* Antiqq. I, 7, 1. Pseudo-Jonath. Gen. IX, 28. *Abulpharag.* hist. dynast. p. 20. *Alkoran* Sur. VI, 75 sqq. Sur. XXI, 52 sqq. *Hyde* de relig. vet. Persar. p. 62 sqq. *Bauer* Gesch. I, 114 f.); die Verheissung zahlreicher Nachkommenschaft u. s. w.; s. meine Kritik d. isr. Gesch. S. 49 ff. S. über Abraham *Ewald* Bd. I, S. 409—439.

[2]) Sagen von ihm, wie er durch List das Recht der Erstgeburt an sich brachte, auf der andern Seite von Gott Verheissung und Auszeichnung erhielt. Vergl. *Ewald* Bd. I, S. 441 ff. über die Bedeutung Jakobs.

Stammvater arabischer Völkerschaften sein [1]), so wie die von *Lot*, Abrahams Vetter, abgeleiteten Ammoniter und Moabiter nebst den Edomitern ebenfalls zu den Vorfahren der heutigen Araber gezählt werden können.

Unter den semitischen Völkern treten die Israeliten kraft ihrer monotheistischen Religion in den Vordergrund. Um den Ursprung des Monotheismus zu erklären, reicht die geschichtliche Forschung nicht aus; als Thatsache aber darf angesehen werden, dass schon die Erzväter über die Stufe der Naturreligion sich erhoben hatten und einem Monotheismus huldigten, der im israelitischen Volke sich weiter entwickeln und demselben trotz seiner sonstigen Unbedeutendheit eine weltgeschichtliche Bedeutung geben sollte [2]).

§. 20.
Wanderung nach Aegypten.

Der Zug *Jakobs* nach Aegypten wurde durch die (wunderbaren und nicht ganz zusammenstimmend [3]) erzählten) Schicksale seines Sohnes *Joseph*, der sogar zur Würde eines Vezirs in Aegypten aufstieg, veranlasst. Man könnte diesen Zug auch ohne diess begreifen, da noch jetzt immer Beduinen

---

[1]) Vgl. die arabischen Ableitungen bei *Pococke* spec. hist. Arab. p. 38 sqq. Genealogische Mythologie. Vielleicht hat man hiebei wie bei 1 Mos. X. eher an Stämme als Individuen zu denken; s. *Ditmar* Gesch. d. Israelit. S. 5 ff. Wie sich in den Heirathen des Isaak u. Jakob ein geschichtlicher Zusammenhang der Abrahamiden mit den Semiten des Nordostens u. die Thatsache neuer Einwanderung von dort nach Palästina erkennen lässt (*Ewald* Bd. I, S. 382 ff. 441 ff.), so spricht sich in den Berichten über die Nachkommen Abrahams von der Hagar u. Ketura u. über die Nachkommen des Lot das nationale Bewusstsein einer Verwandtschaft der Abrahamiden mit den süd-östlichen semitischen Stämmen aus (*Ewald* Bd. I, 417 ff.), denen allen der Name „Hebräer" im weitern Sinne zukommen würde, obgleich er im A. T. auf die Israeliten beschränkt ist. S. *Knobel* Völkertafel S. 177.

[2]) Vergl. *Ewald* Bd. I, S. 429. Ders., neue Untersuchungen über den Gott der Erzväter, in Jahrbb. d. bibl. Wiss. X, 1—26. *Diestel* der Monotheismus des ältesten Heidenthums, vorzüglich bei den Semiten, in d. Jahrb. f. deutsche Theol. Bd. V, 669—760.

[3]) Vgl. Einl. ins Alt. T. §. 170. *Tuch* Genes. S. 508 f. *Knobel* Genes. S. 288 ff. S. 302 f. *Ewald* Bd. I, S. 520—535.

Wand. n. Aegypt. Zeitrechnung. §. 20. 21.   31

nach Aegypten zu ziehen pflegen [1]), und die ägyptische Geschichte selbst von der Einwanderung eines erobernden Hirtenstammes und der ihm zugehörigen Dynastie der *Hyksos* meldet [2]). Das Land *Gosen*, welches die Israeliten besetzten, war ein vorzüglich zur Viehzucht passender Landstrich an der Ostseite des Nils, an der Grenze Arabiens [3]).

B. Aufenthalt in Aegypten.

(Von 1921 bis 1491 v. Chr.)

§. 21.
Zeitrechnung.

Nach 2 Mos. XII, 40., womit 1 Mos. XV, 13. ungefähr zusammenstimmt, sind die Israeliten 430 J. in Aegypten ge-

---

[1]) *Maillet* Lettres sur l'Égypte I, 24 ff. bei *Harmar* Beob. I, 79. *Robins*. Paläst. I, 85.
[2]) *Manetho* b. *Joseph.* c. Ap. I, 14.: .. Ὑκσως, τοῦτο δέ ἐστι βασιλεῖς ποιμένες. Sie waren nach Dems. Araber. Auf einem blossen von *Manetho* nicht verschuldeten Missverständniss beruht es, dass sie für die Israeliten gehalten wurden, wie schon von *Josephus* selbst (vgl. Cap. 16. 26.) u. ihm nach von *Perizon.* origg. aegypt. c. XIX. p. 343 sqq. *Budd.* II. E. V. T. I, 362. Vgl. dgg. *Marsham* can. chron. p. 103. *Beer* von d. Hirten, welche in Aegypten herrschten, in s. Unters. I, 214 ff. *Jahn* Arch. II, 1. 26. *Rühle* v. *Lilienstern* universalhistor. Atl. I, 240 ff. *Rosenm.* Alterth. III, 311. *Knobel* Exod. u. Levit. S. 112 f. *Lepsius* in *Herzog's* RE. unt. Aegypten S. 144 ff. *Ewald* Bd. I, S. 504 ff., welcher die Hyksos zu den Hebräern im weitesten Sinne des Worts rechnet, welche von Nordost nach Süden hin wanderten. So auch *Bertheau* l. c. S. 233. Vgl. *A. Knötel* de pastoribus qui Hycsos vocantur deque regibus pyramidum auctoribus. Lips. 1856. 8.
[3]) S. die verschiedenen Meinungen über die Lage dieses Landes b. *Bellermann* Hdb. d. bibl. Litt. IV, 191 ff. *Rosenm.* Alterth. III, 246 ff. *Gesen.* thes. I, 307 sq. *Win.* RWB. Art. Gosen. *Rosenm.* hält es für den Landstrich esch-Scharkijah, d. i. das östliche Land, welches sich südlich von Pelusium bis gegen Bilbeis (nordöstlich von Kairo) hinzieht, und nordöstlich an die Wüste El Dschefar (Schur) grenzt. Vgl. *Robins.* a. O. S. 84. *Hengstenb.* d. BB. Mos. u. Aeg. S. 43 f. *Knobel* zu Gen. XLV, 10. u. Exod. I, 11. Falsche Meinung *Jablonsky's* (de terra Gosen Frcf. a. V. 1756., in s. Opuscc. ed. *te Water* II, 77 sqq.), es sei der herakleotische Nomos auf der Westseite des Nils gewesen.

wesen, welches Zeugniss weder durch die LXX, den samarit. Text, *Josephus* (Antiqq. II, 15, 2. vgl. jedoch 9, 1.) und *Paulus* (Gal. III, 17.), noch durch die Genealogieen 2 Mos. VI, 16—20. 4 Mos. XXVI, 8. 9. Ruth IV, 18. 19. entkräftet werden kann ¹), und die ungeheure Vermehrung der Israeliten etwas erklärlicher macht ²).

§. 22.
Zustand des hebräischen Volks in Aegypten.

Während des langen Aufenthalts in der Nähe eines höher cultivirten Volkes blieben die Israeliten nicht unberührt von ägyptischer Bildung und ägyptischem Götzendienst, wurden jedoch, unbelästigt von der einheimischen Herrschaft, durch ihre Sprache, die Lage ihres Wohnorts, ihre eigenthümliche Verfassung und Religion vor gänzlicher Vermischung mit dem Fremdvolke bewahrt ³). Ein neuer König aber, von Joseph's Verdiensten um Aegypten nichts wissend ⁴), unterdrückte die

---

¹) *Koppe* Israelitas non 215, sed 430 annos in Aegypto commoratos esse efficitur (Gott. 1777.), in *Pott* syll. comm. II, 8.; vgl. *Michael.* Or. Bibl. XII, 23 ff., auch Zerstr. kl. Schrr. S. 269 ff. *Jost* allg. Gesch. I, 99 ff. *Tiele* Chron. S. 38 ff. *Ewald* Bd. I, S. 513 ff. *Knobel* zu Exod. XII, 40. 41. Dagegen nimmt *Andr. Archinard* la Chronol. sacr. basée sur les découvertes de Champollion (Par. 1841.) p. 22 ss. die gewöhnliche Rechnung in Schutz (vgl. unten Anm. 4.). Vgl. auch *Lepsius* l. c. S. 145 f. u. Chronol. der Aegypt. I, S. 360 ff.

²) Sie zählten 600000 streitbare Männer (2 Mos. XII, 37 f.), also 2—3 Mill. Seelen. Ueber die Wahrscheinlichkeit dieses Factums s. *Bauer* Gesch. I, 268. *Jahn* Arch. II, 1. 91. *Win.* RWB. II, 114 ff. *Bertheau* l. c. S. 256 f. *Ewald* Bd. II, S. 253 ff. Dagegen erörtert *Knobel* Num. S. 2 ff. die Bedenken, welche sich gegen diese grosse Zahl erheben, und beseitigt sie durch die Annahme, dass die Zahl zwar geschichtlichen Werth für eine spätere nachmosaische Zeit habe, aber aus dieser in die mosaische hineingetragen sei.

³) Vgl. *Bertheau* l. c. S. 240 f. *Ewald* Bd. I, S. 484 f. Bd. II, S. 3—11.

⁴) Verschiedene Versuche die (zum Theil gleichzeitigen) ägyptischen Dynastieen des *Manetho* (abweichend überliefert von *Euseb.* im Chron. und nach *Jul. Afric.* von *Georg. Syncell.*; eine Zusammenstellung derjenigen Dynastieen, von welchen sich Monumente finden, nach *Rosellini* u. *Leemans* in der Rec. von *Gesen.* A. LZ. 1842. CXLVII, 563. Vgl. *Böckh* Manetho u. die Hundssternperiode.

Israeliten, und hielt sie zu harten Frohnarbeiten an; ja man suchte sogar zuletzt ihre schnelle Vermehrung zu hin-

---

Berlin 1845. u. *Lepsius* Chronol. d. Aegypt.) mit diesen biblischen Nachrichten in Einklang zu bringen. (*Leemans:*) „Bald nach Josephs Tode fielen die Hyksos in Niederägypten ein.... Einer von diesen Königen war vermuthlich der „„neue König"", der, aus einem fremden Volke, von Josephs Verdiensten um das Land nichts wusste u. die sich immer mehr vermehrenden Hebräer durch die härtesten Bedrückungen zu schwächen suchte, weil er besorgte, sie möchten sich bei einem Kriege mit den Feinden verbinden. Diese Feinde waren wohl diē eingebornen Aegyptier u. ihre alte Königsfamilie u. s. w." *Rosenm.* Alterth. III, 310 ff. So auch *Jahn* Arch. II, 1. 25. Hingegen nach *Georg. Sync.* p. 62. war es allgemeine Ansicht, dass Joseph unter Aphophis Aegypten beherrscht habe; dieser A. aber wird in der 17. Dynastie Manetho's als dritter König der Hyksos genannt, u. dann würde die Bedrückung u. Auswanderung der Israeliten sich unter der 18. (diospolitanischen) Dynastie ereignet haben, wie *Georg. S.* wirklich Mose u. den Auszug unter Amoses, den 1. König dieser Dynastie, u. *Euseb.* Chron. I, 20. p. 102. unter Achencheres, den 9. Kön. derselben, setzen. Nach *Champollion* d. J. Briefe aus Aeg. etc. Anhang S. 285. war Joseph unter dem 4. Könige der Hyksos-Dynastie oberster Staatsbeamter. *Rühle v. Lilienstern* universalhist. Atl. I, 246 f. setzt die Bedrückung Israels gleichzeitig mit der Vertreibung der Hyksos. (Bei ihm eine Zusammenstellung der verschiedenen Ansichten.) Auch die meisten neueren Forscher entscheiden sich im Allgemeinen für die Annahme, dass die Israeliten zur Zeit der Herrschaft der Hyksos nach Aegypten kamen und erst längere Zeit nach Vertreibung derselben das Land verliessen. So *Bertheau* l. c. 237. *Ewald* Bd. I, 575 ff., welcher die ägypt. und biblischen Nachrichten so auszugleichen sucht, dass Joseph, als Führer des ersten israelitischen Zuges, gegen die Hyksos an das ägypt. Herrscherhaus sich anschloss und zu dessen Gunsten später die übrigen Stämme herbeirief, dass aber die Israeliten selbst durch den letzten König der 18. Dynastie, Amenophis, zum Abzuge genöthigt wurden. Vergl. *Ewald* Bd. II, 100 ff. *Knobel* Genes. S. 301 f. und zu Exod. 1, 8. Sie differiren nur in der Ausgleichung der ägypt. u. bibl. Nachrichten. Gegen *Ewald* u. A., welche den Bericht des *Manetho* über die Vertreibung der Aussätzigen bei *Joseph.* c. Ap. I, 26 f. mit der hebräischen Ueberlieferung von d. Auszuge der Hebräer aus Aegypten identifiziren, sucht *Knobel* Exod. S. 116 ff. nachzuweisen, dass jener Bericht des *Manetho* vielmehr die ägyptische Sage vom Auszuge der Philister aus Aegypten enthalte. — *Archinard* Chron. p. 37 ss. hingegen findet die Gleichzeitigkeit des Aufenthaltes der Israeliten mit den Hyksos undenkbar, u. auch *Lepsius* l. c. S. 144 ff. lässt die Israeliten erst nach den Hyksos nach Aegypten kommen,

dern¹). Es scheint aber, dass nur ein Theil der Nation unter dieser Dienstbarkeit geseufzt hat, während die Uebrigen nomadische Freiheit genossen und über die Grenzen Aegyptens hinausschweiften (1 Chron. VII, 21.) ²).

C. Zeitalter Mose's und Josua's.
(Von 1491 bis 1426 v. Chr.)

§. 23.
Zeitrechnung.

Vom Auszuge aus Aegypten bis zu Mose's Tode . 40 J.
Von da bis zu Josua's Tode nach *Joseph*. Antt.
V, 1, 29. . . . . 25 —³)
Zeitdauer . . . . 65 J.

---

sieht sich aber desshalb, wie *Archinard*, genöthigt, die biblischen Zeitbestimmungen von 430 Jahren für den Aufenthalt der Israeliten in Aegypten, u. von 480 Jahren für die Zeit vom Auszuge aus Aegypten bis zum Tempelbau aufzugeben u. dafür kürzere Zeiträume anzunehmen.

¹) Anderer Zweck dieser Arbeiten nach *Joseph*. Antiqq. II, 9, 1. 2. Widersprechendes in diesem Tilgungsversuche s. *Bauer* a. O. S. 246 ff. *Knobel* Exod. S. 10. Vgl. *Ewald* Bd. 2, S. 11 ff.

²) *Bauer* S. 270. *Jost* Allg. Gesch. I, 76. *Win*. RWB. II, 114.

³) So *des Vignoles*. Gew. nahm man nach einem beliebten Systeme 17 J. an. Mit unsrer Rechnung lässt sich Josua's Lebensalter Jos. XXIV, 29. gut vereinigen. *Archiv*. p. 40. stellt folgende Anknüpfungspunkte für die israel. Zeitrechnung in der ägyptischen auf: 1) Während des grossen Eroberungszuges des Sesostris (Rhamses III. oder d. Gr.) durch Palästina, Syrien, Indien fanden sich die Israeliten noch nicht in ihrem Lande, sonst würde ihre Geschichte Spuren davon zeigen; 2) die Israeliten wurden vor Mose zur Erbauung der Stadt Rhamses gebraucht (2 Mos. I, 11.); diese aber kann nicht vor Rhamses I. erbaut, u. Mose nicht vor dem Ende der Regierung desselben geboren sein; 3) der König, dessen Tod 2 Mos. II, 23. erfolgte, ist Sesostris († 1503 v. Chr.); 4) Mose wurde 1583 v. Chr. geboren; 5) der Auszug aus Aegypten fand Statt unter dem Nachfolger des Sesostris Menephtha II. Vergl. die übrigen zu §. 22, not. 4. S. 32 f.) angeführten Schriften.

§. 24.

Auszug aus Aegypten.

Mose, auf merkwürdige Weise am Leben erhalten, in ägyptischer Weisheit erzogen [1]), ward der Retter seiner Nation. Wenn ägyptische Bildung, so eignete er sich doch nichts von ägyptischer Religion an; vielmehr ihn selbst, wie sein Volk scheint die Gefahr, von der die Religion der Väter unter dem Druck der Fremdherrschaft bedroht war, zur Erhebung gegen dieselbe bestimmt zu haben [2]). In Verbindung mit seinem Bruder *Aaron* versuchte er die freiwillige Entlassung seines Volkes zu erhalten; es gelang aber erst in Folge mehrerer von Gott verhängter Plagen [3]). Vor der Verfolgung der anderes Sinnes gewordenen Aegypter rettete die Flüchtigen der wunderbare Durchgang durchs rothe Meer [4]). — Kein

---

[1]) Fabeln von Mose bei *Joseph.* Antiqq. II, 9, 10. *Schumann* vita Mos. P. I. Leipz. 1826. u. in *Rosenm.* Commentt. theol. II, 1.

[2]) *Ewald* Bd. II, 49 ff. 73 ff.

[3]) Erklärungsversuche. *Eichh.* de Aegypti anno mirabili, in den commentt. Gotting. rec. IV, 35. du Bois *Aymé* sur le séjour des Hebr. en Égypte, in Déscription de l'Ég. VIII, 109 f. Vgl. *Hengstenb.* d. BB. Mos. u. Aegypt. S. 93 ff. Aus dem biblischen Bericht lässt sich die nationale Erinnerung an ausserordentliche Landplagen erkennen, welche Aegypten trafen u. den Israeliten die günstigste Gelegenheit boten, das Befreiungswerk auszuführen. *Ewald* Bd. II, 80 ff. *Knobel* zu Exod. VII, 8—XII, 36. S. 53 ff. Ganz andere Nachricht von der Austreibung der Israeliten durch die Aegypter bei *Manetho* (*Joseph.* c. Ap. I, 26). *Tacit.* Hist. V, 3. vgl. §. 86. *Justin.* hist. XXXVI, 2.

[4]) Schwierigkeit der Erklärung dieses Durchgangs, welche die Fragmente des Wolfenbütt. Ungenannten, ein Anhang zu d. Fragm. vom Zwecke Jesu etc., bekanntgem. v. *Lessing* (Berl. 1788.) S. 141 ff. gut auseinander setzen. Alte von fast allen nicht allzugläubigen Neuern befolgte Annahme der dabei benutzten Ebbe und Fluth: *Artapan.* bei *Euseb.* praep. evang. IX, 27. Ende, vgl. *Joseph.* Antt. II, 16, 5. *Philo* de vita Mosis I. p. 629. Ueber Ebbe und Fluth des arab. Meerbusens s. *Herod.* II, 11. *Diod. Sic.* III, 15. 19. *Niebuhr* Beschr. von Arab. S. 421 f. Vgl. Essai phys., sur l'heure des marées dans la mer rouge comparée avec l'heure du passage des Hébreux, réimpr. Gott. 1758. Deutsch in *Michael.* zerstr. Schr. S. 1 ff. Annahme einer Ebbe auf Ebbe *Michael.* zu 2 Mos. XIV, 21. Zerstr. Schr. S. 115 ff.; dgg. Nie-

Theil der hebräischen Geschichte ist so mit Wundern ausgeschmückt und so sehr von der Sagendichtung in Besitz genommen als dieser: daher der vorsichtige Historiker lieber diese Sagen als solche nacherzählt, als willkürlich in Geschichte zu verwandeln sucht.

§. 25.
Zug durch die Wüste.

Unter dem befreiten Volke trat Moses als Prophet und Weiser auf. Den Monotheismus in strengster Consequenz erfassend, beugte er das ganze Volk unter die Furcht und den Gehorsam gegen den einen und allmächtigen Gott. Durch die Verkündigung von dem Bunde Jehova's mit Israel wurde er der Stifter der Theokratie und eines theokratischen Gemeinwesens, dem Jehova als der alleinige Herrscher, der Wille Jehova's als absolutes Gesetz, der Spruch Jehova's als höchstes Gericht galt. Die Erfahrung in Aegypten musste ihn bestimmen, auf dem Grunde der Jehovareligion das Volk mit so festen Institutionen für Cultus und Verfassung zu umgeben, dass es für alle Zukunft vor Verfall in fremdländisches Wesen bewahrt würde [1]). Er führte es aber nicht sogleich zur Er-

buhr R. II, 414 f. Ueber den Ort des Durchgangs s. *Nieb.* B. S. 403 ff. R. I, 255 f. (vgl. dgg. *Raumer* Zug d. Israel. aus Aegypt. nach Canaan. 1837. S. 8 ff); *Robins.* I, 90 ff. Dieser Reisende wie *Niebuhr* setzt den Ort in die Nähe von Suez, wo der Meerbusen am schmalsten ist. *Du Bois Aymé* a. O. VIII, 114 ff. (vgl. *Rosenm.* Alt. III, 264 ff. *Win.* RWB. II, 71 f.) setzt ihn nördlich von Suez an die Stelle, wo sich jetzt eine Sandbank, ehemals eine Untiefe oder Furth im Meere selbst, befindet, welche Furth Mose zur Zeit der Ebbe benutzt haben soll. Annahme eines blossen Zuges an dem Ufer hin zur Zeit der Ebbe s. *Ritter* in *Henke's* N. Magaz. IV, 2, 291 ff.; dgg. allg. Welthist. von *Baumgarten* III, 413 ff. Parallelen s. bei *Strabo* XIV, 458.; vgl. *Joseph.* a. O. Liv. XXVI, 45. Andere Nachricht bei Justin. XXXVI, 2.: . . Aegyptii domum redire tempestatibus compulsi sunt. Mehrere Materialien über diesen Gegenstand s. bei *des Vignoles* I, 642 ff. *Döderlein* Fragmente u. Antifragmente. Zwei Fragm. e. Ungen. a. *Lessing's* Beitr. abgedr., m. Betrachtt. darüber. 1. Th. 3. Ausg. 1788. *Rosenm.* Schol. in V. T. ad Ex. XIV. *Knobel* zu Exod. VII, 8 — XII, 36. S. 53 ff.

[1]) Dass von Moses die Stiftung der Theokratie u. eine Gesetzgebung ausging, darin stimmen die neueren Forscher überein, wäh-

oberung des Landes Canaan angeblich seiner Feigheit und Widerspenstigkeit wegen (4 Mos. XIII. XXIV.), sondern liess es 38 J. in der Wüste umherirren¹), bis er endlich im ostjordanischen Lande anlangte und dieses eroberte, die Einnahme des jenseitigen Landes aber seinem Nachfolger überlassen musste.

§. 26.
Eroberung Canaans durch Josua.

Erfüllt von dem Gottvertrauen, zu dem das Volk durch Moses erhoben war, ging es unter der Führung des Josua an die Eroberung des Landes der Väter, auf das es ausserdem durch die damaligen Völkerverhältnisse hingewiesen ward²). Laut der spätern, unklaren und zum Theil unhistorischen Nachrichten des B. Josua³) hat zwar dieser Feldherr nach

---

rend sie über den Umfang des ächt Mosaischen verschiedener Ansicht sind. *de Wette* Beiträge etc. I, 258 ff. II. (Krit. der isr. Gesch.) 251 ff. Einl. ins Alte T. §. 144 ff. *E. Bertheau* die sieben Gruppen mosaischer Gesetze in den drei mittlern Büchern des Pentateuch. Götting. 1840. Ders., zur Geschichte der Israeliten S. 242 ff. *Ewald* Bd. II, 124 ff. *Bleek* Einleit. in's A. T. S. 182 ff. *Knobel* Exod. S. XXIII f. u. Numeri etc. S. 592 ff.

¹) Die Nachrichten von diesem Zuge (über die verschieden angegebenen Stationen s. *Rosenm.* Alt. III, 131 ff. *Raumer* Zug d. Israel. nach Can. S. 31 ff. *Robins.* Paläst. III, Anm. XXXIX. *Ewald* Bd. II, 240 ff. *Knobel* zu Num. c. XXXIII.) sind sehr dürftig u. unzusammenhängend, u. dessen Dauer wird bloss 5 Mos. II, 13 f. angegeben. Vgl. m. Kritik etc. S. 348 ff. *Göthe* west-östl. Divan S. 438 ff. *Robins.* III, 1. 174.: „Wie in diesen grossen Wüsten eine solche Schaar von mehr als 2 Millionen Seelen (?) ohne Handel oder Verkehr mit den umwohnenden Horden einen zu ihrem Unterhalte hinreichenden Bedarf an Speise und Wasser, ohne ein fortwährendes Wunder, finden konnten, bin ich für meinen Theil nicht im Stande zu errathen. Dabei lesen wir nur von gelegentlichen Wünschen und Klagen unter ihnen, während die jetzt in denselben Gegenden herumstreifenden Stämme, obgleich kaum ein Paar tausend Mann stark, Hungersnoth u. Entbehrungen jeder Art ausgesetzt sind." Vgl. §. 21, 2.).

²) *Bertheau* zur Gesch. d. Israel. S. 266 ff. *Ewald* Bd. II, 305 ff. *Knobel* Numeri etc. S. 362 ff.

³) *(Hasse)* Aussichten zu künftigen Aufklärungen üb. d. A. T. Jena 1785. S. 83 ff. Einl. ins A. T. §. 166 ff. *Ewald* Bd. II, 296 ff. *Knobel* Comment. zu d. Buch Josua.

dem wunderbaren Uebergange über den Jordan (Cap. III. IV.) einen beträchtlichen Theil von Süd- und Mittelpalästina (Cap. VI—X.), auch Einiges von Nordpalästina (Cap. XI.), aber bei weitem nicht das ganze Land erobert (Cap. XIII, 1.) [1]), das er gleichwohl unter die Stämme vertheilte (Cap. XIV—XIX.). Diese mussten sich nun ihr Erbtheil erst selbst erkämpfen (Richt. I. XVIII, 1.). Aber ein grosser Theil der Cananiter blieb unvertrieben (Richt. 1, 19. 21. 27 ff.), und sie wurden theils unterjocht (Richt. I, 28. 30. 33. 35.), theils wohnten sie neben und unter den sich mit ihnen verschwägernden Israeliten (Richt. III, 5 f.), theils wurden sie in deren Volksgemeinschaft aufgenommen (Jos. IX. XV, 63. XVI, 10. Richt. I, 19 ff. 1 Kön. IX, 21. 4 Mos. XXXII, 12. [vgl. 1 Mos. XV, 19.] Richt. IX, 28. [vgl. 1 Mos. XXXIV, 2.] 1 Sam. XXVI, 6. 2 Sam. XI, 3. XXIV, 16.). Dass Moses die Ausrottung der Cananiter gewollt und anbefohlen habe, ist auf Grund der Geschichte und der ältesten Ueberlieferung zu bezweifeln [2]). — So gewann das Volk schon unter Josua zum Theil den geschichtlichen Boden, auf dem die Theokratie sich verwirklichen sollte. Die Wahrheit, welche Moses dem Volke verkündigt hatte, fiel der Pflege der Priester anheim, welche mit Weisheit das politisch-sociale Werk des grossen Propheten fortsetzten [3]).

I). Zeitalter der Richter oder Helden.

(Von 1426 bis 1095 v. Chr.?)

§. 27.

Zeitrechnung.

Zeit nach Josua, in welcher manche Eroberungen gemacht werden und ein neues Geschlecht in

---

[1]) Spur von der Flucht der Cananiter bei *Procop.* Vandalic. II, 10.; vgl. *Selden* prolegg. ad syntagm. de Diis syr. c. 2. p. 18. *Bochart* Phal. et Can. I, 24. p. 520. *Budd.* H. E. V. T. I, 768. *Calmet* sur les pays, où se sauvèrent les Cananéens chassés de Josue, in s. comment. liter. II, 17. und s. dissert. qui peuvent servir de Prolegg. II, 129 sqq. *J. Müller* Allgem. Gesch. I, 103. *Faber* Arch. S. 100 f.
[2]) *Knobel* Numeri etc. S. 364.
[3]) *Ewald* Bd. II, 217. 337 ff. 406 ff.

Zeitalter d. Richter. §. 27.

Abgötterei verfällt (Richt. I. II.), ohne Zeitbestimmung; nach *Joseph.* Antiqq. VI, 5, 4. . .	18 J.
Dienstbarkeit unter Cuschan Rischathaim (Cap. III, 8.)	8 —
Befreiung durch Othniel und vierzigjährige Ruhe (Cap. III, 11.)	40 —
Dienstbarkeit unter d. Moabitern (Cap. III, 14.)	18 —
Befreiung durch Ehud und achtzigjährige Ruhe (Cap. III, 30.)	80 —
Befreiung durch Samgar (Cap. III, 31.) ohne Zeitbestimmung	x.
Neue Sünden der Israeliten und zwanzigjährige Dienstbarkeit unter Jabin (Cap. IV, 1 ff.) . .	x + 20 —
Befreiung durch Barak und vierzigjährige Ruhe (Cap. V, 31.)	40 —
Siebenjährige Unterdrückung durch die Midianiter (Cap. VI, 1 ff.)	7 —
Ruhe unter Gideon (Cap. VIII, 28.)	40 —
Abfall der Israeliten nach Gideons Tode (Cap. VIII, 33—35.)	x.
Abimelechs Herrschaft (Cap. IX, 22.)	3 —
Thola Richter (Cap. X, 2.)	23 —
Jair Richter (Cap. X, 3.)	22 —
Neuer Abfall der Israeliten und Unterdrückung (Cap. X, 6—9.)	x + 18 —
Jephtha Richter (Cap. XII, 7.)	6 —
Ebzan Richter (Cap. XII, 9.)	7 —
Elon Richter (Cap. XII, 10.)	10 —
Abdon Richter (Cap. XII, 14.)	8 —
Druck der Philister (Cap. XIII, 1.)	40 —
Simsons Richteramt (Cap. XV, 20.)	20 —[1])
Eli's Richteramt (1 Sam. IV, 18.)	40 —[2])
Anarchie (1 Sam. VII, 2.)	20 —
Samuels Richteramt (*Joseph.* Antiqq. VI, 13, 5.) .	12 —
Summa der bestimmten Zahlen	500 J.

[1]) Fehler der ältern Chronologen (*Calvis.*, *Lightf.* u. A., auch *Michael.*) die 20 J. des Simson mit in die 40 J. des Philisterdrucks einzurechnen (*des Vign.* I, 65.).
[2]) Wahrscheinliche Lücke zwischen dem B. d. Richt. und d. 1. B. Sam. (*des Vign.* I, 74.).

Für diese Summe erscheint die Zahl von 331 J., welche nach der Angabe 1 Kön. VI, 1., dass der Tempelbau im J. 480 nach dem Auszuge aus Aegypten Statt gefunden, für den Zeitraum der Richter übrig bleibt, auf den ersten Anblick zu klein. Daher haben *Michaelis*, *Schlözer* u. A. die Zahlangabe 592 bei *Joseph*. Antt. VIII, 3, 1. vorgezogen, welche die Rechnung der chinesischen Juden (s. *Tacit*. Opp. ed. *Brotier* III, 567 sqq. de Judaeis sinensibus, vgl. *Mich*. or. Bibl. V, 71 ff.) [1]) zu bestätigen scheint, wornach 443 J. für unsern Zeitraum herauskommen; eine Summe, die mit AG. XIII, 20. (ὡς ἔτεσι τετρακοσίοις καὶ πεντήκοντα ἔδωκε κριτὰς ἕως Σαμουήλ) zusammenstimmt. Aber jene Angabe des *Josephus* beruht nicht auf einer verschiedenen LA., sondern auf einer von ihm selbst anderwärts (Antt. XX, 10, 1. c. Ap. II, 2., wo er 612 J. zählt) nicht befolgten Rechnung [2]). Man muss also doch bei jenen 331 J. stehen bleiben, und unter der wahrscheinlichen Voraussetzung, dass die im B. der Richter angegebenen Begebenheiten und Zeiträume zum Theil gleichzeitig zu setzen sind, die Richterperiode darauf beschränken. Es fehlen nur leider die Unterscheidungsmerkmale des Gleichzeitigen und Aufeinanderfolgenden, und somit die Anhaltspunkte für die Ineinanderrechnung. Nur Richt. XI, 26. die (ungenaue) Angabe, dass bis zu Jephtha's Zeit Israel das ostjordanische Land 300 J. lang besessen habe, dient einigermaassen zu einem festen Haltpunkte [3]).

---

[1]) Schwerlich auch (*Paulus* in *Eichh*. allg. Bibl. I, 926.) die Chronik der Juden zu Cochin; wgg. *Joel Löwe* ebend. III, 183. vgl. *Paul*. Erwiederung im N. Rep. III, 395 ff. u. *J. L.*'s Dupl. in der allg. Bibl. V, 399 ff.

[2]) Vgl. *Keil* in Dörpt. Beitr. II, 311 ff. *Tiele* Chron. S. 40 ff.

[3]) Gegen frühere Versuche jene 331 J. zu verrechnen s. *des Vign*. l, 18. *Mich*. zerstr. Schr. 222 ff. Einer der neuern Versuche jene 480 J. vom Auszuge bis zum Tempelbaue durch Ineinanderrechnung zu rechtfertigen b. *Keil* a. a. O. 325 ff. Er bleibt vom Einfalle des Cuschan-Rischathaim bis auf Jair der Folge der Zahlangaben des B. d. R. treu; dagegen setzt er der philistäischen Oberherrschaft über die (westlichen) Israeliten die Unterdrückung u. Freiheit der östlichen u. nördlichen Stämme (X, 8. XII, 7. 9. 10. 14.) gleichzeitig. Aber theils ist diese Ineinanderrechnung ziemlich willkürlich, theils werden von Mose's Tode bis zur Dienstbar-

§. 28.

Zustand des Volks.

Das Buch der Richter stellt aus theokratischem Gesichtspunkte und mit dem angelegten Maassstabe theokratischer Vergeltung in der Geschichte des auf Josua folgenden Zeitalters einen steten Wechsel von Abfall zum Götzendienste, Unterdrückung und Befreiung, und einen Zustand vollkommener Anarchie dar, welcher unter diesen Umständen, da dem Volke ein Haupt fehlte und die noch zu vollendende Besitznahme vom Lande den einzelnen Stämmen oblag, sehr natürlich war. Da die Unterdrückung so wie die Herrschaft der einzelnen Richter [1]) wahrscheinlich nur theilweise Statt ge-

---

keit unter Cuschan R. nur 17 J., u. vom Anfange des Druckes der Philister bis zum Tempelbaue 113 J., um aber diese herauszubringen, für Simsons u. Eli's Richteramt nur 20 J. gerechnet. *Tiele* S. 54. dagegen lässt die 80jähr. Ruhezeit der südlichen Stämme (Richt. III, 30.) gleichzeitig mit der 40jähr. der nördlichen Stämme (V, 31.) enden, das Richteramt Eli's noch zu Jephtha's Zeit beginnen, giebt dem Samuel u. Saul zusammen 40 J. u. dgl. m. — Auf eine überraschende Art gewinnt *Archinard* (§. 22 f.) S. 49 ff. 331 J. für die Richterperiode durch folgende Rechnung. Die Einnahme Jerusalems durch Sisak (Sesonchis, Scheschenk) fällt ins J. 964 v. Chr. Zwischen diesem Zeitpunkte und dem Auszuge aus Aegypten liegen 539 J. Hiervon abgezogen: 40 J. des Zuges durch die Wüste, 25 J. Josua's, 18 J. nach Josua, 120 J. des Saul, David u. Salomo, 5 J. des Rehabeam, bleiben 331 J., welche dann ebenfalls durch Annahme von Synchronismen, aber auch durch Tilgung der Richter Thola (nach *Joseph.*) u. Jair (weil er schon 4 Mos. XXXII, 41. u. öft. vorkommt) ausgerechnet werden. — Uebr. s. *Moldenhauer* üb. d. Zeitrechn. im B. d. R. 1766. *Walther* in Samml. v. Erläut.-Schrr. z. allg. W.-Hist. II, 313 ff. *Rich. Simon* hist. crit. du V. T. I, 8. *Carpzov* introd. in V. T. I, 179 sqq. *Paul.* exeg.-krit. Abhandl. S. 90 ff. *Leo* Gesch. d. jüd. St. S. 129. *Bertheau* Comm. zum Buch der Richter S. XVI ff. *Nägelsbach* in *Herzog's* RE. unt. *Richter* S. 28 f. *Ewald* Bd. II, 473 ff. *G. Rösch* das Datum des Tempelbaus im ersten Buch der Könige, in Stud. u. Krit. 1863, H. 4. S. 712 ff.

[1]) Ueber den Begriff von שֹׁפֵט s. *Gesen.* unt. d. W. *Jahn* Arch. II, 1. 85. *Carpz.* introd. in V. T. I, 169.: „Extraordinario munere fungebantur, et velut Hebraeorum dictatores quidam et vicarii Dei delegata a supremo numine potestate gaudebant, judiciorum, consiliorum et bellorum principatum tenentes." Theokratisch

funden hat, so ist es um so schwieriger eine zusammenhängende Geschichte dieses Zeitraums zu gewinnen [1]). Die mosaische Theokratie blieb jetzt eine bloss ideale Anforderung an das Volk; weder Religion noch Stammverwandtschaft, weder Priesterthum noch Stammverfassung vermochten die einzelnen Stämme als ein volksthümliches Ganzes zusammenzuhalten; dazu war auch das vom Zufall abhängige Richterthum nicht geeignet; die Stämme verfielen demokratisch-republikanischer Verwirrung und den ihr anhaftenden Uebeln. Indessen der Gewinn dieser Heldenzeit war, dass das Volk in dem von Moses ihm zugewiesenen Lande festen Fuss fasste, und wenn nun auch das Volk zu heidnischem Wesen hingezogen, der Jehovacultus alterirt, sein Priesterthum des Ansehens und Einflusses und das theokratische Gemeinwesen seiner festesten Grundlagen beraubt wurde, so wird doch fort und fort durch die Erinnerung an die Vergangenheit und durch die Gefahren der Gegenwart unter dem Volke das Bewusstsein gleicher Nationalität und Religion erhalten; selbst prophetischer Geist regt sich und zeigt sich in einzelnen grossen Richtern als Nachfolgern des Moses und Josua wirksam, und Priester am Heiligthum zu Siloh werden auch unter den Stürmen der Zeit für die Fortbildung der durch Moses begonnenen Gesetzgebung nach den Forderungen neuer Verhältnisse nicht unthätig gewesen sein [2]).

---

war ihre Herrschaft allerdings (vgl. Richt. VIII, 27. 1 Sam. I—IV. VII, 2 ff.). Vergleichung der carthagischen Suffeten *Liv.* XXX, 7.: Senatum itaque suffetes (quod velut consulare apud eos imperium) vocarunt. XXXIII, 46.: Judicum ordo ea tempestate dominabatur. XXXIV, 61.: cum suffetes ad jus dicendum consedissent. Besser der tyrischen Richter *Joseph.* c. Apion. I, 21.: μετὰ τοῦτον δικασταὶ κατεστάθησαν καὶ ἐδίκασαν Ἐχνίβαλος Βαλάχου μῆνας δύο, Χέλβης Ἀβδαίου μῆνας δέκα κτλ. Vgl. *Nägelsbach* in *Herzog's* RE. unt. *Richter* S. 27 f. *Ewald* Bd. II, 469.

[1]) Sage und Dichtung im B. d. Richter (II, 1. VI. XIII— XVI.). Die Geschichte Cap. XVII ff. setzt *Joseph.* Antiqq. V, 2. in die Zeit nach Josua und so die meisten Historiker. Vgl. XX, 28.

[2]) Vgl. über die Richterperiode *Bertheau* l. c. S. 277—296. *Ewald* Bd. II, 404—546.

§. 29.

Samuel.

Für eine Reform der zerrütteten Zustände hatte die Zeit den Boden bereitet. *Samuel*, ein Zögling Eli's [1]) und Prophet (1 Sam. I—III.), folgte diesem im Richteramte (1 Sam. VII, 2—17.) und gab zuletzt dem der Anarchie und des Wechsels überdrüssigen Volke einen König [2]). Damit entsprach Samuel einem bereits unabweisbaren Bedürfniss und legte den Grund zur Verwirklichung wahrhaft theokratischer Volkseinheit; dem mosaischen Princip widersprach nur ein in menschlicher Willkür geführtes (1 Sam. VIII, 10—18.), nicht aber ein dem göttlichen Gesetz untergebenes Königthum. Die durch Einsetzung desselben angebahnte politische Erhebung förderte Samuel zugleich durch die Stiftung der sogen. Propheten-Schulen, von denen eine dauernde Anregung des religiösen Geistes unter dem Volke ausging, so dass ihm nach Mose die wichtigste Stelle gebührt (Jer. XV, 1. Ps. XCIX, 6.).

---

[1]) Er war nicht Levit (1 Sam. I, 1. dgg. 1 Chron. VI, 12 f.). Vgl. *Knobel* Prophetism. d. Hebr. II, 29. *Budd.* II. E. II, 7. *Ortlob* de Sam. prophet., non pontifice. Lps. 1757. 4. *Thenius* Comm. zu d. Büch. Sam. S. 1 f. Vgl. dagegen u. über Samuel überhaupt *Bertheau* l. c. S. 297 ff. *Ewald* Bd. II, 547—562. *Nägelsbach* in *Herzog's* RE. unt. Samuel.

[2]) Sein hierarchischer Charakter ist nicht aus dem Geiste der neuern Zeit zu beurtheilen. S. 'übrige noch ungedr. Werke des Wolfenb. Fragmentisten, herausgeg. v. *L. A. C. Schmidt*. Berl. 1787. S. 200 ff. *Schiller* in der neuen Thalia IV, 94 ff. *Bauer* Gesch. II, 110 f. 133 ff.; dgg. *Knobel* II, 37 f. *Win.* RWB. II, 377. — Was hier von Sagen-Dichtung vorkommt, ist sichtbar nur auf die Geschichte aufgetragen.

II. Periode.

Von Saul bis zum babylonischen Exile.
(Von 1095 bis 588 v. Chr.)

A. Ungetheiltes Königreich.
(Von 1095 bis 975 v. Chr.)

§. 30.

Zeitrechnung.

Sauls Regierung nach AG. XIII, 21. *Joseph.* Antiqq. VI, 14, 9.	40 J. [1]
Davids nach 1 Kön. II, 11.	40 —
Salomo's nach 1 Kön. XI, 42. [2]	40 —
Zeitdauer	120 J.

§. 31.

Saul. 1095 bis 1055 v. Chr. [3]

Samuel wählte aus dem kleinen Stamme Benjamin und (wie es scheint) nicht aus einem mächtigen Geschlechte den körperlich ausgezeichneten *Saul* zum ersten Könige (1 Sam. IX. X.), der sich aber die Anerkennung der ganzen Nation erst durch einen Sieg über die Ammoniter verschaffen musste (1 Sam. XI.). Auch in andern Kriegen war er glücklich (1 Sam. XIII—XV, 9.), verscherzte aber den Beifall Samuels

---

[1] Ueber das chronologische Datum 1 Sam. XIII, 1. s. *des Vign.* p. 138 sqq., welcher eine Lücke annimmt (vgl. 2 Sam. II, 10.); s. auch *Michael.* u. *Thenius* z. d. St. Viel für sich hat die Conjectur von *Nägelsbach* in *Herzog's* RE. unt. Saul S. 434., dass nach dem כ des בן ein zweites כ (als Zahlzeichen = 50) ausgefallen sei, so dass Saul im Alter von 50 Jahren die Regierung angetreten hätte. Dazu würde auch das Alter des Jonathan u. die Lesart δύο bei *Josephus* gut passen, nach der Saul überhaupt nur 20 Jahre geherrscht hätte, eine Zeitbestimmung, für die sich auch *Ewald* Bd. III, 69 ff. entschieden hat.

[2] Nach *Joseph.* Antt. VIII, 7, 8. 80 J.; s. dgg. *des Vign.* I, 164. *Beng.* ord. tempp. p. 103. *Ewald* Bd. II, 483.

[3] Nach *Archinard* bis 1049.

(1 Sam. XV, 10—35.) [1], der ihm heimlich einen Nachfolger bestimmte (1 Sam. XVI.), ward schwermüthig und argwöhnisch, verfolgte den edelmüthigen *David* (1 Sam. XIX—XXVI.), und führte zuletzt einen unglücklichen Krieg gegen die Philister, in welchem er umkam (1 Sam. XXXI.).

§. 32.

David. 1055 bis 1015 v. Chr.[2]

Nachdem *David*, erst Sauls Waffenträger, Kriegsoberster und Tochtermann (1 Sam. XVIII.), dann vor ihm flüchtig (1 Sam. XIX—XXI.), eine Zeitlang als Haupt einer Partei Missvergnügter (1 Chron. XII, 1—22.) umhergeschweift war (1 Sam. XXII.-XXX)[3], wurde er vom Stamme Juda zu Hebron zum Könige erwählt, während Sauls Sohn *Isboseth* die übrigen Stämme noch 7 Jahre beherrschte (2 Sam. II.). Durch Meuchelmord, welchen David hart bestrafte (2 Sam. IV.), kam auch diese Krone an ihn (2 Sam. V, 1—5.), und nun sah sich Israel unter ihm zu einem siegreichen, mächtigen Reiche vereinigt[4]. Durch Stiftung eines Königsitzes und

---

[1] Die Verwerfung Sauls ist in den vorliegenden Berichten nicht vollständig begründet; aber der Stifter des Prophetenthums hat gewiss nicht niedrig eigennützig gehandelt. Saul, dem es an Charakter gebrach, verdient wenigstens unsere Vorliebe nicht; s. *Augusti* Vers. einer Apol. Sauls in *Henke's* Magaz. IV, 277 ff. Schon im Leben des ersten Königs tritt der unausbleibliche Conflict zwischen der prophetischen Autorität u. dem durch sie eingesetzten Königthume hervor. In dem theokratischen Staate musste das Königthum der prophetischen Idee entsprechen; daraus erklärt sich die Entsetzung Saul's durch Samuel. Später erzeugt das steigende Wachsthum willkürlichen Regiments die prophetisch-messianische Hoffnung, die am Ende in der Idee des Gottmenschen sich vollendet. Vgl. *Ewald* Bd. III, 3—68.

[2] Nach *Arch.* bis 1009.

[3] Die Jugendgeschichte Davids hat einiges Abenteuerliche u. Sagenhafte, und die Berichte darüber bedürfen der sondernden Kritik. S. Einl. ins A. T. §. 179.

[4] Seine Siege über die Philister (2 Sam. V, 17—25. VIII, 1. XXI, 15—22.), Moabiter, Syrer, Edomiter (VIII, 2 ff.), Ammoniter (X. XII, 26 ff.). Ausdehnung seines Reiches. Vgl. *J. M. Hase* regni David. et Salom. descript. Norimb. 1739. mit Ch.

Gesammtgottesdienstes (2 Sam. V, 6—12. VI. vgl. §. 227.) erwarb er sich ein nicht geringes Verdienst, und durch seine Lieder ¹) wirkte er mächtig auf die Volksbildung ein. Jedoch wurde das Glück seiner Regierung durch Bürgerkrieg (2 Sam. XV—XX.) und Landplagen (XXI, 1—14. XXIV.), und die Reinheit seines edlen Charakters (1 Sam. XXIV. XXVI. 2 Sam. I. IV. IX. XVI, 11. Ps. CI.) durch Wollust und Grausamkeit (2 Sam. XI. XII. VIII, 2. XII, 31.) getrübt. Das Gesammtbild seines Lebens aber stellt David als einen König dar, welcher in möglichst hohem Grade der Stellung und Aufgabe eines theokratischen Königs entsprach. Seine Grösse als Mensch, als Krieger und Herrscher wurzelt in der aufrichtigen Gottesfurcht, welche den Grundzug seines Lebens bildet. Nachdem er die Gefahren und Versuchungen, welche das prophetische Wahlkönigthum mit sich führte, voll heiliger Scheu vor Jehova überwunden hatte, erhob er als der in seinem Gottvertrauen stets unverzagte Held und König sein Volk zu einer Höhe theokratisch-politischen Lebens, welche den spätern Geschlechtern das Ideal ihrer Hoffnungen für die Zukunft wurde ²).

§. 33.

Salomo. 1015 bis 975 v. Chr. ³).

Salomo, zweiter Sohn Davids von Bathseba, folgte seinem Vater nicht nach dem Recht einer geordneten Erbfolge, sondern

---

¹) Ueber die Aechtheit der vielen ihm zugeschriebenen Psalmen s. Einl. ins A. T. §. 269. u. d. Comment.

²) Vorwürfe *Bayle's* diction., des Fragmentisten (übr. noch ungedr. Werke etc. S. 221 ff.), dgg. *C. A. H.* (*Heumann*) dissert. apol. pro Davide omnis turpitudinis notis insignito a P. Baylio, in d. parergis Getting. (Gott. 1736.) I, 158 sqq. *Bauer* Gesch. II, 280 ff. *Stäudlin* Gesch. d. Sittenl. Jesu I, 208 ff.

Vgl. noch: *Niemeyer* üb. d. Leben u. d. Charakt. Davids, a. d. IV. Th. d. Charakt. d. Bibel. Halle 1779. *Chandler* krit. Lebensgesch. D.'s a. d. Engl. (1766.) Brem. 1777. 80. 2 Thle. *Kurtz* in *Herzog's* RE. unt. David. Besonders *Ewald* Bd. III, 71 —257.

³) Nach *Archinard* fällt der Tempelbau ins J. 1005, der Regierungsantritt Salomo's also ins J. 1009, u. d. Theilung des Reichs ins J. 969.

Salomo. §. 33.

kraft väterlichen Ansehens und Beschlusses und vermöge prophetischen und priesterlichen Einflusses. Ein Zögling des Propheten Nathan (2 Sam. XII, 24. 25.) ward er durch ihn und den Hohenpriester Zadok gegen Adonija, einen ältern Sohn Davids, zum Thronnachfolger erhoben (1 Kön. I.) und genoss nach baldiger Besiegung der gegen den jungen König das Kriegsglück versuchenden Völker [1]) in ausgedehnter Herrschaft (1 K. V, 1 ff.) während einer langen friedlichen Regierung, missbrauchte aber auch die Früchte der davidischen Anstrengungen. Er führte die Kunst und den Luxus ein, bereicherte sich durch Handel und Schifffahrt (1 K. IX, 26 ff. X, 11. 22.), lieh dem Gottesdienste durch den Tempelbau (1 K. VI. VII, 13 ff. VIII.) und die Hebung der heil. Tonkunst (1 K. X, 12.), und dem Hofe durch Bauten (1 K. VII, 1—13.), prächtige Geräthe (1 K. X, 16 ff.), Tafelaufwand (1 K. V, 1 ff.), Hofstellen (1 K. IV, 2 ff.), zahlreiches Harem (XI, 1 ff.) Glanz, richtete die Verwaltung ein (1 K. IV, 7 ff.), mehrte die stehende Kriegsmacht (1 K. V, 6. IX, 19. X, 26.), befestigte Jerusalem und andere Städte (1 K. IX, 15 ff.); drückte aber eben darum das Volk durch Frohnden (1 K. V, 27. IX, 15 f. 20—23.) und Abgaben (1 K. X, 25. XII, 4.), und liess sich von ausländischen Gemahlinnen zu ausländischen Sitten verleiten (1 K. XI.). Sein Glück scheint zuletzt durch Unruhen unterbrochen worden zu sein (1 Kön. XI, 14—25.). Er erwarb sich den Ruhm der Weisheit nicht nur als König (1 K. III.), sondern auch als Dichter (1 K. V, 9 ff. X, 1 ff.) [2]). — Wenn in einer langen Friedenszeit durch die rastlose Thätigkeit des begabtesten und glücklichsten Herrschers der Wohlstand des Landes gesteigert, die geistige Bildung unter dem Volke allseitig gefördert, die Volksreligion mit einem Central-Heiligthum, einem geordneten Priesterthum und prachtvollen Cultus versehen, das Königthum selbst aber zu einer angestaunten Höhe des Glanzes und der Macht erhoben wurde, so war es doch gerade diese Macht und die aus ihr entspringende Ueberhebung des Königthums, welche das Volk, das an der alten Freiheit des mosaischen Gemein-

---

[1]) Vgl. *Ewald* Bd. III, 280 f.
[2]) Ueber die ihm zugeschriebenen Sprüche, d. Hohel., Koheleth s. Einl. ins A. T. §. 281. 277. 284.

wesens festhielt, zur Unzufriedenheit reizte, und die Missbilligung der Propheten, eines Ahia, Semaja, Iddo, welche in solchem Königthum keine Gewähr für die Aufrichtung des theokratischen Staates fanden, herausforderte[1]).

B. Getheiltes Reich bis zum Untergange des israelitischen.
(Von 975 bis 720 v. Chr.)

§. 34.
Zeitrechnung.

Reich Juda.

Rehabeam regierte (1 Kön. XIV, 21.)	17 J.	
Abiam „ (1 Kön. XV, 2.)	3 —	
Assa „ (1 Kön. XV, 10.)	41 —	
Josaphat „ (1 Kön. XXII, 42.)	25 —	
Joram „ (2 Kön. VIII, 17.)	8 —	
Ahasja „ (2 Kön. VIII, 25.)	1 —	
Athalia „ (2 Kön. XI, 4. XII, 1.)	6 —	
Joas „ (2 Kön. XII, 1.)	40 —	
Amazia „ (2 Kön. XIV, 1.)	29 —	
Usia „ (2 Kön. XV, 2.)	52 —	
Jotham „ (2 Kön. XV, 33.)	16 —	
Ahas „ (2 Kön. XVI, 2.)	16 —	
Hiskia's erste Regierungsjahre (2 Kön. XVIII, 2. 10.)	6 —	
Summe der Regierungsjahre	260 J.	

Reich Israel.

Jerobeam regierte (1 Kön. XIV, 20.)	22 J.	
Nadab „ (1 Kön. XV, 25.)	2 —	
Baesa „ (1 Kön. XV, 33.)	24 —	
Ela „ (1 Kön. XVI, 8.)	2 —	
Simri „ (1 Kön. X, 15.)	—	7 T.
Omri „ (1 Kön. XVI, 23.)	12 —	

---

[1]) Vgl. *Bertheau* l. c. S. 306—325. *Ewald* Bd. III, 258—407. Jahrb. f. bibl. Wiss. X, 29—46. *Diestel* in *Herzog's* RE. unt. Salomo.

Getheiltes Reich. §. 34.   49

Ahab	regierte	(1 Kön. XVI, 29.)	. .	22 J.
Ahasja	„	(1 Kön. XXII, 52.)	. .	2 —
Joram	„	(2 Kön. III, 1.)	. . .	12 —
Jehu	„	(2 Kön. X, 34.)	. . .	28 —
Joahas	„	(2 Kön. XIII, 1.)	. . .	17 —
Joas	„	(2 Kön. XIII, 10.)	. .	16 —
Jerobeam II	„	(2 Kön. XIV, 23.)	. .	41 —
Sacharja	„	(2 Kön. XV, 8.)	. . .	— 6 M.
Sallum	„	(2 Kön. XV, 13.)	. . .	— 1 —
Menahem	„	(2 Kön. XV, 17.)	. . .	10 —
Pekahja	„	(2 Kön. XV, 23.)	. . .	2 —
Pekah	„	(2 Kön. XV, 27.)	. . .	20 —
Hosea	„	(2 Kön. XVII, 1.)	. .	9 —

Summe der Regierungsjahre . . . . . 241 J. 7 M. 7 T.

Beide verschiedene Summen zu vereinigen haben die Chronologen mancherlei Versuche gemacht [1]. Indem man mit Recht die Quellen der Ungleichheit theils darin, dass unvollendete Regierungsjahre für volle angegeben sind (vgl. 1 Kön. XV, 33. mit 25. 1 Kön. XVI, 8. mit XV, 33.), theils in zwei Zwischenreichen, einem zwischen Jerobeam II. und Sacharja von 11 Jahren und einem zwischen Pekah und Hosea von 9 Jahren [2]), theils in Mitregentschaften sucht (eine solche ist wahrscheinlich bei Joram K. v. Jud. anzunehmen wegen 2 Kön. III, 1. vgl. mit VIII, 16.) [3]), darf man mit um so weniger Gefahr bedeutend zu irren, da Ahasja, König von Juda, u. Joram, König von Israel, zu gleicher Zeit ermordet werden, eine Vereinbarung versuchen. Nach der wahrscheinlichsten Rechnung wird die Dauer des Reiches Israel auf 255 Jahre, von 975 bis 720 v. Chr., bestimmt [4]).

[1] *Offerhaus* spicilegg. hist. chron. (Groning. 1739.) p. 38 sqq. *Beer* richt. Vereinig. d. Regierungsjahre u. s. w. Leipz. 1751. 8. *Gibert* Mém. sur la chronol. etc. in Mém. de l'acad. d. inscriptt. XXXI. 1 sqq. *Volney* rech. nouv. sur l'hist. anc. (Par. 1814.) I, 1. *Tiele* Chron. S. 58 ff. *Win.* Art. Israel.
[2] *des Vign.* I, 220 sqq. *Jahn* Arch. II, 1. 149 ff. *Win.* S. 620. — *Tiele* S. 72 f. berechnet dieses Interregnum zu 10 J.
[3] So *des Vign.* I, 320. *Jahn*, *Win.* u. A.
[4] So *Win.*; dgg. rechnet *des Vign.* 244 J. von 962 bis 718 v. Chr.; *Jahn* u. *Beck*, denen wir früher folgten, 253 J. von 975 bis 722. Gegen diese Rechnung bemerkt *Win.* richtig: 1) das

§. 35.

Rehabeam und **Abiam** 975 bis 955; **Jerobeam** 975 bis 954 v. Chr.

Die Auflehnung gegen die Herrschaft Salomo's führte nach seinem Tode zur Spaltung des grossen, von den ersten drei Königen gegründeten Staates. Salomo's Sohn, *Rehabeam* (975—958) sollte den zehn Stämmen die von seinem Vater auferlegte Last erleichtern, und verlor durch schnöde Weigerung den grössten Theil seines väterlichen Reichs. Die ohnehin nicht sehr alte Verbindung der ganzen Nation löste sich nun für immer durch Stiftung eines Reiches Israel oder

---

nach derselben für den Regierungsantritt Usia's angesetzte J. 811 harmonire nicht mit der Dauer der im J. 838 anfangenden Regierung des Amazia (29 J.); 2) es widerspreche 2 K. XIV, 17., wonach Amazia noch 15 J. nach dem Tode des Joas von Israel, also bis 809 gelebt haben soll. *Archinard* chronol. sacr. p. 67 ss. (vgl. §. 22 f.) vergleicht das parallele Datum der ägyptischen Zeitrechnung, dass zwischen dem 6. J. des Sesonchis-Sisak (§. 35.), wo er Jerusalem unter Rehabeam eroberte, u. der Thronbesteigung des So (Sevechos b. *Manetho*, Sevekowtph nach ägypt. Denkmälern), welchen Hosea, K. von Israel, 3 J. vor Eroberung Samariens um Hülfe rief, 259 J. mitten inne liegen, fügt hierzu noch aus anderweitigen chronologischen Gründen 1 J., u. setzt so den Untergang des Reichs Israel 260 J. nach jenem Ereignisse (ins J. 704 v. Chr.); was eine Differenz von 16 J. mit unsrer Rechnung giebt. Er gewinnt diese 16 J., indem er den (angeblich durch zwei Quellen, die BB. d. Kön. u. der Chron. bestätigten) Reg.-J. der Könige von Juda folgt, u. diesen willkürlich noch 5 J. hinzufügt, nämlich 3 J. eines nach Joram K. v. Juda angenommenen Zwischenreichs, 1 J. mehr Reg.-Zeit Athalja's u. 1 J. Hiskia's (den Untergang des R. Israel setzt er ins 7. J. dieses Königs). *Ewald* Bd. III, S. 430— 433. u. S. 553 f. berechnet die Dauer des Reiches Israel auf 266 Jahre, von der Spaltung des Reiches im J. 985 bis zur Zerstörung Samariens im J. 719. Die nach dem masoreth. Text sich ergebende Differenz zwischen den Regierungsjahren der Könige von Juda u. Israel beseitigt *Ewald* nicht durch die Annahme von Interregnen nach dem Tode Jerobeam's u. Pekah's, sondern durch Aenderung des Textes, indem er nach 2 Kön. XIV, 23. dem Jerobeam nicht 41, sondern 53, dem Pekah aber nach 2 Kön. XV, 27. nicht 20, sondern 29 Regierungsjahre giebt. Gegen die Annahme von Interregnen erklärt sich auch *Thenius*, welcher in seinem Comm. zu 2 Kön. XIV, 23. die Zahl 41 in 51 emendirt u. 2 Kön. XV, 27. für 20 vielmehr 30 gelesen wissen will, so dass nach *Thenius* Jerobeam 51 u. Pekah 30 Jahre regierte.

Getheiltes Reich. §. 35.

Ephraim neben dem Reiche Juda. Damit war die Kraft des Volkes gebrochen; zu politischer Ohnmacht verdammt zeigt das Volk in seiner folgenden Geschichte, dass es weder zu äusserer Weltherrschaft noch auch zur Gründung eines eignen selbständigen Staates bestimmt war[1]). Der Ephraimit *Jerobeam*, ein Mann aus dem Volke, wurde von den zehn Stämmen zum König gewählt, während nur Juda nebst Benjamin Rehabeam als König anerkannte. Beide Reiche, Israel durch äussere, Juda durch geistige Macht überlegen, treten von Anfang an feindselig einander entgegen. *Jerobeam*, um die Trennung von Juda zu befestigen, entzog seine Unterthanen dem theokratischen Gottesdienst in Jerusalem, indem er einen Bilderdienst Jehova's einführte, gab aber dadurch den Leviten Veranlassung, aus Israel in das Reich Juda überzugehen (2 Chr. XI, 13 f.), so dass dieses mit dem Tempel in Jerusalem u. dem alten Priesterthum die alleinige Stätte der ächten Volksreligion blieb. Der wahrscheinlich durch *Jerobeam* angeregte Ueberfall des ägyptischen Königs *Sisak* in Juda (im 5. J. Rehab.) war die erste der unseligen Folgen dieser Theilung und Schwächung der Nation[2]). Vergebens suchte

---

[1]) *Leo's* (Gesch. d. hebr.-jüd. St. S. 155.) Ansicht, dass der Abfall vorzüglich aus Abneigung gegen das hierarchische System geschah. Umfang des Reichs Ephraim s. §. 139. Ueber beide Reiche im Allgemeinen vgl. *Berthenu* l. c. S. 325—357. *Ewald* Bd. III, 408—433. Ueber Jerobeam ebd. S. 433—446., über Rehabeam S. 460—465.

[2]) Ursache des Zugs Sisaks s. *Bauer* Gesch. S. 324. Welcher ägyptische König unter Sisak zu verstehen sei? Die verschiedenen Meinungen bei *Perizon.* origg. aegypt. p. 222 sqq. *Jahn* II, 1. 172 f. Für Sesonchosis oder Sesonchis (*Jul. Afric.*) 1. König der 22. Dynastie entscheidet sich *Champollion* Précis d. syst. hiérogl. ed. 2. p. 255. vgl. *Rühle v. Lilienstern* universalhist. Atl. I, 93. *Gesen.* Allg. LZt. 1842. No. 146. S. 559. u. zeugt das Basrelief zu Karnak, welches den S. darstellt, wie er zu den Füssen der thebanischen Dreifaltigkeit (Ammon, Mouth u. Khons) die Häupter von mehr als 30 überwundenen Völkerschaften herbeischleppt, unter welchen sich vollständig ausgeschrieben Joudahamalek finden soll. Das Haupt des jüdischen Königs hat eine auffallend jüdische Bildung. *Champoll.* Briefe aus Aegypten etc. (Deutsch 1835.) S. 65 f. Taf. V. *Ewald* Bd. III, 461 f. *Rütschi* in *Herzog's* R.E. unt. Rehabeam. Ueber die Nachricht von Abiams Feldzuge 2 Chr. XIII. vgl. *Ewald* Bd. III, 466 f.

Rehabeam so wie sein Sohn *Abiam* (958—955) das Verlorene durch Krieg wieder zu gewinnen (1 Kön. XII, 1 — XV, 8. 2 Chron. X, 1 — XIII, 25.).

§. 36.

Assa 955 bis 914 v. Chr.; Nadab, Baësa, Ela, Simri, Omri 954 bis 918/17.

Während der starken und löblichen Regierung des Sohnes Abiam's, des *Assa* in Juda, welcher, wie es scheint, unter Mitwirkung der Propheten Asarja u. Hanani (2 Chr. XV, 1 ff. XVI, 7 ff.) das heidnische Wesen, das nach dem Beispiel des spätern Salomo seine beiden Vorgänger begünstigt hatten, aus dem Reiche entfernte, wechselten die Regierungen in Israel schnell und tumultuarisch. Die königliche Macht, durch keine Erbfolge gesichert, ward von dem Kriegsheer, und der Wechsel der Herrschaft von militärischen Revolutionen abhängig. *Nadab* (954—953/52) wurde sammt dem ganzen Hause Jerobeams durch *Baësa* (953/52 — 930/29) ermordet, und *Ela* (930/29), dessen Sohn, hatte dasselbe Schicksal; dessen Mörder *Simri* behauptete aber den Thron nicht, und *Omri* (929— 918/17)[1]) hatte noch eine Zeitlang den *Thibni* als Gegenkönig gegen sich. *Omri* gründete eine ziemlich dauerhafte Dynastie, und machte durch Erbauung der Stadt Samarien Epoche. Noch führte Assa mit Israel Krieg[2]), und mischte die Syrer ein, mit welchen das Reich Israel von nun an fast immer zu kämpfen hatte. (1 Kön. XV, 9 — XVI, 28. 2 Chr. XIV—XVI.)

§. 37.

Josaphat, Joram, Ahasja 1914 bis 884; Ahab, Ahasja, Joram 917 bis 884 v. Chr.

Josaphat (914—889), ein in Krieg und Frieden lobenswerther König[3]), regierte im Geist seines Vaters Assa, wenn

---

[1]) Sein Regierungsantritt im 31. J. des Assa 925 v. Chr. (1 Kön. XVI, 23.) ist wohl von seiner Alleinherrschaft zu verstehen.

[2]) Zweifelhafter Krieg Assa's mit den Aethiopiern, 2 Chron. XIV, 8. Vgl. *Win.* RWB. I, 101. *Ewald* Bd. III, 469 ff., welcher in dem Zuge des Serah eine Fortsetzung der ägyptischen Feindseligkeit gegen Juda sieht.

[3]) J. ist einer der Priesterlieblinge, und die Chronik (2 Chr.

Getheiltes Reich. §. 36. 37.

auch nicht immer der streng prophetischen Forderung eines Jehu u. Elieser genügend (2 Chr. XIX, 2. XX, 34. 37.). Er hielt zuerst Frieden mit Israel, verbündete sich sogar mit *Ahab* gegen die Syrer, und half *Joram* gegen die Moabiter. *Jorams* des K. v. Juda (889—884)[1]) Verschwägerung mit dem Hause Ahabs durch seine Vermählung mit Ahab's Tochter *Athalja*, und *Ahasja's* (885/84) Bund mit Joram gegen die Syrer brachte Unheil über Juda. Beide Könige kamen an Einem Tage um. Auf die politisch-theokratische Erhebung Juda's unter Assa u. Josaphat folgte wieder eine Zeit der Schwäche u. des Abfalls; Joram u. Ahasja, ohnmächtig nach aussen, huldigten offen unter Athalja's Einfluss dem im nördlichen Reiche jetzt zur vollen Herrschaft gelangten Götzendienst. — Unter dem Namen des schwachen *Ahab* (917—897) herrschte in Israel die Phönicierin *Isabel* [2]) und führte den Götzendienst ein, mit der unverkennbaren Absicht, den Cultus Jehova's und den theokratischen Geist im Volke vollständig zu unterdrücken. Gegen den gewaltsamen Angriff erhob sich eine mächtige Reaction, an deren Spitze die grossen Propheten Elia u. Elisa [3]), Männer nicht bloss der Rede, sondern der That, standen; unterstützt durch zahlreiche prophetische Genossen u. eine starke theokratische Partei unter dem Volke übten sie einen Einfluss, dem das Königthum nicht widerstehen konnte. Aber der Sieg, den die Theokraten unter Ahab errangen, führte zu keinem entscheidenden Erfolge. Als Ahab's Söhne, *Ahasja* (897/96) und *Joram* (896 - 884), unfähig, den Eingebungen ihrer Mutter Isabel sich zu entziehen, jener sich offen wieder dem Götzendienste zuwandte, und auch dieser nicht entschieden mit ihm brach und ausserdem

---

XVII—XIX.) vergrössert wahrscheinlich sein Verdienst. *Gramberg* Chron. S. 15. 97. *Win.* RWB. I, 603.

[1]) Man nimmt nämlich bei diesem Könige eine Mitregentschaft mit seinem Vater Josaphat u. nur 4 oder 5 J. Alleinherrschaft an (§. 34.).

[2]) Ueber den Vater der Isabel Ethbaal s. *Joseph.* c. Ap. I, 18.

[3]) Elia's und Elisa's prophetisch-theurgische Wirksamkeit 1 Kön. XVII—XIX. XXI. 2 Kön. IV—VIII. *Eichh.* üb. d. Propheten-Sagen aus d. R. Israel; allg. Bibl. IV, 193 ff. Ueber die Zeiten u. das Wirken des Elia u. Elisa vgl. *Ewald* Bd. III, 485—548.

das Reich gegen seine Feinde, besonders die Syrer, nicht mit Erfolg vertheidigte, so wandte sich das Prophetenthum endlich ganz von der Dynastie *Omri's* ab. Durch die von *Elisa* veranlasste Usurpation *Jehu's* wurde ihr ein Ende gemacht (1 Kön. XVI, 29 — 2 Kön. VIII, 29. 2 Chron XVII, 1 — XXII, 9.).

§. 38.

Athalja, Joas, Amazia 884 bis 809; Jehu, Joahas, Joas 884 bis 825 v. Chr.

Nach *Ahasja's* Tod maasste sich *Athalja* (884—878) den Thron Davids an, wurde aber durch eine Priesterverschwörung gestürzt, und *Joas* (878—838) auf den Thron seines Vaters erhoben [1]). Durch den Hohenpriester *Jojada* ward das Volk wieder zu dem Jehovadienst zurückgeführt und der seit *Joram*, dem Gemahl *Athalja's*, auch in Juda eingedrungene Götzendienst beseitigt. Von *Jojada* erzogen und geleitet, scheint *Joas* während seiner langen Regierung dem Jehovacultus treu geblieben zu sein [2]). Aber weder dem Andrang äusserer Feinde, noch inneren Unruhen war er gewachsen. Von den Syrern hart bedroht und gedemüthigt [3]), fiel er durch die Mörderhand seiner eigenen gegen ihn verschworenen Grossen. Sein Sohn *Amazia* (838—809), in der Treue gegen Jehova dem Vater gleich, an Tapferkeit überlegen, war siegreich gegen die Edomiter, wurde aber von *Joas*, K. von Israel, geschlagen und gefangen, und Jerusalem erobert und geplündert. Das Volk erhob sich gegen ihn und auch er wurde ermordet. — In Israel vernichtete *Jehu* (884—856), nachdem er durch Ermordung seines königlichen Kriegsherrn *Joram* den Thron gewonnen und seine Herrschaft durch Ausrottung aller Verwandten und Freunde des Hauses *Ahab* gesichert hatte, in fanatischer Wuth alle Anhänger und Anstalten des Götzendienstes und setzte den von *Jerobeam* begründeten

---

[1]) Ueber die Verschiedenheit der Nachrichten 2 Kön. XI. und 2 Chron. XXIII. s. m. Beiträge I, 91 ff. *Ewald* Bd. III, S. 576, 1.

[2]) Vgl. *Ewald* Bd. III, 577 f.

[3]) Ueber den Einfall der Syrer ebenfalls Differenz zwischen 2 Kön. XII, 18 f. u. 2 Chron. XXIV, 23 ff. Vgl. *Ewald* Bd. III, 578.

Getheiltes Reich. §. 38. 39.

Bilderdienst Jehova's wieder ein. Dieser Restauration im Innern, welche unter den ersten Königen des Hauses *Jehu* durch das Ansehen *Elisa's* aufrecht erhalten wurde, entsprachen aber nicht auch äussere Erfolge. Trotz seiner Tapferkeit sah sich *Jehu* genöthigt, einen grossen Theil des Reiches den Syrern abzutreten. Unter seinem Sohne *Joahas* (856—840) ward Israel noch mehr in die Enge getrieben; *Joas* (840—825) dagegen eroberte das Verlorene zum Theil wieder (1 Kön. XI, 1—XIV, 22. 2 Chr. XXII, 9 — XXV, 28.).

§. 39.

Usia 809 bis 758; Jerobeam II., Sacharja, Schallum, Menahem, Pekahja 825 bis 758 v. Chr.

Unter *Usia* oder *Asarja* (809—758) erfreute sich Juda einer starken, siegreichen Kriegsmacht, und einer klugen, gesetzlichen Verwaltung [1]). Der Neigung des Volkes, im Genuss des Friedens sich untheokratischem Wesen zu ergeben, leistete sowohl das Ansehen des Königs, der während seiner langen Regierung der Religion der Väter Treue bewahrte, als auch der Einfluss des Priester- und Prophetenthums Widerstand [2]). Auch das Reich Israel erhob sich unter *Jerobeam II.* (825—784), welcher die alten Grenzen gegen die Syrer herstellte und durch seine Siege dem Lande eine Ruhe und einen Wohlstand gab, ähnlich der Salomonischen Zeit. Aber während des langen Friedens verfiel das Volk, durch keine geistige Macht gehoben und gezügelt, immer mehr einem bloss äusserlichen entarteten Jehovadienst, oder fremdländischen Culten, und gerieth dadurch in einen Zustand, welcher den grellsten Contrast zu den sittlichen Forderungen der ächten Jehovareligion bildete. Das Prophetenthum, der Gewalt des Königthums und der Verhältnisse gegenüber unfähig zu thatkräftigem Einschreiten und allein an die geistige Macht des Wortes gewiesen, erhob wohl seine Stimme in einem Amos

---

[1]) Er brachte Elath wieder an Juda; nach der Chron. that er glückliche Feldzüge gegen die Philister, Araber u. a. Völker. Den Aussatz desselben (2 Kön. XV, 5.) leitet sie von einem Eingriffe in die Priesterrechte ab. In das 33. Jahr seiner Regierung 776 v. Chr. fällt der Anfang der Olympiadenrechnung.

[2]) Vgl. *Ewald* Bd. III, 585—592.

und Hosea gegen den allgemeinen Verfall und bedrohte das Haus *Jehu* und den ganzen von dem Stammreich Juda losgerissenen Staat mit dem Untergange, aber die Propheten wurden des Landes verwiesen, und der gottentfremdete Staat ging von nun an, menschlicher Leidenschaft und Willkür preisgegeben, schnell seiner Auflösung entgegen. Nach *Jerobeam's* Tode wurde er, wie es scheint, durch ein eilfjähriges Zwischenreich und Königsmorde zerrüttet. Der Sohn Jerobeam's *Sacharja* (772) fiel durch eine im Heer ausgebrochene Verschwörung und mit ihm die Dynastie *Jehu*, in ihren Anfängen viel verheissend, in ihrem Ende der Omri's gleich. Sein Mörder *Schallum* regierte nur einen Monat. Er fiel durch einen andern Kriegsfürsten, *Menahem*, der sich zwar behauptete (771—760), aber machtlos zwischen einem Anschluss an Aegypten oder Assyrien schwankend (s. Hosea), endlich dem Assyrer *Phul* zinsbar wurde [1]). Sein Sohn *Pekahja* (760—758) wurde bald durch *Pekah* ermordet (1 Kön. XIV, 23 — XV, 31. 2 Chr. XXVI.).

§. 40.

Jotham, Ahas, Hiskia 758 bis 720; Pekah, Hosea 758 bis 720 v. Chr.

Unter *Jotham* (758—742/1), welcher streng nach den Grundsätzen seines Vaters Usia regierte, dauerte die glückliche Lage des Reichs Juda fort; unter *Ahas*' (741—726/5)[2]) schlechter Regierung aber sank es bald von der erreichten Höhe herab. Die verderblichen Neigungen, die sich schon unter *Usia* und *Jotham* im Volke zeigten, durften jetzt ohne Scheu hervortreten. Der König selbst stand an der Spitze derjenigen, welche fremden Culten zugethan waren. Während er durch Einführung heidnischer Gebräuche und Sitten das Volksleben verderbte, ging er in seiner Schwäche und un-

---

[1]) Er legte die Kriegssteuer nicht auf die Kriegsleute (*Michael.* u. A.), sondern auf die Reichen (2 Kön. XV, 20.).

[2]) Nach 2 Kön. XVI, 2. war er bei seinem Regierungsantritte 20 J. alt; aber nach XVIII, 2. folgte ihm sein Sohn Hiskia 25 J. alt, so dass er diesen im 11. Lebensjahre erzeugt haben müsste. Es ist daher ein Schreibfehler anzunehmen, s. allg. Encycl. Art. *Ahas. Ewald* Bd. III, 615, Anm. 3.

königlichem Sinn so weit, dass er die Selbständigkeit des Reiches preisgab. Die drohende Gefahr, welche die Verbindung *Pekahs* mit *Rezin*, König von Syrien, zugleich mit dem Einfalle der Edomiter und Philister brachte, wandte der feige König durch die mit Zinsbarkeit erkaufte Hülfe der Assyrer ab, die in der That Syrien, Galiläa und Gilead eroberten, Juda aber übermüthig behandelten. Grösserem Verderben wirkte *Jesaia* entgegen, der wie kaum ein anderer Prophet von dem Geist Jehova's getrieben und der Würde und Bestimmung des Gottesvolkes sich bewusst, dem thörichten König und dem bethörten Volke unerschrocken das Wort Gottes verkündete und im Wechsel der Zeitereignisse als feste Stütze der theokratisch Gesinnten sich bewährte. — Den Unheil bringenden Königsmörder *Pekah* (758—748) traf, nachdem er im Bunde mit der Fremdmacht Syrien das Bruderreich Juda bekriegt und an *Tiglath Pilesar* die Hälfte seines Landes verloren hatte, ein gleiches Schicksal: dessen Mörder *Hosea* bestieg erst, wie es scheint, nach einem neunjährigen Zwischenreiche (738—729) den Thron [1]). Er führte nach einer neunjährigen Regierung (729—720) im 6. J. des *Hiskia* durch Abtrünnigkeit vom assyrischen Könige *Salmanassar* den Untergang des Reichs herbei [2]) (1 Kön. XV, 32 — XVII, 6. 2 Chron. XXVII. XXVIII.).

§. 41.
Wegführung der zehn Stämme; Samaritaner.

Der Haupttheil des Volks, die Krieger, Reichen, Waffenschmiede wurden nach Assyrien [3]) weggeführt, während an

---

[1]) Nach 2 Kön. XV, 30. in 20. J. Jothams (das wäre etwa von J.'s Mitregentschaft an gerechnet das J. 738 v. Chr.), nach 2 Kön. XVII, 1. aber erst im 12. J. Ahas' (729 v. Chr.): daher diese Annahme eines Zwischenreichs. Vgl. aber §. 34, 4. S. 49. die dort angeführten Stellen von *Ewald* u. *Thenius*.

[2]) Hosea's Bündniss mit So (Sevechus aus der 25. Dynastie der Aethiopier) König von Aegypten. Vergl. *Ewald* Bd. III, 610.

[3]) *Calmet* sur les pays, où les dix Tribus furent transportées, in s. comment. III, 11 sqq., dissertt. II, 229 sqq. *Michael.* de exsilio decem tribuum, in s. commentatt. Brem. 1763. p. 45 sqq. *Ewald* III, 612 f.

deren Stelle Colonisten aus andern kurz vorher eroberten Ländern [1]) eingeführt wurden, die sich mit den zurückgebliebenen Landeseinwohnern vermischten [2]), und sowohl ihre Götzen als Jehova verehrten (2 Kön. XVII, 1—41.). Sie werden späterhin *Samaritaner*, von den Juden *Cuthäer* genannt.

C. Uebriggebliebenes Reich Juda bis zum babylonischen Exile.

(Von 720 bis 588 v. Chr.)

§. 42.

Zeitrechnung.

Hiskia's übrige Regierung	23 J.	
Manasse (2 Kön. XXI, 1.)	55 —	
Amon (2 Kön. XXI, 19.)	2 —	
Josia (2 Kön. XXII, 1.)	31 —	
Joahas (2 Kön. XXIII, 21.)		— 3 M.

---

[1]) Cutha setzt *Joseph.* Antiqq. IX, 14, 3. X, 9, 7. nach Persien, vgl. *Hyde* de rel. vett. Pers. p. 39.; *Cellar.* collectanea hist. samarit. p. 11 sqq.; *Michael.* suppl. p. 1255 sqq.; *Win.* RWB. I, 237. *Ewald* Bd. III, 675 f. setzt Cutha nach Abulfeda in die Nähe von Babel; hingegen *Mich.* spicil. geogr. I, 104. in die Gegend von Sidon, vgl. *Joseph.* Antt. XI, 8, 6.

[2]) Gegen *Hengstenberg* Beitr. II, 1., der dieses leugnet, s. *Kalkar* die Samaritaner ein Mischvolk in theol. Mitarb. III. Jahrg. 3. Heft. *Petermann* in *Herzog's* RE. unt. Samaria S. 367.

Der assyrische Staat greift jetzt in die biblische Geschichte ein unter Phul (ums J. 771 v. Chr.), Tiglath Pilesar (740), Salmanassar (720), Sargon (Jes. XX, 1.), Sanherib (714), Esarhaddon (700—680), u. endete mit der Eroberung Nineve's durch den Meder Cyaxares u. den Chaldäer Nabopolassar 625 (aud. 606) v. Chr. (*Herodot.* I, 106.). Von einem (wie es scheint) ältern assyrischen Reiche, das mit Ninus begann u. mit Sardanapallus ungef. 800 J. v. Chr. ebenfalls durch die Meder endete, berichten *Ktesias* (bei *Diodor. Sic.* II, 1 sqq.), *Jul. Afr.*, *Euseb.* (chron. arm. I, c. 15.). Diese Annahme eines alt- u. neu-assyrischen Reichs (vgl. *Gatterer* Handb. S. 288 ff. *Beck* Weltgesch. I, 605 ff. *Jahn* Arch. II, 1. 184. Allg. Encycl. VI, 131 ff. *Win.* Art. Assyr.) ist jetzt geschichtlich hinlänglich begründet. Vgl. *Ewald* Bd. III, 592—598. *M. v. Niebuhr* Geschichte Assur's und Babel's. Berlin 1857. *Spiegel* in *Herzog's* RE. unt. Ninive S. 366 ff.

Reich Juda. §. 42. 43.

Jojakim (2 Kön. XXIII, 36.)	11 J.
Jojachin (2 Kön. XXIV, 18.)	— 3 M.
Zedekia (2 Kön. XXIV, 8.)	11 —
Summe der Regierungsjahre	133 J. 6 M.

§. 43.
Hiskia 720 bis 696 v. Chr.

Hiskia (725—696), ein rechtgläubiger König und Liebling der priesterlichen Geschichtschreiber, wirkte kräftig dem heidnischen Wesen entgegen, das sich unter seinem Vater *Ahas* im Reiche festgesetzt hatte. Unterstützt von den Propheten *Jesaia* und *Micha*, suchte er den Geist des Volkes zur lauteren Jehovareligion zurückzuführen und die Spuren des eingerissenen Götzendienstes möglichst zu vertilgen. Mehr friedliebend, als kriegerisch hatte er doch den Muth das assyrische Joch abzuschütteln, und eine Verbindung mit Aegypten anzuknüpfen (2 Kön. XVIII, 21. 24. Jes. XX, 1 f. XXX, 1 ff. XXXI, 1 ff.); was ihm aber eine grosse Gefahr zuzog. Im 14. J. seiner Regierung fiel *Sanherib* auf seinem Zuge gegen Aegypten in Judäa ein, eroberte alle festen Plätze, erzwang einen Tribut (2 Kön. XVIII, 15.), und forderte demungeachtet Jerusalem zur Uebergabe auf [1]). König aber und Volk, durch das begeisterte Wort *Jesaia's* im Vertrauen zu Jehova gestärkt, leisteten muthigen Widerstand. Die Pest und *Tirhaka's* Diversion befreiten das hartbedrängte Land [2]). Nach *Sanherib's* Abzug scheint *Hiskia*, auch aus schwerer Krankheit durch *Jesaia's* Beistand gerettet, die übrigen 15 Jahre seiner Regierung in ungestörtem Frieden und Glück gelebt zu haben (1 Kön. XVIII—XX. Jes. XXXVI—XXXIX, 2 Chr. XXIX—XXXII.) [3]).

---

[1]) Warum er, da sich Hiskia doch unterworfen hatte, den Krieg fortsetzte? *Jahn* Arch. II, 1. 187. *Gesen.* zu Jes. XXXVI, 1.
[2]) Nachricht von Sanheribs Niederlage bei *Herodot.* II, 141 f. Ueber Tirhaka (Tarakos b. *Manetho*, 3. König der 25. Dynastie, Tearkon b. *Strab.* XV, 687.) s. *Perizon.* origg. aeg. p. 208 sqq. *Gesen.* zu Jes. XVIII, 1. *Winer* Art. Thirhaka.
[3]) Verschiedenheiten dieser Berichte. Ausschmückungen der Chronik, s. Einl. ins A. T. §. 191. *Gramberg* Chron. S. 153. 164. — Vgl. über Hiskia überh. *Ewald* Bd. III, 621—44. u.

§. 44.

Manasse, Amon, Josia 696 bis 609 v. Chr.

Den grossen Hoffnungen, welche den Geist des *Jesaia* für die Zukunft des Reiches erfüllten, entsprach am wenigsten die nächste Folgezeit. *Manasse* (696—641), das Widerspiel seines Vaters, trieb es am ärgsten mit dem Götzendienste; selbst den Tempel und die heilige Stadt machte er zum Herde heidnischer Culte und zwang das Volk zu ihrer Feier unter blutiger Verfolgung der frommen Theokraten. Der Kampf im Innern machte ihn schwach nach aussen; die unterworfenen Nachbarländer entzogen sich seiner Herrschaft, und er selbst wurde gefangen durch den Assyrer *Esarhaddon* nach Babel geführt. Aus der Gefangenschaft zurückgekehrt, soll er eine bessere Verwaltung des Reiches begonnen haben[1]). Er blieb aber wahrscheinlich zinsbar. *Amon* (641 — 639), wiederum götzendienerisch, wurde bald ermordet. In dessen Sohne *Josia* aber (639—609), der im Alter von 8 Jahren auf den Thron kam, erwuchs der theokratischen Partei, gehoben durch ihre Weisheitslehrer und durch Propheten wie *Zephania* und *Jeremia*, die festeste Stütze. Unter ihm errang die Jehovareligion noch einmal einen entschiedenen Sieg über die Macht des Heidenthums. Nachdem es ihm bei der damaligen Schwäche der assyrischen Herrschaft gelungen war, sich das frühere nördliche Reich zu unterwerfen, begann er im 18. Jahre seiner Regierung nach Auffindung des Gesetzbuches durch den Hohenpriester *Hilkia*[2]) eine Reformation, durch die dem Götzendienste nicht nur in Jerusalem und Juda, sondern auch im frühern Zehnstämmereiche ein gewaltsames Ende gemacht wurde. Aber noch im kräftigsten Mannesalter verlor er gegen

---

Oehler in *Herzog's* RE. unt. Hiskia. Während *Oehler* nach herkömmlicher Ansicht Sanherib auf seinem Zuge nach Aegypten in Juda einfallen lässt, beginnt nach *Ewald* Sanherib die Feindseligkeit gegen Juda auf seinem Rückzuge aus Aegypten. —
[1]) Nur die Chronik (2 Chr. XXXIII, 11 ff.) erwähnt diese Wegführung. Vgl. *Gramb.* Chron. S. 199 f. 210 f. *Rosenm.* Alt. I, 2. 131. *Win.* Art. Manasse. Dagegen *Bertheau* l. c. S. 373. *Ewald* Bd. III, 673.— 679. *Rütschi* in *Herzog's* RE. unt. Manasse S. 778.
[2]) Vgl. *Ewald* Bd. III, 697 ff.

Reich Juda. §. 44.

Pharao Necho Schlacht und Leben, wodurch Juda in ägyptische Abhängigkeit kam [1]) (1 Kön. XXI—XXIII, 30. 2 Chron. XXIII—XXXV.).

---

[1]) Necho zog gegen den chaldäischen (2 Kön. XXIII, 29. assyrischen) König Nabopolassar, und suchte den seinen Bündnisse treuen Josia vergebens zur Rube zu verweisen (2 Chron. XXXV, 20 ff. 3 Esr. 1, 25 ff. *Joseph.* Antiqq. X, 5, 1.). Mit Rücksicht auf 2 Kön. XXIII, 29. u. der geschichtl. Situation jedenfalls angemessener lässt *Ewald* Bd. III, 706 ff. u. 726, Anm. 2. Necho anfangs nicht gegen die Chaldäer, sondern gegen die Assyrer ziehen. *Herod.* II, 159 sagt von der Schlacht bei Megiddo: Καὶ Συρίοισι πεζῇ ὁ Νεκὼς συμβαλὼν ἐν Μαγδόλῳ ἐνίκησε· μετὰ δὲ τὴν μάχην Κάδυτιν πόλιν τῆς Συρίης ἐοῦσαν μεγάλην εἷλε. Ist Kadytis Jerusalem (*Cellar.* geogr. ant. Asiae p. 540. *Prideaux* I, 50. *Jahn* a. O. S. 106.) oder Gaza (*Toussaint* de urbe Cadyti Herod. Franeq. 1737. *Hitzig* de Cadyti urbe Herod. Gott. 1829. vgl. dgg. *Keil* Apol. d. Chron. S. 434.) oder Kadesch? *Ewald* Bd. III, 720, Anm. 3. hält mit *Hitzig* Kadytis für Gaza. — *Archinard* S. 85 ff. (vgl. §. 22 f. §. 34.) setzt die Schlacht bei Megiddo ins 4. J. Nechao's II, ins J. 594 v. Chr. (*Perizonii* origg. aegypt. p. 417 sqq.)

Nach dem Sinken des assyrischen Reichs (ums J. 600) greift das chaldäisch-babylonische in die jüdische Geschichte ein. Die Folge der Könige von Babylon im Kanon des Ptolemäus ist diese:

	v. Chr.	Reg.-J.
Nabonassar	747	14
Nadius	733	2
Chinzirus oder Porus	731	5
Jugäus	726	5
Mardokempadus	721	12
Arkianus	709	5
Zwischenreich	704	2
Belibus	702	3
Apronadius	699	6
Rigebelus	693	1
Messessimordakus	692	4
Zwischenreich	688	8
Assaradin (Assarhaddon)	680	13
Saosduchäus	667	20
Chyniladan	647	22
Nabopolassar, ein Chaldäer	625	21
(im 5. J. desselben eine Sonnenfinsterniss)		
Nabokollassar (Nebucadnezar)	604	43
Ilnarodamus (Evilmerodach)	561	2
Nirikassolassar (Neriglissor)	559	4
Nabonnad (Beldschazar)	555	17
	Summe	209 J.

§. 45.
Joahas, Jojakim, Jojachin, Zedekia 609 bis 588 v. Chr.

Die Söhne *Josia's* vermochten die von dem Vater begonnene Restauration nicht aufrecht zu erhalten. Das Wider-

Ueber diesen Kanon des Pt. s. *des Vign.* Chron. II, 346 sqq. *J. S. Semler* hist. u. krit. Erläuter. d. sog. Canons d. Ptolemäus (Erläuterungsschr. d. allg. Welthist. III, 105 ff.). *Hegewisch* Einl. in d. Chron S. 94 ff. *Ideler* Hdb. d. Chronol. I, 110 f. LB. S. 55 ff. *Niebuhr* Gesch. Assurs und Babels S. 9 f. Nach *Ptolem.* beträgt die Dauer des chaldäischen Reiches 87 J.; hingegen nach *Berosus* b. *Joseph.* c. Ap. I, 20., welcher dem Nabopolassar 29 J. giebt u. vor Nabonnad den Laborosoarchodos mit 9 Mon. einschaltet, 95 J. 9 M.; nach *Alex. Polyhist.* b. *Euseb.* chron. arm. I, 5. p. 20., welcher dem Nabopolassar 20 J. u. dem Evilmerodach 12 J. giebt, 96 J. Vgl. *Niebuhr* l. c. S. 74 ff. Die *Chaldäer* sind nach dem A. T. die Bewohner Babyloniens u. des babylonischen Reichs, und diesem Sprachgebrauche schliessen sich an *Ptolem.* V, 20.: Χαλδαῖοι (χώρα) παράκειται τῇ ἐρήμῳ Ἀραβίᾳ. *Strabo* XVI. p. 739. 767. Plin. VI, 26. (30.): Babylon chaldaicarum gentium caput, vgl. VI, 27. (31.): . . in lacus chaldaicos. Dagegen legt *Xenoph.* Cyrop. III, 1, 34.; 2, 7. Anab. IV, 3, 4. VII, 2, 5. 8, 25. diesen Namen einem Volke auf den karduchischen Gebirgen in der Nachbarschaft Armeniens bei, u. *Strab.* XII, 548. 555. setzt die Chaldäer in die Gegend von Pontus, u. sagt p. 549., dass sie sonst *Chalyber* hiessen, während *Xenoph.* Anab. VII, 8, 14. diese Chalyber neben den Chaldäern nennt. Vgl. *Mannert* Geogr. d. Griechen u. Röm. VI, 2, 430 ff. Man nimmt nun an, dass diese nördlichen Chaldäer, ein mit den Persern verwandter Stamm, von den Assyrern als Miethvölker benutzt, in Mesopotamien, namentlich im südlichen Theile desselben, Babylonien, Wohnsitze erhalten (vgl. Jes. XXIII, 13.), nachher aber das assyrische Reich gestürzt und in Babylon das chaldäische Reich gestiftet haben. So nach *Vitringa's* (ad Jes. I, 412.), *J. D. Michaelis* (spicil. II, 77 ff.), *J. R. Forster's* (ebend. S. 95 ff.), *Schlözer's* (*Eichh.'s* Rep. VIII, 113.), *J. C. Friedrich's* (*Eichh.* allg. Bibl. X, 425.) Vorgange *Gesen.* z. Jes. XXIII, 13. Hall. Encycl. XVI. Art. Chald. Vgl. *Win.* RWB. I, 218. *Rosenm.* Alt. I, 2. 36 ff. Man unterscheidet eine ältere u. spätere im 8. Jahrh. stattfindende Ansiedlung der Chaldäer in Babylonien. Vgl. *Knobel* Comm. zu Jes. XXIII, 13. Völkertafel S. 158 ff. *Arnold* in *Herzog's* RE. unt. Chaldäa. *Ewald* Bd. III, 722 ff. lässt die Chaldäer zwar auch in ältester Zeit von Norden nach Babylonien einwandern, nimmt aber bei anderer Erklärung von Jes. XXIII, 13. keine zweite Einwanderung derselben im 8. Jahrh an; nach *Ewald* zog vielmehr Nabopolassar, der eigentliche Begründer des selbständigen Chaldäerreichs, scythische Wandervölker an sich und stürzte, durch diese verstärkt, mit Hülfe der Meder das assyrische Reich.

Reich Juda. §. 45. 63

streben gegen dieselbe gewann bald die Oberhand. Das Volk zerfiel in Parteiungen, und der siegreichen untheokratischen schlossen sich theils gezwungen theils freiwillig die Könige an. Ohne Ansehen waren die Priester, und die Propheten, schwankend bei den grossen Gefahren, die das Reich jetzt bedrohten, bekämpften sich gegenseitig; die besten, ein *Jeremia, Habakuk, Ezechiel*, ohne persönlichen Einfluss auf die Führer des Volks und auf Rede und Schrift beschränkt, wurden nicht beachtet, zum Theil blutig und grausam verfolgt. An die Stelle theokratischer Begeisterung trat abergläubiges Vertrauen auf äussern Schutz Jehova's und auf die Unantastbarkeit des Tempels und der heiligen Stadt. Das alte Heldenthum war vom Volke gewichen, und der so entartete Staat konnte am wenigsten mit den Grossmächten, die ihn bereits gedemüthigt hatten, einen Kampf mit Erfolg bestehen. — Den vom Volke erwählten jüngern Sohn Josia's *Joahas* (609) führte *Necho* [1]) gefangen hinweg, und setzte an dessen Stelle dessen älteren Bruder *Eljakim* unter dem Namen *Jojakim* (609—599). Aber von *Nebucadnezar* bei Karkemisch am Euphrat geschlagen, verlor er seine Oberherrschaft über Juda, und Jojakim musste sich an den gegen ihn heranziehenden Nebucadnezer ergeben (nach *Joseph*. Antt. X, 6, 1. im 8. Reg.-J.), fiel aber nach drei Jahren wieder von ihm ab [2]). Sein Sohn *Jojachin* (599) musste, in Jerusalem belagert, sich auf Gnade und Ungnade ergeben, und ward mit einem grossen Theile der Nation (vgl. Ezech. I, 2.) gefangen weggeführt (2 Kön. XXIII, 31 — XXIV, 17. 2 Chron. XXXVI, 1—10.).

Zedekia (599—588), ein dritter Sohn Josia's, von Nebucadnezar eingesetzt, ward wiederum im Vertrauen auf ägyptische Hülfe abtrünnig (2 Chron. XXXVI, 13. Ezech. XVII, 15. Jer. XXXVII, 5.), worauf die Chaldäer Jerusalem bela-

---

[1]) Auf ihn bezieht *Jahn* Arch. II, 1. 197., was *Diod. Sic.* I, 68. vom Apryes d. i. Hophra erzählt.
[2]) Nach 1 Kön. XXIV, 2. sandte zwar N. Truppen gegen ihn, er scheint aber in Ruhe gestorben zu sein, wogegen er nach 2 Chron. XXXVI, 6. von N. gefangen nach Babylon geführt wird. Vgl. *Mich.* z. 2 Chron. XXXVI, 6. S. 298 ff. *Jahn* Arch. II, 1. 199. *Gramberg* Chron. S. 211. Vgl. dagegen *Ewald* Bd. III, 733 f. Hieher gehört Dan. I, 1—4.

gerten, es trotz dem Versuche der Aegypter es zu entsetzen (Jer. XXXVII, 5—10.) nach 1½ J. eroberten und zerstörten [1]). Zedekia ward gefangen, geblendet und sammt dem Reste der Nation, Wenige ausgenommen, nach Babel geführt [2]). Auch diese Uebriggebliebenen verliessen noch das Land, und flohen nach Aegypten [3]). So endete das Reich Juda im J. 588 v. Chr., 387 J. nach der Trennung des Reichs, 903 nach dem Auszuge aus Aegypten. Es musste mit dem Reich Israel dasselbe Schicksal theilen, trotzdem dass es von Einem Herrscherhause in stetiger Erbfolge durch Jahrhunderte regiert wurde und in seinem Cultus, seinem Priester- u. Prophetenthum eine starke Schutzwehr der alten Religion und Sitte hatte. Der Verlauf der ganzen Entwickelung führte den Beweis, dass weder das

---

[1]) Die Belagerung begann im 10. Mon. des 9. J. des Zedekia, im 4. Mon. d. 11. J. erfolgte die Erstürmung u. im 5. Mon. die Zerstörung (2 Kön. XXV, 1—3. 8. Jer. LII, 4—6. 12.). Bei letzterem Datum wird hinzugesetzt: „das war das 19. J. des Nebucadnezar." Da nun Jer. LII, 29. eine Wegführung im 18. J. desselben erwähnt wird: so habe ich mit *des Vignol.* I, 508 sq. zwischen der Eroberung u. Zerstörung der Stadt 13 Mon. gesetzt. Doch scheinen obige Monate alle in das 19. J. zu gehören, u. Jer. LII, 29. ein Fehler Statt zu finden. Die Schwierigkeit, dass das 19. J. des Nebucadnezar nach dem Kanon des Ptolemäus das J. 586 v. Chr. ist, was der gew. Zeitrechnung widerspricht (*Schneidler* Untergang des Reiches Juda S. 154 f. *Ideler* Hdb. d. Chronol. I, 529.), erledigt sich dadurch, dass nach der biblischen Zeitrechnung das 1. J. des Nebuc. mit dem 4. des Jojakim (606) zusammenfällt (Jer. XXV, 1.), das 19. J. also das 588. v. Chr. ist. Vgl. aber *Ewald* Bd. III, 773 ff. *Archinard* Chron. s. p. 96. setzt die Zerstörung Jerus. ins J. 572 v. Chr.

[2]) Ueber die mehrfachen Wegführungen u. die Zahl der Weggeführten s. 2 Kön. XXIV, 14—16. XXV, 11 f. Jer. LII, 15. 28 —30., vgl. *Mich.* epimetr. ad comm. de ex. dec. trib. (commentatt. Brem. 1753. p. 50 sqq.) *Win.* Art. Exil. *Ewald* Bd. III, 709—751.

[3]) Jeremia's prophetische Thätigkeit u. sein Schicksal Jerem. XL—XLIV.
Nebucadnezars weitverbreitete Eroberungen, *Megasthen.* bei *Joseph.* Antt. X, 11, 1. c. Ap. I, 20. *Strab.* p. 687. *Euseb.* praep. ev. IX, 41. Die auf Grund von Ezech. XXVI, 11. XXVII, 26 ff. 36. XXVIII, 8. angenommene Eroberung von Tyrus ist nicht erfolgt. *Gesen.* Jes. II, 2. 711 ff.; dgg. *Hengstenb.* de reb. Tyr. Berol. 1832.; vgl. dgg. *Hitzig* Jes. S. 273 ff.

mosaisch-theokratische Gemeinwesen, noch der prophetisch-königliche Staat einen geschichtlichen Bestand haben konnte. Ein Staatswesen, welches das religiös-ethische und social-politische Gebiet in solcher Mischung vereinte, dass beide gleicher Weise an die Form des Gesetzes gebunden waren, ging über die Grenze der ihm erreichbaren Zwecke hinaus. Die Theokratie war nicht in der Form eines Staates zu verwirklichen. Das von Gott erwählte Volk musste Staat, Vaterland, Tempel und heilige Stadt, alle diese äussern Besitzthümer verlieren, damit das geistige Besitzthum, das ihm Gott verliehen hatte, endlich in voller Wahrheit zu geschichtlicher Geltung kommen konnte.

III. Periode.

Vom babylonischen Exile bis zur Zerstörung Jerusalems und des jüdischen Staats durch die Römer.

(Von 588 v. Chr. bis 70 n. Chr.)

A. Babylonisches Exil.

(Von 588 bis 536 v. Chr.)

§. 46.

Zeitrechnung.

Nach Jeremia sollte die babylonische Dienstbarkeit 70 J. dauern (Jer. XXV, 11. XXIX, 10. vgl. 2 Chron. XXXVI, 21.); und von der Unterwerfung *Jojakims* (602 v. Chr.) an gerechnet, ist es ungefähr richtig (66 J.). Von der ersten Wegführung unter *Jojachin* 599 bis zum 1. J. des *Cyrus*, 536 v. Chr.[1]) vergingen 63 J.; von der zweiten und Hauptwegführung 52 J.[2]).

---

[1]) Babylon ward von den Medern und Persern im 538. oder 539. J. v. Chr., im 50. J. nach der Zerstörung des jüdischen Staats erobert. Das 1. J. des Evilmerodach ist das 37. der babylonischen Gefangenschaft (2 Kön. XXV, 27.).
[2]) Nach *Archinard* chron. s. p. 110. dauerte das Exil von Jojachin (588 v. Chr.) bis Cyrus (536 v. Chr.) nur 47 J., wodurch er ganz in Zwiespalt mit der gewöhnlichen Zeitrechnung geräth; er sucht aber aus der ägyptischen u. phönicischen Zeitrechnung (b.

§. 47.
Zustand des Volkes während des Exils.

Fern von dem heiligen Lande im Fremdlande wohnen zu müssen, war das grösste Unglück, welches das Volk Jehova's treffen konnte. Aber da schon vor dem Exil das Volk geistig gespalten war, so musste nun auch das Verhalten der Einzelnen bei der eingetretenen Entscheidung ein verschiedenes sein. Der Zustand der Weggeführten im Exil lässt sich zum Theil noch aus *Jeremia*, *Ezechiel* und den unächten Stücken des Buches *Jesaia* erkennen. Die persönliche Freiheit war den Exulanten nicht genommen. Viele derselben scheinen sich in ihrer heidnischen Umgebung vollkommen heimisch gemacht und durch ihre Betriebsamkeit sogar Wohlstand und Reichthum erworben zu haben, während andere dagegen die äusserste Noth zu leiden hatten. Solche, welche vornehmen Geschlechtern angehörten, mögen ehrenvolle Behandlung erfahren oder durch ihre Bildung Ansehen und Einfluss erlangt haben. So ward der gefangene *Jojachin* von *Evilmerodach* aus dem Gefängnisse befreit und mit Auszeichnung behandelt (2 Kön. XXV, 27 ff.); edle Hebräer sollen Hof- und Staatsämter bekleidet haben (Dan. I, 3 ff. 19. II, 48 f. 3 Esr. IV, 13. Neh. I, 11.). Die Gunst oder Ungunst des Geschicks mochte manche verleiten, wie besonders aus Pseudo-Jesaia erhellt, der Religion der Väter nur äusserlich noch anzuhängen, oder sich ganz von ihr abzuwenden und den verführerischen Culten des Heidenthums zu huldigen. Ungebrochen aber blieb der ursprüngliche nationale Geist des Volkes. Je grösser der Verlust an äussern Gütern war, den Israel erlitten hatte, um so fester hielt es das unentreissbare geistige Gut, das ihm verliehen war. Wenn nationales Unglück andere Völker zur Verzweiflung an der Macht ihrer Götter und zum Abfall von ihnen brachte, führte es Israel zu um so innigerer Hingebung an den Gott der Väter zurück. Ein Rest des Volkes, die treuen Diener Jehova's erkannten in dem Exil die durch die Sünde des Volkes verdiente und von den Pro-

---

Joseph. c. Ap. I, 24.) einen Fehler in der babylonischen und zwar in den 17 J. der Regierung des Beldschazar nachzuweisen, der nur 3 J. regiert habe. Ueber die Zeitrechnung vgl. *Ewald* Bd. IV, 81 ff.

pheten längst verkündigte Strafe Jehova's. Sie waren es, welche die Leiden der Zeit, Kerkerhaft und Verfolgungen bis auf den Tod mit unerschütterlichem Vertrauen auf die Macht und die Liebe Jehova's ertrugen. Nur unter der Bedingung, dass das Volk Jehova Treue bewährt und seinen Willen, wie schon der Deuteronomiker forderte, von ganzem Herzen erfüllt, kann die Sünde gesühnt und die Strafe Jehova's abgewendet werden. So ward ihnen die Strafe selbst eine sichere Bürgschaft des künftigen Heils. Der Gott, der sein Volk in die Knechtschaft hingab, wird es auch erlösen. Im Kreise dieser Jehovatreuen entwickelte sich gerade in der Unglückszeit die feste Ueberzeugung von der Unvergänglichkeit der Jehovareligion und von der ewigen Bestimmung des Gottesvolkes, sie allen Völkern zu verkünden; solchem Glauben aber erwuchs unmittelbar auch die Hoffnung auf die bevorstehende Erlösung und Verherrlichung Israel's durch seinen Gott. Jedoch selbst die grossen Propheten dieser Zeit, welche den neuen, den Herzensbund Israels mit seinem Gott verkündeten, vermochten nicht den Schranken der Nationalität sich zu entwinden. Wie klar auch die Bedingung des Heils erkannt, und wie stark auch der Glaube war, die Hoffnung richtete sich vor Allem auf Aeusseres, auf die Erlösung aus äusserer Knechtschaft, auf Wiederherstellung des theokratischen Staates, der heiligen Stadt, des Tempels und seines Cultus, eine Hoffnung, über welche die Geschichte bereits gerichtet hatte [1]).

B. Die jüdische Ansiedlung unter persischer Oberherrschaft von Cyrus bis Alexander.

(Von 536 bis 332 v. Chr.)

§. 48.
Zeitrechnung.

	J. v. Chr.
Cyrus, Serubabel	537
Cambyses	529

---

[1]) Ueber das Leben des Volkes im Exil vgl. *Ewald* Bd. IV, 3—60. *Knobel* Comm. zu Jesaia S. 391 ff. Ueber die Behauptung *Ewald's*, dass der Verf. von Jesaia c. XL—LXVI. nicht in Babylonien, sondern in Aegypten gelebt habe, vgl. *Knobel* l. c. S. 301 f.

	J. v. Chr.
Smerdes	522
Darius Hystaspis	521
Beendigung des Tempelbaues	515
Xerxes	486
Artaxerxes Longimanus	465
Esra	458
Nehemia	444
Xerxes II. und Sogdianus	424
Darius Nothus	423
Artaxerxes Mnemon	404
Darius Ochus	359
Arses	338
Darius Codomannus	336
Alexanders Zug nach Asien	334
Schlacht bei Issus	333
Eroberung von Tyrus	332
Zeitdauer	204 J.

§. 49.

Serubabel und Josua 536 v. Chr.

Die Jehovatreuen sahen in Cyrus, dem Zerstörer der chaldäischen Macht, den ihnen von Gott gesandten, mit Sehnsucht erwarteten Retter und benutzten die Gunst der Verhältnisse, um das herrliche Ziel, das ihnen vorschwebte, zu erreichen. Zufolge der von *Cyrus* im 1. J. seiner Regierung erhaltenen Erlaubniss u. von ihm unterstützt[1]), kehrte eine Caravane Juden[2])

---

[1]) Angebliche Beweggründe des Cyrus Esr. I, 2 ff. *Joseph.* Antt. XI, 1, 2. vgl. *Jahn* Arch. II, 1. 235. Welches die wirklichen waren? *Win.* Art. Cyrus. *Ewald* Bd. IV, 61 ff.

[2]) Die Anzahl der Zurückkehrenden s. Esr. II, 64. Neh. VII, 66., vgl. *Mich.* z. Esr. II, 64. Dass auch eine Anzahl Israeliten von den zehn Stämmen mit zurückgekehrt seien, wird von *Herm. Wits. Δεκάφυλον* s. de dec. tribubus (Aegyptiac. p. 270 sqq.), *Michael.* z. Esr. I, 5. de ex. dec. trib. p. 40 sqq., *Jahn* S. 236., *Bastholm* Gesch. d. Jud. II, 468. aus schwachen Gründen angenommen. Kein einziges genealogisches Datum spricht dafür, am meisten die freilich hinsichtlich ihres Ursprungs dunkle Bevölkerung von Galiläa. Dagegen *Joseph.* XI, 5, 2.: ὁ δὲ πᾶς λαὸς τῶν Ἰσραηλιτῶν κατὰ χώραν ἔμεινε - - - αἱ δὲ δέκα φυλαὶ πέραν εἰσὶν Εὐφράτου

Serubabel u. Josua. §. 49.

unter *Serubabel* und *Josua*¹) aus dem Exile an den Jordan zurück (Esr. I. II.). Sie bestand wohl zumeist aus jenen Jehovatreuen, aus Aeltesten, Priestern, Leviten und Propheten, während viele der Exulanten es vorzogen, in Babylonien zu bleiben. Die Zurückgekehrten waren zunächst auf Jerusalem und die benachbarte Landschaft angewiesen. Der Geist, der sie beseelte, trieb sie vor Allem die Wohnung, in der Jehova unter seinem Volke thronte, und die verfallene Stadt wieder herzustellen. Sie begannen den Tempelbau (Esr. III.), welcher unter *Ahasveros* (*Cambyses*) und *Artasahsta* (*Smerdes*) durch die abgewiesenen Samaritaner verhindert (Esr. IV.), aber auf Antrieb der Propheten *Haggai* und *Sacharja* im 2. J. des *Darius* (*Hystaspis*)²) fortgesetzt und im 6. J. vollendet wurde (Esr. V. VI.). Zugleich mit der Vollendung des Tempels wurde auch der gesetzliche Cultus nebst dem geordneten Priester- und Levitendienst eingerichtet. So war die heilige Stätte wieder gegründet, um die die Heimgekehrten sich sammeln konnten. Nach der exilischen Erfahrung aber wusste die neue Gemeinde ihr Bestehen und ihre Zukunft durchaus abhängig von dem unbedingten Gehorsam gegen den göttlichen Willen. Vollkommen ausgesprochen fand sie diesen im Gesetz. Strengste Beobachtung des Gesetzes war daher die Grundforderung, welche die neue Gemeinde an sich

---

ἕως δεῦρο. und die Tradition der Juden; s. *Kimchi* und *Abarbenel* ad Jer. XXXI, 15. vgl. *Glaesener* de gemino Jud. Messia (Helmst. 1739. 4.) p. 198 sq. u. d. das. angef. Schriftst. — Fabel von der Wanderung der zehn Stämme (4 Esr. XIII, 40. vgl. *Wits*. l. c. p. 267.), von ihrem Aufenthalte in Amerika, der Tatarei u. s. w. s. *Huls*. theol. jud. p. 40 sqq. *Glaesener* l. l. *Benjamin* Tudel. itiner. p. 74. 78. 83. *Baratier* dissert. VIII. §. 8 ff. in Voy. de R. Benjam. etc. II, 333 ff. *Winer* RWB. unt. Exil S. 359 f. Vgl. aber *Ewald* Bd. IV, 99—107.

¹) Abstammung derselben 1 Chron. III, 19. VI, 15. vgl. Esr. III, 2., vgl. *Budd*. hist. eccles. V. T. II, 939 sq. Des erstern Würde, Esr. I, 8. Apokryphische Erzählung von ihm 3 Esr. III. IV. *Joseph*. XI, 3, 2. Vgl. *Ewald* Bd. IV, 94 f. u. 130 ff.

²) *Scaliger* de emendat. temp. L. VI. hält diesen Darius für den Darius Nothus; s. *Budd*. l. l. p. 897., vgl. *Wits*. miscell. s. I, 269 sqq. Ahasverus und Artasahsta (Esr. IV, 6 f.) sind offenbar verschieden, und nicht, wie Manche wollen, eine und dieselbe Person. — Ueber den Tempelbau s. *Ewald* Bd. IV, 111—130.

selbst stellte, so dass von nun an eine Herrschaft des Gesetzes begann, wie nie zuvor in Israel. Da aber die Gemeinde, unter persische Statthalter gestellt, kein politisch-freies Gemeinwesen gründen konnte, so ging alle Gewalt, die ihr geblieben war, auf die Verwalter und die Hüter des göttlichen Gesetzes, auf die Priester, über. An die Stelle des alten Königthums trat das Priesterthum. Gesetzes- und Priesterherrschaft ward die Form, unter der die neue Gemeinde ihr Leben begann und fortsetzen sollte. Ihr schlossen sich Viele der Israeliten an, welche nach Zerstörung Jerusalems und Samariens im Reiche Juda und im Norden des Landes (Galiläa) zurückgeblieben waren[1]), so dass durch diesen Zutritt die junge Gemeinde keine geringe Verstärkung erhielt.

§. 50.

Esra 458 v. Chr.

Die Stiftung der Gemeinde zu Jerusalem konnte nicht verfehlen, eine Rückwirkung auf die in Babylonien zurückgebliebenen Juden auszuüben. Auch sie verbanden sich zu Gemeinden, welche vorzüglich im Fremdlande auf Erhaltung ihrer Sprache und ihrer vaterländischen Schriften und deren Kenntniss bedacht, die Gemeinde zu Jerusalem mit dem neu gegründeten Tempel als die Muttergemeinde betrachteten. Aus ihrer Mitte ging der Schriftgelehrte *Esra*, von hohenpriesterlichem Geschlecht, hervor. Bei der Schwierigkeit, unter fremder Oberhoheit das Gesetz zu praktischer Ausführung zu bringen, scheint die Gemeinde zu Jerusalem anfangs der ihr gestellten Aufgabe nicht entsprochen und an mannichfachen Unordnungen gelitten zu haben. Die Kunde davon und der eigne Eifer, an dem in der heiligen Stadt begonnenen Werke mitzuwirken, bestimmte *Esra*, sich nach Jerusalem zu begeben. Im 7. Jahre des *Artaxerxes Longim.*[2]), 78 J. nach der Rück-

---

[1]) Vgl. *Bertheau* l. c. S. 382—397. *Ewald* Bd. IV, 100 f. — Ueber die Gründung der neuen Herrschaft, nach *Ewald* Heiligherrschaft (Hierarchie), vgl. ebd. S. 64 ff. Ueber die Reihenfolge der Hohenpriester von Josua bis in die Makkabäische Zeit vergl. ebd. S. 141 ff.

[2]) Dafür halten wir jetzt mit *H. Michael.*, *Offerhaus*, *Eichhorn* (Einl. III, 607.), *Bertholdt* (Einl. III, 989 ff.), *Gesen.* (thes.

kehr, erhielt er die Erlaubniss nach Judäa zu gehen und daselbst Gemeinwesen und Cultus einzurichten, und wurde vom Könige, dessen Beamten und den zurückbleibenden Juden reichlich unterstützt. Es sammelte sich zu ihm eine zweite Caravane zurückkehrender Juden, an der Zahl 6000 (Esr. VII. VIII.). Mit königlicher Vollmacht versehen und als schriftkundiger Priester wirkte Esra in Jerusalem. Nachdem er damit begonnen hatte, die gesetzwidrigen Mischehen zwischen Juden und Heiden mit aller Strenge zu beseitigen (Esr. IX. X.), ordnete er in langjähriger Thätigkeit nicht nur das ganze Leben der Gemeinde nach dem Buchstaben des Gesetzes, sondern suchte auch die Kenntniss des Gesetzes durch Einführung des Vortrags desselben in den Gottesdienst und durch Anregung des Schriftstudiums unter dem Volke zu verbreiten und zu fördern, so dass er als Begründer der Schriftgelehrsamkeit in Jerusalem anzusehen ist. Diese tritt jetzt an die Stelle der Prophetie, welche in *Maleachi* mit der Hoffnung auf den künftigen grossen Propheten erlischt [1]).

§. 51.

Nehemia 444 v. Chr.

Für die Reform fand *Esra* in seinem jüngern Zeitgenossen *Nehemia* einen eben so eifrigen, wie thatkräftigen Gehülfen. Während Esra's Thätigkeit mehr auf Hebung des religiösen Lebens der Gemeinde gerichtet war, so die des Letzteren vorzüglich auf die Hebung ihres social-politischen Zustandes.

---

s. v. אַרְתַּחְשַׁשְׂתְּא), *Bleek* (Berl. theol. Ztschr. III, 200.), *Kleinert* Dörpt. Beitr. I, 203 ff., *Win.* Art. Arthachsch. den Artahsahsta Esr. VII, 1. (im 3. B. Esr. VIII, 1. Artaxerxes) vorzüglich aus dem Grunde, weil unter diesem Namen Artax. L. mit Sicherheit Neh. II, 1. u. a. Stt. vorkommt. Für den Xerxes hielten wir ihn in der 1. u. 2. Aufl. mit *Joseph.* Antt. XI, 5, 1., *J. D. Mich.* z. Esr. VII, 1., *Jahn* Arch. II, 1. 259 u. A.; und in der That erscheint die Ankunft Esra's im J. 478, 58 J. nach der Rückkehr, passender als so spät im 78. J., so nahe vor der Ankunft des Nehemia.

[1]) Verdienste um die heil. Literatur, welche ihm die Tradition zuschreibt, vgl. §. 278. Grosse Synagoge, von welcher er Mitglied soll gewesen sein, s. *Eberh. Rau* de Synag. magna. 1726. 12. Einl. ins A. T. §. 14. *Ewald* Bd. IV, 148 ff. 189 ff. Vgl. auch über Esra *E. Nägelsbach* in *Herzog's* RE. unt. Esra.

Im 20. J. des Königs *Artahsahsta* (*Artaxerxes Longimanus*)[1] nach einem Zwischenraume von ungefähr 13 Jahren, zog, auf die Nachricht von dem verfallenen Zustande der heiligen Stadt[2], *Nehemia*, Mundschenk des Königs und hochgestellt in der königlichen Gunst, als Statthalter nach Jerusalem (Neh. I. II.).

Er befestigte trotz den Verhinderungen, welche durch Zwistigkeiten in der Gemeinde selbst und durch die Eifersucht der Nachbarvölker dem Unternehmen bereitet wurden, die Stadt, und traf mehrere das Wohl und gesetzliche Leben der Gemeinde fördernde Einrichtungen (Neh. III—XIII, 3.)[3].
Im 32. J. des Königs *Artaxerxes Long.* kehrte er nach Persien zurück (XIII, 6. vgl. V, 14.), kam aber ungewiss wann?[4] wieder nach Judäa, und gab durch sein streng gesetzliches Verfahren in Abstellung eingerissener Unordnungen Veranlassung zur Stiftung eines samaritanischen Cultus (Neh. XIII, 4—31.)[5].

---

[1]) Diesen hält *Josephus* fälschlich für den Xerxes, dem er Antt. XI, 5, 7. 25 Regierungsj. giebt. Von unserem Artahsahsta kommt das 32. Reg.-Jahr vor Neh. XIII, 6.

[2]) Sie scheint viel gelitten zu haben durch den ägyptisch-persischen Krieg (allg. Welthist. I, 562 ff.) oder durch die Feindschaft der benachbarten Völker. *Jahn* S. 266 f. *Mich.* z. Neh. I, 2 f. *Kleinert* in den Dörpt. Beitr. I, 244 f. *Ewald* Bd. IV, 167, Anm. 2.

[3]) Doch ist VII, 73 — X, 40. eine Interpolation, auch das Folgende kritisch unsicher: Einl. ins A. T. §. 197 a. Vgl. *Ewald* Bd. IV, 187 f. *Bertheau* Comm. zu Esra u. Neh. Einl. S. 1—16.

[4]) Es heisst לְקֵץ יָמִים gew. übersetzt: „am Ende des Jahres." Vgl. *Bertheau* Comm. zu Neh. XIII, 6. N.'s zweite Ankunft setzt *Prid.* 1, 394. 407. aus dem Grunde, dass in Zeit eines Jahres nicht so viele Missbräuche einreissen konnten als er vorfindet, 5 Jahre später, und seine letzte Reformation (Neh. XIII, 28.) ins 20. J. nach seiner Rückkehr, ins 15. J. des *Darius Nothus*, 408 v. Chr. Diese Zeitbestimmung, welche allerdings die Vereinigung von *Joseph.* Antt. XI, 8, 2. mit Neh. XIII, 28 f. erleichtert, verträgt sich aber kaum mit Neh. XIII, 6. u. der wahrscheinlichen Voraussetzung, dass die Rückkehr unter demselben Könige, dessen Vertrauen N. besass, geschehen sei. — *Jahn* S. 272. (angeblich nach *Prid.* wie auch *Win.*) setzt Nehemia's Rückkehr selbst erst in das 15. J. des Darius Nothus.

[5]) Der Sohn des Hohenpriesters Jojada, der mit Samballat verschwägert, von Nehemia verjagt wurde (Neh. XIII, 28 f.), ist

Die Jud. unt. Pers. u. Macedon. §. 52. 53.

§. 52.
Die übrige Zeit unter der persischen Oberherrschaft.

Auf der durch Esra und Nehemia geschaffenen Grundlage entwickelte sich die Gemeinde weiter und scheint unter den übrigen persischen Königen ziemlich ruhig gelebt zu haben: nur dass sie unter dem Kriege des *Artaxerxes Mnemon* mit dem Könige *Nectanabis* von Aegypten leiden mochte; dass der Hohepriester *Johanan* den Tempel durch die Ermordung seines das Hohepriesterthum ihm streitig machenden Bruders Jesus entweihete, und der Statthalter *Bagoses* zur Strafe dafür die Opfer mit einer Abgabe belegte (*Joseph*. Antt. XI, 7, 1.)[1]; endlich dass *Ochus* nach der Zerstörung des aufrührischen Sidon auch Jericho zerstörte und eine Anzahl Juden wegführte[2]).

C. Die Juden unter macedonischer Oberherrschaft von Alexander bis Antiochus Epiphanes.

(Von 332 bis 176 v. Chr.)

§. 53.
Zeitrechnung.

	J. v. Chr.
Darius C. getödtet. Ende der persischen Monarchie	330
Alexanders Tod	323

---

wahrscheinlich Eine Person mit jenem Manasse, Sohn Jaddu's, dessen Uebergang zu den Samaritanern und den darauf erfolgten Tempelbau auf Garizim *Joseph*. Antt. XI, 8, 2. in die Regierung des Darius Codomannus setzt, und nicht von ihm verschieden (*Mich.* z. Neh. XIII, 28.) s. *Prideaux* I, 408. *Jahn* S. 278 ff. *Dereser* z. Neh. XIII, 28. *Sieffert* de tempore schismatis eccles. inter Judaeos et Samar. Königsb. 1828. *Win.* Art. Nehem. Dagegen nimmt *Bertholdt* Einl. III, 1034. Neh. XIII, 28. fälschlich für Interpolation. Wahrscheinlicher Ursprung des Cod. Sam. vom Pentateuch, Einl. ins A. T. §. 86. Vgl. *Bertheau* Abhandl. S. 400 ff. *Ewald* Bd. IV, 238—249.

[1]) Dürftigkeit des Josephus u. überhaupt Mangel an Quellen in dieser Periode. S. *Ewald* Bd. IV, 228 ff.

[2]) So *Prid.* I, 467. nach *Solin.* Polyh. ed. Bip. 1794. c. XXXV, 4. *Georg. Sync.* chronogr. p. 256. *Euseb.* Chron. ad Olymp. 105. Aber letztere Beide sprechen nur von Gefangenführung eines Haufens Juden, u. *Solin.* l. c. sagt: „Haec (Jericho) desivit Artaxerxis bello subacta." Vgl. *Bertheau* l. c. S. 405.

	J. v. Chr.
Ptolemäus Lagi bemächtigt sich Palästina's	320
Antigonus reisst es an sich	314
Seleucus Nikator. *Aera Seleucidarum*	312
Schlacht bei Ipsus. Palästina kommt wieder an Ptolemäus L.	301
Ptolemäus Philadelphus	284
Antiochus I.	281
Antiochus II.	262
Ptolemäus Evergetes	247
Seleucus Kallinikus	246
Seleucus Keraunus	227
Antiochus III., der Grosse	224
Ptolemäus Philopator	221
Schlacht bei Raphia	217
Ptolemäus Epiphanes	204
Seleucus Philopator	186
Ptolemäus Philometor	180
Judäa unter syrischer Oberherrschaft	176
Antiochus Epiphanes	175
Zeitdauer	156 J.

§. 54.

Alexander 332 bis 323 v. Chr.

In den 100 Jahren seit *Nehemia* bis auf *Alexander* war die jüdische Gemeinde bereits innerlich erstarkt und hatte wieder eine Achtung gebietende Stellung nach aussen gewonnen, so dass sie die Stürme, welche seit *Darius C.* über Palästina hereinbrachen, glücklich überstand und sich ihre eigenthümliche Verfassung bewahrte. Unter der Gunst der persischen Könige wiedererstanden, aber in letzter Zeit von der persischen Herrschaft nicht geschont (§. 52.), konnte sie auf die Siege Alexander's leicht die Hoffnung grösserer Freiheit gründen und schloss sich nach kurzem Zögern ohne Kampf für die persische Macht dem neuen Eroberer an [1]). — Nachdem *Alexander* am *Granikus* gesiegt und sich Kleinasien unterworfen hatte, brachte der Sieg bei *Issus* Syrien in

---

[1]) Vgl. *Ewald* Bd. IV, 228 ff.

Die Jud. unt. Macedon. u. Aegypt. §. 54. 55. 56.

seine Gewalt, und die Eroberung von Tyrus (im J. 332) Palästina. Die Juden rühmen sich einer ausgezeichnet gütigen Behandlung vom Sieger, wiewohl er vorher über ihre Anhänglichkeit an die persische Regierung aufgebracht gewesen, und erzählen davon viel Fabelhaftes [1]). Alexander setzte über Syrien (und Judäa) als Statthalter erst *Andromachus*, dann nach dessen Ermordung *Memnon* (*Curt.* IV, 5, 8.).

§. 55.
Kriege der Feldherren Alexanders 323 bis 301 v. Chr.

Während der nach Alexanders Tode eintretenden Verwirrung bemächtigte sich *Ptolemäus Lagi*, Statthalter von Aegypten, im J. 320 Jerusalems und Palästina's und führte viele Juden mit sich, die er sehr günstig behandelte. Er musste es im J. 314 dem nach *Eumenes* Besiegung die Uebermacht behauptenden *Antigonus* überlassen, erhielt es aber durch den nach der Schlacht bei *Ipsus* erfolgenden Theilungsvertrag wieder (301 v. Chr.) [2]). Um diese Zeit war *Onias I.* Hoherpriester.

§. 56.
Macedonisch-ägyptische Oberherrschaft 301 bis 221 v. Chr.

Unter den drei Königen von Aegypten *Ptolemäus Lagi*, *Ptolemäus Philadelphus* [3]) und *Ptolemäus Evergetes* lebten die

---

[1]) *Joseph.* Antt. XI, 8, 3 ff. Die Vertheidigung dieser Erzählung bei *Jahn* 304 ff. mit Beziehung auf *Justin.* XI, 10.: Tunc in Syriam proficiscitur: ubi obvios cum infulis multos Orientis reges habuit. Ex his pro meritis singulorum alios in societatem recepit, aliis regnum ademit, suffectis in loca eorum novis regibus. Vergl. *Ewald* Bd. IV, 61, Anm. u. S. 238 ff. — Juden in Alexanders Heere u. in Alexandria s. *Hecat.* bei *Joseph.* c. Ap. II, 4.

[2]) *Joseph.* Antt. XII, 1. *Hecat. Abder.* bei *Joseph.* c. Ap. I, 22. — Freiwillige Auswanderung der Juden nach Aegypten wegen ihrer dortigen Freiheiten. Juden in Antiochien und anderen asiatischen Städten, s. *Joseph.* c. 3, 1. *Remond* Gesch. d. Ausbreit. d. Jud. S. 56 ff. *Bertheau* l. c. S. 410 ff. Besonders *Ewald* Bd. IV, 265 ff.

[3]) Uebersetzung der LXX. *Joseph.* Antt. XII, 2. Pseudo-Aristaeus. Vgl. Einl. ins A. T. §. 40. Bekanntschaft der Juden mit griechischer Literatur. *Simon der Gerechte*, Hoherpriester um 300,

Juden in einer glücklichen Ruhe, welche höchstens durch die Kriege des Ptolemäus Philadelphus und Evergetes gegen Syrien und durch die vom goldgierigen *Onias II.* unterlassene Entrichtung der Steuern¹) etwas gestört wurde.

§. 57.
Wechselnde Oberherrschaft 221 bis 175 v. Chr.

Unter *Ptolemäus Philopator* im J. 218 riss *Antiochus der Grosse* Palästina, Phönicien und Cölesyrien an sich; allein im Friedensschlusse nach der Schlacht bei *Raphia* im J. 217 musste er diesen Ländern entsagen²). Unter dem unmündigen *Ptolemäus Epiphanes* um 202 nahm er sie wieder in Besitz, und vertrieb den ägyptischen Feldherrn *Skopas*, der sie in seiner Abwesenheit wieder gewonnen hatte, trat sie aber in einem Heirathsvertrage 198 v. Chr. an Ptolemäus ab, der sie auch wirklich im J. 193 in Besitz erhielt³). Indess finden wir die Juden am Ende dieses Zeitraumes unter der Oberherrschaft des syrischen Königs *Seleucus Philopator*.

Nicht weniger als durch das Wohlwollen der ersten Ptolemäer wurde durch die folgenden wiederholten Kämpfe der Ptolemäer und Seleuciden, für die Juden meist mit einem Wechsel der Herrschaft verbunden, die Eigenthümlichkeit ihres Gemeinwesens bedroht. Weit mehr unter der griechischen, als unter der persischen Herrschaft war diess der Fall. Der

---

der letzte der grossen Synagoge. Ihm folgt sein Bruder Eleeser 292, diesem Manasse um 277, u. diesem Onias II. 250 v. Chr. *Antigonus Socho*, Schriftgelehrter, s. *J. H. Othonis* hist. doctorum misnic. p. 13 sqq. 33 sqq. *Ewald* Bd. IV, 282 ff.

¹) *Joseph.* XII, 4, 1. Diplomatische Gewandtheit des Joseph, welcher Pächter der Steuern wird. Ib. §. 3 ff. Dessen Sohn Hyrkan, u. Streit desselben mit seinen Brüdern. §. 7—10. Vgl. *Ewald* Bd. IV, 308 ff.

²) 3 B. d. Makk. I. II. Uebermuth des Ptolemäus Philop. gegen die Juden, u. nachherige Rache. Hoherpriester Simon II. Das Unhistorische in der Erzählung des 3. B. d. Makk. weist nach *Ewald* Bd. IV, 535 ff. u. ihm folgend *Grimm* exeget. Handb. z. d. Apokr. Lief. IV, 215 ff.

³) *Joseph.* Antt. XII, 3, 3 f. 4, 1. *Jahn* Arch. II, 1. 392 ff. *Ewald* Bd. IV, 330. Freundschaftliches Verhältniss zwischen den Juden und Antiochus. Auf Simon II. folgt um 195 dessen Sohn Onias III. *Joseph.* Antt. XII, 4, 10.

Eindruck des Griechenthums mit seiner Wissenschaft, seiner Kunst und seinem freien Lebensgenuss und die Abhängigkeit von wechselnden Herrschern waren ganz geeignet, edlere wie unedlere Geister dem Judenthum abwendig zu machen. Zwar die über die griechischen Länder zerstreuten und in allen grössern Orten zu Gemeinden verbundenen sog. hellenistischen Juden bewahrten ihr nationales Wesen und Gehorsam gegen die priesterliche Oberbehörde in Jerusalem, so dass die grosse Gemeinschaft aller dieser Gemeinden in hohem Grade dazu beitrug, das Ansehen der Muttergemeinde unter den Griechen zu erhöhen. Aber gerade in Jerusalem selbst mochte die Strenge des priesterlichen Regiments und des gesetzlichen Lebens nicht Wenige bei dem häufigen Verkehr mit den Griechen zur Aufnahme griechischer Bildung und griechischer Sitte hindrängen. Dagegen hielten nun Andere zur Abwehr alles Heidnischen um so eifriger fest am Gesetz, an der heiligen Verfassung und an den alten, über allen Druck der Fremdherrschaft erhebenden Hoffnungen, und diese treten schon jetzt als eine besondere Partei in der Gemeinde, als die *Chasidim*, die Frommen, auf [1]). Wie tief bereits die Achtung gegen das Priesterthum und gegen die Würde der Gemeinde gesunken war, zeigt das Beispiel des Tempelvorstehers *Simon*, welcher aus Hass gegen den Hohenpriester *Onias III.* den syrischen König *Seleucus Philopator* zur Beraubung des Tempels aufforderte und Alles am syrischen Hofe und in Jerusalem aufbot, um *Onias* von seiner Stelle zu verdrängen (2 Makk. III, 1 — IV, 6. vgl. *Joseph.* de Macc. §. 4.) [2]).

D. Von Antiochus Epiphanes bis zur Eroberung Jerusalems durch Pompejus. Die Periode der Freiheit.

(Von 175 bis 63 vor Chr.)

§. 58.

Zeitrechnung.

J. v. Chr.

Mattathias 167
Judas Makkabäus 166

[1]) Vgl. *Bertheau* S. 412 ff. *Ewald* Bd. IV, 313 ff.
[2]) Ueber den geschichtl. Werth des 2. B. d. Makk. s. *Ewald* Bd. IV, 530 ff.

	J. v. Chr.
Antiochus Eupator	164
Demetrius Soter	162
Jonathan	161
Alexander Balas	151
Demetrius Nikator	148
Antiochus Deus	145
Simon	143
Antiochus Sidetes	138
Joh. Hyrkan	135
Aristobulus	107
Alexander Jannäus	106
Alexandra	79
Aristobulus II. und Hyrkan II.	70/69
Pompejus in Jerusalem	63
Ganze Zeitdauer	112 J.

§. 59.

Jason und Menelaos. Aufstand der Makkabäer. Siege des Judas Makkabäus, und Reinigung des Tempels 175 bis 164.

Der Partei der griechisch Gesinnten gehörten selbst Glieder der hohenpriesterlichen Familie an. Der Bruder des Onias III., *Jason*, ging so weit, dass er bei Antiochus Epiphanes um eine ansehnliche Geldsumme das Hohepriesterthum erkaufte, Onias III. verdrängte und als Hoherpriester griechische Sitten einführte. Ihn überbot und vertrieb *Menelaos*, Bruder des §. 58. erwähnten Simon und nicht von priesterlichem Geschlecht[1]). Durch Habsucht und Ehrgeiz wurde die priesterliche Oberbehörde in den Kampf der Parteien herabgezogen; ihre Erblichkeit und selbst ihr priesterlicher Charakter ging verloren. Während aber *Antiochus Epiphanes* sich in dem eroberten Aegypten befand, kehrte Jason zurück und bemächtigte sich mit Gewalt Jerusalems. Um diesen vermeintlichen Abfall der jüdischen Nation zu rächen, zog Antiochus Epiph. im J. 169 aus Aegypten heran, nahm die

---
[1]) Vgl. *Ewald* Bd. IV, 334. — Gräcomanie der Juden. ἐπισπασμός (§. 150.). Tempelraub des Menelaos u. Lysimachos und Unruhen desswegen, 2 Makk. IV, 32. 39 ff.

Stadt unter grossem Blutvergiessen ein, plünderte und entweihte den Tempel, und bestätigte Menelaos (1 Makk. I, 11 —28. 2 Makk. IV, 1 — V, 20.). Zwei Jahre darauf im Unmuthe über die von den Römern in Aegypten erfahrene Demüthigung, liess er Jerusalem durch eine Heeresabtheilung unter *Apollonius* besetzen, welcher grosses Blutvergiessen anrichtete und dem Gottesdienste ein Ende machte [1]). Antiochus E. unternahm es sogar die griechische Religion mit Gewalt bei den Juden einzuführen (1 Makk. I, 29—64. 2 Makk. V, 24 — VI, 11.). Als aber der Geminde das höchste und einzige Gut, das ihr geblieben war, durch die Fremdherrschaft genommen wurde, erhob sich in edlem Eifer der Hasmonäer *Mattathias*, ein Priester aus dem westlich von Jerusalem gelegenen Städtchen Modein, um den sich bald aus den Frommen des Volkes ein kleines Heer von Vertheidigern der Freiheit sammelte (1 Makk. II.) [2]). Nach dessen Tode übernahm sein Sohn *Judas Makkabi* [3]) die Führung des Krieges, und siegte über die syrischen Statthalter *Apollonius* und *Seron* (1 Makk. III, 1—26.), schlug sogar die gegen ihn gesandten starken feindlichen Heere unter *Gorgias* und *Lysias*, bemächtigte sich Jerusalems und stellte den Gottesdienst wieder her. Während dessen starb Antiochus Epiphanes, und ihm folgte *Antiochus Eupator* (1 Makk. III, 38 — IV, 61. 2 Makk. VIII, 1 — IX, 8.).

§. 60.

Judas des Makk. fernere Laufbahn und Tod bis 161.

Judas schritt selbst zur Belagerung der Burg in Jerusalem (1 Makk. VI, 18 ff.), konnte aber gegen ein von der griechisch gesinnten Partei herbeigerufenes syrisches Heer das Feld nicht halten u. wurde in Jerusalem belagert (1 Makk. VI, 31 ff.). Zum Glück sah der syrische Feldherr sich ge-

---

[1]) Nach *Joseph*. Antt. XII, 5, 4. kam Antiochus selbst nach Jerusalem, gegen das 1 B. d. Makk. Nach 2 Makk. VII. wäre der König gegenwärtig gewesen.
[2]) Märtyrertode 2 Makk. VI, 18 — VII, 42. — Um diese Zeit entstand das Buch Daniel.
[3]) So genannt von מָקָב *Hammer*, nicht von den Worten: מי כמוך באלים יהוה 2 Mos. XV, 11. (*Grot.* ad 1 Macc. II, 4. *Prideaux* II, 186.).

nöthigt abzuziehen und Frieden zu schliessen (1 Makk. VI, 55 ff.). Aber der nun auf den Thron von Syrien gestiegene *Demetrius*, aufgereizt vom Hohenpriester *Alkimos*, der zwar aaronischen Geschlechts, aber ganz der griechischen Herrschaft ergeben war, sandte den *Bacchides* und dann den *Nikanor* mit einem starken Heere ins Land. Diesen schlug zwar Judas (1 Makk. VII.), und suchte ein Bündniss mit den Römern zu schliessen (1 Makk. VIII.)[1]), verlor aber gegen *Bacchides*, dem er nur wenig Mannschaft entgegenzusetzen hatte, Schlacht und Leben (1 Makk. IX, 1—22.)[2]).

§. 61.

Jonathan 161 bis 143 v. Chr.

Da die Partei der Gutgesinnten sehr geschwächt war, so konnte der an seines Bruders Statt erwählte *Jonathan* mit dem Beinamen *Apphus* anfangs nur vertheidigungsweise verfahren (1 Makk. IX, 23 ff.); aber durch Ergreifung der Partei des Gegenkönigs *Alexander Balas* verschaffte er sich im J. 152. das Hohepriesterthum und die Würde eines Meridarchen über Judäa (1 Makk. X, 1—66.). Als treuer Bundesgenosse des *Alexander Balas* zog er gegen den neuen König *Demetrius Nikator* zu Felde, der jedoch die Oberhand behielt, ihn aber im Hohenpriesterthume bestätigte (1 Makk. X, 67 — XI, 27.). Da Jonathan sich von ihm getäuscht sah, ergriff er die Partei des Gegenkönigs *Antiochus Deus*, und schlug sich für ihn mit Glück, unterlag aber der Treulosigkeit *Tryphons* (1 Makk. XI, 41 — XII, 53.)[3]).

---

[1]) *Justin.* XXXVI, 3.: A Demetrio cum defecissent (Judaei), amicitia Romanorum petita, primi omnium ex orientalibus libertatem receperunt, facile tunc Romanis de alieno largientibus.

[2]) Abweichende Berichte 2 Makk. VIII—XV. — Ueber den Glaubenskampf bis zum Tode des Judas vergl. *Ewald* Bd. IV, 332—371.

[3]) Ueber Jonathan vgl. *Ewald* Bd. IV, 371—384. — Jonathans Gesandtschaft an die Römer und Spartiaten (Spartaner?) s. *Bruns* üb. d. angebl. Verwandtsch. d. Juden u. Spartaner in *Gabler's* Journ. f. theol. Lit. 1801. II, 5. 417 ff. u. *G.'s* Nachtr. S. 424 ff. *Ewald* Bd. IV, 276 f. — Tempel des Onias zu Leontopolis unter Ptolemäus Philometor. *Joseph.* Antt. XIII, 3. vgl. B. J. VII, 10, 2 f. S. *Ewald* Bd. IV, 404 ff.

§. 62.

Simon und Hyrkan 143 bis 107 v. Chr.

Simon, an seines Bruders Stelle zum Hohenpriester erwählt, machte mit *Demetrius* Frieden, und ward von ihm als Hoherpriester und unabhängiger Fürst der Juden unter syrischer Oberherrlichkeit anerkannt (142 v. Chr.), eroberte auch die bisher noch immer von den Syrern besetzte Burg. Sein Volk machte im J. 140 aus Dankbarkeit die Herrschaft in seiner Familie erblich (1 Makk. XIII. XIV.) [1]. Er schloss sich an den in Syrien zum Throne gelangten *Antiochus Sidetes,* der ihn aber bald mit Krieg überzog. Simon schlug dessen Feldherrn *Kendebäus,* wurde aber von seinem Schwiegersohne *Ptolemäus* im J. 135 getödtet (1 Makk. XV. XVI.). Seines Sohnes, *Joh. Hyrkans,* Regierung begann zwar unglücklich mit der Belagerung Jerusalems durch die Syrer und einem drückenden Frieden; nachher aber erweiterte er seine Macht auf Kosten des nach Antiochus Sidetes Tode geschwächten und getheilten syrischen Reiches durch bedeutende Eroberungen als ein zweiter David [2]), und entzog sich vollständig der syrischen Oberherrschaft.

Wie zu ihrer Zeit die Richter, hatten sich die Makkabäer kraft ihrer theokratischen Begeisterung und Tapferkeit zu Führern des Volkes erhoben und noch einmal die jüdische Gemeinde auch zu politischer Freiheit geführt. Ihr Kampf gegen die Fremdherrschaft bezeugt aber zugleich die Spaltung, welche bereits unter deren Einfluss immer tiefer in die Gemeinde eingedrungen war. Die Vereinigung der priesterlichen und königlichen Macht in der Person der makkabäischen Fürsten legte ihnen die Versuchung nahe, statt durch geistige, durch äussere Mittel der Gewalt zu entscheiden. Der Sieg der Gesetzestreuen wurde zur Vernichtung der Abtrünnigen

---

[1]) Kluge und kraftvolle Regierung Simons. Hafen zu Joppe, die Residenz *Βάρις,* jüdische Münzen. — Ueber Simon vgl. *Ewald* Bd. IV, 384—393.

[2]) *Joseph.* Antt. XIII, 8—10. B. J. I, 2, 5—8. Zerstörung des Tempels auf Garizim, Bezwingung der Idumäer. *Joseph.* XIII, 10, 7.: τριῶν τῶν μεγίστων ἄξιος ὑπὸ τοῦ θεοῦ κριθείς (Ὑρκανός), ἀρχῆς τοῦ ἔθνους, καὶ τῆς ἀρχιερατικῆς τιμῆς, καὶ προφητείας. — Ueber Hyrkan vgl. *Ewald* Bd. IV, 393—404.

benutzt. Aber trotzdem blieb die Spaltung im Volke, die sich jetzt in den Parteiungen der Sadducäer, Pharisäer und Essener darstellt. Während sich die letztern, ein ächter Rest der Chasidim, aus dem öffentlichen Volksleben zurückzogen, wirkten die der strengen Gesetzlichkeit abholden Sadducäer und die aus den Chasidim hervorgegangenen Pharisäer von nun an als politische Parteien unter dem Volke und suchten das neue Königthum von sich abhängig zu machen. Schon unter Hyrkan beginnt ihr Kampf um den Einfluss auf die Volksfürsten. Obgleich Hyrkan selbst ursprünglich den Pharisäern angehörte, so sah er sich doch bald durch ihre Ansprüche veranlasst, sich von ihnen loszusagen und den Sadducäern zuzuwenden (*Joseph.* XIII, 10, 5. 6.).

§. 63.

Aristobulus I., Alexander Jannäus, Alexandra
107 bis 70 v. Chr.

Die Söhne Hyrkan's sind schon ganz von dem Geiste verlassen, welcher das hasmonäische Geschlecht auf den Thron brachte. *Aristobulus* stiess seine zur Nachfolgerin bestimmte Mutter ins Gefängniss, und setzte sich das königliche Diadem auf. Er erweiterte das Reich durch Eroberung von Ituräa, fügte aber zum Muttermorde noch den Brudermord (*Joseph.* Antt. XIII, 11. B. J. I, 3.). Auch dessen Bruder, *Alexander Jannäus*, bezeichnete seinen Regierungsantritt (106) mit Brudermord. Ungeachtet seiner unglücklichen Kriege mit *Ptolemäus Lathyrus* und den Arabern und einer von den Pharisäern erregten Empörung [1]) machte er, besonders jenseit des Jordans, bedeutende Eroberungen, und hinterliess das Reich in sehr erweitertem Umfange (*Joseph.* Antt. XIII, 12—15. B. J. I, 4.) [2]). *Alexandra*, dessen Gemahlin, regierte (seit 79) in Einverständniss mit den Pharisäern ruhig und gefürchtet (*Joseph.* Antt. XIII, 16. B. J. I, 5.).

---

[1]) Antiochus Eukärus kommt den Empörern zu Hülfe, verlässt sie aber wieder. Alexanders Grausamkeit gegen dieselben. S. *Ewald* Bd. IV, 434—444.

[2]) Die Grenzen giebt *Joseph.* Antt. XIII, 15, 4. an.

§. 64.
Hyrkan II. und Aristobulus II. 70 bis 63 v. Chr.

Der schon unter *Alexandra* im Hohenpriesterthume gefolgte älteste Sohn derselben, *Hyrkan II.* folgte (70/69) auch in der Königswürde, musste sie aber an seinen Bruder *Aristobulus II.*, der von den Sadducäern unterstützt gegen ihn aufstand, abtreten. Von dem Idumäer *Antipater* aufgereizt, entfloh im J. 64. Hyrkan II. zu dem arabischen Könige Aretas, der ihn mit einem Heere nach Jerusalem zurückführte. *Aristobulus II.* im Tempel eingeschlossen, rief den römischen Feldherrn *Scaurus* zu Hülfe, der ihn befreite. Beide Brüder wandten sich an *Pompejus*, der den Streit nur mit Gewalt der Waffen schlichten konnte. Er eroberte den von den Anhängern des Aristobulus besetzten Tempel in Sturm, und setzte Hyrkan II. als abhängigen zinsbaren Fürsten ein, indem er zugleich die Mauern der Stadt schleifen liess und das jüdische Gebiet verkleinerte (*Joseph.* Antt. XIV, 1—4. B. J. I, 6. 7.) [1]). Von Pompejus gedemüthigt verlor das hasmonäische Haus die gegen die Syrer wiedererkämpfte Freiheit an die Römer.

E. Von der Eroberung Jerusalems durch Pompejus bis zum Tode Herodes d. Gr. Abhängigkeit von den Römern.
(Von 63 bis 4 v. Chr.)

§. 65.
Zeitrechnung.

	J. v. Chr.
Alexander in Judäa	57
Aristobulus in Judäa	56
Crassus, Proconsul von Syrien	54
Aristobulus u. Alexander aus dem Wege geräumt	49
Antipater steht Cäsarn in Aegypten bei	48
Herodes und Phasael Tetrarchen	41
Antigonus König. Herodes zum Könige erklärt	40

---

[1]) Pompejus im Allerheiligsten. Aristobulus u. seiner Söhne Gefangenschaft u. Flucht.

84 Grundr. d. hebr.-jüd. Gesch.

	J. v. Chr.
Herodes erobert Jerusalem	37 [1])
Schlacht bei Actium	31
Tempelbau	17
Christi Geburt?	5
Herodes Tod	4 [2])
Ganze Zeitdauer	59 J.

§. 66.

Hyrkan II. und Antigonus 63 bis 37 v. Chr.

Die von *Alexander*, Aristobulus Sohn, und von diesem selbst erregten Unruhen (57 u. 56 v. Chr.) unterdrückte der Römer *Gabinius*, welcher der Regierung eine aristokratische Form gab (*Joseph.* Antt. XIV, 5. 6. B. J. I, 8, 1—7.) [3]). *Cäsar* aber, durch die ihm von *Antipater* in Aegypten geleisteten Dienste gewonnen, setzte den Hyrkan wieder in sein Fürstenthum ein (47 v. Chr.), indem er ihm *Antipater* als Procurator zur Seite gab, welcher eigentlich die Gewalt in Händen hatte, während *Hyrkan* auf das hohepriesterliche Amt beschränkt

---

[1]) *Joseph.* Antt. XIV, 16, 4.: Τοῦτο τὸ πάθος συνέβη τῇ Ἱεροσολυμιτῶν πόλει, ὑπατεύοντος ἐν Ῥώμῃ Μάρκου Ἀγρίππα καὶ Κανινίου Γάλλου, ἐπὶ τῆς πέμπτης καὶ ὀγδοηκοστῆς καὶ ἑκατοστῆς Ὀλυμπιάδος, τῷ τρίτῳ μηνὶ, τῇ ἑορτῇ τῆς νηστείας, ὥσπερ ἐκ περιτροπῆς τῆς γενομένης ἐπὶ Πομπηΐου τοῖς Ἰουδαίοις συμφορᾶς· καὶ γὰρ ὑπ' ἐκείνου τῇ αὐτῇ ἑάλωσαν ἡμέρᾳ μετὰ ἔτη εἴκοσι καὶ ἑπτά. Vgl. *Paul.* Exc. üb. d. Regierungsanf. u. d. Todesj. Herodes I., in s. Comm. üb. d. N. T. I, 206 ff.

[2]) *Joseph.* Antt. XVII, 8, 1.: Τελευτᾷ, βασιλ. ύσας, μεθ' ὃ μὲν ἀνεῖλεν Ἀντίγονον, ἔτη τέσσαρα καὶ τριάκοντα. B. J. I, 33, 8.: Βασιλεύσας ἀφ' οὗ μὲν ἀποκτείνας Ἀντίγονον ἐκράτησε τῶν πραγμάτων ἔτη τέσσαρα καὶ τριάκοντα, ἀφ' οὗ δὲ ὑπὸ Ῥωμαίων ἀπεδείχθη βασιλεὺς (Antt. XIV, 14, 5.) ἑπτὰ καὶ τριάκοντα. Herodes starb im Frühlinge des J. 750 d. St. Rom, 4. a. aer. Dionys., wie solches numismatisch u. astronomisch erwiesen ist. *Ideler* Hdb. d. Chronol. II, 390. Christi Geburt darf daher nicht früher als auf den Schluss des J. 749 gesetzt werden. *Sanclemente* (de vulg. aerae emendat. Rom. 1793.) geht bis zum J. 747 zurück. *Paul.* S. 211 sqq. setzt das Todesj. des Herodes 3 J. ante aer. Dionys. Vgl. *Winer* RWB. I, 560 f. *Ewald* Bd: V, 132 ff.

[3]) Plünderung des Tempelschatzes durch Crassus im J. 54. *Joseph.* A. XIV, 7, 1. B. J. I, 8, 8.

war (Antt. XIV, 8. B. J. I, 9.)¹). Er machte seine Söhne *Phasael* und *Herodes* zu Statthaltern, und letzterer zeichnete sich durch seinen unternehmenden Geist aus ²). Die Vergiftung *Antipaters* durch *Malichus* (J. 43 v. Chr.) und die Rache, die Herodes an diesem nahm, gab Anlass zu Unruhen, in Folge deren *Antigonus*, Aristobuls anderer Sohn, ins Land kam, aber von Herodes geschlagen wurde (Antt. XIV, 11. 12, 4. B. J. I, 11. 12, 1—3.). *Antonius* machte beide Brüder zu Tetrarchen von Judäa im J. 41. (Antt. XIV, 13, 1.). Die Parther, von den mit Cäsars Partei unzufriedenen Syrern ins Land gerufen, verhalfen dem Antigonus mit Gewalt und List auf den väterlichen Thron ³), den ihm aber *Herodes*, von den Römern zum Könige erklärt (J. 40.), bald wieder entriss, indem er Jerusalem mit römischer Hülfe eroberte (J. 37.) und so der hasmonäischen Dynastie ein Ende machte (Antt. XIV 13, 3—16, 4. B. J. I, 13—18.) ⁴). Sie fiel, erniedrigt durch den ehrgeizigen Zwist ihrer eignen Glieder, in blutigem Bürgerkriege. Die römische Gunst, den idumäischen Emporkömmlingen zugewandt, führte diesen Viele aus dem Volke zu während nationale Ehre und Hoffnung einen andern Theil in den erbittertsten Kampf gegen die halb-jüdische Herrschaft trieb, eine Spaltung, durch welche der Gegensatz der Pharisäer und Sadducäer zurückgedrängt wurde.

§. 67.

Herodes der Grosse 37 bis 4 v. Chr.

Herodes befestigte seine Herrschaft durch Blutvergiessen und Arglist, und wüthete mit grausamer Eifersucht gegen seine eigene Familie ⁵). Des *Antonius* Freund, und nur durch

---

¹) Erlaubniss die Mauern Jerusalems wiederherzustellen, später hin (Antt. XIV, 10, 5.) bestätigt. Die Juden durch ein Senatus-Consultum zu Freunden der Römer erklärt. Schreiben der Athenienser an Hyrkan.
²) Sein trotziger Auftritt vor dem ihn zur Rechenschaft ziehenden Synedrium, *Joseph*. A. XIV, 9, 4. B. J. I, 10, 5 ff.
³) Gefangenschaft u. Misshandlung Hyrkans, Tod Phasaels.
⁴) Unwürdiges Ende des Antigonus. — Ueber die letzten Hasmonäer s. *Ewald* Bd. IV, 451—471.
⁵) Hinrichtung der Anhänger des Antigonus (Antt. XV, 1, 2. B. J. I, 18, 4.); Ermordung seines Schwagers, des Hohenpriesters

die Arglist der *Kleopatra* (welcher er einen Theil seines Gebiets hatte abtreten müssen), verhindert, ihm im Kampfe gegen *Octavian* (*Augustus*) beizustehn (Antt. XV, 4; 5. B. J. I, 18, 5.; 19.), trat er nach der Schlacht bei Actium zum Sieger über, von dem er bestätigt wurde und nachher auch die der Kleopatra abgetretenen Landestheile zurück-, und dazu späterhin noch mehrere Städte und die Landschaften Trachonitis, Batanäa und Auranitis, und nach dem Tode des Zenodorus die Landschaft Gaulonitis erhielt (Antt. XV, 6 f. 7, 3. 10, 1 f. B. J. I, 20.). Seine Regierung war hart und grausam, aber zum Theil auch wohlthätig, übrigens glänzend und prächtig. Er führte mehrere kostbare Bauten aus, und schritt im J. 20, um die durch Einführung heidnischer Spiele ihm abgewandten Juden zu versöhnen, zu dem prächtigen Umbau des Serubabelschen Tempels; blieb aber bis an seinen Tod gehasst und gefürchtet, und starb unbetrauert. (Antt. XV. XVI. XVII, 8. B. J. I, 19—33, 8.) [1]).

Aristobulus (Antt. XV, 3, 3. B. J. I, 22, 3.); Hinrichtung Hyrkans II. (Antt. XV, 6, 3. B. J. I, 22, 1.), seiner Gattin Mariamne (Antt. XV, 7. B. J. I, 22, 2 ff., etwas abweichend erzählt); Misshelligkeit mit seinen Söhnen von der Mariamne Alexander u. Aristobulus (A. XVI, 1; 4. B. J. I, 23—26.); Hinrichtung derselben (A. XVI, 10; 11. B. J. I, 27.); Verschwörung seines Bruders Pheroras mit Antipater, seinem Sohne von der Doris, dem Anstifter alles Unheils; des Letzteren Hinrichtung wenige Tage vor seinem Tode (A. XVII, 7. B. J. I, 33, 7.). Intrigue, Verleumdung, Verschwörung, Giftmischerei, peinliche Untersuchung bezeichnen sein häusliches Leben. Er tilgte die letzten Ueberbleibsel des hasmonäischen Stammes aus (Antt. XV, 7, 9 f.).

[1]) Bau eines Theaters u. Amphitheaters in Jerusalem (Antt. XV, 8, 1.), eines königlichen Palastes (9, 3.), mehrerer Städte: Sebaste, Caesarea, Stratonsthurm mit einem Hafen, Antipatris, Phasaelis u. a.; Bau von Gymnasien, Hallen, Theatern, Bädern in ausländischen Städten (B. J. I, 21.).
Ueber die Geschichte der Herodcn s. *C. Nold.* hist. idum. s. de vita et gestis Herodum diatr. Franeq. 1660. 12.; auch an *Haverc.* Ausg. d. *Joseph.* II, 331 sqq. *Cellar.* §. 13. angef. Dissert. *Deyling* fam. et geneal. Herodiadum in s. observatt. S. II, 323 sqq. *Reland* Palaest. I, 30. *Eckhel* doctr. vet. num. P. I. Vol. III, 481 sqq. *L. Schlosser* Gesch. d. Familie Herodes. 1818. *Jost* Gesch. d. Isr. I, 160 ff. Andre Schr. s. in *Meusel* bibl. hist. I, 2. 178. — Ueber Herodes vgl. *Ewald* Bd. IV, 471—510. *Arnold* in *Herzog's* RE. unt. Herodes.

Unter einem Könige, wie *Herodes*, der nur äusserlich Jude, im Herzen aber Heide war und statt Gottes nur die römische Macht fürchtete, verschwand jede Spur eines theokratischen Regiments. Gleich dem Antiochus Epiphanes verletzte *Herodes* die heiligsten Interessen seines Volkes, und dass dieser Druck ruhig ertragen wurde, zeigt deutlich, wie tief die priesterliche Oberbehörde, ganz abhängig von der Willkür des Herrschers, und der nationale Sinn des Volkes bereits seit den Zeiten der letzten Hasmonäer gesunken war. Doch trotz der Herrschaft eines *Herodes* erhielt sich unter einem Theile des Volkes, wenn auch im Verborgenen, der Geist, der durch *Esra* der Gemeinde eingepflanzt war und der in der makkabäischen Zeit die herrlichsten Siege errungen hatte: die Liebe zum Gesetz, die Treue gegen den Glauben der Väter und die Zuversicht zu den alten nationalen Hoffnungen.

F. Von Herodes d. Gr. Tode bis zum Ende des jüdischen Staats. Zerstückelte idumäische Dynastie und römische Herrschaft.

(Von 4 v. Chr. bis 70 n. Chr.)

§. 68.

Zeitrechnung.

	J. v. Chr.
Archelaus Ethnarch, Philippus u. Antipas Tetrarchen	4

	J. n. Chr.
Archelaus Entsetzung und Verweisung. Judäa römische Provinz	6
Augustus' Tod. Tiberius Kaiser	14
Pontius Pilatus Procurator	27 [1]
Johannes der Täufer tritt im 15. Reg.-J. des Tiberius auf	28/29

---

[1] *Joseph.* Antt. XVIII, 4, 2.: Καὶ Πιλάτος, δέκα ἔτεσιν διατρίψας ἐπὶ Ἰουδαίας, εἰς Ῥώμην ἠπείγετο — — πρὶν δὲ ἢ τῇ Ῥώμῃ προσχεῖν αὐτόν, φθάνει Τιβέριος μεταστάς. *Paul.* Comm. üb. d. N. T. I, 309. rechnet ins J. 28 zurück; *Win.* aber Art. Pilatus ins J. 26 oder 25, weil die Absetzung des Kaiaphas Antt. XVIII, 4, 3. wahrsch. später als die des Pilatus, letztere also schon vor dem Passah des J. 36 erfolgt sein möge.

	J. n. Chr.
Christus gekreuzigt	31 [1]
Philippus, des Tetrarchen, Tod	33 [2]
Tiberius' Tod. Cajus Caligula Kaiser. Herodes Agrippa Tetrarch	37
Herodes Antipas verwiesen	39
Caligula's Tod. Claudius Kaiser. Agrippa König von ganz Palästina	41
Agrippa's Tod. Cuspius Fadus Procurator	44 [3]
Tiberius Alexander Procurator	45
Agrippa II. Fürst von Chalcis und Aufseher des Tempels. Cumanus Procurator	48
Felix Procurator. Agrippa II. Tetrarch	52
Claudius' Tod. Nero Kaiser	54
Festus Procurator	62

---

[1] Nach Luk. III, 1. und *Joseph.* Antt. XVIII, 4, 2. (S. 87. Not. 1.) u. nach der Voraussetzung, dass Jesus bald nach Joh. d. T. aufgetreten sei, fällt des Ersteru Tod zwischen das 15. Regierungsj. und das Todesj. des Tiberius, d. i. zwischen 29 und 37 aer. Dionys. Nach der Wahrscheinlichkeit aber, dass J. nicht weniger als drei Passahfeste gefeiert habe (*Bengel* ordo temp. p. 236 sq.), können wir als Terminus ad quem das J. 31 setzen. Ganz gesichert würde diese Rechnung sein, wenn sich astronomisch bestimmen liesse, dass im J. 31 das Passahfest am Ende der Woche einfiel, wie dieses *Riccioli* (chronol. reform. p. 321.), *Linbrunn* (Vers. e. n. chronol. Systems üb. d. Sterbej. J. Chr. im 6. Bd. der Abhandl. d. baier. Akad. d. Wiss. 1769. 4.) und die meisten Chronologen versucht haben (s. *Hegewisch* Einl. in d. Chron. S. 125. *Anger* de temporum in Act. Ap. ratione p. 30.). Dass diess aber wegen der Unsicherheit des jüdischen Calenderwesens nicht möglich sei, zeigt *Paul.* üb. d. Möglichk. J. Todesj. zu bestimmen, Comm. III, 793 ff. vgl. *Wurm* in *Bengels* Archiv II, 1. 294. *Win.* RWB. I, 562. Gegen die angebliche Tradition, dass Jesus im 15/16. J. des Tiberius gestorben sei, bei *Tertull.* c. Jud. c. 8., *Clem. Alex.* Strom. I, 171 sqq. ed. Würceb., welcher viele Chronologen (*Is. Voss, Blanchini, Ant. Pagi, Marius Lupus, Usser.* a.) gefolgt sind, s. dens. S. 790 ff. u. *Winer* RWB. I, 562 u. 568 f.

[2] *Joseph.* Antt. XVIII, 4, 6.: Φίλιππος — — τελευτᾷ τὸν βίον εἰκοστῷ μὲν ἐνιαυτῷ τῆς Τιβερίου ἀρχῆς, ἡγησάμενος δὲ αὐτὸς ἑπτὰ καὶ τριάκοντα τῆς Τραχωνίτιδος καὶ Γαυλανίτιδος καὶ τοῦ Βαταναίων ἔθνους. Das 20. J. des Tiberius ist das 787. der Stadt Rom; s. *Eckhel* doctr. vet. num. P. I. Vol. III, 488.

[3] *Joseph.* l. l. XIX, 8. 2.

	J. n. Chr
Albinus Procurator	63
Gessius Florus Procurator	64
Ausbruch des jüdischen Kriegs	65
Vespasian in Galiläa	67
Nero's Tod	68
Vespasian Kaiser	69
Eroberung Jerusalems	70 ¹)
Ganze Zeitdauer	77 J.

§. 69.
Archelaus, Philippus, Antipas Tetrarchen. Römische Procuratoren 4 bis 41 n. Chr.

Herodes' Testament, nach welchem seine Söhne, *Archelaus*, *Antipas* und *Philippus*, sich in seine Besitzungen theilen, und ersterer ihm in der Königswürde folgen sollte (Antt. XVII, 8, 1. B. J. I, 33, 8.) ²), ward von *Augustus*, mit einiger Abänderung, bestätigt: *Archelaus* erhielt Judäa, Idumäa und Samarien, aber nur mit dem Titel eines Ethnarchen; *Antipas* ward Tetrarch von Galiläa und Peräa, und *Philippus* Tetrarch von Batanäa, Trachonitis, Auranitis und dem Bezirke des Zenodorus (A. XVII, 11, 4. B. J. II, 6, 3.). Sofort nach dem Tode des *Herodes* brach der lang genährte, aber durch die Gewalt des *Herodes* niedergehaltene Unwille der nationalen Partei gegen die römisch-idumäische Herrschaft in offenen Aufruhr aus. Jedoch leicht wurde er von der römischen Macht unter blutiger Rache unterdrückt, und *Archelaus* von dem Kaiser, der auch ein Bittgesuch der Juden gegen ihn zurückwies, als Ethnarch anerkannt ³). *Archelaus* aber zog sich durch die Härte seiner (zehnjährigen) Regierung eine Anklage der Juden, Entthronung und Exil zu (J. 6.), und seine Länder wurden nach vorgenommenem Census zur Provinz Syrien geschlagen, jedoch unter die besondere Verwal-

---
¹) *Göschen* in Stud. u. Krit. 1831. S. 731 ff.
²) Aenderung des früheren Testaments, Antt. XVII, 6, 1. B. J. I, 32, 7. Uebrige Bestimmungen. Grosse dem Augustus vermachte Geldsumme.
³) Antt. XVII, 10. 11. B. J. 11, 3 ff. Vgl. *Ewald* Bd. IV, 510—520.

tung eines Procurators gestellt (A. XVII, 13, 2 — XVIII, 1. B. J. II, 7, 3. 8, 1.). Aber auch diese Aenderung veranlasste unter den missvergnügten Juden Unruhen [1]); und nicht mit Unrecht war ihnen die Verwaltung der römischen Statthalter verhasst [2]). Während allerdings ein Theil der Juden der idumäischen die unmittelbare römische Herrschaft vorzog, wurde sie dagegen von der nationalen Partei, die aus den Pharisäern hervorgegangen war, aber von diesen sich dadurch unterschied, dass sie vollen praktischen Ernst mit dem Gesetz und seinen theokratischen Forderungen machte, als heidnische Fremdherrschaft auf das tiefste verabscheut; es widersprach den heiligsten Ueberzeugungen dieser Partei, dass eine heidnische Macht über das Volk herrschen sollte, welches allein von Gott zur Herrschaft über alle Völker bestimmt war. Der unversöhnliche Hass dieser Gesetzeseiferer oder Zeloten gegen Rom wirkt hauptsächlich auf die folgenden Ereignisse ein. — Ein gleiches Schicksal mit dem Gebiet des Archelaus hatten die Länder des löblich regierenden [3]) *Philippus* nach dessen Tode im J. 33 (A. XVIII, 4, 6.), bis sie von *Caligula* an *Herodes Agrippa I.*, Enkel Herodes des Gr. [4]), mit dem Königstitel verliehen wurden, der auch bald die Tetrarchie des verwiesenen *Antipas* [5]) erhielt (A. XVIII, 6, 10; 7. B. J. II, 9, 5.).

[1]) Judas der Gaulonitcr (Galiläer) u. seine theokratische Partei, A. XVIII, 1, 1. 6. B. J. II, 8, 1. Vgl. §. 274. *Ewald* Bd. V, 16—30.

[2]) Ueber die römischen Statthalter nach Archelaus s. *Ewald* Bd. V, 30—41. Ueber Pontius Pilatus, den sechsten Procurator, s. Antt. XVIII, 3 f. B. J. II. *Philo* leg. ad Caj. p. 1033. Wie er wegen der nach Jerusalem gebrachten Bilder des Kaisers mit den Juden verfuhr. Unruhen in Samarien und Klage der Samaritaner wider ihn.

[3]) Erbauung von Cäsarea Philippi (Paneas) u. Julias. Herodes Antipas erbaut Tiberias, B. J. II, 9, 1. A. XVIII, 2. Ueber Philippus s. *Ewald* Bd. V, 41 ff.

[4]) Sohn des Aristobulus, des Sohnes der Mariamne. Leichtsinniges Leben desselben; wie er die Gunst des Caligula gewann, A. XVIII, 6, 1 ff. B. J. I, 9, 5.

[5]) Dessen Verhältniss zur Herodias u. zu Joh. d. T., Antt. XVIII, 5, 1 f. Dessen Krieg mit seinem ehemaligen Schwiegervater, König Aretas von Arabien. Ueber Antipas s. *Ewald* Bd. V, 44—52.

§. 70.

Herodes Agrippa I. Agrippa II. Römische Procuratoren 41 bis 65 n. Chr.

Durch *Claudius'* Freundschaft erhielt *Agrippa* (im J. 41.) zu seinen Besitzungen noch Samarien und Judäa, und vereinigte so alle Länder, die sein Grossvater besessen hatte (Antt. XIX, 5, 1. B. J. II, 11, 5.), genoss aber seiner Herrschaft nicht lange († im J. 44.)[1]. Wie sein Grossvater nur äusserlich Jude, im Herzen Heide und mehr noch als jener blosser römischer Vasall, vermochte er zwar am wenigsten dem nationalen Streben nach gänzlicher Befreiung von Rom Vorschub zu leisten, aber sein wenn auch kurzes Königthum diente dazu, das Selbstgefühl und nationale Bewusstsein der Juden gegenüber der römischen Macht zu erhöhen. Wegen seiner Jugend ward dessen hinterlassener Sohn *Agrippa II.* nicht zur Thronfolge gelassen, sondern zum Fürsten von Chalcis und Aufseher über den Tempel ernannt (Antt. XIX, 9, 2. XX, 1, 3. B. J. II, 11, 6. 12, 1.). Judäa ward wieder römische Provinz, und durch Procuratoren regiert, welche im Verein mit dem idumäischen Fürsten die priesterliche Aristokratie ganz von sich abhängig machten und das zur Empörung geneigte Volk, unter dem schon Raub und Meuchelmord in den Dienst des Gesetzesfanatismus trat, immer mehr reizten[2]. Später erhielt Agrippa II. Philipps Tetrarchie mit dem Königstitel, und von Nero noch einige Städte mit ihrem Gebiete (Tiberias u. a.); auch dieser wusste das Volk nicht zu

---

[1] Die im Wesentlichen zusammenstimmenden Berichte über die Art seines Todes *Joseph.* A. XIX, 8, 2. AG. XII, 20 — 23. Vgl. über Agrippa I. *Ewald* Bd. VI, 287—332.

[2] Cuspius Fadus unterdrückt den Aufstand des Goëten Theudas, Antt. XX, 5, 1. Verletzungen des Volks unter Cumanus, Antt. XX, 5, 3 — 6, 3. B. J. II, 12, 1—7. Felix hat Räuber, Sikarier u. falsche Propheten zu unterdrücken, Antt. XX, 8, 5 f. B. J. II, 13, 1—6. Misshelligkeiten in Cäsarea zwischen Juden u. Syrern, in Jerusalem zwischen Priestern u. Grossen, A. XX, 8, 7 f. B. J. II, 13, 7. Felix verklagt, A. XX, 8, 9. Festus hat ebenfalls mit Räubern, Sikariern u. einem Goëten zu thun, A. XX, 8, 10. Albinus' käufliche Verwaltung, A. XX, 9, 2 f. B. J. II, 14, 1. — Ueber die römischen Statthalter nach Agrippa I. s. *Ewald* Bd. VI, 525 —557.

schonen¹). Der letzte Statthalter, *Gessius Florus*, beförderte geflissentlich den Ausbruch der Empörung²).

§. 71.
Cestius' Feldzug, Rüstungen der Juden 65 u. 66 n. Chr.

Nachdem Agrippa II. und die Obern vergebens den Versuch gemacht das Feuer des Aufruhrs zu stillen (B. J. II, 16.; 17, 1—3.), und Ersterer der Friedenspartei Truppen zu Hülfe geschickt, dadurch aber nur den Bürgerkrieg in Jerusalem entzündet hatte, in welchem die Partei der Eiferer die Oberhand behielt; als diese die Burg Antonia und den königlichen Palast erobert hatten und Meister von Jerusalem waren (ib. §. 4—10.)³): rückte *Cestius Gallus*, Statthalter von Syrien, mit einem Heere heran. Er konnte, obschon im übrigen Lande, doch in Jerusalem nicht, das er vergeblich belagerte, den Aufruhr dämpfen, und erlitt auf dem Rückzuge empfindlichen Verlust (B. J. II, 19.). Der Erfolg gegen *Cestius* erfüllte die Juden mit erhöhtem Muth und führte zur Vereinigung der Parteien, der Eiferer und der Gemässigten, zu denen die meisten Priester und Pharisäer gehörten. Hierauf ward von den in Jerusalem siegreichen Juden, ohne dass sie bei ihren ausserpalästinensischen Glaubensgenossen irgendwelche

---

¹) Streit wegen des hohen Gebäudes, das er in der königlichen Residenz in Jerusalem aufführte, u. der Mauer, welche dagegen die Juden im Tempel errichteten, Antt. XX, 8, 11.

²) Seine raubsüchtige Verwaltung B. J. II, 14, 1 f. Er lässt seine Truppen in Jerusalem plündern, ib. §. 9. Einzug der beiden von Cäsarea herkommenden Cohorten, Handgemenge mit dem Volke, welches den Tempel besetzt, ib. 15, 3—5. *Tacit.* Hist. V, 10.: Claudius defunctis regibus aut ad modicum redactis Judaeam provinciam equitibus romanis aut libertis permisit, e quibus Antonius Felix per omnem saevitiam ac libidinem jus regium servili ingenio exercuit, Drusilla Cleopatrae et Antonii nepte [Agrippae I. filia] in matrimonium accepta, ut ejusdem Antonii Felix progener, Claudius nepos esset. (Vgl. über diese Verwandtschaft die Ausl. bei Gronov.) Duravit tamen patientia Judaeis usque ad Gessium Florum procuratorem. Sub eo bellum ortum.

³) Dazwischen die Ermordung der Juden in Cäsarea; Rachekrieg derselben gegen die benachbarten Städte; Aufstand in Alexandrien. B. J. II, 18. — Ueber die Anfänge des jüdischen Krieges vgl. *Ewald* Bd. VI, 557—587.

Unterstützung fanden, unter dem Beitritte der gemässigten Partei der Aufstand im ganzen Lande eingerichtet; es wurden Feldherren und Statthalter ernannt, und grosse Rüstungen gemacht (ib. c. 20 — 22.) [1]). Die kühne, schon bis zum Aberglauben gesteigerte Hoffnung der Eiferer auf Herrschaft über die Völker schien ihnen jetzt endlich durch einen Sieg über die römische Weltmacht der Verwirklichung nahe zu sein.

§. 72.
Vespasian und Titus 67 bis 70 n. Chr.

Vespasian erschien mit einem Heere in Palästina, eroberte nicht ohne Mühe Galiläa, unter andern die von Josephus vertheidigte Festung Jotapata (B. J. III, 6. — IV. 2.) [2]), sodann mehrere Städte von Judäa und Peräa (IV, 3, 2.; 7, 3—6. 8, 1. 2.), verheerte Idumäa, und schränkte so die Empörer auf den Besitz von Jerusalem, Machärus, Herodium und Masadah ein. Die in Rom eintretenden Thronveränderungen und seine Ernennung zum Kaiser bestimmten ihn die Beendigung des Krieges aufzuschieben (IV, 9, 2. 9.; 10, 2 ff.). Während der Ruhe, welche der Hauptstadt noch gegönnt war, ward sie von blutiger Parteiung, die unter den Eiferern selbst ausbrach, zerrüttet, und die Kraft des Volks im muthwilligen Kampfe zersplittert (IV, 3—7, 2.; 9, 3—8. 10—12. V, 1.) [3]). Nach-

---

[1]) Ueber den Zug u. die Niederlage des Cestius und deren Folgen s. *Ewald* Bd. VI, 587 ff. — Der Geschichtschreiber *Josephus*, der gemässigten Partei angehörig, ward Statthalter von Galiläa. Sein Widersacher *Johann v. Gischala*, der von der Priesterpartei in Jerusalem unterstützt war (B. J. c. 21, 7.); woraus unter Vergleichung von Vit. §. 9. 10. 12. *Gfrörer* Vorr. z. Uebers. v. Fl. Joseph. jüd. Kr. S. XIX f. schliesst, Josephus sei seiner Partei untreu geworden und zu der Kriegspartei übergetreten. Vgl. dagegen über Josephus u. besonders seinen Kampf mit Johann v. Gischala *Ewald* Bd. VI, 648 ff.

[2]) Wie Josephus sich rettet u. Vespasians Gunst durch die übernommene Rolle eines Propheten gewinnt, III, 8.

[3]) Johann von Gischala kommt nach Jerusalem zurück u. stellt sich an die Spitze der Zeloten, welche nebst den von ihnen eingelassenen Idumäern in der Stadt wüthen. Die bessere Partei, der Hohepriester Ananus an ihrer Spitze, unterliegt. Räuber u. Sikarier wüthen ausserhalb der Stadt. Simon, Sohn Giora's, verwüstet Idu-

dem er seine Herrschaft befestigt hatte, sandte er seinen Sohn *Titus* zur Eroberung von Jerusalem ab (IV, 11, 5.). Dieser begann die Belagerung, und erstürmte die erste und zweite Mauer (V, 7.; 8.): da bot er Frieden an und wartete auf die Uebergabe, aber vergebens, ungeachtet der Hunger unter den Belagerten wüthete (V, 9. 10.). Diese, jetzt durch die gemeinsame Noth, obschon auch erst nach blutigem Bruderkampf vereinigt, wehrten sich hartnäckig, und zerstörten die Belagerungswälle der Römer (V, 11, 4—6.). Hierauf schloss Titus die Stadt mit einer Mauer ein, wodurch die Noth in derselben aufs höchste stieg (V, 12.). Nun wurde auch die Burg Antonia erobert, und dann mit Hülfe des Feuers das Heiligthum, wobei gegen des Siegers Willen auch das Tempelhaus ein Raub der Flammen wurde (VI, 1—4.). Zuletzt, obgleich selbst die Führer der Eiferer am Siege verzweifelten, vertheidigten die Eifrigsten noch die Oberstadt, welche endlich auch unter entsetzlichem Blutbade eingenommen wurde (VI, 7 f.). Nach der Zerstörung der Stadt (VII, 1.) feierte Titus Spiele (VII, 2 f.), und hielt einen prächtigen Triumph in Rom (VII, 5, 4 ff.). Die Reste des Krieges im übrigen Lande tilgten *Lucilius Bassus* und *Flav. Sylva* (VII, 6, 8 f.)[1].

Die Folgerichtigkeit in der Auffassung des Gesetzes, welche durch die Eiferer vertreten wird, führte zum Untergange der jüdischen Gemeinde. In dem Conflict des Judenthums mit dem Römerthum, der ungemessensten nationalen Ansprüche mit der grössten weltlichen Macht, konnte der Sieg nur der letzteren zufallen. Durch ihn wurde der Gesetzesreligion die Unwahrheit abgestreift, die ihr anhaftete. Der Glaube Israels an seine gegenwärtige und künftige Herrlichkeit, der Glaube an sein Gesetz, sein Priesterthum, seinen

---

müa, bekämpft die Zeloten in Jerusalem, u. wird endlich eingelassen. Eleasar, Haupt einer dritten Partei, besetzt den innern Tempel. Kampf zwischen den verschiedenen Parteien. Vgl. *Ewald* Bd. VI, 679 ff., welcher die Partei des Johann von Gischala als die der gelehrten Eiferer, die des Simon als die der Volkseiferer, und die des Eleasar als die der Priestereiferer bezeichnet.

[1] Merkwürdiges Ende der Festung Masadah. Auch in Aegypten werden unruhige Bewegungen unterdrückt, u. der Tempel des Onias zerstört (VII, 10.). — Ueber den Ausgang des jüdischen Kriegs s. *Ewald* Bd. VI, 699--753.

Tempel, seine heilige Stadt und sein heiliges Land, an seinen Vorzug vor allen andern Völkern und an seine einstige Weltherrschaft war geschichtlich zunichte gemacht. Der Tempel und die heilige Stadt wurden zerstört, das Gesetz und die heiligen Geräthe in das heidnische Rom geführt, das heilige Land an die Meistbietenden verkauft (B. J. VII, 5, 5. 6, 6.). Wie der Theokratie nicht die Form des Staates, so entsprach der Religion nicht die Form des Gesetzes. Aber schon vor dem Siege Rom's war unter dem Volke der grössere Siegesheld aufgetreten, welcher die seinem Volke gewordene Mission vollendete. Der in Jerusalem von seinem Volke und den Römern Gekreuzigte bewahrte ebenso die Wahrheit, welche der Gesetzesreligion einwohnte, wie er die aus ihr hervorgegangenen Verheissungen in einem weit tiefern Sinne erfüllte, als die alten Propheten geahnt hatten, und wurde der Stifter der wahren Theokratie, der sich Rom und die Welt unterwerfen sollten.

Uebergang zur Archäologie.

Was überhaupt von allen bedeutenden Völkern zu sagen ist, dass ihre geschichtliche Entwickelung unter dem Einfluss ihrer Religion steht, das gilt ganz besonders von dem hebräischen Volke. Die Geschichte desselben liefert den Beweis, dass die Religion die eigentliche Triebkraft des national-hebräischen Lebens war und den ganzen geschichtlichen Verlauf desselben von Anfang bis zu Ende beherrschte und bestimmte. Aus dieser Thatsache ist mit Recht zu folgern, dass der nationale Charakter der Hebräer ein wesentlich religiöser war und dass dieser, wie in der Geschichte, sich ebenso in dem Leben des Volkes, in seinen Gebräuchen und Sitten, in seinen privaten und öffentlichen Einrichtungen und besonders in seinem Cultus werde ausgeprägt haben. Von diesem Gesichtspunkt aus hat daher die hebräische Archäologie, da die Alterthümer eines Volkes nur richtig verstanden werden können, wenn sie in der nationalen Beleuchtung aufgefasst werden, unter der sie ursprünglich standen, ihre Aufgabe zu lösen u. die Einwirkung der Religion auf die ganze Lebensgestaltung des hebräischen Volkes im Einzelnen und Ganzen in's Auge zu fassen. Daraus ergiebt sich, dass die hebräische Archäologie die sog. biblische Theologie des A. T., die alttestamentliche Religionsgeschichte, zu ihrer Voraussetzung hat. Die beiden Disciplinen ergänzen sich gegenseitig; wie nur durch die Kenntniss der hebräischen Religion die rechte Einsicht in die Eigenthümlichkeit des alten hebräischen Lebens gewonnen werden kann, ebenso wird andrerseits durch den Nachweis des mannichfachen Zusammenhangs der Religion mit dem wirklichen Leben das Verständniss der Eigenthümlichkeit der hebräischen Religion gefördert werden.

Der religiösen Anschauung, unter die das hebräische Volk seinem Charakter gemäss alle Seiten seines Lebens gestellt hat, begegnet die hebräische Archäologie sogleich bei ihrem Anfange, wenn sie den natürlichen Grund und Boden, das Land, welches das Volk inne hatte, zu schildern hat. Für den Glauben der Hebräer war das Land, das sie besassen, nicht ein bloss geschichtlich ihnen zugekommener Besitz, ein Land, das sie selbst durch ihre Macht erobert hätten und nun als ihr wirkliches, allein unter ihren Schutz gestelltes Eigenthum besässen, sondern vielmehr ein Land, welches Eigenthum ihres Gottes ist und das Gott vermöge seiner besondern Liebe und Güte seinem auserwählten Volke vor allen andern Völkern wenn auch zu ewigem Besitz, in Wahrheit doch nur gleichsam zu Lehn gegeben habe, ein Glaube, der für das ganze Leben des Volkes von den weitreichendsten Folgen sein musste (3 Mos. XXV, 23. Jos. XXII, 19. Hos. IX, 3. 15. 1 Mos. XV, 18. XVII, 8. XXVI, 3. XXVIII, 4. 5 Mos. XIX, 10. XX, 16. XXV, 19. u. a.).

Erster Theil.
Naturzustand der Hebräer.

Erster Abschnitt.
Leidendes Verhältniss zur Natur oder physische Geographie.

Erstes Hauptstück.
Eigenthümlichkeiten des Bodens und Klima's von Palästina oder physische Geographie im engern Sinne.

§. 73.

Grenzen von Palästina.

Die Grenzen des Landes der Hebräer [1]) waren zu verschiedenen Zeiten verschieden; wir nehmen sie nach der grössten Ausdehnung an, wie sie der Gesetzgeber im Voraus bestimmt haben soll (4 Mos. XXXIV, 1—12. vgl. Jos. XIII —XIX.). I. Gegen *Osten* (מִקֶּדֶם, עַל־פְּנֵי) begrenzte der Jordan mit seinen Seen das eigentliche *Canaan*, jenseit dieses

---

[1]) Namen des Landes: Land Canaan (1 Mos. XI, 31. AG. XIII, 19.); Land Israels (1 Sam. XIII, 19. 2 Kön. VI, 23. Ez. XXVII, 17.); Land der Hebräer (1 Mos. XL, 15.); das heil. Land (Zach. II, 16. 2 Makk. I, 7. *Philo* de somniis p. 1118.); das gelobte Land (Hebr. XI, 9. vgl. 4 Mos. XIV, 30.); Παλαιστίνη (s. Belege bei *Reland* p. 37 sqq. z. B. *Herod.* VII, 89.; aus פְּלֶשֶׁת Παλαιστίνη vielleicht grācisirt, s. *Ewald* Bd. IV, 265 f.); Ἰουδαία (*Joseph.* Antt. I, 6, 2.), mit welchem jedoch gewöhnlich nur das diesseitige Land bezeichnet wurde.

DE WETTE Archäologie. 4. Aufl.

Flusses erhielten die Stämme Ruben, Gad und halb Manasse die Länder der Amoriter-Könige Sihon zu Hesbon und Og zu Basan, deren Grenze vom Gebirge Hermon ziemlich weit (etwa 14 M.) gegen Osten bis über das Gebirg Hauran nach Salcha lief, dann sich bedeutend zurückzog, so dass Rabbath Ammon und das Gebiet der Ammoniter ausgeschlossen blieb, und so in geringer Entfernung (5—7 M.) vom Jordan und todten Meere bis nach der südlichen Mark des Flusses Arnon ging [1]). II. Gegen *Süden* (מֵימִין, תֵּימָנָה) lief die Grenze von der südlichen Spitze des todten Meeres an den idumäischen Gebirgen und am steinigen Arabien bis an den Bach Aegyptens (§. 78.) hin. III. Gegen *Norden* (מִשְׂמֹאל, מִצָּפוֹן) hätte ein Theil Phöniciens mit zum Lande der Israeliten gehören sollen, wurde aber nie erobert, und die wirkliche Grenze lief vom Mittelmeere, südlich von Tyrus, bis an das Gebirg Hermon und nach Enan', den Grenzort des Reiches Damaskus. IV. Gegen *Westen* (אָחוֹר, יָמָּה) sollte das Mittelmeer die Grenze sein, im Süden aber ist Philistäa fast immer ausgeschlossen gewesen. Die ganze Ausdehnung des Landes (die grösste Länge von Norden nach Süden 31 M., die grösste Breite 20 M., der Flächeninhalt ungefähr 465 ☐ M.) fällt sonach ungefähr zwischen 52 und 55° der Länge, und 31 und 34° der Breite [2]). — Weit kleiner, als das Land der Griechen u. Römer, war das Land der Hebräer, von dem eine weit grössere Einwirkung auf das Leben der Menschheit ausging, als von jenen, seiner geographischen Lage nach ganz besonders geeignet, ebenso durch Abgeschlossenheit, wie durch Verkehr mit den Nachbarvölkern die Entwickelung des national-religiösen Volkslebens in seiner Eigenthümlichkeit und zugleich im bewussten Gegensatz gegen andere Völker, und endlich die Mittheilung der ewigen Wahrheit, die aus ihm hervorging, an die grossen Culturvölker des Abendlandes zu begünstigen [3]).

---

[1]) Nach 1 Mos. XV, 18. 2 Mos. XXIII, 31. 5 Mos. XI, 24. Jos. I, 4. soll der Euphrat die Grenze machen, eine Verheissung, welche unter David u. Salomo in Erfüllung gegangen ist. — Ueber die Grenzen des Landes vgl. *Knobel* zu Num. XXXIV, 1—15. *Raumer* Palästina, 4. Aufl. S. 24—29.

[2]) *Raumer* Palästina S. 25. berechnet den Flächenraum auf 495 ☐ M.

[3]) Vgl. *Ritter* Erdkunde XV, 1. S. 5 ff. *Keil* Archäol. §. 7. u. 8.

§. 74.

Oberfläche.

Das Land der Hebräer ist ein Gebirgsland (5 Mos. XI, 11. Ez. XXXIV, 13. 1 Kön. XX, 23.). Vom Hermon (§. 75.) im N.-Osten läuft südwestlich das Gebirg Naphthali (§. 75.) aus, und verflacht sich dann in die galiläische Hochebene, welche östlich steil gegen den Jordan und die Seen Merom und Gennesareth (§. 78.), südlich weniger steil in die Ebene Jesreel (§. 76.), westlich allgemach in die Meeresniederung von Ptolemais abfällt. Südlich von der Ebene Jesreel bis herab zur arabischen Wüste ist ununterbrochenes Bergland — der nördliche Theil das Gebirg Ephraim, der südliche das Gebirge Juda (§. 75.) —, das gegen Osten zur Jordan-Aue (§. 76.), gegen Westen zur Niederung am Mittelmeere abfällt. Im ostjordanischen Lande läuft vom Hermon gegen S.-Osten und Süden der Dschebel Heisch (§. 75.) bis nahe an den See Gennesareth aus, und umschliesst westlich die Niederung am See Merom. Im Osten und S.-Osten dehnt sich dann die Hochebene Hauran mit der Felsengegend Ledscha (Trachonitis) aus. Weiter südöstlich erhebt sich das Gebirg Ḥauran, und südlich das Gebirg Gilead (§. 75.) bis gegen Rabbath Ammon hin. Von da ist wieder eine Hochebene, welche westlich gegen den Jordan abfällt, östlich sich in die Wüste verläuft, und südlich sich zu den Gebirgen am todten Meere (Gebirg Abarim) erhebt, an die sich dann weiter südlich die Gebirge Moab und Seir anschliessen. Die Berge Palästina's wie das Stammgebirg Libanon und Hermon bestehen aus Jura-Kalk mit Kreidelagern und Versteinerungen, auch Sandstein. Im Osten (Hauran) tritt der Basalt mächtig auf; auch sonst, besonders am todten Meere, vulkanischer Charakter; die Erzhaltigkeit (5 Mos. VIII, 9.) zweifelhaft, wenigstens auf Eisen beschränkt. Im Kalkstein- und Kreide-Gebiete häufige Höhlen, besonders im Gebirge Juda und im nordostjordanischen Lande [1]).

---

[1]) *Joseph.* B. J. IV, 8, 2. beschreibt das Land, den Standpunkt in Jericho genommen, so: . . . ἥτις (Jericho) ἵδρυται μὲν ἐν πεδίῳ, ψιλὸν δὲ ὑπέρκειται αὐτῆς καὶ ἄκαρπον ὄρος μήκιστον. Κατὰ μὲν τὸ βόρειον κλίμα μέχρι τῆς Σκυθοπολιτῶν γῆς ἐκτείνεται, κατὰ δὲ μεσημβρινὸν μέχρι τῆς Σοδομιτῶν χώρας καὶ τῶν περάτων τῆς Ἀσφαλτίτιδος.

§. 75.

Gebirge und Berge.

I. Der Libanon (לְבָנוֹן von לָבַן, canduit), griech. Λίβανος, im weitern Sinne, besteht aus zwei einander parallelen Bergketten, deren eine, der eigentliche *Libanon*, von Süden gegen Norden, von der Gegend von Sidon bis über Tripolis hinaus [1]) parallel dem Mittelmeere und bis an dessen Küsten seine Vorgebirge aussendend, die andere, der *Antilibanos*, wovon Theile der alte *Hermon* (טוּר תַּלְגָּא, Targ. Jonath. Deut. III, 9.), die heutigen Dschebel es-Scheikh (auch Dsch. el Teldsch, *Schneeberg*), Dsch. Heisch, von S.-Westen gegen N.-Osten und Osten an der Nordgrenze Palästina's nach Damaskus und der Wüste hin sich erstreckt. In der Mitte zwischen beiden Bergketten liegt ein grosses, gegen N.-O. sich erweiterndes Thal (κοίλη Συρία, בִּקְעַת הַלְּבָנוֹן Jos. XI, 17. XII, 7., *El Bukaa*) mit dem berühmten *Baalbek* (*Heliopolis*), welches der im Norden von Tyrus sich ins Mittelmeer ergiessende *Leontes* (*Kasmich*) durchströmt. Dieses Gebirg, zu 8000 F., im Hauptgipfel Dschebel Makmel zu 12000 F. aufsteigend (nach *Schubert*), trägt ewigen Schnee (Jer. XVIII, 14.) [2]), und ist reich an Flüssen (Hauptfluss *Orontes*) und Bächen, an Wild und Pflanzen-Wachsthum (HL. IV, 11. 15. Hos. XIV, 7 f. Jes. XL, 16.), besonders berühmt durch seinen Cedernwald (§. 83.).

II. Unter den Bergen Galiläa's zeichnen sich aus: 1) das nur Jos. XX, 7. genannte Gebirg *Naphthali*; 2) der *Berg der Seligkeiten*, so genannt nach dem Matth. V, 3—11. neunmal wiederholten „selig", zwischen Safed und dem Berge Thabor,

Ἔστι δὲ ἀνώμαλόν τε πᾶν καὶ ἀοίκητον διὰ τὴν ἀγονίαν. Ἀντίκειται δὲ τούτῳ τὸ περὶ τὸν Ἰορδάνην ὄρος, ἀρχόμενον ἀπὸ Ἰουλιάδος καὶ τῶν βορείων κλιμάτων, παρατεῖνον δὲ εἰς μεσημβρίαν ἕως Σομόῤῥων (?), ἥπερ ὁρίζει τὴν Πέτραν τῆς Ἀραβίας. Ἐν τούτῳ δέ ἐστι καὶ τὸ Σιδηροῦν καλούμενον ὄρος, μηκυνόμενον μέχρι τῆς Μωαβίτιδος· ἡ μέση δὲ τῶν δύο ὁρίων χώρα τὸ Μέγα πεδίον καλεῖται. Vgl. über diesen §. *Raumer* Paläst. S. 29 ff. *Crome* Paläst. I, 28 ff.

[1]) *Strabo* XVI, 754. lässt den Libanon bei dem Vorgebirge θεοῦ πρόσωπον südlich von Tripolis endigen.

[2]) *Tacit.* Hist. V, 6.: Praecipuum montium Libanum erigit, tantos inter ardores opacum fidumque nivibus: idem amnem Jordanem fundit alitque. — Vgl. über den Libanon *Robinson* N. Forsch. S. 712 ff.

auf welchem Jesus die Bergpredigt gehalten haben soll; 3) der *Thabor* (תָּבוֹר, 'Ιταβύριον, 'Αταβύριον, *Joseph.* A. V, 5, 3. B. J. IV, 1, 8.), der an der nördlichen Seite der Ebene Jesreel, an der Grenze der Stämme Issaschar und Sebulon, von den andern Bergen abgesondert, in der Gestalt eines abgeschnittenen Kegels, der oben eine Ebene von ¹/₂ St. Umfang bildet, zur Höhe von 30 Stadien (*Joseph.* B. J. IV, 1, 8.), 4—500 Klaftern (*Volney*), ³/₄ M. (*Schulz*), in einer Stunde ersteigbar, sich erhebt, in der heiligen und weltlichen Geschichte berühmt (Richt. IV, 6. 12. 14.), ehedem eine Stadt und noch jetzt Ruinen tragend ¹).

III. Oestlich von der Ebene Jesreel im St. Issaschar liegt das Gebirg *Gilboa* (1 Sam. XXXI, 1.), jetzt *Dschebel Fukuah* (*Robinson*), ein länglicher Bergrücken, 1000 F. über dem Jordanspiegel, dessen Ebene er begrenzt. Weiter nördlich der fälschlich noch von *Raumer* u. A. so genannte kleine *Hermon*, *Dsch. Duhy* (*Robins.*).

IV. Westlich von der Ebene Jesreel, am Meerbusen von Ptolemais (Acco) und am Ausflusse des Kischon, der *Carmel* (כַּרְמֶל), 2½ M. nach Süden sich erstreckend, im Norden 2½ M., im Süden 5 M. breit, 8—10 M. im Umfange (*Scholz*), 1500 F. hoch, wegen seiner Fruchtbarkeit (Jes. XVI, 10. XXXV, 2. Jer. II, 7 u. a. Stt.), durch die Propheten Elia (1 Kön. XVIII, 19 ff.) u. Elisa (2 Kön. IV, 25.) und das Carmeliter-Kloster des Elia berühmt ²).

Beide Gebirge, Gilboa und Carmel, sind Ausläufer des

V. Gebirges *Ephraim* oder *Israel*, das den mittlern Theil von Palästina einnehmend und sich vom St. Issaschar bis zum St. Juda hin erstreckend die Berge *Schomron* (1 Kön. XVI, 24.), *Zalmon* (Richt. IX, 48 f.), *Garisim* und *Ebal* (5 Mos. XXVII, 12 f.), *Gaas* (Jos. XXIV, 30.), *Zemaraim* (2 Chron. XIII, 4.) begreift.

---

¹) Vgl. die treffliche Beschreibung bei *Robins.* III, 1. 451 ff. Ob die Verklärung Jesu auf diesem Berge geschehen? S. *Reland* p. 334. *Paul.* z. Matth. XVII, 2. *Robinson* l. c. S. 464 f.

²) Zu unterscheiden ist Carmel im St. Juda, südwestlich vom todten Meere.

VI. Der südliche Theil des Landes heisst das Gebirg *Juda*, wozu das über die Ebene Saron (§. 76.) von Ramla nach Jerusalem hin sich ziehende Kalkgebirg, der *Oelberg* bei Jerusalem, und das hinter diesem bis nach der Ebene von Jericho sich erstreckende Gebirg mit dem steilen Berge *Quarantania* (nach der Sage Berg der Versuchung Christi, so genannt nach dem vierzigtägigen Fasten des Herrn Matth. IV, 2. 8.), die Berge bei *Engedi* (1 Sam. XXIV, 1.) u. a., sodann die *Wüste Juda* mit den W. *Thekoa*, *Maon*, *Siph* u. a. gehören. - Der südliche Theil des Gebirges Juda hiess das Gebirge der Amoriter (5 Mos. 1, 7. 19.).

VII. Das Gebirg *Gilead* östlich vom Jordan lag theils im Gebiete der St. Ruben und Gad südlich vom Jabbok (§. 78.) in der heutigen Landschaft *Belka*, wo der *Dschebel Dschelaad*, theils nördlich von diesem Flusse, wo der Berg *Adschelun*, im Gebiete des halben St. Manasse (5 Mos. III, 12. Jos. XII, 5. XIII, 30 f.) [1]).

VIII. Am todten Meere erhebt sich das Gebirg *Abarim*, wovon *Peor*, *Nebo* (heutzutage *Dschébel Attarus?*) und *Pisga* Theile sind (5 Mos. XXXII, 48. XXXIV, 1.) [2]).

§. 76.
Ebenen.

I. Die Ebene *Jesreel*, von der gleichnamigen Stadt an ihrer östlichen Grenze so genannt (עֵמֶק יִזְרְעֶאל Jos. XVII, 16., Ἐσδρηλών Jud. IV, 6., πεδίον μέγα *Joseph.* B. J. III, 4, 1.

---

[1]) *Burkhardts* Reise II, 599. u. *Gesen.* Anm. S. 1060.

[2]) Ueber Abarim, Nebo u. Pisga vgl. *Raumer* Paläst. S. 72. u. *Knobel* zu 4 Mos. XXI, 10. 11.

Ueber den Berg κλίμαξ Τυρίων s. *Joseph.* Antt. XIII, 5, 4. B. J. II, 10, 2. *Hamelsveld* I, 365.

Von Wäldern sind berühmt: 1) der Wald auf dem Libanon, 2) auf dem Carmel, 3) der Eichenwald auf dem Gebirge Basan (Zach. XI, 2.), 4) der Wald Ephraim (2 Sam. XVIII, 6. 8. 17.), 5) das waldige Ufer des Jordan und des Sees Merom, גְּאוֹן הַיַּרְדֵּן, Jer. XII, 5. XLIX, 19. L, 44. Zach. XI, 3. Vgl. *Hieron.* z. Zach. XI, 3. *Schnurrer* observatt. ad Jer. l. l. (Tub. 1794 u. in *Velthusen* commentatt. theol. III, 327.). *Rel.* p. 274. *Burkh.* II, 594. *Gesen.* Anm.

Ebenen. §. 76.

Antt. V, 1, 22. VIII, 2, 3. XV, 8, 5. 1 Makk. XII, 49., jetzt *Merdsch Ibn-Aamer*), am Fusse des Thabors und galiläischen Hochlandes, westlich vom Carmel, östlich vom sogen. kleinen Hermon und Gilboa, südlich vom Gebirge Ephraim begrenzt, etwa 8 St. lang und 4 St. breit (*Burkh.*), ihre Gewässer theils westlich ins Mittelmeer (so den Kischon), theils östlich in den Jordan sendend (*Robins.*), fruchtbar, obschon jetzt öde, durch Schlachten im biblischen Alterthume (Richt. IV, 13 ff. VI, 33. 1 Sam. XXIX, 1. 1 Kön. XX, 26. 2 Kön. XXIII, 29. 1 Makk. XII, 49.) und in neuerer Zeit berühmt.

II. Die Ebene am Mittelmeere vom Carmel bis an den Bach Aegyptens. Der nördliche Theil, von Cäsarea bis nach Joppe, *Saron* (שָׁרוֹן), wurde und wird noch wegen seiner Viehweiden und seiner Fruchtbarkeit gerühmt (Jes. XXXIII, 9. XXXV, 2. LXV, 10. HL. II, 1.)[1]. Der südliche, das *Niederland* (שְׁפֵלָה Jos. X, 40. Jer. XXXII, 44. Σεφηλά 1 Makk. XII, 38.), ist nicht unfruchtbar, aber jetzt zum Theil unangebaut.

III. Die *Jordan-Aue* (כִּכַּר הַיַּרְדֵּן 1 Mos. XIII, 10. 11. 1 Kön. VII, 47., auch schlechthin כִּכָּר 1 Mos. XIII. 12. 19. 2 Sam. XVIII, 23.; ἡ περίχωρος τοῦ Ἰορδάνου Matth. III, 5.; μέγα πεδίον *Joseph.* B. J. IV, 8, 2.; heutzutage *El Ghor*), die Ebene an beiden Ufern des Jordan vom See Gennesareth bis zum todten Meere hinab, nach *Joseph.* 230 Stad. lang und 120 breit (s. dagegen *Raumer* Palast. S. 59., Anm. 119.), bei Bethsean 2 St. (*Burkh.*), bei Jericho 4 St. breit (*Rob.*), merkwürdig durch ihre tiefe Lage[2] sehr unfruchtbar bis auf das

---

[1] *Strabo* XVI, 759.: Καὶ δὴ καὶ εὐάνδρησεν οὗτος ὁ τόπος, ὥστ᾽ ἐκ τῆς πλησίον κώμης Ἰαμνείας (יַבְנֶה, 2 Chr. XXVI, 6.) καὶ τῶν κατοικιῶν τῶν κύκλῳ τέτταρας μυριάδας ὁπλίζεσθαι. *Hieron.* ad Jes. LXV, 2.: Omnis regio circa Lyddam, Joppen et Jamniam (Saron) apta est pascendis gregibus. Gegen die Annahme eines jenseitigen Saron wegen 1 Chr. V, 16., u. eines dritten (*Euseb.* u. *Hieron.* in Onomast.: usque in praesentem diem regio inter montem Thabor et stagnum Tiberiadis *Saronas* appellatur), s. *Reland* p. 370 sq. *Win.* Art. Saron.

[2] Das Thal von Jericho liegt nach *v. Schubert* 527 F. unter dem mittelländischen Meere. Vgl. *Robins.* II, 455. „Die westlichen Klippen überragen das Thal in einer Höhe von 1000—1200 F.; die östlichen Berge anfangs weniger hoch, steigen weiter zurück zu 2000—2500 F." S. 507.

niedrigere Jordan-Thal und den Theil bei Jericho (בִּקְעַת יְרֵחוֹ 5 Mos. XXXIV, 3.)¹). Die Fortsetzung davon, wozu das *Salzthal* (גֵּי הַמֶּלַח), in der Geschichte berühmt (2 Sam. VIII, 13. 2 Kön. XIV, 7.), gehört, erstreckt sich unter den Namen *El Ghor*, *El Araba*, bis an den arabischen Meerbusen ²). Jenseit des Jordan, Jericho gegenüber, sind die *Gefilde Moabs* (עַרְבוֹת מוֹאָב 5 Mos. XXXIV, 1. 8. 4 Mos XXII, 1.) zu merken.

---

¹) *Joseph.* B. J. IV, 8, 2: Ἐκπυροῦται δὲ ὥρᾳ θέρους τὸ πεδίον, καὶ δι᾽ ὑπερβολὴν αὐχμοῦ περιέχει νοσώδη τὸν ἀέρα· πᾶν γὰρ ἄνυδρον πλὴν τοῦ Ἰορδάνου κτλ. §. 3.: Παρὰ μέντοι τὴν Ἱεριχοῦντα ἐστὶ πηγὴ δαψιλής τε καὶ πρὸς ἀρδείας λιπαρωτάτη . . . . καὶ πεδίον μὲν ἔπεισιν ἑβδομήκοντα σταδίων μῆκος, εὖρος δὲ εἴκοσιν, ἐκτρέφει τε ἐν αὐτῷ παραδείσοις καλλίστους τε καὶ πυκνοτάτους. τῶν δὲ φοινίκων ἐπαρδομένων γένη πολλὰ κτλ. *Strabo* XVI, 763.: Ἱεριχοῦς δ᾽ ἐστὶ πεδίον κύκλῳ περιεχόμενον ὀρεινῇ τινι, καί που καὶ θεατροειδῶς πρὸς αὐτῷ κεκλιμένη· ἐνταῦθα δ᾽ ἐστὶν ὁ φοινίκων, μεμιγμένην ἔχων καὶ ἄλλην ὕλην ἥμερον καὶ εὔκαρπον, πλεονάζον δὲ τῷ φοίνικι, ἐπὶ μῆκος σταδίων ἑκατόν, διάρρυτος ἅπας καὶ μεστὸς κατοικιῶν· ἔστι δ᾽ αὐτοῦ καὶ βασίλειον, καὶ ὁ τοῦ βαλσάμου παράδεισος. *Burkh.* II. 593. *Robins.* II, 506 f.

²) *Rob.* III, 1. 31 ff. 153 ff. N. Forsch. S. 438 ff. Aber der Annahme (*Burkh.* vgl. *Crome* Paläst. I, 170 ff.), dass ehedem der Jordan die ganze Arabah bis an das rothe Meer durchflossen habe, widerspricht der Abfall des Thales nach Norden. Vgl. *Raumer* S. 63. Anm. 139.

Wüsten (מִדְבָּר eig. Trift), d. h. unbebaute, obschon nicht ganz von allem Wachsthum entblösste, vielmehr zur Weide dienliche Gegenden (Ebenen), hat Palästina viele: die Wüste Juda (Richt. I, 16. Jos. XV, 61.), wovon die Wüsten Engedi (1 Sam. XXIV, 2.), Siph, Maon (1 Sam. XXIII, 25.), Thekoa (2 Chron. XX, 20.) Theile sind, die Wüste Jericho (Jos. XVI, 1. *Joseph.* Antt. X, 8, 2.) u. a.; noch mehr das jenseitige Land; aber keine Sandsteppen (עֲרָבָה von עָרַב dürre sein, vgl. jedoch *Credner* in theol. Studd. u. Kritt. 1833. 798 ff., der es durch Weidicht erklärt von עָרַב Weide, weil es am häufigsten von der Jordanebene vorkommt, deren tieferer Einschnitt, El Ghor, mit Gebüsch bewachsen war; — aber so lässt sich der Gebrauch des Wortes Jer. L, 12. LI, 43. kaum erklären), wie Arabien und Nubien, worüber vgl. *Faber* Arch. S. 122. *Jahn* I, 1. 83 ff. *Oedmann* verm. Sammll. V, 13. Das Phänomen שָׂרָב, Sandmeer, Kimmung, Jes. XXXV, 7. Curt. VII, 5. Coran. XXIV, 39. u. dazu Gelaleddin p. 485. cd. *Mar. Shaw* S. 375. *Robins.* I, 67. *Oedm.* S. 130 f. *Rosenm.* u. *Gesen.* z. Jes. XXXV, 7. Wassermangel (Jes. XLI, 17 ff.), Salzsteppe am todten Meere, *Seetzen* S. 436.

Ebenen. Gewässer. Meere. §. 76. 77.

§. 77.

Gewässer. Meere.

I. Das *Mittelmeer* (הַיָּם, הַיָּם הַגָּדוֹל 4 Mos. XXXIV, 5. 7. הַיָּם הָאַחֲרוֹן 5 Mos. XI, 24., יָם הַפְּלִשְׁתִּים 2 Mos. XXIII, 31.). Die Küsten sind theils hoch und felsig, theils niedrig und sandig [1]), und, den Meerbusen am Carmel ausgenommen, ohne guten Hafen, von denen jedoch einige in späterer Zeit künstlich verbessert waren [2]).

II. Der *arabische Meerbusen* (יָם סוּף, von dem da häufigen Meergrasse *Suri* [Seetang] so genannt [3]), ἐρυθρὰ θάλασσα [LXX], *mare rubrum* [Vulg.] [4])), theilt sich in zwei die

---

[1]) *Strabo* XVI, 758.: Εἶθ' ἡ Πτολεμαΐς ἐστι μεγάλη πόλις, ἥν Ἄκην ὠνόμαζον πρότερον ᾗ ἐχρῶντο ὁρμητηρίῳ πρὸς τὴν Αἴγυπτον οἱ Πέρσαι. Μεταξὺ δὲ τῆς Ἄκης καὶ Τύρου ϑινώδης αἰγιαλός ἐστιν ὁ φέρων τὴν ὑαλῖτιν ἄμμον....... μετὰ δὲ τὴν Ἄκην Στρότωνος πύργος πρόσορμον ἔχων. p. 759: Εἶτα Ἰόππη, καϑ' ἣν ἡ ἀπὸ τῆς Αἰγύπτου παραλία σημειωδῶς ἐπὶ τὴν ἄρκτον κάμπτεται, πρότερον ἐπὶ τὴν ἕω τεταμένη..... ἐν ὕψει γάρ ἐστι ἱκανῶς τὸ χωρίον, ὥστ' ἀφορᾶσϑαί φασιν ἀπ' αὐτοῦ τὰ Ἱεροσόλυμα, τὴν τῶν Ἰουδαίων μητρόπολιν καὶ δὴ καὶ ἐπινείῳ τούτῳ κέχρηνται καταβάντες μέχρι ϑαλάττης οἱ Ἰουδαῖοι· τὰ δ' ἐπίνεια τῶν λῃστῶν λῃστήρια δηλονότι ἐστί. (*Joseph*. B. J. III, 9, 3.: Λιμένος δὲ οὔσης φύσει τῆς Ἰόππης, αἰγιαλῷ γὰρ ἐπιλήγει τραχεῖ, καὶ τὸ μὲν ἄλλο πᾶν ὀρϑίῳ..... τύπτων δὲ τὸν αἰγιαλὸν ἀντίος βορέας καὶ πρὸς ταῖς δεχομέναις πέτραις ὑψηλὸν ἀνακόπτων τὸ κῦμα. Vgl. Antt. XV, 9, 6. B. J. I, 21, 5.: Μεταξὺ Δώρων κ. Ἰόππης... πᾶσαν εἶναι συμβέβηκε τὴν παραλίαν ἀλίμενον.)..... Εἶθ' ὁ τῶν Γαζαίων λιμὴν πλησίον ὑπέρκειται δὲ καὶ ἡ πόλις ἐν ἑπτὰ σταδίοις ...... Καὶ αὕτη μὲν οὖν ἡ ἀπὸ Γάζης λυπρὰ πᾶσα καὶ ἀμμώδης. *Shaw* S. 243.

[2]) Hafen zu Joppe 1 Makk. XIV, 5.; zu Cäsarea *Joseph*. Antt. XV, 9, 6. B. J. I, 21, 5.

[3]) Plin. H. N. XIII, 25. u. a. Belege bei *Bochart* Phal. IV, 29. *Jer. Lobo* in *Michael*. supplem. p. 1726. *Shaw* S. 384. *Jablonski* opusc. I, 266. Aber bei Suez findet sich dieser Seetang nicht. *Niebuhr* B. S. 412. Vgl. *Knobel* zu Ex. XIII, 18., welcher den Namen von einem Orte סוּף, Schilfstadt, ableiten will.

[4]) Nicht von der Farbe des Wassers oder der Gebirge (*Paul*. Reis. II, 251.); nicht von אֱדוֹם (*Boch*. l. c. p. 301.); nicht von einem Könige Erythros (*Strabo* XVI, 779.); sondern von der südlichen Lage, vgl. *Virg*. Georg. I, 234.: Quinque tenent coelum zonae: quarum una corusco Semper sole rubens et torrida semper ab igni. *Strabo* l. c.: ἡ μεγάλη ϑάλασσα ἡ ἔξω τῶν κόλπων ἀμφοῖν (dem pers. u. arab. Meerbusen), ἣν ἅπασαν ἐρυϑρὰν καλοῦσιν. *Herodot*. IV, 37.

sinaitische Halbinsel einschliessende Arme, den westlichen, *Sinus heroopolitanus* (jetzt *Bachr es Suez*), und den östlichen, *Sinus aelunites* (*Bachr el Akaba*), an welchem die Häfen Elath und Ezeongeber [1]).

§. 78.
Flüsse und Seen.

I. Palästina's Hauptfluss ist der *Jordan* (יַרְדֵּן von ירד fliessen, heutzutage *Esch-Scheriat* [die Trinkstelle], mit dem Beinamen *el Khebir* [die grosse]), welcher im Nordosten von Palästina aus den vier kleinen Flüssen *Banjas, Dan, Hasbany* (*Hasbaya?*), *Charchar* entsteht [2]), und vom Schnee des Libanon sein Wasser erhält, daher er auch im Frühlinge anschwillt (Jos. III, 15. 1 Chron. XII, 14.) [3]).

Er bildet mehrere Seen: 1) unweit seines Ursprungs den See *Merom* (מֵי מָרוֹם Jos. XI, 5., $\Sigma\alpha\mu o\chi\omega v\bar{\iota}\tau\iota\varsigma$ oder $\Sigma\epsilon\mu\epsilon\chi\omega$-$v\bar{\iota}\tau\iota\varsigma$ Joseph. B. J. IV, 1, 1., jetzt *Bahrat el Hhule*), 60 Stadien (1¼ M.) lang und 30 St. (¾ M.) breit, mehr Morast als See, worin viele wilde Thiere hausen. ¾ M. vom Ende dieses Sees führt die Jakobsbrücke über den hier 35 Schritt breiten, sehr schnell strömenden Jordan.

---

[1]) Vgl. über diesen Meerbusen *Agatharchides* de mari rubro in *Phot.* bibl. cod. 250. *Arrian.* peripl. mar. erythr. in *Hudson* geogr. min. I. *du Bois Aymé* in der Déscript. de l'Égypte XI, 371 sqq. XVIII, 1. 341 ff. *Irwin* R. auf d. rothen Meere etc. aus d. Engl. Leipz. 1781. (Ausz. in *Mich.* or. Bibl. XVI. 20 ff.) *Valentia's* u. *Salts'* R. nach Ind., Ceyl., d. rothen Meere u. s. w. Aus d. Engl. v. *Rühs.* 2 Th. 1811. *Rosenm.* Alt. III, 99 ff. *Win.* Art. rothes Meer.
Die Ebbe und Fluth an der palästinischen Küste ist gering. *Mich.* Einleit. ins A. T. S. 74. *Hamelsv.* I, 444.

[2]) *Gesen.* z. *Burkh.* I, 495. *Crome* Paläst. I, 129 ff. (Anders auf der Charte von *Robinson.*) Nach *Joseph.* B. J. III, 10, 7. soll der kleine See Phiala (Birkat el Ram) die eigentliche Quelle des Banjas sein. Diese Annahme des *Joseph.* hat sich nach den neuern Forschungen als unbegründet erwiesen, s. *Ritter* XV, 1. S. 174—177. S. 195 ff. *Raumer* S. 54 f.

[3]) Dass er ehemals nach Art des Nils ausgetreten sei u. das Ghor überschwemmt habe, ist eine ziemlich allgemeine (*Rel.* p. 273. *Bachiene* I, 140. *Raum.* S. 59.), aber von *Rob.* II, 502 f. widerlegte Annahme.

Zwei Stunden weiter südlich fällt dieser 2) in den See *Gennesareth* (יָם כִּנֶּרֶת 4 Mos. XXXIV, 11., גִּינָסַר, גִּנֵּסַר Targg., ὕδωρ Γεννησάρ 1 Makk. XI, 67. *Joseph.* B. J. III, 10, 7., Γεννησαρὲτ Luk. V, 1., θάλασσα τῆς Γαλιλαίας, τῆς Τιβεριάδος Joh. VI, 1., *Bahrat Tabaria*), nach *Joseph.* B. J. III, 10, 7. 140 St. (3½ M.) lang, 40 St. (1 M.) breit [1]), von süssem, tiefem, fischreichem Wasser; mit hohen, schönen Bergen und ehedem fruchtbaren, tropische Gewächse erzeugenden Thälern umgeben; westlich und östlich einige Flüsschen aufnehmend; durch die evangelische Geschichte merkwürdig (Matth. IV, 18. 21. Luk. V, 4 ff. Joh. XXI, 6. 11. Matth. VIII,' 23 ff. Mark. VI, 48.) [2]).

Nachdem der Jordan hierauf die Jordan-Aue in einem bald breitern und seichtern, bald schmalern und tiefern Bette (an der Furt bei Beisan [Scythopolis] 140 F. breit, der Strom den Pferden bis über den Bauch gehend, *Robins.* II, 501.), in mancherlei Wendungen durchströmt [3]) und mehrere Flüsschen aufgenommen hat, ergiesst er sich 3) in das *todte Meer* (חַיָּם הַקַּדְמֹנִי Ez. XLVII, 18., יָם הָעֲרָבָה 5 Mos. IV, 49., יָם הַמֶּלַח 1 Mos. XIV, 3., λίμνη Ἀσφαλτῖτις *Joseph.* Antt. I, 9., *mare mortuum Hieron.* ad Ez. XLVII, 4., *Bahrat Lut*), welches in einer vulkanischen Gegend (mit Schwefel, Salpeter, „Stinkstein" [*Burkh.*], warmen Quellen bei Engedi und El-Feskah im Westen, und heissen Schwefelquellen bei Kallirhoe im Osten), um 598 F. tiefer als der Wasserspiegel des mittelländischen Meeres liegend (*Schub.*), etwa 10 M. lang u. 2 M. breit [4]), mit einer Halbinsel an der südöstlichen Seite, von

---

[1]) Nach *Seetzen* 2 M. lang, ¾ M. breit; nach *Rob.'s* Charte 3 M. lang, 1½ M. breit.
[2]) Der Wasserspiegel ist nach *Schub.* III, 231. um 535 F. tiefer gelegen als das mittelländische Meer; nach Andern um 625 oder gar 700 Fuss tiefer. *Raumer* S. 56. Daher das tropische Klima am See. — Ueber den See Genezareth vgl. *Ritter* XV, 1. S. 281—357.
[3]) *Plin.* H. N. V, 15.: Amnis amoenus et, quatenus locorum situs patitur, ambitiosus, accolisque se praebens, velut invitus Asphaltiten lacum dirum natura petit.
[4]) Nach *Robins.*; nach *Joseph.* B. J. IV, 8, 4. 580 Stad. lang, 150 St. breit; nach *Diod. Sic.* XIX, 98. 500 St. lang, 60 St. breit; nach *Plin.* V, 16. 100,000 Schritt lang, 25,000 breit. Vgl. *Raumer* S. 61. Anm. 127.

einem stärker als Salzsoole mit Salz gesättigten Wasser [1]), zuweilen nach Erdbeben Erdharz ausstossend [2]), nichts Lebendiges enthaltend [3]), einen todten, traurigen Anblick gewährt [4]).

---

[1]) Das von mehrern Chemikern untersuchte Verhältniss bei *Rob.* II, 457 ff. Nach *Gmelin*, welcher zuerst Brom darin entdeckte, besteht es aus ungef. $^3/_4$ Wasser u. $^1/_4$ salzigen Theilen, als Chlormagnium, Chlorcalcium, Brommagnium u. s. w. Die Ursache dieser Salzigkeit ist nach *Seetzen* ein Salzberg am südwestl. Ende bei Usdom, der aber kein Brom enthält (*Rob.*)., Salzgewinnung Ez. XLVII, 11.; vgl. *Hamelsv.* I, 309. Daher die grosse Hebekraft des Wassers. *Strabo* XVI, 763. (den todten S. mit dem See Sirbonis verwechselnd): βαρύτατον ἔχουσα (ἡ λίμνη) ὕδωρ, ὥστε μὴ δεῖν κολύμβου, ἀλλὰ τὸν ἐμβάντα καὶ μέχρις ὀμφαλοῦ προεμβάντα εὐθὺς ἐξαίρεσθαι. *Plin.* V, 16.: Nullum corpus animalium recipit. Tauri camelique fluitant. Inde fama, nihil in eo mergi. *Tacit.* Hist. V, 6.: Incertae (inertes) undae superjacta, ut solido, ferunt; periti imperitique nandi perinde attolluntur. Neuere (auch *Schub.* III, 85 ff. *Rob.* II, 444.) bestätigen diess in einem gewissen Grade.

[2]) *Strabo* l. l.: μεστή ἐστιν ἀσφάλτου αὕτη· τοῦτο δὲ ἀναφυσᾶται κατὰ καιροὺς ἀτάκτους ἐκ μέσου τοῦ βάθους μετὰ πομφολύγων, ὡς ἂν ζέοντος ὕδατος· κυρτουμένη δ' ἡ ἐπιφάνεια, λόφου φαντασίαν παρέχει· συναναφέρεται δὲ καὶ ἄσβολος πολλὴ, καπνώδης μὲν, πρὸς δὲ τὴν ὄψιν ἄδηλος· ὑφ' ἧς κατιοῦται καὶ χαλκὸς καὶ ἄργυρος καὶ πᾶν τὸ στιλπνὸν μέχρι καὶ χρυσοῦ· ἀπὸ δὲ τοῦ κατιοῦσθαι τὰ σκεύη γνωρίζουσι οἱ περιοικοῦντες ἀρχομένην τὴν ἀναβολὴν τῆς ἀσφάλτου, καὶ παρασκευάζονται πρὸς τὴν μεταλλείαν αὐτοῦ ποιησάμενοι σχεδίας καλαμίνης. Vgl. *Diod. Sic.* XIX, 98. 99. *Rob.* II, 463 f.

[3]) *Tacit.* Hist. V, 6.: Neque pisces, neque suetas aquis volucres patitur. *Joseph.* B. J. IV, 8, 4. *Diodor.* XIX, 98. Syria ab *Edris.* descr. ed. *Rosenm.* p. 4. Vgl. Ez. XLVII, 6—10. Entgegengesetzte Nachrichten bei *Poc.* S. 55. *Chateaubr.* II, 74. *Buckingh.* I. Zus. S. 470. Vgl. dgg. *Mich.* de nat. et orig. maris mort. (commentatt. Brem. 1763.) p. 87 sq. *Seetzen* S. 437. *Schub.* III, 86. *Rob.* II, 461.

[4]) *Joseph.* l. l. *Tacit.* l. l.: — — terram ipsam specie torridam, vim frugiferam perdidisse. (Doch giebt es schöne fruchtbare Stellen am westlichen Ufer bei Engedi, am östlichen auf der Halbinsel.) Nam cuncta sponte edita, aut manu sata, sive herba tenus aut flore, seu solitam in speciem adolevere, atra et inania velut in cinerem vanescunt. Sodomsäpfel, nach *Hasselquist* S. 158. die Frucht des Solanum melongena, aber nach *Seetzen* S. 442. *Rob.* II, 472. allein richtig die Frucht der Asclepias gigantea, welche schön u. lockend ins Auge fällt, aber wenn man sie drückt oder stösst, platzend aufbricht wie eine Blase, so dass nur die Fetzen der dünnen Schale u. ein Paar Fasern in der Hand zurückbleiben. *Solin.*

Flüsse und Seen. §. 78. 109

II. Der *Kischon* (קִישׁוֹן Richt. IV, 7.), heutzutage *Mokatu, Mukutta, Rob.*, zum Theil am Fusse des Berges Thabor entspringend[1]), zum Theil von den südlichen Bergen her gespeist, bewässert die Ebene Esdrelon, und ergiesst sich nordwärts vom Carmel ins Mittelmeer; nur im Winter bedeutend.

III. Eben dahin ergiesst sich nördlicher bei Ptolemais der *Belus* (Βήλεος *Joseph.* B. J. II, 10, 2.), berühmt durch seinen Glassand und die Erfindung des Glases an seinen Ufern [2]).

IV. Als Grenzmarke ist berühmt, aber streitig, der *Bach Aegyptens* (נַחַל מִצְרַיִם) 4 Mos. XXXIV, 5., 'Ρινοχορούρα Jes. XXVII, 12. LXX., *El Arisch* Saad., נַחַל חָרָבָה Am. VI, 14.). Da man den *Strom Aegyptens* 'נְהַר מִצְר (1 Mos. XV, 18.) und den 'שִׁיחוֹר מִצְר (Jos. XIII, 3. 1 Chron. XIII, 5.), welche ebenfalls als Grenzmarken angeführt werden, für eins damit nahm: so verstand man unter diesen drei Bezeichnungen ent-

---

Polyh. c. XXXV.: Duo ibi oppida, Sodomum nominatum alterum, alterum Gomorrum, apud quae pomum quod gignitur, habent licet specimen maturitatis, mandi tamen non potest; nam fuliginem intrinsecus favillaceam ambitio tantum extimae cutis cohibet, quae vel levi pressa tactu fumum exhalat et fatiscit in vagum pulverem. — Sage von einem unterirdischen Feuer. *Strabo* p. 764.: — — ὅτι καὶ ἡ πηγὴ τοῦ πυρός καὶ τῆς ἀσφάλτου κατὰ μέσον ἐστὶ, καὶ τὸ πλῆθος. *Tacit.* l. l.: Lacus — gravitate odoris accolis pestifer. Vgl. *Plin.* II. N. V, 17.; dagegen *Seetzen* a. O. *Rob.* II, 453. Die Lage ist sehr warm u. daher die Luft drückend. — Sage von der Entstehung dieses Sees 1 Mos. XIX. *Joseph.* B. J. IV, 8, 4. *Strabo* l. l. *Tacit.* l. l. *Mich.'s* Hypothese in der angeführten comment. Nach *Rob.* III, 1. 162. muss schon vor der Katastrophe daselbst ein See gewesen sein, was der biblischen Darstellung nicht entspricht. — Vgl. über das todte Meer *Raumer* S. 61—69. *Ritter* XV, 1. S. 557—780.

1) *Hieron.* Onomast. s. v. Cison, *Arvieux* II, 230.; irrig dagegen *Shaw* S. 238 f.; vgl. *Hamelsv.* S. 522 ff. Irrig ist auch die Annahme (*Borchard* b. *Rosenm.* II, 1. 203.) eines doppelten, eines östlichen und eines westlichen Kischon. *Rob.* III, 1. 475. *Raumer* S. 39 u. 50.

²) *Strabo* p. 758 f. (§. 77. Not. 1. S.105.) *Plin.* XXXVI, 26. *Tacit.* Hist. V, 7. Vgl. *Raumer* S. 49. Ob der שִׁיחוֹר לִבְנָת Jos. XIX, 26. dieser Fluss ist? *Knobel* zu dieser Stelle hält den Libnath für den heutigen Nahr Zerka, der südlich vom Carmel ins mittelländische Meer fliesst.

weder den Nil oder den Bach bei *Rhinokorura* oder *Rhinokolura* (El Arisch). Aber diesen kann bloss der obige erste Ausdruck, und die beiden letzteren nur können den Nil bezeichnen, welcher in ungenauer Rede auch als Grenze genannt werden konnte [1]).

V. Die jenseitigen Flüsse sind: 1) der *Arnon* (אַרְנוֹן 4 Mos. XXI, 13., heutzutage *Mudscheb*), der nördlich von Rabbath-Moab sich ins todte Meer ergiesst; 2) der *Jabbok* (יַבֹּק 1 Mos. XXXII, 23., heutzutage *Zerka*), der ungefähr gleich weit vom See Gennesareth und vom todten Meere in den Jordan fällt, und ehedem die Grenze zwischen der südlichen und nördlichen Hälfte von Gilead machte; 3) der *Jarmuk* (*Hieromax* Plin. II. N. V, 18., heutzutage *Scheriat el Mandhur*), der 2 Stunden unterhalb des Sees von Tiberias in den Jordan mündet [2]).

[1]) *Faber* zu *Harmars* Beob. II, 209 ff. Für den Nil sind *Duv. Mill* diss. sel. p. 183 sq. *Shaw* S. 244—252. Für den Canal bei Bubastus *Chr. Müller* sat. observatt. phil. p. 157 sqq. Für den Bach bei Rhinokorura *Reland* p. 384. *Iken* dissert. de finibus terrae prom. (die dritte im 2. B. s. dissertt.) *Bachiene* I, 1. 192. *Rosenm.* II, 1. 88. *Win.* u. A. Auch *Raumer* S. 52 f. hält den Sichor Jos. XIII, 3. u. 1 Chron. XIII, 5. für den Bach Aegyptens. *Knobel* zu 1 Mos. XV, 18. u. Jos. XV, 4. nimmt sowohl den נְהַר מִצְרַיִם 1 Mos. XV, 18., als auch den Sichor Jos. XIII, 3. u. 1 Chron. XIII, 5. für den Bach Aegyptens, eine Annahme, welche vor der *de Wette's* den Vorzug zu verdienen scheint.

[2]) *Pococke* hielt ihn für eins mit dem Jabbok S. 104., seit *Seetzen* S. 351. unterscheidet man ihn; s. *Gesen.* z. *Burkh.* II, 1059. *Raumer* S. 78.

Kleinere Bäche: נַחַל קִדְרוֹן 2 Sam. XV, 23. (§. 126.); כ׳ בְּרִית 1 Kön. XVII, 3. vgl. *Rob.* II, 534., dagegen *Raumer* S. 65.; קָנָה כ׳ Jos. XVII, 9.; אֶשְׁכּוֹל כ׳ 4 Mos. XIII, 24.; שׂוֹרֵק כ׳ Richt. XVI, 4. 21.; הַבְּשׂוֹר כ׳ 1 Sam. XXX, 9. *Bach.* I, 1. 153 ff. *Raumer* S. 51 f. Ueber den Begriff des Wortes נחל s. *Rel.* p. 298. Der fabelhafte Sabbathfluss *Joseph.* B. J. VII, 5, 1., vgl. die widersprechende Nachricht bei *Plin.* XXXI, 2.: In Judaea rivus sabbatis omnibus siccatas, aus welchem Casaubonus den Josephus emendiren will; s. die Not. in *Haverc.* Ausg. des Joseph. z. d. St. *Robinson* N. Forsch. S. 744 ff.[4] hält den Sabbathfluss nach *Thomson* für die Fauwâr ed-Deir, die wechselnde Quelle in der Nähe des Klosters Mâr Jirjis.

§. 79.

Quellen, Brunnen und Cisternen.

Quellen (עַיִן) [1] fehlen zwar in Palästina nicht und mehrere Oerter (z. B. Enschemesch, Endor) sind darnach benannt; sie sind aber nicht häufig, und ihr Wasser oft nicht trinkbar: wesswegen *Brunnen* (בְּאֵר) [2] und besonders *Cisternen* (בּוֹר) [3] und *Teiche* (בְּרֵכָה) [4] aushelfen müssen. Daher die Wichtigkeit der Quellen und Brunnen für die Viehzucht (§. 90.) und im Kriege (2 Chron. XXXII, 30. 1 Sam. XXIX, 1. XXX, 21. 2 Sam. II, 12 f.) [5], und der hohe Werth des frischen Wassers, מַיִם חַיִּים (Matth. X, 42. Jes. XLIII, 19 f. XLVIII, 21. LVIII, 11. Jer. II, 13. Joel IV, 18. Ez. XLVII, 1. Zach. XIV, 8.

---

[1] Unterschied der perennirenden (מַיִם נֶאֱמָנִים Jes. XXXIII, 16.) und der im Sommer vertrocknenden (מ' מְכַזְּבִים Jes. LVIII, 11. Jer. XV, 8. Mich. I, 14.). Berühmte Quellen: Elisa-Brunnen (Ain es Sultan) bei Jericho, *Rob.* II, 528.; Quelle bei Engedi, *Rob.* II, 445.; Quellen bei Jerusalem (§. 126.).

[2] Berühmter Brunnen Joh. IV, 6. 11. vgl. *Maundrell* S. 84 f. 1 Mos. XXI, 31. XXVI, 33. Wasserschöpfen 1 Mos. XXIV, 16.; s. *Harmar* Beob. I, 101.

[3] *Hieron.* ad Amos. IV.: In his enim locis, in quibus nunc degimus, praeter parvos fontes omnes cisternarum aquae sunt: et si imbres divina ira suspenderit, majus sitis quam famis periculum est. Auch unter den Häusern hat man dergleichen, namentlich in Jerusalem. Das lateinische Kloster daselbst hat deren 28. *Scholz* S. 197. *Rob.* II, 125 f. Ueber die Verfertigung derselben: *Diodor. Sic.* XIX, 94.: — — Τῆς γὰρ γῆς οὔσης τῆς μὲν ἀργιλλώδους, τῆς δὲ πέτραν ἐχούσης μαλακήν, ὀρύγματα μεγάλα ποιοῦσιν ἐν αὐτῇ· ὧν τὰ μὲν στόμια μικρὰ παντελῶς κατασκευάζουσι, κατὰ βάθους δ' ἀεὶ μᾶλλον εὐρυχωρῆ ποιοῦντες, τὸ τελευταῖον τηλικοῦτον ἀποτελοῦσι τὸ μέγεθος, ὥστε γίνεσθαι πλευρὰν ἑκάστην πλίθρου. Ταῦτα δὲ τὰ ἀγγεῖα πληροῦντες ὕδατος ὀμβρίου τὰ στόματα ἐμφράττουσι, καὶ ποιοῦντες ἰσόπεδον τῇ λοιπῇ χώρᾳ, σημεῖα καταλείπουσι κτλ. *Plin.* H. N. XXXVI, 23.; vgl. *Mariti* S. 277. Entlehnte Bilder Ps. XXV, 24. LXIV, 15. LXXXVIII, 7. Gebrauch zu Gefängnissen Jer. XXXVIII, 6. 1 Mos. XL, 15.

[4] Solche finden sich noch aus dem Alterthume, zuweilen in Gebrauch, häufiger in Trümmern. *Rob.* II, 129. Teiche bei Jerusalem (§. 126.), bei Hebron, *Rob.* II, 705.

[5] Belege aus dem heil. Kriege bei *Harmar* Beob. II, 250.

Ps. LXXXVII, 7., vgl. dgg. Jes. XLI, 17. u. a. Stt.). Auch Heilwasser fehlen nicht (1 Mos. XXXVI, 24.)[1]).

§. 80.
Witterung.

Sie ist natürlich nach dem verschiedenen Boden verschieden, auf dem Gebirge kühler, in der Ebene, besonders zu Jericho, heisser, überall aber ziemlich gemässigt[2]), und im Ganzen regelmässig.

Die *kalte Jahreszeit* (חֹרֶף) beginnt im October mit der Regenzeit (יוֹרָה, מוֹרָה, ὑετὸς πρωΐμος, Frühregen), Anfangs noch warmes, dann kühles, unbeständiges Wetter, Donnerwetter, feuchte Westwinde; zu Ende Novembers Laubfall; im December Schnee[3]) und Eis, jedoch leicht schmelzend, die Kälte nur kurze Zeit und auf den Gebirgen streng, kalte Nordwinde. Mit Ende Februars lässt die Kälte nach, und es tritt Regen ein, welcher auch den März hindurch bis in die Mitte Aprils dauert (מַלְקוֹשׁ, ὑετὸς ὄψιμος, Spätregen): häufige Donnerwetter, angeschwollene Flüsse, in den Ebenen schon heiss. Die *warme Jahreszeit* (קַיִץ) beginnt mit dem Ende Aprils, wo der Himmel schon heiter wird: gemässigte Wärme bis in den Juni, dann steigende Hitze bis zum September, wo die Nächte kühl werden. In dieser ganzen Zeit selten Regen und Gewitter (Spr. XXVI, 1. 1 Sam. XII, 17 f. 2 Sam. XXI, 10.), aber starker Thau (1 Mos. XXVII, 28. 5 Mos. XXXIII, 13. Hos. XIV, 6. Ps. CXXXIII, 3.), daher

---

[1]) *Ammian. Marcell.* XIV, 8.: — — in locis plurimis aquae suapte natura calentes emerguut ad usus aptae multiplicium medelarum. Tiberias, *Joseph.* Antt. XVIII, 2, 3., vgl. B. J. IV, 1, 3. *Seetz.* S. 349. *Burkh.* II, 573. Gadara, *Euseb.* Onomast. s. v. Αἰθάμ. *Rel.* p. 302. *Seetz.* S. 419. *Burkh.* I, 434. vgl. 539. Kallirrhoe, *Joseph.* D. J. I, 23, 5. *Plin.* V, 16. *Scetz.* S. 431. *Rel.* p. 301 sq. Ueberhaupt *Faber* Arch. S. 122 ff.

[2]) Thermometerstand in Jerusalem vom 10. bis 13. Juni bei Sonnenaufgang 10—19°, um 2 Uhr Nachmittags einmal 24°. *Robins.* II, 308.

[3]) Oft sehr tief. *Joseph.* Antt. XIII, 6, 5. Vgl. Matth. XXIV, 10.

Witterung. Fruchtbarkeit. §. 80. 81.

grosse Dürre (2 Mos. XXII, 5.)[1]), heisse Ostwinde; erst mit Ende Septembers etwas Regen.

§. 81.
Fruchtbarkeit.

Diese ist nach dem Zeugnisse der Bibel (5 Mos. VIII, 7 ff.), alter Schriftsteller und der Reisebeschreiber[2]), ungeachtet der dagegen erhobenen Zweifel[3]), mit Ausnahme weniger Striche, sehr gross. Mannigfaltige Erzeugnisse aller Arten, reiche Wälder[4]), gute Weiden, zahmes Vieh und Wild in Menge.

---

[1]) Das Gras ist dann so dürre, dass es leicht entzündlich ist. *Burkh.* II, 575.
Die Stelle 1 Mos. VIII, 22. enthält wohl nicht, wie nach *Bava Mezia* f. 106, 2. *Jahn* I, 1. 168. meint, die Angabe sechs verschiedener Jahreszeiten, welche auch die Hindu's zählen. *Rhode* rel. Bild. d. Hindu's II, 35.
Vgl. *J. G. Buhle* calendar. Palaest. oecon. Gott. 1785. 4. *G. F. Walch* cal. Palaest. oecon. Gott. 1785. 4. *Beer* v. d. natürl. Beschaffenh. d. isr. Landes u. s. w. (Abhandl. z. Erläut. d. alten Zeitrechn. II, 1 ff.). *Raumer* S. 89 ff.
[2]) *Tacit.* Hist. V, 6.: Rari imbres, uber solum. Exuberant fruges nostrum ad morem, praeterque eas balsamum et palmae. Palmetis proceritas et decor. *Ammian. Marcell.* XIV, 8.: Ultima Syriarum est Palaestina per intervalla magna protenta, cultis abundans terris et nitidis, et civitates habens quasdam egregias. *Joseph.* B. J. III, 3, 2 f. vgl. II, 21, 2. III, 10, 8. von Galiläa und Peräa, B. J. III, 3, 4. von Samarien und Judäa, B. J. I, 6, 6. IV, 8, 3. von Jericho, vgl. *Robins.* II, 356. *Shaw* 190 ff. *Arvieux* II, 203 ff. *Hasselqu.* 141. 179. Mehr b. *Hamelsv.* S. 238 ff. *Rosenm.* bibl. Alt. II, 1. 241.
[3]) Z. B. *Tolands* origg. jud. §. 10. p. 139. Sie stützen sich auf *Strabo* p. 761.: ...... ἐπὶ τὸν τόπον τοῦτον, ὅπου νῦν ἐστι τὸ ἐν τοῖς Ἱεροσολύμοις κτίσμα. Κατίσχε δὲ ῥᾳδίως, οὐκ ἐπίφθονον ὂν τὸ χωρίον, οὐδ' ὑπὲρ οὗ ἄν τις ἐσπουδασμένως μαχέσαιτο· ἔστι γὰρ πετρῶδες, αὐτὸ μὲν εὔυδρον, τὴν δὲ κύκλῳ χώραν ἔχον λυπρὰν καὶ ἄνυδρον, τὴν δ' ἐντὸς ἑξήκοντα σταδίων, καὶ ὑπόπετρον (vgl. p. 755. *Shaw* S. 92.) und auf den jetzigen Zustand des Landes. Vgl. über diese apologetische Streitfrage *Deyling* observatt. S. P. II. obs. de fertilit. ac praestant. terrae canan. p. 138 sqq. *Bachiene* I, 1. 424 ff.
[4]) Besonders auf der Ostseite des Jordan, *Buckingh.* I, 275.
Vgl. *Warnekros* de fertilit. Palaest. in *Eichh.* Repert. XIV u. XV. *Elsner* sur l'excellence de la Palést. in hist. de l'acad.

§. 82.

Landplagen.

I. Der tödtliche *Gluthwind* (arab. *Samum*, רוּחַ זִלְעָפָה Ps. XI, 6.) wehet zwar nicht in Palästina selbst, sondern in den benachbarten Wüsten Arabiens; aber der heisse *Ostwind* (קָדִים 1 Mos. XLI, 6. 23. Jon. IV, 8.) mag ihm nahe kommen. Er führt Schwefeldünste mit sich, und man kann sich nur durch Niederwerfen vor dem Ersticken retten [1]).

II. Erdbeben (Am. I, 1. Zach. XIV, 5.[2]), vgl. Hab. III, 6. Ps. XVIII, 8. Nah. I, 1.).

III. Donnerwetter mit Wolkenbrüchen, Ueberschwemmungen, Wasserhosen, Windsbrauten (סוּפָה, סַעַר Ps. LXXXIII, 16.)[3]).

IV. Die fürchterlichste Landplage Palästina's wie des übrigen Orients sind die Heuschrecken [4]), welche aus den in

---

Roy. de Berl. 1745. p. 157., wo auch hieher gehörige Münzen zu finden. *Raumer* S. 92 ff.

[1]) Eine ausführliche Beschreibung dieses Windes bei *Nieb.* B. S. 7. 9. *Oedm.* verm. Sammll. IV, 1 ff. *Büsching* u. Erdbeschr. V, 1. 240 ff. *Faber* zu *Harm.* S. 65 ff. *Rosenm.* Morg. II, 235 ff. Schwefelberg, worüber dieser Wind streichen soll, *Büsch.* S. 242. Versengen des Getreides, 2 Kön. XIX, 26. vgl. *Morier* zw. R. d. Pers. etc. in *Bertuchs* n. Bibl. d. R. XIII, 50.

[2]) Andere Beispiele aus Palästina und der Nachbarschaft b. *Joseph.* Antt. XV, 5, 2. *Abdollatifs* Denkw. Aegypt. S. 335. *Fab.* Arch. S. 22 ff. zu *Harm.* II, 192 ff. *Rosenm.* II, 1. 235. Zerstörung von Tiberias im J. 1837. Verschonung Jerusalems. *Raumer* S. 91 f.

[3]) *Shaw* S. 289. *Buckingh.* II, 29. *Harm.* II, 186 ff. u. dazu *Fab.*

[4]) Verschiedene Namen der Heuschrecken, von denen es zweifelhaft ist, ob sie verschiedene Arten oder Entwicklungsstufen der Heuschrecken bezeichnen. Von ersteren kommen 3 Mos. XI, 22. vor: אַרְבֶּה, gryllus gregarius (?), סָלְעָם, von סָלַע chald. consumsit, חַרְגֹּל von خَرْجَلَ saliit, חָגָב gew. v. خَاجِبْ operuit; denn bei jedem steht die Formel לְמִינֵהוּ. *Knobel* zu Lev. XI, 22. rechnet nur die Arten אַרְבֶּה u. חָגָב, die öfter im A. T. erwähnt werden, zu den Landplagen Palästina's, nicht aber die Arten סָלְעָם u. חַרְגֹּל, die sonst im A. T. nicht vorkommen. — Von letzteren erklärte *Michaelis* fälschlich alle Namen, u. erklären *Credner, Meyer* zu Joel I, 4. גָּזָם (*Cr.*: die besondere Art von Zugheuschrecke, welche

Landplagen. §. 82.   115

die Erde gelegten Eiern im Frühlinge ausschlüpfen, in grossen Wolken, die Sonne verfinsternd (Joel II, 10. 2 Mos. X, 15.), unter grossem Geräusche (Jo. II, 4.), mit dem Winde [1] angezogen kommen, und, wo sie sich niederlassen, oft Ellen hoch über einander gelagert, Alles, selbst die Rinde der Bäume (Jo. I, 7. 12.) abfressen, unaufhaltsam und unvertilgbar ihren Zug fortsetzen (Jo. II, 7—9.), oft die Wohnungen der Menschen anfüllen (2 Mos. X, 6.), und ihren Tod gewöhnlich im Meere finden, auf das sie sich im Fluge ermüdend niederlassen (2 Mos. X, 19. Jo. II, 20.).

Palästina im Herbste besucht, *M.*: die ungeflügelte H. im Zustande der Raupe); אַרְבֶּה (*Cr.*: die junge Heuschreckenbrut bis zum Alter des יֶלֶק, *M.*: die H. nach der zweiten Häutung); יֶלֶק (*Cr.* u. *M.*: die junge H. nach ihrer vorletzten Häutung); חָסִיל (*Cr.*: der Fresser, allgemeine Bezeichnung der H. in ihrem ausgebildeten Zustande = גָּזָם, *M.*: die abgestreifte, die vollkommen ausgebildete H.); aber Joel II, 25., wo diese Namen in folgender Ordnung vorkommen: אַרְבֶּה, יֶלֶק, חָסִיל, גָּזָם, entspricht keiner dieser Deutungen: daher wahrsch. mit *Holzhausen* z. Joel S. 41. nur verschiedene Bezeichnungen derselben Heuschrecken-Art anzunehmen sind. *Knobel* l. c. S. 459. hält גָּזָם, יֶלֶק u. חָסִיל für blosse Unterarten von אַרְבֶּה. So auch gegen *Credner* exegetisch gewiss richtig *Hitzig* 3. Aufl. zu Jo. I, 4. גּוֹב Am. VII, 1. Nah. III, 17. ist viell. allgemeiner Name für das ganze Heuschreckengeschlecht. Vgl. *O. G. Tychsen* im Anh. zu *Don Ignacio de Asso y del Rio* Abhandl. v. d. Heuschr. u. s. w. Rost. 1788. *Oedm.* verm. Sammll. II, 76 ff. *Rosenm.* z. *Bochart* Hieroz. II, 441 sqq. Alterth. IV, 2. 386 ff. *Credn.* Beil. z. Joel S. 261 ff. *Win.* Art. Heuschr.

[1] Sie sollen gewöhnlich aus Arabien kommen und gegen Norden ziehen; s. *Hasselqu.* S. 254. *Shaw* S. 166. vgl. 2 Mos. X, 13. u. dazu *Roch.* II, 469. mit *Rosenm.'s* Anm. *Nieb.* B. S. 169. *Donat* Ausz. aus *Scheuchz.* phys. S. II, 90. Unterschied der fliegenden und fressenden Heuschrecken. *Burkh.* I, 381 f. — Essbarkeit der Heuschrecken, 3 Mos. XI, 22. Matth. III, 4. *Herodot.* IV, 172. *Shaw* S. 166 ff. *Hasselqu.* S. 252. *Nieb.* B. 170. *Burkh.* I, 382. *Morier* S. 51. Vgl. *Knobel* l. c. S. 455 ff.

Zweites Hauptstück.
Naturgeschichtliche Merkwürdigkeiten.

§. 83.
Merkwürdige Bäume Palästina's.

I. Die *Ceder* (*pinus cedrus Linn.*, אֶרֶז)[1]), ein dem Lärchenbaume ähnlicher Nadelbaum vom Geschlechte der Fichte, berühmt durch Salomo's Tempelbau und geschätzt wegen ihres schönen, dauerhaften, wohlriechenden Holzes und des daraus gewonnenen Harzes (*cedria*), ist nicht ausschliessliches Eigenthum des Libanon, aber von dorther vorzüglich bekannt. Der dasige Cedernwald an der Quelle des bei Tripolis sich ausmündenden Flusses *Kadischa* bei dem Dorfe *Bschirrai* ist jedoch sehr zusammengeschmolzen [2]).

II. Die *Terebinthe* (Terpentinbaum, *pistacia terebinthus Linn.*, אֵלָה, wiewohl dieses W. zuweilen auch die *Eiche* zu bezeichnen scheint), ein hoher, mit gefiederten Blättern belaubter (nicht immergrüner) Baum, beerenförmige Früchte in Büscheln tragend, aus dessen Stamme durch gemachte Einschnitte das ächte Terpentin gewonnen wird, und der ein hohes Alter erreicht [3]), daher er zu topographischen Bezeichnungen dient (1 Mos. XIII, 18. XVIII, 1. XXXV, 4. Jos. XXIV, 26. Richt. VI, 11. 19. u. a. Stt.).

---

[1]) Dass dieses Wort nicht die Fichte überhaupt bezeichne (*Cels.* Hierobot. I, 106 sqq.), zeigt *Oedm.* II, 204 ff. جرل heisst noch jetzt auf dem Libanon die Ceder, obschon Andere dafür den Namen شربين angeben (*Nieb.* B. S. 149 f.).

[2]) *Burkh.* I, 62. zählte der alten Cedern gegen 12, *Mayr* III, 76. nur 9. Ausserdem finden sich 25 sehr grosse, 50 von mittlerer Grösse, mehr als 300 kleinere u. junge. Der Stamm der alten ist getheilt, die jungen sind gerade u. zum Theil höher gewachsen. *Seetzen* hat aber neue entdeckt, s. *Zach's* mon. Corresp. XIII, 549. *Robinson* stimmt der Zählung *Burkhardt's* bei; vgl. N. Forsch. S. 766—775. *Ritter* XVII, 1. 632—649.

[3]) *Joseph.* B. J. IV, 9, 7.: Δείκνυται ἀπὸ σταδίων ἓξ τοῦ ἄστεως (Hebron) Τερέβινθος μεγίστη, καί φασὶ τὸ δένδρον ἀπὸ τῆς κτίσεως μέχρι νῦν διαμένειν. Die Beschreibung eines solchen bei *Robins.* III, 1. 221. Von einer alten prächtigen Eiche bei Hebron Ders. II, 717.

III. Der *Pistacienbaum* (*pistacia vera L.*) trägt die Pistacien, בָּטְנִים, eine Art länglicher Nüsse mit einem Kerne von angenehmen gewürzhaftem Geschmacke, ein vorzügliches Product Palästina's (1 Mos. XLIII, 11. vgl. *Knobel* zu dieser Stelle).

IV. Die *Tamariske* (*tamarix orient. L*, אֶשֶׁל 1 Mos. XXI, 33. 1 Sam. XXII, 6. XXXI, 13., wofür aber in der parallelen Stelle 1 Chron. X, 12. das Glossem אֵלָה; und vielleicht hatte das Wort wie bei den spätern Juden die allgemeine Bedeutung: *grosser Baum*), ein stachlichter Baum von mittlerer Höhe und immergrünen Blättern, welcher an den Knoten der Aeste galläpfelähnliche Beeren trägt, und ein gutes hartes Nutz- u. Brennholz liefert [1]).

V. Der *Maulbeerfeigenbaum* (*ficus sycomorus L.*, שִׁקְמָה, συκάμινος, συκόμορος), von Geschlecht und Früchten ein Feigen-, von Ansehen und Blättern ein Maulbeerbaum, in Aegypten, aber auch in Palästina, besonders im Niederlande (1 Kön. X, 27.) häufig. Die gelblichen, ekel-süssen Früchte, den Armen eine willkommene Speise (Am. VII, 14.), wachsen aus dem Stamme und dem Holze der grössern Aeste hervor, und müssen durch Aufritzen (Am. VII, 14.) gezeitigt werden [2]).

VI. Der *Johannisbrodbaum* (syr. חרוב, franz. *Caroubier*, κεράτια, *ceratonia siliqua Linn.*) häufig in Palästina und andern südlichen Ländern, sichelförmige, hörnerartige Schoten (κεράτια) tragend, welche den Menschen, besonders aber den Schweinen (Luk. XV, 16.) zur Nahrung dienen und deren Kerne (גֵרָה) von den Hebräern als das kleinste Gewicht gebraucht wurden (§. 184.) [3]).

---

[1]) *Prosper Alp.* de plant. aegypt. c. 9. *Faber* Opusc. med. p. 136.
[2]) *Prosper Alp.* p. 23. *Forskål* plant. aegypt. p. 180 sqq. *Hasselqu.* S. 535 ff. *Warnekros* hist. nat. sycomori in *Eichh.* Repert. XI. no. 7. XII. no. 3. Ueber diesen u. andere Bäume *Cels.* Hierobot. *Rosenm.* Alt. IV, 1. 10. (Hptst.).
[3]) Andere Bäume, welche Gegenstände der Cultur waren, s. §. 100—102.
דוּדָאִים 1 Mos. XXX, 14 ff. HL. VII, 14. ist nach den alten Verss. (*Cels.* Hierob. I, 4.) Mandragora, Alraune (atropa mandragora Linn.), eine Belladonnen-Art mit starkduftenden Blüthen (Hohesl. VII, 14.) u. Aepfelchen (Liebesäpfeln), denen man im

§. 84.
Merkwürdige wilde Thiere.

I. Der *wilde Esel* (פֶּרֶא, עָרוֹד, letzteres aramäisch, LXX ὄναγρος) ist entweder der *Dsiggetai* der Mongolei (*equus hemionus*), welcher mitten inne zwischen Esel und Pferd steht, grösser als jener, schlank, sehr schnell, von gelbbrauner Farbe, in Schaaren lebend, und auf welchen die Züge Hiob XXXIX, 5 ff. XXIV, 5. Hos. VIII, 9. Jer. XIV, 6. allerdings passen [1]; oder wahrscheinlicher der ehemals nach *Rauwolf* noch in Syrien gesehene *Asinus silvestris L.*, der *Kulan* der Tatarei, der *Onager* der Alten [2], ein Thier von grosser Schönheit des Wuchses und ausserordentlicher Schnelligkeit, das ebenfalls in Heerden lebt, und auf welches die biblischen Züge nicht minder passen.

II. Der *Schakal* (*canis aureus Linn.*, *Goldwolf*), ein dem Fuchse ähnliches, von diesem aber durch seinen langen Kopf und sein gelbes, nach der Spitze zu etwas schwarzgemischtes Haar verschiedenes, den Menschen nicht gefährliches, auch aasfressendes Raubthier, welches des Nachts in Schaaren auf Raub ausgeht und sich selbst in die Städte wagt [3]. Er kommt vor unter den Namen: אִיִּים (Jes. XIII, 22. XXXIV, 14.), vgl. اِبْن آوى, Sohn des Geheuls, weil er sich wirklich des Nachts durch sein weithin schallendes Geheul bemerklich macht; תַּנִּים (Mich. I, 8. Hiob XXX, 29.), vgl. بَنَات [4]. Viel-

Oriente eine reizende fruchtbarmachende Kraft zuschreibt. *Schulz* Leitt. d. Höchst. V, 197. b. *Paul.* VII, 53. *Oedm.* V, 94 ff. *Rosenm.* bibl. Alt. IV, 1. 128 ff. Morg. I, 143 ff. aus *Fabers* handschriftl. Nachlass üb. d. bibl. Pflanzenk. Eine Abbild. bei *Donat* I, 302. Vgl. *Winer* unt. Alraun.

[1] So *Oedm.* II. cap. 1. Vgl. *Pallas* equus hemionus etc. (n. commentt. acad. Petrop. XIX, 394. mit e. Abbild.), auch b. *Oedm. Winer* unt. Waldesel.

[2] *Pallas* observatt. sur l'âne dans son état sauvage etc. (act. acad. Petrop. an. 1777., n. nord. Beitr. II, 22 ff.). *Ker Porter* (Travels in Georgia, Persia cet. I, 459.) machte einst auf ein solches Thier Jagd. Vgl. *Rosenm.* Alterth. IV, 2. 160.

[3] *Güldenstädt* in den petersb. Commentt. XX, 449 sqq. mit e. Abbild. Nachstich b. *Oedm.* II, 2.

[4] *Pococke* comm. ad Mich. I, 8. *Schnurrer* diss. p. 323.

Merkwürdige wilde Thiere. §. 84. 119

leicht ist unter שׁוּעָל, gewöhnlich *Fuchs*, Ps. LXIII, 11. Richt. XV, 3. dasselbe Thier gemeint. Indess haben die Reisenden vielleicht den Schakal mit dem *Canis Syriacus* verwechselt, einem dem Fuchse noch ähnlicheren Thiere mit stumpferer Schnauze und kürzeren Füssen und Ohren, von brauner, am Halse weisser Farbe, das ebenfalls ein durchdringendes Geheul erhebt [1]).

III. רְאֵם, רֵים, nach LXX μονοκέρως, das *Einhorn*, nach den Alten (*Plin.* Hist. Nat. VIII, 21. *Ktes.* Ind. c. 25.) ein dem Pferde und Hirsche ähnliches, mit einem langen Horne versehenes, höchst schnelles und unbändiges Thier, das man bisher für fabelhaft gehalten, wovon man zwar Spuren gefunden haben will, das aber kein glaubwürdiger Reisender selbst gesehen hat [2]). Da es nun überdiess unwahrscheinlich ist, dass nicht nur im Hiob, sondern auch in andern alttest. Schriften ein in jedem Fall dem fernen Süden und Osten angehöriges Thier als bekannt angeführt sein sollte: so verstehen darunter die Einen [3]) eine Gasellenart (vgl. رئم,), welches arabische Schriftsteller durch *weisse Gaselle* erklären), und zwar den *Oryx* der Alten, *antilope leucoryx Linn.* [4]), ein an Grösse dem Ochsen gleichkommendes, unbändiges Thier, das in Aegypten, vorzüglich aber im innern Afrika zu Hause sein soll; die Andern [5]) passender zu Hiob XXXIX, 9 ff. Ps. XXII, 22. XXIX, 6. 5 Mos. XXXIII, 17. Jes. XXXIV, 7. den wilden Büffel.

[1]) *Ehrenberg* icon. et descript. mammal. dec. 2. *Win.* Art. Schakal.

[2]) *Rosenm.* Morg. II, 269 ff. Alterth. IV, 2. 192 ff. *Win.* Art. Einh. Für das Einhorn hält das Reem *F. A. A. Meyer* Vers. über das vierf. Säugethier Reem der heil. Schrift. Leipz. 1796.

[3]) *Bochart* I, 949 sqq. u. dazu *Rosenm.* Ders. zu Ps. XXII, 22. *Win.* a. a. O. *Schlottmann* ausführlich in s. Comm. zu Hiob XXXIX, 9.

[4]) Antilope leucoryx, cornibus subulatis rectis, convexe annulatis, corpore lacteo, *Pallas* spicil. zool. XII, 17. Von der Wildheit dieses Thieres s. *Oppian.* cyneget. II, 445.

[5]) *Schultens* comment. ad Job. XXXIX, 12. p. 1113 sqq. *Gesen.* u. d. W. *Umbreit, Ewald, Hirzel* z. Hiob; m. Comment. z. Ps. XXII, 22. — *Michael.* suppl. p. 2212. nimmt beide Bedeutungen, Gaselle und Büffel, an.

IV. Der בְּהֵמוֹת (ägypt. *Pehemout* d. i. Wasserochs)[1]) ist nach der Beschreibung Hiob XL, 15 ff. das *Nilpferd* (*hippopotamus amphibius L.*)[2]), ein vierfüssiges Säugethier, von unförmlichem, riesenhaftem Körperbau und ausserordentlicher Stärke, dem Büffel ähnlich, mit einem Schweine-Schwanze, das nicht wie ein Pferd wiehert, sondern vielmehr wie ein Ochse brüllt, das im Wasser, im Nil und andern afrikanischen Flüssen, lebt und sich von Kräutern nährt[3]).

V. לִוְיָתָן ist Hiob XL, 25 ff. das *Crocodil*[4]), sonst allgemeiner Name für Schlangen und Seethiere.

VI. בַּת יַעֲנָה ist der *Strauss*[5]), dessen Naturgeschichte Hiob XXXIX, 12. so schön geschildert wird[6]).

---

[1]) *Jablonsky* opusc. I, 52. *Scholz* in *Eichh.* Repert. XIII, 5.

[2]) So *Bochart* II, 753 sqq. u. dazu *Rosenm. Ludolf* hist. aeth. I, 11., Comment. §. 156. *H. S. Reimar.* Anmerkk. zu *Hoffmanns* u. Erklär. d. B. Hiob. 1734. 4. *Shaw* S. 367. Für den Elephanten hielten dieses Thier *Grot.* u. andere ältere Auslegg. *Schultens* z. Hiob. *J. D. Michael.* Anm. zu s. deut. Uebers. u. Suppl. p. 156. *Hufnagel* Uebers. v. Hiob.

[3]) *Sparrmann* R. durch d. südl. Afr. S. 562 f. *Rüppel* R. in Nubien etc. S. 54 f. *Rosenm.* Alterth. IV, 2. 234 ff. *Winer* unt. Nilpferd.

[4]) *Bochart* II, 769 sqq. Die andern Meinungen von *Th. Has.* disquisit. de Leviath. Job. et ceto Jon. Brem. 1723. u. *Schultens* comment. ad Job. XL, 25. widerlegen *Rosenm.* zu *Boch.* l. l. *Oedm.* III, 1. vgl. VI, 6. Vgl. *Winer* unt. Krokodil.

[5]) *Bochart* II, 217 sqq. u. dazu *Rosenm.* Andere, wie *Aurivill.* de nominibus animalium, quae leguntur Esai. XIII, 21. (dissertatt. ed. *Mich.* p. 302 sqq.) u. *Oedm.* III, 35 ff. verstehen darunter die Eule. Jene Beschreibung Hiobs erläutern naturhistorisch *Boch.* II, 238 sqq. *Shaw* S. 386 ff. Vgl. *Winer* unt. Strauss, u. *Knobel* zu Lev. XI, 16.

[6]) Noch ist zu merken die *Springmaus* od. der *Berghase* (שָׁפָן 3 Mos. XI, 5. 5 Mos. XIV, 7. Ps. CIV, 18. Spr. XXX, 26., mus jaculus·Linn., arab. وَبْر), worüber *Boch.* I, 1001 sqq. *Donat* III, 40., wos. eine Abbild. *Oedm.* IV, 48 ff. *Hasselqu.* S. 277. Vgl. dagegen *Winer* unt. Springhase. *Winer* ist geneigt, den שָׁפָן für den جَرْبُوع der Araber, d. i. den hyrax syriacus, den Klippdachs, zu halten. Bestimmt entscheidet sich dafür *Knobel* zu Lev. XI, 5. S. *Gesen.* HWB. A. 5 u. 6.

Ueber die zahmen Thiere s. §. 91.

§. 85.

Einfluss des Klima's auf die Gesundheit.

Das Klima von Palästina ist gesund, und noch die heutigen Bewohner dieses und der benachbarten Länder zeichnen sich durch Gesundheit und hohes Alter aus [1]). Die Krankheiten sind meist acuter Art [2]), und die *Pest* (דֶּבֶר) [3]), die gewöhnlich in Aegypten entsteht und von da nach Palästina und Syrien (durch Ansteckung, nicht durch die Luft) verpflanzt wird, richtet oft grosse Verwüstungen an [4]).

---

[1]) *Tacit.* Hist. V, 7.: Corpora hominum salubria et ferentia laborum. *Arvieux* III, 278 ff. *Nieb.* B. 129. Jedoch ist dabei sehr die mässige Lebensart zu berücksichtigen.

[2]) Dergl. 5 Mos. XXVIII, 22. meistens genannt sind, vgl. 2 Kön. IV, 19. Von chronischen Krankheiten sind vorzüglich Hypochondrie (vgl. 1 Sam. XVIII, 10.) und historische Zufälle gemein, *Lüdecke* Beschr. d. türk. R. S. 60 f. *Jahn* I, 2. 349. In Aegypten ist die Blindheit sehr häufig, *de Tott* Mém. IV, 94. Vergl. *Pruner* die Krankheiten des Orients. Erlangen 1847. *J. P. Trusen* die Sitten, Gebräuche u. Krankheiten der alten Hebräer. 2. Aufl. Breslau 1853. *Tobler* Beitrag zur mediz. Topographie v. Jerusalem. Berlin 1855.

[3]) Mythische Bezeichnung der Pest 2 Mos. XII, 29. 2 Sam. XXIV, 16. 2 Kön. XIX, 35.; vgl. Il. I, 45—154.

[4]) Eine ziemlich ausführliche Beschreibung der Pest giebt *Jahn* I, 2. 389 ff.; vgl. *Patr. Russels* Abhandl. v. d. Pest. Leipz. 1793. *Pr. Alp.* de medic. Aegypt. 1, 14. 15. *Lüdecke* S. 62 ff. *Mariti* S. 198 ff. *Win.* Art. Pest. *Knobel* zu Exod. XII, 29. Grosse Zahlen der Weggerafften 2 Sam. XXIV, 15. 2 Kön. XIX, 35.; vgl. die von *Jahn* S. 391 f. gesammelten Angaben. Beim ersten Ausbruche der Epidemie ist die Ansteckung gew. augenblicklich tödtlich; späterhin schwächt sich ihre Kraft, u. Genesung ist möglich, aber nur durch Pestbeulen (2 Kön. XX, 7.). *Trusen* l. c. S. 202 ff. *Tobler* l. c. S. 25 ff.

Ueber die Krankheit der Philister 1 Sam. V, 6. VI, 11. vgl. 5 Mos. XXVIII, 27. im Chetib עֳפָלִים (tumores, vgl. جَفَّ tumor qui apud viros oritur in posticis partibus, apud mulieres in anteriore parte valvae), im Keri טְחוֹרִים (von סחר = טחר promicuit, im Syr. Stuhlzwang haben, wahrsch. das weniger obscöne Wort) *Joseph.* Antt. VI, 1, 1. (δυσεντερία);` *Boch.* Hieroz. I, 364 sqq. (mariscae, Feigwarzen), *Michael.* suppl. p. 1007. (varices haemorrhoidales), *Lichtenstein* in *Eichh.* allg. Bibl. VI, 407 ff. (vom Bisse der Solpuge, eines giftigen Insekts, erzeugte Beulen). Vergl. *Kanne*

§. 86.

Der Aussatz.

Der *Aussatz* (נֶגַע, צָרַעַת), von welchem die Hebräer so viel zu leiden gehabt haben [1]), ist nicht bloss eine Hautkrankheit, sondern ergreift auch die innern Theile, selbst die Gebeine, das Mark und die Gelenke, führt geschwollene Glieder, triefende und geschwächte Augen, Verstümmelungen mit sich, und endet gewöhnlich mit dem Tode. Der bei den Hebräern herrschende *weisse Aussatz* (2 Mos. IV, 6. 4 Mos. XII, 10.), *Barras* bei den Arabern genannt (λεύκη), beginnt mit weissen Flecken (3 Mos. XIII, 10.); und wenn er vollkommen ausgebildet ist, so ist die ganze Haut weissglänzend, aufgedunsen und dürr wie Leder, berstet auch zuweilen, und wird mit Geschwüren bedeckt. Wenn der Aussatzstoff gleich mit Gewalt ausbricht und der Kranke vom Kopfe bis zu den Füssen weiss wird (3 Mos. XIII, 13.): so erfolgt Genesung [2]).

---

goldene Aerse der Phil. Nürnb. 1820. *Win.* Art. Philist. S. 254 f. *Thenius* zu 1 Sam. V, 6. will an Pestbeulen gedacht wissen, und diess scheint mit Rücksicht auf die Bedeutung von עֹפֶל und den Inhalt von 1 Sam. V. das Richtige zu sein; auch 5 Mos. XXVIII, 27. und die Beschreibung der Krankheit bei *Josephus* l. c. spricht dafür. Ob die Lustseuche im A. T. anzunehmen sei? s. *Hensler* Gesch. d. Lusts. 1783. u. dar. *Michael.* or. Bibl. XXII, 1 ff. *Sickler* üb. d. Lusts. aus 4 Mos. XXV. u. XXXI, 17 f. in *Augusti's* theol. Bl. I, 193 ff. Ueber Jorams Krankheit 2 Chron. XXI, 18 f. *Mead* med. s. c. 5. *Schmidt* bibl. Med. S. 560 ff. Ueber die Dämonischen s. Bibl. Dogm. §. 175. u. die das. angef. Schrifst.

[1]) Verleumdung der Juden wegen des Aussatzes *Tacit.* Hist. V, 3.: Plurimi auctores consentiunt, orta per Aegyptum tabe, quae corpora foedaret, regem Bocchorim, adito Hamonis oraculo remedium petentem, purgare regnum et id genus hominum ut invisum deis alias in terras avehere jussum. Sic conquisitum collectumque vulgus, postquam vastis locis relictum sit, ceteris per lacrymas torpentibus, Mosen unum exulum monuisse, ne quam deorum hominumve opem exspectarent ab utrisque deserti, sed sibimet ut duci coelesti crederent etc. Vgl. *Justin.* Histor. XXXVI, 2. *Joseph.* c. Ap. I, 26. *Meiners* Religionsgesch. d. alt. Völker S. 118 ff. *Perizon.* origg. aeg. c. 19. p. 333 sqq.

[2]) *Michael.* mos. Recht IV. §. 208—212. Fragen f. d. arab. Reiseges. Fr. 11. 28. 36. Anm. z. 3 Mos. XIII. XIV. *G. G. Schülling* de lepra commentatt., rec. *J. D. Hahn.* L. B. 1778. 8. *Norberg* de lepra Arab. Lund. 1796. *Hensler* Gesch. d. abendl.

Eine schlimmere, in Aegypten einheimische Art ist der *knollige Aussatz*, der sich durch Knoten und Knollen (שְׁחִין מִצְרַיִם 5 Mos. XXVIII, 27. 35.) unterscheidet. Bei langsamerem Verlaufe bilden sich Schuppen und Borken an den Gliedmassen, und die Füsse schwellen oft zu einer entsetzlichen Dicke an — die sogenannte *Elephantiasis* [1]), die man für die Krankheit Hiobs hält [2]) —; oder es bilden sich heftige Geschwüre, welche grössere Entstellungen zur Folge haben — die *lepra leonina*.

Bei seiner natürlichen Beschaffenheit, seiner Fruchtbarkeit, seinen der Gesundheit günstigen klimatischen Verhältnissen, seiner Freiheit von häufigen verheerenden Landplagen, und seinem in der Sommerzeit stets heitern Himmel war Palästina eines der wohnlichsten Länder Vorderasiens. Indem

---

Auss. im Mittelalter. 1790. *Jahn* I, 2. 355 ff. Hall. Encycl. VI, 451 ff. *Win.* Art. Aussatz. — Die Vorboten des Aussatzes 3 Mos. XIII, 2.: שְׂאֵת, lentigo, lenticula, φακός, φάκιον, Linsenfleck, בַּהֶרֶת, λεύκη Hippocr., ἀλφός λευκός, סַפַּחַת, λεπραὶ Hippocr., morpheae nigrae. Unschuldige Hautausschläge, בֹּהַק 3 Mos. XIII, 39., ἀλφός Hippocr. (*Nieb.* B. 135.), מִסְפַּחַת 3 Mos. XIII, 6., λειχήν Hippocr. — Vgl. *Knobel* zu Lev. XIII. *Trusen* l. c. S. 161 ff. *Tobler* l. c. S. 47 ff.

[1]) *Lucret.* VI, 112. 113.:
Est Elephas morbus, qui circum flumina Nili
Nascitur Aegypto in media, nec praeterea usquam.
Plin. Hist. N. XXVI, 1.: Diximus elephantiasin ante Pompeji magniae tatem non accidisse in Italia, et ipsam a facie saepe incipientem, in nare prima veluti lenticula: mox invalescente per totum corpus, maculosa, variis coloribus et inaequali cute, alibi crassa, alibi tenui, dura, seu scabie aspera: ad postremum vero nigrescente et ad ossa carnem apprimente, intumescentibus digitis in pedibus manibusque. Aegypti peculiare hoc malum.

[2]) *Michael.* Einl. ins A. T. §. 10. *Jahn* I, 2. 381 ff. *Oedm.* I. 8. — Der Häuser-Aussatz (3 Mos. XIV, 33 ff.) war unstreitig Salpeterfrass. Vgl. dagegen *Knobel* zu dieser Stelle. Der Kleideraussatz hingegen (3 Mos. XIII, 47 ff.) ist noch nicht aufgeklärt. *Michael.* m. R. IV. §. 211. *Jahn* I, 1. 246 f. 2. 165. *Faber* Arch. S. 359. *Win.* Artt. Häuser, Kleider. *Knobel* zu Lev. XIII, 47 ff. lässt ihn nach *Mead* u. *Schilling* vom menschlichen Aussatz auf die Kleider übergehen. *Sommer* bibl. Abhandl. S. 224. führt ihn auf Stockflecke zurück.

seine Eigenthümlichkeit die Bewohner hauptsächlich auf Ackerbau und Viehzucht hinwies, durch die alle Lebensbedürfnisse in reichem Maasse gewonnen wurden, eignete es sich vorzüglich zum Wohnsitz für das durch seine Religion auf sich angewiesene und in sich concentrirte hebräische Volk. Wie sehr sich dieses jener Vorzüge des Landes bewusst war, erhellt daraus, dass es das Land, fliessend von Milch und Honig 5 Mos. XI, 9. 2 Mos. III, 8. 17.[1]), als eine schon den Vätern verheissene Gabe, als ein Geschenk Jehova's ehrte, durch das er seinem Volke vor allen Völkern seine Liebe bezeugte. Ist es nun nach hebräischer Anschauung überhaupt der göttlichen Gnade und Liebe, wie sie sich dem Noah in Verheissung und Bund mit dem Zeichen des Regenbogens kundgab 1 Mos. VIII, 20—22. IX, 9—17., zu verdanken, dass die Erde eine bewohnbare und sichere Stätte für die Menschen ist, so ist auch das heilige Land mit seinen natürlichen Verhältnissen, seit es von dem Volke mit Gott in seiner Mitte bewohnt wird, unter den Schutz und die Leitung Jehova's gestellt. Die Augen Jehova's sind auf das Land gerichtet vom Anfang des Jahres bis zum Ende des Jahres 5 Mos. XI, 12. Fruchtbarkeit und Unfruchtbarkeit des Landes ist abhängig von der Liebe und dem Zorn, von dem Segen und Fluch Jehova's, die durch den Gehorsam und Ungehorsam des Volkes gegen das göttliche Gesetz bedingt sind 5 Mos. XI, 13—17. VII, 13. XXVIII, 3—5. XXX, 9. Hosea II, 23. 24. 5 Mos. XXVIII, 38—42. XXIX, 22. 23. Wird ausser dieser religiösen Beziehung des Volkes zu seinem Lande der Opfercultus beachtet, durch den das Volk verpflichtet war, von dem Ertrage des Landes zahlreiche Gaben als heilige Speise Jehova's darzubringen, ferner der Familienbesitz, der als von Gott geordnet in seiner Integrität erhalten werden musste, und das Sabbathsjahr, durch das dem Boden in bestimmten Zwischenräumen die nöthige Ruhe gegönnt ward, so erklärt sich aus den verschiedenen religiösen Motiven und Satzungen, die für das Volk vorhanden waren, dass es seinem Lande die sorgsamste Cultur angedeihen liess und dadurch die natürliche Fruchtbarkeit desselben so hoch steigerte, dass

---

[1]) Ueber die Bedeutung dieses Ausdrucks vgl. *Knobel* zu Exod. III, 8.

es eine im Verhältniss zu seinem geringen Flächenraum
ausserordentlich starke Bevölkerung von etwa 5 Millionen
oder gar darüber zu tragen im Stande war [1]). Wie das Land
für das Volk, so war auch das Volk für das Land geeignet.
Daher kann es nicht Wunder nehmen, dass später, als nach
dem Untergange des jüdischen Staates anders geartete Völker
das Land in Besitz nahmen, die von den Alten bezeugte
Fruchtbarkeit desselben allmälig in die jetzige, von neueren
Reisenden bezeugte Unfruchtbarkeit überging.

Zweiter Abschnitt.
Thätiges Verhältniss zur Natur.

Erstes Hauptstück.
Bezwingung und Bearbeitung der Natur.

Erstes Capitel.
Jagd und Fischfang.

§. 87.
Jagd.

Eines der ersten Geschäfte des Menschen ist die Jagd
(ציד), die ihm Schutz vor Raubthieren, Nahrung und Kleider
gewährt, und worin sich die ersten Helden erwiesen (1 Mos.
X, 9.). Ganz allein haben sich die Hebräer nie, auch nie in
der Urzeit, damit beschäftigt; ihre Jäger waren zugleich Hirten und Ackerbauer, welche die Jagd zur Abwehr und zum
Nutzen trieben 5 Mos. XII, 15. Daher trug das Gesetz
Sorge für Erhaltung des nützlichen Wildes 2 Mos. XXIII, 11.
3 Mos. XXV, 7. und der Vögel 5 Mos. XXII, 6. 7. Das
Blut des auf der Jagd erlegten essbaren Wildes gebot das
Gesetz heilig zu halten, es auslaufen zu lassen und mit Erde

---
[1] S. *Raumer* S. 93.

126 Bezwingung u. Bearbeitung der Natur.

zu bedecken 3 Mos. XVII, 13. 5 Mos. XII, 15. Die Werkzeuge und Mittel der Jagd waren, ausser den Wurf- und Schusswaffen [1]), *Netze* (רֶשֶׁת, מִכְמָר), selbst für grössere Thiere (Ez. XIX, 8. Jes. LI, 20.)[2]), *Schlingen, Sprenkel* (פַּח, מוֹקֵשׁ Am. III, 5.), *Fallgruben* (פַּחַת, שַׁחַת Ez. XIX, 4.), letztere besonders für Löwen [3]). Ob man *Jagdhunde* und *Falken*, sonst im Alterthume und heutzutage im Morgenlande üblich [4]), gekannt habe, ist zweifelhaft [5]). — In der nachexilischen, besonders der herodianischen Zeit wurde auch bei den Juden nach heidnischer Sitte die Jagd zum Vergnügen geübt [6]).

§. 88.
Fischfang.

Die Fischerei (דִּיגָה) der Israeliten konnte zwar nie im Ganzen von Bedeutung sein, in einzelnen Gegenden aber, wie am fischreichen See Gennesareth, war sie ein ordentlicher Erwerbzweig (Luk. V, 1 ff.). Den Genuss von Fischen hatten die Hebräer seit ihrem Aufenthalt in Aegypten schätzen gelernt 4 Mos. XI, 5. Die Werkzeuge zum Fischfang waren das *Netz* (רֶשֶׁת, חֵרֶם Hab. I, 15. 17.), die *Angel* (חַכָּה Hab. I, 15. Jes. XIX, 8.), der *Fischerhaken* (סִיר, צִנָּה Am. IV, 2., חוֹחַ Hiob XL, 26.) zum Aufbewahren der Fische [7]). Den Fischfang trieb man gern bei Nacht (Luk. V, 5.). Von Fischhandel eine Spur Neh. XIII, 16. und in dem Namen eines

---

[1]) Auch ohne Waffen überwältigten die Jagdhelden wilde Thiere Richt. XIV, 6. 1 Sam. XVII, 35. XXIII, 20.; vgl. *Bochart* Hieroz. I, 751 sqq. u. dz. *Rosenm*. *Dietrichs* zur Gesch. Sims. I, 8 f.

[2]) *Boch.* I, 762 sq. und die das. angef. Zeugnisse.

[3]) *Oppian.* cyneget. IV, 85 sqq. *Xenoph.* de venat. XI, 4. *Shaw* S. 153. *Boch.* I, 761.

[4]) *Xenoph.* l. l. c. 3. *Boch.* I, 684. *Busch* Handb. d. Erf. I, 282. *Shaw* S. 300. *Arv.* III, 94 f. 269.

[5]) *Joseph.* Antt. IV, 8. 9. setzt erstere voraus. — Bändigung der wilden Thiere mit dem Ringe, חָח (חוֹחַ) Ez. XIX. 4. vgl. *Bochart* I, 764.

[6]) Vgl. *Leyrer* in *Herzog's* RE. unt. Jagd.

[7]) *Oedm.* V, 5. *Rosenm.* z. Hiob XL, 26. Spuren eines grössern Fischfangs Hi. XL, 30. Von Fischervölkern (Ichthyophagen) *Strabo* XVI, 773. *Diod. Sic.* III, 15 sq.

Fischfang. Hirtenleben. Viehzucht. §. 88. 89. 90.

Thores (Neh. III, 3. XII, 39.). — Das Gesetz gestattete nur solche Fische zum Genuss, welche zugleich Schuppen und Flossfedern haben 3 Mos. XI, 9.

Zweites Capitel.
Viehzucht.

§. 89.
Alter und Achtung des Hirtenlebens.

Mit der Viehzucht tritt der Mensch zuerst in den Stand der Cultur, und bereitet sich ein ruhiges, sicheres Dasein. Diese Lebensart war die ursprüngliche der Hebräer, und ihre Sage heiligt sie durch den ihr zum Urheber gegebenen frommen Abel (1 Mos. IV, 2.), wogegen der unselige Kain mit seiner Nachkommenschaft den mühseligen Ackerbau und die Künste vertritt (1 Mos. IV, 12. 17. 22.), welche wie bei allen ächten Nomaden [1]) Anfangs verachtet gewesen zu sein scheinen (1 Mos. III, 17.). Selbst nach Eroberung Canaans und bis in spätere Zeit sind Einzelne (1 Sam, XVI, 11. XXV, 2. vgl. 1 Chron. XXVII, 29 ff. 2 Chr. XXVI, 10.), und, wie es scheint, die meisten Bewohner des jenseitigen Landes (4 Mos. XXXII, 1. vgl. Mich. VII, 14.) der Beschäftigung ihrer Väter treu geblieben, und ein König und ein Prophet ist aus dem Hirtenstande hervorgegangen [2]).

§. 90.
Einrichtung der Viehzucht.

Das ächte Hirtenleben verlangt offenes Land, das man frei durchziehen kann, *Wüsten*, *Triften* (מִדְבָּר §. 76., חוּצוֹת

---

[1]) Ueber die arabischen Beduinen, die ächten Brüder der ältesten Hebräer, *Nieb.* B. S. 379 ff. u. die S. 16 ff. angef. Schrr.

[2]) Hirtliche Bildersprache des A. T. 2 Sam. V, 2. Ps. LXXVIII, 72. Jes. XL, 11. Ps. XXIII. Jes. XIV, 9. Jer. L, 8. Zach. X, 3. Ps. LXVIII, 31. u. a. Stt. m. Bei den spätern Juden kam das Hirtenleben in Verachtung (Sanhedr. fol. 25, 2., vgl. d. Ausll. z. Matth. IX, 10.), so wie es bei den alten Aegyptern in Verachtung war (1 Mos. XLVI, 34. *Heeren* Ideen etc. II, 2. 593.). Vergl. *Saalschütz* Archäol. I, 78 f. *Leyrer* in *Herzog's* RE. unt. Hirten.

Hiob V, 10. Spr. VIII, 26.), welche gewöhnlich Gemeingut sind. Solche Gemeinweiden hatte Palästina zur Zeit der Cananiter und auch später nach der Niederlassung der Hebräer [1]), welche sogar fremde Hirtenstämme bezogen (Richt. I, 16. IV, 11. Jer. XXXV.) [2]). Auf diesen Triften ziehen die Hirten hin und her, bald nach Norden, bald nach Süden, bald auf das Gebirge, bald in die Ebene, wie es Jahreszeit und Bedürfniss gebietet [3]). Die Heerde, Nachts eingepfercht (גְּדֵרָה, αὐλή [4]), מִכְלָה), bleibt stets unter freiem Himmel [5]).

---

[1]) *Harmars* Beob. I, 78 ff. *Mich.* de Nomad. Palaest. (synt. commentatt. 1759.) p. 210 sqq. „Licere pascere in sylvis ubique, non habita ratione tribuum, sic ut Naphthalitae in sylvis tribus Judae pascere gregem potuerint," eins der sogenannten 10 Gesetze Josua's Bava Kama fol. 80, 2. b. *Reland* I, 260 sq.

[2]) Ueber die Rehabiten vgl. mit Jer. XXXV. *Diodor. Sic.* XIX, 94. von den Nabathäern: νόμος δ' ἐστὶν αὐτοῖς μήτε σῖτον σπείρειν, μήτε φυτεύειν μηδὲν φυτὸν καρποφόρον, μήτε οἴνῳ χρῆσθαι, μήτε οἰκίαν κατασκευάζειν· ὃς δ' ἂν παρὰ ταῦτα ποιῶν εὑρίσκηται, θάνατος αὐτῷ πρόστιμον εἶναι. Χρῶνται δὲ τῷ νόμῳ τούτῳ, διαλαμβάνοντες τούς ταῦτα κτωμένους ἀναγκασθήσεσθαι ῥᾳδίως ὑπὸ τῶν δυνατῶν ἕνεκα τῆς τούτων χρείας, ποιεῖν τὸ προςταττόμενον. *Wits.* diss. de Rehab. in s. Ausg. von *Goodwin* Mos. et Aar. *Calmet* diss. sur les Réhab. in s. dissertatt. I, 744 sqq.

[3]) *Pococke* spec. hist. Arab. p. 4. *Mich.* Schafzucht der Morgenl. in Verm. Schrr. I, 118 ff.

[4]) Odyss. IX, 184 sq. — περὶ δ' αὐλὴ ὑψηλὴ δέδμητο κατωρυχέεσσι λίθοισι. *Faber* Arch. S. 174 ff.

[5]) Wozu Wachthürme nöthig waren (Mich. IV, 8. 1 Mos. XXXV, 21. 2 Chron. XXVI, 10. XXVII, 4.); vgl. *Fab.* S. 195 ff. Anders in der spätern unnomadischen Viehzucht, *Lightf.* u. *Paul.* zu Luk. II, 8. — Wichtigkeit der Quellen, Brunnen und Cisternen, wovon die erstern Gemeingut (1 Mos. XXIX, 3. 2 Mos. II, 16 f.), die andern das Eigenthum eines oder mehrerer Hirten sind (1 Mos. XXI, 15 ff. XXVI, 15 ff.) und oft verborgen werden (HL. IV, 12.). — Hüter der Heerde (vgl. 1 Mos. XXIX, 9.), Oberknecht, Heerden-Aufseher (1 Mos. XXIV, 2. XLVII, 6. 1 Sam. XXI, 7. 1 Chron. XXVII, 29.). Die Hirten hatten die Heerden sorgsam zu pflegen (Jes. XL, 11. Ezech. XXXIV, 3—6.) u. gegen Diebstahl u. Angriff wilder Thiere zu schützen, da sie für jedes einzelne Stück der Heerde nach dem Gesetz einstehen mussten 2 Mos. XXII, 12. 13. Daher Zuzählen der Schafe (Jer. XXXIII, 13.: תַעֲבֹרְנָה הַצֹּאן עַל־יְדֵי מוֹנֶה, Ezech. XX, 37. 3 Mos. XXVII, 32.: עָבַר תַּחַת הַשָּׁבֶט; vgl. 2 Mos. XXII, 12.); s. *Boch.* Hieroz. I, 439 sqq. de gregum pastoribus.

§. 91 a.

Das Vieh. Schafe und Ziegen.

Der Hauptgegenstand der Viehzucht der Hebräer war das, dürre und bergige Weiden liebende *Schaf-* und *Ziegenvieh* (צאן)[1]), von welchem Milch[2]), Fleisch, Fell (Ziegenfelle zur Kleidung §. 128.), Haut, Wolle und Haare (letztere von den Ziegen zu Teppichen §. 120. 194.) u. s. w. verschiedentlich benutzt wurden und ein reiches Einkommen gewährten[3]).

---

[1]) Namen der Schafe nach verschiedenem Alter und Geschlechte u. s. w.: שֶׂה, רָחֵל, אַיִל, כֶּבֶשׂ, טָלֶה, בְּלִי, בַּר. Schaf mit dem Fettschwanze (אַלְיָה) 2 Mos. XXIX, 22. 3 Mos. III, 9. VII, 3. IX, 19.) und dem Karren darunter. *Herod.* III, 113. M. Schabb. c. 5. *Russel* nat. hist. of Aleppo p. 32., wo eine Abbild. Vgl. *Knobel* zu Lev. III, 9. Dagegen *Saalschütz* Mos. R. I, 258 f. u. Archäol. I, 85. Ueber die Schafe überhaupt s. *Boch.* Hieroz. I. c. 43 sqq. Verschiedene Namen der Ziegen: עֵז, תַּיִשׁ, עָתּוּד, עִזִּים, שָׂעִיר, צָפִיר, גְּדִי. Die angorische Ziege ist Hl.. IV, 1. VI, 5. wenigstens nicht mit Nothwendigkeit, 2 Mos. XXVI, 7. aber mit *Donat* II, 276. (wo eine Abbild.) durchaus nicht anzunehmen. *Schulz* (Leitt. V, 288.) will sie am Libanon gefunden haben. Mehrere Reisebeschr. (*Pococke* III, 131. u. A.) behaupten, diese Ziege arte auswärts aus. Ueber dieselbe *Bousbeque* (itin. constantinop. p. 49.): Vidimus hic (in Natolien) capras illas, ex quarum vellere sive pilo pannus ille texitur, quem cymatilem sive undulatum vocant. Est earum tenuissimus mireque nitens pilus, ad terram usque propendens. Hunc non tondent, sed depectunt caprarii, non multum pulcritudine cedentem serico. Caprae saepius in fluminibus lavantur (HL. IV, 2.); gramine pascuntur per eos campos exili et sicco, quod ad lanae tenuitatem conferre certum est. *Hasselqu.* S. 285. In Syrien hat man auch eine langhaarige Ziege. *Russel* a. a. O. p. 52 sq. wo eine Abbild.

[2]) Vom Genusse der Schaf- und Ziegenmilch s. 5 Mos. XXXII, 14. Jes. VII, 21. 22. Spr. XXVII, 27. *Plin.* Hist. nat. XXVIII, 9.: Stomacho accommodatissimum (lac) caprinum, quoniam fronde magis, quam herba vescuntur. Bubulum medicatius. Ovillum dulcius et magis alit, stomacho minus utile, quoniam est pinguius; s. *Boch.* I, 473.

[3]) Eine Berechnung vom Einkommen eines reichen Nomaden bei *Michael.* verm. Schrift. I, 131. Schafschurfest 1 Sam. XXV, 3. 2 Sam. XIII, 23. Vgl. über das Kleinvieh *Leyrer* in *Herzog's* RE. unt. Viehzucht S. 184 f.

De Wette Archäologie. 4. Aufl.

Bezwingung u. Bearbeitung der Natur.

§. 91 b.

Das Rindvieh.

Eine andere Art von Heerden bildete das, fette Weide (wie in Basan Ezech. XXXIX, 18. Am. IV, 1. und in der Ebene Saron 1 Chron. XXVII, 19.) verlangende *Rindvieh* [1]), welches Milch [2]) und Fleisch [3]) lieferte, und ausserdem zum Ackerbaue (§. 95. 98.) und zum Tragen (1 Chron. XII, 40. *Aelian.* Hist. an. VII, 4.) gebraucht wurde.

Wie die Zucht des Klein- und Grossviehes, aus dem vorzüglich die Opferthiere entnommen wurden, durch den Opfercultus der besondern Pflege des Volkes empfohlen war, so war die Viehzucht auch durch mehrfache Bestimmungen unter den Schutz des Gesetzes gestellt 2 Mos. XXI, 33. 34. 35. XXIII, 4. 3 Mos. XIX, 19. XXII, 24. 27. 28. 5 Mos. XXII, 4.

---

[1]) Namen des Rindviehes: פרה, פר, עגלה, עגל, שׁוֹר, אַלּוּף, בָּקָר. *Boch.* I, 274 sqq. *Sualschütz* Archäol. 1, 81 ff. Die Ochsen haben in Galiläa heutzutage einen Fettanwuchs auf dem Rücken über den Vorderfüssen, *Hasselq.* 180. — Die Rinderhirten scheinen bei den Hebräern nicht wie bei den Arabern (*Nieb.* B. S. 389.) verachtet gewesen zu sein (1 Mos. XIII, 5. 2 Sam. XII, 2. vgl. 5 Mos. XXXIV, 17. u. a. Stt.). — Rindviehfutter, בְּלִיל, farrago, mit Salz, Hiob VI, 5. Jes. XXX, 24.; vgl. *Harm.* I, 409. *Voss* z. Virgils Landb. S. 576.

[2]) Schätzung derselben Jes. LXV, 1. 2 Mos. III, 8. u. a. Stt. Süsse Milch, חָלָב, dicke, geronnene, חֶמְאָה, häufig genossen 1 Mos. XVIII, 8.; auch Butter, Spr. XXX, 33., was And. von Käse verstehen, indem sie den Gebrauch der Butter bei den Hebräern leugnen (*Warnekr.* in *Eichh.* Rep. XV, 18.); vgl. aber *Plin.* l. l.: E lacte fit et butyrum, barbararum gentium laudatissimus cibus. *Strabo* XVII, 821. von den Aethiopern: ζῶσι δ' ἀπὸ κέγχρου καὶ κριθῆς, ἀφ' ὧν καὶ ποτὸν ποιοῦσιν αὐτοῖς· ἔστι δὲ ἔλαιον καὶ βούτυρον καὶ στέαρ. *Buckingh.* R. d. Syr. II, 469 f.; *Mayeux* les Bédouins III, 42 ff. *Win.* Art. Milch. Käse, גְּבִינָה (?) Hiob X, 10., חֲרִיצֵי חָלָב 1 Sam. XVII, 18., vgl. *Rosenm.* z. *Boch.* I, 323. s. Ausg. gg. *Michael.* Suppl. p. 957. nach *Shaw* S. 150.

[3]) Das Kalbfleisch scheint besonders Lieblingsspeise gewesen zu sein, Am. VI, 4. Luk. XV, 23. Grosser Bedarf zu den Opfern u. Opfermahlzeiten 5 Mos. XII, 21.; dagg. die Scheu anderer Völker den Stier zu essen (Varro r. rust. II, 5. *Boch.* I, 314.). Ueber das Rindvieh vgl. *Leyrer* l. c. S. 182 ff.

§. 91 c.

Kameele, Esel, Hunde.

Das *Kameel*¹) und den *Esel*²) braucht der Nomade zum Transporte (§. 258.) und Reiten³); jenes auch wegen der (kühlenden, berauschenden) Milch (Richt. IV, 19?)⁴), des

---

¹) גָּמָל‎, בֶּכֶר‎, בִּכְרָה‎, letzteres nach *Boch.* I, 82. *Gesen.* u. d. W. junges Kameel; nach alten Verss., *Rosenm.* z. *Boch.* p. 17. s. A. *Oedm.* V, 1 ff. der Dromedar (vgl. Jer. II, 23. בִּכְרָה קַלָּה‎): dieses heisst vielmehr בִּרְבָּרָה‎ eig. Tänzerin Jes. LXVI, 20. Schon *Aristot.* Hist. anim. II, 2. u. *Plin.* VIII, 18. al. 26. kennen zwei Gattungen von Kameelen: 1) das baktrianische (türkische) mit zwei Höckern (וַדַּמֶּשֶׂק‎), der stärkste Lastträger, aber der Sonnenhitze erliegend; 2) das arabische (syrische, palästinische) mit Einem Höcker, wovon drei Arten: das turkmanische, arabische, der Dromedar, letzterer am schönsten gebaut u. am schnellsten laufend, in Einem Tage bis 40 dän. Meilen (*Höst*). Dessen Genügsamkeit u. Fähigkeit (vermöge seines als Wasserbeutel dienenden zweiten zellenförmigen Magens) mehrere Tage Durst zu ertragen. „Die Wüste ist seine Heimath, u. es wurde von der Weisheit des Schöpfers dazu bestimmt der Träger in der Wüste zu sein." *Rob.* III, 1. 198. Vgl. *Arnold* in *Herzog's* RE. unt. Kameel.

²) חֲמוֹר‎, אָתוֹן‎, עַיִר‎, wovon es zwei Arten, eine kleine und eine grössere giebt (*Nieb.* B. S. 164.). Dessen edlere Natur im Süden u. Achtung im Alterthume (1 Mos. XLIX, 14. Zach. IX, 9. Richt. XII, 14.), *Pocockke* I, 398. *Abdoll.* Denkw. v. Aegypt. S. 135. *J. M. Gessner* de ant. asinorum honestate (comm. soc. reg. Gott. II, 32 — 35.). Verachtung desselben in Aegypten, aus religiösen Gründen (*Boch.* I, 181. *Jablonsky* panth. Aeg. III, 45.). Nach dem Gesetz gehörte der Esel zu den unreinen Thieren 2 Mos. XIII, 13. XXXIV, 20. — Schockige Esel Richt. V, 10. u. dazu *Lette.* *Buckingh.* R. d. Mes. S. 342. Scheckiger Esel des Messias nach Zach. IX, 9. Tr. Sanhedr. c. 11. s. 33. *Boch.* I, 184. Vergl. *Rütschi* in *Herzog's* RE. unt. Esel.

³) Kameelsattel mit einem Zeltchen, כַּר‎, 1 Mos. XXXI, 34.; Abbild. b. *Kämpfer* amoenit. exot. p. 747. *Poc.* I, 293. Taf. 56. *Jahn* I, 1. Taf. 5. Besteigen (u. Bepacken) des auf die Knice sich niederlassenden Kameels. Herabgleiten am Stabe des Führers beim Absteigen 1 Mos. XXIV, 64. — Einfaches Reitzeug der Hebräer: חֶבֶשׁ‎ 1 Mos. XXII, 3. Zaum מֶתֶג‎, Kappzaum רֶסֶן‎. Keine Hufeisen. Hufschuhe kommen vor *Aristot.* Hist. anim. II, 6. *Plin.* Hist. N. XI, 45. *Sueton.* Ner. c. 30. Vesp. c. 23. *Beckmann* Beitrr. III, 122 ff.

⁴) *Schnurr.* diss. p. 83. *Jahn* I, 1. 288. vgl. *Joseph.* Antt. V, 5. Ende. Die berauschende Kraft der sauern Kameelmilch

132 Bezwingung u. Bearbeitung der Natur.

Fleisches u. s. w. [1]); die *Hunde* (Hiob XXX, 1.) zum Bewachen der Heerde [2]).

§. 92.
Räuberei.

Die arabischen Nomaden (Beduinen) treiben Räuberei, obschon ohne klares Bewusstsein des Unrechts und oft mit Edelmuth [3]); andere Hirtenstämme aber, wie die Turkmanen

---

leugnet *Oedm.* VI, 143., aber *Pallas* russ. R. I, 340. bestätigt sie; s. *Rosenm.* z. *Boch.* I, 10. s. A.

[1]) *Prosp. Alpinus* Hist. nat. Aeg. I, 226.: Praeter alia animalia, quorum carnem in cibo plurimi faciunt, cameli in magno honore existunt; in Arabum principum castris cameli plures unius anni aut biennes mactantur, quorum carnes avide comedunt, easque odoratas, suaves et optimas esse fatentur. Dagg. war den Hebräern der Genuss des Fleisches nicht gestattet, da das Kameel, das zwar wiederkäuet, aber nicht ganz gespaltene Klauen hat, gesetzlich für unrein galt 3 Mos. XI, 4. Von der Benutzung der Haare *Harm.* III, 356. *Pr. Alp.* l. l.: Praeter alia emolumenta, quae ex camelis capiunt, vestes quoque et tentoria ex iis habent: ex eorum enim pilis multa fiunt, maxime vero pannus, quo et principes oblectantur. Vgl. Matth. III, 4.

[2]) Wildheit der Nomaden-Hunde, *Ecklin* Reiseb. Nrub. I, 753. *Oedm.* V, 30 ff.; vgl. Ps. XXII, 17. Herrenlose Hunde *Harm.* I, 198. *Oedm.* S. 23.; vgl. Ps. LIX, 7. 16. 2 Kön. IX, 10. 38. Verachtung der Hunde 2 Kön. VIII, 13. 1 Sam. XXIV, 15.; Sitten der Bed. S. 54.

Pferde, die man aus Aegypten erhielt (1 Kön. X, 28.), waren später u. nur bei Vornehmen im Gebrauche (Pred. X, 7. Jer. XVII, 25.), hauptsächlich auch zum Fahren. So auch wohl die Maulthiere (פֶּרֶד, פִּרְדָּה 2 Sam. XIII, 29. 1 Kön. I, 33.) vgl. Ez. XXVII, 14. *Boch.* I, 229 sqq. Vgl. *Leyrer* in *Herzog's* RE. unt. Pferd.

Ob die Nomaden Tauben gehalten? vgl. 1 Mos. XV, 10. Die spätern Hebräer allerdings Jes. LX, 8. IlL. II, 14. *Boch.* II, 17 sq. Von Hühnern und Gänsen im A. T. keine Spur; im N. T. aber werden die ersteren erwähnt Matth. XXVI, 34. u. parall. Stellen. Vgl. *Winer* unt. Hühner. — Schweine wurden später wohl nur von Heiden gehalten (Matth. VIII, 30.). *Strabo* XVI, 768. von Arabien: βοσκημάτων ἀφθονία, πλὴν ἵππων καὶ ἡμιόνων καὶ ὑῶν· ὀρνεά τε παντοῖα πλὴν χηνῶν καὶ ἀλεκτορίδων· p. 784.: ἵππων ἄφορος ἡ χώρα.

[3]) *Nieb.* Beschr. S. 382 ff. *Mayeux* les Bédouins II, 5 sqq. *Caes.* B. Gall. VI, 23.: Latrociniis nullam habent infamiam quae extra fines cujusque civitatis fiunt.

in Syrien und Palästina, üben vielmehr Gastfreundschaft gegen die Fremden [1]). - Von der letztern Art war Abraham und seine Familie; von der erstern Ismael (1 Mos. XVI, 12.). Selbst bei den Israeliten kommen noch Räubereien vor (1 Chron. VII, 21. Richt. IX, 25. XI, 1 ff. 1 Sam. XXVII, 8.).

Drittes Capitel.

Landbau.

§. 93.

Alter und Achtung dieser Lebensart.

Der Landbau ist der zweite Schritt in der Cultur, welcher zu den Handwerken und Künsten führt (1 Mos. IV, 17. 21 f.). Nachdem die Patriarchen ihn nur nebenbei getrieben (1 Mos. XXVI, 12. XXXIII, 19.) [2]), das Volk in Aegypten aber sich schon dem Landbau zugewandt hatte (4 Mos. XX, 5. 5 Mos. XI, 10.), ward er nach der Besitznahme von Canaan Hauptbeschäftigung der Hebräer und Grundlage ihres Staats (§. 143.), wie er denn auch in dieser Zeit sehr geachtet und selbst von den Edeln getrieben wurde (Richt. VI, 11. 1 Sam. XI, 5. 1 Kön. XIX, 19. 2 Chron. XXVI, 10.) [3]).

§. 94.

Urbarmachung des Landes und Beförderung der Fruchtbarkeit.

Die jetzt meist unfruchtbaren Berge Palästina's waren ehemals künstlich durch Anlegung von Terrassen bebaut [4]) (vgl. 2 Chron. XXVI, 10. Ps. LXXII, 16. Ez. XXXVI, 8. Jes.

---

[1]) *Arvieux* III, 132.
[2]) Ueber den jeweiligen Ackerbau der Nomaden *Harm.* Beob. I, 81 ff.
[3]) Parallelen anderer, den Ackerbau hochachtender Völker, besonders der Römer (*Plin.* Hist. N. XVIII, 3. 5. *Cato* r. rust. V, 1. *Horat.* Carm. III, 6.) und der Aegypter (*Heeren* Id. II, 2. 605 ff.).
[4]) *Maundrell* S. 88 f. *P. Belon* b. *Paul.* I, 257 f. *Paulsen* Ackerb. d. Morgenl. S. 7. *Nieb.* B. S. 156. *Burckhardt* Reisen I, 64.

V, 2.); die dürren Felder wurden durch Canäle gewässert (Ps. I, 3. Spr. XXI, 1.) [1]). Als Düngung diente die Stoppel und Spreu; vielleicht besserte man die Felder öfters durch Abbrennen des Gesträuchs; bereitete aber auch wohl ordentlichen Dünger (דֹּמֶן) auf eigenen Miststätten, vgl. Jes. XXV, 10. 2 Kön. IX, 37. u. a. Stt. [2]).

§. 95.
Bearbeitung und Bestellung des Feldes.

Wahrscheinlich bearbeiteten die Hebräer ihr meistens gebirgiges Land grossentheils mit dem Spaten (יָחֵד) oder der Hacke (אֵת nach *Symm.* u. d. hebr. Ausll.; nach LXX u. a. bgg. *Pflugeisen*, vgl. *Credn.* z. Joel IV, 10.) [3]); die Aecker (die nach Jochen, צֶמֶד, eingetheilt waren) mit dem Pfluge (מַחֲרֵשָׁה), welcher einfach, wahrscheinlich dem auf der malabarischen Küste [4]), oder dem der heutigen arabischen Bauern [5]) ähnlich, mit Eisen beschlagen (1 Sam. XIII, 20 f.), aber ohne Räder [6]) war. Er wurde von Stieren, auch wohl Eseln (5 Mos.

---

[1]) *Harm.* II, 331. u. dazu *Fab. Belon* in *Paul.* Samml. II, 3. 6 f. *Joseph.* B. J. IV, 8, 3. *Nieb.* B. a. O. R. I, 356. 437. *Poc.* II, 179. Wässerungsmaschinen in Aegypten, welche *Philo* de conf. lingu. p. 325. beschreibt u. die man 5 Mos. XI, 10: „wo du deine Saat wässertest mit dem Fusse" findet, vgl. *Harm.* II, 261 ff. u. dazu *Fab.* Ueber die heutigen *Nieb.* R. I, 148. Taf. 15. *P. Neret* b. *Paul.* IV, 182. Da sich hiervon nichts auf alten Denkmälern, hingegen der Ziehbrunnen findet, so will *Hengstenb.* d. BB. Mos. etc. S. 231. jenen Ausdruck vom Wassertragen verstehen (!); besser *Robins.* II, 609. vgl. Anm. II. z. Bd. I. von einer Ziehbrunnenhaspel, bei deren Heraufwinden auch der Fuss thätig ist. Vgl. *Keil* Archäol. II, 111. Anm. 6.

[2]) *Plin.* Hist. N. XVIII, 5.: Fruteta igne optime tolluntur. Vom Dünger XVII, 9.

[3]) *Horat.* Carm. III, 6.: Proles Sabellis docta ligonibus versare glebas. *Saalschütz* Archäol. I, 104. will unter אֵת die Sense oder die Sichel verstehen.

[4]) *Paulsen* S. 52 f. aus den malabarischen Berichten.

[5]) *Nieb.* B. 155. Taf. 15. *Plin.* XVIII, 18. al. 47.: Syria tenui sulco arat. *Korte* S. 432.

[6]) *Plin.* l. l.: Galliae addiderunt rotulas, quod genus vocant planarati (Pflugrad?). Vgl. *Chateaubriand* II, 147.

XXII, 10.) am Joche (עֹל, מוֹטָה) gezogen, und vom Pflüger, die mit einer Spitze (דָּרְבָן, κέντρον, 1 Sam. XIII, 21. Jes. Sir. XXXVIII, 25. AG. XXVI, 14.) bewaffnete Reitel (מַלְמָד Richt. III, 31.) in der Hand [1]), gelenkt [2]).
Die Furchen (תֶּלֶם) wurden wahrscheinlich in die Länge und Quere gezogen [3]), dann geeggct (שִׂדֵּד Jes. XXVIII, 24.) [4]) und besäct [5]), mit der Winterfrucht zu Ende Octobers und im November, mit der Sommerfrucht im Januar und Februar.

§. 96.
Feldfrüchte.

Von Feldfrüchten scheinen die Hebräer vorzüglich den Weizen (חִטָּה) und die Gerste (שְׂעֹרָה), letztere zum Brode für

---

[1]) Plin. XVIII, 19.: Purget vomerem subinde stimulus cuspidatus rulla. Buckingh. R. d. Syr. I, 36 f. v. Richt. S. 203. Saalschütz Archäol. I, 106. Anm. 3. leugnet ohne Grund, besonders in Bezug auf AG. XXVI, 14., dass דָּרְבָן den Ochsenstachel bedeute.

[2]) Plin. l. 1.: Arator, nisi incurvus, praevaricatur. Vgl. Luk. IX, 62.

[3]) Plin. l. 1.: Omne arvum rectis sulcis, mox et obliquis subigi debet. Nieb. Beschr. S. 155.

[4]) Plin. XVIII, 20.: Arationc per transversum iterata occatio sequitur crate vel rastro, et sato semine iteratio. Die Beschreibung der Egge bei Nieb. R. I, 151. Vgl. Saalschütz l. c. S. 107.

[5]) Das Säen in Arabien beschreibt Nieb. B. S. 157. Die Alten säeten wahrscheinlich reihenweise (Jes. XXVIII, 25.), daher die ausserordentliche Fruchtbarkeit, 1 Mos. XXVI, 12. Matth. XIII, 8. Chetubot fol. 112.: Tradunt Magistri: olim cum Judaea coelesti indulgentia frueretur, ager, cujus seminatio granorum satum exigebat, reddidit coros L; at in zoaniticis agris cum maxime floreret, coros LXX. Sic etiam testis est R. Meir: in convalle Bethsunem se vidisse coros LXX. Strabo XVI, 742.: ἡ δὲ χώρα (Babylonien) φέρει κριθάς μὲν, ὅσας οὐκ ἄλλη· καὶ γὰρ τριακοσιάχοα λέγουσι. Vgl. Herod. I, 193. Strabo XV, 731. (von Persien): Πολύσιτος δ' ἄγαν ἐστὶν, ὥστε ἑκατοντάχουν δι' ὁμαλοῦ καὶ κριθὴν καὶ πυρὸν ἐκτρέφειν ἔστι δ' ὅτι καὶ διακοσιοντάχουν· διόπερ οὐδὲ πυκνάς τὰς αὔλακας τέμνουσι πυκνούμεναι γὰρ κωλύουσιν αἱ ῥίζαι τὴν βλάστην. Plin. XVIII, 24.: Pinguia arva ex una seminis radice fruticem numerosum fundunt, densamque segetem e raro semine emittunt. Vgl. XVII, 5. XVIII, 10. Shaw S. 123. Burkh. I, 463.; dgg. Nieb. B. S. 151 ff. Vgl. Dought analect. p. 15 sq. Köster Erläut. d. h. Schrift S. 171.

die Armen und zum Viehfutter (1 Kön. V, 8.)[1]), gebaut zu haben (5 Mos. VIII, 8. Ez. XXVII, 17. 1 Kön. V, 25. 2 Chron. II, 9.); ausserdem *Spelt* (triticum spelta L., כֻּסֶּמֶת, ζέα, far adoreum), *Bohnen* (פּוֹל)[2]), *Linsen* (עֲדָשׁ), *Meerhirsen*, holcus (holcus dochna, דֹּחַן)[3]), von denen man auch Brod buk (Ez. IV, 9.)[4]).

Auch Gewürzkräuter baute man (Jes. XXVIII, 25.): *Kümmel* (cuminum sativ. L., כַּמּוֹן)[5]), *Schwarzkümmel* (nigella, קֶצַח)[6]), und *Gurken*, קִשֻּׁאִים (4 Mos. XI, 5., מִקְשָׁה, *Gurkenfeld*, Jes. I, 8.)[7]).

Flachs, פִּשְׁתָּה, machte unstreitig einen Hauptzweig des Ackerbaues aus (§. 111.)[8]), wahrscheinlich auch die in Palästina (nach *Arvieux*) heutzutage und ehedem (*Pausan.* V, 5, 2.) wie in Aegypten (*Plin.* XIX, 2.) und anderwärts gebaute *Baumwolle* (Gossypium); was indess nicht aus Jos. II,

---

[1]) *Joseph.* Antt. V, 6, 4.: — ὑπ' εὐτελείας ἀνθρώποις ἄβρωτον. — *Plin.* XVIII, 7.: Panem ex hordeo antiquis usitatum vita damnavit, quadrupedumque tradidit refectibus. *Cels.* Hierobot. II, 242 sqq.

[2]) Jener die Hauptnahrung der Aegypter, diese von ihnen verabscheut (*Herod.* II, 36 sq.).

[3]) *Cels.* I, 453. *Forsk.* flor. aeg. arab. p. 174. *Oedm.* V, 92 f.

[4]) *Plin.* XVIII, 12.: maximus honos fabae, quippe ex qua tentatus etiam sit panis; φάκινος ἄρτος, *Athen.* deipnos. III, 15. vgl. *Cels.* II, 103.

[5]) *Plin.* XIX, 8.: condimentorum omnium stomachi fastidiis amicissimum.

[6]) *Plin.* XX, 17.: Gith ex Graecis alii Melanthium, alii Melaspermon vocant. — Melanthii semen gratissime panes condit. Auch Coriander, גַּד, kommt vor 4 Mos. XI, 7., den man zur Bereitung der Speisen brauchte, u. davon das frische Kraut vielleicht wie in Aegypten als Gemüse genoss. Vgl. *Cels.* II, 78. *Forsk.* p. 64.

[7]) 4 Mos. XI, 5. sind die ägyptischen Gurken (Cuc. Chate Linn.) gemeint, welche weicher, süsser u. leichtverdaulicher als die unsrigen sind. Ueber die (ägyptischen) Wassermelonen, אֲבַטִּיחִים 4 Mos. XI, 5., cucurbita citrullus Linn., s. *Hasselq.* S. 528 ff. Wilde Gurken, Spritzgurken (cuc. asinini; nach And. Coloquinten) פַּקֻּעוֹת 2 Kön. IV, 39.; als Bauverzierung 1 Kön. VI, 18.

[8]) Spuren der Flachsbearbeitung Jos. II, 6. Jes. I, 31. Bava Bathra II, 10. Bava Mezia VII, 7. Schabb. I, 6.; vgl. dazu *Maimon.* Chelim XIII, 8. Vgl. *Hartmann* d. Hebräerin am Putztisch u. als Braut (Amst. 1809.) I, 115 ff.

Feldfrüchte. Ernte. §. 96. 97.

6. (אִשְׁתֵּי הָעֵץ, *Flachsstengel*), und kaum aus den WW. שֵׁשׁ, בּוּץ geschlossen werden kann ¹).

§. 97.
Ernte.

Diese fällt in den Ebenen in die Mitte des Aprils (אָבִיב, vgl. Joh. IV, 36.)²), auf dem Gebirge etwas später, die Gerstenernte zuerst (2 Sam. XXI, 9.). Sie ward bei den Israeliten am Tage nach dem Passahsabbath mit religiöser Feierlichkeit eröffnet (3 Mos. XXIII, 10—14. 5. Mos. XVI, 9.), und zu Pfingsten eben so beschlossen (3 Mos. XXIII, 15 ff.). Die Schnitter (קוֹצְרִים) bedienten sich der Sichel (מַגָּל, חֶרְמֵשׁ) mit dem gewöhnlichen Handgriffe (Ps. CXXIX, 7.) ³), banden Garben (עֹמֶר, צֶבֶת, אֲלֻמָּה) Ps. CXXIX, 7. Ruth II, 16.⁴), und setzten Haufen (גָּדִישׁ, עֲרֵמָה) Ruth III, 7.).

¹) שֵׁשׁ, LXX βύσσος, aus dem kopt. Schensch, nach *Gesen.* von שׁישׁ weiss sein, u. das später übliche בּוּץ (weiss) ist nach *J. R. Forster* de byss. antiqu. Lond. 1776., *Hartm.* Hebr. III, 34 ff., *Rosenm.* Alt. IV, 1. 175 ff., *Win., Gesen.* u. A. sowohl feines Baumwollenzeug, als Linnen, nach *Cels.* II, 259 ff. 169 ff. letzteres allein. Für Baumwolle hat man auch den Stoff der Mumien-Bandagen gehalten; neuere mikroskopische Untersuchungen haben aber für Linnen entschieden. *Wilkinson* III, 15. Allg. LZtg. 1841. CX, 265. Vgl. *Knobel* zu Exod. XXV, 4. *Saalschütz* 1. c. I, 4. *Keil* Archäol. II, 115 f.

Unkraut: ζιζάνιον Matth. XIII, 25., arab. زوان, syr. דירנא, talm. זוּנִים, lolium temulentum. Dasselbe ist nach *Mich.* suppl. p. 2220. רֹאשׁ, nach *Oedm.* IV, 83. Coloquinte, nach *Cels.* II, 46. Schierling, nach *Gesen.* Mohn. — Krankheiten des Getraides: יֵרָקוֹן, Gelbwerden, שִׁדָּפוֹן, Brand, 5 Mos. XXVIII, 22. 1 Kön. VIII, 37. Am. IV, 9.; vgl. *Nieb.* B. S. XLVI.

²) In Jericho war die Weizenernte am 13. Mai beinahe abgehalten, die Gerstenernte 3 Wochen früher. *Robins.* II, 521.

³) *Plin.* Hist. N. XVIII, 30.: Stipulae alibi mediae falce praeciduntur, atque inter duas mergites spica distringitur: alibi ab radice vellunt etc.; vgl. *Nieb.* B. S. 158. *Buckingh.* R. d. Mes. S. 31. 287 f. R. d. Syr. II. Zus. 517.

⁴) *Fröhlich* annal. syr. tab. XVIII. no. 12. 14.

Feldwächter: *Nieb.* a. O. S. 158. Taf. 15. vgl. Jer. IV, 17. Jes. XXIV, 20. Hiob XXVII, 18. Vom Gesetze 5 Mos. XXIII, 25.

§. 98.

Dreschen und Wurfeln.

Die auf Wagen (Am. II, 13.) nach der im Freien angelegten Tenne (גֹּרֶן) ¹) gefahrenen Garben wurden entweder ausgeschlagen (חָבַט, Richt. VI, 11. Jes. XXVIII, 27. Ruth II, 17.), oder von Ochsen und Pferden ausgetreten (Jes. XXVIII, 27. vgl. Hos. X, 11. Jer. L, 11. 5 Mos. XXV, 4.)²), oder mit Dreschmaschinen zermalmt (Jes. XXVIII, 26 f.), welche von doppelter Art, entweder schlittenartig, mit Spitzen besetzt (חָרוּץ, מוֹרַג חָרוּץ)³), oder mit Rädern und Walzen versehen (גַּלְגַּל עֲגָלָה, אוֹפַן עֲגָלָה Jes. XXVIII, 26 f.)⁴) waren.

Die Masse der Körner, der Spreu und des klein zermalmten Strohes wurde dann durch Wurfeln gesichtet⁵), letzteres Beides zur Fütterung gebraucht (1 Mos. XXIV, 25.

(vgl. Matth. XII, 1.) 3 Mos. XIX, 9. 10. 5 Mos. XXIV, 19. gebotene Nachsicht u. Freigebigkeit gegen die Armen. Genauere Bestimmungen Tr. Peah I, 2. Erntenfreude Jes. IX, 2. Ps. CXXVI, 6.

¹) *Varro* r. rust. I, 51.: Aream esse oportet in agro sublimiori loco, quam perflare possit ventus etc. *Nieb.* R. I, 151. B. S. 158. *Pauls.* S. 123 ff.

²) ll. XX, 495 sqq. *Plin.* XVIII, 30. *Varr.* I, 51. *Colum.* II, 21. Neuere Belege s. bei *Pauls.* S. 113. *Robins.* II, 520. Das Wort דִּישׁ.

³) Die einfachste Art s. bei *Nieb.* B. S. 158. Taf. 15. No. D. Den Namen חָרוּץ verdient die daselbst befindliche syrische. Vgl. *Varr.* r. rust. I, 52.: Id (tribulum) fit e tabula lapidibus aut ferro asperata, quae imposito auriga aut pondere grandi trahitur jumentis junctis, ut discutiat a spica grana — —. *Colum.* II, 21. nennt diese Maschine traha, und *Virgil.* Georg. I, 164: trahea.

⁴) *Varro* l. l. — —: aut ex assibus dentatis cum orbiculis, quod vocant plostellum punicum. *Hieron.* ad Es. XXV, 10.: Sunt carpenta ferrata, rotis per medium in serrarum modum se volventibus; quae stipulam conterunt et comminuunt in paleas. Ders. ad Es. XXVIII, 27.: Quae (plaustrorum rotae) in serrarum similitudinem ferreae circumaguntur, et trahuntur super demessas segetes. Ueber ähnliche heutige Dreschmaschinen *Pauls.* S. 112—116. Vgl. übr. *Boch.* Hieroz. I, 310. *Chr. Schöttgen* antiqq. triturae et fulloniae. Traj. 1727. 8. p. 15 sq.

⁵) *Varr.* I, 52. *Colum.* II, 21. *Nieb.* R. I, 152. Wurfschaufel, מִזְרֶה, רַחַת; Sieb, כְּבָרָה. Vgl. Jes. XLI, 15. Ps. I, 4. u. a. Stt.

Jes. XI, 7. *Plin.* XVIII, 30. *Pauls.* S. 117.), auch wohl verbrannt (Matth. III, 12.)[1]), oder sonst verwendet (2 Mos. V, 7.), die ersteren in Erdgruben oder Höhlen (Jer. XLI, 8.)[2]) oder ordentlichen Speichern (אָסָם, אוֹצָר 1 Chron. XXVII, 25. 1 Mos. XLI, 35. 5 Mos. XXVIII, 8., ἀποθήκη Matth. III, 12.) aufbewahrt.

§. 99.
Weinbau.

Die Berge und Hügel Palästina's, zum Theil auch die Ebenen, waren zu Weingärten (כְּרָמִים) benutzt, welche mit Hecken (מְשׂוּכָה) oder Mauern (גָּדֵר) eingefriedigt (Jes. V, 5.) und mit Wachthürmen (Jes. V, 2. Matth. XXI, 33.)[3]) versehen waren. Die Reben Palästina's sind auch jetzt noch durch ihre Grösse (Ps. LXXX, 11.) und durch die Grösse (4 Mos. XIII, 24.) und Süssigkeit ihrer (meist rothen, Spr. XXIII, 31. 1 Mos. XLIX, 11.) Trauben ausgezeichnet[4]), von welchen als die edelsten שׂרֵק, שׂרֵקָה, die *Zibeben* oder *Serki*, gerühmt werden[5]).

---

[1]) *Plin.* l. l.: Sunt qui accendant in arvo et stipulas, magno Virgilii praeconio.

[2]) *Plin.* l. l.: Utilissime servantur in scrobibus, quos siros vocant, ut in Cappadocia et in Thracia. In Hispania et Africa ante omnia, ut sicco solo fiant, curant: mox ut palea substernatur. Praeterea cum spica sua conduntur. Ita frumenta si nullus spiritus penetret, certum est nihil maleficum nasci. Varro auctor est (I, 57.), sic conditum triticum durare annis quinquaginta, milium vero centum. — *Chard.* I, 141. *Nieb.* R. I, 349. *Scetz.* in *Zachs* mon. Corresp. XVIII, 435. *Harm.* II, 455 ff.

Vgl. zu den §§. 93—98. *Winer's* RWB. u. *Herzog's* RE. unt. Ackerbau, Ernte, Dreschen.

[3]) *St. Schulz* V, 128. (*Paul.* Samml. VII, 6.) Erlaubniss Trauben zu essen 5 Mos. XXIII, 24.

[4]) *St. Schulz* V, 285. (*Paul.* VII, 106.) *Mariti* S. 34. *Arv.* II, 203.; s. *Harm.* III, 273 ff. *Jahn* I, 1. 344 f. Von der Grösse der Reben Beispiele bei *Plin.* XIV, 1.

[5]) *Nieb.* R. II, 169. B. 147. *Höst* Nachr. v. Marokko u. Fes S. 303.; vgl. *Mich.* or. Bibl. XIX, 106. *Gesen.* z. Jes. V, 2.

Welche von den verschiedenen im Alterthume bekannten [1]) Arten den Weinstock zu ziehen den Hebräern eigenthümlich gewesen, lässt sich nicht bestimmen (vgl. 1 Kön. V, 5. Ps. LXXX, 9.) [2]). Das Beschneiden (זָמַר) kannten sie (vgl. Joh. XV, 2.), ob aber das dreimalige, um dreifache Früchte zu erzielen [3]), ist zweifelhaft.

§. 100.
Weinlese und Weinbereitung.

Die Weinlese (בָּצִיר), welche vom September bis zum October dauerte [4]), wurde unter grossem Jubel (Richt. IX, 27.; Ruf der Kelterer חֵידָד Jer. XXV, 30. Jes. XVI, 10.) [5]) gefeiert. Das Keltern geschah ohne allen Mechanismus durch Treten [6]).

---

[1]) *Plin.* XVII, 21.: Quinque generum hae (vineae): sparsis per terram palmitibus (vgl. XVII, 22.: Iis quoque, quae sparguntur in terra, breves ad innitendum caveas circumdant, scrobibus per ambitum factis, ne vagi palmites inter se pugnent occursantes — —. Siquidem et in Africa et in Aegypto Syriaque totaque Asia et multis locis Europae hic mos praevalet) aut per se vite subrecta, vel cum adminiculo sine jugo, aut pedatae simplici jugo, aut compluviatae quadruplici. XIV, 1.: populis nubunt (vites) maritas complexae. *Horat.* Epod. II, 9. 10.

[2]) Heutzutage lässt man die Reben auf dem Boden ranken; *Paul.* Samml. II, 215. *v. Richt.* S. 77: vgl. dgg. *Rosenm.* Morgenl. IV, 88 f.

[3]) *Borchard* Reiseb. S. 464. *Plin.* XVI, 27. vites insanae. Odyss. VII, 121. *Warnekr.* in *Eichh.* Rep. XIV, 290. *Jahn* I, 1. 386. Schätzung der Weinberge nach der Zahl der Reben, Jes. VII, 23. *Burkh.* I, 76.

[4]) In Syrien bis in den November. *Arv.* VI, 397. *Buhle* cal. Pal. p. 45 sq.

[5]) „Im alten Aegypten wie in dem unsrer Tage wurde Alles singend abgemacht, u. jede Art von Arbeit hatte ihre besondere Sangesweise." Das Dreschlied ist: „Drescht für euch (bis) o Ochsen, drescht für euch (bis) Scheffel voll für eure Herrn." *Champoll.* Briefe etc. S. 130.

[6]) זוּרָה, גַּת, Keltertrog, דָּרַה, treten, Jes. LXIII, 1 ff. Klagl. I, 15. Joel III, 18.; Kufe, יֶקֶב, ὑπολήνιον, lacus vinarius, Jes. V, 2.; s. *Arv.* IV, 272. *Chard.* II, 204. *Kämpf.* amoen. tab. ad p. 377. aa. Beschreibung einer alten Weinpresse bei *Robinson* N. Forsch. S. 178 f.

Den Most (תִּירוֹשׁ) liess man theils süss[1]), theils brachte man ihn zur Gährung, und bewahrte ihn in Krügen *(dolia,* נְבָלִים, vgl. Jer. XLVIII, 11.) theils unter, theils über der Erde (1 Chron. XXVII, 27.)[2]) oder in Schläuchen gewöhnlich von Ziegenhäuten (Hiob XXXII, 19. Matth. IX, 17.); theils kochte man ihn zum Syrup (דְּבַשׁ, gewöhnlich Bienenhonig, aber 1 Mos. XLIII, 11. Ezech. XXVII, 17. wahrscheinlich Traubenhonig, عَصِير, ἕψημα, σίραιον, *defrutum, sapa)* ein[3]). Auch trocknete man Rosinen (צִמּוּק, *Simmuki,* אֲשִׁישָׁה, *Rosinenkuchen).*

§. 101.

Oelbau.

Die Berge Palästina's waren auch mit Oelgärten (כַּרְמֵי זָיִת) geziert. Die Pflege des (immergrünen, Jer. XI, 16. Ps. LII, 10. Hos. XIV, 7.) Oelbaums[4]) ist einfach und lohnt reichlich[5]). Die abgeschlagenen (Jes. XVII, 6. XXIV, 18: נֹקֶף זָיִת 5 Mos. XXIV, 20. חָבַט), nicht ganz reifen *(Plin.* XV, 1.) Oliven wurden gestossen (זֵית כָּתִית 2 Mos. XXVII, 20.) und lieferten so das beste Oel *(oleum omphacium),* oder gekeltert (Mich. VI, 15.)[6]). Der Gebrauch des Oels, eines Hauptcrzeugnisses ihres Landes (Ez. XXVII, 17. 1 Kön. V, 25. Hos. XII, 2.),

---

[1]) *Colum.* XII, 29. *Plin.* XIV, 9.: quod Graeci Aigleucos vocant, hoc est semper mustum. γλεῦκος AG. II, 13.? *Warnekr.* in *Eichh.* Rep. XIV, 291 f.

[2]) *Plin.* XIV, 21. *Arv.* a. O. *Wansl.* b. *Paul.* III, 366. *Nieb.* R. I, 423.

[3]) *Shaw* S. 293. Not. *Buckingh.* R. d. Syr. II, 50. *Olear.* S. 577. *Virgil.* Georg. I, 295. *Ovid.* Fast. IV, 780. *Plin.* XIV, 9. Vgl. zu den §§. 99. u. 100. *Leyrer* in *Herzog's* RE. unt. Wein.

[4]) Der wilde Oelbaum, עֵץ שֶׁמֶן, oleaster, ἀγριέλαιος, liefert Nutzholz 1 Kön. VI, 23. Man pfropfte dessen Zweige auf den edeln, um diesen zu verjüngen, *Colum.* V, 9. *St. Schulz* Leitt. d. Höchsten V, 86. Röm. XI, 17.

[5]) *Colum.* V, 8. de arb. c. 17. *Plin.* XVII, 12. 18. (milliariae oleae).

[6]) גַּת שֶׁמֶן, Γεθσημανῆ, Matth. XXVI, 36. Vgl. *Robinson* Paläst. I, 389.

142 Bezwingung u. Bearbeitung der Natur.

war für die Hebräer eben so wichtig als für die heutigen Morgenländer, zur Nahrung, Salbe und Arznei, zum Brennen in der Lampe [1]).

§. 102.
Obstbau und Gärten.

Nächst dem Wein- und Oelbaue scheint man sich hauptsächlich noch mit der Pflege des dort ziemlich mächtigen und schattenden (1 Kön. V, 4. Mich. IV, 4.) *Feigenbaums* (תְּאֵנָה [2]) (vgl. 1 Chron. XXVII, 28.) und, besonders in der Gegend von Jericho (5 Mos. XXXIV, 3. vgl. aber Richt. IV, 5. XX, 33.), mit dem Baue der *Dattelpalme* (תָּמָר, *phoenix dactylifera L*. אֶשְׁכֹּלוֹת, die *Datteltrauben* HL. VII, 8.) [3]) und des *Balsams* (בָּשָׂם HL. V, 1., בֶּשֶׂם V, 13. VI, 2.) [4]) beschäftigt zu haben.

[1]) Vgl. über den Oelbau *Leyrer* in *Herzog's* RE. unt. Oel.

[2]) Befruchtung der weiblichen, auch ohne diess fruchtbaren, aber keinen fruchtbaren Samen liefernden Blüthen (die innerhalb eines hohlen, fleischigen Fruchtbodens stehen, daher der Irrthum, der Baum habe keine Blüthe, natürlich) durch das seine Eier in den männlichen Feigenbaum (caprificus) legende Insect Cynips (caprificatio), *Plin.* XV, 19. Verschiedene Feigenarten: 1) Frühfeige, Boccore (בִּכּוּרָה); 2) Sommerfeige, Kermuse, carica; 3) die spätreifende Kermuse, *Sharo* S. 129 f. *Plin.* XVI, 26 sq. *Colum.* de arb. c. 21. *Cels.* II, 268. *Paul.* z. Matth. XXI, 19. Feigenmassen, דְּבֵלָה. Medicinischer Nutzen der Feigen, *Dioscor.* I, 184. *Plin.* XXIII, 7. 2 Kön. XX, 7. — Vgl. *Winer* unt. Feigenbaum.

[3]) *Hasselq.* S. 538 ff. *Cels.* II, 445 sqq. Ueber die Palmen in Palästina s. die Zeugnisse der Historiker bei *Warnekr.* in *Eichh.* Rep. XV, 205. *Cels.* p. 469. *Jahn* I, 1. 409 ff.; Vgl. ob. §. 76. Not. 1. S. 124. §. 81. Not. 4. *Plin.* XIII, 4.: Sed ut copia ibi atque fertilitas, ita nobilitas in Judaea, nec in tota, sed Hierichunte maxime. Quanquam laudatae et Archelaide et Phaselide atque Liviade, gentis ejusdem convallibus. Dos his praecipua succo pingui lactentibus: quodamque vini sapore in melle praedulcis. Münzen s. bei *Fröhl.* tab. XVIII, no. 14. 23. Nutzen der Palme *Strabo* XVI, p. 742.: — — καὶ γὰρ ἄρτος (getrocknete, in Kuchen zusammengepresste Datteln zur Reisezehrung) καὶ οἶνος (שֵׁכָר), καὶ ὄξος, καὶ μέλι (דְּבַשׁ?), καὶ ἄλφιτα, τά τε πλεκτὰ παντοῖα ἐκ τούτου (φοίνικος· τοῖς δὲ πυρῆσιν ἀντ' ἀνθράκων οἱ χαλκεῖς χρῶνται· βρεχόμενοι δὲ τοῖς σιτιζομένοις εἰς τροφήν εἰσι βουσὶ καὶ προβάτοις. φασὶ δ' εἶναι καὶ περσικὴν ᾠδήν, ἐν ᾗ τὰς ὠφελείας τοῦ φοίνικος τριακοσίας καὶ ἑξήκοντα διαριθμοῦνται. Palmenzweige 3 Mos. XXIII, 40. Joh. XII, 13. — Vgl. *Win.* unt. Dattelpalme.

[4]) *Plin.* XII, 25.: Omnibus odoribus praefertur balsamum, uni terrarum Judaeae concessum quondam in duobus tantum hortis,

Obstbau u. Gärten. §. 102. 143

Mehrere Obstbäume, als den *Granatbaum, Punica Granatum L.,* רִמּוֹן (HL. IV, 13. 1 Sam. XIV, 1.), der zu den auszeichnenden Erzeugnissen Palästina's gehört (4 Mos. XIII, 24. 5 Mos. VIII, 8.), den *Mandelbaum, Amygdalus comm.,* לוּז, שָׁקֵד (Jer. I, 11. Pred. XII, 5.), den *Wallnussbaum, Juglans regia,* אֱגוֹז (HL. VI, 11.), den *Apfelbaum,* תַּפּוּחַ (Joel I, 11. HL. II, 3. VIII, 5.) ¹), und andere Baum- und Straucharten, als die *Myrte,* הֲדַס (HL. V, 1.), den *Cyper-* oder *Alhenna*-Strauch, כֹּפֶר (HL. I, 14. IV, 13.), auch Blumen und Kräuter zog man in Gärten, theils zur Lust (Pred. II, 6. Hist. von der Sus. 7 ff.), theils zum Nutzen (1 Kön. XXI, 2.). Im erstern Falle waren

utroque regio, altero jugerum XX non amplius, altero pauciorum. Ostendere arbusculam hanc urbi imperatores Vespasiani. *Tacit.* Hist. V, 6. *Diodor. Sic.* XIX, 98. *Strabo* XVI, 763. (§. 76.) *Justin.* Hist. XXXVI, 3.: Opes genti ex vectigalibus opobalsami crevere, quod in his tantum regionibus gignitur. Est namque vallis, quae continuis montibus velut muro quodam ad instar castrorum clauditur. Spatium loci ducenta jugera, nomine Hierichus dicitur. In ea valle silva est et ubertate et amoenitate insignis, siquidem palmeto et opobalsameto distinguitur. *Joseph.* Antt. VIII, 6, 6. IX, 1, 2. XIV, 4, 1. XV, 4, 2. B. J. I, 6, 6. IV, 8, 3. *Burkh.* R. in Syr. II, 564. u. *Gesen.* Anm. Nach *Plin.* l. l. *Dioscor.* I, 18. gab es dreierlei Arten von Balsamstauden. Den Balsam von Mekka liefert der Strauch Amyris opobalsamum L., welchen *Forskål* (Flor. aeg. ar. p. 79 sq.) unter dem Namen Abu-scham fand (vgl. *Nieb.* R. I, 351.), u. von dem Amyr. Gileadensis nicht wesentlich verschieden ist (*Sprengel* Hall. Enc. III, 440.): nach heutiger Bestimmung ist es Balsamodendron Gileadense. Das Balsam-Harz (*Plin.* l. l.: Succus e plaga manat, quem opobalsamum vocant, suavitatis eximiae, sed tenui gutta ploratu lenis parva colligitur in cornua) finden die jüd. Ausll., *Mich.* suppl., *Warnekr.* (Rep. XV, 127.), *Jahn, Gesen.* u. A. in צֳרִי, einem kostbaren Producte Gileads (1 Mos. XXXVII, 25. Jer. XLVI, 11.), das durch arabische und phönic. Kaufleute verführt wurde (1 Mos. a. O. Ez. XXVII, 17.). *Cels.* II, 183. hgg. hält es für das Harz des Mastixbaumes, u. *Oedm.* III, 110 ff. u. *Rosenm.* Alt. IV, 168 ff. für das Oel des Myrobalanus (*Plin.* XII, 21. al. 46.), d. i. Eleagnus angustifol. L., arab. Zukkum, von den Pilgern Zachäus-Oel genannt (*Robins.* Pal. II, 538.). Vgl. überh. *Pr. Alpin.* dial. de balsam. (1591.), *Linn.* opobals. declar. (1764.), *Wildenow* üb. d. Bals. v. Mekka (Berl. Jahrbb. d. Pharmac. 1795.), *Win.* Art. Balsam, u. *Vaihinger* in *Herzog's* RE. unt. Balsam.

¹) Reichthum an Feigen, Granatäpfeln, Aprikosen u. s. w. bei Hebron. *Robins.* I, 356. II, 716.

diese Gärten (פַּרְדֵּס) wohl unsern Parks ähnlich, und vielleicht auch mit fremden Gewächsen bepflanzt (vgl. HL. IV, 6. 14. Jes. XVII. 10.) [1]) und mit Thieren besetzt [2]).

§. 103.
Bienenzucht.

Palästina hatte wie noch jetzt [3]) viel Bienen und Honig, oft wild (3 Mos. III, 8. und öfter, 5 Mos. XXXII, 13. 1 Sam. XIV, 25 ff.) [4]). Von Bienenzucht scheint Jes. VII, 18. [5]) eine Spur vorzukommen. Der Gebrauch des Honigs zu Backwerk u. dgl. war sehr stark.

Jehova hatte das Land dem Volke nicht als einer ungeordneten Masse gegeben, sondern wie das Volk in Stämme, Geschlechter und Familien sich theilte, so war sowohl den einzelnen Stämmen ihr Landbesitz, als auch den einzelnen Geschlechtern und Familien ihr Grundbesitz zugewiesen (§. 138.). Dieser war daher nicht ein freies Eigenthum, über das die Besitzer nach Belieben verfügen konnten, sondern ein Besitzthum, das nach den Bestimmungen über das Jubeljahr (§. 152.) und nach dem volksthümlichen Erbrecht (§. 154.)

---

[1]) *Xenoph.* oeconom. IV, 13 : οἱ παράδεισοι — πάντων καλῶν τε καὶ ἀγαθῶν μεστοί, ὁπόσα ἡ γῆ φύειν ἐθέλει. Vgl. 1 Kön. IV, 33. *Joseph.* Antt. VIII, 6. Ende. *Olear.* S. 553. *Harm.* II, 422 ff.
[2]) *Xenoph.* cyrop. I, 3, 12. — Bewässerung der Gärten Jes. LVIII, 11. Pred. II, 7. *Harm.* a. O. S. 420. — Vgl. übr. *J. Joach. Schröder* de hortis Hebraeorum. Marb. 1722. *Winer* unt. Gärten. *Rütschi* in *Herzog's* RE. unt. Gärten. *Saalschütz* Archäol. I, 117 ff.
[3]) *Hasselq.* S. 177. *Shaw* S. 292 f.
[4]) Nicht von Bienenhonig, sondern von Manna (Terengabin) verstehen diese Stelle *Oedm.* VI, 7. *Faber* hist. mann. Hebr., in *Reiske* opusc. medic. arab. §. 7.
[5]) *Cyrill.* ad h. l. u. zu Jes. V, 26. *Boch.* Hieroz. II, 506. *Rosenm.* zu Jes. VII, 18.
Entlehnte Bilder: 5 Mos. I, 4. Ps. CXVIII, 12. Jes. VII, 18. Ps. XIX, 11. HL. IV, 11. Spr. XXV, 16. 27.
Vgl. *Winer* unt. Bienen u. Honig. *Rütschi* in *Herzog's* RE. unt. Bienenzucht.

unveräusserlich war, so dass jede Familie das Bewusstsein hatte, ihren Besitz als ein von Gott geordnetes Erbgut inne zu haben. Wenn nun ursprünglich schon den Menschen Getraide und Baumfrucht zur Nahrung bestimmt war (1 Mos. I, 28.), so hatte auch das Volk von Jehova das Land erhalten, um es zu bebauen und von dem Ertrage desselben zu leben. Der Anbau des Landes musste daher dem Volke als eine von Gott ihm zugewiesene Thätigkeit gelten (γεωργία ὑπὸ ὑψίστου ἐκτισμένη, Jes. Sir. VII, 16.); die unvermeidlichen Mühen und Beschwerden aber, die mit dem Landbau verbunden sind, ertrug es im Bewusstsein der menschlichen Verschuldung, um deren willen der Boden von dem Fluche Gottes getroffen und den Menschen die mühevolle Bearbeitung desselben auferlegt war (1 Mos. III, 17—19. V, 29.). Dass es ein Land Gottes sei, das das Volk zu bebauen hatte, wurde ihm durch die Einführung des Sabbathjahres (§. 215 b.) anschaulich gemacht, nach der dem Lande, wie den Menschen nach dem Sabbathsgesetz jeden siebenten Tag, jedes siebente Jahr Ruhe gegönnt und das ausschliessliche Recht der eigentlichen Besitzer aufgehoben war, indem der freie Nachwuchs des Ruhejahres den Armen, den einheimischen wie den fremden, und auch dem Vieh und Wilde zu gute kam, damit alles auf dem Boden des heiligen Landes Lebende auch an dem Segen Theil hätte, den das Land unter Jehova's Schutze spendete (2 Mos. XXIII, 10. 11. 3 Mos. XXV, 2—7.). Dieselbe religiöse Rücksicht spricht sich auch darin aus, dass selbst ausser dem Sabbathjahre der Ertrag der Felder und Weinberge einem Jeden behufs der augenblicklichen Sättigung zustand (5 Mos. XXIII, 25. 26. Matth. XII, 1 ff.), dass bei der Ernte sogar eine Ecke des Feldes ungemäht bleiben musste und auf dem gemähten Felde keine Nachlese gehalten werden durfte, ebensowenig wie in den Weinbergen und Olivengärten, damit auch die Armen im Lande Jehova's, mochten es israelitische oder nicht-israelitische sein, ihren Antheil an dem Ertrage desselben hätten (3 Mos. XIX, 9. 10. 5 Mos. XIV, 19. 20. Ruth II, 2 ff. vgl. Jes. XVII, 6. XXIV, 13.). Die Ernte selbst wurde mit einem religiösen Act, der Darbringung einer Gerstengarbe, nach dem Passahfest begonnen (3 Mos. XXIII, 10 ff.) und ebenso mit einem religiösen Act, der Darbringung des Erstlingsbrodes, am Pfingstfest beschlossen (3 Mos. XXIII, 15 ff.), und überhaupt wurden die drei Hauptzeiten der Ernte durch ihr Zusammentreffen mit den drei Hauptfesten geheiligt (2 Mos. XXIII, 14—16.), so dass auch der Festcyclus das Volk darauf hinwies, dass es allen Ertrag des Landes als eine Gabe Jehova's entgegenzunehmen habe. Daher galten auch alle Erstlinge der Getraide- und Baumfrucht (בִּכּוּרִים) als heilig und mussten von den Haupterzeugnissen des heiligen Landes, von Weizen, Gerste, Weintrauben, Feigen, Granatäpfeln, Oliven und Datteln, durch alle Besitzende Jehova zum Danke dargebracht werden (2 Mos. XXIII, 19. 4 Mos. XVIII, 12 f. 5 Mos. VIII, 8. XXVI, 2 ff.). In Betreff neugepflanzter Obstbäume war geboten, die Früchte der drei ersten Jahre als unrein anzusehen, dagegen alle Früchte des vierten Jahres Jehova zu weihen (3 Mos. XIX, 23—25.). Auch verschiedene einzelne Thätigkeiten des Landbaues waren unter religiösen Gesichtspunkt gestellt. Beim Bestellen des Ackers war es nach dem Gesetz nicht gestattet, Thiere verschiedener Art vor den Pflug zu spannen (5 Mos. XXII, 10.), bei der Aussaat Getraide verschiedener Art zu mischen und zusammenzusäen (3 Mos. XIX, 19.), oder angefeuchteten Samen, auf den todtes Gewürm gefallen war, zur Saat zu benützen (3 Mos. XI, 38.), beim Dreschen dem dreschenden Ochsen das Maul zu verbinden (5 Mos. XXV, 4.). — Aus dem Allen ergiebt sich, dass über den ganzen Landbau bis in seine einzelnen Verrichtungen hinein, für das nationale Bewusstsein eine religiöse Weihe verbreitet war.

Viertes Capitel.
Handwerke und Künste.

§. 104.

Ursprung derselben.

Ausser der Sage 1 Mos. IV, 17. 21 f.[1] kommt keine Nachricht über die Erfindung der mechanischen Künste vor,

---

[1] *Buttmann* üb. d. myth. Periode von Kain bis zur Sündfluth, Berl. Monatsschr. März 1811., in s. Mythol. I, 152 ff.

Handwerke u. Künste. Metallarbeiten. §. 104. 105.

welche unstreitig in Dunkel gehüllt war. Die Urgeschichte der Hebräer setzt die Ausbildung derselben sehr früh an, was in Beziehung auf andere Völker, wie die Aegypter, richtig sein kann, in Beziehung auf die Hebräer selbst aber dem Zweifel unterliegt [1]). Noch ziemlich spät sehen wir in Handwerken und Künsten die Hebräer vom Auslande abhängig (§. 107.).

§. 105.
Metallarbeit. Gewinnung der Metalle.

Im B. Hiob (XXVIII, 4. 10 f.) finden wir Spuren vom Bergbaue, aber nicht vom einheimischen (vgl. 5 Mos. VIII, 9.), sondern vom ägyptischen [2]). Ihre Metalle bezogen die Hebräer theils aus Ophir (1 Kön. IX, 28. §. 257.), theils von den Phöniciern (Ezech. XXVII, 12. 22.), deren Gold- und Silber-

---

[1]) Zweifel gegen den künstlichen Bau der Stiftshütte: *Vater* Comm. üb. d. Pent. III, 658. *Hartm.* Hebr. II, 5. III, 163 ff. vgl. S. 417. meine Beitr. I, 258 ff. II, 259 ff. Dagegen sucht *Hengstenb.* d. BB. Mos. u. Aegypt. S. 136 ff. zu zeigen, dass die Hebräer damals sich allen materiellen u. geistigen Reichthum der Aegypter angeeignet hätten. — Ist nun anzunehmen, dass Moses, welcher einen Opferdienst, ein Priesterthum u. heilige Feste einführte, auch ein Heiligthum gegründet haben werde, und hat man somit ein Recht, den Ursprung und die Einrichtung der Stiftshütte mit ihren wesentlichen Bestandtheilen, so wie sie 2 Mos. XXV—XXXI. geschildert wird, in die mosaische und unmittelbar nachmosaische Zeit zu setzen (*Ewald* Alterth. S. 377. u. Gesch. II, 23.), so muss auch zugestanden werden, dass unter dem Volke der mosaischen Zeit die zur Ausführung der Stiftshütte nöthigen Kunstfertigkeiten bekannt waren, und dass es geschichtlich betrachtet höchst wahrscheinlich sei, dass die Hebräer sich jene Kenntniss in Aegypten aneigneten. Vgl. *Leyrer* in *Herzog's* RE. unt. Handwerke, u. besonders *Knobel* Comm. zu Ex. u. Lev. S. 253 ff.

[2]) Von den Goldbergwerken Aegyptens *Diod. Sic.* III, 12. Nach *Hartm.* Hebr. I, 93 ff. hat der Vf. des B. Hiob die arabischen Bergwerke im Auge, nach *Saalschütz* I, 131. ein Bergwerk der ostjordanischen Landschaft. Dass auch von den Hebräern der Bergbau betrieben wurde, dafür sprechen allerdings die im B. Hiob vorkommenden ächt hebräischen Kunstausdrücke u. selbst die Stelle 5 Mos. VIII, 9. vgl. XXXIII, 25., so dass Eisen u. Kupfer wahrscheinlich von den Hebräern selbst gewonnen wurde.

bergwerke in Spanien 1 Makk. VIII, 3. erwähnt werden. Indessen war ihnen das Schmelzen und Scheiden der Metalle bekannt[1]).

§. 106.
Verarbeitung der Metalle.

Von Metallfabrikaten kommen vor: 1) in Kupfer (נְחֹשֶׁת), welches im Alterthume früher als das Eisen üblich war[2]), Waffen und allerlei Küchen- und andere Geräthe. Die *Kupfer-Schmiede* (חָרָשֵׁי נְחֹשֶׁת) konnten es nicht nur *hämmern* und zu Blech schlagen (רָקַע 4 Mos. XVII, 4.), sondern auch zu Säulen und Geräthen *giessen* (יָצַק 1 Kön. VII, 46. Hiob XXXVII, 18.) und *glätten* (מָרַט 1 Kön. VII, 46.), und wahrscheinlich (wie noch jetzt im Morgenlande) verzinnen[3]). — 2) Von Eisen verfertigten die *Eisen-Schmiede* (חָרָשֵׁי בַרְזֶל) ausser Waffen alle nothwendigen Werkzeuge des Ackerbaues u. s. w. Die *Schlosser* מַסְגֵּרִים bildeten ein eigenes zahlreiches Handwerk (2 Kön. XXIV, 16.).

3) Sehr häufig war der Gebrauch des Goldes und Silbers zur Pracht[4]) und zur Abgötterei. Die *Gold-* und *Silberarbeiter* (צֹרְפִים Richt. XVII, 4., מְצָרְפִים Mal. III, 2.) verstanden das *Giessen* (נָסַךְ) von Bildern (Jes. XL, 19.), das Ueberziehen (חָפָה, צִפָּה 2 Mos. XXV, 11. 24. 1 Kön. VI, 20.) mit Gold und Silber, das *Löthen* (דָּבַק Jes. XLI, 7.), auch wahrschein-

---

[1]) Hieher gehören die Wörter: צָרַף, זָקַק, schmelzen, läutern; מַצְרֵף, Schmelztiegel; כּוּר, Schmelzofen; בְּדִיל, das dem Silber beigemischte, durch Schmelzen davon getrennte Bleierz (stannum *Plin.* XXXIV, 16.); סִיג, Schlacke u. unedles Metall; מַפֻּחַ, Blasebalg. Vgl. *Saalschütz* I, 132 ff.

[2]) *Hesiod.* ἔργ. κ. ἡμ. v. 149.: τοῖς δ' ἦν χαλκέα μὲν τεύχη . . . . . — — μέλας οὐκ ἔσκε σίδηρος. *Lucret.* V, 1282 sqq.: Arma antiqua manus, ungues dentesque fuere. . . . Posterius ferri vis est aerisque reperta, Et prius aeris erat quam ferri cognitus usus. Vgl. *Drusii* quaest. ebr. I, 71.

[3]) *Plin.* XXXIV, 17. *Nieb.* II, 371.

[4]) Z. B. bei Salomo. Vgl. über den Reichthum Asiens an Gold *Heeren* Id. I, 104 ff.

Metall-, Holz-, Stein- u. irdene Arbeiten. §. 106. 107. 108. 149

lich das Drahtziehen (2 Mos. XXXIX, 3. Jes. XL, 19.) ¹).
Hiezu bediente man sich der einfachsten Werkzeuge ²).

§. 107.

Holz- und Stein-Arbeiten.

Seit David und Salomo, welche noch fremde Hülfe nöthig hatten (2 Sam. V, 11. 1 Kön. V, 20. 34. 2 Chron. II, 13.), besassen die Hebräer *Zimmerleute* (nebst *Schreinern* und *Bildschnitzern*), חָרָשֵׁי עֵץ, *Maurer*, חר' קיר, *Steinmetzen*, חֹצְבֵי אָבֶן, *Tüncher*, טָחֵי תָפֵל, *Bauleute*, welche unter andern sehr feine Arbeiten in Geräthen und Verzierung der Zimmer (Täfeleien) zu verfertigen wussten (§. 122.) ³).
Die Wagner-Arbeiten konnten nicht unbedeutend sein (§. 98. 249. 256.). Die Korbmacherei (1 Mos. XL, 16. 5 Mos. XXV, 2. 4. Am. VIII, 1. 2.) war bekannt⁴); die Böttcher-Arbeit aber nicht⁵).

§. 108.

Irdene Arbeiten.

Ziegelsteine (לְבֵנָה), das gewöhnliche Baumaterial (§. 123.), mussten häufig bereitet werden⁶). Irdene Geschirre, vom

---

¹) *Hartm.* Hebr. I, 261. Vgl. Odyss. VIII, 274 sqq.
²) פַּעַם, Ambos; הַלְמוּת, מַקָּבָה, פַּטִּישׁ, Hammer; מֶלְקָחַיִם, Zange.
Historische Spuren von der Ausbildung dieser Künste sind: Jos. V, 2. 3. (?) Richt. V, 8. vgl. III, 21. 1 Sam. XIII, 19. Richt. XVII, 1—5. 1 Kön. VII, 13 ff. vgl. 2 Sam. V, 11. 2 Kön. XXIV, 16. 1 Chron. IV, 14.
³) Ob die Hebräer die Glättung des Marmors verstanden? s. 1 Kön. VII, 9. HL. V, 15. vgl. *Faber* Archäol. S. 384 f. *Winer* unt. Marmor.
⁴) S. diese und die andern Arbeiten verzeichnet bei *Bellermann* Handb. d. bibl. Litt. I, 232 ff.
⁵) *Plin.* XIV, 21.: Circa Alpes ligneis vasis (vinum) condunt circulisque cingunt.
Werkzeuge: קַרְדֹּם, גַּרְזֶן, Axt, Beil; מְגֵרָה, Säge; מַקְצוּעָה, Schnitzmesser; מְחוּגָה, Zirkel; אֲנָךְ, Bleiloth; קָו, Schnur; שֶׂרֶד, Röthel, vgl. Jes. XLIV, 13.
⁶) Verschiedene Bereitungsart: Backsteine mit Stroh an der Sonne getrocknet (2 Mos. V, 7.), für Aegypten tauglich; gebrannte

Töpfer (יוֹצֵר) [1]) verfertigt, müssen, weil häufig erwähnt, in starkem Gebrauche gewesen sein; doch bedienten sich die Reicheren zum Kochen wahrscheinlich metallener Geschirre [2]). Der Töpfer arbeitete wie bei uns auf der *Scheibe* (Jer. XVIII, 3 f.). Man scheint auch die Glasur gekannt zu haben (Spr. XXVI, 23. Sir. XXXVIII, 34.) [3]).
Glas (זְכוּכִית Hiob XXVIII, 17.), das die Phönicier in ihrem eigenen Lande erfunden haben sollen (§. 78. S. 109.), war den Hebräern bekannt und stand bei ihnen in hohem Werthe; Arbeiten in diesem Materiale hingegen werden nicht erwähnt (2 Mos. XXIV, 10. (?) [4]).

§. 109.

Arbeiten in Edelstein, Elfenbein u. s. w.

Die Kunst Edelsteine zu fassen und zu schneiden beurkundet 2 Mos. XXVIII. [5]). Mit Elfenbein waren Paläste und Hausgeräthe verziert (Am. III, 15. 1 Kön. XXII, 39. Am. VI, 4. 1 Kön. X, 18. vgl. HL. V, 14.). In Horn (Hiob XLII, 14.) und Alabaster (Matth. XXVI, 6.) hatte man fein gearbeitete Gefässe, z. B. בָּתֵּי הַנֶּפֶשׁ (§. 131.) [6]).

Ziegelsteine 1 Mos. XI, 3. Nah. III, 14. (מַלְבֵּן, Ziegelofen). *Vitruv.* II, 3. *Plin.* XXXV, 14. *Faber* Arch. S. 386 ff.
[1]) Chron. IV, 23. Matth. XXVII, 7. 10. zeugen für die Menge der Töpfer. Zu ersterer Stelle vgl. *Jahn* I, 1. (396.) 436.
[2]) Irden waren die Krüge oder Flaschen (נֵבֶל), vielleicht die Eimer oder Krüge (כַּד, צַפַּחַת 1 Sam. XVII, 11.), Schaalen, Becken (מִזְרָק, סֵפֶל, צַלַּחַת, קְעָרָה), andere Gefässe (קְסָת).
[3]) *Jahn* I, 1. (401.) 442. *Nieb.* R. I, 98. fand in Aegypten eine glasirte Scherbe. S. *Saalschütz* I, 151. *Leyrer* in *Herzog's* RE.unt. Handwerke S. 514.
[4]) Vgl. *Michael.* hist. vitri apud Hebr. in commentatt. soc. Gott. T. IV, 1754. p. 301. Glaser זגגים (זגוגיתא Glas) kommen im Talmud vor, *Buxt.* L. T. p. 645.; auch gläserne Becher. *Saalschütz* I, 151. *Champollion* d. J. Briefe aus Aegypten etc. S. 52. fand in den Hypogeen in Béni-Hassan technologische Abbildungen, unter andern vom Glaser u. allen seinen Verrichtungen.
[5]) Hieher gehören auch die Siegelringe (§. 131.). Häufigkeit der Edelsteine bei den Babyloniern, *Heeren* Id. I, 116.
[6]) Die Korallen (רָאמוֹת Hiob XXVIII, 18.) u. Perlen (פְּנִינִים, so gew. nach *Boch.* Hieroz. II. lib. V. c. 6. 7. *Hartm.* III, 84. *Rosenm.* Alt. IV, 2. 456 ff. [*Win.* schwankt], wogg. *Gesen.* u. A.

§. 110.

Lederarbeit.

Thierhäute, Pelz, Leder waren auf mancherlei Weise im Gebrauche, und die Bereitung dieser Stoffe muss den Hebräern in einem hohen Grade von Feinheit bekannt gewesen sein (2 Mos. XXV, 5.); es fehlt uns aber fast gänzlich an Nachrichten darüber [1]).

§. 111.

Weberei.

Wahrscheinlich haben die Hebräer diese so wichtige Kunst, wenigstens in ihrer grössern Ausbildung, von den Aegyptern, bei denen sie schon sehr früh blühete (1 Mos. XLI, 42. 2 Mos. IX, 31. Jes. XIX, 9.)[2]), erhalten [3]).

Wie fast im ganzen übrigen Alterthume war das Weben (אָרַג) wie das Spinnen (טָוָה) Sache der Frauen (2 Mos. XXXV, 25. 1 Sam. II, 19. 2 Kön. XXIII, 7. Spr. XXXI, 10 ff. 3 Esr. IV, 17. AG. IX, 39.)[4]), welche zum Theil mit ihren Fabrikaten Handel trieben (Spr. XXXI, 19. Tob. II, 11.).

Vom Mechanismus des Spinnens und Webens finden sich Spuren im A. T. und im Talmud, wornach er der im Alterthume gewöhnliche war. Man spann die zubereitete (*Schabb.*

---

wegen Klagl. IV, 17. darunter auch Korallen verstehen) kannte und schätzte man hoch (Hiob XXVIII, 18. Spr. III, 15. VIII, 11. XX, 15.).

[1]) *Champoll.* (§. 108.) fand auch eine Abbildung vom Zurichten u. Färben des Leders u. Saffians, vom Schuhmacher. Das Gewerbe der Gerber (גלדאי, בורסיא, ברסיא, βυρσεύς) u. der Schuster (רצען) kannten die spätern Juden. *Buxt.* L. T. p. 361. 429. 2284. Vgl. *Hartm.* I, 29 ff. *Leyrer* l. c. S. 514.

[2]) *Oels.* Hierob. II, 285 sqq. *Heer.* Id. II, 2. 685. *Hartm.* I, 62 f.

[3]) Beweis aus den Wörtern מַשְׁתֶּה, שֵׁשׁ (vgl. *Forster* de bysso p. 47. *Jablonsky* opuscc. I, 291.) und aus der Geschichte.

[4]) Iliad. III, 125 ff. u. a. Odyss. IV, 130 ff. u. a. *Sueton.* Aug. c. 73. u. dgl. mehr b. *Hartm.* I, 125 ff. Anders in Aegypten, wo die Männer webten (Jes. XIX, 9. *Herod.* II, 35. *Hengstenb.* d. BB. Mos. S. 143.). Männliche Weber gab es zum Theil auch bei den Hebräern (2 Mos. XXXV, 35. 1 Chr. IV, 21.).

VII, 2.) Wolle und den *gekämmten* Flachs (שְׁתִים שְׂרִיקוֹת Jes. XIX, 9.) vom *Rocken* (כִּישׁוֹר) und drehete an der *Spindel* (פֶּלֶךְ *Schabb.* XVII, 2. *Chelim* XXI, 1.) den *Faden* (חוּט), den man wohl auch *zwirnte* (שזר, חוּט מְשֻׁלָּשׁ, פְּתִיל). Hierauf wickelte man das Garn auf *Spulen* (סְלִיל, *Negaim* XI, 9., מַסְמֵר הַגַּרְדִּי, *Chel.* XII, 4.), zog es über den *Garnbaum* (מָנוֹר 1 Sam. XVII, 7., vgl. *Chel.* XXI, 1. *Neg.* XI, 9.) auf (מַשֶׁכֶת) der *Aufzug*, דַּלָּה der *Trumm)*, und machte mit dem *Weberschifflein* (אֶרֶג) den *Einschlag* (עֵרֶב) [1]). Ausser den gewöhnlichen Geweben בַּד, *Linnen*, שֵׁשׁ, בּוּץ, *Byssos* (vgl. §. 96.), kommen noch vor: 1) שֵׁשׁ מָשְׁזָר 2 Mos. XXVI, 1. *gezwirnter Byssus;* 2) תַּשְׁבֵּץ, *opus scutulatum, reticulatum,* zellen- oder würfelförmig gewebtes Zeug, 2 Mos. XXVIII, 4.; 3) Kleider aus Einem Stücke. Joh. XIX, 13. Uebrigens §. 113.

§. 112.

Walken und Färben.

Die frisch gewebten wollenen Kleider wurden von den Walkern (כֹּבֵס), welche ausser der Stadt ein eigenes Feld (2 Kön. XVIII, 17. Jes. VII, 13.) und wahrscheinlich innerhalb eine eigene Strasse inne hatten, vom Schmuze gereiniget und verdichtet, und die schon getragenen wieder zugerichtet durch Einweichen in Wasser, Stampfen, Schlagen mit Knitteln, unter Anwendung von Thon und Mergelerde (cretae fulloniae), Schwefeldampf, Lauge (בֹּרִית Mal. III, 2. [vegetabilische], נֶתֶר [Mineralkali] Jer. II, 22.) [2]).

---

[1]) Eine Beschreibung u. Abbild. des hochschäftigen Weberstuhls, vor welchem der Weber stand, b. *Braun* p. 138 sqq. *Hartm.* I, 144. 147 ff. Vgl. *Saalschütz* I, 137—141. Zweifelhaft ist die Bedeutung von שְׁתִי und עֵרֶב, gewöhnlich: Aufzug und Einschlag *Knobel* zu Lev. XIII, 48. will nach dem Vorgange Anderer unter diesen Worten vielmehr verschiedene gewebte Zeuge verstehen.

[2]) *Cels.* Hierob. 1, 449. *Michael.* de nitro Hebr. (commentatt. Brem. 1763. p. 151. 164 sqq.); supplem. p. 229. *Hartm.* I, 163 ff. 170. *Beckm.* V, 522 ff. *Win.* Art. Laugensalz. Uebr. *Schöttgen* antiqq. trit. et fullon. II, 19.

Vom Verfahren beim Färben ist nichts bekannt. Wahrscheinlich bediente man sich vorläufiger Färbemittel und solcher Mittel, welche die Farbe dauerhaft machen [1]).

Die beliebtesten Farben waren: I. der vorzüglich von den Phöniciern bereitete (Ezech. XXVII, 16.) *Purpur*, und zwar 1) der rothe Purpur (אַרְגָּמָן) [2]) von der Muschel πορφύρα, *purpura* [3]); 2) der blaue Purpur (תְּכֵלֶת) [4]) von der Muschel κῆρυξ, *buccinum, murex, conchylium* (חלזון Pseudo-Jon. Deut. XXXIII, 19.) [5]).

II. *Carmosin* (בַּרְמִיל ,שָׁנִי ,תּוֹלַעַת שָׁנִי, *coccus*) [6]), die rosenrothe, glänzende Farbe, welche von den todten Körpern oder Eiernestern der Schildläuse des *Ilex aquifolium, coccus ilicis L.*, arab. قِرْمِز, gewonnen wurde.

---

[1]) Vgl. *Hartm.* I, 177 ff., welcher mit Unrecht in Schabb. IX, 5. den Alaun (in dem unerklärten Aschlag?) findet. Daselbst ist von Nuss- u. Granatäpfelschalen die Rede.

[2]) *Plin.* IX, 38.: Color sanguinis concreti, nigricans adspectu, idemque suspectu refulgens — — rubens nigricante deterior.

[3]) *Plin.* IX, 36 sqq. *Aristot.* anim. V, 15. al. 13. *Rosenm.* Alt. IV, 2. 451 ff. *Heeren* Id. I, 2. 97 ff. Erfindung dieser Farbe, *Achill.* Tac. Erot. II, 11. Uebers. v. *Ast* S. 62. *Hartm.* I, 367 ff. Jede Schnecke lieferte nur wenige Tropfen des Purpursafts: daher der theure Preis der Farbe. Vegetabilische Purpurfarbe (*Braun* p. 207.).

[4]) Ueber dieses W. und das griech. ὑάκινθος, womit die Verss., *Joseph.* u. A. es geben, s. *Boch.* II, 728 sqq. *Braun* p. 187. *Hartm.* III, 128 ff.; dgg. *Mich.* suppl. p. 2367 sqq. Die Farbe (conchylium) beschreibt *Plin.* IX, 36.: Unde conchyliis pretia? quis virus grave in fuco, color austerus in glauco, et irascenti similis mari? *Maimonid.* tract. zizith c. 2. vergleicht sie mit der Tinte (שחור כדיו) und dem Himmelblau (דמות הרקיע). Hiemit vgl. die Beschreibungen des Steins Hyacinth bei *Plin.* XXXVII, 9. *Isidor.* origg. XVI, 9. *Hieron.* ad Ezech. I, 16.

[5]) *Boch.* II, 719 sqq. *Nitzsch* Hall. Encycl. XIII, 269 ff. Die Classification der einzelnen Arten der Purpurschnecken ist bei den Neuern sehr verschieden, u. die Purpurschnecke der Alten noch nicht sicher herausgefunden. *Win.* Art. Purpur. Die neueren Untersuchungen über den Purpur, aus denen sich ergibt, dass im A. T. bei אַרְגָּמָן u. תְּכֵלֶת an die ungemischte natürliche dunkelrothe u. dunkelblaue Purpurfarbe zu denken sei, vgl. bei *Leyrer* in *Herzog's* RE. unt. Purpur.

[6]) *Boch.* II, 624 sqq. *Braun* p. 220 sqq. *Beckm.* III, 1 ff. *Rosenm.* Alt. IV, 2. 448 ff. שָׁנִי heisst glänzende Farbe, nicht δίβαφος (Aqu., Symm.), was nur vom Purpur vorkommt.

§. 113.

Bunt- und Goldwirkerei.

Von bunt gewirkten Stoffen (רִקְמָה, מַעֲשֵׂה חֹשֵׁב) finden sich häufige Spuren 2 Mos. XXVI, 1. 36. XXVII, 16. XXVIII, 6. 15. 39. 2 Chron. III, 14. Richt. V, 30. Ez. XVI, 10. 13. XXVI, 16. Ps. XLV, 14. 15. Dass es nicht Stickereien waren, ist jetzt so ziemlich entschieden [1]). Auch Goldwirkerei (מִשְׁבְּצוֹת זָהָב Ps. XLV, 14. *opus tesselatum*, *scutulatum*, vgl. מִשְׁבְּצוֹת *Ringkasten*, 2 Mos. XXVIII, 11.) kannten die Hebräer (2 Mos. XXVIII, 6. 13. 14. 15.).

§. 114.

Salben und Räucherwerk.

Künstlicher Mischung von Salben und Räucherwerk (מִרְקַחַת, מִרְקָחָה) wird oft gedacht (2 Mos. XXX, 25. 35.

---

[1]) Gegen diese Meinung der Rabbinen, z. B. *Jarchi's* zu 2 Mos. XXVI, 1., *Braun's*, *Schröder's* u. neuerlich *Bähr's* (Symb. d. mos. Cult. I, 266 ff.) s. *Hartm.* I, 401 ff. III, 137 ff. *Gesen. Win.* vgl. Ps. CXXXIX, 15. *Joseph.* Antt. III, 6, 4. 7, 2.: . . . τὴν ζώνην . . . . διακίνως δ' ὑφασμένην . . . . ἄνθη δ' εἰς αὐτὴν ἐνύφανται, φοίνικι καὶ πορφύρα μετὰ ὑακίνθου καὶ βύσσου πεποικιλμένα (vgl. 2 Mos. XXVIII, 39. מַעֲשֵׂה רֹקֵם). Die LXX setzen für רֹקֵם das zweideutige ποικιλτής, aber auch 2 Mos. XXVI, 16. ῥαφιδευτής, Sticker, dagegen für חֹשֵׁב ὑφάντης, da doch Beides von demselben Fabrikat vorkommt. Das span. recamare, das ital. ricamare kann nichts beweisen. Buntwirkerei, aber nicht Stickerei kennt *Hom.* Il. III, 125 f. XXII, 440 f. u. zwar als Werk der Phönicier VI, 288 ff., vgl. 2 Chron. II, 13. *Plin.* VIII, 48.: . . . pictas vestes jam apud Homerum fuisse . . . acu facere id (sc. pingere) Phryges invenerunt, ideoque phrygiones appellati sunt. (Vorher: Togas rasas Phrygianasque Divi Augusti novissimis temporibus coepisse . . .) . . . Colores diversos picturae intexere Babylon maxime celebravit, et nomen imposuit. *Joseph.* B. J. V, 5, 4.: . . . καταπέτασμα, πέπλος . . . Βαβυλώνιος, ποικιλτός ἐξ ὑακίνθου κτλ. Vgl. *Heer.* Id. I, 2. 102. 182. — Die Buntwirkerei, מַעֲשֵׂה רֹקֵם, Gewebe von rothen und blauen Purpur-, Carmesin- u. weissen Zwirnfäden, unterschieden von מַעֲשֵׂה חֹשֵׁב, Kunstgewebe mit eingewebten Goldfäden u. Figuren; vgl. *Leyrer* in *Herzog's* RE. unt. Handwerke S. 515. u. *Knobel* zu Exod. XXV, 4. u. XXVI, 1. 36. Ohne genügenden Grund hält *Saalschütz* I, 139. das מַעֲשֵׂה חֹשֵׁב für Stickerei.

Salben u. Räucherwerk. §. 114.

1 Chron. IX, 30. 2 Chron. XVI, 14.) so wie der Bereiter derselben (לָקַח 1 Chron. IX, 30. 1 Sam. VIII, 13. u. a. Stt.): über das Verfahren giebt Hiob XLI, 23. 2 Mos. XXX, 25. 35 einiges Licht. (Vgl. *Winer* unt. Salbe, und *Leyrer* in *Herzog's* RE. unt. Salbe).

Von Gewürzarten werden folgende genannt: 1) *Weihrauch* (לְבוֹנָה [1]), *thus*, λίβανος), das geschätzteste Räucherwerk des Alterthums, das wohlriechende Harz eines arabischen (Jes. LX, 6. Jer. VI, 20. vgl. HL. IV, 6. 14.) [2]), bis jetzt noch nicht ganz bestimmten Baumes [3]). — 2) *Myrrhe* (מֹר, σμύρνα, μύῤῥα), welche theils dem Räucherwerke beigemischt (2 Mos. XXX, 23. HL. III,6.), theils als wohlriechendes Oel zum Einsprengen der Gewänder und Matratzen (Ps. XLV, 9. Spr. VII, 13.), zum Salben (HL. V, 5.), zum Würzen des Weines (Mark. XV, 23.) und zum Einbalsamiren (Joh. XIX, 39.) gebraucht wurde; ebenso das Harz eines in Arabien wachsenden dornigen Baumes [4]), wovon das edelste מֹר דְּרוֹר, auch נָטָף, στακτή, hiess [5]).

---

[1]) *Plin.* Hist. N. XII, 14.: auctumno legitur ab aestivo partu: hoc purissimum candidum.

[2]) *Plin.* l. l.: Thura praeter Arabiam nullis, ac ne Arabiae quidem universae . . . . . regio eorum thurifera Saba appellata. *Strabo* XVI, 782.: τοῦ δὲ λιβάνου βέλτιστον τὸν πρὸς τῇ Περσίδι. p. 767.: ἐν δὲ ταῖς πρὸ τοῦ Εὐφράτου νήσοις δένδρα φύεσθαι λιβάνου πνέοντα, ὧν τὰς ῥίζας κλωμένων, ὀπὸν ῥεῖν.

[3]) *Plin.* l. l.: . . . Nec arboris ipsius quae sit facies constat. . . . nec tamen ab ullo . . . . . Latino arborum earum tradita est facies. Graecorum exempla variant etc. *Herod.* III, 107. *Theophr.* Hist. plant. IX, 4. *Diodor. Sic.* V, 41. *Abulfadli* bei *Cels.* p. 344. Nach *Nieb.* B. 143 f. baut man jetzt in Arabien einen schlechten Weihrauch, Liban oder Oliban genannt: bessern erhalte man in Arabien aus Habbesch, Sumatra, u. zwar unter dem Namen Kunduru aus Ostindien: es ist das Harz von Boswellia serrata od. thurifera. Wahrscheinlich bezog man also im Alterthume den Weihrauch über Arabien aus Ostindien. Vergl. *Rosenm.* Alt. IV, 1. 153 ff. *Leyrer* in *Herzog's* RE. unt. Weihrauch.

[4]) *Plin.* XII, 15. *Theophr.* IX, 4. *Diodor. Sic.* V, 41. *Abulfadli* bei *Cels.* p. 522. Nach *Nees v. Esenbeck* (plantt. offic.) ist es Balsamodendron Myrrha. Vgl. *Rütschi* in *Herzog's* RE. unt. Myrrhe.

[5]) Nach *Hartm.* III, 110 ff. ist נָטָף Storax. Vgl. *Knobel* zu Exod. XXX, 34.

— 3) *Kassia* (קִדָּה 2 Mos. XXX, 24., קְצִיעָה Ps. XLV, 9.), welche aus Arabien kam (Ezech. XXVII, 19. vgl. *Herod.* III, 107. 110. *Diod. Sic.* III, 46.) der *Mutterzimmet*, die Rinde nicht des *Laurus cassia L.*, sondern *Cinnam. Tamal.* und *albiflor. (Nees)*, in Ostindien einheimisch, und *Zimmet* (קִנָּמוֹן), die bekannte aromatische Rinde des Ceylonischen Baumes *Laurus Cinnamomum L.*, oder *Cinnam. Zeylanicum (Breyer)* oder *Cinn. aromat. (Nees).* — 4) *Calmus* (קָנֶה, קְנֵה בֹשֶׂם, קְנֵה הַטּוֹב, *calmus odoratus* 2 Mos. XXX, 23. Jer. VI, 20. Ezech. XXVII, 19.), eine arabische und indische Rohrart *(acorus calamus L.)*. — 5) *Galbanum* (חֶלְבְּנָה, χαλβάνη, 2 Mos. XXX, 34.), das fette (daher der Name, vgl. חֵלֶב) Harz des habbessinischen Mutterharzbaumes (*Bubon Galbanum L.* oder *Galbanum offic. Don.*). — 6) *Seenagel* oder *Räucherklaue* (שְׁחֵלֶת, ὄνυξ 2 Mos. XXX, 34.), der meerschaumene Deckel gewisser Muscheln[1]). — 7) *Aloeholz* (אֲהָלִים, ξυλαλόη, ἀγάλλοχον Spr. VII, 17. Ps. XLV, 6. Joh. XIX, 40.), das wohlriechende Holz eines ostindischen Baumes *(Excoecaria agallocha L.)* [2]). — 8) *Narde* (נֵרְדְּ, νάρδος, *spica indica*, HL. I, 12. Joh. XII, 1.), das aromatische Oel der Wurzel der *Valeriana jatamansi* [3]), welches, wenn ächt (πιστική, nach And. *trinkbar*, Mark. XIV, 3.), sehr kostbar war. — 9) *Safran* (כַּרְכֹּם, κρόκος, HL. IV, 14.), der bekannte vom *Crocus sativus L.* gewonnene Farbe- und Gewürzstoff,

---

[1]) *Boch.* Hieroz. II, 803 sqq. u. dazu *Rosenm.* Hartm. I, 309. *Knobel* zu Exod. XXX, 34.

[2]) Das beste Aloe-Holz soll jedoch nach den neuesten Nachrichten die Cynometra agallocha (Spreng.) oder Aquilaria ovata L. liefern (*Martius* LB. d. Pharmakognosie S. 83 f.), *Win.* Art. Aloe. Nach HL. IV, 14. scheint man den Baum in Palästina in Gärten gezogen zu haben.

[3]) *Jones* Recherch. asiat. trad. de l'Angl. par *A. Labaume* II, 445 ff. Für Andropogon Nardus L. halten nach *Dioscor.* I, 6. die Pflanze *Cels.* II, 1 sqq. *Sprengel* hist. rei herb. I, 8. *Hartm.* I, 319. *Plin.* XII, 12. nicht richtig: Frutex est gravi et crassa radice, sed brevi ac nigra, fragilique, quamvis pingui, situm redolente, ut cyperi, aspero sapore, folio parvo densoque. Cacumina in aristas se spargunt: ideo gemina dote nardi spicas ac folia celebrant. — Ist HL. IV, 14. ein im Garten gezogenes Nardengewächs gemeint, so ist es wohl Nardus Syriaca (*Win.*). Vgl. *Rütschi* in *Herzog's* RE. unt. Narde.

bei den Alten als Wohlgeruch gebraucht ¹). — 10) *Ladanum* (לט, 1 Mos. XXXVII, 25. XLIII, 11.), das Schleimharz der Blätter des in Arabien, Cypern und Syrien *(Herod.* III, 112. *Plin.* XII, 17.) wachsenden Strauches λῆδος, *Cistus ladanifera L.*, auch des *Cist. Cretic., Cypr.* und *Ledon*, das man als Salbe und Räuchermittel, aber auch als Arznei gebrauchte.

§. 115.

Handwerker und Künstler.

Die Kunstfertigkeiten waren, anfangs wenigstens, mehr Naturgabe als Frucht einer geregelten Ausbildung: daher die Künstler oft mehrere Kunstzweige umfassten (2 Mos. XXXI, 1 ff. 2 Chron. II, 14.). Vieles bereiteten sich Hausväter und Hausmütter selbst (Odyss. V, 243. XXIII, 178. §. 111.), oder liessen es durch ihre Sklaven verfertigen; doch gab es auch eigene *Handwerker*, welche dafür gedungen und bezahlt wurden (Richt. XVII, 4. 1 Sam. XIII, 19. Jer. XVIII, 3.)²). Die Werkstätten derselben waren in grösseren Städten in besonderen Strassen und Plätzen vereinigt (Jer. XXXVIII, 21.)³). Die Sieger und Eroberer pflegten die Metallarbeiter wegzuführen, um die Wiederbewaffnung der Nation zu verhindern (1 Sam. XIII, 19. 2 Kön. XXIV, 14 ff.). Die Gewerke stellen sich bei den Hebräern zum Theil schon als Innungen dar; aber sie waren nicht kastenartig abgeschlossen oder einzelnen Stämmen etwa zugewiesen; jeder aus dem Volke konnte sich frei die ihm entsprechende Thätigkeit wählen. Unterscheiden lassen sich überhaupt Arbeiter für Herbeischaffung des rohen Stoffes, Handwerker, und Künstler, חָרָשִׁים und חֹשְׁבִים. Die Thätigkeit der letztern bestand vorzüglich in freiem Erfinden und Entwerfen des Kunstwerks⁴). Diese höhere künstlerische Befähigung wird auf eine besondere Begabung von Seiten Gottes zurückgeführt (2 Mos. XXXI, 1—6. XXXV, 30—35.).

---

¹) Der ostindische Safran kommt von der Pflanze Curcuma longa u. rotunda.
²) Schon *Homer* kennt einen Handwerkerstand. Il. IV, 110. XVIII, 601. Od. III, 425. 432.
³) *Joseph.* B. J. V, 8, 1.: . . . ἐριοπώλιά τε — καὶ χαλκεῖα καὶ ἱματίων ἀγορά. Vgl. §. 126 a. Not. 2. S. 167.
⁴) Vgl. *Saalschütz* I, 154 ff.

158   Bezwingung u. Bearbeitung der Natur.

Auch bei den Juden nach dem Exile standen die Handwerke in grosser Achtung[1]), und wurden selbst von Gelehrten erlernt und getrieben (§. 273 b.).

Fünftes Capitel.
Schiffbau und Schifffahrtskunde.

§. 116.
Schiffbau.

Hierin waren die Hebräer unstreitig die Schüler der Phönicier (1 Kön. IX, 27. vgl. XXII, 49.). Von der Bauart der Schiffe (אֲנִי, סְפִינָה Jon. I, 5., צִי Jes. XXXIII, 31.) wissen wir nicht viel Bestimmtes. Es waren Ruderschiffe (Jes. XXXIII, 21.); die nach Tharschisch gehenden die grössten (Jes. II, 16.). Sie waren bei den Tyriern getäfelt mit Cypressenholz; der *Mast* (תֹּרֶן, vielleicht auch חֶבֶל, Spr. XXIII, 34.) ein Cedernstamm (Ezech. XXVII, 5.); die *Ruder* (מָשׁוֹט, שַׁיִט) aus Eichenholz, die *Ruderbänke* (קֶרֶשׁ) mit Elfenbein verziert (Vs. 6.); die *Segel* (נֵס, nach And. *Flaggen*, vgl. aber Jes. XXXIII, 23.) von Byssus mit Buntwirkerei (Vs. 7.)[2]). Die Schiffe hatten Verzierungen (Jes. II, 16.); am Vordertheile das Schiffszeichen, παράσημον (AG. XXVIII, 11.), am Hintertheile bei Griechen und Römern das Bild des Schutzgottes (*Virg.* Aen. X, 171.).

§. 117.
Schifffahrt.

Diese wird bei den Hebräern nicht vollkommner als bei den Phöniciern und Griechen gewesen sein. Man hatte im Alter-

---

[1]) *Tosapht. in Kiddusch.* c. 1.: Quicunque filium suum non docet aliquod opificium, est ac si doceret eum latrocinium. *Lightf.* ad Marc. VI, 3. Nur manche Handwerke waren verachtet, wie das der Gerber (vgl. AG. IX, 43.), u. machten unfähig zum Hohenpriesterthume (*Kiddusch.* f. 82, 1.). S. *Saalschütz* I, 157.

[2]) Das Steuerruder (πηδάλιον) kommt AG. XXVII, 40. vor. Daselbst auch das Besamsegel am Hintermaste, ἀρτέμων (vgl. meine Anm. im exeg. Hdb. z. N. T.), das Senkblei (βόλις) Vs. 28., das Rettungsboot (σκάφη) Vs. 16., der Anker (ἄγκυρα, talm. עיגון, חוגן *Buxt.* L. T. p. 593. 1577.).

Schifffahrt. Wohnungen. §. 117. 118.

thume nur Küstenschifffahrt, wie noch jetzt im rothen Meere [1], daher die Fahrt sehr lange dauerte (1 Kön. X, 22.). Die Hebräer bedienten sich weniger ihrer eigenen (§. 77. vgl. Jon. I, 3.) als der edomitischen Häfen (1 Kön. IX, 26. XXII, 49.), indem ihr Handel im Mittelmeere nicht viel bedeutet zu haben scheint (§. 257.). Was die Führung der Schiffe betrifft, so kommen vor: der *Schiffsherr* (רַב הַחֹבֵל Jon. I, 6.), ναύκληρος (AG. XXVII, 11.); die *Schiffer*, מַלָּחִים, LXX κωπηλάται, חֹבְלִים, LXX κυβερνῆται (Ezech. XXVII, 27.).

Zweites Hauptstück.

Benutzung der Natur- und Kunstproducte.

Erstes Capitel.

Wohnung und Hausgeräth.

§. 118.

Erste unvollkommene Wohnungen.

Im Zustande der Wildheit, wo sich der Mensch noch zu keiner Pflege und Bearbeitung der Natur verstanden hat, sind Höhlen und Baumstämme seine Wohnung [2]. An jenen war Palästina reich (§. 75.); aber dass die Hebräer je in diesem Zustande gewesen, beweist nicht einmal die Sprache [3]. Troglodyten waren die *Choriten* (חֹרִים von חוֹר *Loch, Höhle*), die Urbewohner von Idumäa (1 Mos. XXXVI, 20 ff. 5 Mos. II,

---

[1] *Nieb.* R. I, 257. *Irwin* R. a. d. roth. Meere S. 100. Vgl. *Winer* unt. Schiffe, u. *Leyrer* in *Herzog's* RE. unt. Schifffahrt.

[2] *Lucret.* V, 956.:

— nemora atque cavos montes sylvasque colebant,
Et frutices inter condebant squalida membra.

Ovid. Metamorph. I.:

Tum primum subiere domos; domus antra fuere.
— Buschmänner (*Lichtenstein* R. in d. südl. Afr. 2 Thle. 1812.).

[3] Wie *Faber* S. 36. aus עִיר 1 Mos. IV, 17. vermuthet. — Vgl. *Saalschütz* I, 59 ff.

160 Benutzung d. Natur- u. Kunstproducte.

12. 22.), welche in Ueberresten noch später fortdauerten (Hiob XXX, 1 ff.)[1]).

Späterhin dienten die Höhlen zu Zufluchtsörtern (Richt. VI, 2. XV, 8. 1 Sam. XIII, 6. XXII, 1. XXIV, 4. 1 Kön. XVIII, 4. XIX, 9. 1 Makk. I, 53. II, 31 ff.)[2]) und Wohnungen für Räuber (Jer. VII, 11. *Joseph.* Antt. XV, 10, 1. B. J. I, 16, 4.).

§. 119.

Hütten.

Ein kleiner Schritt zur Cultur war das Wohnen in Laub- und andern Hütten (סֻכָּה), welches schon einige Thätigkeit erforderte[3]). Auch späterhin bediente man sich zum Theil dieses Schutzmittels sowohl für das Vieh (1 Mos. XXXIII, 17.) als für sich selbst (3 Mos. XXIII, 43. Jon. IV, 5.)[4]).

§. 120.

Zelte.

Eine Decke (יְרִיעָה), ursprünglich aus Thierhäuten, zuweilen aus geflochtenen Matten, gewöhnlich aus Ziegenhaaren

[1]) *Hirzel* Erkl. d. Hiob S. 177. *Ewald* Gesch. Bd. I, 304 f. *Michaelis* Comment. de troglodytis (commentatt. I. Gott. 1759.) p. 193 sqq. *Büsching* n. Erdbeschr. V, 1. 625. Von neueren Troglodyten jenseit des Jordan *Buckingh.* R. d. S. II, 53 ff.; in Basan, *Seetz.* (*Zachs* mon. Corr. XVIII, 355 f.); in Trachonitis, Gesta Dei per Francos p. 895. *Harm.* II, 250. Mehr Nachweisungen bei *Fab.* S. 31 ff. *Ilamelsv.* diss. de aedibus vet. Hebr. (Traj. ad Rh. 1763. 4.) p. 5. Nachrichten von andern alten Troglodyten bei *Herod.* III, 97. *Strabo* XVI, 775. *Diodor.* III, 32. In höhlenreichen Gegenden werden diese Wohnungen auch in einem Zustande besserer Cultur beibehalten. Höhlenbewohner am Oelberge, v. *Richt.* S. 31.
[2]) Gesta Dei p. Fr. p. 405. 734. 781. *Harm.* I, 100. II, 548 f.
[3]) *Vitruv.* II, 1.: Postea homines coeperunt alii de fronde facere tecta, alii speluncas facere sub montibus, nonnulli hirundinum nidos et aedificationes earum imitantes de luto et virgultis facere loca, quae subirent. *Strabo* XVI, 773.: οἰκοῦσι δ' ἐν σπηλαίοις ἢ μάνδραις στεγασταῖς ἀπὸ δοκῶν μὲν καὶ στρωτήρων τῶν κητείων ὀστέων καὶ ἀκανθῶν, φυλλάδος δ' ἐλαΐνης. *Belon* b. *Paul.* I, 217.
[4]) *Nieb.* B. S. 61. *Pococke* II, 231. *Harm.* I, 184 f.

Zelte. Häuser. §. 120. 121.

gewebt, über einem oder mehreren Pfählen aufgehängt und mit Zeltpflöcken (יָתֵד) am Boden befestigt, bildet in verschiedener bald runder, bald länglicher Form ein *Hirtenzelt* (אֹהֶל, בַּיִת, *mappale*) [1]), wie es die arabischen Nomaden (יֹשְׁבֵי אֹהֶל 1 Mos. IV, 20. σκηνίται, اهل للوبر, *Haar-Volk*, im Gegensatze von اهل المدر, *Lehmvolk*) von jeher bewohnt haben [2]). Inwendig ist es gewöhnlich durch einen Vorhang in zwei oder drei Räume oder Gemächer (das hinterste קֻבָּה, חֶדֶר) abgetheilt.

Ein Fussteppich und höchstens einige Polster anstatt der Stühle und Sofa's, ein niedriger Tisch (vgl. 2 Mos. XXV, 23.) oder vielleicht wie heutzutage ein rundes Leder anstatt des Tisches, einiges Ess- und Küchengeschirr und eine Lampe (נֵר) macht den ganzen Hausrath eines solchen Zeltbewohners aus [3]).

§. 121.

Häuser.

Ein grösseres morgenländisches Haus (αὐλή Joh. XVIII, 15.) stellt gemeiniglich ein Viereck dar (Hiob 1, 19.), welches den Hof (חָצֵר, *impluvium*, *cava aedium*) einschliesst. Dieser, mit Säulen-Hallen und Gallerien (2 Kön. I, 2.) umgeben, mit Bäumen (Esth. I, 5. חֲצַר גִּנָּה? *Joseph*. Antt. VIII, 5, 2.) besetzt und mit Brunnen versehen (2 Sam. XVII, 18.), auch wohl mit Zelttüchern bedeckt (Esth. I, 6.), gepflastert und mit Polstern belegt (Esth. I, 6.), ist das Gesellschaftszimmer der Familie [4]). Man baute schon mehrere Stockwerke hoch (1 Kön. VII, 4. AG. XX, 9.) [5]).

---

[1] *Nieb.* R. I, 233. *Shaw* S. 193 f. *Höst* S. 127. *Rosenm.* Sitten d. Bed. S. 180 ff. *Buckingh.* R. d. S. II, 413. *v. Richt.* S. 210. *Fab.* Arch. S. 104 ff. *Harm.* I, 122 ff. Vgl. HL. I, 5.
[2] *Plin.* V, 11. VI, 28. *Pocock.* spec. hist. Ar. p. 2.
[3] *Arv.* III, 22. 200. *Nieb.* a. O. *Rosenm.* a. O. S. 77 f. *v. Richt.* S. 211. *Mayeux* les Béd. III, 33. — Die Beschreibung eines Nomadenlagers (חֲצֵר 1 Mos. XXV, 16. Jes. XLII, 11.) bei *Arv.* III, 9. 214 f. *Rosenm.* a. O. S. 75 ff. 180. — Vgl. *Winer* unt. Zelte.
[4] *Shaw* S. 353. 183. *Burkh.* I, 120. *Buckingh.* R. d. Syr. II, 275. *Fab.* S. 409. *Harm.* I, 174 ff. Vgl. *Winer* unt. Häuser.
[5] *Herod.* I, 180. *Diod. Sic.* I, 45. Heutzutage ist das untere gewölbt. *Olear.* R. S. 554. Die Hebräer kannten Gewölbe,

De Wette Archäologie. 4. Aufl. 11

162 Benutzung d. Natur- u. Kunstproducte.

Die Dächer (גג) der Wohnhäuser (anders vielleicht bei Tempeln, vergl. §. 225.', dagegen Richt. XVI, 27.) waren wie bei Griechen und Römern und sind noch heutzutage platt [1]), mit Estricht [2]), Erde (so dass Gras darauf wuchs, Ps. CXXIX, 6. Jes. XXXVII, 27.) oder mit Ziegelsteinen (Jes. LXV, 3. vgl. jedoch *Rosenm.* z. d. St.) bedeckt, und mit einer Brustwehr (מַעֲקֶה 5 Mos. XXII, 8.) umgeben. Auf dem Dache hielt man sich oft auf, und nahm mancherlei da vor (Jos. II, 6. Richt. XVI, 27. 2 Sam. XI, 2. Jes. XV, 3. 2 Sam. XVI, 22. 1 Sam. IX, 25. AG. X, 9. Jes. LXV, 3. 2 Kön. XXIII, 12. Jer. XXXII, 29.) [3]). Daselbst hatte man auch ein Obergemach (עֲלִיָּה, ὑπερῷον, Richt. III, 20 ff. 1 Kön. XVII, 19. 23. 2 Kön. IV, 10.), welches dem Zwecke der Zurückgezogenheit diente (Dan. VI, 11. 2 Kön. XXIII, 12.) [4]).

§. 122.
Innere Einrichtung der Häuser.

Bei grösseren Gebäuden führte die äussere Thüre oder das *Thor* (שַׁעַר), an welchem ein Thürhüter oder eine Thürhüterin stand (Joh. XVIII, 16. AG. XII, 13. LXX. 2 Sam. IV, 6.), in die *Vorhalle* (חָצֵר Jer. XXXII, 2.? חֲצַר חִיצוֹנָה Esth. VI, 4.? προαύλιον Mark. XIV, 68., πρόθυρον, atrium, vestibulum), welche die Stelle des Vorzimmers vertritt (Esth. VI, 4.), und von wo man theils mittelst Treppen (לוּל, מְסִלָּה, Wendeltreppe 1 Kön. VI, 8.) in den obern Stock und auf das Dach, theils durch eine Thüre (דֶּלֶת, פֶּתַח) in den Hof, und aus diesem in die untern Zimmer gelangte.

אֲגֻדָּה (Hos. IX, 6.) גַּב (Ezech. XVI, 24.). Vgl. *Gesen.* u. d. WW.; dagg. *Goguet* Urspr. d. Ges. etc. III, 65 ff. *Jahn* I, 1. 231. Von Gewölben zu Babylon *Strabo* XVI, 738 sq.
[1]) Doch sah *Buckingh.* R. d. S. II, 459. schräge Ziegeldächer.
[2]) Ueber die Bereitung desselben *Plin.* XXXVI, 25. *Mariti* 246 f. *Voln.* II, 397. *Arv.* VI, 392. *Shaw* 187. *Tavern.* I, 162.
[3]) *Shaw* S. 185. 190. *Fab.* S. 421 f. *Harm.* I, 158 ff. *Buckingh.* R. d. M. S. 70. 95.
[4]) *Nieb.* R. I, 382. Taf. 67. S. 400. Taf. 68. Ueberhaupt vgl. *Battus* de tectis Hebr. Viteb. 1696. *Dav. Mill.* de aedium Hebr. tectis. Ultraj. 1727. in *Oelrichs* collect. opuscc. II, 2. 573 sqq. *Winer* unt. Dach.

Wohnungen. §. 122.

Von der innern Einrichtung der Häuser kommt Weniges vor. Die *Thüren* niedrig (Spr. XVII, 19.), in Zapfen (צִיר Spr. XXVI, 14.) mit *Zapfenlöchern* (פֹּתוֹת 1 Kön. VII, 50.) sich bewegend [1]; oft *Flügelthüren* (דְּלָתַיִם), mit einem *Riegel* (מִנְעָל, בָּרִיחַ) von innen verschlossen, den man mit einem *Schlüssel* (מַפְתֵּחַ) von aussen wegschob [2]; mit Inschriften versehen (5 Mos. VI, 9.) [3]. Die *Fenster* (חַלּוֹן) ohne Glas, mit Gittern (אֲרֻבָּה, אֶשְׁנָב), gingen in den Hof, aber auch auf die Strasse (Richt. V, 28. Spr. VII, 6. Dan. VI, 11.). Die Zimmer verziert mit Getäfel (1 Kön. VII, 6. Jer. XXII, 14.), Elfenbein (1 Kön. XXII, 39.) und Malerei (Jer. XXII, 14.); wahrscheinlich auch mit kunstreichen Fussböden, vgl. Esth. I, 6. [4]. Man hatte Sommer- und Winterzimmer (Am. III, 15. Richt. III, 26. Jer. XXXVI, 22.) [5], letztere erwärmt mittelst eines Feuertopfs (אָח), den man, wenn das Feuer ausgebrannt ist, mit einem Deckel und Teppiche bedeckt [6].

Der hintere oder innere Theil des Hauses war gewöhnlich für das Frauenzimmer bestimmt (γυναικεῖον, حَرِيم, *Harem*), wenn dieses nicht ein eigenes Gebäude hatte (בֵּית נָשִׁים Esth. II, 3. 1 Kön. VII, 8.) [7]. Vgl. §. 262.

---

[1] *Morier* S. 143 f. *Shaw* S. 185. *Maundr.* S. 106. *Buckingh.* R. d. Syr. I, 358. *Burkh.* I, 122. *Hamelsv.* de aed. Hebr. p. 39.
[2] Aehnlich Odyss. I, 441. IV, 802. XXI, 46. 247. Häufig sind die Riegel von Holz (*Cotovic.* it. IV, 16. p. 480.) und können auch ohne Schlüssel geöffnet werden (HL. V, 4.), *Harm.* I, 188 ff. *Hamelsv.* l. l. p. 35 sqq. בְּרִיחַ ist ein grösserer Riegel (Querbalken) zum Verschliessen der Thore.
[3] *Buxtorf* synag. p. 582 sqq. *Buckingh.* R. d. M. S. 42. *Hammer* Verf. d. osm. Reichs II, 79. *Rosenm.* Morgenl. II, 299.
[4] *Harm.* I, 171 f. *Shaw* S. 184. Krystallene Fussböden? vgl. Ez. I, 22. 2 Mos. XXIV, 10. Alcoran Sur. 27. ed. *Mar.* p. 512 sq. *Chr. B. Michael.* naturalia quaed. et artif. cod. sacr. ex Alcorano illustr. in *Pott* syll. III, 23. dagg. *Nieb.* B. S. 60.
[5] *P. Zorn* de vet. Hebr. hibern. et aestiv. domibus, im Mus. Brem. II, 395. *Harm.* I, 200 f. *Jahn* I, 1. 209 f. Kiosken, *Fab.* S. 435 ff.
[6] *Nieb.* R. II, 394. (vgl. *Mich.* or. Bibl. VII, 176.) Beschr. Taf. I. Fig. F. *della Valle* II, 8 f. Lady *Montague* Briefe II, 83. *Tavern.* I, 265. *Olear.* a. O.
[7] *Patr. Russel* Abhandl. v. d. Pest I, 69. L. *Montague* II, 41 ff. *Hartm.* Hebr. II, 399 ff. *Hoffmann* Hall. Encycl. Sect.

164 Benutzung d. Natur- u. Kunstproducte.

§. 123.

Baumaterialien.

Zu den Mauern brauchte man gewöhnlich Ziegelsteine, gebrannte und ungebrannte (§. 108.)[1]; letztere aber gaben oft wenig dauerhafte Mauern (Ez. XII, 5. 7. XIII, 11 ff. Matth. VII, 19. 25.)[2]. Zu grössern Häusern nahm man Mauersteine (3 Mos. XIV, 40.) und Quadern (אַבְנֵי גָזִית 1 Kön. VII, 9.), selbst von Marmor (שַׁיִשׁ 1 Chron. XXIX, 2. *Joseph.* Antt. VIII, 3, 2.).

Als Mörtel (מֶלֶט) kommt 1 Mos. XI, 3. Asphalt vor (*Herodot.* I, 179. *Plin.* XXXV, 15. *Justin.* I, 2.); gewöhnlich aber bediente man sich dazu theils des Lehms (חֹמֶר), theils so wie zum Anwurfe (תָּפֵל Ez. XIII, 10 ff.) des Kalkes und Gypses (גִּר Jes. XXVII, 9. שִׂיד 5 Mos. XXVII, 4. *Vitruv.* II, 4. 5. *Plin.* XXXVI, 24.).

Das häufigste Bauholz war das Sykomoren- (Jes. IX, 9.), seltener und kostbarer das Tannen-, Oelbaum-, Cedern- und Sandelholz (אַלְגֻמִּים), welches letztere Salomo aus Ophir bezog (1 Kön. X, 10 f.)[3].

§. 124.

Geräthschaften.

Ausser Teppichen (Jud. XII, 15.) und (zum Theil prächtig verzierten, Am. VI, 4.) Ruhebetten (מִטָּה, עֶרֶשׂ, صُفّة, Sofa,

---

II. Bd. 2. 396 ff. Auch im obern Stocke wohnen die Frauen, *Sicard* b. *Paul.* V, 8., vgl. Odyss. I, 329. Iliad. III, 433.

[1] Der Gebrauch solcher Backsteine war in Aegypten häufig. *Champollion* Briefe etc. gedenkt S. 14. einer daraus erbauten Todtenstadt zu Sais, S. 83. eines Tempels zu Wady Halfa. Andere Beweise aus *Rosellini*, *Wilkinson* b. *Hengstenb.* d. BB. Mos. u. Aeg. S. 2.

[2] Dagegen *Plin.* XXXV, 14.: *Aevis durant, incorrupti imbribus, ventis, ignibus, omnique caemento firmiores — —. Graeci praeterquam ubi e silice fieri poterat structura, parietes laterities praetulere. Sunt enim aeterni, si ad perpendiculum fiant: ideo et in publica opera et regias domos adduntur. Sic struxere murum Atheniis, qui ad montem Hymettum spectat: sic Patris aedes Jovis et Herculis etc.*

[3] *Cels.* Hierobot. I, 171 sqq. *Rosenm.* Alt. IV, 1. 234 ff.

Divan), welche zugleich zur Schlafstelle dienten, scheinen die Hebräer der Stühle (כִּסֵּא) noch häufiger als die heutigen Morgenländer sich bedient zu haben (2 Kön. IV, 10. Spr. IX, 14. vgl. §. 136.) [1]).

Uebrigens kommt, ausser dem Tische, der, wenn man auf Polstern zu Tische lag (§. 136.), wie heutzutage im Morgenlande sehr niedrig gewesen sein mag, und dem Küchen-, Ess- und Trinkgeschirre (§. 134. 135.), noch die Lampe (נֵר, מְנוֹרָה) als ein wesentliches Geräth vor (2 Kön. IV, 10.), welche die ganze Nacht brennend erhalten wurde (Hiob XVIII, 6. XXI, 17. Jer. XXV, 10. Ps. XVIII, 29. CXXXII, 17.) [2]).

§. 125.
Dörfer und Städte.

Die *offenen Oerter* oder *Dörfer* (כָּפָר, חָצֵר, עָרֵי פְרָזוֹת κώμη) hatten wohl weiter nichts Eigenthümliches; die mit Mauern und Thoren versehenen *Städte* (עִיר) waren ursprünglich zu Festungen (מִבְצָר) bestimmt und dazu meistens auf Anhöhen angelegt [3]).

Die heutigen engen Gassen (שְׁוָקִים, חוּצוֹת) dürfen wir den hebräischen Städten wahrscheinlich nicht durchaus leihen, weil man sich der Wagen bediente, wohl aber die *Bazars* oder Krämer- und Handwerkerstrassen (vgl. §. 115.) [4]). Die

---

[1]) *Chard.* IV, 19 sq. ed. *Langl.* L. *Mont.* II, 41 f. 87. *Lüdecke* türk. R. S. 180 f. *Shaw* S. 184. *Nieb.* B. S. 61 f. — *Mückennetz*, καπνιστήριον Jud. XIII, 9. *Horat.* Epod. IX, 16. *Herod.* II, 95. *Roch.* Hieroz. II, 567. *Arv.* I, 173 f.

[2]) *Harmar* I, 180 ff.

[3]) *Faber* S. 272. *Chr. B. Michael.* de notione superi et inferi in *Velthus.* comm. theol. Vol. V. Gebrauch des W. עָרִים. — Vgl. *Keil* Archäol. II, 9 ff. *Arnold* in *Herzog's* RE. unt. Städte in Palästina.

[4]) *Kaempf.* amoen. p. 170. *Olear.* S. 660. d. *Valle* I, 167. II, 17. III, 139. 172. IV, 127. 135. 157. *Arv.* I, 55. II, 43. 364. *Nieb.* R. II, 169.

Ueber das Verhältniss der Städte zum ganzen Lande und ihre Bevölkerung lässt sich nichts Gewisses bestimmen. *Jahn* I, 1. 263. Spätere Angaben der Bevölkerung von Jerusalem und anderen Städten bei *Joseph.* B. J. III, 3, 2. V, 4, 3. c. Ap. I, 22. vgl. Antt. XII, 5. 4. *Strabo* XVI, 759. Polizeiliche Verordnungen für die Städte M. Baba Bathra II, 5. 7 ff. *Fab.* S. 350. *Hamelsv.* bibl. Geogr. II, 107. — Vgl. *Winer* unt. Städte.

166 Benutzung d. Natur- u. Kunstproducte.

Plätze (רְחֹבוֹת) lagen wahrscheinlich an den zu Gerichts- und Versammlungsplätzen gebrauchten Thoren (Hiob XXIX, 7. 2 Kön. VII, 18. 2 Chron. XXXII, 6. Neh. VIII, 1.). Die morgenländischen Städte sind gewöhnlich sehr weitläufig gebaut, und umschliessen grosse freie Plätze und Gärten, daher sie einen grossen Umfang haben (Jon. III, 3.). Späterhin (*Joseph.* B. J. I, 21, 11. Antt. XVI, 5, 3. XX, 9, 7.) kannte man das Strassen-Pflaster.

§. 126 a.

Die Stadt Jerusalem.

Jerusalem liegt im Verhältnisse zum westlichen und nördlichen Lande ziemlich hoch [1]) auf einer Gruppe von vier Hügeln, welche von dem gegen Osten liegenden Oelberge durch das Thal *Kidron* (Josaphat), von den gegen Süden und Westen liegenden Bergen durch die Thäler *Hinnom* und *Gihon* und in sich selbst durch eine von Nordwesten nach Süden sich ziehende flache (von den Hasmonäern ausgefüllte) Vertiefung und durch das in diese von Westen nach Osten einfallende, dann nach Süden sich wendende und in einem tiefen Bette bis nach der Quelle *Siloah* herabgehende *Käsemacher-Thal* geschieden ist. Der höchste, südwestliche Hügel *Zion* steigt im Westen und Süden aus den Thälern *Gihon* und *Hinnom* schroff empor, und ist im Norden und Osten vom Käsemacherthale begrenzt. Er scheint das alte Jerusalem, vielleicht noch zu Davids Zeit, umfasst zu haben; zu Jose-

---

[1]) *Joseph.* B. J. III, 3, 5.: μεσαιτάτη δὲ αὐτῆς (Ἰουδαίας) πόλις τὰ Ἱεροσόλυμα κεῖται, παρ᾽ ὃ καί τινες οὐκ ἀσκόπως ὀμφαλὸν τὸ ἄστυ τῆς χώρας ἐκάλεσαν — μερίζεται δὲ εἰς ἕνδεκα κληρουχίας, ὧν ἄρχει μὲν ὡς βασίλειον τὰ Ἱεροσόλυμα, προανίσχουσα τῆς περιοίκου πάσης, ὥσπερ ἡ κεφαλὴ σώματος. *Phocae* comp. descript. Syr. et Palaest. §. 14. in *Leon. Allat.* Σύμμικτα s. opusec. gr. et lat. ed. *Nihus.*: Ἡ δὲ ἁγία πόλις κεῖται μέσον διαφόρων φαράγγων καὶ βουνῶν, καὶ ἐστὶ τὸ ἐν αὐτῇ θεωρούμενον θαυμαστόν· ἐν ταύτῃ γὰρ ὑπερανεστηκυῖα ὁρᾶται ἡ πόλις καὶ χθαμαλή, πρὸς γὰρ τὴν τῆς Ἰουδαίας χώραν ἐστὶν ὑπερκειμένη· πρὸς δὲ τὰ ἑχόμενα ταύτης γηλοφα χθαμαλίζεται. Vgl. *Pococke* Beschr. d. Morgenl. II, 12. Nach *Schub.* III, 104. liegt die Stadt 2500 F. über dem Meere, mehr als 3000 F. über der Jordansaue. Vgl. *Robins.* II, 13.

Jerusalem. §. 126 a. 167

phus' Zeit lag auf ihm die *Oberstadt*. Im Norden desselben [1]) durch den westlichen Arm des Käsemacherthales geschieden, liegt der von Josephus *Akra* genannte Hügel mit der *Unterstadt* [2]). Ihm gegenüber der Tempelberg *Moriah* [3]) mit dem im Süden sich daran lehnenden *Ophel* [4]), und im Norden desselben, durch einen Graben geschieden, der Hügel, auf welchem die *Neustadt* oder *Bezetha* nach Josephus erbaut war [5]).

---

[1]) Umgekehrte Meinung *Lightfoots* u. A. (aus Missverstand der Stellen Ps. XLVIII, 3. Ez. XL, 2.), dass Zion nördlich von der Stadt gelegen, widerlegt von *Reland* Pal. S. 846 sqq. *Bach*. II, 1. 131 ff. *Hamelsv*. II, 30 ff. Gegen den ähnlichen Irrthum *Olshausens* (Topogr. d. alten Jerus. S. 5.), gegen die ganz verkehrte Annahme *Clarke's* u. *Ritter's*, der jetzt sogenannte Berg des bösen Rathes sei der Berg Zion, s. *Robins*. II. Aum. XXV.
[2]) *Joseph*. B. J. V, 4, 1.: αὐτὴ μὲν (ἡ πόλις) ὑπὲρ δύο λόφων ἀντιπρόςωπος ἔκτιστο, μέσῃ φάραγγι (das von Westen nach Osten gehende Käsemacherthal, vgl. Not. 3.) διῃρημένων, εἰς ἣν ἐπάλληλοι κατέληγον αἱ οἰκίαι. Τῶν δὲ λόφων ὁ μὲν (der Zion) τὴν ἄνω πόλιν ἔχων, ὑψηλότερος πολλῷ, καὶ τὸ μῆκος ἰθύτερος ἦν· διὰ γοῦν τὴν ὀχυρότητα, φρούριον μὲν ὑπὸ Δαβίδου τοῦ βασιλέως ἐκαλεῖτο — —, ἡ δὲ ἄνω ἀγορὰ πρὸς ἡμῶν. Ἅτερος δὲ ὁ καλούμενος Ἄκρα, καὶ τὴν κάτω πόλιν ὑφεστώς, ἀμφίκυρτος.
[3]) Id. ibid.: Τούτου δὲ ἀντικρὺ τρίτος ἦν λόφος (Moriah), ταπεινότερός τε φύσει τῆς Ἄκρας, καὶ πλατείᾳ φάραγγι διειργόμενος ἄλλῃ πρότερον. Αὖθις γε μὴν καθ᾽ οὓς οἱ Ἀσαμωναῖοι χρόνους ἐβασίλευον, τήν τε φάραγγα ἔχωσαν, συνάψαι βουλόμενοι τῷ ἱερῷ τὴν πόλιν, καὶ τῆς Ἄκρας κατεργασάμενοι τὸ ὕψος ἐποιήσαντο χθαμαλώτερον, ὡς ὑπερφαίνοιτο καὶ ταύτης τὸ ἱερόν. (Vgl. Antt. XIII, 6, 7. XII, 5, 4. u. dagg. *Mich*. Anm. z. 1. B. d. Makk. S. 30 ff. 295 ff. 307 f.). *Ἡ δὲ τῶν Τυροποιῶν προςαγορευομένη φάραγξ*, ἣν ἔφαμεν τόν τε τῆς ἄνω πόλεως καὶ τὸν κάτω λόφον διαστέλλειν, καθήκει μέχρι Σιλωάμ. Ἔξωθεν δὲ οἱ τῆς πόλεως δύο λόφοι βαθείαις φάραγξι (die Thäler Kidron, Hinnom, Gihon) περιείχοντο, καὶ διὰ τοὺς ἑκατέρωθεν κρημνοὺς προςιτὸν οὐδαμόθεν ἦν.
[4]) Diesen Hügel (2 Chron. XXVII, 3. XXXIII, 14. Neh. III, 26 f. XI, 21.) scheint *Joseph*. B. J. V, 4, 2. 6, 1. in diese Gegend zu setzen. Falsch setzt ihn *Hamelsv*. II, 35. an die nordöstliche Seite des Zion. S. *Win*. Art. Ophel. *Robins*. II, 29.
[5]) Id. ibid. §. 2.: πλήθει γὰρ ὑπερχεομένη (ἡ πόλις), κατὰ μικρὸν ἐξείρπε τῶν περιβόλων, καὶ τοῦ ἱεροῦ τὰ προςάρκτια πρὸς τῷ λόφῳ συμπολίζοντες ἐπ᾽ οὐκ ὀλίγον προῆλθον, καὶ τέταρτον περιοικηθῆναι λόφον, ὃς καλεῖται Βεζεθά, κείμενος μὲν ἀντικρὺ τῆς Ἀντωνίας, ἀποτεμνόμενος δὲ ὀρύγματι βαθεῖ· διεταφρεύθη γὰρ ἐπίτηδες, ὡς μὴ τῷ λόφῳ συνάπτοντες οἱ θεμέλιοι τῆς Ἀντωνίας, εὐπρόςιτοί τε εἶεν καὶ ἧττον ὑψηλοί . . . . ἐπιχωρίως δὲ ἐκλήθη Βεζεθά (בית חדתא) τὸ νεόκτιστον μέρος, ὃ μεθερμηνευόμενον *Ἑλληνὶ γλώσσῃ καινὴ λέγοιτ᾽ ἂν πόλις*. — Sehr ab-

168 Benutzung d. Natur- u. Kunstproducte.

§. 126 b.

Josephus sagt, die Stadt sei mit drei Mauern befestigt gewesen da, wo sie nicht von unzugänglichen Schluchten umgeben gewesen [1]). Nämlich die Oberstadt hatte ihre rings um den Zionsberg und den Ophel bis an die östliche Halle des Tempels gehende Mauer; die Unterstadt aber hatte auf der Nordseite ebenfalls eine, und eine dritte zog sich um die Mauer der Unterstadt und um die Neustadt zugleich, indem sie sich im Thale Kidron an die alte Mauer anschloss, so dass gegen Norden drei Mauern waren [2]). Die in der Bibel

---

weichende Ansichten über die 4 Hügel s. bei *Caspari* Zion u. die Akra der Syrer, in Stud. und Krit. 1864. II, 309 ff. *Caspari* hält den südöstlichen Hügel, den Tempelberg Moriah, für identisch mit Zion, Stadt David's, Unterstadt; der südwestliche ist ihm Jerusalem, Oberstadt; dem nordwestlichen (Akra) vindicirt er den Namen Araba, der nordöstliche ist auch ihm Bezetha.

[1]) B. J. V, 4, 1.: Τρισὶ δὲ ὠχυρωμένη τείχεσιν ἡ πόλις, καθὰ μὴ ταῖς ἀβάτοις φάραγξιν ἐκυκλοῦτο, ταύτῃ γὰρ εἶς ἦν περίβολος.

[2]) Id. ibid. §. 2.: Τῶν δὲ τριῶν τειχῶν τὸ μὲν ἀρχαῖον, διά τε τὰς φάραγγας καὶ τὸν ὑπὲρ τούτων λόφον, ἐφ᾽ οὗ κατεσκεύαστο, δυςάλωτον ἦν· πρὸς δὲ τῷ πλεονεκτήματι τοῦ τόπου, καὶ καρτερῶς ἐδεδόμητο, Δαβίδου τε καὶ Σολομῶνος, ἔτι δὲ τῶν μεταξὺ τούτων βασιλέων, φιλοτιμηθέντων περὶ τὸ ἔργον. Ἀρχόμενον δὲ κατὰ βορρᾶν ἀπὸ τοῦ Ἱππικοῦ καλουμένου πύργου, καὶ διατεῖνον ἐπὶ τὸν Ξυστὸν λεγόμενον, ἔπειτα τῇ βουλῇ συνάπτον, ἐπὶ τὴν ἑσπερίαν τοῦ ἱεροῦ στοὰν ἀπηρτίζετο. Κατὰ θάτερον δὲ πρὸς δύσιν, ἀπὸ τοῦ αὐτοῦ μὲν ἀρχόμενον χωρίου, διὰ δὲ τοῦ Βηθσὼ καλουμένου κατατεῖνον ἐπὶ τὴν Ἐσσηνῶν πύλην, καὶ ἔπειτα πρὸς νότον ὑπὲρ τὴν Σιλωὰμ ἐπιστρέφον πηγήν, ἔνθεν τε πάλιν ἐκκλῖνον πρὸς ἀνατολὴν ἐπὶ τὴν Σολομῶνος κολυμβήθραν, καὶ διῆκον μέχρι χώρου τινός, ὃν καλοῦσι Ὀφλὰν, τῇ πρὸς ἀνατολὴν στοᾷ τοῦ ἱεροῦ συνῆπται. Τὸ δὲ δεύτερον τὴν μὲν ἀρχὴν ἀπὸ πύλης εἶχεν, ἣν Γενὰθ ἐκάλουν, τοῦ πρώτου τείχους οὖσαν, κυκλούμενον δὲ τὸ προσάρκτιον κλίμα μόνον ἀνῄει μέχρι τῆς Ἀντωνίας. Τῷ τρίτῳ δὲ ἦν ἀρχὴ ὁ Ἱππικὸς πύργος, ὅθεν μέχρι τοῦ βορείου κλίματος κατατεῖνον ἐπὶ τὸν Ψήφινον πύργον· ἔπειτα καθῆκον ἀντικρὺ τῶν Ἑλένης μνημείων — — καὶ διὰ σπηλαίων βασιλικῶν μηκυνόμενον ἐκάμπτετο μὲν γωνιαίῳ πύργῳ κατὰ τὸ τοῦ Γναφέως προσαγορευόμενον μνῆμα· τῷ δὲ ἀρχαίῳ περιβόλῳ συνάπτον εἰς τὴν Κεδρῶνα καλουμένην φάραγγα κατέληγεν. Τοῦτο τῇ προσκτισθείσῃ πόλει περιέθηκεν Ἀγρίππας, ἥπερ ἦν πᾶσα γυμνή. Den Thurm Hippikus hat *Robins.* II, 96 f. im untern Theile des heutigen Kastells am Bethlehem- oder Jaffa-Thore nachgewiesen. Das Mistthor (vielleicht = Βηθσώ = בֵּית צוֹאָה) war im Süden von Zion, vielleicht das Essenerthor des Josephus; das Thalthor lag vielleicht dem Gihon gegenüber.

(Neh. III. XII.) erwähnten Thore dürfen nicht in der dritten, neuesten Mauer gesucht werden¹).

§. 126 c.

Merkwürdige Gebäude ausser dem Tempel (§. 224 f.) waren: 1) der königliche Palast Davids und Salomo's, später der des Herodes ²); 2) die Burg Antonia, ehemals Baris (§. 237.) im Norden des Tempels ³); 3) der Xystus, ein geräumiger Platz mit Gallerien an der nordöstlichen Ecke der Oberstadt, von dem aus eine Brücke in den Tempel führte ⁴).

---

¹) *Faber* S. 326. (vgl. *Hamelsv.* II, 75 ff.) sucht sie bloss in der ältesten Mauer. *Robins.* II, 117. will Spuren des Ephraim-Thores bei dem heutigen Damaskus-Thore gefunden haben, also in der zweiten Mauer. — Vgl. über das vorexilische Jerusalem *O. Thenius* die Bücher der Könige, Tafel I. Ueber Jerusalem zur Zeit des Titus *Ewald* Gesch. Bd. VI, 710 ff. Ueber die Mauern des alten Jerusalem mit Rücksicht auf die gegenwärtige Lage der Stadt *T. Tobler* Topographie von Jerusalem, Buch I. II. Berlin 1853. 54. B. I, 81 ff.
²) *Joseph.* l. l. §. 4.: κειμένοις δὲ πρὸς ἄρκτον αὐτοῖς (τοῖς πύργοις) ἔνδοθεν ἡ τοῦ βασιλέως αὐλὴ προςέζευκτο παντὸς λόγου κρείσσων κ. τ. λ.
³) Id. ibid. c. 5. §. 8.: Ἡ δὲ Ἀντωνία, κατὰ γωνίαν μὲν δύο στοῶν ἔκειτο τοῦ πρώτου ἱεροῦ, τῆς τε πρὸς ἑσπέραν καὶ τῆς πρὸς ἄρκτον δεδόμητο δ' ὑπὲρ πέτρας πεντήκοντα πήχους μὲν ὕψος, περικρήμνου δὲ πάσης· ἔργον δ' ἦν Ἡρώδου βασιλέως, ἐν ᾧ μάλιστα τὸ φύσει μεγαλόνουν ἐπεδείξατο. — — — πυργοειδὴς δὲ οὖσα τὸ πᾶν σχῆμα, κατὰ γωνίαν τέσσαρσιν ἑτέροις διείληπτο πύργοις· ὧν οἱ μὲν ἄλλοι πεντήκοντα τὸ ὕψος, ὁ δὲ ἐπὶ τῇ μεσημβρινῇ καὶ κατ' ἀνατολὴν γωνίᾳ κείμενος ἑβδομήκοντα πηχῶν ἦν, ὡς καθορᾶν ὅλον ἀπ' αὐτοῦ τὸ ἱερόν. καθὰ δὲ συνῆπτο ταῖς τοῦ ἱεροῦ στοαῖς, εἰς ἀμφοτέρας εἶχε καταβάσεις· δι' ὧν κατιόντες οἱ φρουροί, καθῆστο γὰρ ἀεὶ ἐπ' αὐτῆς τάγμα Ῥωμαίων, καὶ δυστάμενοι περὶ τὰς στοὰς μετὰ τῶν ὅπλων, ἐν ταῖς ἑορταῖς, τὸν δῆμον ὡς μή τι νεωτερισθείη, παρεφύλαττον.
⁴) *Joseph.* B. J. V, 4, 2. (§. 126 b. Not. 2.) I, 16, 3. VI, 6, 2. 8, 1. Eine Spur dieser Brücke in der noch vorhandenen Tempel-Einschliessungsmauer hat *Robins.* II, 64 f. entdeckt. — *Millo* (2 Sam. V, 9. 1 Kön. IX, 15. 24. XI, 23. 1 Chron. XI, 8. 2 Chron. XXXII, 2.) war ein Theil der Festungswerke an der Burg. *Hamelsv.* II, 46 f., vgl. *Lightf.* centuria geogr. Matth. praem. c. 24. *Thenius* zu 1 Kön. IX, 15. 24. Dass Golgatha u. das heil. Grab ausserhalb der heutigen Stadt gelegen habe, die Kirche des heil. Grabes also an der falschen Stelle stehe, zeigt nach *Korte, Plessing*

§. 126 d.

Quellen und Teiche in und bei Jerusalem: 1) die *Quelle Gihon* (1 Kön. I, 33. 38., vgl. *Joseph.* Antt. VII, 4, 5. 1 Chron. XXXII, 20.), vielleicht eins mit der *Drachen*- (Schakal-) *Quelle* (Neh. II, 13.), findet sich heutzutage nicht mehr, wahrscheinlich eben desswegen, weil sie Hiskia zugedeckt und in unterirdischen Kanälen in die Stadt geleitet hat. Sie stand vielleicht in Zusammenhang mit den beiden noch vorhandenen Teichen, dem *obern* (Jes. VII, 3. XXXVI, 2. 2 Kön. XVIII, 17.), westlich vom Bethlehemsthore, und dem *untern*, südlich von diesem Thore im Thale Hinnom [1]).

2) Die *Quelle* (Jes. VIII, 6.) und der *Teich* (Neh. III, 15. Joh. IX, 7.) *Siloah* (bei den LXX, *Joseph.*, im N. T. *Siloam*). Eine Quelle dieses Namens nebst einem Wasserbehälter (daneben auch ein grösserer ausgetrockneter) findet sich, übereinstimmend mit den alten Angaben, noch heutzutage an der Mündung des Käsemacherthales (*Joseph.* B. J. V, 4, 1.), am südöstlichen Fusse des Zion (*Hieron.* ad Jes. VIII, 6.), genauer am südlichen Fusse des Moriah (*Hieron.* ad Matth. X, 28.) oder vielmehr des Ophel [2]). Der Zusammenhang der Quelle S. mit der Quelle Gihon ist möglich (jedoch muss man nicht nach dem Targ. zu 1 Kön. I, 33. 38., welches S. statt G. setzt, beide für identisch ansehen); unmöglich aber, dass erstere nach der höher liegenden obern Teiche hätte geleitet sein können (vgl. *Gesen.* zu Jes. VII, 3); sie fliesst südlich in das Thal Kidron ab. Hingegen hängt sie nach *Robinsons* Untersuchungen mit der höher am Fusse des Tempelberges im Thale Kidron entspringenden, in der Bibel nicht erwähnten

---

u. A. gegen *Chateaubr.*, *Scholz*, *Raum.*, *Schub.* aus der wahrscheinlichen Lage der alten zweiten Mauer *Robins.* II, 271 ff. Vgl. *T. Tobler* Golgatha. Seine Kirchen u. Klöster. St. Gallen u. Bern 1851. S. 160 ff. u. 180 ff.

[1]) *Robins.* II, 129 ff. 164 ff. *Tobler* Topogr. II, 61 ff.

[2]) *Robins.* I, 384. II, 142 ff. Er bestätigt auch in einem gewissen Grade, was *Hieron.* ad Jes. l. l. sagt: *Siloi fontem esse ad radices montis Sion, qui non jugibus aquis, sed in certis horis diebusque ebulliat, et per terrarum concava et antra saxi durissimi cum magno sonitu veniat.* ...

3) *Jungfrauenquelle* durch einen unterirdischen Kanal zusammen ¹).

4) Die *Quelle Rogel*, *Walkerquelle* (2 Sam. XVII, 17. 1 Kön. I, 9.), auf der Grenze der Stämme Juda und Benjamin (Jos. XV, 7. XVIII, 16.), nach *Joseph.* Antt. VII, 14, 4. im Königsgarten, heutzutage Brunnen des *Nehemia* oder *Hiob*, findet sich am Zusammenstosse der Thäler Hinnom und Kidron, südöstlich von der Stadt.

5) Der *Teich des Hiskia* (2 Kön. XX, 20.) ist noch jetzt vorhanden am Jaffa-Thore.

6) Der bei dem heutigen Stephansthore gezeigte *Teich Bethesda* gehört zu dem alten Graben, welcher die Burg Antonia beschützte ²).

Jerusalem ³) war für das hebräische Volk nicht nur die Hauptstadt des Landes, die durch die Eroberung Davids als Residenz der Könige zum Mittelpunkt des national-politischen Lebens gemacht wurde. Die geschichtliche Weihe, welche die Stadt dadurch allerdings empfangen hatte, wird in dem Namen

---

¹) *Robins.* II, 148 ff. *T. Tobler* die Siloahquelle u. der Oelberg. St. Gallen 1852. S. 1 ff.

²) *Robins.* II, 134. 136 f. Ueber den Brunnen des Nehemia *Tobler* Topogr. II, 50 ff. Ueber den Teich des Hiskia (Patriarchenteich) *Tobler* Denkblätter aus Jerusalem, St. Gallen u. Konstanz 1853. S. 44 ff., über Bethesda S. 53 ff.

Angebliche Privilegien Jerusalems: Baba Kama fol. 82, 2. *Maimon.* Hilch. Beth Habbech. VII, 19. *Lightf.* chorogr. c. XXI. *Rel.* antt. I, 2, 13. *Othon.* lex. rabb. p. 300. *E. A. Schulz* de fictis Hierosolym. privileg. (exercitatt. II, 77 sqq.).

Die Werke über die Stadt Jerusalem s. b. *Meusel* bibl. hist. I, 2. 111 sq., unter andern *Adrichom.* urbis Hieros. quemadmodum ea Christi tempore floruit, br. descr. Col. 1584. ed. auct. 1588. 1592. 1597.; auch an dess. Verf. theatr. terrae s. *Villalpand.* apparat. urbis ac templi Hierosol. P. I. II. (der III. Tom. von *Pradi* et *Villalpandi* in Ezech. explanatt. Rom. 1604. fol.). *Bernh. Lamy* de tabernaculo foed., de s. civit. Jerus. et de templo. Par. 1720. fol. *Raumer* Palaest. S. 285 ff. *Crome* Art. Jerus. in der Hall. Encycl. 2. Sect. 15. Thl. — Ein sehr reichhaltiges Verzeichniss der Literatur über Jerusalem bei *Tobler* Topogr. I, S. XI—CIV.

³) Ueber die Etymologie des Wortes יְרוּשָׁלַם (friedlicher Besitz, Wohnung des Friedens) s. *Rosenmüller* Alterthumsk. II, II, 202. *Gesen.* thesaur. II, 628 ff. *Ewald* krit. Gramm. S. 332. u. Gesch. III, 155 f. Anm. 4.

„Stadt Davids" (עִיר דָּוִד) ausgedrückt, mit dem sie öfter im A. T. benannt wird (2 Sam. V, 7. 9. VI, 12. 16. 1 Kön. III, 1. VIII, 1 u. a.). Eine höhere Weihe aber empfing die Stadt dadurch, dass Jehova in seiner Liebe sie vor allen andern Städten des Landes würdigte, in ihrer Mitte seine Wohnung zu nehmen (Ps. LXXXVII, 2.). Durch den Tempel wurde die Davidsstadt für das Volk zur Stadt Gottes (עִיר אֱלֹהִים, עִיר יְהֹוָה, Ps. XLVI, 5. LX, 14. LXXX, 3.) und zur heiligen Stadt (עִיר הַקֹּדֶשׁ Jes. LII, 1. Neh. XI, 1. Dan. IX, 24. Matth. IV, 5. XXVII, 53.), und wenn dem Volke sein Land als heilig galt, so verbreitete sich vorzüglich von Jerusalem aus die Heiligkeit über das ganze Land, das alle Segnungen des Wohlstandes, des Schutzes und des Friedens von dem in Jerusalem thronenden Jehova empfängt. Daher ist auch in die prophetischen Hoffnungen Jerusalem als die Gottesstadt mit aufgenommen, in deren Glanze die Herrlichkeit des Volkes selbst sich wiederspiegelt (Jes. LX. Jer. III, 17. Ezech. XLVIII, 30—35.). Durch solche prophetische Verherrlichung der Stadt konnte unter dem Volke ihre Heilighaltung nur erhöht werden, so dass diese in der spätern Zeit in dem entscheidenden Kampfe mit den Römern als der zäheste Aberglaube sich darstellt, während die alte Gottesstadt durch die neuen Thatsachen der christlichen Heilsgeschichte ihre höchste, unvergängliche Weihe empfangen hatte, welche bald aus der Mitte der christlichen Gemeinde ihren poetischen Ausdruck erhielt (Apok. XXI—XXII, 5.) und bis auf die Gegenwart in dem Namen „heilige Stadt" (Elkuds) und laut dem Zeugnisse der fast unübersehbaren christlichen Literatur über die Stadt sich erhalten hat.

Zweites Capitel.

Kleidung und Putz.

§. 127.

Erste unvollkommene Kleidung.

Das Nacktgehen, das Bedecken mit Baumblättern und dann mit Thierfellen gehört in die Sagengeschichte der Hebräer (1 Mos. II, 25. III, 7. 21.). Jedoch mochten späterhin

Manche aus asketischer Strenge oder grosser Dürftigkeit noch Ziegenfelle tragen (Hebr. XI, 37. vgl. §. 268.). Linnen und Baumwolle und gewiss auch Wolle (1 Mos. XXXVIII, 12 ff. 3 Mos. XIX, 19. 5 Mos. XXII, 11.) machte laut dem Zeugnisse der Sprache [1]) schon sehr früh ihre Kleidung aus, deren Geschichte übrigens sehr im Dunkeln liegt. Das im Oriente so allgemein gewöhnliche *Ihram* (احرام) ist vielleicht das erste einfache Gewand beider Geschlechter gewesen [2]).

§. 128 a.
Kleidung der Mannspersonen.

I. Kleidung (מַלְבּוּשׁ, תִּלְבֹּשֶׁת) des Leibes. 1. Der *Leibrock* (Unterkleid, כְּתֹנֶת, χιτών, *tunica*), ein wollenes, linnenes oder baumwollenes Kleid mit Aermeln, gewöhnlich auf dem blossen Leibe getragen, bald länger, bald kürzer [3]). Doch hatte der

---

[1]) *Joseph.* Antt. III, 7, 2.: Χεθονή (כְּתֹנֶת) μὲν καλεῖται, λίνεον τοῦτο σημαίνει. Vgl. *Gesen.* u. d. W.
[2]) *Jahn* Arch. I, 2. 72 f. Beschrieben hat es *Nieb.* B. S. 364. vgl. Taf. 15. 16. R. I, 268. vgl. Taf. 54. II, 132. Vgl. *Arv.* IV, 20. *Shaw* S. 199. Ob man das עָרוֹם (Hiob XXII, 6. 1 Sam. XIX, 24. Jes. XX, 2.) und γυμνός (Joh. XXI, 7.) vielleicht von dieser Kleidung oder auch bloss vom abgelegten Oberkleide zu verstehen hat? s. *Gesen.*, *Schleussn.*, *Bretschn.* u. d. WW., d. Ausll. zu Joh. XXI, 7. *Virgil's* Landb. I, 229. u. dazu *Voss.* Da bei den Hebräern an die Stelle jenes arabischen Schurzes das Unterkleid getreten war, so bezeichnet עָרוֹם u. γυμνός an d. angef. Stellen ohne Zweifel den, welcher nach abgelegtem Oberkleide nur mit dem Unterkleide bedeckt war. Vgl. *Knobel* zu Jes. XX, 2. und *Leyrer* in *Herzog's* RE. unt. Kleider S. 725.
[3]) Aus 2 Mos. XXVIII, 42. (vgl. jedoch *Joseph.* Antt. III, 7, 2. §. 198.) 2 Sam. VI, 20. kann man mit *Jahn* schliessen, dass das Unterkleid der Hebräer nur bis an die Knice ging wie bei den gemeinen Arabern u. an den meisten persepolit. Figuren. *Nieb.* B. S. 62. Taf. XVI. R. I, 282. T. LVI. R. II, 146. T. XXIX, 150. T. XXX. Bei den vornehmen Persern u. Babyloniern hingegen (*Herod.* I, 195. *Strabo* XV, 734. XVI, 746.) wie bei den vornehmen Arabern heutzutage (*Nieb.* R. I, 430. T. LXXI.) ging es bis an die Knöchel oder bis an die Waden herab. — כְּתֹנֶת פַּסִּים 1 Mos. XXXVII, 3. 2 Sam. XIII, 18., tunica talaris et manicata nach *Joseph.* Antt. VII, 8, 1. vgl. *Hartm.* Hebr. III, 280 ff. Nach 2 Sam. XIII, 18. 19., wo auch die LXX. χιτὼν καρπωτός übersetzen, war es ein langes talarartiges, von den Vornehmeren getragenes

Luxus schon früh das *Hemd* (סָדִין Richt. XIV, 12 f. Jes. III, 23. Spr. XXXI, 24.) und ein zweites Unterkleid, einen *Talar* ohne Aermel (מְעִיל 1 Sam. XVIII, 4. 2 Sam. XIII, 18. vgl. §. 198.), wie ein solches auch Griechen und Römer kannten, eingeführt. — 2. Dieses Kleid war mit einem *Gürtel* (אֵזוֹר, חֲגוֹר, ζώνη) theils breit von Leder oder Linnen (2 Kön. I, 8. Matth. III, 4. Jer. XIII, 1.), theils schmal von kostbarem Stoffe (Dan. X, 5. vgl. §. 198.)[1]), auch wohl mit kostbarer Schnalle (1 Makk. X, 89. XIV, 44. — ein willkommenes Geschenk 1 Sam. XVIII, 11.) an den Lenden zusammengehalten, an welchem man das Schwert trug, und welcher zugleich als Tasche diente (Matth. X, 9.). — 3. *Hosen* (מִכְנָסִים) hatten bei den Hebräern wahrscheinlich nur die Priester (§. 198.). Auch jetzt sind sie bei den Arabern noch nicht allgemein üblich. Dagegen kommen sie bei den persepolitanischen Figuren zum Theil, bei den Persern und Dan. III, 21. (סַרְבָּלִין) vor[2]). — 4. Das *Oberkleid* oder der *Mantel* (בֶּגֶד, שִׂמְלָה, שַׂלְמָה, כְּסוּת, ἱμάτιον)[3]), welches dem Armen auch als Schlafdecke diente (2 Mos. XXII, 25. 5 Mos. XXIV, 13.), von verschiedener Form, Materie und Farbe[4]).

Aermelkleid. Nach den LXX., welche 1 Mos. XXXVII, 3. 23. 32. χιτὼν ποικίλος übersetzen, Vulg. tunica polymita, Luther: bunter Rock, vertheidigt *Saalschütz* I, 3. Anm. 4. diese Bedeutung, indem er zu פַּסִּים das griech. πάσσειν = ποικίλλειν, bunt machen, einsticken, vergleicht; eine sehr unsichere Etymologie. — סָדִין, entsprechend dem griech. σινδών, aus Linnen oder Baumwolle, scheint nicht sowohl ein unter dem כְּתֹנֶת getragenes Hemd, als vielmehr ein leichter, feinerer, über dem כְּתֹנֶת getragener Ueberwurf gewesen zu sein. Vgl. *Saalschütz* I, 18 f. *Leyrer* l. c. S. 725. *Keil* II, 40. Anm. 10.

[1]) *Arv.* III, 241. *Nieb.* B. S. 62. 64. *Shaw* S. 199. Vgl. *Winer* RWB. u. *Rütschi* in *Herzog's* RE. unt. Gürtel.

[2]) *Nieb.* B. S. 62. 65. R. II, 158. Taf. 33. *Strabo* XV, 734. Vgl. *Leyrer* l. c. S. 725.

[3]) Wahrscheinlich das heutige Heik, حَبِك, ein viereckiges Stück Tuch, etwa 6 Ellen lang u. bis 3 Ellen breit, *Shaw* S. 196 f. *Nieb.* B. S. 62. R. I, 196. Taf. 29. *Fab.* zu *Harm.* II, 407. *Leyrer* l. c. S. 726. Aehnlich das ägyptische Burde, *Wansleb* b. *Paul.* III, 109. Vgl. *Nieb.* R. II, 130 ff. Taf. 22. No. 2. 4. 9. 23. No. 6.

[4]) אַדֶּרֶת war ein besonders weiter faltiger Mantel. א' שֵׂעָר Zach. XIII, 4. 1 Mos. XXV, 25. verstehen Manche von Pelzen,

§. 128 b.

II. Als Fussbekleidung trugen die Hebräer Schnürsohlen (נְעָלִים, ὑποδήματα, σανδάλια), gleich denen der Griechen und Römer und der heutigen Araber[1]), mit Riemen (שְׂרוֹךְ) angebunden, gew. von schlechtem Leder (daher wohlfeil, Am. II, 6.), aber auch von kostbarer Beschaffenheit, welche sie beim Eintreten ins Zimmer oder in einen heiligen Ort (2 Mos. III, 5. Jos. V, 15.) — die Vornehmen mit Hülfe eines Sklaven (Matth. III, 11. Mark. I, 7.) — abzogen, worauf sie gewöhnlich die bestaubten Füsse wuschen (Joh. XIII, 4.). Die Armen, die Trauernden (2 Sam. XV, 30. Jes. XX, 2.) gingen baarfuss.

III. Die Kopfbedeckung war ein *Kopfbund*, *Turban* (צָנִיף, פְּאֵר) von verschiedener, nicht mehr zu bestimmender Form, wahrscheinlich wie noch jetzt mit einem Tuche umwunden (2 Mos. XXIX, 9. 3 Mos. VIII, 13.)[2]). Ursprünglich und bei dem gemeinen Volke hielt vielleicht nur eine Schnur das Haar zusammen [3]).

welche allerdings im heutigen Morgenlande üblich sind, *Arv.* III, 245 f. *Nieb.* B. S. 64. *Rauwolf* Reiseb. S. 298. *Jahn* I, 2. 94 f. *Saalschütz* I, 19. will אַדֶּרֶת auf einen verlorenen, aber in den griech. Worten δορά, διφρίς, δίφμη erhaltenen Stamm zurückführen und darnach dem Worte אַדֶּרֶת die Bedeutung „Fell" geben; ebenfalls sehr unsicher. — Das chald. Wort für Mantel כַּרְבְּלָא Dan. III, 21.; der persische Königsmantel תַּכְרִיךְ Esth. VIII, 15. — Die Quasten oder Troddeln (צִיצִת, τὸ κράσπεδον Matth. IX, 20.), welche für das Oberkleid das Gesetz 4 Mos. XV, 38 f. vorschreibt und welche die Juden noch jetzt an ihrem kleinen, beständig am Leibe getragenen, u. ihrem grossen טַלִּית (§. 243.) haben, finden sich auch an den Mänteln persepolitanischer Figuren b. *Nieb*. R. II, 130. Taf. 22. No. 2—4. S. 150. Taf. 30.

[1]) *Bynaeus* de calceis Hebr. ed. 2. Dordr. 1695. p. 77 sqq. *Nieb*. B. S. 63. Taf. 2. Vgl. *Winer* Art. Schuhe.

[2]) Bei *Nieb*. R. I. Taf. 19—23. finden sich 44 Arten männlicher Kopfbedeckungen. Nach *Win*. Art. Turban muss man sich die der alten Hebräer wie die ganz aus Streifen gewundenen u. in einen Zipfel ausgehenden an den persepolit. Figuren (*Nieb*. R. II. Taf. 21. 22.) denken. Vgl. *Herod*. I, 195. *Strabo* XV, 734. — S. *Saalschütz* I, 22 ff. u. 27. Anm. 7. u. *Leyrer* l. c. S. 728 f.

[3]) Diese Tracht kommt noch heutzutage (*Nieb*. B. S. 64. R. I, 292.) u. auf den Ruinen von Persepolis vor (*Nieb*. R. II, 130. Taf. 22. No. 9. Taf. 23. No. 4. 11.).

176 Benutzung d. Natur- u. Kunstproducte.

IV. *Wechselkleider* (מַחֲלָצוֹת, חֲלִיפוֹת) d. h. nicht bloss reinliche oder Feierkleider, anstatt der schmuzigen und gewöhnlichen angezogen (1 Mos. XLI, 14. 2 Sam. XII, 20.), sondern neue schöne Kleider, mit denen man bei Hochzeiten und andern festlichen Gelegenheiten des Prunkes wegen wechselte, liebten die Hebräer wie die heutigen Morgenländer[1]), und machten damit gern Geschenke (1 Mos. XLV, 22. 2 Kön. V, 5.): wozu freilich ein reicher Kleider-Vorrath (מֶלְתָּחָה 2 Kön. X, 22.) gehörte[2]). *Amtskleider* trugen die Priester (§. 197—199.) und Hofdiener (Jes. XXII, 21.).

§. 129.
Kleidung der Frauen.

Die Kleidung der Frauen war (und ist) der männlichen sehr ähnlich, nur dass bei der erstern der Luxus am ehesten Statt fand. Das *Unterkleid* weiter und länger und von feinerem, prächtigerem Stoffe; auch trugen Frauen vorzüglich ein zweites weites Unterkleid (מַעֲטָפָה Jes. III, 22.). Der *Gürtel* (קִשּׁוּרִים), ein Hauptstück des weiblichen Putzes (Jer. II, 32.), von feinem Stoffe (Ez. XVI, 10.) und verziert (Iliad. XIV, 181. Odyss. V, 231.), daher ein Handelsartikel (Spr. XXXI, 24.), sehr tief getragen[3]). Das *Oberkleid* (מִטְפַּחַת Ruth III, 15.), weitfaltig, nachschleppend (Esth. LXX. V, 1.), von kostbaren Stoffen, farbig und bunt (Richt. V, 30. 2 Sam. I, 24.). Die *Schnürsohlen* von schönem, auch wohl farbigem Leder (HL. VII, 2. Ezech. XVI, 10. Jud. X, 4. *Virg.* Aen. I, 337. Ecl. VII, 32.).

Von *Kopfbedeckungen* waren wahrscheinlich mehrere Arten üblich: 1) die *Netzhaube* (שְׁבִיסִים? Jes. III, 18.); 2) *Turbane* von verschiedener Gestalt, verschiedentlich umgewunden (Sir. VI, 30.); 3) *Stirnbänder* (טוֹטָפוֹת [vgl. 2 Mos. XIII, 9.], כבול Schabb. VI, 1.) von mancherlei Stoff und Verzierung[4]). Dar-

---
[1]) *Nieb.* R. I, 182. *Harm.* II, 112 f. III, 447. Vgl. Odyss. VIII, 249. εἵματα ἐξημοιβά.
[2]) *Rosenmüller* Morgenl. III, 76 ff. *Leyrer* l. c. S. 732 f.
[3]) L. *Mont.* II, 19. *Chard.* IV, 17. *Nieb.* R. I, 184. Taf. 27. 336. Taf. 64. Iliad. IX, 590. Odyss. III, 154.: γυναῖκες βαθύζωνοι. Daran trug man חֲרִיטִים, kostbare Taschen.
[4]) *Nieb.* I, 164. *Russel* nat. hist. of Aleppo p. 133.

Kleidung. Haartrachten. §. 129. 130.

über der *Schleier*, das wesentlichste Stück der weiblichen Kleidung, dessen vornehme und gesittete Frauen nicht entbehrten (Jes. XLVII, 2. 1 Mos. XXIV, 65. vgl. dgg. Vs. 15. XII, 14. XX, 16.)[1]), von mancherlei Art und Benennung (צָמָה, צָעִיף, רְעָל, רְדִיד)[2].

§. 130.
Haartrachten.

Langes starkes Haupthaar (פֶּרַע) war an Jünglingen wie an Frauen sehr geschätzt (2 Sam. XIV, 26. *Joseph.* Antt. VIII, 7, 3. Luk. VII, 38. Joh. XI, 2.) so wie ein geschorner oder Kahlkopf verachtet (2 Kön. II, 23. Jes. III, 17. 24. vgl. 3 Mos. XIII, 40 ff.). Doch pflegten die Männer die Haare von Zeit zu Zeit zu stutzen (Ez. XLIV, 20.)[3], nicht, wie die alten Aegypter (*Herod.* III, 12.) und die heutigen Morgenländer, es kahl zu scheeren; jedoch verbot ihnen das Gesetz (3 Mos. XIX, 27.) es rund gestutzt zu tragen, nach einem Gebrauche der Diener des Saturn[4]). Langes Haar an Männern galt wenigstens bei den späteren Juden für unanständig (1 Cor. XI, 14.)[5]. Die Nasiräer liessen es wachsen (§. 209.).

Das Haar salbten sowohl Männer (Ps. XXIII, 5. CXXXIII, 2. Spr. XXI, 17. Pred. IX, 8. Matth. VI, 17. Luk. VII, 46.)

---

[1]) Iliad. III, 419. XIV, 184. Odyss. I, 334. XVI, 416. *Tertull.* de vel. virgin. c. 15. 16. *Hasselq.* S. 73. *Nieb.* B. S. 65 f. R. I, 165. (vgl. II, 162. 410. *Buckingh.* R. d. Mes. S. 55. v. *Richt.* S. 211.) *Chard.* IV, 11. u. dazu *Langl.* p. 16.

[2]) S. über diese WW. *Schröder* de vestitu mulier. Hebr. p. 372. 80. *Hartm.* Hebr. II, 205. 316. 334. III, 236., welcher überhaupt über diesen §. zu vgl. S. auch *Sualschütz* I, 10 f. u. 26 ff. *Leyrer* l. c. S. 727 f. u. *Keil* II, 42. Anm. 5.

[3]) *Strabo* XVI, 746. von den Babyloniern: κόμη μικρά. So das Haar der persepol. Figuren, *Nieb.* R. II, 128 ff. Taf. 21 f.

[4]) *Joseph.* c. Ap. I, 22. von den Solymern: τροχοκουρίδες. Vgl. *Movers* Phönic. I, 361. — Ohne Grund scheint *Keil* II, 47. Anm. 11. die Beziehung dieses Verbots über das Haupthaar u. den Bart auf den Götzendienst zu leugnen, da auch der Zusammenhang, in dem die Stelle 3 Mos. XIX, 27. steht, dafür spricht.

[5]) Vgl. *Wetst.* z. d. St. *Salmas.* ep. ad A. Colvium super cap. XI, 1. ep. ad Cor. de capillo virorum et mulierum corona. L. B. 1644. 12.

178 Benutzung d. Natur- u. Kunstproducte.

als Frauen (2 Sam. XIV, 2. Jes. III, 24.) [1]). Frauen flochten und kräuselten es (2 Kön. IX, 30. Jes. III, 24.: מַעֲשֵׂה מִקְשָׁה, „gedrechselte Arbeit" für runde Locken; Jud. X, 3. 1 Petr. III, 3.). Auch Männer trugen sorgfältig geordnetes Haar (Richt. XVI, 13. 11. XVII, 51. *Joseph.* Antt. XIV, 9, 4. B. J. IV, 9, 10.) [2]).

Den Bart (זָקָן), den man sehr hoch hielt und vor Entehrung bewahrte (2 Sam. X, 46. Jes. I., 6.), schoor man nicht (2 Sam. XX, 9.) wie die Aegypter (1 Mos. XLI, 14. *Herodot.* II, 36.), ausser in der Trauer (Jes. XV, 2. Jer. XLI, 5.), sondern stutzte ihn bloss; jedoch durfte man nicht den Backenbart (פְּאַת הַזָּקָן) abschneiden (3 Mos. XIX, 27.), weil diess ein heidnischer Gebrauch war (Jer. IX, 25. XXV, 23. *Herodot.* III, 8.). Man salbte den Bart (Ps. CXXXIII, 2.).

§. 131.
Geschmeide und Putzsachen.

I. *Ringe.* 1. *Siegel-* und *Fingerringe* (חוֹתָם, טַבַּעַת 1 Mos. XLI, 42. Jer. XXII, 24. Esth. III, 10. Jes. III, 21.); erstere, auch an einer Schnur getragen (1 Mos. XXXVIII, 18. vgl. Hagg. II, 23. HL. VIII, 6.), nebst einem Stabe machten die

---

[1]) Iliad. XIV, 171. *Sueton.* in Caes. c. 67. *Horat.* Od. II, 11. vs. 14. *Tibull.* I, 7. vs. 51. II, 2. vs. 7. *Martial.* XIV, 146. *Joseph.* Antt. XIX, 4, 1. 9, 1. B. J. IV, 9, 10.

[2]) Abbildungen alter orientalischer Haartrachten b. *Nieb.* R. I. Taf. 23. 42. *Fröhlich* ann. Syr. tab. VII. No. 3. tab. VIII, 8. tab. IX, 27. XIII, 16. 20. 21. 23. 26. 36. Haarkräuslerinnen: טרים מגדלה נשים, Sanhedr. fol. 67, 1. Chagig. f. 4, 2. Gittin f. 90, 1. *Lightf.* ad Matth. XXVII, 56. Haarnadeln, Schabb. VI, 1. Kamm, Chel. XIII, 7. Falsche Haare, Cyrop. I, 3, 2. *Nicolai* üb. d. Gebrauch d. falschen Haare u. Peruken in alt. u. n. Zeiten. Berl. 1801. Das sonst im Alterthume aus Vorliebe für blonde Haare (vgl. 1 Sam. XVI, 12.) übliche Rothfärben der Haare (*Val. Max.* II, 1, 5. *Plin.* XXIII, 4, 7.) scheint bei den Hebräern nicht Statt gefunden zu haben, da sie die schwarzen Haare schön finden (Hohesl. IV, 1. V, 11.). Das Einstreuen von Goldstaub (wie *Vitring.* u. *Schröd.* p. 403. obiges מקשה erklären) trägt *Joseph.* Antt. VIII, 7, 3. ins A. T. zurück. Vgl. *Boch.* Hieroz. I, 154. *Adam* röm. Alt. II, 187. Ueberhaupt vgl. *Hartmann* II, 200 ff. *Winer* ant. Haar u. Bart. *Saalschütz* I, 32 ff.

Geschmeide u. Putzsachen. §. 131.

gewöhnliche Zierde der Männer [1]). 2. *Ohrringe* (נֶזֶם, עָגִיל, 2 Mos. XXXII, 2.) nebst anderen Zierrathen im Ohre, wie נְטִיפוֹת, *Tröpfchen* (Jes. III, 19. Richt. VIII, 26.) [2]). 3. *Nasenringe* (נֶזֶם אַף) 1 Mos. XXIV, 47. Jes. III, 21. חָח (?) 2 Mos. XXXV, 22.), in der durchbohrten linken oder rechten Nasenwand, auch in der Scheidewand der Nase getragen, bis über den Mund herabhängend [3]). II. *Armbänder* der Männer und Frauen (צָמִיד 1 Mos. XXIV, 22. 30., שֵׁרָה Jes. III, 19., אֶצְעָדָה 2 Sam. I, 10.) [4]).

---

[1]) *Chard.* IV, 23. V, 455. *Morier* in *Bertuchs* n. Bibl. XXIII, 55. *Herod.* I, 195. *Strabo* XVI, 746. von den Babyloniern: φοροῦσι δὲ καὶ σφραγῖδα, καὶ σκῆπτρον οὐ λιτόν, ἀλλ' ἐπίσημον, ἔχον ἐπάνω μῆλον, ἢ ῥόδον, ἢ κρῖνον, ἤ τι τοιοῦτον. Vgl. p. 783. — *Saalschütz* I, 21. will פָּתִיל ohne genügenden Grund nicht von der Schnur des Siegelringes, sondern vom Gürtel verstehen.

[2]) *Plin.* XI, 37.: In Oriente quidem et viris aurum eo loci (im Ohre) decus existimatur. Von andern alten Völkern bezeugen diese Sitte *Juvenal.* I, 104., *Xenoph.* Anab. III, 1. 31. u. A. bei *Win.* Art. Ohrringe; jedoch vgl. 2 Mos. XXXII, 2. Schabb. VI, 6.: Filiae parvae egrediuntur cum filis etiamque cum lignis in auribus suis. Vgl. dazu *Maimon.* Indessen ergiebt sich aus 2 Mos. XXXII, 2. nicht mit Sicherheit, dass die Männer keine Ohrringe getragen hätten; erwähnt werden sie bei Männern 1 Mos. XXXV, 4. Vgl. *Saalschütz* I, 25. Anm. 5. Menge der Ohrgehänge, *Arv.* III, 250. — כּוּמָז 2 Mos. XXXV, 22. 4 Mos. XXXI, 50. waren vielleicht Goldkügelchen, die man am Arme und Halse trug. *Diodor. Sic.* III, 50.: φοροῦσι δ' αὐτὸν (gediegenes Gold in Stücken) περὶ τοὺς καρποὺς τῶν χειρῶν καὶ περὶ τοὺς τραχήλους. *Michaelis* suppl. p. 1294. Man trug die Ohrringe als Amulete 1 Mos. XXXV, 4. S. überh. *Casp. Bartholin.* de inaurib. vett. Amst. 1676. 12. *Rathgeber* Hall. Encycl. S. III. Thl. 2. 333 ff.

[3]) *Arv.* III, 26. 252. *Harm.* III, 309. *Nieb.* B. S. 65. *Rosenm.* Morgenl. I, 108 f. *Hartm.* II, 166 ff. vgl. die Abbild. S. 140. Unter נזם אף verstehen *Schröder* de vest. p. 192 sqq., *Thom. Bartholin.* de morb. bibl. c. 19. de annulis narium (jenem Synt. von *Casp. Bartholin.* beigedr.) nach *Aben-Esra* u. *Hieron.* ad Ez. XVI. bis auf den Mund herabhängende Gehänge. חָח ist nach *Kimchi* (*Boch.* Hieroz. I, 764.) Hemd-Spange, vgl. *Tacit.* Germ. 17.: Tegumen omnibus sagum fibula aut, si desit, spina consertum. Vgl. *Winer* Art. Naseuring.

[4]) *Schröd.* p. 56 sqq. 119 sq. *Hartm.* II, 178 ff. III, 214. *Th. Bartholin.* de armillis vett. Amst. 1626. 12. *Nieb.* R. I, 164.

III. *Fussbänder* (περισκελίδες, περισφύρια, עֲכָסִים Jes. III, 18.), auch mit Ketten (צְעָדוֹת Jes. III, 20.) verbunden, womit kokette Frauen klirrten (Jes. III, 16.) und zierlich einhertrippelten [1]).

IV. *Halsketten* (רָבִיד Ez. XVI, 11. 1 Mos. XLI, 42., עֲנָק HL. IV, 9., הֲמֹנִיךְ Dan. V, 7.) von Männern (*Cyrop*. I, 3, 2. II, 4, 6. *Anab*. I, 8, 29. *Curt*. III, 3. 13.) und Frauen getragen, von letzteren auch *Perlen*- und andere *Schnüre* (חֲרוּזִים HL. I, 10.), und die Halsketten mit mancherlei Zierrathen: שַׂהֲרֹנִים *Halbmonde* (Jes. III, 18. vgl. Richt VIII, 21.), לְחָשִׁים *Schlangen* oder *Amulete* (Jes. III, 20.), בָּתֵּי הַנֶּפֶשׁ *Riechfläschchen* (Jes. a. O.) [2]).

V. *Spiegel* (רְאִי Hiob XXXVII, 18., מַרְאָה 2 Mos. XXXVIII, 8., גְּלְיוֹנִים Jes. III, 23., ἔσοπτρον Sir. XII, 11.) von Erz, wie sie im ganzen Alterthume üblich waren (*Plin*. XXXIII, 4. XXXIV, 17.), kannten die Hebräerinnen allerdings, und trugen sie vielleicht als Putz an sich [3]).

VI. Als *Schminke* (פּוּךְ) für die Augen bedienten sie sich einer Mischung aus gebranntem, gepulvertem Spiesglanzerz (stibium, كحل) und Zink, und erhöheten dadurch das Feuer derselben (שָׂם עֵינַיִם בַּפּוּךְ 2 Kön. IX, 30. Jer. IV, 30. Ezech. XXIII, 40.) [4]). Vielleicht färbten sie auch die Finger und

---

[1]) *Plin*. XXXIII, 3. *Horat*. Epist. I, 17. vs. 56. *Tertull*. de cultu fem. II, 13. *Arv*. III, 251. *Rosenm*. S. d. Bed. S. 115. *Nieb*. R. I, 164. *Harm*. II, 400. III, 468. *Hartm*. I, 182 ff. *Schröd*. p. 1. 116. *Bynaeus* de calc. p. 118. *Blumberg* de עכסים. Lips. 1683. (*Ugolin*. thes. XXIX.). Zehenringe (*Arv*. III, 252.) kommen im A. T. nicht vor.

[2]) Vgl. *Schröd*. de vest. p. 33 sqq. 142. 164 sqq. *Hartm*. II, 259 ff. 172 ff. *Scheffer* de torquibus (Holm. 1656.) c. nott. *J. Nicol*. Hamb. 1701. *Leyrer* l. c. S. 730 f.

[3]) *Beckmann* Beitrr. III, 269 ff. *Hartm*. II, 239 ff. *Th. Carpzov* de speculis Hebr. Rost. 1752. 4. Vgl. jedoch über מַרְאָה *Knobel* zu 2 Mos. XXXVIII, 8. u. über גְּלְיוֹנִים *Winer* Art. Spiegel]. Ueber den Gebrauch der Spiegel in Aegypten, nach *Wilkinson*, *Hengstenb*. d. BB. Mos. etc. S. 141.

[4]) *Arv*. III, 249. *Nieb*. R. S. 65. R. I, 292. *Shaw* S. 200. *L. Mont*. II, 21. *Mor*. S. 70. *Hartm*. II, 149 ff.

Geschmeide u. Putzsachen. §. 131. 181

Zehen mit כֹּפֶר, κύπρος, Alhenna (§. 102.)¹). Nicht unbekannt waren wohl auch Hautritzungen (3 Mos. XIX, 28.)²).

Auch die Kleidung der Hebräer, wie Haupthaar und Bart (§. 130.), ward vom Gesetz unter religiöse Bestimmungen gestellt. Das Gesetz verbot, gemischten, aus Linnen und Wolle gewebten Zeug³) zu Kleidern zu verwenden (3 Mos. XIX, 19. 5 Mos. XXII, 11.), und Männern verbot es, Weibertracht, den Frauen, Männertracht zu tragen (5 Mos. XXII, 5.). Beide Verbote gehören zu dem Verbot des Verschiedenartigen (כִּלְאַיִם §. 190.), und gingen ohne Zweifel aus der religiösen Achtung vor der göttlichen Ordnung hervor, die in keiner Beziehung gestört werden dürfe⁴). Das Gebot, an den vier Enden des Oberkleides mit violettpurpurner Schnur befestigte Quasten zu tragen (4 Mos. XV, 38 f. 5 Mos. XXII, 12.), um durch dieselben stets an die göttlichen Gesetze erinnert zu werden, war ganz geeignet für ein Volk, dessen Leben mit seinen verschiedenen Thätigkeiten und Zuständen an gesetzliche Anordnungen gebunden war. Ueberhaupt aber verwarf der national-religiöse Sinn, wie er in den Propheten sich ausspricht, sowohl jeden Luxus in Kleidung und Schmuck, als auch die Nachahmung fremdländischer Mode (Jes. III, 16—24. Jer. IV, 30. Klagl. IV, 5. Ezech. XVI, 10 ff. Zeph. I, 8. 1 Tim. II, 9. 1 Petr. III, 3.). Wie die Stoffe, welche das Volk in dem ihm von Gott gegebenen Lande durch seine Thätigkeit für seine Bekleidung gewann, einfach waren, so sollte sich auch die Kleidung des Volkes in den Grenzen der Einfachheit und der nationalen Sitte halten.

---

¹) *Hartm.* II, 356 ff. *Nieb.* a. OO. *Chard.* III, 314. und dazu *Langl. Buckingh.* R. d. Mes. S. 604.
²) *Arv.* III, 250. *Rosenm.* S. d. Bed. S. 115. *Nieb.* a. OO. *Buckingh.* a. O. *Mayeux* III, 25 ff. *Hartm.* II, 363 ff. *Saalschütz* I, 36 ff.
³) Ueber den Namen dieses Zeuges, שַׁעַטְנֵז, vgl. *Knobel* zu Lev. XIX, 19.
⁴) S. *Ewald* Alterth. 2. Ausg. S. 183 ff. *Winer* Art. Verschiedenartiges.

Benutzung d. Natur- u. Kunstproducte.

Drittes Capitel.
Speisen und Getränke.

§. 132.
Geschichtlicher Stufengang.

In den Nahrungsmitteln des Menschen zeigt sich ein ähnlicher Stufengang wie in seiner Beschäftigungs- und Wohnart. Dieser geschichtlichen Erfahrung entspricht die Sage' 1 Mos. I, 29. IX, 3. (vgl. dgg. 1 Mos. IV, 2 ff.), nach welcher die Menschen anfangs Pflanzenspeise, und erst später Fleisch genossen haben [1]).

Die Erfindung des Gebrauchs des Feuers liegt jenseit aller Geschichte. Das Feueranschlagen war den Hebräern ohne Zweifel wie den übrigen Alten und heutigen Arabern bekannt (2 Makk. X, 3.) [2]).

§. 133.
Brod und Backwerk.

Brod war das gewöhnliche Nahrungsmittel der Hebräer (daher אָכַל לָחֶם). Man hatte aber noch unvollkommenere Nahrungsmittel aus Getraide: כַּרְמֶל (3 Mos. XXIII, 14. 2 Kön. IV, 42.), vollständig גֶּרֶשׂ כַּרְמֶל (3 Mos. II, 14.), d. i. eine Art Grütze oder zerstossene Körner; קָלִי (2 Sam. XVII, 28. Ruth II, 14. 18.) geröstete Körner [3]).

---

[1]) Vgl. *Goguet* Urspr. d. Ges. etc. I, 77 ff. *Potter* griech. Arch. v. *Rambach* II, 631 ff. *Diodor.* I, 43. *Ovid.* Metam. I, 104 sqq. Das 1 Mos. IX, 4. verbotene Blutessen ist vielleicht dem barbarischen Gebrauche den Thieren Stücke Fleisch aus dem Leibe zu schneiden u. warm zu verzehren (*Oedm.* verm. Samml. VI, 90.) entgegengesetzt. Vgl. §. 188.

[2]) Sagen und Vermuthungen bei *Goguet* I, 70. *Michael.* verm. Schr. I, 72 ff. *Plin.* VII, 56.: Ignem e silice Pyrodes Cilicis filius; eundem asservare in ferula Prometheus. *Virgil.* Aen. I, 173 sqq. *Nieb.* B. S. 150. Vgl. *Keil* II, 27.

[3]) *Cels.* Hierobot. II, 231 sqq. *Boch.* Hieroz. II, 46. *Pauls.* Ackerb. S. 102 ff. *Hasselqu.* S. 191. *Shaw* S. 125 ff. *Harm.* I, 253 ff. *Robinson* Paläst. II, 660. N. bibl. Forsch. S. 515. — Ueber גֶּרֶשׂ (Schrot) u. כַּרְמֶל (frische Frucht) vgl. *Knobel* zu Lev. II, 14.

Speisen. Brod u. Backwerk. §. 132. 133.

Zur Bereitung des Mehles (קֶמַח‎, סֹלֶת‎) bediente man sich schon der Handmühlen (רֵחַיִם‎, טַחֲנָה‎, טְחוֹן‎), welche aus zwei Mühlsteinen, einem oberen beweglichen, פֶּלַח רֶכֶב (Richt. IX, 53.), ἐπιμύλιον, *catillus*, und einem untern festen, פ׳ תַּחְתִּית (Hiob XLI, 16.), μύλη, *meta*, bestanden, und in kleinen Haushaltungen von Weibern, in grössern von zwei Sklaven oder Sklavinnen (2 Mos. XI, 5. Jes. XLVII, 2. Hiob XXXI, 10. Kohel. XII, 3. Matth. XXIV, 41. vgl. Richt. XVI, 21. Klagl. V, 13.) getrieben wurden[1]).

Der in der Backschüssel (מִשְׁאֶרֶת‎), bei den Beduinen ohne Sauerteig, שְׂאֹר (vgl. 2 Mos. XII, 39.), zubereitete und geknetete (לוּשׁ) Teig (בָּצֵק) wurde zu Kuchen (כִּכָּר‎, עֻגָה) geformt und im Ofen (תַּנּוּר) oder vielleicht auch bloss in einem geheizten steinernen Kruge, an dessen Wände man sie klebte, oder auf heissen Steinen (עֻגַת רְצָפִים 1 Kön. XIX, 6.)[2]) gebacken. Häufig buken die Frauen (1 Mos. XVIII, 6. 1 Sam. VIII, 13. 2 Sam. XIII, 6. 8.); es kommen aber auch *Bäcker* אֹפִים vor (Hos. VII, 4. Jer. XXXVII, 21.).

Von feinerem Backwerke kommt vor: חַלָּה (3 Mos. II, 4.), durchstochner mit Oel eingemengter Kuchen; רְקִיקִים (a. O.), dünne mit Oel bestrichene Opferfladen; תֻּפִינֵי מִנְחַת פִּתִּים (3 Mos. VI, 14.) *coctiones oblationis comminutae*, d. i. gekocht wie das Speisopfer in Stücken[3]); das auf der מַחֲבַת *Platte*, und das in der מַרְחֶשֶׁת‎, *Pfanne*, Gebackene (3 Mos. II, 5. 7.); צְפִיחִית בִּדְבַשׁ (2 Mos. XVI, 31.), Kuchen mit Honig bereitet; לְבִיבוֹת (2 Sam. XIII, 6.), eine Art in der Pfanne bereiteter Mehlspeise oder Pudding.

---

[1]) Aeltere Arten das Getraide zu zermalmen, *Virgil.* Georg. I, 266. Aen. I, 129. u. dazu *Serv. Plin.* XVIII, 10. *Nieb.* B. S. 51. Mörser, מַדֹּכָה‎, pila, pistor. Spätere Eselsmühlen, רֵחַיִם שֶׁל חֲמוֹר (*Buxt.* L. T. p. 2252.), vgl. Matth. XVIII, 6. Ueber die Erfindung der Wasser- und Windmühlen *Beckm.* Beitrr. II, 12. 31. Ueber die heutige morgenländische Handmühle *Nieb.* R. I, 150. Taf. 17. Fig. A.

[2]) *Nieb.* B. S. 51. Taf. I. No. F. R. I, 234. *Arv.* III, 227 ff. *Harm.* I, 207 ff. III, 60 f.

[3]) Vorstellung *Jahns* a. O. S. 184. vgl. *Moncony's* R. S. 235. *Wansl.* b. *Paul.* III, 330. Vgl. *Saalschütz* I, 52. u. *Knobel* zu Lev. VI, 14.

§. 134.

Zukost.

Zu Gemüsen dienten hauptsächlich Hülsenfrüchte (1 Mos. XXV, 29. 34. 2 Sam. XVII, 28.), mit Oel und Zwiebeln u. dgl. (4 Mos. XI, 5.) zubereitet [1]); doch kochte man auch grüne Gemüse (יָרָק Spr. XV, 17.), die man im Garten baute (1 Kön. XXI, 2.) oder auf dem Felde suchte (2 Kön. IV, 39.). Honig und Milch ist noch heutzutage eine sehr gewöhnliche Speise [2]).

Fleisch (בָּשָׂר) war wie noch heutzutage bei den Arabern [3]) Festtagsspeise; nur Reiche genossen es täglich (1 Kön. V, 3. Neh. V, 18.). Man briet (צָלָה) es, oft wohl am Spiesse, und ein kleines Thier wie das Passahlamm ganz (2 Mos. XII, 8. *Pesach.* VII, 1.); auch kochte (בָּשַׁל) man es, selbst das Opferfleisch (1 Sam. II, 13.), und bereitete eine Brühe (מָרָק) dazu (Richt. VI, 19.). Fische, nämlich solche mit Schuppen und Flossfedern, die zu essen erlaubt war (3 Mos. XI, 9 f.), genossen die Israeliten gern (4 Mos. XI, 5. Matth. XIV, 17.), auch Seefische (Neh. XIII, 16.), und zwar, wie es scheint, eingesalzen (*Lightf.* ad Matth. XIV, 17.).

Von Koch- und Essgeschirr kommen vor: Töpfe, Hafen, Pfannen u. dgl.: סִיר, פָּרוּר, דּוּד, קַלַּחַת, מַחֲבַת; Schüsseln, Becken und Schalen': כְּפוֹר, סַף, סֵפֶל, אַגָּן, צַלַּחַת, und mehrere Geschirre, die zum Altare gehörten (§. 105.) [4]).

§. 135.

Getränk.

Wasser war das gewöhnliche Getränk (daher (שְׁתוֹת מָיִם). Der Wein wurde wahrscheinlich mit Wasser gemischt getrunken [5]), aber auch mit Gewürz (Ps. LXXV, 9. Jes. V, 22.,

---

[1]) *Chateaubriand* II, 146. *Shaw* S. 125. Den Pilau kannten die Hebräer wahrscheinl. nicht. *Chard.* IV, 35. u. dazu *Langl.*

[2]) *Harm.* I, 272 ff. Auch blosses Oel zum Brode. *Buckingh.* R. d. S. I, 441. II, 9.

[3]) *Nieb.* B. S. 52. *Shaw* S. 162. *Mayeux* III, 43.

[4]) Ein Verzeichniss bei *Jahn* I, 2. 185 ff.

[5]) Odyss. I, 110. Iliad. III, 270. *Feith.* antt. hom. p. 280. *Arv.* VI, 398. dagg. *Win.* Art. Wein.

vinum myrrhae odore conditum, murrhina, *Plin.* XIV, 13.). Ausserdem tranken die Hebräer künstliche Weine (שֵׁכָר σίχερα), vielleicht den ägyptischen Gerstenwein (ζύθος, οἶνος κρίθινος, *Herodot.* II, 77. *Diod. Sic.* I, 20. 34. IV, 2. *Plin.* XIV, 16. *Pesach.* III, 1.), u. Dattelwein (vinum palmeum, arab. vorzugsweise سَكَر), welchen man aus eingeweichten reifen Datteln kelterte (*Plin.* I, 1.)¹).

Die gemeinen Leute tranken Essig mit etwas Oel gemischt zur bessern Stillung des Durstes (חֹמֶץ Ruth II, 14.)²).

Von Trinkgeschirren werden genannt: צַפַּחַת, כּוֹס, גָּבִיעַ (vgl. Jer. XXXV, 5.), מִזְרָק (vgl. Am. VI, 6.).

§. 136 a.

Mahlzeiten.

Die Hauptmahlzeit scheint, abweichend von der Sitte des griechischen und römischen Alterthums und des neuen Morgenlandes³), des Mittags gewesen zu sein (1 Mos. XLIII, 16. 25. 1 Kön. XX, 16.), die Zechgelage und Gastgebote waren aber auch Abends (Jes. V, 11.). Vorher ging und nachher folgte das Waschen der Hände (Luk. XI, 38. Mark. VII, 2 f.)⁴),

---

¹) *Hieron.* ad Nepotian. (Opp. IV, 364. ed. Ben.): Sicera hebraeo sermone omnis potio, quae inebriare potest, sive illa, quae frumento conficitur, sive pomorum succo, aut cum favo decoquuntur in dulcem et barbaram potionem, aut palmarum fructus exprimuntur in liquorem, coctisque frugibus aqua pinguior coloratur.

²) *Rosenm.* Morgenl. III, 68. Ein ähnliches Getränk war die Posca, s. *Adam* röm. Alt. II, 130. Vgl. Matth. XXVII, 48. und dazu *Paul.* Comm. III, 771. — Ueber das *Scherbet*, den gewöhnlichen Trank der heutigen Orientalen, *Jahn* I, 2. 202.

³) *Adam* röm. Alt. II, 205 f. *Potter* II, 625. *Chard.* IV, 29. 61. *Jahn* I, 2. 209. — Mehr für sich hat die gegen *de Wette* u. *Winer* Art. Mahlzeit von *Arnold* in *Herzog's* RE. unt. Mahlzeiten, u. *Saalschütz* II, 136 f. geltend gemachte Ansicht, dass bei den Hebräern nach einem Frühstück am Morgen oder Vormittag (ἄριστον, Luc. XI, 38. XIV, 12. Joh. XXI, 12. 15.) die Hauptmahlzeit (δεῖπνον) des Abends stattfand (1 Mos. XIX, 1—3. XXXI, 54. 2 Mos. XII, 6. XVI, 12. 13. XVIII, 12—14. Ruth III, 7. 1 Kön. XVII, 6. Luc. XVII, 7. 8.).

⁴) Odyss. I, 136 sqq. IV, 216 sqq. Il. X, 577. *Feith.* antiqq. hom. p. 300. *Athenaeus* deipnos. IV, 27. *Pott.* Arch. II, 651. *Shaw* S. 202. *Nieb.* B. S. 54.

186. Benutzung d. Natur- u. Kunstproducte.

und das Tischgebet (בְּרָכָה 1 Sam. IX, 13. *Tr. Berachoth* c. VI. VIII, 4. 7. εὐλογία, εὐχαριστία Luc. IX, 16. Joh. VI, 11.).

Die Hebräer wie die alten Griechen, Römer und Aegypter [1]) assen sitzend (1 Mos. XXVII, 19. Richt. XIX, 6. 1 Sam. XX, 24.), später aber (Am. VI, 4. Esth. I, 6. Jud. XII, 15. Luk. VII, 37.) auf Polstern (מְסוֹת, עֲרָשׂוֹת) — gew. drei Personen zusammen (triclinium) liegend [2]).

Man kannte so wenig als heutzutage den Gebrauch der Messer und Gabeln (מַאֲכֶלֶת diente zum Zerlegen, גָּזַל in der Küche 1 Sam. II, 14.); sondern langte mit der Hand in die Schüssel, und brachte von da das Gemüse oder das in Stücke zerschnittene Fleisch auf den zum Teller dienenden Brodkuchen (Spr. XXVI, 15. Matth. XXVI, 23.) [3]). Jedoch legte auch der Hausvater vor (1 Mos. XLIII, 34. 1 Sam. I, 4. IX, 24. Joh. XIII, 26.). Den Wein trank man nicht bloss wie die alten Aegypter und Perser (*Herod.* II, 78. V, 18.) und noch jetzt meist die Araber und Perser nach, sondern auch während der Mahlzeit (*Berach.* VI, 5 f. VIII, 8.); jedoch vorzüglich nach derselben.

---

[1]) Iliad. X, 578. XIV, 238 sqq. Odyss. I, 130. 144 sq. III, 389. *Feith.* p. 296 sqq. *Athen.* I, 14. *Boch.* Hieroz. I, 598. *Pott.* S. 660. *Isidor. Hisp.* origg. XX, 2. *Serv.* ad Aen. I, 83. *Philo* de Joseph. p. 555.: ἑξῆς δὲ προςτάξαντος κατὰ τὰς ἡλικίας καθέζεσθαι, μήπω τῶν ἀνθρώπων ἐν ταῖς συμποτικαῖς συνουσίαις κατακλίσει χρωμένων, ἐθαύμαζον κ. τ. λ.

[2]) So dass der Nachbar zur rechten Hand mit seinem Hinterkopfe an die Brust des linken Nachbars reichte (ἀνακεῖσθαι ἐν τῷ κόλπῳ Joh. XIII, 23.). *Juvenal.* sat. II, 120.: — gremio jacuit nova nupta marito. *Plin.* epp. IV, 22.: Vejento proximus atque etiam in sinu recumbebat. Ehrenplatz an der Ecke des Sofa's (Am. III, 12.), oben an (1 Sam. IX, 22. Luk. XIV, 10.); heutzutage sitzt man mit kreuzweis unter sich geschlagenen Schenkeln oder auf den Hacken, *Arv.* III, 238. Sitten d. Bed. S. 101. *Wansl.* b. *Paul.* III, 101. *Nieb.* B. S. 61.

[3]) *Arv.* a. O. u. S. 155. Sitten d. Bed. S. 102. *Wansleb.* a. O. *Nieb.* a. O. S. 52 f. *Shaw* S. 202. *Rosenm.* Morgenl. IV, 138 f. Heutiges Tischtuch und Serviette, s. die angef. Schriftst. u. *Harm.* II, 453.

§. 136 b.
Gastmähler.

Gastmähler (מִשְׁתֶּה), wobei Fleischspeisen (1 Kön. V, 3. Am. VI, 5.), Weintrinken (Am. VI, 6. Jes. XXII, 13.) und Wohlgerüche (Am. V, 6. Weish. II, 7 f. Luk. VII, 46. Jes XXVIII, 1.) wesentlich waren, wurden bei verschiedenen häuslichen (1 Mos. XXI, 8. XXIX, 22. XXXI, 27. XL, 20. 1 Sam. XXV, 11. 2 Sam. XIII, 23. Richt. IX, 27. 2 Sam. III, 23. Hos. IX, 4. §. 203.) und öffentlichen (1 Sam. XX, 5.) Festanlässen gegeben. Oft waren sie mit einem Opfer verbunden (1 Mos. XXXI, 54. 2 Mos. XVIII, 12. 1 Sam. IX, 12 ff. 5 Mos. XII, 7.; zu Opfer-, Zehenten- und Erstlings-Mahlzeiten mussten Arme und Sklaven eingeladen werden 5 Mos. XII, 12. XIV, 22—29. XVI, 11.) und durch Musik u. dgl. erheitert (Am. VI, 4. Ps. LXIX, 13. Richt. XIV, 12. Ps. XXXV, 16.) ¹). Die Frauen waren abwesend (2 Sam. XIII, 23 ff. Esth. I, 9., vgl. jedoch Dan. V, 2.) ²). Die Gäste lud man durch Sklaven ein (Spr. IX, 3. Matth. XXII, 3 ff.), empfing sie mit einem Kusse (Luk. VII, 45. §. 265.), liess ihnen die Füsse waschen (Luk. VII, 44. *Odyss.* III, 464. *Robins.* III, 1. 234.), und wies ihnen ihrem Range gemäss (1 Sam. IX, 22. Luk. XIV, 10.) Plätze an. Denjenigen, die man besonders ehren wollte, legte man mehrfache Portionen vor (1 Mos XLIII, 34. 1 Sam. I, 5.). Die Anordnung der Gastmähler lag dem ἀρχιτρίκλινος (Joh. II, 8.), ἡγούμενος (Sir. XXXII [XXXV], 1.) ob ³).

Brod, Fleisch und Wein waren die von dem Lande dargebotenen Hauptbestandtheile der Nahrung der Hebräer, an denen sie sich als an einem Segen Jehova's erfreuen sollten

---

¹) *Adam* röm. Alt. II, 235. *Potter* a. O. S. 702. *Arvieux* III, 60 f. 81. שִׂמְחָה, χαρά Matth. XXV, 21.
²) *Cornel. Nep.* in prooem. *Potter* a. O. S. 650 f. Ueber die Sitten der Babylonier *Curt.* V, 1.
³) *Walch* de architriclino. 1753. 4. — Vgl. zu dem §. *Winer* unt. Gastmahle, u. *Arnold* in *Herzog's* RE. unt. Gastmähler.

(Jerem. XXI, 12—14.). Unzeitiger und unmässiger Genuss aber, und Ueppigkeit und Schwelgen beim Genuss wurden ebenso von den Propheten, wie von den Weisen des Volkes getadelt (Amos VI, 4—6. Jes. V, 11. 12. Spr. XXI, 17. 20. Pred. X, 16. 17.). Ausserdem zog das Gesetz dem Genusse, besonders in Betreff der Fleischspeisen, vielfache Schranken. Was durch natürliche Scheu und Erfahrung als Herkommen und Sitte sich darüber festgestellt hatte, das wurde vom Gesetz durch die Unterscheidung reiner und unreiner, geniessbarer und ungeniessbarer Thiere geheiligt, so dass das Volk bei der Wahl der Speisen in seinem Gewissen durch eine religiöse Verpflichtung gebunden war. (Vgl. §. 188.).

Zweiter Theil.
Gesellschaftszustand.

Erster Abschnitt.
Politisches Verhältniss.

Erstes Hauptstück.
Politische Geographie.

§. 137.

Recht der Israeliten auf Palästina.

Von einem solchen Rechte kann gar nicht die Rede sein, indem weder der Rechtsgrund des Besitzes, noch des Vertrages Statt hatte, ein anderer aber nicht gedenkbar ist, es müsste denn der der Eroberung sein. Das unter göttlicher Leitung durch die That der Gewalt erworbene geschichtlich menschliche Recht erhielt für das Volk seine Ergänzung durch das Bewusstsein eines göttlichen Rechtes, und die Vertilgung der Cananiter ward aus politisch-religiösen Gründen geboten, nicht aus einem Rechtsgrunde[1]).

---

[1]) Apologetisches Interesse dieser Frage. *Epiphan.* haeres. LXVI, 83. *Tindal* Christianity as old as the creation, deutsch u. d. Widerleg. *J. Fosters*, S. 455. 468 ff. Verschiedene Rechtsdeductionen: aus einer Erbvertheilung der Söhne Noahs (*Epiphan.* l. l. u. Ancorat. c. 116., vgl. *Villalpand.* in Ez. III, 1. lib. 1. c. 14.- *Nonnen* de justitia armor. Israel. adv. Canan. Brem. 1755., dagg.

§. 138.

Vertheilung des Landes unter die zwölf Stämme.

Unter die zwölf Stämme (מַטּוֹת, שְׁבָטִים), welche mehr eine politische als genealogische Bedeutung hatten (1 Mos. XLVIII, 5. XLIX, 22. Jos. XVII, 14 ff. vgl. 2 Mos. XII, 38) [1], war das Land auf göttliche Anordnung (4 Mos. XXVI, 52—56. Jos. XIV, 5.) nach Jos. XIII ff. folgendermaassen vertheilt [2]:

Quaresm. elucid. terrae S. I, 10. *Bach.* Beschr. I, 1. 190 ff. *Michael.* mos. R. I. §. 29.); — aus göttlichem, den Israeliten zur Vollziehung aufgetragenem Strafrechte (*J. Ad. Osiander* observv. in L. III. de jure belli et pac. *Hug. Grotii.* Tub. 1671. p. 407 sqq. *Budd.* H. E. Vet. Test. I, 642. *Bach.* a. O. 196 ff.); — aus dem Rechte der Selbstvertheidigung gegen die zuerst angreifenden Cananiter (*Stiebritz* de justitia causae Israelit. in bello adv. Cananaeos susc. Hal. 1754. vgl. *Hamelsv.* bibl. Geogr. III, 441 ff.); — aus dem alten Besitzrechte Abrahams und der erst später geschehenen gänzlichen Besetzung des Landes durch die dahin eingewanderten Cananiter (*Michael.* de nomad. Palaest. u. mos. R. §. 31. S. 154 ff.); — daraus dass die Stamm-Colonie der Israeliten in P. zurückgeblieben u. von den Cananitern vertrieben worden (*Ditmar* Gesch. d. Isr. S. 14 ff.); — aus dem Nothrechte der aus Aegypten vertriebenen Israeliten (*Faber* Arch. S. 94 ff. vgl. *Jenisch* zu *Hamelsv.* S. 475 ff.). Vgl. *Knobel* Comm. zu Jos. S. 362 ff.

[1] *Ditmar* a. O. S. 20 ff. Krit. d. isr. Gesch. S. 162 f. „Die Zahl Zwölf steht in Beziehung auf die Monate, u. weil Levi als Priesterstamm abgesondert wurde, so musste der Stamm Ephraim (zu dem Josua gehörte) in zwei zerfallen." *Hüllmann* Staatsverf. d. Isr. S. 74. Einen sabäischen Ursprung u. eine Beziehung auf den Thierkreis giebt dieser Zahl auch v. *Bohlen* Gen. Einl. LXXVI. Wirklich erscheint sie als bedeutsam u. heilig bei mehrern alten Völkern (*Bähr* Symbol. d. mos. Cult. I, 204.), u. die astronomische Bedeutung ist doch immer wahrscheinlicher als die von *Bähr* angegebene, sie sei als 3 × 4 (aber die Zahl Vier ist im A. T. nicht ausgezeichnet) das Symbol eines geordneten regelmässigen Ganzen u. die Signatur des Volkes Israel als Bundesvolkes. An der genealogischen Ableitung der 12 Stämme halten fest *Winer* unt. Stämme u. *Oehler* in *Herzog's* RE. unt. Stämme. *Ewald*, welcher darauf verzichtet, den Ursprung der Zwölfzahl der Stämme zu erklären, sucht den Einfluss derselben auch in der Gliederung der einzelnen Stämme und ihren Grund in der geordneten Leitung des Gemeinwesens nachzuweisen: Gesch. Bd. I, 466 ff. Vgl. über die Stämme *Knobel* zu Num. I—IV. XXVI.

[2] *Joseph.* Antt. V, 1, 23. *Reland* Palästt. S. 142 sqq. *Bach.* I, 2. 259 ff. *Rosenm.* Alt. II, 1. 261 ff. *Raum.* Paläst. 109 ff.

Jenseit des Jordan wohnten 1) der Stamm *Ruben* am südlichsten, am todten Meere vom Arnon an (Jos. XIII, 8 ff.); 2) nördlicher, bis an den Jabbok, der Stamm *Gad* (Jos. XIII, 24 ff.); 3) der halbe Stamm *Manasse* am nördlichsten in Basan und Hauran (Jos. XIII, 29 ff. vgl. 1 Chron. V, 18 ff.). Im diesseitigen Lande besass 4) der Stamm *Juda* die südlichen Gegenden von Jerusalem bis zur Wüste Kades-Barnea und zum Bach Aegyptens (Jos. XV.), und schloss 5) den Stamm *Simeon* ein (Jos. XIX, 1—9. vgl. 1 Mos. XLIX, 7.). Nordöstlich von Juda, an den Jordan grenzend, wohnte 6) der Stamm *Benjamin* (Jos. XVIII, 11 ff.), und nordwestlich am Meere 7) der Stamm *Dan* (Jos. XIX, 40 ff. vgl. Richt. XVIII, 27.). An beide Stämme nördlich grenzte 8) der Stamm *Ephraim*, an diesen nordwestlich am Meere die zweite Hälfte des Stammes *Manasse* (Jos. XVI. XVII.), und an beide nördlich 9) *Issaschar* (Jos. XIX, 17 ff.). Nördlich, vom Carmel am Meere hin, erstreckte sich bis gegen Sidon das schmale Gebiet 10) des Stammes *Asser* (Jos. XIX, 24 ff.); zwischen diesem u. Issaschar wohnte 11) *Sebulon* (Jos. XIX, 10 ff.), und die nördlichsten Gegenden wurden 12) dem Stamme *Naphthali* (Jos. XIX, 32 ff.) zu Theil. Der Stamm *Levi* erhielt 48 in allen Stämmen zerstreut liegende Städte (Jos. XXI.).

§. 139.

Theilung des Landes in die beiden Reiche Israel und Juda.

Die im A. T. gegebene geographische Bestimmung der Bestandtheile der beiden Reiche ist höchst ungenau, ja sogar unrichtig. Nicht bloss der Stamm Juda (1 Kön. XI, 13. 32. 36. XII, 20.), auch nicht bloss Juda und Benjamin (1 Kön. XII, 21. 23. 2 Chron. XI, 12.), von welchen letzteren der nördliche Theil zu Israel gehörte (1 Kön. XII, 29. XV, 17.), sondern auch der Stamm Simeon (die simeonitischen Städte *Beerseba, Horma, Ziklag, Ramath Negel* [Jos. XIX, 2—8.] sind nach 1 Kön. XIX, 3. 1 Sam. XXVII, 6. XXX, 27—30. jüdisch) und ein Theil von Dan (die Städte *Zora* und *Ajalon*

Klödens Charte. *Ewald* Gesch. Bd. II, 358—404. *Knobel* zu Jos. XIII ff. S. 404 ff.

2 Chron. XI, 10. vgl. Jos. XIX, 41 f.)[1]) haben das Reich Juda ausgemacht, wozu noch der Stamm Levi und andere Ausgewanderte gekommen sein sollen (2 Chron. XI, 13—17.).

§. 140.
Eintheilung Palästina's zu Christi Zeit.

Schon 1 Makk. X, 30. kommen die drei Landschaften *Judaea, Samaria, Galiläa* vor. Dieselben nebst *Peräa* machten zu Christi Zeit die Hauptbestandtheile Palästina's aus (*Joseph.* B. J. III, 3, 3 f. AG. IX, 31.). 1) *Judäa* begriff den südlichen Theil des diesseitigen Landes, auch einen Theil Idumäa's [2]), und erstreckte sich in der Breite vom Jordan bis Joppe, und in der Länge von der Landschaft Samaria (Grenzort Anuath) bis Jardan im Süden. Es zerfiel (*Joseph.* l. l. §. 5.) in die 11 Toparchien (nach *Plin.* V, 14. in zehn): Jerusalem, Gophna, Akrabata, Thamna, Lydda, Emmaus, Pella (vielleicht gleich Bethleptepha, *Joseph.* B. J. IV, 8, 1., vgl. *Plin.*: Betholene, Tephene), Idumäa, Engaddä, Herodium, Jericho [3]). 2) *Samaria* (Σαμαρεῖτις), im Norden von Judäa bis nach Ginäa an der Ebene Jesreel. Gegen Westen reichte es nicht bis ans Meer, indem da ein schmaler bis nach Ptolemais laufender Küstenstrich zu Judäa gehörte (B. J. III, 3, 5.). 3) *Galiläa* (גְּלִילָה Jos. XX, 7. XXI, 32. 2 Kön. XV, 29.), gegen Süden von Samarien und Scythopolis, gegen Westen

---

[1]) Dieser Ansicht ist *Rosenm.* Alterth. II, 1. 305. beigetreten; auch *Winer* RWB. 3. Aufl. I, 627. Ebenso *Ewald* Gesch. Bd. III, 409 ff. Schon die Lage des Gebietes Simeons brachte die Zugehörigkeit zum R. Juda mit sich. Auch nach dem Exile wurde es wieder mit Juden besetzt, Neh. XI, 27 ff. — Nach 1 Chron. IV, 39 ff. wanderte ein Theil der Simeoniten zur Zeit des K. Hiskia aus. Merkwürdig ist, dass es das. Vs. 31. heisst: „das waren ihre Städte bis zur Regierung Davids," als seien sie nachher nicht mehr ihre gewesen. Wie diess zum Theil der Fall war, s. bei *Bertheau* Comm. zu 1 Chron. IV, 31. Im Segen Mose's fehlt der St. Simeon ganz.

[2]) Der südliche Theil des alten Edoms, namentlich dessen Hauptstadt Petra, wurde zu Arabien gerechnet, *Joseph.* B. J. I, 13, 8. Letztere war die Residenz des K. Aretas, Antt. XIV, 1, 4.

[3]) *Joseph.* rechnet noch Jamnia u. Joppe hinzu. Vgl. *Arnold* in *Herzog's* RE. unt. Palästina S. 317.

Einth. Palästina's zu Christi Zeit. §. 140.   193

vom Carmel und Ptolemais, gegen Norden vom Gebiete von Tyrus, gegen Osten von Hippene, Gadaris und Gaulonitis begrenzt, eingetheilt ins *obere* und *untere*.

Das jenseitige Land, *Peräa* im weitesten Sinne [1]), hatte folgende Abtheilungen: 1) *Peräa* (πέραν τοῦ Ἰορδάνου Matth. IV, 25.), welches sich der Länge nach von Machärus bis Pella, der Breite nach von Philadelphia bis an den Jordan erstreckte. Das übrige, gegen Norden liegende Land begreift *Josephus* unter den Landschaften 2) *Gaulanitis*, 3) *Batanäa*, und 4) *Trachonitis*, bleibt sich aber hierin nicht gleich [2]).

---

[1]) So scheint es *Joseph.* B. J. IV, 7, 3. zu nehmen, wenn er Gadara dazu rechnet.
[2]) Antt. XVII, 8, 1.: Ἀντίπαν μὲν ..... τετράρχην καθιστὰς Γαλιλαίας τε καὶ Περαίας, Ἀρχελάῳ δὲ τὴν βασιλείαν χαριζόμενος, τήν τε Γαυλωνῖτιν καὶ Τραχωνῖτιν καὶ Βαταναίαν καὶ Πανιάδα Φιλίππῳ κ. τ. λ. Ibid. 11, 4.: καὶ τούτῳ μὲν (Ἀντίπᾳ) ἥ τε Περαία καὶ τὸ Γαλιλαῖον ὑπετέλουν ..... Βαταναία δὲ σὺν Τραχωνίτιδι καὶ Αὐρανῖτις σύν τινι μέρει οἴκου τοῦ Ζηνοδώρου λεγομένου Φιλίππῳ τάλαντα ἑκατὸν προςέφερε. Vgl. B. J. II, 6, 3. Antt. XV, 10, 1. Luc. III, 1.: τετραρχοῦντος τῆς Γαλιλαίας Ἡρώδου, Φιλίππου δὲ τοῦ ἀδελφοῦ αὐτοῦ τετραρχοῦντος τῆς Ἰτουραίας καὶ Τραχωνίτιδος χώρας. B. J. III, 3, 5.: .... καὶ ἐπὶ ταύταις ἥ τε Γαμαλιτικὴ καὶ Γαυλανῖτις, Βαταναία τε καὶ Τραχωνῖτις, αἳ καὶ τῆς Ἀγρίππα βασιλείας εἰσὶ μοῖραι. Vergl. ibid. IV, 1, 1.: .... Γάμαλα πόλις Ταριχαιῶν ἄντικρυς ὑπὲρ τὴν λίμνην κειμένη. Τῆς δὲ Ἀγρίππα λήξεως αὕτη τε ἦν, καὶ Σωγάνη καὶ Σελεύκεια· καὶ αἱ μὲν ἐκ τῆς Γαυλανίτιδος ἀμφότεραι· τοῦ γὰρ ἄνω καλουμένου Γαυλανᾶ μέρος ἦν ἡ Σωγάνη, τοῦ κάτω δὲ ἡ Γάμαλα· Σελεύκεια δὲ πρὸς τῇ Σεμεχωνιτῶν λίμνῃ. Vgl. ibid. II, 20, 6. Nach Antt. IV, 7, 4.: Γαυλανᾶν ἐν τῇ Βαταναίᾳ, wäre wohl *Γαυλανῖτις* ein Theil von *Batanäa*. Vgl. *Reland* p. 200. Gileaditis oder Galaaditis (Antt. VIII, 2, 3. IX, 11, 1.) ist eine alte Benennung. Vgl. über Peräa *Arnold* l. c. S. 33 ff. Die Decapolis (Matth. IV, 25. Mark. V, 20. VII, 3.), eine Anzahl von Städten, die irgendwie in Verbindung standen, befasste nach *Plin.* V, 18.: Damascus, Philadelphia, Raphana, Scythopolis (die grösste derselben nach *Joseph.* B. J. III, 9, 7., so dass er wohl Damaskus nicht dazu rechnete), Gadara, Hippos, Dion, Pella, Gerasa, Canatha. Vgl. *Euseb. Hieron.* Onomast., *Rel.* p. 203. *Winer* unt. Decapolis.

Zweites Hauptstück.

Bürgerliches Verhältniss.

Erstes Capitel.

Staatsrecht.

§. 141.
Vormosaische Periode.

Hier finden wir die Familienverfassung, die mit dem Priesterthume verbundene Oberherrlichkeit des Hausvaters über die Glieder seiner Familie und über andere ihm untergeordnete Familien (Horde). Solche Familienfürsten (Scheichs) waren die Stammväter der Hebräer (vgl. 1 Mos. XII, 7. XIV, 14. XXI, 22 ff. XXIII, 6. XXVI, 26 ff. XXXV, 2 ff. XXXVIII, 24. vgl. 2 Mos. III, 1. Richt. IV, 17. Hiob I, 5. Jer. XXXV, 6 ff.). Hieraus bildete sich wahrscheinlich schon in Aegypten eine zusammengesetztere Stamm- und Familienverfassung, nach welcher die Stämme (שְׁבָטִים) in Geschlechter (מִשְׁפָּחוֹת), die Geschlechter in Stammhäuser (בָּתֵּי אָבוֹת), und diese in einzelne Familien (גְּבָרִים, Familienväter, Jos. VII, 14. 17. 18) eingetheilt waren (4 Mos. I, 2.), an deren Spitze die Stammfürsten (נְשִׂיאִים 4 Mos. II, 3 ff. X, 4. 1 Chron. XXVII, 16 ff. vgl. 1 Mos. XXXVI, 56 ff.) und Stammhäupter (רָאשֵׁי בֵית אָבוֹת 2 Mos. VI, 14. 4 Mos. I, 4. 16.) standen [1]). Die von

---

[1]) Den מִשְׁפָּחוֹת gleich oder ähnlich waren die אֲלָפִים Richt. VI, 15. 1 Sam. X, 19. Die Aeltesten (זְקֵנִים 4 Mos. XI, 16. 5 Mos. XXXI, 28.) waren, nach einer allgemeinen Bezeichnung, die aus der Eintheilung in Stämme, Geschlechter u. Stammhäuser hervorgehenden Volksvertreter, aus welchen Mose einen Ausschuss von siebenzig bildete (4 Mos. XI, 16 ff.). Die שֹׁטְרִים, Vorsteher (nicht Stammlistenführer, *Michael.* mos. R. I, 51. 244., dagg. *Vater* Comm. III, 537.), erscheinen theils als einerlei mit ihnen (4 Mos. XI, 16.), theils als verschieden (5 Mos. XXIX, 9. Jos. VIII, 33. XXIII, 2. XXIV, 1.), u. 2 Mos. V, 14. sind sie von den Aegyptern eingesetzt. Vgl. *Michael.* mos. R. I, §. 46. *Jahn* Arch. II, 1. 30 ff. *Ewald* Alterth. S. 290 ff. *Keil* II, 218 ff. *Saalschütz* mos. R. S. 58 ff. ieht die שֹׁטְרִים als von den זְקֵנִים ganz verschiedene Beamte an,

Staatsrecht. §. 141. 142.

der Familie aufsteigende Gliederung machte die verschiedenen Bestandtheile des Volkes zu einem wohlgeordneten Volksganzen und wahrte doch allen einzelnen Theilen ihre Selbstständigkeit und freie Bewegung.

§. 142.
Verfassung unter Mose.

Diese patriarchalisch-genealogische Verfassungb lieb auch unter Mose, und aus den Stamm- und Familienhäuptern wurde eine Volksgemeinde (עֵדָה 4 Mos. I, 16. XVI, 2., vgl. Jos. IX, 15.)[1]) gebildet, durch welche Mose das Volk leitete und sein Werk unter dem Volke begründete. Dieser Gesetzgeber stiftete nun die sogenannte *Theokratie*[2]). Das von Gott auserwählte Volk wurde dadurch zu einem Volke und einer Gemeinde Gottes (עַם יְהֹוָה 4 Mos. XVII, 6. עַם אֱלֹהִים 2 Sam. XIV, 13. עֲדַת יְהֹוָה 4 Mos. XXVII, 17. קְהַל יהוה 4 Mos. XVI, 3.

---

denen er im Unterschied von den Richtern das Gebiet der Polizei zuweist. — S. auch *Win.* RWB. Art. Stämme. Ueber die ähnliche Verfassung der Araber *Rosenm.* Sitten d. Bed. S. 7. 14 ff. Vgl. zu diesem §. *Ewald* Alterth. S 275 ff. *Keil* II, 195 ff. 217 ff. *Saalschütz* Archäol. II, 426 ff. Mos. R. S. 28—53.

¹) *Michael.* mos. R. I. §. 45. *Vater* zu 3 Mos. VIII, 1. *Saalschütz* mos. R. S. 38.

²) *Joseph.* c. Ap. II, 16.: οἱ μὲν γὰρ μοναρχίαις, οἱ δὲ ταῖς ὀλίγων δυναστείαις, ἄλλοι δὲ τοῖς πλήθεσιν ἐπέτρεψαν τὴν ἐξουσίαν τῶν πολιτευμάτων· ὁ δ' ἡμέτερος νομοθέτης εἰς μὲν τούτων οὐδοτιοῦν ἀπεῖδεν· ὡς δ' ἄν τις εἴποι βιασάμενος τὸν λόγον, θεοκρατίαν ἀπέδειξε τὸ πολίτευμα, θεῷ τὴν ἀρχὴν καὶ τὸ κράτος ἀναθεὶς, καὶ πείσας εἰς ἐκεῖνον ἅπαντας ἀφορᾶν κ. τ. λ. Vgl. *Herm. Wits.* de theocratia in s. Ausg. von *Goodw.* Moses et Aaron. *J. H. Hottinger* de theocr. Israelitar. in s. Ausg. v. *Goodw.* p. 24 sqq. *Warburton* div. leg. of Moses III, 363. *J. Spencer* de legg. ritual. Hebr. p. 226 sqq. *Rosenm.* Morgenl. II, 55 ff. Meine bibl. Dogm. §. 119. Angemessenheit des Ausdrucks, Zweifel dagegen von *Michael.* mos. R. I, §. 35. Gewöhnlicher Missverstand dieses Begriffs, *P. Grevii* exercitatt. S. (Flensb. 1784.) p. 3 sqq., *Warburt.* u. A. Theokratische (hierarchische) Elemente in den Staatsverfassungen anderer Völker, besonders der Aegypter. Systematische Einheit der mosaischen Theokratie. Vgl. *Ewald* Alterth. S. 262 ff. Gesch. Bd. II, 175—196. *Saalschütz* mos. R. S. 1 ff. *Keil* II, 226 ff.

13*

XX, 4.), dass ihm Gott durch Vermittelung des Mose seinen Willen im Gesetz offenbarte, und dass diess Gesetz von den Vertretern des Volkes als die Norm anerkannt wurde, an die das ganze Volk ebenso wie der Einzelne in seinem religiösen und bürgerlichen Verhalten gebunden sei. Aus diesem Bundesverhältniss ergab sich die Gottherrschaft, deren Begriff, dass Jehova König, d. h. dass das Staats- und Rechtsverhältniss heilig sei und unter der Gewähr der frommen Ehrfurcht stehe (2 Mos. XIX, 3 ff. 5 Mos. XXXIII, 5. 1 Sam. VIII, 7.), durch vermittelnde Einrichtungen von theils symbolisch-religiöser, theils praktisch-politischer Bedeutung, und vermittelnde Gewalten dargestellt wurde. Mose vereinigte in sich die mittlerische Vollgewalt: 1) die gesetzgebende Gewalt; 2) die beschliessende und richterliche (2 Mos. XVIII, 13 ff.); 3) die vollziehende; 4) die priesterliche, letztere jedoch nur anfangs; und in dieser hohen Würde behauptete er sich ohne Verfassungs-Formen bloss durch Geistesüberlegenheit [1]).

§. 143.
Theokratische Verfassung.

Diese mittlerische Vollgewalt wurde durch die theokratische Verfassung an mehrere Behörden vertheilt. Ueber die gesetzgebende Gewalt finden wir nichts verfügt (vgl. jedoch 5 Mos. XVIII, 18.). Die beschliessende und richterliche sammt der Verwaltung des Cultus wurde den Priestern und ausser der letztern auch den Volksvertretern in die Hände gegeben, so dass, wie schon der göttliche Ursprung des Gesetzes, so auch die volksthümliche Verfassung dem Ausarten der Theokratie in Hierarchie und Priesterherrschaft entgegenstand. In Ausübung der erstern Gewalt waren die Priester an das Symbol des Urim und Thummim (§. 189.) gebunden, und dieses Orakel das allein rechtmässige, alle andern aber verboten (§. 236.). Dass die Richtergewalt jederzeit und allein von den Priestern ausgeübt worden, ist weder gesagt, noch liegt es in der Idee der Theokratie. Schon zu Mose's Zeit

---

[1]) Ueber die Meinung, dass Mose königliche Würde gehabt, nach *Philo* de vita Mos. III. p. 696., s. *Budd.* H. E. V. T. I, 59. *Selden* de synedriis vet. Hebr. II, 517. (Frcf. 1696.).

finden wir Richter aus der Mitte des Volkes (2 Mos. XVIII, 25. 5 Mos. XVI, 18.)[1]: später traten die ausserordentlichen Richter (§. 28.) auf, und das Richten war ein Hauptgeschäft der Könige (§. 146.). Aber ein Obergericht sollten die Priester bilden nach 5 Mos. XVII, 8 ff. vgl. 2 Chron. XIX, 8 ff. und den Gerichten vorsitzen nach 5 Mos. XIX, 17.; auch galt das Gericht immer als eine Vergegenwärtigung Gottes (2 Mos. XXI, 6. XXII, 7 f.)[2]. Die vollziehende Gewalt, anfangs dem Josua anvertraut, wurde nachher dem Zufall preisgegeben.

Zu den Eigenthümlichkeiten der theokratischen Verfassung gehören noch: 1) der (freilich unausgeführte und nicht ausführbare) Gedanke der Unveräusserlichkeit der Stammgüter (§. 152.) und somit der Gleichheit des Besitzes, wie auch dass der Ackerbau die vorherrschende Lebensart sein sollte; 2) eine grosse Sittenstrenge, selbst in der äussern Zucht und Ordnung (§. 187 ff.), wodurch und durch das Verbot der Abgötterei 3) die Absonderung von andern Völkern herbeigeführt und unterstützt wurde, indem die ganz verschiedene Gottesverehrung und Sitte den Umgang mit ihnen erschwerte, wozu noch kam, dass ein unversöhnlicher Hass gegen die Cananiter zur Pflicht gemacht (2 Mos. XXIII, 32. XXXIV, 12 ff.), und die Aufnahme anderer Völker ins Bürgerrecht theils verboten, theils erschwert war (§. 150.)[3].

---

[1] Es waren die Aeltesten in den Städten, welche zugleich die Gerichtspflege (5 Mos. XIX, 2. XXI, 3 ff. XXII, 5. 1 Kön. XXI, 8. 11.) und, wie es scheint, die Verwaltung der Stadt (1 Sam. XI, 3. XVI, 4.) hatten. In letzterer Beziehung hiessen sie vielleicht zugleich שֹׁטְרִים. Diese kommen auch im Kriegslager vor (5 Mos. XX, 5 ff.). Vgl. §. 141.

[2] Wenn es in der Natur des Gesetzes lag, dass vorzüglich den Priestern das Rechtsprechen zufiel, so bestand doch auch das Obergericht nicht nothwendig aus Priestern allein, sondern konnte eine aus Priestern und Nicht-Priestern zusammengesetzte Behörde sein. Vgl. *Saalschütz* mos. R. S. 64 ff. *Ewald* Alterth. S. 365 ff. *Keil* II, 250.

[3] Bündnisse mit auswärtigen Völkern waren nicht verboten; und wenn die Propheten sie missbilligten, so hatten sie dazu sittlich-politische Gründe. Vgl. *Michael.* mos. R. I. §. 61.

§. 144.

Schicksale der theokratischen Verfassung bis zur
Einführung der Monarchie.

Nach Josua, welcher schon nicht ganz nach 4 Mos. XXVII,
21. gehandelt zu haben scheint (Jos. IX, 14. vgl. jedoch XIV,
1.), zerfiel die Theokratie fast ganz, da die Nation, nur durch
die alte volksthümliche Verfassung vor dem Zerfall bewahrt,
weder durch Priester, noch auch immer durch gemeinschaftliche Anführer (Richter) zusammengehalten wurde (§. 28.).
Indess war das Regiment der letztern zum Theil ein theokratisches (Richt. IV, 4. VIII, 22 ff. XI, 11.), und die Volksversammlungen hatten eine religiöse Weihe (XX, 1. 18. 23.).
Erst unter Eli sehen wir wieder ein priesterliches Regiment,
und Samuel vereinigte als ein zweiter Mose alle mittlerische
Gewalt in sich ohne verfassungsmässige Form (§. 29.).

§. 145.

Einführung des Königthums.

Was Mose nicht gewollt zu haben scheint[1]), da es gegen
den Geist seiner Verfassung war, was aber unter Voraussetzung der Geltung des göttlichen Gesetzes mit der Theokratie nicht unvereinbar war, musste Samuel dem Volke gewähren, das Königthum, das er jedoch nicht nur durch einen
Wahlvertrag beschränkte (1 Sam. X, 25.), sondern auch, so
lange er lebte, von sich abhängig machte, und welchem nach
seinem Tode *die Propheten* (denen er in den Propheten-Schulen die seitdem befolgte Bahn angewiesen zu haben scheint),
als die Vertreter der göttlichen Wahrheit und die Stimmführer des öffentlichen Geistes der Theokratie, als Strafprediger
und Tadler (2 Sam. XII, 1 ff. XXIV, 11 ff. 1 Kön. XX,

---

[1]) Das Königsgesetz 5 Mos. XVII, 14 ff. ist aus der Zeit
nach Salomo. *Ilgen* de notione tituli filii Dei (Jen. 1795.). *Paulus*
Mem. VII, 179. wogg. *Stäudlin* in *Bertholdts* theol. Journ. III, 259.
Vgl. *Knobel* zu Deut. XVII, 14 ff. Die Wahlcapitulation 1 Sam.
X, 25. ist schwerlich darin erhalten. — Ueber das Königthum im
theokratischen Staate vgl. *Ewald* Gesch. Bd. III, 3—20. *Saalschütz*
mos. R. S. 72 ff. *Keil* II, 234 ff.

38 ff. 2 Kön. I, 16 ff.) und als Rathgeber (2 Sam. VII, 2 ff. 1 Kön. I, 24.) zur Seite traten (vgl. 5 Mos. XVIII, 18.), und somit gewissermaassen die Stelle von theokratischen Mittelspersonen einnahmen. Auch sie machten sich ohne äussere Form[1]) allein durch ihre Wahrhaftigkeit (vgl. 5 Mos. XIII, 2. 3. XVIII, 21 f.) und Geisteskraft geltend. So war die Gewalt der Priester, denen fast nur Gesetzesauslegung, Rechtspflege und Gottesdienst übrig blieb, theils durch die Propheten, die nach Verstummung des Urim und Thummim sich sogar des Orakels bemächtigten, theils durch die Könige geschmälert.

§. 146 a.
Würde und Gewalt des Königs.

Die ersten Könige Israels wurden nach theokratischer Idee (5 Mos. XVII, 15.) von Gott durch seine Organe, die Propheten, und durch das heil. Loos berufen (1 Sam. IX, 17 X, 1. 17—24. XIII, 14. XVI, 1. 3 ff.); und als durch göttliche Verheissung das Erbrecht festgestellt war (2 Sam. VII, 12.), trat in zweifelhaften Fällen die göttliche Weisung durch Propheten (1 Kön. I, 24.) oder Priester (2 Kön. XI, 4 ff.) ein. Selbst das Königthum des Reiches Israel wurde von einem Propheten gestiftet (1 Kön. XI, 31 ff.) und die Dynastieen durch Propheten geändert (1 Kön. XVI, 2 ff. 2 Kön. IX, 1 ff.)[2]). Der König war Stellvertreter des unsichtbaren Königs Jehova oder dessen *Sohn* (Ps. II, 2. 6. CX, 1.)[3]) und vereinigte in

---

[1]) Keine Weihe, als höchstens die des Lehrers (1 Kön. XIX, 16. 2 Kön. II, 9 ff.). Vgl. bibl. Dogm. §. 86. *Ewald* Alterth. S. 295 ff. *Saalschütz* mos. R. 128 ff. *Keil* II, 230 ff.

[2]) Bisweilen ernannte der König unter mehreren Söhnen einen zum Nachfolger (2 Chron. XI, 22.); späterhin machte sich auch der Volkswille (2 Kön. XXI, 24. XXIII, 30.) u. ausländischer Einfluss geltend (2 Kön. XXIII, 34. XXIV, 17.). Im Reiche Israel fanden gewaltsame Thronumwälzungen Statt (Hos. VIII, 9.). — Eigenschaften, auf welche man bei der Wahl sehen sollte u. sah, 5 Mos. XVII, 15. 1 Sam. X, 23 f. XVI, 7 ff. Ps. XLV, 3. Ez. XXVIII, 12. vgl. Iliad. III, 166—170.

[3]) Parallelen der Griechen: Iliad. I, 279. II, 197.; der Aegypter: *Diod.* I, 90.: ... δοκοῦσιν Αἰγύπτιοι τοὺς ἑαυτῶν βασιλεῖς προςκυνεῖν τε καὶ τιμᾶν ὡς πρὸς ἀλήθειαν ὄντας θεούς κτλ. In hieroglyphi-

200 Politisches Verhältniss.

sich die höchste Gewalt circa sacra (2 Sam. VI, 1 ff. 1 Kön. VIII, 1 ff. XII, 26 ff. 2 Kön. XII, 4 ff. XVI, 10 ff. XVIII, 4 ff. XXIII, 1 ff. 1 Kön. II, 26 f.)[1]) mit der höchsten weltlichen Gewalt, namentlich der richterlichen (2 Sam. XIV, 4 ff. XV, 2. 1 Kön. III, 16 ff. Ps. CXXII, 5.), der Gewalt Krieg und Frieden zu beschliessen (1 Sam. XI, 5 ff. 2 Sam. X, 7 ff.), Zölle und Abgaben zu erheben und Frohnden aufzulegen (§. 146 b.), Kriegsvolk auszuheben (1 Sam. VIII, 11 ff.)[2]), endlich den obersten Heeresbefehl (1 Sam. VIII, 20.). Die königliche Gewalt war gewissermaassen eingeschränkt theils durch Wahlgesetze und Wahlverträge, die den König zur Anerkennung des im göttlichen Gesetz gewahrten Volksrechtes verpflichteten (1 Sam. X, 25. 2 Sam. V, 2. 3. 2 Kön. XI, 17.), theils durch die Propheten (§. 145.), theils durch die alte Volksfreiheit (1 Sam. XIV, 45. 2 Sam. XX, 15 ff.) und Stammverfassung (vgl. 1 Chron. IV, 41 ff. V, 19—23.), artete aber doch nicht selten in Zwingherrschaft aus (1 Sam. XXII, 17 ff. 1 Kön. II, 25. 31. 46. XII, 4. 10. 11.)[3]).

§. 146 b.
Einkommen des Königs.

Zum Einkommen des Königs gehörten: Geschenke (1 Sam. X, 27. XVI, 20. 2 Sam. VIII, 2. 6. 10. 1 Kön. V, 1. X, 25.), Beute (2 Sam. VIII, 7 f. 11.), Gütereinziehungen

---

schen Inschriften werden die ägyptischen Könige Göttersöhne genannt. *Champollion* Briefe etc. S. 96. 124. 138. 140. 142. 180 u. öft.; ja selbst Götter, S. 245.

[1]) David (2 Sam. VI, 18.) u. Salomo (1 Kön. III, 4. VIII, 14 ff.) scheinen sogar das alte hausherrliche u. königliche Recht zu opfern geübt zu haben, wesswegen Ersterem die Priesterkönigswürde zugeschrieben wird (Ps. CX, 4.). Aber als Usia Aehnliches thun wollte, trat ihm die Priesterschaft entgegen (2 Chron. XXVI, 16 ff.).

[2]) 1 Sam. VIII, 11 ff. ist die rechtmässige u. unrechtmässig ausgedehnte Gewalt des Königs zusammengefasst. Wenn 5 Mos. XVII, 14—20. das Königthum nach der theokratischen Idee geschildert wird, so hier nach der Erfahrung, welche Geschehenes für möglich auch in der Zukunft hält.

[3]) Vgl. über diesen u. d. folgg. §§. *Wilh. Schickard* jus regium Hebr. cum animadv. et notis *J. B. Carpzov.* Lips. 1674. 4. *Saalschütz* mos. R. S. 72 ff. Archäol. II, 442 ff. *Keil* II, 234 ff.

(2 Sam. XVI, 4. 1 Kön. XXI, 15 f.), Krongüter (1 Sam. VIII, 14. 1 Chron. XXVII, 26 ff. 2 Chron. XXVI, 10. vgl. Ezech. XLV, 7.), Regalien (Am. VII, 1.), Frohndienste (1 Sam. VIII, 12. 16. 1 Kön. V, 27. IX, 20.), Zehenten (1 Sam. VIII, 15.¹), vgl. 1 Sam. XVII, 25. Ez. XLV, 8.), Zölle (1 Kön. X, 15.), Tribut zinsbarer Könige (1 Kön. X, 15. Jes. XVI, 1), und in ausserordentlichen Fällen Kopfsteuer (2 Kön. XV, 20. XXIII, 35., vgl. Jes. XXXIII, 18.)²).

§. 147.
Beamte, Diener und Leibwache des Königs.

1. *Räthe* (עֵצִים, שָׂרִים, 2 Sam. XV, 12. 1 Chron. XXVII, 32 f. 1 Kön. XII, 6. 8. Jer. XXVI, 10 ff. XXXVI, 12 ff. u. a. St.), unter welchen der רֵעַ הַמֶּלֶךְ (1 Chron. XXVII, 33.) wohl der vornehmste war³).

2. Der *Canzler* (מַזְכִּיר) 2 Sam. VIII, 16. XX, 24. 1 Kön. IV, 3. 2 Kön. XVIII, 18. 37. Jes. XXXVI, 3.), welcher gewöhnlich als Reichshistoriograph oder *Magister memoriae (Hieron.* a Commentariis*)* angesehen wird, ähnlich dem Vaka-Nuwis am persischen Hofe⁴), wie denn die Hebräer wirklich Reichsgeschichten hatten (1 Kön. XIV, 19. vgl. סֵפֶר זִכְרֹנוֹת דִּבְרֵי הַיָּמִים Esth. VI, 1.); jedoch scheint der hebräische Maschir zugleich eine verwaltende Verrichtung gehabt zu haben.

3. Der *Geheimschreiber*, Staatssecretär, סֹפֵר (2 Sam. VIII, 17. XX, 25. 1 Kön. IV, 3. [zwei Schreiber unter Salomo] 2 Kön. XII, 11. XIX, 2. XXII, 3.), welcher eine eigene Schreibstube, לִשְׁכָּה, hatte (Jer. XXXVI, 12. 20 f.).

---

¹) Noch mehr gebührt einem indischen Könige, *Rhode* relig. Bild. d. Hindu's II, 577.
²) Der Handel war auch, besonders bei Salomo, eine Quelle des Einkommens; vgl. *Chardin* IV, 157.
³) Anders *Jahn* Arch. II, 2. 269., welcher in Vergleich mit 1 Makk. X, 65. XI, 27. *Diod.* XV, 10. *Polyb.* V, 16. darin bloss einen Ehrentitel findet.
⁴) *Chard.* V, 258. u. dz. *Langl. Kämpf.* amoen. p. 79. *Herod.* VII, 100. VIII, 90. *Heeren* Id. I, 160 f. *Pauls.* Reg. d. Morgenl. S. 290 f. — *Thenius* zu 1 Kön. IV, 3. ist der Ansicht, dass der מַזְכִּיר mehr, als Historiograph, dass er vielmehr der oberste Staatsbeamte war.

4. Der *Haushofmeister* (אֲשֶׁר עַל הַבָּיִת 1 Kön. IV, 6. Jes. XXXVI, 3. XXII, 15.).

5. Der *Kleidermeister* (אֲשֶׁר עַל הַמֶּלְתָּחָה 2 Kön. X, 22. שֹׁמֵר הַבְּגָדִים XXII, 14).

6. Der *Frohnmeister* (אֲשֶׁר עַל הַמַּס 2 Sam. XX, 24. 1 Kön. IV, 6. XII, 18.).

7. Salomo hatte *Rentamtleute* (נִצָּבִים) über zwölf Kreise (1 Kön. IV, 7 ff.), über welche ein Vorsteher gesetzt war (1 Kön. IV, 5.). Aehnlich die שָׂרֵי הָרְכוּשׁ, welche David gehabt haben soll (1 Chron. XXVII, 25 ff.) und die שָׂרֵי הַמְּדִינוֹת im Reiche Ephraim (1 Kön. XX, 15.) [1].

8. Der *Feldherr* (שַׂר הַצָּבָא 2 Sam. VIII, 16. XX, 23. 1 Kön. IV, 4.).

9. Der *Oberste der Leibwache* (2 Sam. VIII, 18. XX, 23.), auch mit jenem eins (1 Kön. IV, 4.).

10. Die *Leibwache*, unter David הַכְּרֵתִי וְהַפְּלֵתִי genannt (2 Sam. VIII, 18. XV, 18. XX, 7. 23.), späterhin הַכָּרִי וְהָרָצִים (2 Kön. XI, 4. 19.), von David gestiftet oder doch vollständiger eingerichtet (schon Saul hatte רָצִים 1 Sam. XXII, 17.), versah zugleich die Dienste von Scharfrichtern (nämlich die כְּרֵתִי [von כָּרַת] und die כָּרִי [von כּוּר *perfodit*] vgl. 1 Sam. XXII, 17. 1 Kön. II, 25. 34. 46.) [2] und Staatsboten (nämlich die פְּלֵתִי [vgl. فَلَتَ *schnellfüssig*] und die רָצִים Läufer, vgl. 2 Chron. XXX, 6.) [3].

---

[1] Unter den Beamten Davids u. Salomo's kommen ausser den Oberpriestern noch andere, vielleicht Hauspriester vor (2 Sam. VIII, 18. XX, 26. 1 Kön. IV, 5.). Nach letzterer Stelle war dieser Priester zugleich Freund des Königs. Die Chronik (1 B. XVIII, 17.) hat diese Unregelmässigkeit beseitigt.

[2] So die chaldäischen (2 Kön. XXV, 8. Dan. II, 14. 15.) u. ägyptischen (1 Mos. XXXVII, 36.) טַבָּחִים u. die türkischen Kapidschi, *Lüdecke* Beschr. d. türk. R. S. 293. *Hammer* Staatsverf. d. osm. R. II, 44 ff.

[3] So *Gesen.*, *Win.* unt. Krethi; dgg. erklären *Lakemacher* Observatt. II, 11. *Ewald* kr. Gr. S. 297. כְּרֵתִי nach 1 Sam. XXX, 14. durch (südlich wohnende) u. פְּלֵתִי durch (nördlich wohnende) Philister, u. כָּרִי Letzterer durch erkauften Sklaven oder Karier. Vgl. *Ewald* Gesch. I, 330 f. 333 f. III, 183. So auch *Bertheav*, *Lengerke*, *Hitzig*, *Baur*, *Knobel* Völkertafel S. 216. u. *Rütschi*

§. 148.

Einweihung, Ehrenzeichen und Hofstaat des Königs.

Der neue König wurde von einem Propheten oder Priester gesalbt (1 Sam. X, 1. XVI, 13. 1 Kön. I, 39. 2 Kön. XI, 12., daher מָשִׁיחַ 1 Sam. XXIV, 7. 2 Sam. I, 14. 16. XIX, 21. Ps. II, 2.) unter Zurufungen des Volks (1 Sam. X, 24. 1 Kön. I, 34. 39 f. 2 Kön. XI, 12.) und andern Festlichkeiten (1 Sam. XI, 15. 1 Kön. I, 38—40.). Die Amtstracht (vgl. Jes. XXXIII, 17.) bestand ausser prächtiger Kleidung (vielleicht einem Purpurmantel, 1 Makk. X, 62. XIV, 43. vgl. AG. XII, 21.) im Diadem, נֵזֶר (2 Sam. I, 10. 2 Kön. XI, 12.), der Krone (עֲטָרָה 2 Sam. XII, 30.)[1], der Armspange (2 Sam. I, 10.)[2], dem (hölzernen, Ez. XIX, 11.) Scepter (שֵׁבֶט)[3]; er sass auf dem Throne (כִּסֵּא 1 Kön. X, 18 ff.)[4].

Einen Hof gründete erst David mit Stiftung einer Residenz und Erbauung eines königlichen Palastes, und Salomo vermehrte die Pracht desselben durch neue Bauten, Anlegung von Gärten (Pred. II, 5.) u. Einführung des Luxus. Eine Hoftafel hatten schon Saul (1 Sam. XX, 5.) u. David (2 Sam. IX, 7.), letzterer auch schon wie Salomo Gesang dabei (2 Sam. XIX, 35. Pred. II, 8.). Von der Ueppigkeit der königlichen Tafel

---

in *Herzog's* RE. unt. Krethi. Unentschieden ist *Saalschütz* mos. R. S. 85. Not. 113. u. S. 486. Not. 608., der den *Crethi* u. *Plethi* auch die scharfrichterliche Function abspricht, von der aber nicht behauptet wird, dass sie allein ihnen zugetheilt war. Dagegen halten *Keil* u. *Thenius* in ihren Comm. zu 1 Kön. I, 38. an der Bedeutung „Scharfrichter- u. Läuferschaft" fest. — Aehnlich die persischen Staatsboten, ἄγγαροι Cyrop. VIII, 6, 9. 8, 9. *Herod.* VIII, 98. *Chard.* II, 199 sq. *Kämpf.* amoen. p. 196. 208. 214 sq. *Pauls.* Reg. d. Morgenl. S. 361 ff. ἀγγαρεύειν Matth. V, 41.

[1] *Curt.* VI, 11: purpureum diadema distinctum albo. *Jahn* II, 2. 225 f. Taf. XI. Nr. 1. IX. Nr. 4. 8. *Keil* II, 237. Not. 4. hält dafür, dass נֵזֶר u. עֲטָרָה dasselbe bezeichnen, die Krone in Form eines Diadems.

[2] Vgl. *Morier* S. 185.

[3] Iliad. I, 245.: σκῆπτρον — χρυσείοις ἥλοισι πεπαρμένον. II, 10. 268.: σκήπτρου ὕπο χρυσίον. *Feith* antt. homer. p. 160 sqq. *Nieb.* R. II, 146. Taf. 29. *Jahn* S. 230. Taf. XI. Nr. 3.

[4] *Jahn* S. 227. Taf. XI. Nr. 3. *Nieb.* R. II, 150. Taf. 30.

unter Salomo s. 1 Kön. V, 2. Eine zahlreiche Dienerschaft umgab den König (Pred. II, 7.), und er hielt ein zahlreiches Harem (2 Sam. V, 13. 1 Kön. XI, 1 ff. Pred. II, 8. 1 Kön. XX, 3.), das an den Thronfolger überging (2 Sam. XII, 8.), woraus sich 2 Sam. XVI, 22. 1 Kön. II, 13 ff. erklärt.

Die Ehrenbezeigungen gegen den König waren: das Niederfallen (1 Sam. XXIV, 9. 2 Sam. IX, 6. XIX, 18. vgl. 1 Kön. I, 16.), das Küssen (1 Sam. X, 1. Ps. II, 12.), der Gruss (1 Kön. I, 31. Neh. II, 3., vgl. Dan. II,'4. III, 9.). Die Diener standen vor ihm (1 Sam. XXII, 6 f. 1 Kön. X, 8., vgl. 5 Mos. X, 8.). Die israelitischen Könige waren für ihre Unterthanen leicht sichtbar und zugänglich (2 Sam. XIX, 8. 1 Kön. XX, 39. 2 Kön. VI, 26. Jer. XXXVIII, 7. — 2 Sam. XIV, 2 ff. 1 Kön. III, 16. vgl. dgg. Esth. IV, 11.)[1]. Nach ihrem Tode wurden sie im königlichen Erbbegräbnisse zu Jerusalem beigesetzt (1 Kön. II, 10. XI, 43. XIV, 31. 2 Kön. XXI, 18. 26. XXII, 30. 2 Chron. XXVI, 23.; vgl. dgg. 2 Chron. XXVIII, 27.).

§. 149 a.

Verfassung in und nach dem Exile.

Nach der Zerstörung Jerusalems war über die zurückgebliebenen Einwohner *Gedalja* gesetzt (2 Kön. XXV, 22.) Im Exile behauptete sich wahrscheinlich die alte Volksverfassung (Ez. XIV, 2. XX, 1. Susan. 5 f. 28 ff.)[2]. Die Ansiedelung der Zurückgekehrten stand unter einem oder mehreren persischen Statthaltern (פַּחוֹת Neh. II, 9. vgl. Esr. IV, 8 f. V, 6. VI, 6.), zugleich aber auch unter einem einheimischen Oberhaupte, ebenfalls פֶּחָה, auch תִּרְשָׁתָא genannt (Hagg. I, 1. 14. II, 2. 21. Esr. II, 63. Neh. V, 14. 18. VIII, 9. X, 2.), und hatte *Edle* und *Vorsteher*, סְגָנִים (Neh. II, 16. IV, 19. V,

---

[1] *Herod.* I, 99. III, 140. *Diodor. Sic.* II, 21. *Lüdecke* türk. R. S. 276.

[2] Nach der jüdischen Tradition (*R. Gedalia* in Schalscheleth Hakkab. fol. 13. *Buddei* H. E. II, 863. *Prideaux* Connex. I, 111.) war ein רֹאשׁ הַגָּלוּת über die Exulanten gesetzt. Esr. I, 8. erscheint Serubabel als Fürst Juda's.

7.), *Bezirksbeamte* (שַׂר פֶּלֶךְ, Neh. III, 9. 14. 15.) und *Richter* (Esr. VII, 25.) aus ihrer Mitte ¹).

Unter macedonisch-ägyptischer Hoheit waren die Hohenpriester Pächter der Abgaben (§. 56.), was ihnen auch sonst eine gewisse Gewalt verleihen musste ²). Während der macedonisch-syrischen Oberherrschaft stand Judäa unter dem στρατηγός von Phönicien und Cölesyrien (2 Makk. III, 5. IV, 4. VIII, 8.) und die Abgaben wurden von gewissen Rentbeamten erhoben (1 Makk. X, 41. XIII, 37.); jedoch fand auch Pachtung durch die Hohenpriester Statt (1 Makk. XI, 28. XIII, 15.) ³). So entwickelte sich und trat unter den hasmonäischen Priesterfürsten ganz ins Leben eine reine Hierarchie, welche Pompejus beseitigte, indem er Judäa zinsbar machte ⁴), die aber durch Cäsar auf kurze Zeit wieder hergestellt wurde, worauf dann die Herrschaft des Herodes und seiner Nachfolger eintrat ⁵). Als Palästina erst zum Theil, dann ganz römische Provinz geworden war und unter Procuratoren stand, zahlten die Juden die in andern römischen Provinzen üblichen Abgaben ⁶).

---

¹) Vgl. *Ewald* Gesch. Bd. IV, 94 ff. Die Abgaben waren nach Esr. IV, 13. VII, 24.: הֲלָךְ, Weggeld; בְּלוֹ, Verbrauchsteuer; מִדָּה, Grund- u. Einkommensteuer(?).

²) Die jährliche Pachtsumme betrug 20 Talente, *Joseph.* Antt. XII, 4, 1.

³) Die syrischen Abgaben waren nach 1 Makk. X, 29. XI, 35. XIII, 39.: φόροι (*Luth.* Schoss), τιμή ἁλός (Salzsteuer), στέφανοι (Kronsteuer, aurum coronarium), τὸ τρίτον τῆς σπορᾶς, ἥμισυ τοῦ καρποῦ τοῦ ξυλίνου (Hälfte der Baumfrüchte). Vgl. *Grot.*, *Mich.* z. d. St. Der jährliche Pacht scheint nach 1 Makk. XI, 28. 300 Talente betragen zu haben. Weit mehr wird 1 Makk. XV, 31. gefordert.

⁴) *Joseph.* Antt. XIV, 4, 4.: καὶ τὰ μὲν Ἱεροσόλυμα ὑποτελῆ φόρου Ῥωμαίοις ἐποίησεν (ὁ Πομπήϊος). B. J. I, 6, 7.: τῇ τε χώρᾳ καὶ τοῖς Ἱεροσολύμοις ἐπιτάττει φόρον.

⁵) Die bedeutenden (*Joseph.* Antt. XVII, 11, 4. B. J. II, 6, 3.) Einkünfte dieser Fürsten flossen theils aus Krongütern (Antt. XIV, 10, 6.), theils aus Grund- und Erwerbsteuern (XV, 9, 1.; 10, 4. XVII, 2, 1. XIX, 6, 3.), aus Zöllen (XIV, 10, 6. 22.) u. Verbrauchsteuern (XVII, 8, 4.). Vgl. *Win.* Art. Abgaben.

⁶) Die Grund- u. Kopfsteuer (κῆνσος Matth. XXII, 17.), die Zölle (τέλη, vectigalia, welche an die Publicani verpachtet waren u. von den so sehr verhassten Zöllnern [portitores, τελῶναι] oft mit Erpressungen [Luk. III, 12. XIX, 8.] erhoben wurden), auch eine

§. 149 b.

Das Synedrium.

Dieses höchste geistliche und weltliche Gericht[1]) von 70 Beisitzern aus dem Priester-, Gelehrten- und Aeltesten-Stande (ἀρχιερεῖς, γραμματεῖς, πρεσβύτεροι, mit einem Präsidenten (אָב)[2]) und Vicepräsidenten (אָב בֵּית דִּין) kommt zuerst unter Hyrkan II. und Antipater vor (*Joseph.* Antt. XIV, 9, 4.), hat aber wahrscheinlich einen früheren Ursprung[3]).

Zeit lang die Verbrauchsteuer (Antt. XVIII, 4, 3.), vgl. *P. Zorn* hist. fisci jud. sub imp. vett. rom. Alt. 1734. *Burmann* vectigalia pop. rom. L. B. 1734. 4. Der ἀρχιτελώνης Luk. XIX, 2. war n. *Burm.* der Stellvertreter des Magister scripturae s. portuum.
[1]) In dessen Bereich gehörten nach Sanhedr. I, 5. Rechtssachen, die einen ganzen Stamm oder Stadt oder einen falschen Propheten (vgl. Joh. I, 19. Matth. XXI, 3.) oder den Hohenpriester oder einen willkürlichen Krieg, ferner den Gottesdienst betrafen; nach *Joseph.* Antt. XIV, 9, 4. auch Staatsverbrechen. Gewöhnliche peinliche Fragen gehörten vor das kleinere Synedrium, סנהדרין קטנה, von 23 Beisitzern, in jeder Stadt von mehr als 120 Haushaltungen, und in Jerusalem deren zwei, Sanhedr. I, 6. Civil-Sachen u. die Zucht-Polizei gehörten vor das Drei-Männer-Gericht, בית דין של שלשה, in kleineren Städten, Sanhedr. I, 2. II. *Reland* antt. II, 7, 12 sq. *Selden* de Synedr. p. 647 sqq. Dagegen das Stillschweigen des *Josephus*, vgl. Antt. IV, 8, 14. *Schulz* de variis Judaeor. erroribus etc. §. 15. vor s. Ausg. von *Reland* de spoliis etc. *Jahn* II, 2. 306 ff. Einschränkung der peinlichen Gerichtsbarkeit des Synedriums zu Christi Zeit, Joh. XVIII, 31. XIX, 6. u. dz. *Krebs.* Hieros. Sanhedr. fol. 24, 2. Schabb. fol. 15, 1. *Joseph.* Antt. XX, 9, 1. *Rel.* l. l. §. 9. *C. Itiesch* de potestate synedr. m. tempore Christi imminuta. Jen. 1686. Die Fälle AG. VII, 56 ff. *Joseph.* Antt. XX, 9, 1. sind als Competenz-Ueberschreitung zu betrachten.

[2]) Ob dieses immer der Hohepriester gewesen sei? *Meuschen* Nov. Test. ex Talm. illustr. p. 1184 sqq. *Schulz* arch. I, 9, 8.; dgg. *Selden* p. 982 sqq. *Carpz.* app. p. 553.

[3]) Nicht in 4 Mos. XI. (Sanhedr. I, 6. *Rel.* II, 7, 3. *Selden* p. 562 sqq.), eher in 5 Mos. XVII, 8. 2 Chron. XIX, 8. Das 2 B. d. Makk. (I, 10. IV, 44.) weiss von einer γερουσία schon zur Zeit der Seleuciden; doch sind diess vielleicht nur die Aeltesten. — Versammlungsort des Synedriums in der Zelle Gasith im Tempel, *Rel.* l. l. §. 8. *Selden* p. 946 sqq. Vgl. βουλή und βουλευτήριον bei *Joseph.* B. J. V, 4, 2. VI, 6, 3.

Vgl. zu diesem §. *Ewald* Gesch. IV, 189 ff. *Winer* unt. Synedrium, u. besonders *Leyrer* in *Herzog's* RE. unt. Synedrium.

§. 150.

Bürgerrecht. Beschneidung.

Eigentlich brachte nur die Abstammung von Abraham und Jakob das israelitische Bürgerrecht mit sich, welches durch die *Beschneidung* (מּוּלָה, περιτομή) d. i. Wegschneidung der Vorhaut (עָרְלָה, ἀκροβυστία) oder die künstliche Befreiung der Eichel des männlichen Gliedes von ihrer Bedeckung, bezeichnet wurde (3 Mos. XII, 3.). Dieser nach 1 Mos. XVII, 9 ff. dem Abraham von Gott gebotene, wahrscheinlich aber von den Aegyptern entlehnte [1]) Gebrauch, dessen Bedeutung

---

[1]) *Herod.* II, 36.: Τὰ αἰδοῖα ὦλλοι μὲν ἐῶσι ὡς ἐγένοντο, πλὴν ὅσοι ἀπὸ τούτων ἔμαθον, Αἰγύπτιοι δὲ περιτάμνονται. c. 104.: Μοῦνοι πάντων ἀνθρώπων Κόλχοι καὶ Αἰγύπτιοι καὶ Αἰθίοπες περιτάμνονται ἀπ' ἀρχῆς τὰ αἰδοῖα. Φοίνικες δὲ καὶ Σύριοι οἱ μὲν ἐν τῇ Παλαιστίνῃ καὶ αὐτοὶ ὁμολογέουσι παρ' Αἰγυπτίων μεμαθηκέναι. Σύριοι δὲ οἱ περὶ Θερμώδοντα καὶ Παρθένιον ποταμὸν καὶ Μάκρωνες οἱ τούτοισι ἀστυγείτονες ἐόντες ἀπὸ Κόλχων φασὶ νεωστὶ μεμαθηκέναι· οὗτοι γάρ εἰσι οἱ περιταμνόμενοι ἀνθρώπων μοῦνοι, καὶ οὗτοι Αἰγυπτίοισι φαίνονται ποιέοντες κατὰ ταὐτά. Αὐτῶν δὲ τῶν Αἰγυπτίων καὶ Αἰθιόπων οὐκ ἔχω εἰπεῖν ὁκότεροι παρὰ τῶν ἑτέρων ἐξέμαθον· ἀρχαῖον γὰρ δή τι φαίνεται ἐόν· ὡς δ' ἐπιμισγόμενοι Αἰγύπτῳ ἐξέμαθον, μέγα μοι καὶ τόδε τεκμήριον γίνεται· Φοινίκων ὁκόσοι τῇ Ἑλλάδι ἐπιμίσγονται, οὐκέτι Αἰγυπτίους μιμέονται κατὰ τὰ αἰδοῖα, ἀλλὰ τῶν ἐπιγινομένων οὐ περιτάμνουσι τὰ αἰδοῖα. *Joseph.* Antt. VIII, 10, 3.: Φησὶ (Ἡρόδοτος) δὲ καὶ Αἰθίοπας παρ' Αἰγυπτίων μεμαθηκέναι τὴν τῶν αἰδοίων περιτομήν, „Φοίνικες γὰρ καὶ Σύριοι οἱ ἐν τῇ Παλαιστίνῃ ὁμολογοῦσι παρ' Αἰγυπτίων μεμαθηκέναι." Δῆλον οὖν ἐστὶ ὅτι μηδένες ἄλλοι περιτέμνονται τῶν ἐν τῇ Παλαιστίνῃ Σύρων ἢ μόνοι ἡμεῖς. *Diodor. Sic.* I, 27.: Λέγουσι δὲ καὶ τοὺς περὶ τὸν Δαναὸν ὁρμηθέντας ὁμοίως ἐκεῖθεν συνοικίσαι τὴν ἀρχαιοτάτην σχεδὸν τῶν παρ' Ἕλλησι πόλεων Ἄργος, τό τε τῶν Κόλχων ἔθνος ἐν τῷ Πόντῳ καὶ τὸ τῶν Ἰουδαίων ἀνὰ μέσον Ἀραβίας καὶ Συρίας οἰκίσαι τινὰς ὁρμηθέντας παρ' ἑαυτῶν. Διὸ καὶ παρὰ τοῖς γένεσι τούτοις ἐκ παλαιοῦ παραδεδόσθαι τὸ περιτέμνειν τοὺς γεννωμένους παῖδας, ἐξ Αἰγύπτου μετενηνεγμένον τοῦ νομίμου. *Strabo* XVII, 824.: καὶ τοῦτο δὲ τῶν ζηλουμένων μάλιστα παρ' αὐτοῖς τὸ πάντα τρέφειν τὰ γεννώμενα παιδία καὶ τὸ περιτέμνειν καὶ τὰ θήλεα ἐκτέμνειν, ὅπερ καὶ τοῖς Ἰουδαίοις νόμιμον· καὶ οὗτοι δέ εἰσιν Αἰγύπτιοι τὸ ἀνέκαθεν. Nach *Marsham.* can. chron. sec. V. p. 73 sq., *Spencer* de legg. ritual. p. 55 sqq. behaupteten den ägyptischen Ursprung der Beschneidung bestimmt: *Michael.* mos. R. IV. §. 185., *Bauer* d. gottesd. Verf. d. Hebr. I, 37 ff., *A. Chr. Borheck* Ist d. Beschneid. urspr. hebräisch u. s. w.? Duisb. 1793., *Win.*, *Hofmann* (Allg. Encyclop. IX, 268.), *Saalschütz* Archäol. I, 39., *Ewald* Alterth. S. 104., *Knobel* Genesis, 2. Aufl. S. 160.; dgg. *Wits.* Aegypt. III, 6. 177 sqq.

nach 1 Mos. XVII, 11. die eines heiligen Bundeszeichens, ursprünglich aber entweder die eines Sühnungs-[1]) oder Reinigungs-Mittels [2]) und somit eines Symbols der besondern

Sal. Deyling observatt. S. II, 6. p. 88 sqq. *Leydeck.* de republ. Hebr. II, 4. 70 sq. *Zach. Grapius* an circumcisio ab Aegypt. ad Abrah. fuerit derivata. Jen. 1722. *Budd.* H. E. P. I, 221 sqq. *Carpz.* app. p. 602 sq. u. a. das. angef. Schriftst. *F. W. Sturz* circumcisionis a barb. gentibus ad Jud. translationem .... non vere factam esse. Ger. 1790. Unentschieden *Keil* I, 308. Ueber 1 Mos. XVII. s. Krit. d. isr. Gesch. — Ausser den von *Herod.* u. A. genannten Völkern nennt *Joseph.* Autt. I, 12, 2. noch die Araber als solche, welche die Beschneidung haben. Ueber die streitige St. Jer. IX, 24 f. s. d. Ausll. Heutzutage haben sie nicht nur die muhammedanischen Völker, sondern auch die christlichen Abyssinier, die ehemaligen Bewohner von Otaheiti u. einige süd-amerikanische Völker.

[1]) *Meiners* de circumcis. caus. et orig. s. (Comment. soc. Gott. XIV, 207.), krit. Gesch. d. Religg. II, 473. u. *Benj. Constant* de la relig. I, 257. vergleichen sie mit ähnlichen bei alten u. wilden Völkern vorkommenden Verstümmlungen oder Incisionen, indem Letzterer an die mit dem Zeugungsgeschäfte verknüpfte Idee der Sündenschuld erinnert. Nach *Movers* Phöniz. I, 361. ist sie eine Milderung der dem Saturn zu Ehren vorgenommenen Exsectionen, u. ursprünglich phönicisch. *Trusen* die Sitten, Gebräuche u. s. w. S. 121 ff. stimmt denen bei, welche die Beschneidung an die Stelle der frühern Menschenopfer treten lassen. — Ueber die verschiedenen Hypothesen vgl. auch *J. B. Friedreich* zur Bibel, naturhist., anthropolog. u. medic. Fragmente. 2 Thle. Nürnberg 1848. II, 104 ff. — *Ewald* Alterth. S. 106 f. findet den ursprünglichen Sinn der Beschneidung nach Anleitung der Stelle 2 Mos. IV, 24—26. in einer Opferhandlung, indem das Opfer, wegen der alten Heiligkeit des Zeugungsgliedes an der Vorhaut vollzogen, als ein Opfer vom eignen Leibe u. Blute den Beschnittenen einem Gotte zugeeignet habe. Nach *Baur* üb. d. urspr. Bedeut. des Passahf. u. d. Beschneid.-Ritus, Tüb. Ztschr. 1832. I. H. 104 ff. ist sie die Ablösung einer auf dem ins Leben tretenden Menschen haftenden Schuld. *Keil* I, 308 ff. leitet nach dem Vorgange von *M. Baumgarten* theol. Comm. I, 200 f. u. *Delitzsch* Genesis S. 385 ff. 3. Ausg. die Beschneidung „aus dem Gefühl der Unreinheit menschlicher Natur" her u. findet die Bedeutung, welche die Beschneidung für die Israeliten hatte u. haben sollte, „in der religiösen Anschauung, dass das durch den Fall in die menschl. Natur gekommene Verderben der Sünde sich in dem Geschlechtsgliede concentrire."

[2]) *Herod.* II, 37.: τά τε αἰδοῖα περιτάμνονται, καθαριότητος εἵνεκεν. *Philo* de circumcis. p. 810.: πολλὰ ... τὰ προτρέποντα τὴν εἰςαγωγὴν τῶν παλαιῶν διατηρεῖν καὶ ἐπιτελεῖν, τὰ δ' ἀνώτατα τίτταρα· ἓν μέν,

Verfassung. §. 150. 209

(priesterlichen) Heiligkeit der Hebräer [1]) war, diente zugleich als Einweihung zur Theilnahme am israelitischen Cultus, daher auch die heidnischen Sklaven (1 Mos. XVII, 12. 4 Mos.

χαλεπῆς νόσου καὶ δυσιάτου πάθους ἀπαλλαγὴν, ἣν ἄνθρακα καλοῦσιν ....
(*Joseph. c.* Ap. II, 13.: περιετμήθη [*Ἀπίων*] ἐξ ἀνάγκης, ἑλκώσεως αὐτῷ περὶ τὸ αἰδοῖον γενομένης.) δεύτερον, τὴν δι' ὅλου τοῦ σώματος καθαρότητα πρὸς τὸ ἁρμότειον τάξει ἱερουμένῃ, παρ' ὃ καὶ ξυροῦνται τὰ σώματα ... τρίτον δὲ, τὴν πρὸς καρδίαν ὁμοιότητα τοῦ περιτμηθέντος μέρους .... (vgl. 3 Mos. XXVI, 41. 5 Mos. X, 16. XXX, 6. Jer. IV, 4. Ezech. XLIV, 7.). τέταρτον δὲ καὶ ἀναγκαιότατον, τὴν πρὸς πολυγονίαν κατασκευήν· λέγεται γὰρ ὡς; εὔοδοῖ τὸ σπέρμα κτλ. Vgl. *Nieb.* B. S. 77 f., der dieses gewissermaassen bestätigt; *Schulz* de circumcis. Judaeor. med. (exercitatt. fasc. I. II.) Arch. II, 3. 7 f. u. a. Schr. b. *Win.*, der diesen Nutzens-Zweck anerkennt, wie auch *Saalschütz* mos. R. S. 146.

[1]) *Origen.* lib. II, in cp. ad Rom. IV, 406. cd. *Ru.*: Apud Aegyptios ... sacerdos ... aruspex aut quorumlibet sacrorum minister, vel ut illi appellant, propheta omnis circumcisus est. Omnis hierophantes, omnis vates, omnis coeli, ut putant, infernique mystes et conscius apud eos esse non creditur nisi circumcisus. *Joseph.* c. Ap. II, 13.: δύο γὰρ αὐτοὺς (τοὺς ἱερεῖς) φασὶν ὑπὸ τῶν βασιλέων ἐξ ἀρχῆς ταῦτα προςτετάχθαι, τὴν τε τῶν θεῶν θεραπείαν καὶ τῆς σοφίας τὴν ἐπιμέλειαν· ἐκεῖνοι τοίνυν ἅπαντες καὶ περιτέμνονται, καὶ χοιρείων ἀπέχονται βρωμάτων. *Horapollo* I, 14. p. 31. ed. *Paw.* vom Cynocephalus: γεννᾶταί τε περιτετμημένος, ἣν καὶ οἱ ἱερεῖς ἐπιτηδεύουσι περιτομήν. — Bei der Frage, ob ursprünglich ein physischer oder ein religiöser Grund die Veranlassung zu dem jedenfalls höchst seltsamen Gebrauch der Beschneidung gegeben habe, hat die Annahme eines religiösen Grundes die grössere Wahrscheinlichkeit für sich. Da die Beschneidung in dem Kreise von nur wenigen Völkern sich findet, so scheint die Bedeutung der Zeugung nach einer eigenthümlich religiösen Anschauung zur Beschneidung des Zeugungsgliedes in einem kaum noch bestimmbaren religiösen Zweck, vielleicht im Sinn eines, aber auch schwer bestimmbaren Opfers geführt zu haben, obschon aus der Stelle 2 Mos. IV, 24—26. die Beschneidung als Opferhandlung sich nicht erweisen lassen dürfte, da hier die Beschneidung allgemein als religiöse Verpflichtung erscheint, deren Vernachlässigung von Gott bestraft, deren Erfüllung von Gott belohnt wird. S. auch *Vaihinger* in *Herzog's* RE. unt. Beschneidung. Indessen mag auch die ursprüngliche Veranlassung und Bedeutung der Beschneidung nicht mehr sicher erkennbar sein, dadurch wird die Einsicht in die Bedeutung nicht beeinträchtigt, welche sie für die Israeliten hatte; unzweifelhaft ist, dass sie diesen als das Symbol der Weihe für Jehova u. der Zugehörigkeit zu dem Gottesvolke als solchem galt, wie sie auch von *Saalschütz*, *Ewald* u. *Keil* a. d. an-

De Wette Archäologie. 4. Aufl. 14

XII, 44.), die Fremden, die in Palästina wohnten und am Passah Theil nehmen wollten (2 Mos. XII, 48.), und die später so genannten Proselyten (§. 246.) sich derselben unterwerfen mussten.

Die Beschneidung konnte jeder Israelit, im Nothfalle selbst die Mutter verrichten (2 Mos. IV, 24. vgl. dgg. *Avod. Sara* f. 27, 1.); heutzutage ist sie das Geschäft des מוהל, welcher sich eines stählernen Messers bedient (dgg. 2 Mos. IV, 25. Jos. V, 2 f. nach gew. Ausl.). Es wird dabei nicht nur die Vorhaut weggeschnitten, sondern auch das Bändchen der Eichel gelöst (פריעה). Der Tag der Beschneidung, der achte, ist zugleich der der Namengebung (Luk. I, 59. 62 f.)[1].

Moabiter und Ammoniter waren ganz vom Bürgerrechte ausgeschlossen (5 Mos. XXIII, 4.), und dasselbe sollte man von den der Ausrottung geweiheten Cananitern erwarten, vgl. aber 2 Sam. XI, 3. XXIV, 16. Die Edomiter und Aegypter waren im dritten Geschlechte zulässig (5 Mos. XXIII, 8 f.), und erstere wurden von Joh. Hyrkan zur Annahme der Beschneidung gezwungen (§. 62.). Verschnittene und Hurkinder waren ganz ausgeschlossen (5 Mos. XXIII, 2. 3.)[2].

---

geführten Stellen aufgefasst wird. Diesem Zeichen am Körper, durch das der Israelit an seine eigne u. seines Volkes theokratische Bestimmung erinnert werden sollte, so dass die Zeugung auch eine höhere als nur physische Bedeutung erhielt, entsprach am Kleide das Symbol der Schaufäden (§. 128 a. S. 174 Anm. 4. u. S. 181.).

[1]) Andere heutige Gebräuche s. bei *Buxt.* Synag. p. 89 sqq. *Carpz.* app. p. 606. Ausdehnung und Ueberziehen der Vorhaut (ἐπισπασμός, vgl. 1 Cor. VII, 18.), *Buxt.* L. T. s. v. משך. *Lossius* de epispasmo jud. Jen. 1665. in *Schläger* diss. rar. fasc. II. u. in *Ugolin.* thes. XXII. *Lübkert* in theol. Studd. u. Kr. 1835. S. 657 ff.

[2]) *Michaelis* m. R. II. §. 139. *Saalschütz* m. R. S. 693 f. *Ewald* Alterth. S. 272 ff.

Privatrecht. §. 151. 152.

Zweites Capitel.
Privatrecht.

I. Gewohnheitsrecht der vormosaischen Periode.

§. 151.
Ueberbleibsel desselben.

Vom Gewohnheitsrechte der vormosaischen Periode finden sich manche Ueberbleibsel theils in der Geschichte des 1. B. Mose (aber nicht alles darin vorkommende Rechtliche gehört dahin), theils in der mosaischen Gesetzgebung selbst, z. B. das Recht der Erstgeburt, die Blutrache, die Leviratsehe, vgl. 5 Mos. XXV, 8 ff. u. a. m.[1]).

II. Geschriebenes mosaisches Recht.

A. Rechte die Sachen betreffend.

§. 152.
Unveräusserliches Grundeigenthum. Jubeljahr.

Da Jehova der Herr des Landes war (3 Mos. XXV, 23.) und die Vertheilung desselben auf seine Anordnung geschah, so war der Stamm- und Familien-Besitz geheiligt und darum unbeweglich und unveräusserlich. Die Stamm- und Familien-Erbgüter durften nur bis zum funfzigsten Jahre[2]), dem *Jubel-*

---

[1]) *Michael.* mos. R. I. §. 3. *Iken* de institutis et cerim. legis mos. ante Mosen. Brem. 1751. 4. *II. S. Reimari* de legibus mos. ante Mosen. Hamb. 1741. (*Velthus.* commentatt. VI.) *Bleek* in theol. Studd. u. Kr. 1831. S. 498 f.

[2]) So zählen nach 3 Mos. XXV, 10 f. *Joseph.* Antt. III, 12, 3. *Philo* de carit. p. 704. de septenar. p. 1187. *Michael.* m. R. II. §. 74. *Ideler* Handb. d. Chron. I, 505 f. Fälschlich zählen 49 J. *R. Juda* u. die sogen. Geonim (vgl. *Maimon.* hilch. schmitt. c. 10 f. 142.), *J. Scalig., Petav., Calvis., Frank, Gatterer*. Der Einwand, dass so zwei Feierjahre zusammengekommen seien, wird allerdings nicht mit *Idel.* durch 3 Mos. XXV, 20 ff. gehoben (*Hm.*). Auf verschiedene Weise wird die Schwierigkeit gelöst durch *Saalschütz* mos. R. S. 144 ff. Archäol. II, 228. N. 4. *Ewald* Alterth. S. 419 N. 1. *Knobel* zu Levit. XXV, 20—22. *Keil* I, 375. N. 1

jahre (שְׁנַת הַיּוֹבֵל, יוֹבֵל [1]), verkauft werden, und mussten in demselben wieder ohne Kaufschilling an die alten Besitzer zurückfallen, so dass der Verkauf eigentlich nur eine gewisse Anzahl von jährlichen Ernten betraf (3 Mos. XXV, 13—16. 23.). Auch vor diesem Zeitpunkte hatte das Wiederkaufsrecht entweder durch den Besitzer selbst oder dessen Löser (גֹּאֵל) d. h. seinen nächsten Verwandten, Statt (Vs. 24—28.). Dieses Wiederkaufsrecht bestand auch ein Jahr lang für Häuser in einer Stadt (Vs. 29 f.), die, wenn sie während des Jahres nicht gelöst wurden, als nicht eigentlich zum Lande Jehova's gehörig für immer dem Käufer blieben; unveräusserlich wie Feldgüter waren die Häuser auf dem Lande und in den Levitenstädten (Vs. 31—34.). Nur in Anschung der Gelübde fand eine Ausnahme Statt, indem ein von dem Besitzer durch ein Gelübde Jehova geweihter Acker, wenn er bis zum Jubeljahre nicht eingelöst wurde, Jehova verblieb und den Priestern als Eigenthum zufiel (3 Mos. XXVII, 16—21.). S. §. 161.

§. 153.
Sabbath- oder Ruhejahr.

Dieses Jubeljahr war zugleich ein Brachjahr für das Land (3 Mos. XXV, 11 f.), wie sonst jedes siebente Jahr als *Ruhejahr* (שְׁנַת שַׁבָּתוֹן) gefeiert und das Land ungebaut gelassen und preisgegeben werden sollte, so dass auch dadurch eine Beschränkung des Besitzrechts sanctionirt wurde (2 Mos. XXIII, 10 f. 3 Mos. XXV, 1 ff.). Beide Gesetze scheinen vor dem Exile nicht in Ausübung gekommen zu sein, nicht nur im Reiche Ephraim (1 Kön. XXI, 2 f.), sondern auch in Juda, wie die Klage über allzugrossen Güterbesitz der Reichen (Jes. V, 8.), ja über die Unterlassung der Feier des

---

[1] So genannt vom Jobel-Horne, mit welchem es verkündigt wurde. Ueber die Etymologie dieses W. s. *Joseph.* l. l. *Michael.* §. 83. *Carpz.* de anno Jobel. Lips. 1730. (App. p. 44 sqq.) *Gesen. Win.* WBB. *Knobel* zu Lev. XXV, 10. Vgl. überh. die Monographieen de anno jubileo von *Wagenseil* (1700), *Buck* (1700), *Carpzov* (1730), *Ode* (1745), *Laurich* (1794), *Kranold, Wold* (Götting. Preisschriften 1837), *Oehler* in *Herzog's* RE. unt. Sabbathjahr S. 206 ff.

Privatrecht. §. 153. 154.

Sabbathjahres selbst (2 Chron. XXXVI, 21. 3 Mos. XXVI, 34.) beweist [1]; nach dem Exile hingegen ist wenigstens das letztere gefeiert worden (Neh. X, 32. 1 Makk. VI, 49. 53. *Joseph.* Antt. XIII, 8, 1. XIV, 10, 6.[2]) 16, 2. XV, 1, 2.)[3]. S. übrigens §. 161. 215 b.

§. 154.
Vererbung des Eigenthums.

Das Princip der Unveräusserlichkeit des Eigenthums, dem das Jubeljahr diente, lag auch dem Erbrecht zu Grunde. — Der väterliche Besitz ging als Erbe auf die Söhne über. Die Töchter scheinen nur geerbt zu haben, wenn keine Söhne da waren, und dann mit der Verpflichtung einen Mann ihres Stammes zu heirathen (4 Mos. XXVII, 8. XXXVI, 1 ff.)[4]. Indessen finden sich auch Beispiele von Töchtern, welche mit Söhnen erbten: Hiob XLII, 15. Neh. VII, 62. vgl. 2 Sam. XIX, 37. — 1 Chron. II, 21 f. vgl. 4 Mos. XXXII, 41. Jos.

---

[1] Der Schluss hiervon auf den spätern Ursprung dieser Gesetze ist allerdings unsicher. Doch nimmt diesen auch an *Tacit.* Hist. V, 4.: Septimo die otium placuisse ferunt, quia is finem laborum tulerit; dein *blandiente inertia* septimum quoque annum ignaviae datum. Indessen die oben angeführten Stellen berechtigen auch nicht zu dem Schluss, dass vor dem Exil die Feier des Sabbath- u. Jubeljahres gar nicht zur Ausführung gekommen sei; sie lassen nur auf eine unregelmässige Feier schliessen. Vgl. *Saalschütz* Archäol. II, 226 ff. *Ewald* Alterth: S. 422 ff. *Oehler* l. c. S. 212.

[2] Γάϊος Καῖσαρ .... ἔστησε κατ' ἐνιαυτὸν ὅπως τελῶσιν ὑπὲρ τῆς Ἱεροσολυμιτῶν πόλεως .... χωρὶς τοῦ ἑβδόμου ἔτους, ὃν Σαββατικὸν ἐνιαυτὸν προςαγορεύουσιν, ἐπειδὴ ἐν αὐτῷ μήτε ἀπὸ τῶν δένδρων καρπὸν λαμβάνουσι μήτε σπείρουσι.

[3] Die Geonim hatten nach *Maimonides* eine Tradition, dass man seit der Zerstörung des ersten Tempels nur Schmittahs, keinen ausserordentlichen Jobel gezählt habe, und dies scheint allerdings richtig zu sein. Nach 1 Makk. VI, 49. 53. vgl. 20. war das 150. J. der seleucid. Aera 163 J. v. Chr. ein Sabbathjahr. Ein solches war ferner das J. 37 v. Chr., in dessen Sommer Herodes Jerusalem eroberte. Der Zwischenraum zwischen beiden, 126 J., ist durch 7 theilbar, es kann also unterdessen kein Jubeljahr gefeiert worden sein. *Ideler* LB. d. Chron. S. 211.

[4] Aehnlichkeit des athenischen Rechts, *Jac. Perizon.* de lege Voconia (septem dissert. L. B. 1740.), *Michael.* m. R. II. §. 78.

XV, 16 ff. Richt. I, 12 ff. vgl. 2 Chron. II, 18. — Hinterliess der Verstorbene auch keine Tochter, so sollte sein Besitz an seinen Bruder, und wenn er keinen hatte, an die Brüder seines Vaters, und wenn auch deren keine vorhanden waren, an seinen nächsten Blutsverwandten aus seinem Geschlecht kommen (4 Mos. XXVII, 8—11.).

Der Erstgeborne, d. h. der Ersterzeugte, erhielt ein doppeltes Erbtheil (5 Mos. XXI, 17., vgl. dgg. 1 Mos. XLVIII, 5 ff. 1 Chron. V, 2.)[1]. Ueber Testamente nichts Gesetzliches (vgl. 1 Mos. XLVIII, 5. 22. 2 Sam. XVII, 23. 2 Kön. XX, 2.). Auch nichts über das Erben der Söhne der Sklavinnen (vgl. 1 Mos. XXV, 6.).

B. Rechte der Personen.

§. 155.

Verhältniss der Eltern und Kinder.

Der Vater hatte unverletzliches Ansehen in der Familie, und Vergehungen der Kinder dagegen waren mit dem Tode verpönt (2 Mos. XXI, 17. 3 Mos. XX, 9. 5 Mos. XXI, 18 ff.). Er hatte grosse Gewalt über seine Kinder, in Anschung ihrer Verheirathung, sowohl der Söhne (1 Mos. XXIV. 2 Mos. XXI, 9 f. Richt. XIV, 2 ff., vgl. 1 Mos. XXI, 21.) als der Töchter (zu deren Verheirathung die Zustimmung des ältern Bruders oder der Brüder überhaupt scheint nöthig gewesen zu sein, 1 Mos. XXIV, 50. XXXIV, 11 ff.)[2] vgl. §. 156.; in Ansehung der Aufhebung der Gelübde der Töchter (4 Mos. XXX, 4—6.), und ihres Verkaufs zu Sklavinnen (2 Mos. XXI, 7. §. 159.).

---

[1] Noch grössere Begünstigung desselben bei den Hindu's, *Rhode* rel. Bild. d. Hindu's II, 608. Vgl. zu diesem §. *Saalschütz* mos. R. S. 820 ff. *Ewald* Alterth. S. 200 ff. *Keil* II, 211 ff.

[2] Aehnlichkeit des athenionsischen Rechts, *Petit.* legg. att. p. 534. Ansehn des Erstgebornen, welcher oft das Haupt genannt wird (1 Chron. V, 12. IX, 17.). Die im Gesetze verbotene Uebertragung der Erstgeburt auf einen Andern (5 Mos. XXI, 15 f.) scheint doch zuweilen Statt gefunden zu haben (1 Chron. V, 1 ff. XXVI, 10.). *Michael.* m. R. II. §. 84. — Vgl. zu diesem §. *Ewald* Alterth. S. 215 ff.

§. 156.

Ehe, Kauf der Frauen, Vielweiberei.

Die Töchter wurden gemeiniglich wie bei andern Völkern[1]) dem Vater vom Freier abgekauft (1 Mos. XXIX, 18. XXXI, 15. XXXIV, 12. 1 Sam. XVIII, 25. Hos. III, 2. 2 Mos. XXII, 15.); jedoch wurden Töchter auch unentgeltlich (1 Mos. XXIV.) oder für edlere Dienste weggegeben (Jos. XV, 16. Richt. I, 13. 1 Sam. XVIII, 25.), oder erhielten Mitgift (1 Kön. IX, 16. Tob. VIII, 21.)[2]). Der feste Kaufpreis (מֹהַר) scheint der der Sklaven gewesen zu sein (vgl. Hos. III, 2. mit 2 Mos. XXI, 32.; 5 Mos. XXII, 29. mit 3 Mos. XXVII, 3.)[3]).

Die Vielweiberei war nach des Patriarchen Jakobs Beispiel und der allgemeinen Sitte des Morgenlandes *(Strabo* XI, 526. XV, 714. 733. *Herodot.* I, 135.) erlaubt (2 Mos. XXI, 9 f. 5 Mos. XXI, 15. vgl. 3 Mos. XVIII, 18.), aber nicht begünstigt. Ausdrücklich ist es den Königen verboten viele Weiber zu haben 5 Mos. XVII, 17., und indirecte Erschwerungen bringen die Gesetze 2 Mos. XXI, 10. 3 Mos. XVIII, 18. 5 Mos. XXIII, 1.) mit sich[4]). Auch scheinen ungeachtet namhafter Beispiele (Richt. VIII, 30. [vgl. X, 4. XII, 9. 14.]

---

[1]) Odyss. XI, 281. Iliad. XI, 243 sq. *Herod.* I, 196. *Strabo* XVI, 745. *Tacit.* Germ. c. 18. *Arv.* III, 200. 254. S. d. Bed. S. 119. *Nieb.* B. S. 74. Ein ähnliches Beispiel wie 1 Mos. XXIX, 18. bei *Burkh.* I, 464.

[2]) Vgl. *Nieb.* B. a. O. R. II, 420. Iliad. IX, 147 sq.: ......
ἢν δ' ἐπὶ μείλια δώσω πολλὰ μάλ', ὅσα' οὔπω τις ἑῇ ἐπέδωκε θυγατρί.
Feith. antt. homer. p. 221 sq.

[3]) Diese Ansicht, dass der Bräutigam an den Vater der Braut einen Kaufpreis zu entrichten hatte (s. *Winer* unt. Ehe, u. *Ewald* Alterth. S. 230 f.), wird bestritten von *Saalschütz* Archäol. II, 190 ff. m. R. S. 730 ff. u. nach dessen Vorgang von *Keil* II, 69 f., welche מֹהַר von einem blossen Geschenk an die Braut verstanden wissen wollen. Vgl. dagegen *Rütschi* in *Herzog's* RE. unt. Ehe S. 661 f. Für die erstere Ansicht spricht besonders 1 Sam. XVIII, 22 ff. u. ausserdem ist zu beachten, [dass der מֹהַר, der dem Vater gegeben wurde, nicht obligatorisch u. auch nicht ein eigentliches Kaufgeld war.

[4]) *Michael.* m. R. II. §. 95. *Jahn* Arch. I, 2. 236 ff. *Saalschütz* m. R. S. 716 ff. *Ewald* Alterth. S. 224 ff. *Keil* II, 51 f.

1 Sam. I, 2.) die Hebräer im Privatstande die Monogamie vorgezogen zu haben (Spr. XII, 4. XIX, 14. XXXI, 10 ff. Ps. CXXVIII. Sir. XXVI, 2 f. 6. 13 ff.), wie diese überhaupt durch die religiöse Auffassung der Ehe (1 Mos. II, 18—24.) und durch die Bezeichnung des Verhältnisses Jehova's zu seinem Volke als eines ehelichen (Hos. II, 18. 21. 22. Jes. L, 1. Jer. II, 2. Ezech. XVI, 8.) dem Volke empfohlen war. Keine gesetzlich vorgeschriebene Form der Trauung; doch hatte eine religiöse Verpflichtung Statt (Spr. II, 17. Ez. XVI, 8. Mal. II, 14.) [1].

§. 157 a.

Leviratsehe.

Nach einer alten (1 Mos. XXXVIII, 8.) ehedem bei den Indiern und Persern und noch jetzt bei den Gallas in Abyssinien, den Tscherkessen u. a. [2] üblichen Sitte, deren Grund in dem Werthe zu suchen ist, den man auf die Fortpflanzung seines Geschlechts und Namens legte (5 Mos. XXV, 9.) [3], sollte die Ehe eines kinderlos Verstorbenen der hinterlassene (unverheirathete?) [4] Bruder (יָבָם, levir) fortsetzen, und der erste Sohn aus derselben auf den Namen des Verstorbenen kommen (5 Mos. XXV, 5 f. vgl. Tr. Jebamoth). Von dieser Verpflichtung konnte der Levir sich nur durch Uebernahme einer (wahrscheinlich nicht vom Gesetzgeber vorgeschriebenen,

---

[1] Bei den spätern Juden schriftliche Ehecontracte Tob. VII, 11. Chethuboth IV, 4. u. öft. *Selden* uxor hebr. p. 96 sq. *Saalschütz* mos. R. S. 729. N. 946.

[2] *Bruce* R. im Ausz. II, 388. *Nieb.* B. S. 69 f. *Schillinger* Miss.-Ber. IV, 69. *Volney* II, 74. *Rhode* rel. Bild. d. Hind. II, 605. Heil. Sag. d. Zendv. S. 443. *v. Bohlen* d. alte Ind. II, 142. *Rosenm.* ML. II, 314. *Benary* de Hebr. Levir. (1835. 4.) p. 34 sqq. *Leyrer* in *Herzog's* RE. unt. Leviratsche.

[3] *Michael.* mos. R. II, 98. erklärt diese Sitte aus der Polyandrie und dem Forterben der Weiber in der Mongolei nach *Süssmilch* göttl. Ordn. in d. Veränder. d. Menschengeschl. I, 494 f. *Du Halde* descript. de la Chine IV, 48.

[4] Dass nur ein solcher verpflichtet gewesen sei, meinen *Michael.* m. R. II. §. 98. *Redslob* Lev.-Ehe (1836.) S. 24.; dgg. *Benary* p. 47 sq. *Win.* Art. Levir. *Saalschütz* mos. R. S. 759. N. 985.

sondern gewohnheitsmässig entstandenen) gerichtlichen Beschimpfung (חֲלִיצָה) frei machen (5 Mos. XXV, 7—10.)[1]. — Nach dem Buch Ruth scheint durch die Gerichts-Praxis mit dem Rechte das Erbgut eines ohne Söhne verstorbenen Verwandten zu übernehmen oder zu *lösen*, auch die Pflicht die Witwe desselben zu ehelichen verknüpft worden zu sein (Ruth IV, 5.)[2].

§. 157 b.
Verbotene Heirathen.

Verboten war die Heirath mit einer Cananiterin (2 Mos. XXXIV, 16. 5 Mos. VII, 3.), aber nicht überhaupt mit einer Heidin (5 Mos. XXI, 10 ff. vgl. Ruth I, 4. IV, 13. 4 Mos. XII, 1.), wie diess späterer Rigorismus, der jedoch nach den Zeitverhältnissen durch die gegen Götzendienst und heidnische Sitte gerichtete Tendenz des Gesetzes gerechtfertigt war, durchsetzte (Esr. IX, 2. X, 3. Neh. XIII, 23.), — und mit Israelitinnen in den 3 Mos. XVIII, 7 ff. angegebenen nahen Graden der Blutverwandtschaft. Die strenge Consequenz,

---

[1] Die verschmähete Schwägerin zog ihm den Schuh aus. Dadurch wurde angedeutet, dass er sich seiner wohlbegründeten Ansprüche begebe; denn mit dem Schuhe betritt man ein Grundstück, u. was man unter seine Schuhe, d. h. Füsse, bekommt, bekommt man in seine Gewalt" (*Win.* Art. Schuhe, *Rosenm.* Morgenl. III, 70. u. schon *Byn.* de calc. p. 206. auch *Saalschütz* mos. R. S. 761 ff.); doch passt diess eher zu Ruth IV, 7. als hieher.

[2] *Win.* Art. Ruth. *Benary* l. l. p. 19 sqq. *Bertheau* zu Ruth IV, 5—10. Andere (wie schon *Joseph.* Antt. V, 9, 4.) wandten das Gesetz 5 Mos. XXV, 5 f. geradezu auf diesen Fall an; And. (wie *Rosenm.* schol. ad Ruth IV, 5.) nahmen eine bloss von der Noomi gemachte Kaufsbedingung an. *Keil* II, 65. u. 67. N. 7. leugnet gegen *Saalschütz*, *Leyrer* u. *Ewald* Alterth. S. 239 f. den Zusammenhang der Levirutsche mit dem Erbrecht. Indessen die Erhaltung der Familie sollte gewiss auch das Zusammenfallen mehrerer Familiengüter verhindern; daher war das Recht der Wiederverheirathung den Wittwen in ähnlicher Weise beschränkt, wie den Erbtöchtern das Recht der Verheirathung; auch macht das Gesetz zu Gunsten der Wittwe nicht die Voraussetzung, dass sie wieder heirathen wolle, wie *Keil* l. c. S. 66. meint, sondern sie muss, wenn der Schwager will, der Erhaltung der Familie des Verstorbenen dienen.

welche bei den letztern Verboten vermisst wird [1]), darf nicht wie von den Karäern und manchen christlichen Theologen geschehen ist, ergänzt werden. Der Grund derselben ist nicht in einer klar berechnenden Gesetzgeber-Weisheit (*Michael*. II. §. 108.), sondern in einem durch Herkommen (vgl. aber 1 Mos. XX, 12.) geheiligten sittlichen Instincte zu suchen [2].

§. 158.
Ehescheidung.

Die Ehescheidung, d. h. die willkürliche [3]) Entlassung des Weibes durch den Mann, setzt das mosaische Gesetz

---

[1]) Nicht verboten waren die in gleichen Graden stehenden Ehen 1) mit der Bruders-Tochter, 2) mit der Schwester-Tochter, 3) mit des Mutterbruders Wittwe, 4) mit des Schwestersohnes Wittwe, 5) mit der verstorbenen Frauen Schwester. *Michael*. m. R. II, 117. Ehegesetze Mos. (Gött. 1755. 2. verm. A. 1768.) §. 81 ff. Ueber die Gründe, aus denen diese Ehen nicht verboten waren, s. *Saalschütz* mos. R. S. 780 ff.

[2]) Christliche Sittenlehre III, 207 ff. Mit Recht leiten *Saalschütz* mos. R. S. 774 ff. *Ewald* Alterth. S. 220. *Keil* II, 55 ff. den horror naturalis, ohne Zweifel unter einem Volke, das bereits von der Ehe eine höhere Anschauung hatte, das Hauptmotiv gegen Verwandten-Ehen, von dem Unterschiede der Geschlechts- und der Verwandten-Liebe her. In der Aufhebung oder Störung der einen durch die andere liegt das Unsittliche. — Uebrigens sind diese Verbote den ägyptischen und cananitischen Sitten entgegengesetzt (3 Mos. XVIII, 3.). Geschwisterheirathen der Aegypter, Perser u. Athenienser. *Diod. Sic.* I, 27. *Herod.* III, 31. *Cornel. Nep. Cim.* Aber eine solche war nach 2 Sam. XIII, 13. zu Davids Zeit möglich, vgl. Ezech. XXII, 11.

[3]) Der Beweggrund: „weil er an ihr gefunden עֶרְוַת דָּבָר" d. h. etwas Hässliches, Missfälliges, ist an sich unbestimmt gelassen, und nicht zur Rechtfertigung, sondern bloss zur Erklärung angeführt. Streitige Auslegung. Gittin IX, 10.: „Die Schammäaner (בית שמאי) sagen, der Mann soll die Frau nicht verstossen, ausser wenn er an ihr etwas Schändliches (Ehebruch) fände nach 5 Mos. XXIV, 1.; die Hilleliauer (בית הלל) dagegen sagen, er könne sie verstossen, wenn sie auch nur sein Essen anbrenne oder versalze, u. beziehen sich auf eben diesen Spruch. R. *Akifa* sagt gar, wenn er eine andere findet, welche schöner als sie sei u. s. w." Die Halachah ist aber nach den Hillelianern; so auch *Joseph*. Antt. IV, 8, 23. Hingegen entschied sich Jesus Matth. V, 31 f. XIX, 3 ff. für die Ansicht des Schammai. — Leichtigkeit der Ehescheidung bei den Drusen, *Burkh*. I, 329., bei den Hindu's, *Rhode* II, 600.

Privatrecht. §. 158. 159. 160. 219

5 Mos. XXIV, 1—4. als erlaubt voraus, und schränkt sie (mit Ausnahme von zwei besonderen Fällen 5 Mos. XXII, 19. 29.) gar nicht ein, auch nicht, wie man fälschlich meint (auch *Win.*), durch die Bedingung es mittelst eines *Scheidebriefs* (סֵפֶר כְּרִיתֻת) βιβλίον ἀποστασίου Matth. XIX, 7., ἀποστάσιον Matth. V, 31.) zu thun[1]), denn auch diess gehört zur Voraussetzung; es verbietet nur die Wiederannahme der Entlassenen, falls sie sich anderwärts verehelicht hat[2]).

§. 159.
Leibeigenschaft.

Die Leibeigenschaft war bei den Hebräern von Alters her üblich gewesen (1 Mos. XII, 16. XXIV, 35.), und Mose's Gesetze milderten sie. Leibeigene erwarb man 1) durch den Krieg, besonders weiblichen Geschlechts (5 Mos. XX, 14. XXI, 10 f. vgl. 4 Mos. XXXI, 11. 35.); 2) durch Kauf מִקְנַת כֶּסֶף 1 Mos. XVII, 23. vgl. über den Preis 2 Mos. XXI, 32.), und zwar entweder vom Herrn der Leibeigenen, oder von den Eltern (2 Mos. XXI, 7.), oder vom Gerichte (2 Mos. XXII, 2. Neh. V, 5. 2 Kön. IV, 1. Jes. L, 1.), oder durch Selbstverkauf (3 Mos. XXV, 39. 47.); 3) durch die Ehen der Leibeigenen (יְלִיד הַבָּיִת 1 Mos. XVII, 23.)[3]).

§. 160.
Rechte über die Leibeigenen, ihre Loslassung.

Die Sklaven hatten ein Eigenthum (3 Mos. XXV, 49.). Die körperliche Züchtigung derselben durfte, wenn nur nicht

---

[1]) Bestimmungen darüber im Tr. Gittin. Das Weib konnte keinen Scheidebrief ausstellen (wie bei *Joseph.* Antt. XV, 7, 10. Salome) oder sich von ihrem Manne scheiden (wie Mark. X, 12. mit Rücksicht auf griechische u. römische Sitte voraussetzt). Ein Recht der Frau, auf Ehescheidung zu klagen, wie nach dem Vorgange von *Michaelis* mos. R. II. §. 120. auch *Saalschütz* mos. R. S. 806. annimmt, lässt sich aus dem Gesetz nicht erweisen; vgl. *Keil* II, 75. N. 6.

[2]) Ueber die Wichtigkeit dieses Verbots vgl. *Ewald* Alterth. S. 235. *Keil* II, 73 f.

[3]) Vgl. zu diesem u. dem folg. §. *Saalschütz* mos. R. S. 697 ff. *Ewald* Alterth. 241 ff. *Keil* II, 79 ff.

augenblicklich, tödtlich sein (2 Mos. XXI, 20 f.), körperliche Verletzung aber brachte ihnen die Freiheit (2 Mos. XXI, 26 f.). Durch die Religion war für ihre wöchentliche Erholung am Sabbath und für ihre jeweilige festliche Erquickung gesorgt (5 Mos. XII, 17 f. XVI, 11.). Die hebräischen, d. h. israelitischen, Knechte sollten nicht zu eigentlichem Knechtsdienst gebraucht werden (3 Mos. XXV, 39. 40.) und mussten im siebenten Jahre ihres Dienstes (2 Mos. XXI, 2 ff. 5 Mos. XV, 12.)[1]) und im Jubeljahre (3 Mos. XXV, 40 f. 54.) freigelassen, konnten auch gelöst werden (3 Mos. XXV, 47.), da die Israeliten als Knechte Jehova's und alle gleich vor Jehova nicht wirkliches Eigenthum eines menschlichen Herrn und einer des andern Sklave sein sollten (3 Mos. XXV, 42.).

Wollte der Knecht im siebenten Jahre die Freiheit nicht, so war eine gerichtliche Feierlichkeit vorgeschrieben (2 Mos. XXI, 6. 5 Mos. XV, 17.)[2]). Der losgelassene Sklave sollte ausgestattet werden (5 Mos. XV, 13 ff.)[3]).

---

[1]) Fälschlich hat man dieses 7. J. vom Ruhe- oder Erlassjahre verstanden. Nach dem zweiten Gesetze u. nach Jer. XXXIV, 8 ff. wurden Sklaven u. Sklavinnen frei, nach dem erstern aber bloss die Sklaven. Das zweite verordnet auch Vs. 13 ff. eine Ausstattung für den Entlassenen.

[2]) Die Parallelen bei *Rosenm.* Schol. ad Exod. l. l., Morgenl. II, 69 ff., *Knobel* zu Exod. XXI, 6.; *Juvenal.* I, 103 sqq.:

Cur timeam dubitemve locum defendere, quamvis
Natus ad Euphratem, molles quod *in aure fenestrae*
Arguerint, licet ipse negem?

Schol. ad h. l.: Arguit homines, qui quum propter libidinem libertatem meruissent et in libertinorum corpus et tribus relati essent, pertusis auribus signa libertinorum negare poterant. *Petron.* satyr. c. 63. (al. 102.) . . . et circumcide nos, ut Judaei videamur, et *pertunde aures* ut imitemur Arabes — scheinen wie die folgenden *Xenoph.* exped. Cyr. III, 1, 31., *Plutarch.* sympos. II, 1, 4., *Cotovic.* it. IV, 9., *Roger.* porta aperta ad occlusum ethnicism. 1, 7., *Olear.* R. V, 41., *Rhode* relig. Bild. d. Hindu's II, 505. nur für den ähnlichen Gebrauch einer religiösen Weihe zu beweisen.

[3]) Privilegien der zu Kebsweibern gebrauchten Sklavinnen (2 Mos. XXI, 9 ff. 5 Mos. XXI, 10 ff.), ähnlich bei den Persern, *Chard.* II, 224. Gebotene Billigkeit gegen die Taglöhner 3 Mos. XIX, 13. 5 Mos. XXIV, 14 f.

C. Persönliche Rechte und Verbindlichkeiten.

§. 161.

Schuldsachen. Erlassjahr.

Zinsen (נֶשֶׁךְ) für Geld-Darlehen (wozu man bereitwillig sein sollte, 5 Mos. XV, 7 ff.) und Aufschlag (מַרְבִּית‎, תַּרְבִּית) auf geliehene Lebensmittel von Israeliten zu nehmen war verboten (2 Mos. XXII, 21. 3 Mos. XXV, 37. 5 Mos. XXIII, 20.)[1]), aber nicht von Ausländern (5 Mos. XXIII, 21.). Das Recht der Eintreibung der Schuld durch Pfändung (Spr. XX, 16.) ist durch die Gesetze 5 Mos. XXIV, 10 ff. 2 Mos. XXII, 25 f. 5 Mos. XXIV, 12 f. 5 Mos. XXIV, 6. eingeschränkt[2]); doch hatte auch die grösste Strenge in Eintreibung der Schulden Statt (3 Mos. XXV, 39.). Gegenüber der helfenden Bruderliebe trat um so grössere Verpflichtung ein. — Für den Schuldner konnte auch ein Bürge sich verpflichten, der dann als Selbstschuldner galt (Spr. VI, 1 ff. XXII, 27.).

Im Sabbathjahre, welches zugleich *Erlassjahr* (שְׁנַת הַשְּׁמִטָּה) war, sollte Erlass der Schulden (5 Mos. XV, 1 ff.) Statt finden[3]); jedoch gehört dieses Gesetz nur dem Deuteronomium

---

[1]) Nur ein moralisches Gebot, vgl. Ps. XV, 5. Ez. XVIII, 8. *Liv.* VII, 42.: Apud quosdam invenio, L. Genucium trib. pl. tulisse ad populum, ne foenerari liceret. Vgl. *Salmas.* de modo usur. c. 8. p. 291 sq. Nach *Michael.* de mente ac rat. leg. mos. usuras prohibente, im synt. comm. II, 9 sqq., mos. R. III, §. 154. 155., *Win.* Art. „Darlehen" wollte der Gesetzgeber dadurch den Handel erschweren u. den Landbau befördern. Vielmehr ist das Verbot des Zinsnehmens allein aus dem Wesen der theokratischen Volksgemeinschaft herzuleiten. Vgl. *Ewald* Alterth. S. 207 ff. *Saalsch.* mos. R. S. 853 ff.

[2]) Wohl auch nur wohlgemeinte Ermahnungen, denen nicht immer nachgelebt wurde (Spr. XXII, 27. XXVII, 13. Hiob XXII, 6. XXIV, 3.).

[3]) So der Talmud Schebiith X., jedoch mit Ausnahme von Waaren- oder Laden-, Pfand- und gerichtlich verschriebenen Schulden; auch hebt ein sogenannter Prosbol, wodurch man sich zur unbedingten Bezahlung verpflichtet, den Erlass auf. *Michael.* III. §. 158., *Bauer* gottesdienstl. Verf. II, 271., *Rosenm.* u. A. nehmen nur Ein-

an, und hat wahrscheinlich bloss die Bedeutung einer sittlichen Ermahnung.

§. 162.
Beschädigung, Veruntreuung und Ersatz.

Verschiedene Verbindlichkeiten ergaben sich aus der Heiligkeit des Eigenthums. Für das getödtete Vieh des Andern (3 Mos. XXIV, 18. 21.), auch wenn es nur durch Unvorsichtigkeit geschehen (2 Mos. XXI, 33 f.), gebührte Ersatz, und so bei andern Beschädigungen (2 Mos. XXII, 4.); auch der Schade, den Jemandes Vieh stiftete, musste ersetzt werden (2 Mos. XXI, 35 f. XXII, 5.)[1]. Auf Veruntreuung einer Hinterlage stand doppelter Ersatz (2 Mos. XXII, 8 f. vgl. 3 Mos. V, 21 ff.); auch in Anschung des Verlornen fand eine Verbindlichkeit Statt (3 Mos. V, 22. vgl. 5 Mos. XXII, 1 ff. 2 Mos. XXIII, 4 f.).

§. 163.
Vorschriften zum Besten der Armen, Fremden, Gebrechlichen, Alten und Thiere.

Ausser Ermahnungen zur Nachsicht und Milde (5 Mos. XXIV, 12 ff.) und Hülfsleistung (5 Mos. XV, 7 ff. vgl. § 161.) und der Anempfehlung der Unparteilichkeit im Gerichte (3 Mos. XIX, 15. vgl. 2 Mos. XXIII, 3.) die bestimmte Vorschrift den Armen und Fremden eine Nachlese zu lassen (3 Mos. XIX, 9 f. 5 Mos. XXIV, 19 ff.), die wohlthätige Einrichtung des Sabbathjahres (3 Mos. XXV, 5 f.), der Opfer- und Zehenten-Mahlzeiten (5 Mos. XIV, 28 f. XVI, 10 f. XXVI, 12 f.)[2]. Gegen das Alter wird Hochachtung (3 Mos.

---

stellung der Schuld-Eintreibung an. So auch *Win*. Artt. Sabbathsj, Darlehen, u. *Saalschütz* mos. R. S. 162 ff., und diess ist nach den von *Saalschütz* angeführten Gründen wohl das allein Richtige. Nach *Joseph.* Antt. III, 12, 3. wurden nicht im Sabbath-, sondern im Jubeljahre die Schulden erlassen; u. diess nehmen auch *Michael*. u. *Ewald* Alterth. S. 413 f. an.

[1] Vgl. *Ewald* Alterth. S. 214. — 5 Mos. XXIII, 25 f. erlaubt eine gewisse Benutzung des fremden Eigenthums. Vgl. zu diesem §. *Saalschütz* mos. R. S. 864 ff.

[2] Vgl. *Saalschütz* mos. R. S. 276 ff. Archäol. II, 256 ff.

Privatrecht. Peinliches Recht. §. 162—164.

XIX, 32.)¹), und gegen Gebrechlichkeit Schonung und Aufmerksamkeit empfohlen (3 Mos. XIX, 14. 5 Mos. XXVII, 18.). Diese Vorschriften gehören wie ähnliche in den Weisheitssprüchen (Spr. XIV, 31. XXII, 6. 22. XXXI, 9. Sir. IV, 1. 4. VII, 32. XIV, 13 f. Christl. Sittenl. II, 1. §. 116. 134.) der mosaischen Sittenlehre an. Dasselbe gilt von der milden Sorgfalt für die Thiere, welche (ausser dem Institute des Sabbaths und Ruhejahres) die Vorschrift 5 Mos. XXV, 4. (vgl. dgg. 1 Cor. IX, 9.) beweist. Die Verbote ein Thier mit seinem Jungen an Einem Tage zu schlachten (3 Mos. XXII, 28.), den Vogel zugleich mit seinen Jungen aus dem Neste zu nehmen (5 Mos. XXII, 6 f.)²) haben ihren Grund in der schonenden Rücksicht auf die natürliche Liebe. Vgl. §. 190.

Drittes Capitel.
Peinliches Recht.

§. 164.
Grundsätze.

In dem Lande, über dem das Auge Jehova's war, und unter dem Volke, das Jehova zu seinem König hatte, durfte nichts geduldet werden, was dem heiligen Willen Jehova's widerstrebte. Daher war der Hauptzweck der Strafe, das Böse aus der Mitte des Volkes zu tilgen (5 Mos. XIII, 6. XVII, 7. 12. XXII, 21. 22. 24. XXIV, 7.). Wie das göttliche Gesetz das Thun des Volkes bestimmte, so verordnete es auch die Strafen, welche das widergesetzliche Thun treffen sollten. Im Wesen der theokratischen Verfassung war es begründet, dass Vergehen vor dem göttlichen und menschlichen

---

¹) *Herod.* II, 80.: οἱ νεώτεροι αὐτῶν (τῶν Αἰγυπτίων) τοῖσι πρεσβυτέροισι συντυγχάνοντες εἴκουσι τῆς ὁδοῦ καὶ ἐκτράπονται καὶ ἐπιοῦσι ἐξ ἕδρης ὑπανιστέαται.

²) *Michael.* lex mos. Deut. XXII, 6. 7. ex hist. nat. et moribus Aegypt. illustr. (Gott. 1757.) im Synt. Commentatt. II, 89 sqq. mos. R. III, 171. u. *Win.* Art. „Vögel" finden in letzterm Gesetze den Zweck, die Ausrottung gewisser nützlicher Vögel zu verhüten. Es sind aber auch Raubvögel nicht ausgenommen. Vgl. *Saalschütz* mos. R. S. 187 f. u. 181 f.

224 Politisches Verhältniss.

Richter zu büsen waren, oder wenn sie der Strafe des letztern nicht erreichbar waren, dem göttlichen Gericht anheimgestellt wurden. Die Wiedervergeltung war das (philosophischrichtige?) Princip der Bestrafung (2 Mos. XXI, 23 ff. 3 Mos. XXIV, 17. 19 f. 5 Mos. XIX, 21.); daneben wohl auch die Abschreckung (5 Mos. XVII, 13. XIX, 20.), jedoch nicht in dem juristischen Sinn, als ob die Strafe nach dem Zweck der Abschreckung bemessen worden wäre. Die Zurechnung wird gegen die alte Gewohnheit (4 Mos. XVI, 32 f. Jos. VII, 24. 1 Kön. XXI, 13. vgl. 2 Kön. IX, 26.) dahin berichtigt, dass nur ein Jeglicher für seine Sünde sterben soll (5 Mos. XXIV, 16.)[1]).

I. Strafen.

§. 165.

Eintheilung derselben.

Die mosaischen Gesetze kennen: 1) Lebensstrafen, 2) Leibesstrafen, 3) Geldstrafen, 4) gottesdienstliche Büssungen. Gefängnissstrafe (vgl. 3 Mos. XXIV, 12. 2 Chron. XVI, 10. Jer. XX, 2. XXXII, 2. XXXIII, 1. XXXVII, 15.)[2], Infamie und Verbannung oder Excommunication[3]) kommen im mosaischen Gesetze nicht vor.

---

[1]) Vgl. *Saalschütz* mos. R. S. 437—447. *Ewald* Alterth. S. 152 ff. *Keil* II, 260 ff.
[2]) 3 Mos. XXIV, 12. vgl. 4 Mos. XV, 34. ist Gefängniss nur polizeiliche Haft. In der königlichen u. nachexilischen Zeit wird aber Gefängnissstrafe erwähnt. Zu Gefängnissen dienten Cisternen (1 Mos. XXXVII, 20. Jer. XXXVIII, 6.); jedoch hatte man auch eigene Kerker (בֵּית הַסֹּהַר, הָאָסוּר ,בֵּית הַמַּהְפֶּכֶת), in den Thoren (Jer. XX, 2.), in dem Hause des Obersten der Leibwache (1 Mos. XXXIX, 20. XL, 4.), oder sonst eines Beamten (Jer. XXXVII, 15.). Die Gefangenen waren mit Ketten gefesselt (Richt. XVI, 21.) u. mit den Füssen oder mit Händen und Füssen zugleich in einen hölzernen Block (סַד Hiob XIII, 27. ξύλον AG. XVI, 24. מַהְפֶּכֶת Jer. XX, 2.) geschlossen. S. *Saalschütz* mos. R. S. 463 ff. *Keil* II, 268. N. 8.
[3]) Die Formel וְנִכְרְתָה הַנֶּפֶשׁ הַהִיא מֵעַמֶּיהָ 1 Mos. XVII, 14. u. öft. bezeichnet Todesstrafe (*Michael.* mos. R. V. §. 237. *Jahn* Arch. II, 2. 350. *Ew.* Alterth. S. 158. — *Saalsch.* mos. R. S. 472 ff. sucht nachzuweisen, dass der Ausdruck nicht von menschlichen Rich-

§. 166.

Lebensstrafen.

Dem Hauptzweck des Strafens, das Böse aus der Mitte des Volkes zu tilgen, entsprachen vorzüglich die Lebensstrafen, bedingt durch die Aeusserlichkeit des Cultus und der theokratischen Anschauung und durch die Consequenz der Talion. Deren waren nur zwei üblich: 1) die Strafe des Tödtens mit dem Schwerte, aber nicht gerade des Enthauptens, wie *Sanhedrin* VII, 3. angenommen wird. Diese Strafe kommt vor 1 Mos. XL, 19. Matth. XIV, 10 f. vgl. AG. XII, 2. 2) der Steinigung[1]). Geschärft wurden sie durch Be-

---

tern zu vollziehende Todesstrafe, sondern vorzeitigen Tod durch Gotteshand androhe; dagegen s. *Keil* II, 264 f. N. 1.). — Esr. VII, 26. X, 8. findet sich Gefängnissstrafe und Verbannung. Bei den ältern Rabbinen (*Maimonides*) kommen zwei Grade von Excommunication vor: 1) נִדּוּי Ausschliessung von der gottesdienstlichen Versammlung u. vom Umgange mit Andern auf 4 Ellen Entfernung: Dauer 30 T. (נ kommt schon in der Mischna vor. Der מְנֻדֶּה durfte sich nicht scheeren, Moed Katon III, 1.; musste durch eine andere als die gewöhnliche Pforte in den Tempel gehen, Middoth II, 2.; auf dessen Sarg liess das Gericht Steine werfen, Edujoth V, 6.). Im Falle der Unbussfertigkeit trat dann 2) חֵרֶם, gänzliche Ausschliessung mit Verwünschung ein. שַׁמָּתָא, welches *Elias Levita* in Tisbi s. h. v. als eine dritte noch höhere Stufe unterscheidet (so mehrere christliche Archäologen), kommt in der Gemara gleichbedeutend mit נִדּוּי vor. S. *Buxt.* L. T. s. h. v. Vgl. überhaupt *Selden* jus nat. et gent. IV, 8 sq. de Synedr. I, 7. *Vitring.* Synag. p. 739 sqq. *Carpz.* app. p. 554 sqq. *Win.* Art. Bann. Ueber das alttestamentliche חֵרֶם s. §. 210.

[1]) Sie wurde ausserhalb der Stadt (3 Mos. XXIV, 14. 1 Kön. XXI, 10. AG. VII, 56. Sanhedr. VI, 1.) u. ursprünglich wahrscheinlich durch tumultuarisches Steine-Werfen des Pöbels (vgl. 2 Mos. XVII, 4. 2 Kön. II, 23. Joh. X, 31.), nach dem Gesetze 5 Mos. XVII, 7. aber mit einiger Ordnung, u. nach talmudischer Uebung so vollzogen, dass der Verurtheilte durch den ersten Zeugen von einem zwei Mann hohen Platze herabgestossen, und wenn er dann nicht todt war, ihm durch den zweiten Zeugen ein (schwerer) Stein auf das Herz geworfen wurde. Sanhedr. VI, 4. Tumultuarische u. gerichtliche Steinigung kommen bei Persern, Griechen u. andern Völkern vor (*Thucyd.* V, 60. *Xenoph.* Hellen. I, 24, 8. *Curt.* VI, 11. *Ktes.* fragm. §. 45. *Polyb.* V, 56.). Vgl. *Winer* u. *Leyrer* in *Herzog's* R.E. Art. Steinigung. *Saalschütz* mos. R. S. 459 ff. führt

schimpfungen nach dem Tode: α) durch Verbrennen des Leichnams (3 Mos. XX, 14. XXI, 9. 1 Mos. XXXVIII, 24. Jos. VII, 25.), β) durch das Aufhängen (5 Mos. XXI, 22. 4 Mos. XXV, 4 Jos. X, 26. 2 Sam. IV, 12.), γ) durch das Steinigen desselben (Schandhaufe) (Jos. VII, 25. VIII, 29. 2 Sam. XVIII, 17.) [1]).

als dritte Art der Todesstrafe nach 1 Mos. XXXVIII, 24. 3 Mos. XX, 14. XXI, 9. das Verbrennen auf; indessen mit Rücksicht auf Jos. VII, 25. u. auf die Analogie des Aufhängens, nachdem die Todesstrafe vollzogen war, scheint ebenso, wie dieses, das Verbrennen nur nach dem Tode als eine Verschärfung der Todesstrafe eingetreten zu sein. Vgl. *Ewald* Alterth. S. 159. *Keil* II, 266. N. 2.

[1]) Aehnliche Sitte des heutigen Morgenlandes, *Abdulcurim* Pilgrims-Reise in *Paul.* n. Repert. II, 53. *Michael.* mos. R. V, §. 235. *Jahn* Arch. II, 2. 553.
Nach Sanhedr. III, 1. sind die Todesstrafen: das Steinigen, das (lebendig) Verbrennen, das Tödten mit dem Schwerte u. das Erwürgen. §. 2.: „Die, so man verbrennen wollte, grub man in Mist ein bis an die Kniee, u. indem man ein härteres Tuch in ein weicheres einwickelte, thät man es ihnen um den Hals, u. Einer zog von dieser, der Andere von jener Seite, bis sie das Maul aufsperrten: da man sodann das zerlassene Blei in das Maul schüttete, dass es in die Gedärme ging u. das Eingeweide verbrennte u. s. w." §. 3.: „Die zu Erwürgenden grub man in Mist ein bis an das Kinn, und indem man ein hartes Tuch in ein weiches gewickelt, thät man es ihnen um den Hals, u. zog Einer an dieser, der Andere an jener Seite, bis die Seele ausging."
Ausländische oder doch ungesetzliche Lebensstrafen: 1) Das lebendig Verbrennen in einem Ofen (2 Sam. XII, 31. Dan. III, 6.), vgl. *Chard.* VI, 118. 2) Das Zersägen (2 Sam. XII, 31. Hebr. XI, 37.). Vgl. Jebamoth fol. 49, 2. Sanhedr. fol. 103, 2. Anabaticon Jes. V, 11—14. ed. *Lawrence. Gesen.* Jes. I, 12. (Strafe des Propheten Jesaia); *Ktes.* Pers. 55. ed. *Wessel.* p. 822. *Sueton.* Calig. 27. 3) Die Dichotomie, oder das in Stücke Zerhauen (1 Sam. XV, 33. [2 Sam. IV, 12. geschieht es nach dem Tode; Ez. XVI, 40. XXIII, 47. ist tropisch, vgl. *Rosenm.* Scholl.]). Vgl. Dan. II, 5. III, 29. Matth. XXIV, 51. Odyss. XXII, 475 sqq. *Herod.* III, 13. VII, 39. *Diodor. Sic.* XVII, 83. *Xenoph.* exped. Cyr. I, 9, 8. *Rosenm.* Morgenl. VI, 184 f. 4) Das Herabstürzen von einem Felsen (2 Chron. XXV, 12. 2 Makk. VI, 10.). Vgl. *Sueton.* Calig. 27. 5) Das Zerschmettern der Kinder an Mauerecken (2 Kön. VIII, 12. Jes. XIII, 10. u. öft.). 6) Die Löwengrube (Dan. VI.), vgl. *Höst* Nachr. v. Marokko S. 77. *Rosenm.* Morgenl. IV, 359. 7) Τυμπανισμός oder das Todtprügeln (2 Makk. VI, 19. 28. 30. Hebr. XI, 35.). Das Werkzeug hiess τύμπανον, und war wahrsch. eine Maschine,

§. 167.

Leibesstrafen.

Die gewöhnliche bestand in Schlägen (5 Mos. XXV, 2. vgl. XXII, 18. 3 Mos. XIX, 20. Spr. X, 13.), nach der Auslegung (בִּפְרָה) 3 Mos. XIX, 20. von בָּקָר) und Praxis der Juden

auf welcher der zu Bestrafende ausgespannt wurde. *Joseph.* de Macc. §. 5. 8. 9. (ἀνέβαλον αὐτὸν ἐπὶ τὸν τροχόν) dachte es sich als ein Rad. Vgl. *Bleek* u. *Delitzsch* zu Hebr. XI, 35. 8) Das Tödten in der Asche (2 Makk. XIII, 5 ff.). *Valer. Max.* IX, 2, 6.: Septum altis parietibus locum cinere complevit, suppositoque tigno prominente, benigne cibo et potione exceptos in eo collocabat, e quo somno sopiti in illam insidiosam congeriem decidebant. *Ktes.* §. 48. 52. 9) Das Ersäufen (καταποντισμός, Matth. XVIII, 6.), bei den Römern Strafe der Vatermörder (*Cic.* Rosc. Am. 25. *Juvenal.* VIII. vs. 214.) u. sonst (*Suet.* Oct. 67.: oneratis gravi pondere cervicibus). Vgl. über diese Strafarten *Winer* RWB. II, 12 f. 10) Die römische Kreuzesstrafe, auch vorher bei den Persern (*Herod.* III, 125. VII, 194. Esr. VI, 11. Esth. VII, 9.; doch ist in beiden Stellen vielleicht das lebendig Aufhängen gemeint), Karthaginensern (*Polyb.* I, 86.) und den spätern Juden (*Joseph.* Antt. XIII, 14, 2. B. J. I, 4, 6.) üblich, crudelissimum teterrimumque supplicium, servitutis extremum summumque supplicium (*Cic.* Verr. V, 64. 66.), Strafe der Sklaven, Strassenräuber u. dgl. (*Henke* de eo, quod imprimis ignominiosum est in supplicio J. C. Helmst. 1785.). Der Verbrecher wurde nach vorhergegangener Geisseluug (*Liv.* XXXIII, 36. *Joseph.* B. J. V, 11, 1.) auf das von ihm selbst auf den ausserhalb der Stadt befindlichen Richtplatz getragene (Matth. XXVII, 32.), vorher aufgerichtete (*Joseph.* B. J. VII, 6, 4. *Cic.* Verr. V, 66.), mit einer Ueberschrift versehene (Matth. XXVII, 37.) Kreuz (crux, ein Pfahl, σταυρός, in Gestalt eines †) nackend hinaufgehoben, mit den Händen angenagelt, mit den Füssen angebunden (Spartum e cruce, *Plin.* XXVIII, 4. al. 11.?) und ritt auf einem in der Mitte befestigten Pflocke. *Iren.* c. haer. II, 42.: Ipse habitus crucis fines et summitates habet quinque, duas in longitudinem, duas in latitudinem, et unam in medio, ubi requiescit, qui clavis configitur. *Justin.* dial. c. Tryph. p. 318.: καὶ τὸ ἐν τῷ μέσῳ πηγνύμενον (ξύλον) ὡς κέρας, καὶ αὐτὸ ἐξέχον ἐστὶ, ἐφ' ᾧ ἐποχοῦνται οἱ σταυρούμενοι. Dass die Füsse bloss angebunden, wenigstens nicht immer angenagelt worden, behauptete nach *Cleric.* ad Joh. XX, 27. u. *Dathe* ad Ps. XXII, 17. *Paul.* Memor. IV, 38 ff. Comment. üb. d. N. T. III, 764 ff. vgl. exeg. Hdb. III, 2. 669 ff. Gegen ihn *Jahn* Arch. II, 2. 365 ff. *Bähr* in *Heidenr.* u. *Hüffell's* Ztschr. II, 317 ff. *Hug* Ztschr. III, 167 ff. V, 102 ff. VII, 133. *Olshaus.* Comment. II, 462. u. A. vgl.

(*Maccoth* III, 12.) mit ledernen Riemen [1]), und zwar nicht über vierzig (5 Mos. XXV, 3.), nach der jüdischen Praxis 40 weniger 1 (*Macc.* III, 10. vgl. 2 Cor. XI, 24.). Sie waren nicht schimpflich (vgl. 5 Mos. XXII, 18 f.).

Kuinöl Comment. in Matth. p. 779 sqq. *Meyer* zu Matth. XXVII, 34. Für das Annageln der Füsse ist die gewöhnliche Voraussetzung der Kirchen-Schriftsteller, *Justin. M.* dial. c. Tryph. p. 324. Apol. II. p. 76. *Tertull.* adv. Marc. III, 19. (foderunt, inquit, manus meas et pedes, quae propria est atrocitas crucis), der Martyrologieen u. der Tragödie Χριστός πάσχων (nur dass *Socrat.* H. E. I, 17. bloss von den Nägeln, welche in die Hände Christi eingeschlagen gewesen, erzählt), aber kein unzweideutiges Zeugniss griechischer oder römischer Schriftsteller; denn in der Stelle *Plaut.* Mostellar. Act. II. sc. I, 12.: Ego dabo ei talentum, primus qui in crucem excucurrerit, sed ea lege, ut *offigantur bis pedes, bis brachia*, ist von einer verschärften Kreuzigung die Rede (obschon die Verschärfung bloss in dem *bis* zu liegen scheint); ja bei *Lucian.* Prometh. c. 1. 2. ist nur vom Annageln der Hände die Rede, u. *Lucan.* Phars. VI, 547. nennt bloss einen insertum manibus chalybem. Selbst das N. T. enthält kein unzweideutiges Zeugniss, vgl. Luk. XXIV, 39 f. Joh. XX, 25. 27. Indessen wird der Unbefangene zugestehen müssen (vgl. *Lücke* Joh. II, 798. 3. Aufl.), dass das Annageln der Füsse das Gewöhnliche war. Das Kreuz war erst nach langer Qual tödtlich, jedoch konnte ein Gekreuzigter nur nach schleuniger Abnahme mit ärztlicher Hülfe gerettet werden (*Joseph.* vit. 75. vgl. *Bretschneider*, Studd. u. Kr. 1832. II, 625 ff.). Die Körper der Gekreuzigten blieben gewöhnlich hangen (*Horat.* ep. I, 16. 48.: non pasces in cruce corvos); doch wurden sie Verwandten zur Beerdigung ausgeliefert (L. 1. D. 48, 24. de cadaveribus punitor.); und die Juden pflegten die Leichname Hingerichteter zu begraben (*Joseph.* B. J. IV, 5, 2.). Das Zerbrechen der Füsse ist etwas ganz Ungewöhnliches u. Unbelegtes. Vgl. überh. *J. Lips.* de cruce. Amst. 1670. 12. *Jos. Scalig.* ad Eus. p. 117 sq. *Salmas.* III. epp. de cruce, an *Bartholin.* de latere Christi ap. L. B. 1646. 12. *Bartholin.* de cruce Christi. Amst. 1670. 12., u. and. bei *Fabric.* bibliogr. antiqu. ed. *Schafsh.* p. 755. angef. Schrr.; vorzüglich *Win.* Art. Kreuzigung. Auch *Merz* in *Herzog's* RE. Art. Kreuzigung.

1) Nach *Win.* Art. Leibesstr. mit dem Stabe, und diess ist das Wahrscheinlichste, vgl. *Keil* II, 268. N. 6. *Ewald* Alterth. S. 157. Nach der Stellung, welche בִּקֹרֶת 3 Mos. XIX, 20. hat, ist kaum ein Instrument darunter zu verstehen; vielmehr ist es in der Bedeutung „Züchtigung" zu nehmen; die Bedeutung „Ochsenziemer" von בָּקָר, die ihm *Saalschütz* mos. R. S. 469. nach dem Vorgang der Rabbinen u. von *Michaelis* geben will, ist ganz unsicher. Die Skorpionen 1 Kön. XII, 11., d. h. stachliche Geisseln (*Isidor.* Origg. V, 27. 18. waren vielleicht kein gerichtliches Strafwerkzeug.

Peinliches Recht. §. 167. 168. 169.   229

Die Wiedervergeltung für zugefügte ‚Leibesverletzungen (2 Mos. XXI, 23 ff. 3 Mos. XXIV, 19 f. 5 Mos. XIX, 21.), ein natürliches und gemeines Recht¹), ist ursprünglich ohne Zweifel geübt, gewöhnlich aber wohl in Geldbusse verwandelt worden, was nur beim Todtschlage verboten war (4 Mos. XXXV, 31.)²).

§. 168.
Geldstrafen.

Die Geldstrafe, ענש, welche dem Beleidigten bezahlt wurde (5 Mos. XXII, 19. 29.), war entweder der Schätzung eines Schiedsrichters überlassen (2 Mos. XXI, 22.) oder vom Gesetze bestimmt (5 Mos. XXII, 19. 29.). Hieher gehört auch die mehrfache Erstattung des Gestohlenen (2 Mos. XXI, 37. XXII, 2 f.), und die in einem Falle erlaubte Loskaufung von der Lebensstrafe (2 Mos. XXI, 29 f.)³).

§. 169.
Gottesdienstliche Büssungen.

Wo die gewöhnlichen Strafen nicht Statt hatten, weil die Vergehen nicht vor das weltliche Forum gehörten⁴), traten die Sünd- und Schuldopfer ein (§. 202.), die nicht (mit

---

¹) Duodecim tabb. tab. VII. 1. 9. p. 47. edit. *Func.*: Si membrum rupsit, nisi cum eo paicit, taliod estod. *Petit.* legg. att. 632. *May.* III, 103. *Michael.* mos. R. V. §. 241. *Danz* origo talionis in *Meuschen* N. T. p. 519 sqq.
²) Baba Kama VIII, 1. *Lightf.* ad Matth. V, 38. *Institutt. Justin.* IV, 4, 7. de injuriis. v. *Hammer* osman. R. I, 146 f. Gegen *Saalschütz* mos. R. S. 449 ff., welcher bestreitet, dass die Talio wirklich geübt worden sei, s. ‚*Keil* II, 268. N. 7.
³) Vgl. *Saalschütz* mos. R. S. 470 ff.
⁴) *Bähr* Symb. d. mos. Cult. II, 386 ff. möchte darunter bloss theokratische (kirchliche, disciplinarische) Vergehungen verstehen. Aber während die Fälle 3 Mos. V, 2 f. 15. XII, 6. 8. u. a. dieser Annahme günstig sind, u. die Bestimmungen 3 Mos. IV, 2. 13. 22. 27. sich dafür deuten lassen, widerstreben die Fälle 3 Mos. V, 1. 22 f. XIX, 21. ganz. (Letzterer gehört freilich durchaus in das weltliche Gebiet, u. passt auch nicht unter obigen Begriff.) Auch die allgemeine Bedeutung des Versöhnungstages (3 Mos. XVI, 16. 30. 34.) steht entgegen.

Michael. V. §. 244.) als Mulcta zu betrachten sind, sondern eine sittlich-religiöse Bedeutung haben.

II. Verbrechen.

§. 170.
Theokratische.

Alles Heilige in Israel sollte durch die Strafen geschützt werden. Heilig vor Allem war Jehova und sein Cultus, und heilig war auch alle von Gott gegründete natürliche und sittliche Ordnung, besonders das Leben, die Ehe, die Familie, die Gemeinde, die Obrigkeit, das Eigenthum. Verletzung dieser Heiligkeit war Verbrechen, das nothwendig der Strafe verfiel; je grösser aber die Heiligkeit des Verletzten und je deutlicher die Absicht der Verletzung war, desto härter war auch die Strafe, die den Verbrecher traf. Todesstrafe stand daher auf allen speciell theokratischen Verbrechen. — Abgötterei war mit Steinigung verpönt (2 Mos. XXII, 19. 5 Mos. XVII, 2 ff. vgl. XIII, 4. 8 f.). Eine abgöttische Stadt sollte ausgerottet werden (5 Mos. XIII, 14 f.). Die gleiche Strafe der Steinigung war auf die Gotteslästerung (3 Mos. XXIV, 14. 2 Mos. XXII, 27.)[1]) und die Sabbathschändung (4 Mos. XV, 36.) gesetzt. Todeswürdige Verbrechen waren auch andere wissentliche Uebertretungen des Ceremonialgesetzes (1 Mos. XVII, 14. 4 Mos. IX, 13.), Wahrsagerei und Zauberei (2 Mos. XXII, 17. 3 Mos. XX, 27.) und das falsche Prophetenthum (5 Mos. XVIII, 20.).

§. 171.
Verbrechen gegen Obrigkeit und Eltern.

Ein eigentliches Majestätsverbrechen kennt das mosaische Gesetz nicht (vgl. jedoch 2 Mos. XXII, 27.); aber wohl die Praxis (2 Sam. XIX, 22 ff. vgl. 1 Kön. II, 8. 9. 36 ff. — 1 Sam. XXIV, 7. 2 Sam. I, 14 ff.). Trotziger Ungehor-

---

[1]) Gewöhnlich erklärt man h. אלהים durch Richter u. Obrigkeiten; *Joseph.* Antt. IV, 8, 10. c. Ap. II, 33. *Philo* de Mos. III, 684. de monarch. p. 818. verstehen es fälschlich von fremden Göttern. S. *Keil* II, 288. N. 2.

sam gegen das Urtheil des Gerichts sollte mit dem Tode bestraft werden (5 Mos. XVII, 12 f.). Den Eltern fluchen (2 Mos. XXI, 17. 3 Mos. XX, 9.), sie schlagen (2 Mos. XXI, 15.), war ein Capitalverbrechen. Auch Ungehorsam gegen dieselben war mit Todesstrafe belegt (5 Mos. XXI, 18 ff.).

§. 172.
Todtschlag und Leibesverletzung.

Der vorsätzliche Mord forderte das Blut des Mörders ohne Möglichkeit der Loskaufung (1 Mos. IX, 6. 2 Mos. XXI, 12. 14. 3 Mos. XXIV, 17. 4 Mos. XXXV, 16 ff. 31. 5 Mos. XIX, 11 ff.); der unvorsätzliche Mörder aber wurde geschützt (2 Mos. XXI, 13. 4 Mos. XXXV, 11. 15. 22. 23. 5 Mos. XIX, 4—6. §. 177.). Der Mord, dessen Thäter unbekannt war, musste wenigstens gesühnt werden (5 Mos. XXI, 1 ff.). Die augenblickliche Tödtung eines Sklaven durch seinen Herrn wurde irgendwie geahndet (2 Mos. XXI, 20. vgl. §. 160.). Gliederverletzung forderte Wiedervergeltung (2 Mos. XXI, 23 ff. 3 Mos. XXIV, 19 f. 5 Mos. XIX, 21. vgl. XXV, 11 f.), andere Verwundung Ersatz (2 Mos. XXI, 18 f. 22.). Auch der Todtschlag durch ein Thier wird am Herrn desselben und am Thiere gestraft (2 Mos. XXI, 28 ff.)[1]. Nichts vom Selbstmorde (vgl. 1 Sam. XXXI, 4. 2 Sam. XVII, 23. 2 Makk. XIV, 41 ff.; dgg. *Joseph.* B. J. III, 8, 5.).

§. 173.
Verbrechen gegen das Eigenthum.

Diebstahl wurde nur mit erhöhter Wiedererstattung oder mit Verlust der Freiheit bestraft (2 Mos. XXI, 37. XXII, 2 f. Spr. VI, 30 f.). Die Tödtung des Diebes bei nächtlichem

---

[1] Parallelen bei *Michael.* comment. prior ad legg. div. de poena homicidii §. 16. im synt. commentatt. P. I. Mos. R. VI, 274. *Rosenm.* Scholl. ad Exod. XXI, 28. *Knobel* zu dieser Stelle. *Demosth.* in Aristocrat. p. 645.: ἐάν λίθος ἤ ξύλον ἤ σίδηρος ἤ τι τοιοῦτον ἐμπεσὸν πατάξῃ, καὶ τὸν μὲν βαλόντα ἀγνοῇ τις, αὐτὸ δὲ εἰδῇ καὶ ἔχῃ τὸ τὸν φόνον εἰργασμένον, τούτοις ἐνταῦθα λαγχάνεται. Vgl. auch 5 Mos. XXII, 8.

Einbruche war straflos (2 Mos. XXII, 1.). Menschendiebstahl (Plagium) war wie bei Griechen und Römern Capitalverbrechen (2 Mos. XXI, 16. 5 Mos. XXIV, 7.). Vom Strassenraube kommt nichts vor.

§. 174.

Verbrechen der Unzucht.

Auf unnatürliche Laster stand Todesstrafe (3 Mos. XX, 13. 15 f.), ebenso auf Ehebruch, wenn nämlich desswegen Klage geführt wurde [1]) (3 Mos. XX, 10.), und zwar, wie es nach Joh. VIII, 5. und nach der Analogie von 5 Mos. XXII, 20 f. 23 f. scheint, die Steinigung [2]). Der Ehebruch mit einer Unfreien ward viel gelinder gestraft (3 Mos. XIX, 20 ff.). Auf Blutschande ebenfalls Todesstrafe (3 Mos. XX, 11. 12. 17.) [3]). Schwächung einer Jungfrau forderte nur Ehelichung oder Büssung (2 Mos. XXII, 15 f.; nach 5 Mos. XXII, 28 f. beides); die einer Verlobten hingegen die Steinigung beider Theile (5 Mos. XXII, 23 f.; im Fall aber das Verbrechen auf dem Felde geschah, nur des Thäters Vs. 25 ff. vgl. Matth. I, 20. Luk. II, 5.). Dieselbe Strafe fand die nicht als Jungfrau in das Ehebett Gekommene (5 Mos. XXII, 20 f. vgl. §. 261. Not.). Der eheliche Beischlaf während der monatlichen Reinigung des Weibes war Todes-Verbrechen (3 Mos. XX, 18. vgl. jedoch XV, 24.) [4]).

---

[1]) Es hing natürlich vom Gatten ab, ob er klagen wollte (Matth. I, 19.). *Buxtorf* Sponsal. et divort. p. 152 sqq.

[2]) *Michael.* V. §. 262. d. Auslegg. zu Joh. VIII, 5. Nach Sanhedr. XI, 1. 6. die Erdrosslung. Strafe des Ehebruchs bei den Arabern in Hauran s. *Burkh.* I, 361.

[3]) Die Drohung 3 Mos. XX, 20 f. ist nicht mit *Michael.* u. *Win.* gesetzlich zu nehmen.

[4]) Aehnlich beim Zendvolke, *Rhode* h. Sage d. Zendv. 444. —

Vgl. zu §. 170—174. *Saalschütz* Arch. II, 279 ff. Mos. R. S. 490 ff. *Trusen* Sitten u. s. w. S. 133 ff. *Ewald* Alterth. S. 159 ff. *Keil* II, 269 ff.

Viertes Capitel.
Gericht.

§. 175.
Ort und Zeit des Gerichts.

Bei den alten Hebräern wurde öffentlich im Thore (vgl. §. 125.) Gericht gehalten (5 Mos. XXI, 19. XXII, 15. XXV, 7. Hiob V, 4. XXIX, 7. Ruth IV, 1. Spr. XXII, 22. XXIV, 7. Zach. VIII, 16.) [1]). Später aber war dieses, wenigstens in Ansehung des Synedriums, nicht der Fall (§. 149 b.). Die römischen Procuratoren hielten theils in ihrem Palaste (AG. XXV, 23.), theils öffentlich Gericht (*Joseph.* B. J. II, 9, 3. Joh. XIX, 13. vgl. dgg. Matth. XXVII, 11 ff.). Die Gerichtszeit war der Morgen (Jer. XXI, 12.) [2]). Nach dem Talmud war am Sabbath und an Festtagen kein Gericht [3]).

§. 176.
Gerichtsordnung.

Das Verfahren war summarisch und mündlich (5 Mos. XXV, 7. 1 Kön. III, 16 ff. vgl. dgg. Hiob XXXI, 35.) [4]); nur

---

[1]) Vgl. *Höst* Nachrichten von Marokko etc. S. 239.

[2]) Sanhedr. IV, 1.: „In Geldsachen kann man bei Tage anfangen zu richten u. bei der Nacht es erst ausmachen; Halssachen aber müssen bei Tage anfangen u. noch bei Tage geendigt werden. Geldsachen müssen denselben Tag geendigt werden, es sei zum Lossprechen oder zum Verdammen; Halssachen aber macht man aus an demselben Tage zum Lossprechen, den folgenden Tag erst zum Verurtheilen. Daher hält man kein dergleichen Gericht am Sabbath-Abend noch an einem Feier-Abend."

[3]) Bezah od. Jom Tob V, 5. *Selden* de synedriis p. 805. Was *Boch. Hieroz.* I, 568 sq. *Tholuck* zu Joh. XIII, 1. u. A. anführen zum Beweise, dass Christus am Passah-Sabbath habe verurtheilt werden können, hält nicht Stich. Vgl. §. 218 b. Ende.

[4]) *Diodor. Sic.* I, 75. von den ägyptischen Gerichten: Τῶν δὲ πάντων νόμων ἐν βιβλίοις ὀκτὼ γεγραμμένων, καὶ τούτων παρακειμένων τοῖς δικασταῖς, ἔθος ἦν τὸν μὲν κατήγορον γράψαι καθ᾽ ἓν ὧν ἐνεκάλει, καὶ πῶς γέγονε, καὶ τὴν ἀξίαν τοῦ ἀδικήματος, ἢ τῆς βλάβης· τὸν ἀπολογούμενον δὲ λαβόντα τὰ χρηματισθέντα ὑπὸ τῶν ἀντιδίκων ἀντιγράψαι πρὸς ἕκαστον, ὡς οὐκ ἔπραξεν, ἢ πράξας οὐκ ἠδίκησεν, ἢ ἀδικήσας ἐλάτ-

dass der richterliche Spruch scheint aufgeschrieben worden zu sein (Jes. X, 1. Hiob XIII, 26.): später wurde noch mehr Gebrauch vom Schreiben gemacht [1]). Man hatte keine Anwälte (5 Mos. XXV, 1. 1 Kön. III, 16 ff.; dgg. Hiob XXIX, 12. Jes. I, 17.). Der Beklagte erschien in Trauer, und trat zur Linken (Zach. III, 1. 3. Ps. CIX, 6.). Das gewöhnliche Erforschungsmittel war das Verhör von Zeugen (עֵד), deren wenigstens zwei aufgestellt werden mussten (4 Mos. XXXV, 30. 5 Mos. XVII, 6. XIX, 15.). Sie wurden durch Beschwörung aufgefordert die Wahrheit zu sagen (3 Mos. V, 1. Spr. XXIX, 24.), die strenge Erforschung ihrer Aussage war Pflicht der Richter (5 Mos. XIX, 18.) [2]), und ein falscher Zeuge wurde bestraft (Vs. 19.). Zuweilen konnte der Augenschein entscheiden (2 Mos. XXII, 12.). Schriftliche Beweismittel gab es ausser Kaufcontracten (Jer. XXII, 9 ff.) wohl selten. Bei Mangel aller Beweismittel trat der *Eid* (שְׁבוּעָה, אָלָה) ein (2 Mos. XXII, 9 f. 3 Mos. V, 21 f. 4 Mos. V, 11 ff.), der so abgelegt wurde, dass man auf eine Beschwörungsformel mit אָמֵן antwortete (5 Mos. V, 21 f. Matth. XXVI, 63.): daher die Redensarten *einen Eid hören* (3 Mos. V, 1. Spr. XXIX, 24.), נִשְׁבַּע *schwören* (sich beschwören lassen), הִשְׁבִּיעַ *beschwören* [3]). Wahrscheinlich (vgl. Jos.

τονος ζημίας ἄξιός ἐστι τυχεῖν. Ἔπειτα νόμιμον ἦν τὸν κατήγορον ἀντιγράψαι, καὶ πάλιν τὸν ἀπολογούμενον ἀντιθεῖναι· ἀμφοτέρων δὲ τῶν ἀντιδίκων τὰ γεγραμμένα δὶς τοῖς δικασταῖς δόντων, τὸ τηνικαῦτα ἔδει τοὺς μὲν τριάκοντα τὰς γνώμας ἐν ἀλλήλοις ἀποφαίνεσθαι, τὸν ἀρχιδικαστὴν δὲ τὸ ζῴδιον τῆς ἀληθείας προςτίθεσθαι τῇ ἑτέρᾳ τῶν ἀμφισβητήσεων.

[1]) Sanhedr. IV, 3.: „zween Schreiber der Richter standen vor ihnen, der eine zur Rechten, der andere zur Linken, und schrieben nieder die Worte derer, die lossprachen, und derer, die verdammten." Ein Archiv *Joseph*. B. J. VI, 6, 3.

[2]) Sanhedr. IV, 5. wird eine Art von ermahnender Ansprache an die Zeugen, u. V, 1 ff. die Weise ihre Aussagen zu prüfen vorgeschrieben.

[3]) Ein patriarchalischer Schwur-Gebrauch 1 Mos. XXIV, 2. XLVII, 29., vgl. zu dessen Erklärung *Win.* Art. Eid. *Knobel* zu Gen. XXIV, 2. Erheben der Hand zum Himmel (1 Mos. XIV, 22 f. 5 Mos. XXXII, 40.), Berührung der Phylacterien, des Gesetzes bei den heutigen Juden (*Buxt.* Synag. c. 48.). Schwurformeln des gemeinen Lebens: חַי יְהוָֹה Ruth III, 13. u. öft.; עֹה יַעֲשֶׂה לִי אלה׳

VII, 14 f. 1 Sam. XIV, 42.) gehörte auch das Loos unter die gerichtlichen Entscheidungsmittel (Spr. XVI, 33. XVIII, 18.), eine Art Gottesurtheil, das auch mit dem des Ehebruchs verdächtigen Weibe vorgenommen wurde 4 Mos. V, 11 ff. [1]). An peinlichen Gerichten scheint das Volk den thätigsten Antheil genommen zu haben (1 Kön. XXI, 9 ff. Hist. Sus.).

§. 177.
Execution Blutrache.

Die Execution war gewöhnlich schnell (Jos. VII, 16 ff. 1 Sam. XXII, 11 ff. 2 Sam. I, 13 ff. IV, 9 ff. Hist. Sus. 41. 45.)[2]), und geschah bei der Steinigung durch das Volk selbst, nachdem die Zeugen die ersten Steine geworfen hatten (5 Mos. XIII, 10. XVII, 7. Jos. VII, 25. AG. VII, 57 ff.) vgl. §. 166. Not. 1. Die Verbrechen des Bluts wurden, nach dem alten Rechte der Blutrache (1 Mos. IV, 14. XXVII, 45.)[3]), vom nächsten Anverwandten (גֹּאֵל) des Ermordeten gestraft (5 Mos.

'וגו 1 Sam. XIV, 44. u. öft.; in der Anrede, besonders an den König: חַי פַרְעֹה, 1 Sam. I, 26. XVII, 25. Spätere, aus Scheu, den Namen Gottes zu missbrauchen, herbeigeführte Formeln Matth. V, 34 ff. vgl. *Lightf.*, *Wetst.* Ursprünglich hatte der Schwur eine Beziehung auf die Zahl Sieben, woher das Wort שְׁבִיעָה. Vgl. die sieben Lämmer 1 Mos. XXI, 28 ff. und die sieben Bundessteine, welche die Araber mit ihrem Blute bestrichen, *Herod.* III, 8.

[1]) Probewasser der Indier für den Meineid, *Philostrat.* vit. Apollon. III, 3. Vgl. *v. Bohl.* Ind. II, 59. Ganz ähnliche Unschuldsprobe aus *Dampier* R. um d. Welt III, 91. b. *Rosenm.* ML. II, 226. — Keine Folter; aber späterhin, *Joseph.* B. J. I, 30, 3. Antt. XVII, 4, 3.

[2]) Sanhedr. VI, 1.: „Ist das Gericht geschlossen, so führt man ihn hinaus, ihn zu steinigen," doch war noch Raum zur Revision des Processes gelassen, bis zur Ankunft am Richtplatze; auch rief man aus: „Wer etwas zu seinem Besten weiss, der komme und sage es."

[3]) Ueber die Blutrache bei den Arabern, Persern u. and. Völkern *Michael.* II. §. 134. *Nieb.* B. S. 32 ff. *May.* les Béd. II, 91 ff. *Robins.* I, 233. Exc. ex Hamas. p. 558. 416. vs. 1., p. 466. vs. 12., p. 496. vs. 8. 9. (vgl. *Jo. Vullers* ad Harethi Moallaka p. 29., wornach *Gesen.* Bemerk. z. Jes. XXVI, 20. zu berichtigen); *Chard.* VI, 107. vgl. *Win.* Art. Blutrache. *Oehler* in *Herzog's* RE. unt. Blutrache.

XXXV, 19.). Dem Missbrauche derselben sollte das Institut der 6 in verschiedenen Gegenden liegenden Freistädte (עָרֵי מִקְלָט) steuern, wohin die unvorsätzlichen Todtschläger fliehen und wo sie bis zum Tode des jedesmaligen Hohenpriesters Sicherheit finden konnten, nachdem das Gericht den Fall untersucht und die Unschuld erkannt hatte (2 Mos. XXI, 13. 4 Mos. XXXV, 9 ff. 5 Mos. XIX, 1 ff.)[1]). Auf dem Wege jedoch nach der Freistadt (5 Mos. XIX, 6.) oder wenn der Todtschläger dieselbe zu früh verliess (4 Mos. XXXV, 25 ff.), konnte ihn der Rächer tödten; und so auch wenn er schuldig befunden wurde (5 Mos. XIX, 11 ff.). Sonst waren die Trabanten des Königs die Scharfrichter (§. 147.).

Fünftes Capitel.

P o l i z e i.

I. Zeiteintheilung.

§. 178.

D a s   J a h r.

Die Hebräer hatten vor dem Exile[2]) ein Mondenjahr von 354 Tagen 8 Stunden 48 Minuten 38 Sec., dessen Mangel

---

[1]) Vgl. *Saalschütz* mos. R. S. 482 ff. 582 ff. — Auch der Altar war Asyl (2 Mos. XXI, 14. 1 Kön. I, 50.).
Eine Art von theokratischer Selbstrache übten im heiligen Eifer Pinehas (4 Mos. XXV, 6 ff.) u. Elia (1 Kön. XVIII, 40.). Diesen ahmten nach Mattathias u. die Seinigen (1 Makk. II, 24 ff. 50.); und solche Eiferer (ζηλωταί) handelten aus Macht des theokratischen Geistes, wie die Propheten aus der gleichen Macht rügten u. tadelten. Andere Eiferer wie der Ap. Paulus (AG. VIII, 3.) mochten nur der ordentlichen Strafgerechtigkeit Handreichung thun. Eine Partei von politischen Eiferern war die des Judas Gaulonites (§. 69.). Späterhin wurde der edle Name Zeloten von der rasenden Revolutionspartei gemissbraucht (*Joseph.* B. J. IV, 3, 9.).
Vgl. zu §. 175—177. *Winer* unt. Gericht. *Saalschütz* Archäol. II, 271 ff. Mos. R. S. 593—626. *Schnell* das israelitische Recht in seinen Grundzügen dargestellt. Basel 1853. *Oehler* in *Herzog's* RE. unt. Gericht. *Keil* II, 254 ff. Ueber das gerichtliche Verfahren der spätern Zeit ausser *Saalschütz* mos. R. l. c. *Frankel* der gerichtliche Beweis nach mosaisch-talmudischem Rechte. Berlin 1846.

[2]) Nach *Credn.* Joel S. 210. hatten sie ursprünglich ein Sonnenjahr (weil שָׁנָה nur von einem solchen gebraucht werden könne)

Zeiteintheilung. §. 178.

dadurch berichtigt wurde, dass nach einigen Jahren, wenn die Abweichung vom Sonnenjahre die Verbindung der Feste mit den ökonomischen Epochen der Ernte und Weinlese störte, ein Monat (אֲדָר, וְאָדָר §. 179.) eingeschaltet (עיבור, *Einschaltung*) wurde [1]), wodurch ungleiche Jahre (שנה מעוברת *gemeines*, ש׳ מעוברת, *Schaltjahr*) entstanden.

Der Anfang des bürgerlichen Jahres war nach *Josephus*. und den Rabbinen im Monat Tisri (so dass das Fest des Jubelklangs §. 215. das Neujahr wäre) [2]) und bloss der des heiligen Jahres im Nisan (2 Mos. XII, 2.); aber die uneingeschränkte Erklärung des Gesetzgebers und die gewöhnliche Zählung der Monate (3 Mos. XXIII, 34. XXV, 9. 4 Mos.

---

mit Monaten von 30 Tagen (daher solche 1 Mos. VII, 11. VIII, 3. vorkommen). Hauptgrund, dass die Namen des 8. Mon. בּוּל (Regenmonat) u. des 7. Mon. יֶרַח הָאֵיתָנִים (Monat der strömenden Flüsse) bei einem Mondenjahre mit Einschaltung nicht zur Jahreszeit passen. Die Aegypter hatten ein Sonnenjahr, *Herod.* II, 14. *Diodor. Sic.* I, 50. — Wie *Credner* auch *Böttcher* Proben alttest. Schrifterkl. S. 283., de inferis I, 125. u. *Seyffarth* chronol. sacra p. 26 sqq. Dagegen *Winer* unt. Jahr S. 532. u. *Vaihinger* in *Herzog's* RE. unt. Jahr. Vgl. auch *Saalschütz* mos. R. S. 397 f. u. *Knobel* Gen. S. 80 f.

[1]) Edujoth VII, 7. Rosch haschana II, 8. Gem. Rosch hasch. f. 6, 2. 19, 2. Sanhedr. f. 11, 1. *Selden* de anno civ. vet. Hebr. p. 19 sqq. *Wähner* antt. II, 34 sqq. *Rel.* antt. IV, 1, 3 sq. *Michael.* mos. R. IV. §. 199. *Ideler* Chronol. I, 488 ff. *L. Bridel* de l'année Juive (Bas. 1810.) p. 21 sqq. *Saalschütz* mos. R. S. 405 f. Aber eigentlich ist diese Einrichtung nur für die Zeit nach dem Exile beurkundet (*Wähn.* p. 21. 27 sq.). Nach Pesach. IV, 9. hätte freilich Hiskia 2 Chron. XXX, 2. eine (obgleich ungesetzmässige) Einschaltung vorgenommen.

[2]) *Joseph.* Antt. I, 3, 3.: Μωϋσῆς δὲ τὸν Νισᾶν, ὅς ἐστι Ξανϑικός, μῆνα πρῶτον ἐπὶ ταῖς ἑορταῖς ὥρισε, κατὰ τοῦτον ἐξ Αἰγύπτου τοὺς Ἑβραίους προαγαγών, οὗτος δ' αὐτῷ καὶ πρὸς ἁπάσας τὰς εἰς τὸ θεῖον τιμὰς ἦρχεν· ἐπὶ μέντοιγε πράσεις καὶ ὠνὰς καὶ τὴν ἄλλην διοίκησιν τὸν πρῶτον κόσμον διεφύλαξε. Rosch haschana I, 1. u. so mehrere ältere christliche Archäologen, auch *Brid.* p. 14. Nach *Michael.* de mens. Hebr. (Comm. Brem. 1769.) §. 8. haben die Hebräer sogar schon vor Mose das Jahr mit dem Tisri angefangen. Dafür erklärt sich auch *Credn.* Joel S. 207 ff. Die Bestimmung des Zeitpunktes für die Feier des Laubhüttenfestes „beim Ausgange des Jahres" passt zu einer Jahresrechnung am wenigsten, nach welcher dieses Fest in den Anfang (15. Tisri) fiel.

IX, 11. 2 Kön. XXV, 8. Jer. XXXVI, 22. XXXIX, 2. Esth.
III, 7.) lassen vermuthen, dass in der alten Zeit nur die eine,
gesetzliche Ordnung gegolten habe [1]).

§. 179.
Die Monate.

Die Monate, theils von 29 (חֲסֵרִים) theils von 30 Tagen
(מְלֵאִים), nach dem Erscheinen (הראיה) des Neumondes berechnet [2]), wurden vor dem Exile gezählt, nur ausnahmsweise

---

[1]) *Vriemoet* observatt. misc. (Leov. 1740.) p. 284 sqq. Hist.
crit. de la rep. des lettres V, 72 sq. *Gerdes* de festo claugoris
(Duisb. 1730., auch in s. exercitatt. acad.) §. 8 sqq. Selbst Rab-
binen behaupten die Neuheit des Jahranfangs im Tisri (*Vriem.*
p. 291. *de Voisin* Anm. zu d. Prooem. des pugio fidei v. *Roim.
Martini* p. 150.). Wahrscheinlich ist dieser neue Jahresanfang mit
der seleucidischen Aera *(Gerd.* §. 14.) oder mit den chaldäischen
Monaten, deren erster der Tisri (von שרא, eröffnen) war (*v. Bohl.*
Ind. I, 220.) eingeführt worden, *Wähn.* p. 24., wgg. *Win.* Art.
Jahr, *Idel.* I, 492 f. schwanken. Vgl. *Saalschütz* mos. R. S. 398 f.
Knobel zu Exod. XII, 2. Dagegen *Keil* I, 350. N. 15. Angeb-
licher vierfacher Jahresanfang nach Rosch hasch. I, 1., dgg. *Vriem.*
p. 281 sqq.

Die neuern Juden haben seit d. J. Chr. 357. den von R. *Hillel*
d. J. erfundenen astronomisch bestimmten neunzehnjährigen Cyclus
(מחזור) von 12 gemeinen u. 7 Schaltjahren, nach dessen Ablauf
Sonnen- u. Mondjahr wieder mit einander zusammentreffen. Haupt-
werk über die spätere jüdische Zeitrechnung ist: *Maimonid.* Kiddusch hachodesch, lat. v. *Lud. de Compiègne de Veil.* Lond. 1683.
4. Vgl. *Laz. Bendavid* zur Berechn. u. Gesch. d. jüd. Calenders.
1817. *Joh. v. Gumpach* über den altjüdischen Kalender, zunächst
in seiner Beziehung zur neutestamentl. Geschichte. Brüssel 1848. 8.

[2]) Es wurden die Zeugen, die den Neumond (das erste Vier-
tel) gesehen, vernommen u. geprüft. Traf am 29. oder 30. T. Mel-
dung ein, so schloss man den alten Monat mit dem 29. T. u.
erklärte ihn für חָסֵר; traf wegen trüber Witterung am 30. T. keine
ein, so liess man den folgenden Monat mit dem 31. T. beginnen,
u. erklärte den alten für מָלֵא. Rosch hasch. II, 6 f. Jedoch durften in einem Jahre nicht mehr als 8 volle Monate sein, und nicht
weniger als 4. Arachin II, 2. Vgl. *Saalschütz* mos. R. S. 401 ff.
Wassermann in *Herzog's* RE. unt. Monate S. 722 f. *Macrob.*
Saturn. I, 15.: Priscis temporibus . . . . . pontifici minori haec
provincia delegabator, ut novae lunae primum observaret aspectum,
visamque regi sacrificulo nuntiaret, itaque sacrificio a rege et minore

Zu §238. Taf. I.

Grundriss des Herodian. Tempels.

Fig. A.

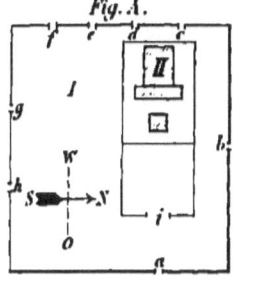

Fig. A. Der ganze Umfang.
I. Der Tempelberg (Heidenvorhof).
a.b.c.d.e.f.g.h. Thore des Heidenvorhofs.
II. Der Tempel mit seinen Vorhöfen.
i. Die grosse Pforte des Weibervorhofs.

Fig. B.

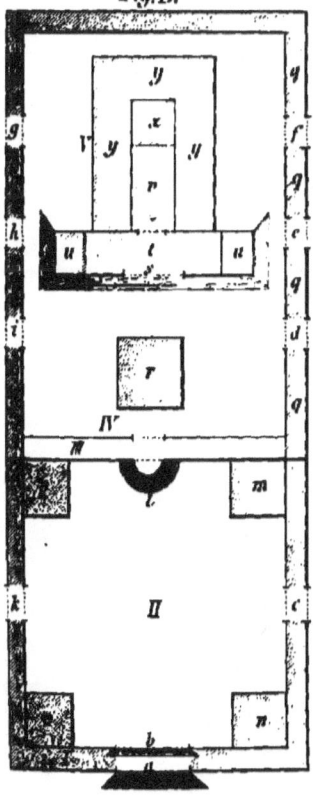

Fig. B. Der Tempel mit seinen Vorhöfen.
I. Chel, Zwinger.
II. Weibervorhof.
III. Vorhof der Israeliten.
IV. Vorhof der Priester.
V. Tempelhaus.
a. Vierzehn Stufen, die zum Zwinger führen.
b. Das grosse Thor des Weibervorhofs mit
   fünf Stufen.
c.d.e.f.g.h.i.k. Die übrigen Thore der
   Vorhöfe.
l. Das Nicanorsthor mit 15 Stufen.
m.n.o.p. Zellen des Weibervorhofs.
q. Zellen.
r. Brandopferaltar.
s. 12 Stufen u. Thor der Vorhalle.
t. Vorhalle.
u.u. Schlachtmesserhaus.
v. Das Heilige.
x. Das Allerheiligste.
y. Nebengebäude mit 38 Gemächern.

Zeiteintheilung. §. 179. 180.   239

benannt¹), und führten erst nach demselben regelmässige (chaldäische) Namen.

Es sind folgende: 1) נִיסָן, vom Neumonde des Aprils ²) an (Neh. II, 1. Esth. III, 7.); 2) אִיָּיר; 3) סִיוָן (Esth. VIII, 9.). 4) תַּמּוּז; 5) אָב; 6) אֱלוּל (Neh. VI, 15.); 7) תִּשְׁרִי; 8) מַרְחֶשְׁוָן; 9) כִּסְלֵו (Zach. VII, 1. Neh. I, 1. χασλεῦ 1 Makk. I, 54.); 10) טֵבֵת (Esth. II, 16.); 11) שְׁבָט (Zach. I, 7.); 12) אֲדָר (Esth. III, 7.). Der Schaltmonat: אדר ואדר בתראה (*Rosch hasch.* f. 6. c. 2., אדר שני ib. f. 19. c. 2.)³).

§. 180.

Die Woche.

Die Eintheilung des Monats in Wochen (Tagsiebende, שָׁבוּעִים) ist eine alte, nicht bloss den Hebräern eigene Eintheilung⁴), bei diesen aber durch die Feier des siebenten

---

pontifice celebrato, idem pontifex calata i. e. vocata in Capitolium plebe, dies Nonarum et Iduum indicebat. Später nahmen die rabbanitischen Juden die astronomische Berechnung des Monats an; die Karäer aber blieben bei der alten Weise.

¹) Folgende Namen kommen in ältern BB. des A. T. vor: vom 1. M. אָבִיב 2 Mos. XIII, 4.; vom 2. M. זִו 1 Kön. VI, 1.; vom 8. M. בּוּל 1 Kön. VI, 38.; vom 7. M. יֶרַח הָאֵתָנִים 1 Kön. VIII, 2.

²) Nach den Rabbinen des Märzes (*Bartolocci* bibl. rabb. p. 396.); dgg. *Michael.* de mens. Hebr. p. 16 sqq. *Jahn* Arch. I, 1. 494. *Idel.* I, 491. wie oben aus physisch-geographischen, historischen und philologischen Gründen.

³) Nach *Idel.* I, 539 f. ist der Schaltmonat nicht der אדר בתראה, sondern der אדר ראשון; denn das Purim-Fest fällt in jenen. — Ueber die Erklärung der Monatsnamen aus dem Altpersischen s. *Keil* I, 349. N. 10.

Das 2. B. d. Makk. (XI, 21. 30. 33.) u. *Josephus* rechnen nach macedonischen Monaten. Vgl. *Ideler* I, 400 ff.

⁴) *Dio Cass.* XXXVII. p. 42. ed. Steph.: Τὸ δὲ δὴ ἐς τοὺς ἀστέρας τοὺς ἑπτά, τοὺς πλανήτας ὠνομασμένους, τὰς ἡμέρας ἀνακεῖσθαι κατέστη μὲν ἐπ᾽ Αἰγυπτίων, πάρεστι δὲ καὶ ἐπὶ πάντας ἀνθρώπους, οὐ πάλαι ποτέ, ὡς λόγῳ εἰπεῖν, ἀρξάμενον. [*Herod.* II, 82.: Καὶ τάδε ἄλλα Αἰγυπτίοισί ἐστι ἐξευρημένα· μεὶς δὲ καὶ ἡμέρη ἑκάστη θεῶν ὅτευ ἐστί.] Οἱ γοῦν ἀρχαῖοι Ἕλληνες οὐδαμῇ αὐτὸ (ὅσα γε ἐμὲ εἰδέναι) ἠπίσταντο· ἀλλ᾽ ἐπειδή καὶ πάνυ νῦν τοῖς τε ἄλλοις ἅπασι καὶ αὐτοῖς τοῖς Ῥωμαίοις ἐπιχωριάζει. Indessen hatten die Aegypter nach neueren Untersuchungen in der älteren Zeit eine zehntägige Zeittheilung,

Tages bestimmt. Die Tage wurden bloss gezählt[1]), nicht wie bei den Aegyptern benannt.

§. 181.

Der Tag.

Der bürgerliche Tag ($\nu\nu\chi\vartheta\acute{\eta}\mu\varepsilon\rho o\nu$)[2]) wurde wie bei allen nach dem Mondlaufe rechnenden Völkern, als Arabern, Griechen, Galliern[3]), vom Sonnenuntergange bis wieder dahin gerechnet (3 Mos. XXIII, 32.). Die auch bei den Aegyptern, Griechen, Römern übliche Eintheilung des natürlichen Tages in zwölf Stunden (שָׁעָה chald. *Stunde*, aber Dan. III, 15. u. a. s. v. a. רֶגַע), nach den verschiedenen Jahreszeiten von verschiedener Länge[4]), scheinen die Juden im Exile von den

---

vgl. *Lepsius* Chronol. der Aegypter, Bd. I. S. 22. Die Woche findet sich bei den alten Arabern, den Chinesen, Ostindiern (denen *v. Bohlen* Ind. II, 247. die Erfindung zuschreibt), selbst bei den Peruanern, aber nicht bei den Griechen u. Römern. Bei letzteren wurde sie erst im Anfange der christlichen Zeitrechnung bekannt. *Idel.* I, 88. II, 178. Ihr Ursprung liegt in der einfachen Beobachtung, dass der Mondenmonat sehr natürlich in vier Theile zerfällt.
[1]) μία σαββάτων Matth. XXVIII, 1. AG. XX, 7. u. s. w. So noch heute bei den Arabern. Andere Ordnung der Wochentage bei den Aegyptern. *Gabler* Urgesch. I, 111.
[2]) *Macrob.* Saturn. I, 3. nach *Varro*: Homines, qui ex media nocte ad proximam mediam noctem his horis viginti quatuor nati sunt, uno die (civili) nati dicuntur. Vgl. *Censorin.* de die nat. c. 23. *Plin.* II, 77. — Vgl. *Oehler* in *Herzog's* RE. unt. Tag.
[3]) *Nieb.* B. S. 108. *Gell.* noct. att. III, 2. *Plin.* II, 77. *Tacit.* Germ. c. XI. *Caes.* bell. gall. VI, 18.
[4]) Man zählte sie vom Sonnenaufgange an: die 1. St. entspricht ungefähr unsrer 6. Morgenstunde, die 6. unsrer 12. Die längste Tageszeit in Palästina beträgt 14 St. 12 M., die kürzeste 9 St. 48 M. Die Eintheilung in Tagesviertel findet *Carpzov* app. p. 346. Neh. IX, 3. vgl. Matth. XX, 1 ff. und vergleicht *Busbequ.* ep. I. legat. Turc. p. 26. „Die Araber theilen den Tag in 24 St.; da sie aber selten Uhren haben, so brauchen sie folgende ungefähre Tageseintheilung: 1. Maggrib, Sonnenuntergang; 2. Elaschâ, 2 St. später; 3. El märfa, noch 2 St. später; 4. Nus el leil, Mitternacht; 5. El fedsjer, wenn die Morgendämmerung anfängt; 6. Es subhh, Sonnenaufgang; 7. El ghadda, Frühstückszeit, ungef. 9 U.; 8. Ed duchr, Mittag; 9. El asr, ungef. 3 U. Nachmittag." *Nieb.* B. S. 108 f.

Zeiteintheilung. Maasse. §. 181. 182 a. 241

Babyloniern angenommen zu haben [1]), und sie findet sich im N. T. (Joh. XI, 9. AG. II, 15. III, 1.).

Die Nacht wurde eingetheilt in Nachtwachen, d. h. Zeitabschnitte, nach deren Ablauf die Wachen abgelöst wurden, deren vor dem Exile drei waren: 1) רֹאשׁ אַשְׁמֻרוֹת (Klagl. II, 19.), 2) אַשְׁמֹרֶת הַתִּיכוֹנָה (Richt. VII, 19.), 3) א' הַבֹּקֶר (2 Mos. XIV, 24.)[2]), zu Christi Zeit aber (wahrscheinlich nach römischer Sitte) vier: 1) ὀψέ, 2) μεσονύκτιον, 3) ἀλεκτοροφωνία, 4) πρωί (Marc. XIII, 35.).

II. Die Maasse der Dinge.

§. 182 a.

M a a s s e.

Gemäss der Heiligkeit des Eigenthums fordert das Gesetz mit grosser Entschiedenheit für Handel und Verkehr den Gebrauch von richtigem Maass und Gewicht (vgl. 3 Mos. XIX, 35. 5 Mos. XXV, 13 ff.; auch Spr. XI, 1. XX, 10. 23. Mich. VI, 10 f. Ezech. XLV, 10.). Schon daraus und aus der Anwendung von Maass und Gewicht auf verschiedene gesetzliche Abgaben, Strafen und Entschädigungen lässt sich schliessen, dass die Maasse ein Gegenstand der öffentlichen Sorge sein mussten; ob aber eine bestimmte Vorkehrung zu deren richtiger Erhaltung getroffen war, ist die Frage [3]).

---

[1]) *Herod.* II, 109.: τὰ δυώδεκα μέρεα τῆς ἡμέρης παρὰ Βαβυλωνίων ἔμαθον.

[2]) *Kimchi* zu Ps. LXIII, 7. *Jarchi* zu Richt. VII, 19. *Carpz.* p. 347.; vgl. dgg. *Lightf.* ad Matth. XIV, 25.

בֵּין הָעַרְבַּיִם (2 Mos. XVI, 12. XXX, 8.), der Zeitpunkt des Schlachtens des Passah-Lammes (2 Mos. XII, 6. 3 Mos. XXIII, 5.) u. des Abendopfers (2 Mos. XXIX, 39. 41. 4 Mos. XXVIII, 4.), ist nach den Rabbaniten die Zeit vom Neigen der Sonne bis zu Ihrem Untergange (*Joseph.* B. J. VI, 9, 3.), oder nach den Karäern u. Samaritanern (*Trigland.* de secta Karaeor. c. 4. *Reland* de Samar. §. 22.), auch nach *Aben-Esra* zu 2 Mos. XII, 6. die Zeit vom Sonnenuntergange bis zur Dämmerung (5 Mos. XVI, 6.). Letzteres ist das Wahrscheinlichere, s. *Michael.* suppl. p. 1963 sq. *Rosenm.* Scholl. ad Exod. XII, 6.; auch *Knobel* zu dieser Stelle.

[3]) *Michael.* (mos. R. IV. §. 227.) gründet auf 1 Chron. XXIII, 29. („Bestellung der Leviten zum Hohl- u. Längenmaasse") u. die

Nach den grossartigen Untersuchungen von *A. Böckh*[1]) ist es gewiss, dass die Maasse der Hebräer wie der Griechen und Römer in einem ursprünglichen Zusammenhange mit denen der Aegypter und Babylonier stehen und auf einer genauen wahrscheinlich durch die stern- und messkundigen babylonischen Priester festgestellten mathematischen Grundlage beruhen. Hierdurch sind alle bisherigen Untersuchungen über diesen Gegenstand ziemlich überflüssig gemacht[2]).

§. 182 b.

Längenmaasse.

Das Längenmaass, מִדָּה, scheint nach den Namen mehrerer einzelner Maasse zu urtheilen von menschlichen Gliedern

dem ägyptischen ἱερογραμματεύς bei *Clem. Alex.* Strom. IV, 757. zugeschriebene Kenntniss der Maasse die Vermuthung, dass in der Stiftshütte die Normalmaasse aufbewahrt worden. Nach *M. Chelim* XVII, 9. befanden sich zweierlei Ellen-Maasse in dem über dem Ostthore des Tempels befindlichen Zimmer, die mosaische u. eine andere.

[1]) Metrologische Untersuchungen über Gewichte, Münzfüsse u. Maasse des Alterthums in ihrem Zusammenhange. Berl. 1838. *Ernst Bertheau* in s. zwei Abhandll. zur Geschichte der Israeliten. Gött. 1842. hat die *Böckh*'schen Untersuchungen, soweit sie die Hebräer betreffen, in grosser Klarheit dargestellt, u. mehrere gute Bemerkungen u. Erläuterungen hinzugefügt. Vgl. *G. Seyffarth* Beitr. z. Kenntniss der Litt., Kunst u. Gesch. der alten Aegypt. VII, 140 ff. Die bibl. Maasse durch die antiken ägyptischen Ellen in den Museen zu Turin, Paris u. Leiden bestimmt. *S.* hat aber nicht auf *Böckh* Rücksicht genommen.

[2]) *Eisenschmid* de ponderibus et mensuris vet. Roman. Graec. Hebr. Arg. 1708. 2. ed. 37. auch in *Ugolin.* thes. XXVIII. *Wurm* de ponder. numor. mensurar. rationibus. Stuttg. 1821. u. A. Dass aber die Untersuchung durch die Schrift von *Böckh* nicht als abgeschlossen anzusehen ist, zeigt *Thenius*, welcher selbstständig, in principieller Abweichung von *Böckh*, die hebräischen Maasse bestimmt hat, in der Abhandl.: Die althebräischen Längen- u. Hohlmaasse, in Theol. Stud. u. Krit. 1846, H. 1. 2. S. 75 ff. u. 297 ff., u. *L. Herzfeld* metrologische Voruntersuchungen zu einer Geschichte des ibräischen resp. altjüdischen Handels. Leipz. 1863. Vgl. auch *Winer* unt. Maasse, u. *Arnold* in *Herzog's* RE. unt. Maasse u. Gewichte bei d. a. Hebräern. *Hultsch* griechische u. röm. Metrologie. Berlin 1862.

entlehnt zu sein, und darnach hat man auch die absolute Grösse zu bestimmen gesucht; aber wenn auch die ursprünglichen Maass-Gesetzgeber auf natürliche Maasse Rücksicht genommen haben, so liegt doch ein davon unabhängiges mathematisch-festes Maass zum Grunde. Auch scheint das Hauptmaass: die Elle, einen ägyptischen Namen zu haben [1]).

Die hebräischen Längenmaasse sind nun in ihrem verhältnissmässigen Werthe folgende. Die *Elle*, אַמָּה, ist das Normal-Maass. Aufwärts machen 6 Ellen eine *Ruthe*, קָנֶה (Ezech. XLI, 8.). Abwärts zerfällt die Elle 1) in 2 *Spannen*, זֶרֶת, σπιθαμή (2 Mos. XXVIII, 16.); denn *Joseph.* Arch. III, 6, 5. setzt 5 Spannen gleich 2½ Ellen; 2) in 6 *Handbreiten*, טֶפַח, παλαιστή, all. παλαστή (1 Kön. VII, 26.), was der Talmud und die Rabbinen bezeugen [2]), und wofür die griechische und ägyptische Analogie ist; 3) in 24 *Fingerbreiten*, אֶצְבַּע, δάκτυλος (Jer. LII, 21. setzt 4 Finger gleich einer Handbreite).

Die Hebräer hatten wie die Aegypter und Babylonier zweierlei Ellen: 1) eine gemeine, אַמַּת אִישׁ (5 Mos. III, 11. gew. erklärt durch „Ellenbogen eines Mannes" oder natürliche Elle, vgl. aber Jes. VIII, 1.), 2) eine um eine Handbreite grössere, welche Ezechiel (XLIII, 13. XL, 5.) zum Messen des Tempels anwendet, also wahrscheinlich die *heilige*, welche 2 Chron. III, 3. die *frühere* genannt wird und ebenfalls zum Messen des Tempels dient [3]). Sie war aber auch in 6 Hand-

---

[1]) *Bertheau* S. 51. vergleicht das hebr. אַמָּה mit dem altägyptischen Mahe, Elle, u. dem koptischen Ammahi, Vorderarm, Elle. Selbst זֶרֶת Spanne findet sich im Aegypt. wieder in der Form Terto (*Gesen.* thes. s. v. זרת). Mehr aber empfiehlt sich die Ableitung beider Worte aus dem Hebräischen; vgl. *Gesen.* thes. s. vv. und Thenius l. c. S. 77. N. a.

[2]) *M. Chelim* XVII, 9. *Maimon* u. *Bartenor.* ad Erubim I, 1. ed. Surenh. II, 78. Nach *Michael.* suppl. s. v. אַמָּה, *Jahn* Arch. I, 2. 36. hätte die hebräische E. nur 4 Handbr. oder die Länge des Unterarms bis zur Handwurzel betragen, wofür Ezech. XLI, 8. (eine dunkle Stelle) angeführt wird. So auch *Saalschütz* mos. R. S. 190 ff., welcher die Elle zu 12 Zoll Berl. M. berechnet.

[3]) Die Annahme dieser verschiedenen Ellen war sonst sowohl bei den Rabbinen als bei den christlichen Archäologen (*Arias Mont.*, *Waser* u. A.) allgemein. Andere nahmen sogar drei bis vier ver-

breiten eingetheilt, welche mithin grösser als die der gemeinen Elle waren [1]).

Den absoluten Werth der hebräischen Elle hat man vergeblich nach den Längen- und Kubik-Maassen des chernen Meeres zu berechnen gesucht. Weder *Josephus* noch der Talmud geben dafür eine Andeutung. Die Rabbinen legen wie die Araber und andere Orientalen die (unsichere) Breite eines Gerstenkornes zum Grunde: 6 Gerstenkörner = 1 Fingerbreite, 24 = 1 Handbreite, 144 = 1 Elle, und hiernach berechnete *Eisenschmid* die hebräische Elle zu 238 Par. Lin.; aber die arabische Elle enthält nur 213,058 Par. Lin. (*Böckh* S. 246.), und man gelangt so zu keinem sichern Ergebnisse. Sicherer ist die Bestimmung nach der ägyptischen Elle, welche nach vorhandenen Maassstäben durchschnittlich, die grössere 232,55 Par. Lin., die kleinere 204,8 Par. Lin. hält, und nach der babylonischen (ursprünglich mit jener gleichen) Elle, welche auf 234,333 Par. Lin. berechnet wird. Hiernach würden die hebräischen Längenmaasse folgenden Gehalt haben:

Heil. Elle . . 234,333 Par. Lin.   Gem. Elle . . 204,8 Par. Lin.
— Spanne . 117,166 — —   — Spanne . 102,4 — —
— Handbreite 39,055 — —   — Handbreite 34,133 — —
— Fingerbreite 9,76375 — —   — Fingerbreite 8,533 — —

schiedene Ellen an, vgl. *Leusden* Phil. Hebr. mixt. p. 211. Nach *Gesenius* soll Ezechiel die grössere babylonische Königselle (*Herod.* I, 78.) angewendet haben, was aber nicht dem theokratischen Patriotismus angemessen gewesen wäre (vgl. *Böttcher* z. Ezech.).

[1]) Nach *Benary* bei *Böckh* S. 267. kommt im Talmud (wo?) die Bemerkung vor, beide Ellen seien in 6 Handbreiten eingetheilt gewesen, die grösseren der grössern E. *lachende*, die kleineren der kleinern *weinende* genannt. Sonst ist es die gewöhnliche Meinung der Rabbinen, die grössere Elle habe 6, die kleinere 5 Handbreiten gehabt. *Carpz.* app. p. 676. Dagegen weist *Thenius* mit sehr beachtenswerthen Gründen nach, dass der Unterschied einer heiligen u. gemeinen Elle ganz unbegründet sei, dass es bei den Hebräern gar keine besondere heilige, sondern nur eine gesetzlich fixirte sechspalmige Elle u. neben dieser eine etwas ungenaue u. knappe Elle von 23 Fingerbreiten gegeben habe, dass aber die in Aegypten u. Babylon gebräuchliche siebenpalmige Elle in der Zeit zwischen Salomo u. dem babylonischen Exil auch bei den Hebräern allmälig in Gebrauch gekommen sei; l. c. S. 85. u. 89. Diese sei die Elle Ezechiels u. das neuere Maass im Unterschied von dem frühern des Chronisten.

Längenmaasse. Hohl-Maasse. §. 182 b. 183.

Abweichend von dieser Berechnung *Bertheau's* l. c. S. 61. berechnet *Thenius* l. c. S. 102. die mosaische althebräische sechspalmige Elle zu 214,512 Par. Linien = 20,5 Dresd. Zoll, so dass sich folgende Tabelle S. 113. ergiebt:

	Ellen	Spannen	Palmen	Finger	Par. Fuss	Zoll	Linien	Dresd. Fuss	Zoll	Linien
1 Ruthe	= 6	= 12	= 36	= 144	= 8	11	3,072	= 10	3	—
1 Elle		= 2	= 6	= 24	= 1	5	10,512	= 1	8	6
1 Spanne			= 3	= 12	=	8	11,256	=	10	3
1 Handbreite				= 4	=	2	11,732	=	3	5
1 Finger					=		8,934	=		10.25

Von *Weiten-Maassen* ist die *Tagreise* (דֶּרֶךְ יוֹם oder מְהֲלַךְ יוֹם 1 Mos. XXX, 36. Jon. III, 3. 4. ὁδὸς ἡμέρας Tob. VI, 1. Luc. II, 44.) an sich unbestimmt[1]), und כִּבְרַת הָאָרֶץ (1 Mos. XXXV, 16. XLVIII, 7. 2 Kön. V, 19.) gänzlich unbekannt[2]). Im N. T. kommt noch vor: 1) der Sabbather-Weg (§. 214 a. Not.); 2) die römische Meile, μίλιον (Matth. V, 41.), von 1000 römischen Schritten, ungefähr 8 Stadien, ¼ geographische Meile; 3) das griechische Stadium, von 600 griech. Fuss, 125 röm. Schritten, ⅛ röm., 1/40 geogr. Meile.

§. 183.

Hohl-Maasse.

Die Hebräer unterscheiden Maasse für *flüssige* (מְשׂוּרָה) und für *trockene* Dinge. Beide aber sind, obgleich verschieden benannt, zum Theil dieselben und im Ganzen einander entsprechend, wie aus dieser Nebeneinanderstellung erhellet.

---

[1]) Nach *Herod.* IV, 101. 200 Stad. (8 Stunden), nach dems. V, 53. 150 Stad.; nach *Pausan.* X, 33, 2. 180 Stad. Nach *Tavern.* R. I, 45 f. 168. 6, 10—12 Stunden, gewöhnlich nur 6—7 Stunden. Vgl. *Rel.* Pal. II, 1. 400. *Jahn* I, 2. 40. *Win.* RWB.

[2]) Nach LXX 1 Mos. XLVIII, 7. ἱππόδρομος, ein arabisches Maass, soweit ein Pferd täglich gehen muss, um gesund zu bleiben, ungef. 1 St.; nach Syr. Pers. 1 Parasange, d. i. 30 Stadien (*Herod.* II, 6. V, 53.).

Politisches Verhältniss.

Flüssige Maasse.

בַּת ist nach Ez. XLV, 11. gleich dem שָׁלִישׁ Jes. XL, 12. Ps. LXXX, 6. vielleicht ⅓ Bath. הִין ¹) ¼ Bath nach *Joseph.* Antt. III, 8, 3. und den Rabbinen.

לֹג ¹⁄₇₂ Hin, ¹⁄₆ Bath nach den Rabbinen.

Trockene Maasse.

אֵיפָה ¹).
סְאָה, σάτον bei den LXX und im N. T., ⅓ Epha nach den LXX und Targg. zu Jos. V, 10. und *Joseph.* Antt. IX, 4, 3.

עֹמֶר nach 2 Mos. XVI, 36. ¹⁄₁₀ Epha, womit עִשָּׂרוֹן (3 Mos. XIV, 10.) das *Zehntel*, eins ist.

קַב (2 Kön. VI, 25.) ⅙ Seah, ¹⁄₁₈ Epha nach den Rabbinen und *Joseph.* IX, 4, 4.

Hierzu kommt noch das grosse trockene Maass חֹמֶר (Haufe), späterhin כֹּר genannt, 10 Epha haltend ²). לֶתֶךְ (Hos. III, 2.) ist nach *Hieronymus* ½ Cor.

Zu keinem sichern Resultate für die Bestimmung des absoluten Gehaltes dieser Maasse führt die rabbinische Messung nach Eierschalen (das Kab 24 Eierschalen, das Seah 144.). Sicherer ist die Vergleichung mit andern Gewichten. Irrig bestimmt *Joseph.* Antt. XV, 9, 2. den *Chomer* oder *Cor* zu 10 attischen Medimnen, denn er selbst setzt den Bath, das Zehntheil des Chomer, gleich 72 Sextarien, d. i. einem attischen Metretes (VIII, 2, 9.): es muss also an der erstern Stelle *Metreten* gelesen werden ³). Damit stimmt überein die

---

¹) Die LXX geben אֵיפָה durch das ägyptische οἰφί oder οἰφεί d. i. Maass, vgl. *Jablonsky* Panth. II, 229 sq. Für הִין setzen sie εἴν, ἵν, d. i. ἵνιον bei Kleopatra, der ägyptische Name des Sextarius (*Böckh* S. 244.). Es scheint also Name u. Sache aus Aegypten gekommen zu sein.

²) Es finden sich hier zwei Eintheilungen, die eine in Zehn, die andere in Zwölf. Letztere findet bei den Griechen Statt, wo im Maasse des Flüssigen 1 Metretes 12 Chus, 72 Xestes, 144 Kotyle, u. im Maasse des Trockenen 1 Medimnus 6 Hekteus, 12 Hemiekton, 48 Choinix hat. Eine Vermuthung über diese Doppelheit s. b. *Bertheau* S. 68 ff.

³) Diess wird durch eine Angabe des *Didymus* bei *Böckh* S. 259. bestätigt, welcher dem phönicischen Κόρος 45 Modien beilegt, also 720 Sextarien oder 10 attische Metreten. Ein anderer

Berechnung des *Seah* zu $1\frac{1}{2}$ ital. Modius, denn der Modius enthält 16 Sextarien, $1\frac{1}{2}$ Modien sind also 24 Sextarien, $\frac{1}{3}$ Epha. Das *Omer* setzt *Epiphanius* [1]) richtig gleich $7\frac{1}{5}$ Sextarien. Das *Kab* ist nach *Joseph.* Antt. IX, 4, 4., wo er $\frac{1}{4}$ Kab (2 Kön. VI, 25.) durch ξέστης übersetzt, gleich 4 Sextarien, deren 72 auf den Metretes gehen, so dass 18 Kab auf das Epha gehen. Das *Hin* ist nach demselben (III, 8, 3.) gleich 2 att. Choen, deren 12 auf den Metretes gehen, so dass es also $\frac{1}{6}$ Bath ist. Es enthält aber der attische Metretes, welcher dem Bath und Epha entspricht, 739800 Par. Gran Regenwasser, welche einen Raum von ungefähr 1985,77 Par. Cubikzoll ausfüllen.

Wie dem attischen Metretes entspricht das hebräische Bath und Epha auch der alten ägyptischen *Artabe*, welche nach *Didymus, Epiphanius, Isidorus* 72 Sextarien hielt. Endlich liegt die Bestätigung für obige Bestimmung in dem Grundzusammenhange zwischen allen hebräischen Maassen, der sich späterhin ergeben wird (§. 184.).

Gegen diese nach *Josephus* angestellte Berechnung *Bertheau's*, nach der das Bath zum mindesten 1958,178 Par. Cubikzoll enthalten würde, hat *Thenius* l. c. S. 90 ff. dargethan, dass das eherne Meer, welches nach 1 Kön. VII, 26. 2000 Bath fasste, um die nach jener Berechnung des Bath sich ergebende Wassermasse aufnehmen zu können, fast zweimal so gross sein müsste, als 1 Kön. VII, 23. angegeben ist. Daher legte *Thenius* für die Bestimmung des Bath die rabbinische Angabe zu Grunde, dass das Log dem Raumgehalte von 6 Hühnereiern mittlerer Grösse entsprach, und kam nach wiederholten Versuchen zu dem Resultat, dass das Log gleich 14,088 Par. Cubikzoll und darnach das Bath gleich 1014,39 Par. Cubikzoll sei. Der Unterschied der Maasse nach der Berechnung von *Bertheau* l. c. S. 73., welcher das Bath zu

---

Irrthum des *Josephus* ist, dass er Assaron (Omer) 7 attischen Kotylen gleichsetzt. Ein attischer Metretes enthält 144 Kotylen, sein Zehntheil also $14\frac{2}{5}$, nicht 7.

[1]) De pond. et mens. c. 24. p. 182. Er nennt es da γόμορ, sonst aber bestimmt er das γόμορ zu 15 Modien c. 21. p. 178. (?).

248   Politisches Verhältniss.

1985,77 Par. Cubikzoll annimmt, und nach der Berechnung von *Thenius* l. c. S. 121 f. stellt sich daher so:

	Bertheau.	Thenius.	
Chomer	19857,7	10143,9	(1 Schfl. 3 Viert. 2 Mtz. 2,4 Mss. Dresd.)
Epha.	Bath 1985,77	1014,39	(3 Metz. 0,24 Mss. od. 21,49 Kannen)
Seah	661,92	338,13	(1 Metz. 0,08 Mss.)
Hin	330,96	169,06	(3,58166 Kannen)
Omer	198,577	101,439	(1,224 Mss.)
Kab	110,32	56,355	(0,68 Mss.)
Log	27,58	14,088	(0,29847 Kannen).

§. 184.

Gewichte.

Das *Gewicht*, מִשְׁקָל, bestimmte man wie natürlich durch die *Wage*, מֹאזְנַיִם, welche wie bei uns zwei Wagschalen hatte (Ps. LXII, 10.); פֶּלֶס ist *Schnellwage*. Man trug die Gewichte (Steine) wie die Morgenländer noch jetzt [1]) im Beutel bei sich (Spr. XVI, 11.).

Das kleinste Gewicht war גֵּרָה (faba, granum), *Gran*. 20 Gera machten einen *Sekel*, שֶׁקֶל (2 Mos. XXX, 13.), 3000 Sekel ein *Talent*, כִּכָּר (2 Mos. XXXVIII, 25 f., wo 603,550 halbe Sekel = 100 Talent 1775 Sekel). Eine *Mine*, מָנֶה, scheint 50 Sekel enthalten zu haben, und 60 Minen auf 1 Talent gegangen zu sein [2]).

Freilich lässt sich aus 2 Chron. IX, 16. vgl. 1 Kön. X, 17., wornach 3 Minen gleich 300 Sekel, beweisen, dass die Mine 100 Sekel enthielt. Aber diess führt auf den Unter-

---

[1]) *Chard.* Voy. VI, 120. *Jahn* I, 2. 46 f.

[2]) Nach Ezech. XLV, 12. u. zwar am deutlichsten nach der Uebersetzung der LXX: καὶ τὰ στάθμια εἴκοσι ὀβολοί, οἱ πέντε σίκλοι πέντε, καὶ οἱ δέκα σίκλοι δέκα καὶ πεντήκοντα σίκλοι ἡ μνᾶ ἔσται ὑμῖν. Der hebr. Text giebt indess einen ähnlichen Sinn nach dieser Uebertragung: „Und der Sekel soll zwanzig Gera haben. Zwanzig Sekel, fünf u. zwanzig Sekel, fünfzehn Sekel (zusammen 60) soll bei euch die Mine sein." Vgl. *Arnold* l. c. S. 150 f. *Herzfeld* l. c. S. 27., welcher übersetzt: aus Stücken von 20, 25, 10 u. 5 Sekel soll das Gewicht (הַמָּנֶה) der Verkäufer bestehen, so dass in der Stelle gar nicht an die Mine zu denken wäre.

schied zwischen dem heiligen und gemeinen Sekel, der auch durch die Stelle 2 Sam. XIV, 26., wo (zum Unterschiede von einem andern) nach dem *königlichen Sekel* gerechnet wird [1], durch *Joseph.* Antt. III, 8, 2. vgl. 10. [2]) und durch die Behauptung der Rabbinen, dass der gemeine Sekel die Hälfte des heiligen sei [3]), bewiesen wird.

Den absoluten Werth der hebräischen Gewichte bestimmten die Rabbinen nach Gerstenkörnern (1 Gera gleich 10 Gerstenkörnern) und die christlichen Archäologen seit *Eisenschmid* nach den Bohnen der Johannisbrodtschote (20 solcher Bohnen gleich 96 Par. Gran); aber es ist unwahrscheinlich, dass man das Gewicht-System auf eine so schwankende Grundlage gebaut habe. Ein von Fürst Simon gemünzter heil. Sekel hatte 274 Par. Gran Normal-Gewicht (§. 186.), also hatte

1 Gera	13,7	Par. Gran
1 halber oder gewöhnlicher Sekel	137	— —
1 heil. Sekel	274	— —
1 Mine	13700	— —
1 Talent	822000	— —

Und so erscheint das hebräische Talent gleich dem äginäischen, das um 750 v. Chr. zu den Griechen gekommen

---

[1]) Nach *Böckh* S. 61. ist der königliche Sekel gleich dem heiligen, so wie in Aegypten u. Persien die königliche Elle grösser als die gewöhnliche war. Hiernach aber erscheint das in der obigen Stelle enthaltene Datum noch unglaublicher. Es soll nämlich Absaloms Haar 200 Sekel nach dem Königsgewicht, das wären 54800 Par. Gran, beinahe 6 Pf., gewogen haben, während nach angestellten Versuchen der beste Haarwuchs in England nur 10 Loth wog. *Michael.* de siclo ante exil. Babyl. (Commentt. soc. reg. Gott. 1752. II, 108.) bestimmte das Verhältniss des königlichen Sekels zum heiligen wie 3 zu 5.

[2]) In der ersten Stelle bestimmt *J.* den Sekel zu 4 attischen Drachmen, in der zweiten giebt er 10 Sekel 4 Mos. VII, 14. durch 10 Dariken wieder; ein D. aber ist nach ihm gleich 2 attischen Drachmen.

[3]) *Mos. Maimon.* constitutt. de siclis illustravit *Joh. Esgers* (L. B. 1718) p. 19. *Böckh* vermuthet, dass der gemeine Sekel der ursprüngliche war, weil mit ihm eine reine Decimal-Eintheilung der Mine Statt fand.

ist, und 822000 Par. Gran enthielt. Es hatte ebenfalls 60 Minen, die Mine 50 Didrachmen wie bei den Hebräern 50 heil. Sekel, 100 Drachmen wie bei den Hebräern 100 gemeine Sokel; nur hatte die Drachme nicht 20, sondern bloss 6 Obolen, welche aber im Gewichte gleich 10 Gera oder 10 attischen Obolen sind. Vom gleichen Werthe war auch das babylonische Talent, und die Uebereinstimmung des phönicischen Systems mit dem hebräischen ergiebt sich aus den Wägungen der noch vorhandenen Münzen, wird auch durch die Talmudisten bezeugt, welche sagen, alles Silbergeld, das im Gesetze vorkommt, sei tyrisches [1]), und durch *Joseph.*, der B. J. II, 21, 2. der gewöhnlichen Münze der Tyrier, d. i. dem Stater, denselben Werth wie dem hebräischen Sekel (nämlich 4 Drachmen) giebt. Endlich kommt das babylonische Talent auch in Aegypten vor, das seinen Tribut an die Perser darin bezahlte [2]).

Es ist nun durch die umfassenden Untersuchungen *Böckh's* herausgestellt, dass alle hebräischen wie die griechischen, ägyptischen und babylonischen Maasse zuletzt auf dem babylonischen Cubikfusse beruhen [3]). Ein Talent Regenwasser = 822000 füllt 2206,42 Cubikzoll. Ein Quadrantal dieses Inhalts ist der Cubus von einer 13,0185 Zoll grossen Linie, welche gleich ist 156,2220 Linien. Setzen wir diese Linie als Länge des Fusses, so erhalten wir für 1¼ Fuss oder die

---

[1]) Bei den Targumisten u. Talmudisten ist statt des hebräischen Sekels סלע, angeblich eine tyrische Münze, üblich, und zwar soll dieselbe schon während des Bestehens des zweiten Tempels in Gebrauch gewesen sein (*Maimon.* de siclis I, 2.). Zugleich wird behauptet, der Sekel sei von 20 Meah oder Gera auf 24 vermehrt worden und zwar um ihn dem tyrischen Sela gleich zu machen. Diese angebliche Vermehrung aber beruht darauf, dass das Meah einmal dem alten Gera, dann aber auch dem attischen Obolus, dem das Gera ursprünglich gleich, aber bei der Herabwerthung des attischen Geldes ungleich geworden war, gleichgesetzt wurde, so dass man den Sekel in einem Sinne gleich 20 Meah, im andern Sinne aber gleich 24 Meah setzen konnte. *Böckh* S. 59. *Bertheau* S. 47 f.

[2]) *Bertheau* S. 34 ff. nach *Böckh.*

[3]) Vgl. dagegen *Thenius* l. c. S. 124. u. *Saalschütz* mos. R. S. 206 ff.

Gewichte. Geld. §. 184. 185.

Elle 234,3330 Par. Linien. Diess ist die Länge der babylonischen grössern und hebräischen heil. Elle (§. 182 b.). Die kleinere Elle entspricht einem um ein Drittel verringerten Quadrantal, welches 548000 Par. Gran Wassergewicht enthält. Das Epha hat nicht die Grösse des Quadrantals von 822000 Par. Gran Wassergewicht, sondern hält nur 739800 Par. Gr. Wassergewicht, und verhält sich wie 6 zu 10 zu dem Wassergewichte von 1¼ Cubikfuss. Diess ist aber das Gewicht des syrischen Metretes; und dieser greift in sofern in das hebräische Gewicht-System ein, als der Chomer, welcher ein Gewicht von 7398000 Par. Gran Wasser hat, 6 syrischen Metreten gleich ist [1]).

§. 185.
Geld vor dem Exile.

Das Silber war vor dem Exile schon nicht mehr blosses Tauschmittel, obgleich von Zahlungen das W. שָׁקַל, *wägen*, vorkommt (1 Mos. XXIII, 16. u. öfter). Denn die Hebräer führten halbe und Viertel-Sekel bei sich wie wir Münze (2 Mos. XXX, 13. 1 Sam. IX, 8.), und wahrscheinlich gab es selbst Gera-Stücke in Silber (vgl. אֲגוֹרָה 1 Sam. II, 36. LXX, Vulg. *Obolus*, die hebr. Ausll. גֵּרָה) [2]). Streitig ist es nun freilich, ob die Hebräer in diesem Zeitraume schon gemünztes Geld hatten [3]), wogegen sich anführen lässt, dass von solchem sich bis jetzt noch keine Spuren aus den pharaoni-

---

[1]) *Bertheau* S. 77 ff.
[2]) *Herzfeld* l. c. S. 7. — Dahin gehört wahrscheinlich auch קְשִׂיטָה 1 Mos. XXIII, 19. Hiob XLII, 11. „Vielleicht ist dieses W. nur allgemeine Bezeichnung für Geldstück überhaupt" (*Berth.*). Aus Vergleichung von 1 Mos. XXXIII, 19. mit XXIII, 19. bestimmt es *Gesen.* auf 4 Sekel. Nach R. *Akiba* in Rosch hasch. f. 26. ward in Afrika eine Münze im Werthe eines Meah oder eines Obolus Kesita genannt.
[3]) Wie nach der Tradition der Juden, s. *Eckhel* doctr. numm. III, 458. u. nach der Meinung *Hussey's* essay on the ancient weights and money, Oxf. 1836. Unächte Münzen mit dem Bildnisse des David, Salomo, ja des Mose u. Adam. Abbildungen davon bei *Waser* de antiquis Hebr. numm. Tig. 1605. *Leusden* Philol. Hebr. mixt. p. 192. Vgl. *Conring* de numm. Hebr. paradoxa, Helmst. 1675.

schen Zeiten der Aegypter und aus den vorpersischen Zeiten der Phönicier gefunden haben [1]). Auf der andern Seite gelten diese bei den Griechen für die Erfinder der Münze, und Pheidon König von Argos prägte um d. J. 750 v. Chr. zuerst Geld und zwar nach einem von den Phöniciern angenommenen Maass- und Gewicht-Systeme [2]). Es ist daher sehr wahrscheinlich, dass nicht nur die Phönicier, sondern auch die Hebräer geprägtes Geld hatten [3]), wie denn schon 1 Mos. XXIII, 16. ein irgendwie markirtes Silber vorausgesetzt wird.

§. 186.
Geld nach dem Exile.

Nach dem Exile bedienten sich die Juden meistens fremdes Geldes, zuerst des persischen, dann des griechischen, zuletzt des römischen. Von persischen Münzen kommt vor der *Darikus* אֲדַרְכֹּן, דַּרְכְּמוֹן (1 Chron. XXIX, 7. Esr. II, 69. Neh. VII, 70.), δαρεικός [4]), eine Goldmünze vom Werthe zweier attischer Golddrachmen oder eines Goldstaters oder 20 Silberdrachmen, im Gewichte 157,13 Par. Gr. [5]). Griechische Münzen: 1. die (attische) *Drachme*, δραχμή (2 Makk. IV, 19. X, 20. XII, 43. Luk. X, 8.), an Gewicht 82,2 Par. Gran. 2. das τετράδραχμον od. der στατήρ (Matth. XVII, 24. 27.), nach dem Normal-Gewichte 328,8 Par. Gran, aber seit dem 3. Jahrh. vor Christo durchschnittlich nach Letronne nur 304—308 Gran wiegend [6]).

---

[1]) *Bertheau* S. 19. Selbst *Böckh* spricht den Hebräern vor dem Exile gemünztes Geld ab. S. 56.

[2]) *Böckh* S. 76.

[3]) *Bertheau* S. 23 ff.

[4]) Ableitung des Namens von *Darius Hystaspis* oder einem ältern *Darius*, *Suid.*, *Hesych.*, *Lorsbach* Arch. II, 278., *Gesen.* thes. I, 353 sq. Nach *Böckh* S. 129. hat er wirklich vom Erstern den Namen, der das Gold reiner ausscheiden u. viel prägen liess; vor ihm gab es aber auch schon solche Münzen.

[5]) *Böckh* S. 130. Vgl. übr. *Brisson* de Pers. imp. L. II. p. 346. *Eckhel* doctr. numm. vet. P. I. Vol. III. p. 151. *Boden* de Daricis. Viteb. 1779.

[6]) Nach *Böckh* S. 125. Vgl. die etwas andern Wägungen bei *Barthélemy* Voy. du j. Anachars. Vol. VII. p. LXXXIV. —

Geld. §. 186. 253

Fürst Simon schlug die ersten jüdischen Münzen (1 Makk. XV, 6.) in Silber, ganze und halbe Sekel (ἀργύρια Matth. XXVI, 15.), von denen noch Exemplare in Münzsammlungen aufbewahrt werden (§. 5. Not. 2.) [1]. Die Embleme sind ein Manna- oder Opfer-Gefäss und ein blühender Aarons-Stab oder eine Lilie. Die Inschriften in althebräischem Charakter (§. 278.) enthalten die Werthbezeichnung, z. B. שקל ישראל, das Jahr, z. B. שנת אחת לגאלת ישראל, oder einfach einen Zahlbuchstaben, z. B. א, und den Namen des Fürsten שמעון נשיא ישראל. Das Gewicht des Sekels schwankt zwischen 271¼ und 256 Par. Gran, die meisten wiegen 266—268 [2]; das Normal-Gewicht war in Uebereinstimmung mit dem übrigen alten Gewicht-Systeme 274 (*Böckh*). Es ist höchst wahrscheinlich, dass Fürst Simon, der Wiederhersteller der jüdischen Selbstständigkeit, den alten heil. Sekel beibehalten hat, und somit ist das Gewicht des letztern gefunden [3].

Eisenschm. p. 42. will einen Stater 333 Gr. schwer gefunden haben, was *B.* bezweifelt. *Böckh* aber weist nach, dass es wirklich zu schwer geprägte Stücke gab, S. 14.

[1] Die Aechtheit derselben ist nach dem zwischen *G. O. Tychsen* (Unächth. d. jüd. Münzen mit hebr. u. samar. Buchstaben, Rost. 1779. De num. hebr. diatribe, ibid. 1791.) und *Franz Perez Beyer* (de num. hebraeo-samar. Valent. 1781. Vindic. num. hebr.-samar. ibid. 1790.) geführten Streite entschieden; s. *Michael.* n. or. Bibl. IX, 1 ff. *Eichh.* allg. Bibl. VI, 534 ff. *Eckhel* l. l. p. 488 sqq. *Th. Chr. Tychsen* de num. Hasmon. paralipom. in comm. soc. Gott. ad ann. 1791. 1792. Vol. XI. vgl. *Eichh.* allg. Bibl. VI, 544. *Hartm.* üb. Tychs. II, 2. 295 ff. *Bertheau* S. 32. Ueber die jüdischen Münzen vgl. *Arnold* in *Herzog's* RE. unt. Geld S. 765 ff. *Celestino Cavedoni* numismatica biblica ossia dichiarazione delle monete antiche memorate nelle sante scritture. Modena 1850. p. 16 ff. A. d. Ital. übers. u. mit Zusätzen versehen von *A. v. Werlhof.* Hannover 1855. *F. de Saulcy* recherches sur la numismatique judaïque. Paris 1854. *Ewald* über das Zeitalter der ächten Münzen althebräischer Schrift, in den Nachrichten von der G. A. Universität u. der Königl. Gesellschaft der Wissenschaften zu Göttingen. Nr. 8. 1855. S. 109 ff. *Levy* Geschichte der jüdischen Münzen. Leipz. 1862. *Zuckermann* über talmudische Gewichte u. Münzen. Breslau 1862.

[2] *Eisenschm.* p. 54 sqq.; vgl. *Ar. Montan.* Ephron. s. de siclo in Critt. sacr. VI, 659. *Villalpand.* in Ez. III, 397. Das in Basel befindliche Exemplar wiegt 269 Gran.

[3] Ehedem nahmen wir u. A. nach *Michael.* de Siclo ante exil. Babyl. eine bedeutende Verschiedenheit zwischen dem makka-

Römische Münzen: 1) *Denarius*, δηνάριον, in der Kaiserzeit an Werth ungefähr der Drachme gleich [1]), obschon in den gewogenen Exemplaren leichter (96,8 — 71,2 Par. Gr.), mit dem Bildnisse der Göttin Roma, zuletzt des römischen Kaisers (Matth. XXII, 19.). 2) *As*, ἀσσάριον (Matth. X, 29. XII, 16.), zuerst $\frac{1}{10}$, dann $\frac{1}{16}$ Denar. 3) *Quadrans*, κοδράντης (Matth. V, 26.), ¼ As. 4) *Λεπτόν* (Mark. XII, 42.), ⅛ Quadrans. [2]).

---

bäischen und mosaischen Sekel an, u. dafür scheint zu sprechen, dass *Josephus*, *Philo* und das N. T. den Sekel gleich 4 attischen Drachmen setzen. *Joseph.* Antt. III, 8, 2.: ὁ δὲ σίκλος, νόμισμα Ἑβραίων ὤν, Ἀττικὰς δέχεται δραχμὰς τέσσαρας. *Philo* de legg. spec. p. 774. Matth. XVII, 24. wo 1 δίδραχμον = ½ Sekel (בֶּקַע). Diese Berechnung aber beruht auf dem gesunkenen Werthe der attischen Münzen (s. vorh.). Die LXX hingegen geben richtig nach dem alten Systeme 1 Mos. XXIII, 15. 2 Mos. XXI, 32. 3 Mos. XXVI, 3. שֶׁקֶל durch δίδραχμον und בֶּקַע 1 Mos. XXIV, 22. 2 Mos. XXXVIII, 25. durch δραχμή. *Hieron.* ad Mich. III, 10. giebt den Werth zu 200 Oboli richtig an; hingegen ad Ezech. IV, 9. zu 4 Drachmen nach späterem Systeme.

[1]) *Plin.* XXI. c. ult.: Drachma Attica . . . . . . denarii argentei habet pondus.

[2]) Die Berechnung des Werthes des hebräischen Geldes nach heutigem ist ungefähr folgende. Die köln. Mark fein beträgt 4400 Par. Gran, u. der preuss. Thaler etwas über 314 Par. Gran. Der heil. Sekel nach vollem Gewichte betrug 274 Par. Gran, also ungefähr 21 ggr.; der halbe Sekel 10½ ggr., das Gera 1 1/20 ggr., die Mine 43 Rthlr. 16 ggr., das Talent 2618 Rthlr. Die Drachme, in ihrer spätern Herabsetzung gleich dem Denar und ¼ Sekel, würde 5¼ ggr. betragen. — Diese Bestimmung des hebräischen Gewichtes u. Geldes, welche nach *Böckh* u. *Bertheau* ziemlich allgemein angenommen ist (vgl. *Winer* u. d. betreff. Art., *Arnold* ll. cc. *Keil* II, 134 ff. 142 ff.), wird bestritten von *Herzfeld* l. c., welcher nach dem Vorgange von *Eisenschmid* den Sekel wieder nach dem Gewicht von 20 Johannisbrodtschoten (גֵּרָה) = 96 Par. Gran berechnet S. 22 ff., so dass nach ihm der Sekel, das Zollpfund reinen Silbers zu 30 Thlr. angenommen, ungefähr 9⅛ Sgr., die Mine, von 100 solchen Sekel, 30⅗ Thlr., der Kickar, von 3000 solchen Sekel, 917 Thlr. werth war. S. 29. — *Saalschütz* mos. R. 201 ff., von der Rücksicht auf die betreffenden biblischen Stellen und von der Ansicht geleitet, dass in späterer Zeit das Gewicht der Geldstücke sich vergrösserte, erhält noch weit geringere Werthe, indem er die 20 Gera, aus denen ein Sekel bestand, als 20 Gerstenkörner nimmt u. darnach den Silberwerth des mosaischen Sekel zu 2 ggr. unseres Geldes bestimmt. —

III. Reinigkeit.

§. 187.
Natürliche Reinigkeit des Körpers.

Die Reinigung des Körpers durch Waschen und Baden, im Morgenlande für die Annehmlichkeit des Umgangs und zur Verhütung von Krankheiten nothwendiger als in kälteren Gegenden, ein Hauptstück der guten Sitte (Ruth III, 3.) und vermöge einer natürlichen [1]) Uebertragung auf den Gottesdienst bei den Hebräern wie bei andern alten Völkern [2]) religiös bedeutsam, war den Priestern und Leviten zu ihrer Weihe und vor ihren heil. Verrichtungen ausdrücklich (2 Mos. XXIX, 4. XXX, 19 ff. 3 Mos. VIII, 6. 4 Mos. VIII, 7.), den Andern vor einer gottesdienstlichen Feier durch die Sitte (2 Mos. XIX, 10. Jos. III, 5. 1 Sam. XVI, 5.) vorgeschrieben Spätere fromme Pedanterei machte dann auch die gewöhnliche Reinigkeit, Händewaschen u. dgl. zur religiösen Pflicht (Matth. XV, 1. Mark. VII, 2 ff.) [3]).

Einen natürlichen Grund hatte auch die vom Gesetze 3 Mos. XIII. XIV. vorgeschriebene Sorge der Priester gegen die Ansteckung vom Aussatze, welcher unrein machte und vom Umgange ausschloss (XIII, 45 f. 2 Kön. XV, 5. Luk. XVII, 12.). Die Reinerklärung beruhete auf ärztlichem Be-

---

[1]) Die Strafandrohung 2 Mos. XXX, 20 f. beruht freilich auf übernatürlicher Ansicht.

[2]) *Herod.* II, 37.: Θεοσεβέες δὲ περισσῶς ἔοντες (Αἰγύπτιοι) μάλιστα πάντων ἀνθρώπων, νόμοισι τοιοισίδε χρέωνται. Ἐκ χαλκέων ποτηρίων πίνουσι, διασμέωντες ἀνὰ πᾶσαν ἡμέρην· οὐχ ὁ μὲν, ὁ δ' οὔ, ἀλλὰ πάντες. Εἵματα δὲ λίνεα φορέουσι αἰεὶ νεόπλυτα, ἐπιτηδεύοντες· τοῦτο μάλιστα. Τά τε αἰδοῖα περιτάμνονται, καθαριότητος εἵνεκεν, προτιμῶντες καθαροὶ εἶναι ἢ εὐπρεπέστεροι. Οἱ δὲ ἱρέες ξυρῶνται πᾶν τὸ σῶμα διὰ τρίτης ἡμέρης, ἵνα μήτε φθεὶρ, μήτε ἄλλο μυσαρὸν μηδὲν ἐγγίνηταί σφι θεραπεύουσι τοὺς θεούς. — Λοῦνται δὲ δὶς τῆς ἡμέρης ἑκάστης ψυχρῷ, καὶ δὶς ἑκάστης νυκτός. *Hesiod.* opp. et di. 336. Il. VI, 266. Mehr b. *Spencer* p. 747 sq. *Dought.* Anal. I, 218 sq. *Potter* Arch. I, 524 f.

[3]) *Hier. Schabb.* f. 3, 4. b. *Lightf.* ad Matth. XV, 1. Hillel et Schammai decreverunt de munditia manuum. *Buxt.* syn. VIII, 156 sqq. XI, 235. XII, 261. *Bodenschatz* Verf. d. Jud. II, 40.

funde (3 Mos. XIII, 6. 13. 17. 23. 28. 34. 37. 39 ff.), und das Waschen der Kleider (Vs. 34.) war ein begreiflich zweckmässiges Mittel. Aber die XIV, 1 ff. vorgeschriebenen Reinigungsgebräuche, in die Gattung der Sühnopfer gehörig, ruhen auf der Voraussetzung einer mit dem Aussatze verbundenen Schuld, wie er denn auch durch seinen Namen נֶגַע als göttliche Strafe bezeichnet war.

§. 188.
Verbot des Genusses unreiner Thiere und and,ere Speise-Verbote.

Dass gewisse Thiere nicht gegessen wurden, nämlich: 1) diejenigen Vierfüsser, welche zwar wiederkäuen, aber nicht durchaus gespaltene Klauen haben (z. B. Hase, Kameel, Schwein); 2) alle Schlangen, kriechendes Ungeziefer (auch Mäuse u. dgl.) und Gewürm mit Flügeln, das nicht wie die Heuschrecken 4 Geh- und 2 Springfüsse hat; 3) alle Wasserthiere, die ohne Schuppen oder Flossfedern sind; 4) mehrere namentlich angeführte Vögel (3 Mos. XI, 1—31. 5 Mos. XIV 1—20.) — lässt sich theils aus diätetischen Gründen, theils aus einer natürlichen Scheu, theils aus einem dunkeln Herkommen begreifen; auch dass die Gesetzgebung das, was in der Sitte lag, zu positiver Geltung erhob, und eine höhere religiöse Idee hineinlegte (3 Mos. XI, 43 ff. XX, 24 ff.) [1]; aber nicht unwahrscheinlich ist es doch, dass eine alte, dem Mosaismus fremde dualistische Naturanschauung zum Grunde liegt [2].

---

[1] Ueber die ähnlichen Enthaltungen anderer Völker, *Herod.* II, 37. 47. *Joseph.* c. Ap. II, 13. *Porphyr.* de abstin. IV, 7. *Hottinger* hist. or. I, 7. *Spencer* p. 123 sq. *Gesen.* zu Jes. LXV, 4. *Priestley* Vergleich. d. Ges. Mos. mit denen d. Hind., verdeutscht von *Ziegenbein* 1801. S. 184 f. *Rhode* rel. Bild. d. Hind. II, 393. Heil. Sage des Zendv. S. 422. *Knobel* zu Levit. XI. S. 439 ff. *Leyrer* in *Herzog's* RE. unt. Speisegesetze S. 610 ff. — Griechische Meinungen über diese jüdischen Speiseverbote bei *Plutarch.* sympos. IV, 5. p. 669 sq.

[2] *v. Bohlen* z. Genes. S. 88 f. *Bleek* in theol. Studd. u. Kr. 1831. S. 498. dgg. *Win.* RWB. II, 491., bes. *Sommer* bibl. Abhandl. S. 193 ff. Das Verbot des Schweinefleisches leitet *Movers* Phöniz. I, 218. wie *Hengstenb.* d. BB. Mos. u. s. w. S. 192. daher ab, dass dieses Thier dem Maas oder Typhon, d. i. dem bösen Prin-

Aus demselben Reinigkeitsgefühle fliesst das Verbot, das Aas sowohl von reinen als unreinen Thieren zu geniessen 3 Mos. XI, 40. 2 Mos. XXII, 30. 5 Mos. XIV, 21., wie auch cipe angehörte. Nach *Michael.* mos. R. IV. §. 203. war die Hauptabsicht die der Absonderung von andern Völkern. Dgg. *Saalschütz* mos. R. S. 251., welcher selbst das Verbot gewisser Speisen hauptsächlich aus diätetischen Rücksichten ableitet, S. 252. Vgl. überhaupt über die verschiedenen Ansichten von dem Grunde der Speisegesetze *Sommer* l. c. S. 187 ff. *Knobel* zu Levit. XI—XV. S. 434 ff. 441 f. Nach der Stellung, welche die Speisegesetze im Levit. einnehmen, fällt der Unterschied reiner u. unreiner Speisen offenbar in den allgemeinen Unterschied von rein u. unrein. *Sommer* l. c. S. 201 ff. leitet denselben von der Sünde als der Ursache des Todes her, indem der Tod, durch die unreine Sünde bewirkt, dadurch selbst unrein ward und alles mit dem Tode Zusammenhängende und das Wesen des Todes an sich Tragende den Charakter des Unreinen erhielt. „Unrein ist die Sünde, und so ist auch die Hauptwirkung der unreinen Sünde an dem leiblichen Dasein des Menschen, der Tod, unrein." So auch *Hävernick* Theol. d. A. T. S. 194 ff. *Keil* I, 276 ff. II, 18 ff. *Leyrer* in *Herzog's* RE. unt. Reinigungen S. 629 ff. u. Speisegesetze S. 610. Indessen dieser Grund ist weder ausreichend, da er theils zur Erklärung ähnlicher Unterscheidungen bei andern Völkern nicht anwendbar ist, theils die hebräischen Speisegesetze sich am wenigsten aus dem Gesichtspunkt der Sünde u. des Todes erklären, noch an sich berechtigt, da die Anschauung von dem Tode als Wirkung der Sünde nicht sowohl den Abscheu vor dem Tode erzeugt hat, sondern vielmehr selbst aus ihm hervorgegangen ist und schon vor ihr ohne Zweifel jene Unterschiede entstanden sind; beruft man sich gar zur Erklärung auf die ματαιότης τῆς κτίσεως und deren δουλεία τῆς ·φθορᾶς (Röm. VIII, 20.), so ist zu erwiedern, dass diese zur Abstinenz von aller Speise hätte führen müssen. Festzuhalten ist, dass der Mosaismus jene Unterschiede gewiss schon unter dem Volke vorfand, daher zunächst nach den ursprünglichen Entstehungsgründen, nicht nach den Motiven der Gesetzgebung zu fragen ist. Als jene genügen natürlicher Abscheu und Ekel und die Erfahrung von dem Zuträglichen und Unzuträglichen; zur Erklärung des Abscheus gegen Tod und alles Verwesende bedarf es nicht erst jener Verbindung des Todes mit der Sünde; für die Unterscheidung von Speisen wirkten ohne Zweifel die oben im Text angegebenen Gründe zusammen; auch darf man nicht zu viel erklären wollen; selbst für unsere Sitten würde in dieser Beziehung vielfach der Hinweis auf ein dunkles Herkommen genügen müssen. Die Gesetzgebung aber kennt nur Ein Motiv, das theokratische. Das von Jehova erwählte Volk sollte auch in seinem äussern Verhalten als Volk des heiligen Jehova der ihm verliehenen Würde entsprechen; daher stellte das

dieVerunreinigung von Speisen und Geräthen durch das Aas unreiner Thiere 3 Mos. XI, 32 ff. Das Verbot des Blutessens aber 1 Mos. IX, 4. 3 Mos. III, 17. VII, 26 f. XVII, 10 ff. XIX, 26. 5 Mos. XII, 16. 23 f. und gewisser Fettstücke 3 Mos. VII, 25. beruht darauf, dass jenes und diese dem Altare geheiligt waren. Vielleicht hatte das erstere Verbot auch den Zweck, Grausamkeit und Blutdurst zu verhüten (§. 132.)[1].

§. 189.
Theokratische Reinigkeit.

Aus natürlichem Abscheu, verbunden mit jenen Begriffen von Unreinheit gewisser Thiere, erklärt sich das Gesetz, dass die Berührung des Aases eines reinen oder unreinen Thieres verunreinigte 3 Mos. XI, 39 f. 8. 24 f. 27. 31. 36.; positiver Natur aber war die Bestimmung, dass die Verunreinigung nach geschehener Waschung bis an den Abend dauern sollte. Das Gleiche gilt von der Verunreinigung durch eine Leiche auf 7 Tage und von der dafür angeordneten Reinigung mit der

---

Gesetz das vom Volke nach Sitte und Herkommen Gemiedene unter den Gesichtspunkt des vor Jehova Unreinen und forderte demgemäss für die stattgefundenen Verunreinigungen je nach ihrem Grade die entsprechenden religiösen Reinigungen. Vgl. *Winer* II, 491. *Ewald* Alterth. S. 163 ff. *Knobel* Levit. S. 438 u. 442 f.

[1]) Das Verbot ein Böckchen in der Milch seiner Mutter zu kochen (2 Mos. XXIII, 19. XXXIV, 26. 5 Mos. XIV, 21.), ist nicht klar, und beruht wahrscheinlich auf einem alten Aberglauben (s. *Boch.* Hieroz. I, 673 sqq. *Spencer* p. 333 sqq. *Knobel* zu Exod. XXIII, 19.), wenn es nicht vielleicht auf das natürliche Gefühl zurückzuführen ist, dem es widerstrebte, „ein Thier in seinem Lebenselemente zu kochen", so dass das Verbot denen der מיאם (§. 190.) zur Seite zu stellen wäre. Vgl. *Saalschütz* mos. R. S. 180. *Leyrer* l. c. unt. Speisegesetze S. 605. Sonderbare Hypothese, die Israeliten hätten dadurch zum Gebrauche des Olivenöls angehalten werden sollen, *Michael.* de legg. Mos. Israelitis Palaestinam caram facturis §. 10. (commentatt. soc. reg. Gott. T. IV.) Mos. R. IV, 205. Von dem Speisegesetze 1 Mos. XXXII, 33. findet sich sonst im A. T. keine Spur.

Reinigkeit. §. 189.

Asche einer als Sündopfer geschlachteten rothen Kuh 4 Mos. XIX, 11 ff. vgl. 1—10.[1]).

Dass die monatliche Reinigung des Weibes, zumal wenn sie krankhafter Art war (3 Mos. XV, 19 ff.), und der körperliche Zustand einer Wöchnerin (3 Mos. XII.) für unrein galt; dass der Beischlaf mit einem blutflüssigen Weibe verunreinigte (3 Mos. XV, 24.)[2]), ja sogar ein Todesverbrechen war (3 Mos. XX, 18.); dass auch der krankhafte Samenfluss eines Mannes für unrein galt (3 Mos. XV, 1 ff.), lässt sich aus natürlichem Abscheu erklären, obschon positive Bestimmungen in Ansehung der Dauer und Lustration der Unreinigkeit hinzugetreten sind. Dass endlich die männliche Samenergiessung bei und ausser dem Beischlafe verunreinigte (3 Mos. XV, 16—18. vgl. 2 Mos. XIX, 15.)[3]), erklärt sich aus der zu dem natürlichen Schamgefühle hinzutretenden Idee einer mit dem Beischlafe verbundenen Schuld (?) (§. 150. Not. 1. S. 208.)[4]).

[1]) *Eurip.* Iphigen. Taur. vs. 380 sqq.:
Τὰ τῆς θεοῦ δὲ μέμφομαι σοφίσματα,
Ἥτις, βροτῶν μὲν ἤν τις ἅψηται φόνου
Ἤ καὶ λοχείας, ἢ νεκροῦ θίγῃ χεροῖν,
Βωμῶν ἀπείργει, μυσαρὸν ὡς ἡγουμένη.
Theophrast. charact. mor. XVI.: περὶ δεισιδαιμ. ... οὔτε ἐπιβῆναι μνήματι, οὔτε ἐπὶ νεκρὸν ἐλθεῖν, οὔτε ἐπὶ λεχώ. *Porphyr.* de abst. II, 50. *Kleuker* Zendavest. II, 119. 324. 328. *Rhode* rel. Bild. d. Hind. II, 388. Von einem ähnlichen Reinigungswasser der Hindu's s. *Ziegenb.* S. 229 ff. In dieser rothen Kuh fand schon *Spencer* p. 489. eine u. zwar polemische Beziehung auf den Typhon. Nach *Movers* Phöniz. I, 367. ist sie ein typhonisches Opfer: die rothen Kühe u. Esel waren dem Typhon heilig. Nach *Hengstenb.* d. Bll. Mos. u. s. w. S. 181 ff. sollte die rothe Farbe aus eben diesem Grunde diese Kuh als Sündopfer bezeichnen, vgl. Jes. I, 18. *Bähr* kommt hier mit seiner Deutung der rothen Farbe als Symbols des Lebens (Symb. I, 309. 333. II, 500.) ins Gedränge. Vgl. jedoch *Knobel* zu Num. XIX. u. *Keil* I, 281 ff.
[2]) *Ithode* heil. Sage des Zendvolks S. 444. 458.
[3]) *Herod.* I, 198. von den Babyloniern: Ὁσάκις δ' ἂν μιχθῇ γυναικὶ τῇ ἑωυτοῦ ἀνὴρ Βαβυλώνιος, ... ὄρθρου γενομένου λοῦνται ἀμφότεροι· ἄγγεος γὰρ οὐδενὸς ἅψονται, πρὶν ἂν λούσωνται. Ταῦτα δὲ καὶ Ἀράβιοι ποιεῦσι. *Strabo* XVI, 745.: παραπλησίως γάρ, ὥσπερ ἀπὸ νεκροῦ τὸ λουτρὸν ἐν ἔθει ἐστίν, οὕτω καὶ ἀπὸ συνουσίας. Vgl. *Porphyr.* de abstin. IV, 7. von den ägyptischen Priestern.
[4]) *Bähr* Symbol. d. mos. Cultus II, 460 f. fasst den Aussatz unter den Begriff des Todes, u. will die Reinigungen, die sich auf

§. 190.

Verbot der Castration und der Heterogenen.

Die Castration von Menschen und Vieh war unerlaubt (3 Mos. XXII, 24. vgl. 5 Mos. XXIII, 1.), wahrscheinlich aus einer natürlichen Scheu, verstümmelnd in die Natur einzugreifen; kaum darf man darin die Absicht gesetzgeberischer Weisheit suchen die Polygamie zu erschweren [1]), eher die Rücksicht darauf, dass die Castration ein abgöttischer Gebrauch war [2]).

Unklar sind die Verbote von Verbindung *verschiedenartiger Dinge* (כִּלְאַיִם) 3 Mos. XIX, 19. 5 Mos. XXII, 9 ff.: 1) zweierlei Vieh mit einander sich begatten zu lassen; 2) Ochs und Esel zusammenzuspannen; 3) das Feld mit zweierlei Samen zu besäen; 4) Kleider aus Wolle und Linnen zu tragen. Das erste erklärt sich noch am leichtesten aus einer frommen Scheu gegen Verkehrung der Gesetze der Natur, wozu auch wohl der Abscheu vor unnatürlichen Lastern hinzukam [3]). Das zweite erklärt sich vielleicht aus der Aehnlichkeit der Sache oder aus der Abneigung gegen Unverhält-

---

Tod, Leichen, Aas u. dgl., und diejenigen, die sich auf das Geschlechtsverhältniss beziehen, mit einander in Verbindung bringen, indem er Geburt und Tod, Erzeugung und Verwesung als Correlat-Begriffe setzt — eine unnatürliche Tiefe. Vgl. *Knobel* Levit. S. 434. *Leyrer* l. c. unt. Reinigungen S. 629.

[1]) *Michael.* mos. R. II. §. 95.

[2]) *Spencer* p. 544 sqq. Ueber abgöttische Castration s. auch *Creuzer* Symbolik II, 42. u. a. St. Vgl. §. 262. — S. *Ewald* Alterth. S. 186 ff. Nach *Knobel* zu Lev. XXII, 24. hätte das Gesetz die Verschneidung der Thiere überhaupt frei gelassen und nur die der Opferthiere verboten.

[3]) *Joseph.* Antt. IV, 8, 20.: δέος ἐκ τούτου μὴ διαβῇ καὶ μέχρι τῶν ἀνθρώπων ἡ πρὸς τὸ ὁμόφυλον ἀτιμία, τὴν ἀρχὴν ἀπό τῶν περὶ τὰ μικρὰ καὶ τὰ φαῦλα πρότερον λαβοῦσα. *Philo* de legg. spec. p. 784.: Τοσοῦτον τὸ προμηθὲς ἐν τοῖς ἱεροῖς νόμοις ἐστὶν, ὥσθ' ὑπὲρ τοῦ μηδεμίαν ἔκθεσμον ὁμιλίαν ἀνθρώπους προσίεσθαι, διαίρηται μηδὲν ἐὰν ὑπὸ τινὸς ἑτερογενοῦς ὀχεύεσθαι. *Michael.* mos. R. IV. §. 220.

nissmässiges ¹). Das dritte ²) und vierte ³) haben vielleicht einen ähnlichen Grund. Das Verbot, dass Männer nicht Weiberkleider und umgekehrt tragen sollten, 5 Mos. XXII, 5., ist offenbar einem abgöttischen Gebrauche entgegengesetzt ⁴).

¹) *Philo* de creat. princ. p. 731.: ἵνα μὴ περιττῇ δυνάμει τοῦ μᾶλλον ἐῤῥωμένου τὸ ἀσθενέστερον ἁμιλλᾶσθαι βιασθὲν ἀπείπῃ καὶ προκάμῃ. Nach *Michael.* Zus. z. mos. R. in *Bertholdts* Journ. IV, 4, 353. sah man vielleicht die Bespannung als eine Art von Coitus an.

²) *Joseph.* Antt. IV, 8, 20.: οὐ γὰρ τῇ τῶν ἀνομοίων κοινωνίᾳ χαίρειν τὴν φύσιν. *Philo* de creat. princ. p. 731 sq.: τάξει γὰρ τὸ συγγενὲς κόσμος, ἀταξίᾳ δὲ τὸ ἄκοσμον. Δεύτερον δέ, ἵνα μὴ ἑκάτερα τὰ εἴδη βλάπτηταί τε καὶ ἀντιβλάπτῃ, τὰ ἕτερα τῶν ἑτέρων τὴν τροφὴν παρασπώμενα. Nach *Michael.* IV. §. 118. hatte der Gesetzgeber die Absicht ein sorgfältiges Aussuchen der Samenkörner zu empfehlen. Nach *Spenc.* p. 531. ist das Verbot einem abgöttischen Gebrauche entgegengesetzt.

³) *Joseph.* Antt. IV, 8, 11.: μηδεὶς ἐξ ὑμῶν κλωστὴν ἐξ ἐρίου καὶ λίνου στολὴν φορείτω, τοῖς γὰρ ἱερεῦσι μόνοις ταύτην ἀποδεδεῖχθαι. *Chilajim* IX, 1.: „Wollen und Linnen ist es allein, womit die Priester angethan sein dürfen."

⁴) *Macrob.* Saturnal. III, 8.: Ei (Deo Veneri) sacrificium facere viros cum veste muliebri, mulieres cum viri, quod eadem et mas existimatur et foemina. Vgl. *Creuzer* a. a. O. S. 34. *Movers* Phöniz. I, 453. will diesen Gebrauch 2 Kön. X, 19. nachweisen. Bloss ein Verhütungsmittel der Unkeuschheit finden in jenem Verbote *Michael* mos. R. IV. §. 222. *Win.* Art. Kleid. Aber auch dieses Gebot gehört vielmehr zu denen der כִּלְאַיִם und scheint, wie auch die vier übrigen, aus einem und demselben Grunde, aus der religiösen Achtung vor der göttlichen Ordnung, erklärt werden zu müssen. Vgl. *Knobel* zu Lev. XIX, 19. *Ewald* Alterth. S. 183 ff. *Winer* Art. Verschiedenartiges. *Keil* II, 282.

Drittes Hauptstück.
Kirchliches Verhältniss.

Erstes Capitel.
Vormosaischer Gottesdienst.

§. 191.
Gottesdienst der Patriarchen.

Die Sagen-Erzähler der Genesis (besonders der Jehovist) scheinen eher die Gebräuche ihrer Zeit als die der Vorwelt aufzuführen (vgl. 1 Mos. VII, 2. VIII, 20. mit VI, 20.). Selbst die Spuren von Götzendienst 1 Mos. XXXI, 19. XXXV, 2—4. Jos. XXIV, 2. [1]) enthalten nichts Eigenthümliches. Ueber den Ursprung der Opfer [2]) nichts Geschichtliches; selbst nichts über, sogar ein Datum (1 Mos. IV, 3 f.) *gegen* den wahrscheinlichen, dem in den Nahrungsmitteln (§. 132.) parallelen Stufengang in den Stoffen derselben [3]).

[1]) In 1 Mos. XXII. liegt durchaus nicht, dass Abraham von der phönicischen Sitte Kinder zu opfern in Versuchung geführt worden sei, *Bruns* in Paul. Mcm. VI, 1 ff. *Bertheau* zur Gesch. Isr. S. 224 f. Dgg. *Tuch* z. d. St.

[2]) Streit über die göttliche Einsetzung derselben, wogegen manche KVV. und Rabb. bei *Spencer* de legg. rit. p. 741 sqq. *Outram* de sacriff. p. 7 sqq. *H. Grot.* de verit. rel. Christ. V, 8, 227.; wofür *Jurieu* hist. des cultes p. 81 sqq. *Deyling* observatt. s. II, 4. *Budd.* hist. eccl. V. T. p. 115. *Ernesti* opusc. theol. p. 245 sqq. u. A. Im Opfer, קָרְבָּן, d. i. Darbringung (vgl. הִקְרִיב Richt. III, 18. V, 25.) spricht sich das fromme Abhängigkeitsgefühl aus, u. zwar im Dank- u. Fest-Opfer das frohe, im Sühnopfer das durch die Sünde getrübte, die Selbstverleugnung, reuige Demuth. Vgl. *Bähr's* (II, 197 ff.) etwas andere Begriffsbestimmung u. §. 202.

[3]) Nach *Porphyr.* de abstin. II, 5. *Goguet* Urspr. d. Ges. u. s. w. I, 77. *Schickedanz* de sacrificior. nat. ex seculi moribus repet. Frcf. ad V. 1784. *Schulz* Arch. II, 11, 6 sqq. *Creuzer* I, 172. *Flügel* Hall. Encycl. S. III. Th. 4. S. 77. sind die unblutigen Opfer die ältesten. Dagegen behaupten *Meiners* krit. Gesch. d. Religg. II, 4 f. *Bähr* Symb. II, 330 f., dass die blutigen Opfer bis ins höchste Alterthum hinaufreichen.

Die Patriarchen hatten keine Tempel, sondern andere heilige Orte (1 Mos. XII, 7 f. XIII, 4. 18. XXI, 33. XXII, 2.)[1]; keine Priester. Die Hausväter waren zugleich Fürsten und Priester (1 Mos. XIV, 18. 2 Mos. III, 1. Hiob I, 5.)[2]. Wahrscheinlich sehr einfache Gebräuche ungefähr wie bei Homer[3].

---

[1] Wie die ältesten Völker überhaupt, *Euseb.* praep. ev. I, 9. Heilige Haine, *Tacit.* Germ. 39. 40. *Plin.* XII, 1. Uralte Bäume 1 Mos. XIII, 18. (vgl. §. 83.) 1 Mos. XXI, 31. vgl. Am. V, 5. VIII, 14. Späterer Terebinthen-Dienst (Jes. I, 29 f. Hos. IV, 13.) s. *Pausan.* Arcad. XX. vgl. *Ez. Spanheim* ad Callim. Del. p. 262. Höhen u. Berge, *Herod.* I, 131. *Strabo* XV. p. 732. *Kleuker* Anh. z. Zendav. II, 3, 13. *Rhode* rel. Bild. d. Hind. II, 313. *Xenoph.* Mem. III, 8, 10. *Creuzer* Symb. I, 158. *Potter* gr. Arch. I, 453 f. *Jurieu* hist. des cultes p. 751 sqq. *Gesen.* zu Jes. LXV, 7. *Movers* Phöniz. I, 580 f. *Saalschütz* Archäol. I, 233 ff. *Ewald* Alterth. S. 133 ff. *Keil* I, 49 f. *Winer* unt. Altar.

[2] *Sykes* Vers. üb. d. Natur, Absicht u. d. Urspr. d. Opfer; a. d. Engl. m. Anmm. u. Vorr. von *Semler* 1778. S. 184 ff. Ob die Erstgebornen Priester waren, weil sie Jehova heilig waren u. statt ihrer die Leviten geheiligt wurden (2 Mos. XIII, 1. 4 Mos. III, 41.), weil 2 Mos. XXIV, 5. Jünglinge opfern, u. XIX, 22. schon Priester vorkommen? S. *Sevachim* XIV, 4. *Onkelos* u. *Targ. Hieros.* zu 1 Mos. XLIX, 3. *Bereschith Rabba* f. 71, 1. *Hieron.* quaest. hebr. in Gen. c. 17. Ep. 126. ad Evagr. *Selden* de success. in bona defunctorum c. V., in Pontificatum I, 1. u. A. Dagegen *Vitringa* observatt. s. II, 2. 3. p. 271 sqq. Die 'Heiligkeit der Erstgeburt sowohl an Menschen als Vieh beruht auf der letzten ägyptischen Plage u. der Verschonung davon. Zu 2 Mos. XXIV, 5. vgl. *Appollon. Rhod.* Argon. I, 406 sqq.:
*Τείως δ' αὖτ' ἀγέληθεν ἐπιπροίηκαν ἄγοντες
Βουκόλοι Αἰσονίδαο δύω βόε· τοὺς δ' ἐρύσαντο
Κουρότεροι ἑτάρων βωμοῦ σχεδόν· οἱ δ' ἄρ' ἔπειτα
Χέρνιβά τ' οὐλοχύτας τε παρίσχεθον.*
Lakemacher observatt. s. VI, 2. de juvenibus sacrificantibus p. 326 sqq. *Movers* Phöniz. I, 363. leitet die Heiligkeit der Erstgeburt entweder als Opfer oder als Priester u. Hierodulen aus dem alten Saturndienste ab, ohne doch einen Beweis dafür zu geben. — Mythische Parallelen zu Melchisedek: Priesterkönige, Speiseherren, b. *Creuz.* Symb. IV, 378. *Virgil.* Aen. III, 80 sqq.:
Rex Anius, rex idem hominum Phoebique sacerdos,
Vittis et sacra redimitus tempora lauro
Occurrit, veterem Anchisen adgnoscit amicum.
[3] Il. I, 447 sqq. Od. III, 436 sqq. *Feith.* antt. homer. I, 10. p. 70 sqq.

§. 192.

Heilige Steine, Bätylien.

Ein der Patriarchenzeit vielleicht eigenthümlicher Dienst war die Verehrung Gottes in Stein-Mälern, מַצֵּבוֹת [1]) (1 Mos. XXVIII, 18. XXXV, 14. vgl. Jos. XXIV, 26. mit Richt. IX, 6.). Solche Salbsteine verehrten auch die Heiden [2]), und die symbolische Verehrung der Götter in Statuen trifft in ihrem Ursprunge damit zusammen [3]).

Eine andere Art heiliger Steine, deren Name βαιτύλια allerdings auf 1 Mos. XXVIII, 18. XXXV, 14. zurückzuwei-

---

[1]) Vgl. انصاب bei *Pococke* spec. hist. Ar. p. 100. *Ewald* Alterth. S. 259 f. Merkwürdiger Gebrauch der Perser auf Reisen Merkzeichen ihrer Gelübde für eine glückliche Rückkehr aus Steinen zu bilden. *Morier* in *Bert.* n. Bibl. d. R. XXIII, 92.

[2]) *Theophrast.* Charact. XVI. περὶ δεισιδαιμ.: Καὶ τῶν λιπαρῶν λίθων τῶν ἐν ταῖς τριόδοις παριών, ἐκ τῆς ληκύθου ἔλαιον καταχεῖν καὶ ἐπὶ γόνατα πεσών καὶ προςκυνήσας ἀπαλλάττεσθαι. *Lucian.* Ψευδόμαντις c. 30.: 'Ρουτιλλιανός, ἀνὴρ τὰ μὲν ἄλλα καλὸς καὶ ἀγαθός . . . . τὰ δὲ περὶ τοὺς θεοὺς πάνυ νοσῶν, καὶ ἀλλόκοτα περὶ αὐτῶν πεπιστευκώς, καὶ εἰ μόνον ἀληλιμμένον που λίθον ἢ ἐστεφανωμένον θεάσαιτο, προςπίπτων ἀεὶ, καὶ προςκυνῶν, καὶ ἐπὶ πολὺ παρεστὼς καὶ εὐχόμενος καὶ τἀγαθὰ παρ' αὐτοῦ αἰτῶν. *Arnob.* adv. gentes lib. I. p. 11. ed. Rigalt.: Si quando conspexeram lubricatum lapidem et ex olivi unguine sordidatum, tamquam inesset vis praesens, adulabar, affabar et beneficia poscebam nihil sentiente trunco. *Clem. Alex.* Strom. VII, 843. ed. Ox.: πάντα λίθον, τὸ δὴ λεγόμενον, λιπαρὸν ἐπροςκύνουν. Mehreres bei *Bellermann* üb. d. alte Sitte Steine zu salben u. deren Ursprung, Erf. 1793. S. 13 ff.; s. auch *Dought.* analectt. S. exc. 17. in Genes. *Brockhus.* in Tibull. I, 1. vs. 15. 16.

[3]) *Pausan.* Achaic. XXII.: Ἑστήκασι δὲ ἐγγύτατα τοῦ ἀγάλματος τετράγωνοι λίθοι τριάκοντα μάλιστα ἀριθμόν. Τούτους σέβουσιν οἱ Φαρεῖς, ἑκάστῳ θεοῦ τινος ὄνομα ἐπιλέγοντες. Τὰ δὲ ἔτι παλαιότερα καὶ τοῖς πᾶσιν Ἕλλησι τιμὰς θεῶν ἀντὶ ἀγαλμάτων εἶχον ἀργοὶ λίθοι. Vgl. *Phocic.* XXIV. *Tacit.* Histor. II, 3.: Simulacrum Deae non effigie humana, continuus orbis latiore initio tenuem in ambitum metae modo exsurgens. Vgl. *Lenz* d. Göttin zu Paphos S. 2. Mehreres bei *Jablonsky* Panth. Aeg. prolegg. §. XXXIV. *Creuzer* Symb. I, 177. Vielleicht gehören auch hieher die heiligen Steine bei *Pococke* spec. p. 118. 120. 122. *Reland* de relig. muhamm. p. 120. *Burkh.* R. in Arab. S. 200.

Bätylien. §. 192. 265

sen scheint, sind nicht sowohl symbolischer Art als zu den natürlichen Fetischen zu zählen [1]).

---

[1]) *Sanchuniath.* ex *Philon. Bybl.* ap. *Euseb.* praep. ev. I, 10.: Ἐπενόησε θεὸς οὐρανὸς βαιτύλια λίθους ἐμψύχους μηχανησάμενος. (*Bochart's* [Geogr. s. p. 707.] Conjectur, λίθους ἐμψύχους [= אַבְנֵי מְפֻצָּצִים;] sei die falsche Uebersetzung von לְאַבְנֵי מְצֵבֹת, verwerfen mit Recht *Bellerm.* a. a. O. S. 10 f. *Faber* Arch. S. 16.). *Damasc.* in Phot. Bibl. Cod. 242. p. 1048. ed. Rothom. 342. Beck.: ὅτι κατὰ τὴν Ἡλιούπολιν τῆς Συρίας εἰς ὄρος τὸ τοῦ Λιβάνου τὸν Ἀσκληπιάδην ἀνελθεῖν φησί, καὶ ἰδεῖν πολλὰ τῶν λεγομένων βαιτυλίων ἢ βαιτύλων, περὶ ὧν μυρία τερατολογεῖ ἄξια γλώσσης εὐσεβούσης. Λέγει δὲ καὶ ἑαυτὸν καὶ τὸν Ἰσίδωρον ταῦτα χρόνῳ ὕστερον θεάσασθαι· p. 1063 sq. (348): Εἶδον, φησί, τὸν βαίτυλον διὰ τοῦ ἀέρος κινούμενον, ποτὲ δ' ἐν τοῖς ἱματίοις κρυπτόμενον, ἤδη δέ ποτε καὶ ἐν χερσὶ βασταζόμενον τοῦ θεραπεύοντος· ὄνομα δ' ἦν τῷ θεραπεύοντι τὸν βαίτυλον Εὐσέβιος, ὃς καὶ ἔλεγεν . . . . σφαῖραν πυρὸς ὑψόθεν καταθοροῦσαν ἐξαίφνης ἰδεῖν, καὶ λέοντα μέγαν τῇ σφαίρᾳ παριστάμενον· τὸν μὲν δὴ παραχρῆμα ἀφανῆ γενέσθαι· αὐτὸν δὲ ἐπὶ τὴν σφαῖραν δραμεῖν ἤδη τοῦ πυρὸς ἀποσβεννυμένου, καὶ καταλαβεῖν αὐτὴν οὖσαν τὸν βαίτυλον, καὶ ἀναλαβεῖν αὐτόν, καὶ διερωτῆσαι, ὅτου θεῶν ἂν εἴη, φάναι δ' ἐκεῖνον εἶναι τοῦ γενναίου (τὸν δὲ γενναῖον Ἡλιουπολῖται τιμῶσιν, ἐν Διὸς ἱδρυσάμενοι μορφήν τινα λέοντος) . . . . Οὐκ ἦν δὲ κύριος ὁ Εὐσέβιος τῆς βαιτύλου κινήσεως, ὥσπερ ἄλλοι ἄλλων· ἀλλ' ὁ μὲν ἐδεῖτο καὶ ηὔχετο, ὁ δὲ ὑπήκουσε πρὸς τὰς χρησμῳδίας . . . . τὸν λίθον διαγράφει καὶ τὸ εἶδος αὐτοῦ. Σφαῖρα μὲν γάρ φησι ἀκριβὴς ἐτύγχανεν ὤν, ὑπόλευκος δὲ τὸ χρῶμα, σπιθαμιαία δὲ τὴν διάμετρον κατὰ μέγεθος· ἀλλ' ἐνίοτε μείζων ἐγίνετο καὶ ἐλάττων, καὶ πορφυροειδὴς ἄλλοτε. Καὶ γράμματα ἀνέδειξεν ἡμῖν ἐν τῷ λίθῳ γεγραμμένα, χρώματι τῷ καλουμένῳ τιγγαβαρίνῳ καταπεχρωσμένα, καὶ ἐν τοίχῳ δὲ ἐγκρούσας· δι' ὧν ἀπεδίδου τὸν ζητούμενον τῷ πυνθανομένῳ χρησμόν, καὶ φωνὴν ἠφίει λεπτοῦ συρίσματος, ἣν ἑρμήνευσεν ὁ Εὐσέβιος . . . . . ἐγὼ μὲν ᾤμην θειότερον εἶναι ὁ χρησμᾳ τοῦ βαιτύλου, ὁ δὲ Ἰσίδωρος δαιμόνιον μᾶλλον ἔλεγεν εἶναι γάρ τινα δαίμονα τὸν κινοῦντα αὐτόν, οὔτε τῶν βλαβερῶν, οὔτε τῶν ἄγαν προσύλων, οὐ μέντοι τῶν ἀνηγμένων εἰς τὸ ἄϋλον εἶδος, οὐδὲ τῶν καθαρῶν παντάπασι. Τῶν δὲ βαιτύλων ἄλλον ἄλλῳ ἀνακεῖσθαι, ὡς ἐκεῖνος δυσφημῶν λέγει, θεῷ, Κρόνῳ, Διΐ, Ἡλίῳ, τοῖς ἄλλοις. Salagrama-Steine der Hindu's, Sinnbilder Wischnu's. *Rhode* rel. Bild. d. Hind. II, 314 f. *Plin.* XXXVII, 9.: — Sotacus et alia duo genera fecit cerauniae, nigrae rubentisque, ac similes eas esse securibus: per illas, quae nigrae sunt et rotundae, urbes expugnari et classes, easque *betulos* vocari: quae vero longae sint, ceraunias. Sonderbare Vermischung mit einem Mythus: *Hesych.* s. v. βαίτυλος: οὕτως ἐκαλεῖτο ὁ δοθεὶς λίθος τῷ Κρόνῳ ἀντὶ Διός. *Priscian.* lib. V.: Abadir Deus est. Dicitur et hoc nomine lapis ille, quem Saturnus dicitur devorasse pro Jove, quem Graeci βαίτυλον vocant, vgl. *Bochart* l. l. p. 786. Uebrigens vgl. *Hoelling* diss. de Baetyl. vet. Gron. 1715. *Falconet* sur les Bétyl. (Mém. de

§. 193.

Götzendienst der Israeliten in Aegypten und in der Wüste.

In den Stellen Jos. XXIV, 14. Ez. XX, 7 ff. XXIII, 3. wird den Israeliten vorgeworfen in Aegypten Götzendienst getrieben zu haben, und dafür spricht, was sie auf dem Zuge durch die Wüste thaten, Am. V, 25 f. 2 Mos. XXXII, 1. 3 Mos. XVII, 7. [1]).

Nach Am. V, 25 f. verehrten sie in der Wüste einen Stern als Gott, dessen Bild sie nach alter Sitte [2]) mit sich herumführten. Ist auch der Saturn nicht namentlich durch das W. כִּיּוּן bezeichnet (gew. Erklärung) [3]), so war es doch

---

l'acad. des inscr. VI, 513 sqq.), *Münter* üb. die v. Himmel gefallenen Steine, 1805. *Fr. v. Dalberg* üb. d. Meteorcult. d. Alten, vorz. in Bez. auf Steine, 1811. *Winer* unt. Steine. *Ewald* Alterth. S. 135. *J. Grimmel* de lapidum cultu apud patriarchas quaesito. Marb. 1853.

[1]) *Spenc.* de legg. ritt. p. 20 sqq.: Israelitos in Aegypto idololatras fuisse. Dass diess natürlich nur von einem Theil der Israeliten zu sagen ist, darüber s. §. 24. Vgl. auch *Saalschütz* Archäol. II, 380 ff.

[2]) Nach *Diodor. Sic.* XX, 65. führten die Karthager eine heilige Hütte im Kriegslager mit. Vgl. 1 Sam. IV, 4. 2 Sam. V, 21. *Apulej.* Apolog. p. 506. bei *Spenc.* p. 672.

[3]) Man vergleicht das arab. كَبْرَان, das syr. ܟܐܘܢ. 'Ραιφάν oder 'Ρηφάν, welches die LXX dafür setzen, ist der koptische Name des Saturn nach *Ath. Kircher* lingua Aegypt. restitut. p. 49., wgg. *Jablonsky* opusc. II. p. 30 sqq. diese Erklärung verwirft, die LA. 'Ρεμφά oder 'Ρομφά annimmt, u. diese durch Rex coeli deutet. *Hengstenb.* Authent. d. Pent. I, 110 ff. hält mit Aelteren die LA. 'Ρηφάν für einen Schreibfehler, leugnet, dass jenes arabische Wort den Saturn bedeute und erklärt כִּיּוּן durch Gestell, wgg. *Fleischer* b. *Win.* Art. Saturn, *Movers* Phöniz. I, 289 ff. Letzterer nimmt כ als ursprüngliches Nom. app. Säule (vgl. κίων), u. übersetzt: „Ihr truget die Capelle eures Moloch u. den Chijun (die Säule) eurer Bilder" u. s. w. (das כוכב אלה sei Glossem!). Man habe unter „der Säule eurer Bilder" eine Herakles- oder Saturn-Säule, unter den Bildern aber etwa einen Himmels-Globus zu denken. Besser erklärt *Baur* der Prophet Amos (Giessen 1847.) die Stelle, indem er übersetzt: u. ihr traget die Gehäuse des Milchom (statt סִכּוּת

Götzendienst in Aegypten u. der Wüste. §. 193.

wahrscheinlich dieses Gestirn, dessen Dienst so verbreitet war [1]), das sie verehrten.

Das *goldene Kalb* stellte Jehova (wahrscheinlich als Naturkraft) dar in einem ägyptischen [2]), bei den Hebräern auch später gebräuchlichen Symbole (§. 228.), das sogar dem orthodoxen Cultus nicht fremd war (Ez. I, 10. vgl. X, 14.). Der Dienst der *Böcke* (שְׂעִירִים) war dem mendesischen Nomos in Aegypten eigen [3]).

מַלְכְּכֶם zu lesen מַלְכֹּם סֻכּוֹת) und den Kaiwan (statt כִּיּוּן zu lesen כִּיְּנֵ֫ךְ oder כִּיְּנֶ֫ךְ), eure Bilder des Sterns, eure Götter, die ihr euch gemacht, — so dass die Hütten des Milchom u. die Sternbilder des Kaiwan nur verschiedene Formen desselben Cultus, des Saturn nämlich, bezeichnen würden. — Zu viel folgert aus dieser Stelle *Vatke* bibl. Theol. des A. T. S. 190 ff.

[1]) Ueber den Sterndienst und namentlich den des Saturn in Arabien *Pococke* spec. hist. Arab. p. 5. 117. 139 sqq. Ueber die Verehrung des Saturn, „des grossen Missgeschickes", des „grave sidus" (*Propert.* IV, 1. vs. 84.), „sidus triste" (*Juvenal.* V, 569.) bei den Babyloniern *Diodor. Sic.* II, 30. vgl. 9. *Gesen.* Comment. zu Jes. II, 343 f. Dunkles Verhältniss dieses Saturns zu dem Moloch-Saturn. Nach *Movers* S. 309. ist die astrologische Auffassung des Chijun-Saturn später in Folge einer Vermischung der chaldäischen Astrologie mit vorderasiatischem Gestirndienste. Chijun ist ihm (S. 292.) das Bleibende u. Beharrliche der Gottheit: Saturn trägt oder erhält die Welt durch die stets gleichen u. doch ewig neu wiederkehrenden Gesetze der Natur. Vgl. §. 235.

[2]) Das ist die allgemeine Meinung (*Lactant.* Institutt. IV, 10. *Hieron.* ad Mich. IV. u. A. b. *Boch.* Hieroz. I, 346. *Spenc.* p. 21.), und die M. sehen in diesem Bilderdienst geradezu die Anbetung des Bildes eines der (lebendigen) ägyptischen Stiere, des Apis in Memphis oder des Mnevis in Heliopolis (*Herod.* III, 28. *Diodor. Sic.* I, 21. *Strabo* XVII, 803 sq. *Jablonsky* Panth. IV, 2—4.) — *Jablonsky* entscheidet sich gegen den Apis p. 211. —; aber richtig finden darin *Boch.* p. 347. *Episcop.* b. *Spenc. Michael.* mos. R. V. §. 345. *Movers* S. 380. *Ewald* Alterth. S. 258 f. die mittelbare Anbetung Jehova's. Nach *Moncei* de vitulo aur. b. *Spenc.* bildete Aaron die Gestalt des Cherubs nach, auf welchem fahrend ihm Jehova 2 Mos. XXIV, 40. erschienen war. Allgemeinheit des Stier-Symbols, *Creuz.* I, 480 ff. *Rhode* Hind. II, 309. *Movers* S. 373 ff.

[3]) *Herod.* II, 46. *Diodor.* I, 88. *Strabo* XVII, 802. 812. *Jabl.* Panth. II, 7. *Boch.* Hieroz. I, 641 sq. *Knobel* zu Lev. XVII, 7. Dagegen finden in den שְׂעִי׳ Waldteufel, Satyrn, — *Luth., Michael.* suppl. p. 2342., *Win.* Art. Gespenster, *Ewald* Alterth. S. 255. vgl. Jes. XIII, 21. u. dz. *Hieron.,* LXX.

Mos. Gottesdienst.

Zweites Capitel.
Der im Pentateuch vorgeschriebene Gottesdienst.

I. H e i l i g t h u m.

§. 194.

Stiftshütte.

Erst der Mosaismus gab dem Cultus die ausgebildete Form, welche seiner Gottesidee entsprach. Jehova, dem Unsichtbaren und Allmächtigen, dem Herrn und Könige seines auserwählten Volkes, der mittelst des Gesetzes seinen Bund mit ihm schloss, ward eine besondere Stätte als Wohnung inmitten seines Volkes gegründet. Der Bau derselben und dessen ganze Ausführung beruhte nach dem Glauben des Volkes auf göttlicher Anordnung (2 Mos. XXV, 9. 40. XXVI, 30. XXVII, 8.). Als Wohnung Jehova's (מִשְׁכַּן יְהוָֹה 3 Mos. XV, 31. XVII, 4. 4 Mos. XVI, 9. XVII, 28 u. a.) war sie das Heiligthum (מִקְדָּשׁ 2 Mos. XXV, 8.), durch das dem Volke die Gegenwart seines Gottes verbürgt und der Zutritt zu ihm und die Gemeinschaft mit ihm ermöglicht ward (2 Mos. XXIX, 43 f.). Der gewöhnliche Name desselben ist אֹהֶל מוֹעֵד, Stiftshütte, oder מִשְׁכַּן הָעֵדוּת, אֹ׳ הָעֵדוּת, Gesetzes-Zelt [1]). Die Stifts-

---

[1]) Von den neuesten Arbeiten über die Stiftshütte sind zu erwähnen: *Ewald* Alterth. S. 360 ff. *Saalschütz* Archäol. II, 318 ff. *Keil* I, 76 ff.; die Abhandlungen von *A. Kamphausen* u. von *W. Fries* in d. Stud. u. Krit. 1858, H. 1. S. 97 ff. 1859, H. 1. S. 103 ff. S. 110 ff. *W. Neumann* die Stiftshütte in Bild u. Wort. Gotha 1861. *Leyrer* in *Herzog's* RE. unt. Stiftshütte. *Ch. Joh. Riggenbach* die mosaische Stiftshütte. Basel 1862. 4. Zur Exegese bes. *Knobel* zu Exod. XXV ff. — מוֹעֵד kann in verschiedenem Sinn genommen werden. Nach *Gesen*. u. A. bedeutet es die Volksversammlung (4 Mos. XVI, 2.), so dass darnach אֹהֶל מוֹעֵד das Zelt der Versammlung des Volkes sein würde. Vgl. *Saalschütz* l. c. S. 328. N. 4. Aber auf Grund von 2 Mos. XXV, 22. 4 Mos. XVII, 19. ist אֹהֶל מוֹעֵד vielmehr Zelt der Zusammenkunft d. h. Gottes mit seinem Volke. Vgl. *Knobel* zu Exod. XXV, 22. So auch *Bähr* Symbol. I, 80 ff. *Ewald* S. 142. *Keil* I, 94. *Leyrer* l. c. S. 92. *Riggenbach* S. 51. Mehr der erstern Erklärung entspricht die Uebersetzung *Luther's*: Stiftshütte d. h. „ein gewisser

Heiligthum. §. 194.

hütte war ein trag- und zerlegbarer Nomadentempel[1]), dem Nomadenzelte ähnlich, doch nicht auf Pfählen, sondern auf einem Gerüste von mit Gold überzogenen Acazien-Brettern, die durch Riegel zusammengefügt und in silberne Untersätze eingelassen waren, ruhend (2 Mos. XXVI, 15 ff.)[2]). Das

---

Ort oder Stätte, wie eine Pfarrkirche oder Stift, dahin das Volk Israel kommen u. Gottes Wort hören sollte." — עֵדוּת (eig. Zeugniss, Offenbarung) ist in dem Ausdrucke אֲרוֹן הָעֵדוּת offenbar von den Gesetztafeln zu verstehen. Daher אֹהֶל הָעֵדוּת Zelt des Zeugnisses, der Offenbarung, des Gesetzes.

[1]) ἱερὸν φορητικόν, *Philo* vit. Mos. III, 665. Vgl. Am. V, 25 f. und den ναὸν ζυγοφορούμενον des Ἀγροὐηρος oder Ἀγροίτης bei *Philo* in *Euseb.* praep. ev. I, 10. *Carpz.* app. p. 489. Gebets-Zelte der Kalmücken, *Rosenm.* Morgenl. II, 108. Für den ägyptischen Ursprung dieses Zeltes *Spenc.* III, 1, 3. *Bauer* gottesd. Verf. II, 9 ff.; dgg. *Wits.* Aeg. III, 10. *Budd.* II. E. I, 316. Die Aegypter, die ersten Erbauer von Tempeln, *Lucian.* de dea Syr. sect. 2. Kleinere hölzerne vergoldete Tempel in Aeg., *Herod.* II, 63. Ueber ähnliche Heiligthümer, wie die Stiftshütte, bei andern Völkern vgl. *Knobel* l. c. S. 249 f. *Riggenbach* l. c. S. 40 ff.

[2]) Hölzerne Zelte der Turkmanen, *Burkh.* R. d. S. II, 1000. Zelte der Kalmücken mit einem Holzgerippe, *Zwick* R. nach Sarepta. Leipz. 1821. S. 36. — Streitig ist die Bedeutung von קְרָשִׁים. Nach 2 Mos. XXVI, 16. waren sie 10 Ellen hoch u. 1½ Elle breit; ihre Dicke wird nicht angegeben. Schon diess deutet darauf hin, dass es auf die Dicke nicht besonders ankam u. diese nach einem gebräuchlichen Maass vorausgesetzt wurde. Daher nehmen nach dem Vorgang des Josephus unter den Neueren *Winer, Knobel, Keil, Leyrer* die קְרָשִׁים als Bretter, während andere, wie *Lund, Bähr, Ewald, Kamphausen, Fries* darunter 1 Elle dicke Balken verstehen. Diese Ansicht hat zuletzt besonders *Riggenbach* S. 22 ff. zu begründen gesucht. Indessen soweit sich sein Beweis auf seine Erklärung der schwierigen Stelle 2 Mos. XXVI, 24. u. auf seine Erklärung von הַקְּרָשִׁים בְּתוֹךְ „mitten durch die Balken" Vs. 28. stützt, scheint er nicht genügend zu sein. עַל־רֹאשׁוֹ kann, wie es Vs. 24. steht, nicht füglich „bis zu seiner Ecke, Kante" bedeuten, u. הַקְּרָשִׁים בְּתוֹךְ Vs. 28. ist offenbar eine nähere Bestimmung zu הַבְּרִיחַ הַתִּיכֹן, um im Verhältniss zu den vier übrigen Riegeln genau dessen Stelle anzugeben, was nicht der Fall wäre, wenn בְּתוֹךְ die Mitte der Balken, durch die der Riegel zu treiben wäre, bezeichnen sollte, da diess oben oder unten geschehen konnte. Daher scheint die Erklärung und Auffassung von *Knobel* immer noch vorzuziehen; denn der Einwand, den auch *Riggenbach* gegen dieselbe erhebt, dass nach ihr die Eckbretter nicht in einer Flucht mit der Langseite wären, erledigt sich, wenn man annimmt, dass die Riegel der

Zelt (אֹהֶל) selbst bestand aus einer vierfachen Decke von Teppichen: die erste von buntgewirktem, die vier Farben Weiss, Purpur, Carmesin, Dunkelblau, und Cherubbilder enthaltendem Byssus, welche nach Einigen [1]) inwendig aufgehangen war; die zweite von Ziegenhaaren; die dritte aus rothgefärbten Widderfellen; die vierte aus Tachas-Leder oder -Fellen [2]) (2 Mos. XXVI, 1 ff.). Der nach Osten gekehrte Eingang war mit einer kostbaren Decke (מָסָךְ) verhangen (2 Mos. XXVI, 36 f.).

Das Zelt war 30 Ellen lang und 10 Ellen breit, und eingetheilt 1) in das Heilige oder den Vorderraum, 20 Ellen lang und 10 Ellen breit, 2) das Allerheiligste (קֹדֶשׁ קָדָשִׁים, *Joseph*. τὸ ἄδυτον, vgl. 3 Mos. XVI, 2.), 10 Ellen lang und 10 Ellen breit, durch einen künstlich gewirkten Vorhang (פָּרֹכֶת) geschieden (2 Mos. XXVI, 31 ff.). Das Zelt umgab ein Vorhof (חָצֵר), 100 Ellen lang und 50 Ellen breit, mit weissen, 5 Ellen hohen Umhängen (קְלָעִים), die auf 60 [3]) durch

---

Langseite nur bis an die Eckbretter, die an sich schon dem Bau eine besondere Festigkeit gaben, vorgeschoben wurden. Ausserdem verschwindet bei der Annahme von Brettern der Anstoss, den man unter der Voraussetzung von Balken nicht umhin kann, an der Schwerfälligkeit des Gerüstes zu nehmen.

[1]) *Bonfrere* u. A.; neuerlich *Bähr*, *Keil*, *Neumann*; dgg. *Friederich* Symb. der mos. Stiftsh. S. 13. *Winer*, *Ewald*, *Kamphausen*, *Knobel*, *Riggenbach* sind sämmtlich auf Grund des biblischen Textes der Ansicht, dass auch die unterste Decke aussen über das Holzgestell gespannt war.

[2]) Ueber תַּחַשׁ s. *Boch*. Hieroz. I, 989. *Byn*. de calc. I, 3. *Oedm*. verm. Samml. III, 26. *Hartm*. Hebr. III, 230. *Rosenm*. z. 2 Mos. XXV, 5. Alterth. IV, 2. 238 ff. *Bähr* I, 270 f., welche mit den Verss. für die Farbe des Leders stimmen (Hyacinth oder Scharlach, *Bähr* für erstere, die er für Himmelblau hält); *Huse* syll. dissert. IX, 17. *Seb. Rau* de iis quae ex Arabia in usum tabernaculi fuerint petita (Lips. 1755. 4.), *Faber* Arch. S. 109 ff. *Gesen*. u. d. W., welche ein Seethier darunter verstehen. Vgl. *Win*. Art Thach. u. die daselbst beigebrachte Notiz aus *Rüppel* R. S. 187. Nach *Knobel* zu Exod. XXV, 5. u. *Leyrer* l. c. S. 95. ist bei תַּחַשׁ an den Delphin, oder an die Seekuh zu denken.

[3]) Nach *Bähr* I, 70 f. *Winer*, *Knobel* nur 56, weil die Ecksäulen doppelt gerechnet worden; dgg. *Friederich* S. 17. u. bes. *Riggenbach* S. 6 ff.

Stangen (חִשֻׁקִים) verbundenen Säulen (עַמֻּדִים) ruheten; im Eingange ein Vorhang (2 Mos. XXVII, 9 ff.).

§. 195.
Geräthe der Stiftshütte.

I. Im Vorhofe stand 1) der Brandopferaltar, von Holz, hohl, mit Kupfer überzogen, 5 Ellen ins Gevierte, 3 Ellen hoch, mit Hörnern an den Ecken (2 Mos. XXVII, 1 ff.) [1]. 2) Ein kupfernes, auf kupfernem Gestelle ruhendes Waschbecken (כִּיּוֹר) für die Priester (2 Mos. XXX, 17 ff. XL, 7. 30 ff.) [2].

II. Im Heiligen stand 1) gegen Mitternacht der Schaubrodtisch (שֻׁלְחַן הַפָּנִים, 4 Mos. IV, 7.; הַמַּעֲרָכָת ש׳ 1 Chron. XXVIII, 16.; הַשֻּׁלְחָן הַטָּהוֹר 3 Mos. XXIV, 6.), von Acacien-Holz, mit Gold überzogen, 2 Ellen lang und 1 Elle breit, 1½ Elle hoch, auf 4 Füssen ruhend, das Tischblatt mit einem

---

[1] Unstreitig war dieser Kasten mit Erde angefüllt, wofür man aber nicht 2 Mos. XX, 20. (24.) anführen muss (*Bähr*, *Win.*); denn da ist am natürlichsten mit *Grot.*, *Cler.* u. A. an einen Altar aus Rasen zu denken. Dunkel ist 2 Mos. XXVII, 4 f. das מִכְבָּר und כַּרְכֹּב. Nach v. *Meyer* Bibeldeut. S. 201. war Letzteres eine Einfassung, eine Art Bank, welche um den Altar in der Mitte herumlief, so dass die Priester beim Opfern darauf treten konnten, und unter derselben das Gitterwerk מִכְבָּר. So auch *Bähr*, *Winer*, *Keil*, *Riggenbach*, während *Knobel* u. *Ewald* כַּרְכֹּב von einer verzierenden, aber das Gerüst zusammenhaltenden Einfassung am obern Saume verstehen, unter der das Gitterwerk bis zur Mitte des Altars angebracht war. Die grössere Zweckmässigkeit spricht für die erstere Auffassung. — Kupfernes Geschirr des Altars (2 Mos. XXVII, 3.): סִירוֹת, Töpfe; יָעִים, Schaufeln; מִזְרָקוֹת, Schalen; מִזְלָגוֹת, Gabeln; מַחְתֹּת, Kohlpfannen.

[2] Ueber die streitige Stelle 2 Mos. XXXVIII, 8. s. *Geddes* in *Vaters* Comment. *Rosenm.* Scholl. *Bähr* I, 485 f., der eine sehr unwahrscheinliche Erklärung vorträgt. *Riggenbach* S. 10 ff. nimmt nach dem Vorgange Anderer die Stelle in dem Sinn, dass das Becken aus den Spiegeln der an der Thür des Zeltes dienenden Weiber gemacht wurde. *Hengstenb*. Beitrr. III, 134 ff. d. BB. Mos. S. 194. hält die „dienenden" Weiber für solche, welche gottesdienstlichen Uebungen vor der Stiftshütte oblagen, indem er Luk. II, 37. *Herod*. II, 54. u. andere Spuren von heiligen Weibern bei den Aegyptern vergleicht. Vgl. *Ewald* Alterth. S. 326.

Kranze (זֵר) von Gold umgeben, und unter dem erstern eine Leiste (מִזְגֶּרֶת) ebenfalls mit einem goldenen Kranze, nebst dazugehörigem Geschirre, Schüsseln, Bechern, Kannen und Schalen (2 Mos. XXV, 23 ff. XXXVII, 10 ff. vgl. *Joseph.* Antt. III, 6, 6.). 2) Gegen Mittag der mit Blumen und dgl. verzierte goldene Leuchter (מְנוֹרָה) 2 Mos. XXV, 31 ff.), mit sechs Armen, auf welchen und dem Hauptrohre (קָנֶה), das auf einer Basis (יָרֵךְ) ruhete, 7 Lampen befindlich waren, ebenfalls mit Zubehör an Lichtschneuzen und Zangen (And. Kohlenbecken). 3) In der Mitte der Rauchaltar (מִזְבַּח קְטֹרֶת, auch מ' הַזָּהָב), von Acacienholz, mit Gold überzogen, 1 Elle lang und breit, 2 Ellen hoch mit Hörnern an den Ecken und einem Kranze um die Platte (2 Mos. XXX, 1 ff.).

III. Im Allerheiligsten die Bundes- (d. i. Gesetzes-) Lade (הָעֵדוּת 'א), אֲרוֹן הַבְּרִית) [1]), Behälter der Gesetztafeln [2]), von Acacien-Holze, mit Gold überzogen, 2¼ Ellen lang, 1¼ Elle breit und hoch, mit einem goldenen Deckel (כַּפֹּרֶת, *Joseph.* ἐπίθεμα, LXX, Hebr. IX, 5. Röm. III, 25. (?) ἱλαστήριον, Vulg. *propitiatorium*, *Luth. Gnadenstuhl*) [3]), worauf zwei gol-

---

[1]) Aehnliche heil. Laden (κίσται μυστικαί) bei Aegyptern (*Plutarch.* de Is. et Osir. c. 39.; Déscript. de l'Égypte Atl. I. Pl. 11. Fig. 4. Pl. 12. Fig. 3. III. Pl. 32. 34. 36. [eine Kiste mit geflügelten Figuren]; auch b. *Creuz.* I, 249. Taf. 17.), Griechen und Römern (*Pausan.* VII, 49. *Ovid.* ars am. II, 609 sqq. *Catull.* LXI, 259 sq. *Tibull.* I, 7, 48.); goldene Lade des Moloch (§. 235.). Vgl. *Spenc.* p. 831 sq. *Rosenm.* Morgenl. II, 96 ff. *Hoffmann* Hall. Encycl. XIV, 29 f. *Bähr* I, 399 ff., welcher auf den Unterschied des Inhalts mit Recht aufmerksam macht. *Winer* unt. Bundeslade. *Vaihinger* in Herzog's RE. unt. Bundeslade. *Ewald* Alterth. S. 138 ff.

[2]) Ungewiss ist die Aufbewahrung des Pentateuchs daselbst 5 Mos. XXXI, 26., vgl. das Targum z. d. St., Baba Bathra f. 14, 1., Hieros. Sota f. 22, 4., *Rel.* antt. I, 5, 26. Was sich noch sonst im Allerheiligsten u. in der Bundeslade befunden haben soll (2 Mos. XVI, 32 ff. 4 Mos. XVII, 25.), kommt sonst nicht vor, ausser Hebr. IX, 4., u. 1 Kön. VIII, 9. ist dagegen. Vgl. *Bleek* z. Hebr. IX, 4. *Ewald* Alterth. S. 376. *Vaihinger* l. c. S. 454.

[3]) Diese letztere Erklärung haben v. *Meyer* u. *Bähr* I, 381., nach ihnen auch *Keil* I, 112. u. *Riggenbach* S. 36. wieder in Schutz genommen; Gründe: 1) es heisse nicht כְּפֹרֶת, sondern כַּפֹּרֶת; (aber כָּפַר heisst doch ursprüngl. bedecken, u. die Piel-Form ist bei כִּסָּה u. דִּמָּה ebenfalls üblich); 2) die 'כפ mache ein selbstständiges

Heiligthum. §. 195.

dene Cherubbilder mit ausgebreiteten Flügeln, mit dem Gesichte gegen einander gekehrt. Alles Geräthe tragbar. Diese Cherubbilder, dergleichen auch in die Teppiche und den Vorhang eingewirkt waren, sind nicht beschrieben, und ihre vierfache Gestalt bei Ezech. I, 5 ff. X, 12 ff. darf nicht geradezu hieher zurückgetragen werden [1]). Aber sicherlich versinnbildeten sie, die sonst den Thron Gottes tragen, die Nähe Gottes [2]), und daher wird auch der Deckel, auf dem sie standen, als der Ort gedacht, wo Gott erscheint (2 Mos. XXV, 22.).

Glied in der Reihe der Geräthe aus (weil sie die Cherubs trug und den Thron Gottes darstellte); 3) das Allerheiligste werde 2 Chron. XXVIII, 11. בֵּית הַכַּפֹּרֶת genannt (vielleicht weil damals schon die spätere Deutung aufgekommen war). Gegengrund: die 'כפ ist nicht Sühngeräthe, auch nicht „Sühnstätte"; denn die Versöhnung geschah durch das auf und vor dem Deckel gesprengte Blut (3 Mos. XVI, 15 f.). Vgl. *Friederich* Symb. d. mos. Stiftsh. S. 210. *Knobel* zu Exod. XXV, 17. Mit Recht macht *Knobel* die ursprüngliche Bedeutung von כַּפֹּרֶת, *Deckel*, geltend u. leitet die besondere Heiligkeit desselben davon her, dass er „Stand- u. Offenbarungsort Jehova's" war. Es scheint aber unterschieden werden zu müssen zwischen der ursprünglichen Bedeutung u. der spätern Deutung, für die כַּפֹּרֶת gerade als Thron Jehova's wegen des dorthin gesprengten Blutes mit Rücksicht auf כָּפַר zum ἱλαστήριον werden konnte. Vgl. *Winer* l. c. S. 202. N. 3.

[1]) Aus 2 Mos. XXV, 20. lässt sich schliessen, dass sie nur Ein Antlitz hatten. Nach *v. Meyer, Grüneisen, Bähr* I, 312. hatten sie überhaupt eine wandelbare Gestalt, bald 1, bald 2, bald 4 Gesichter, vgl. Ezech. I, 10. XLI, 18. X, 14.

[2]) Nach den ähnlichen Deutungen von *Philo* (vit. Mos. III, 668.: ἐγὼ δ' ἂν εἴποιμι δηλοῦσθαι δι' ὑπονοιῶν τὰς πρεσβυτάτας καὶ ἀνωτάτω δύο τοῦ ὄντος δυνάμεις, τήν τε ποιητικὴν καὶ βασιλικήν), *Grot.* ad Exod. XXV, 18., *Boch.* Hieroz. I, 770., *Rosenm., Win.* sind Bibl. Dogm. §. 110. die Ch. als Symbole der Stärke, Macht u. Weisheit und somit der Nähe Gottes genommen worden. Vgl. *Knobel* zu Exod. XXV, 20. *Ewald* Alterth. S. 139. Nach *Bähr* I, 340 ff. ist der Ch. im Ganzen ein Wesen, welches das geschöpfliche Leben κατ' ἐξοχήν, d. h. das volle, ganze, höchste, vollkommenste creatürliche Leben hat; u. wie die ganze Schöpfung ein Zeugniss der göttlichen Lebenskräfte, so ist der Ch. Zeuge der durch das ganze Reich der Schöpfung sich offenbarenden Schöpferkraft, Majestät, Allgegenwart u. Allwissenheit, endlich der absoluten Weisheit Gottes, u. zugleich dessen Diener. Zu den ähnlichen Thiergestalten der heidnischen Symbolik, den ägyptischen Sphinxen, den babylonischen bei *Münter* Relig. d. Babyl. Taf. 3., den persischen bei *Nieb.* R. II. Taf. 20., den indischen bei *Müller* Glauben, Wissen u. Kunst d. alt. Hind.

Mos. Gottesdienst.

§. 196.
Einheit des Heiligthums.

Nach 3 Mos. XVII, 1—9. sollte im israelitischen Lager allein vor der Stiftshütte, und nach 5 Mos. XII. XVI. im Taf. I, 112., verhält sich das Cherub-Symbol (das nicht eine Copie ist etwa von den Sphinxen nach *Spenc.*) so, dass jenen die Identität des Lebens der Natur mit dem Leben der Gottheit zum Grunde liegt, und sie eigentliche Götterbilder sind (auch die Sphinxe u. persepolitanischen Gebilde?), dem Cherub hingegen gerade umgekehrt der absolute Unterschied zwischen Schöpfer und Geschöpf, zwischen Gott und Welt zum Grunde liegt (S. 361.). Für die Verwandtschaft der Cher. mit den ägyptischen Sphinxen hat sich neuerlich wieder erklärt *Hengstenb.* d. BB. Mos. u. s. w. S. 157 ff. Er bringt sie denselben dadurch nahe, dass er ihnen nur die Menschen- u. Löwengestalt leihet (vgl. Not. 1. S. 273.). — Fabel vom Eselskopfe im Allerheiligsten. *Joseph.* c. Ap. II, 7.: In hoc sacrario Apion praesumsit edicere asini caput collocasse Judaeos et id colere, ac dignum facere tanta religione, et hoc affirmat fuisse depalatum, dum Antiochus Epiph. et exspoliasset templum, et illud caput invenisset ex auro compositum multis pecuniis dignum. *Tacit.* Hist. V, 3 sq.: Nihil aeque (Judaeos in deserto) quam inopia aquae fatigabat. Jamque haud procul exitio totis campis procubuerant, cum grex asinorum agrestium e pastu in rupem nemore opacam concessit. Sequutus Moses conjectura herbidi soli largas aquarum venas aperit .... Effigiem animalis, quo monstrante errorem sitimque depulerant, penetrali sacraverc. *Plutarch.* sympos. Lib. IV. quaest. 5. *Suid.* s. v. Δαμόκριτος. „Es hängt diese Fabel damit zusammen, dass man den Israeliten die Verehrung des Saturn zuschrieb (§. 214 b. Not.). Dieser galt in Aegypten von seiner schlimmen Seite als Typhon, und wurde mit einem Eselskopfe abgebildet (vgl. *Jablonsky* Panth. III, 69.)." *Movers* Phöniz. I, 297. Vgl. *Boch.* Hieroz. I, 220 sqq. *A. G. Walch* de cultu asini Judaeis temere afficto. 1769. 4. *Rel.* antt. I, 5, 24.

Ausführlich in Beschreibung der Stiftshütte ist *Schacht* animadvv. ad Iken. antt. p. 267 sqq. Vgl. noch *Buxtorf* hist. arcae foed. (in s. Exercitt. u. in *Ugolin.* Thes. VIII.). Ueber die Cherubim *Rödiger* Hall. Encycl. XVI. Mehrere Neuere, wie *Keil* I, 113 ff., *Hofmann, Delitzsch, Nägelsbach, Kurtz,* vgl. Kurtz in *Herzog's* RE. unt. Cherubim, nehmen in unhistorischer Weise die Cherubim nicht nur als Gebilde der religiösen Symbolik, sondern als Wesen von objektiver, persönlicher Realität u. ergehen sich zum Theil in ganz phantastischen Deutungen derselben. — *Ed. C. A. Riehm* de natura et notione symbolica Cheruborum, Basil. 1864. zeigt, dass die Cherube menschliche Gestalt mit Flügeln hatten und eine eigenthümlich hebräische künstlerische Abbildung der theophanischen Wolke waren.

Lande Canaan vor dem einzigen auszuwählenden heiligen Orte geopfert und Feste gefeiert werden. Die Forderung hatte nicht nur einen politischen, sondern zugleich den rein religiösen Zweck, das Volk von allem Götzendienst abzuziehen, und ergab sich ausserdem von selbst aus der Bedeutung des Heiligthums, mit dem nach theokratischem Glauben die Gegenwart Jehova's verbunden war.

II. Priesterthum.

§. 197.

Priesterstamm, Leviten.

Seiner Bestimmung nach war das ganze Volk als Eigenthum Jehova's ein priesterliches, heiliges Volk (2 Mos. XIX, 5. 6. 4 Mos. XVI, 3.); aber in der Wirklichkeit, mit Sünde behaftet, entsprach es seiner Bestimmung nicht und war desshalb nicht geeignet, mit dem Heiligen in seinem Heiligthum in unmittelbaren Verkehr zu treten (2 Mos. XIX, 21—25.). Daher wurde ein einzelner Stamm und zwar der Stamm Levi dem der grosse Gesetzgeber und Stifter der Theokratie angehörte, aus den Stämmen gewählt und durch eine besondere Weihe Jehova geheiligt. Seine Aufgabe war überhaupt, sich ganz dem Dienste Jehova's zu widmen. Vor Allem sollte er im Heiligthum in ununterbrochener Ordnung und nach festgestelltem Ritual das Volk vor Jehova vertreten, d. h. im Namen des Volkes beständig die im Bunde mit Gott eingegangene Gemeinschaft bekunden und wenn sie gestört war, sie immer wieder herstellen. Ausserdem aber war er verpflichtet, durch Unterweisung im Gesetz Jehova's die Kenntniss der göttlichen Wahrheit im Volke stets zu erhalten und über die Beobachtung und Aufrechthaltung des göttlichen Willens unter dem Volke zu wachen. Für den Glauben des Volkes beruhte ebenso wie das Heiligthum, auch das Priesterthum auf göttlicher Anordnung; wie aus allen Völkern Israel, so ward aus den Stämmen Israels selbst wieder der Stamm Levi als der heilige Vertreter des ganzen Volkes von Gott erwählt (2 Mos. XXVIII, 1. 4 Mos. XVI, 9. 10.). Für den Dienst im Heiligthum gliederte sich aber der Stamm Levi wieder nach verschiedenen Stufen der Heiligkeit, welche den drei Theilen des Heiligthums, dem Vorhof, dem Heiligen und dem Allerheiligsten, entsprachen [1]). Der ganze Stamm Levi war zwar Jehova heilig (nach der eigenthümlichen Vorstellung war er anstatt der Erstgeburt geheiligt, 4 Mos. III. VIII, 16 ff.); aus demselben aber, und zwar aus dem Geschlechte *Kahath* (2 Mos. VI, 8.), war bloss das Haus *Aaron* zum eigentlichen Priesterthume bestimmt, unter Androhung der Todesstrafe für jeden Andern, der sich priesterliche Verrichtungen anmaassen würde (4 Mos. III, 10. 38. XVI. XVII, 5.). Die übrigen Leviten, die drei Häuser Gerson, Kahath und Merari (4 Mos. III, 17 ff.) waren Priester- und Tempeldiener, dem Aaron und seinen Söhnen „zu eigen gegeben" (נְתִינִים 4 Mos. VIII, 19.). Sie versahen die Nebenverrichtungen beim Gottesdienste, durften aber nicht zu den heiligen Geräthen und zum Altare nahen (4 Mos. XVIII, 6.). In der Wüste trugen sie das heilige Zelt, um das sie sich lagerten (4 Mos. I, 48 ff.), und zwar jedes Geschlecht sein ihm angewiesenes Theil, die Kahathiter die Geräthe des Allerheiligsten und Heiligen (4 Mos. IV, 4 ff.). Ihre Einweihung, wobei sie als *Webe* dargebracht wurden, s. 4 Mos. VIII, 5 ff. Ihre Dienstjahre nach 4 Mos. IV, 3. 23. 30. 47. das 30—50., nach VIII, 23—26. das 25—50. Lebensjahr [2]). Ihre Kleidung ist vom Gesetze nicht vorgeschrieben, vgl. 1 Chron. XV, 27. 2 Chron. V, 12. Ihre Einkünfte bestanden im Zehenten (3 Mos. XVII, 30 ff. 4 Mos. XVIII, 21 ff.), wovon der Zehente als Abgabe

---

[1]) Vgl. über das Priesterthum *Ewald* Alterth. S. 299 ff. *Saalschütz* mos. R. S. 89 ff. *Oehler* in *Herzog's* RE. unt. Priesterthum. *Keil* I, 154 ff.

[2]) Die Vereinigung dieses Widerspruchs bei *Bauer* II, 378. *Oehler* in *Herzog's* RE. unt. Levi S. 350 f. löst den Widerspruch durch die Annahme, dass die Bestimmung des 30. Jahres auf den Dienst bei dem Transport der Stiftshütte, die Bestimmung des 25. Jahres auf den levitischen Dienst überhaupt zu beziehen sei. So auch *Keil* I, 161. Not. 2. Richtiger wohl hält *Knobel* zu Num. VIII, 23—26. die Bestimmung des 25. Jahres für jüngern Ursprungs. *Saalschütz* l. c. S. 99. nimmt eine Aenderung des Gesetzes wegen des grössern Bedürfnisses an. Vgl. auch 1 Chron. XXIII, 3. 24. 2 Chron. XXXI, 17. 27.

Zu §. 216.   Taf. II.

Phönizisch.	Alt Hebr: u. Samaritanisch.	Aramaeisch ältere	Aramaeisch neuere Palmyr:	Neu Hebräisch.

Nach Gesenius u. Kopp.

Priesterthum. §. 197. 198.

an die Priester zu entrichten war (4 Mos. XVIII, 25 ff.)¹).
Zum Eigenthume hatten sie 35 Städte (4 Mos. XXXV. vgl.
Jos. XXI, 4 ff.), wovon aber das 5. Buch Mos. nichts weiss
(XII, 12. XVIII, 6 ff.); auch ist da von einem andern Zehenten für Opfermahlzeiten, zu welchen die Leviten gezogen
werden sollen, die Rede (XIV, 22 ff. XII, 6 f. 11 f. 17 ff.
(§. 207.)²).

§. 198.
Die Priester.

Die Leviten aus dem Hause Aaron verrichteten die
eigentlichen ordentlichen Priestergeschäfte, als das Opfern,
Blutsprengen, Weben der Opferstücke, Darbringen und Anzünden des auf dem Altare zu Verbrennenden, das Räuchern,
das Auflegen der Schaubrode, die Besorgung der Lampe³),
das Blasen auf den heiligen Trompeten, die Pflege der Reinigkeits-Zucht (3 Mos. XIII. XIV.) u. dgl., und waren Richter
und Ausleger der 'Gesetze (3 Mos. X, 11. 5 Mos. XVII, 8 ff.
XXI, 5.). Es wurde von ihnen überhaupt körperliche Fehllosigkeit (3 Mos. XXI, 17 ff.), Tadellosigkeit der Sitte (3 Mos.
XXI, 7.) und bei Verrichtung des Dienstes levitische Reinigkeit (3 Mos. XXII, 1 ff.), Enthaltung von Verunreinigung

---

¹) Zum Dienst Jehova's berufen erhielt der Stamm Levi nicht,
wie die übrigen Stämme, einen festen Grundbesitz (4 Mos. XVIII,
23. 24.); ihr Besitz ist vielmehr Jehova selbst d. h. sie sollen
von dem Dienst Jehova's auch ihren Lebensunterhalt haben (4 Mos.
XVIII, 20. 5 Mos. X, 9.), eine Bestimmung, die für den Beruf u.
das Verhältniss bes. der eigentlichen Priester von der grössten
Wichtigkeit war. Vgl. *Ewald* Alterth. S. 343 ff. Aehnlichkeit des
ägyptischen Priesterstammes, seiner Einkünfte, Lebensart, Verrichtungen und Classen: ὁ ᾠδός, ὁ ὡροσκόπος, ὁ ἱερογραμματεύς, ὁ στολιστής, ὁ προφήτης, οἱ παστοφόροι. *Herod.* II, 37. *Diodor.* 1, 73.
Porphyr. de abstin. IV, 6—8. *Clem. Alex.* Strom. VI, 4. 756 sq.
Jablonsky Panth. Aeg. Prolegg. XC sqq. *de Schmidt* de sacerdott.
et sacriff. Aeg. Tub. 1768. *Münter* Rel. d. Babyl. S. 83. *Creuzer*
Symb. I, 244 f.

²) Aehnliche Stellung der Bettelmönche bei den Hindu's, *Rhode*
rel. Bild. d. Hind. II, 435.

³) Verloosung der täglichen Geschäfte, M. Joma II. Tamid
I, 2. 4. u. öft. Luk. I, 9. *Reland* II, 5, 3. 6.

durch Leichen (3 Mos. XXI, 1 ff.), heftiger Trauer und berauschendem Getränke (3 Mos. X, 6 ff.) gefordert [1]). Die Einweihung der ersten Priester s. 2 Mos. XXIX. 3 Mos. VIII.

Ihre Kleidung bestand in folgenden Stücken: 1) Beinkleider (מִכְנָסִים 2 Mos. XXVIII, 42 f. XXXIX, 28.) [2]); 2) Leibrock (כְּתֹנֶת), von besonderer Webart (תַּשְׁבֵּץ 2 Mos. XXVIII, 4.) [3]); 3) Gürtel (אַבְנֵט), von farbiger Weberei (2 Mos. XXVIII, 39.) [4]); 4) Kopfbedeckung, Mütze u. dgl. (מִגְבָּעָה) [5]):

---

[1]) Aehnlich bei andern Völkern. *Potter* gr. Arch. I, 294 f. *Porphyr.* de abstin. IV, 6. *Aul. Gellius* X, 15. *Adam* röm. Alt. I, 529. *Rhode* rel. Bild. d. Hind. II, 531.

[2]) *Joseph.* Antt. III, 7, 1.: Διάζωμα δ' ἐστὶ περὶ τὰ αἰδοῖα ῥαπτὸν ἐκ βύσσου κλωστῆς εἰργνύμενον, ἐμβαινόντων εἰς αὐτὸ τῶν ποδῶν ὥσπερεὶ ἀναξυρίδας. Ἀποτέμνεται δὲ ὑπὲρ ἥμισυ, καὶ τελευτήσαν ἄχρι τῆς λαγόνος περὶ αὐτὴν ἀποσφίγγεται. Vgl. *Braun* de vest. sacerd. II, 1. 345 sqq. Sie gingen nach den Rabbinen bis an die Kniee, was nicht in den Worten מִכְנָסִים וְעַד־יְרֵכַיִם יִהְיוּ liegt. *Bähr:* Hüftkleid.

[3]) *Joseph.* l. l. §. 2.: Ἔστι δὲ τοῦτο τὸ ἔνδυμα ποδήρης χιτὼν περιγεγραμμένος τῷ σώματι, καὶ τὰς χειρίδας περὶ τοῖς βραχίοσιν κατεσφιγμένος· ὃν ἐπιζώννυνται κατὰ στῆθος, ὀλίγον τῆς μασχάλης ὑπερἄνω τὴν ζώνην περιάγοντες...... Οὗτος ὁ χιτὼν κολποῦται μὲν οὐδαμόθεν· λυγαρὸν δὲ παρέχων τὸν βροχωτῆρα τοῦ αὐχένος, ἀμπεδόσιν ἐκ τῆς ὤας καὶ τῶν κατὰ στέρνον καὶ ματάφρενον ἠρτημέναις ἀναδεῖται ὑπὲρ ἑκατέραν κατακλεῖδα. Aus 2 Mos. XXXIX, 27. מַעֲשֵׂה אֹרֵג schliessen die Rabbinen und Archäologen, dass der Leibrock aus Einem Stücke gewebt gewesen. Vgl. *Braun* II, 2. 378. *Bähr* II, 62. *Josephus* sagt es nur vom Oberkleide des Hohenpriesters (§. 199. Not. 2. S. 280.).

[4]) *Joseph.* l. l.: Πλατεῖαν μὲν ὡς εἰς τέσσαρας δακτύλους, διαιρέως δ' ὑφασμένην ὥστε λεβηρίδα δοκεῖν ὄφεως· ἄνθη δ' εἰς αὐτὴν ἐνύφανται, φοίνικι καὶ πορφύρᾳ μετὰ ὑακίνθου καὶ βύσσου πεποικιλμένα· στήμων δ' ἐστὶ μόνη βύσσος. Vgl. *Braun* l. l. c. 3.

[5]) *Joseph.* l. l. §. 3.: Ὑπὲρ δὲ τῆς κεφαλῆς φορεῖ πῖλον ἄκωνον, οὐ διϊκνούμενον εἰς πᾶσαν αὐτήν, ἀλλ' ἐπ' ὀλίγον ὑπερβεβηκότα μέσης. Καλεῖται μὲν Μασναεμφθής (מִצְנֶפֶת?). Τῇ δὲ κατασκευῇ τοιοῦτός ἐστιν ὡς στεφάνῃ δοκεῖν, ἐξ ὑφάσματος λινέου ταινία πεποιημένη παχεῖα· καὶ γὰρ ἐπιπτυσσόμενον ῥάπτεται πολλάκις. Ἔπειτα σινδὼν ἄνωθεν αὐτὸν ἐκπεριέρχεται διήκουσα μέχρι μετώπου, τήν τε ῥαφὴν τῆς ταινίας καὶ τὸ ἀπ' αὐτῆς ἀπρεπὲς καλύπτουσα, καὶ ὅλῳ δὲ τῷ κρανίῳ γιγνομένη ἐπίπεδον. Nach *Bähr* S. 64 ff. ist diess irrig, und die Kopfbedeckung der Priester hat man sich als einen umgekehrten Blumenkelch (vgl. גָּבִיעַ) zu denken. Aehnlich der Apex oder Tutulus des Pontif. Max. u. der Augurn. *Adam* röm. Alt. I, 526 f. 534. Vgl. *Knobel* zu 2 Mos. XXVIII, 40.

alles von feinem Linnen, שֵׁשׁ, בַּד, בּוּץ (3 Mos. VI, 3. 2 Mos. XXXIX, 27 ff. Ez. XLIV, 17.)¹). Schuhe scheinen sie nicht getragen zu haben, weil der heil. Ort mit blossen Füssen betreten werden musste ²).

Ihre Einkünfte bestanden in Opferdeputaten (3 Mos. II, 3. 10. VI, 9 f. 19. 22. VII, 6 ff. 14. 34. X, 12 ff. 4 Mos. VI, 20. 5 Mos. XVIII, 3.), in den abgenommenen Schaubroden (3 Mos. XXIV, 9.), den Erstlingen (4 Mos. XVIII, 12 f.), Heben (4 Mos. XVIII, 8 ff.), dem Verbannten (4 Mos. XVIII, 14.), der Erstgeburt und deren Lösegelde (4 Mos. XVIII, 15 ff.). Ihnen gehörten 13 Priesterstädte (Jos. XXI, 4.)³).

§. 199.

Der Hohepriester.

Der Hohepriester (הַכֹּהֵן הַגָּדוֹל), aus der Linie Eleasar (4 Mos. XX, 28.)⁴), durfte allein jährlich einmal das Allerheiligste betreten und die Versöhnung vollziehen, befragte den Mund Jehova's (4 Mos. XXVII, 21.), und war Obergerichtsvorsteher (5 Mos. XVII, 8 ff.). Auch die gewöhnlichen Priestergeschäfte verrichtete er, jedoch wahrscheinlich nur an Sabbathen und Festtagen (*Joseph*. B. J. V, 5, 7.). Man forderte von ihm noch grössere Reinigkeit und Tadel-

---

¹) Vgl. *Knobel* zu 2 Mos. XXVIII, 40. *Herod.* I, 37. *Lucian.* de dea Syr. sect. 42. (§. 199.). *Spencer* III, 5. de veste sacerdotum linea. Weisse Kleidung der Priester in Mekka. *Ali Bey* II, 346.

²) *Byn.* de calc. II, 3. Daher Unterleibskrankheiten der Priester u. ein für sie angestellter Arzt. *Lightf.* ad Luc. IX, 3. *Kall* de morbis sacerdot. V. T. Hafn. 1745. 4.

³) Vorwürfe, dass das Einkommen des Priesterstandes zu reichlich gewesen sei, *Morgan* Mor. Philosopher; gegen ihn *Lilienthal* gute Sache d. Offenb. VI. §. 138 ff. *Michael.* mos. R. I. §. 52.

⁴) Von Eli bis Salomo aus der Linie Ithamar, dann wieder aus der Linie Eleasar (1 Sam. II, 35 f. 1 Kön. II, 35.); die Hasmonäer waren aus dem Geschlechte Jojarib (1 Makk. II, 1.). Vgl. *Selden* de succ. in Pontif. I, 2—10. Lebenslängliches Amt (4 Mos. XXXV, 25. 28. 32. *Joseph*. Antt. XX, 10, 1.). Absetzungen in der spätern Zeit (*Joseph.* Antt. XV, 3, 1.).

losigkeit (3 Mos. XXI, 10 ff.). Seine Einweihung vorzüglich durch Salbung s. 2 Mos. XXIX, 4 ff. 3 Mos. VIII, 6 ff.[1].

Seine auszeichnende Kleidung war: 1) Ein purpurblaues Oberkleid oder Talar (מְעִיל, ποδήρης) ohne Ermel, über den Kopf durch eine Oeffnung angezogen, der untere Saum mit dreifarbigen Granatäpfeln und goldenen Schellen besetzt (2 Mos. XXVIII, 31 ff.)[2]. 2) Ein bunt- und goldgewirktes Schulterkleid (אֵפוֹד, ἐπωμίς), aus zwei Hälften bestehend, welche durch zwei Schulterstücke (worauf je ein Onychstein mit den Namen von 6 der Stämme Israels) verbunden und durch den aus gleichem Stoffe gewirkten *Gürtel* (חֵשֶׁב) zusammengehalten wurden (2 Mos. XXVIII, 6—14.)[3]. 3) Das Brustschild (חֹשֶׁן), ein Spannen-grosses doppeltes Viereck, aus

---

[1]) Nach beiden Stellen wäre nur der Hohepriester (vgl. הַמֹּהֵן הַמָּשִׁיחַ 3 Mos. IV, 3.), nach 2 Mos. XXVIII, 41. XXX, 31. auch die übrigen Priester gesalbt worden. *Abarbanel* und *Carpz.* p. 67. nehmen an, letzteres sei nur das erste Mal geschehen. Da beim Hohenpriester die Salbung ausdrücklich als eine Begiessung des Hauptes mit Oel bezeichnet wird, so scheint die Salbung der gewöhnlichen Priester nur eine geringere gewesen zu sein. Vgl. *Knobel* zu Lev. VIII, 10—12. *Oehler* in *Herzog's* RE. unt. Hoherpriester S. 202 f. Ueber die Bedeutung des Salbens s. *Knobel* zu Exod. XXX, 30., auch *Leyrer* in *Herzog's* RE. unt. Salbe. Jüdische Tradition, dass das hohepriesterliche Salböl verloren gegangen, *Selden* l. l. II, 9. *Wits.* miscell. sacr. II, 2. 494 sq. *Schacht* animadvv. p. 494 sqq.

[2]) *Joseph.* Antt. III, 7, 4.: Ἔστι δ' ὁ χιτὼν οὗτος οὐκ ἐκ δυοῖν περιτμημάτων, ὥστε ῥαπτὸς ἐπὶ τῶν ὤμων εἶναι καὶ τῶν παρὰ πλευράν .... ὅθεν αἱ χεῖρες διέρχονται, σχιστός ἐστιν. B. J. V, 5, 7.: τῶν θυσάνων ἀπήρτητο κώδωνες χρύσεοι, καὶ ῥοαὶ παράλληλοι, βροντῆς μὲν οἱ κώδωνες, ἀστραπῆς δὲ αἱ ῥοαὶ σημεῖον. Zweck: „dass sein Schall gehört werde ... damit er nicht sterbe" (2 Mos. XXVIII, 35.), welchen *Bähr* II, 127. sonderbar umgeht. Vgl. übr. *Braun* II, 5. *Ewald* Alterth. S. 334 f. *Knobel* zu Exod. XXVIII, 35. *Oehler* l. c. S. 201.

[3]) *Joseph.* Antt. l. l. §. 5.: Ἐπὶ δὲ τούτοις τρίτον ἐνδύεται τὸν λεγόμενον ἐφώδην, ἑλληνικῇ δ' ἐπωμίδι προςεοικότα· γίνεται γὰρ τοῦτον τὸν τρόπον. Ὑφανθεὶς ἐπὶ βάθος πηχυαῖον ἔκ τε χρωμάτων παντοίων καὶ χρυσοῦ συμπεποικιλμένου, ἀπερίτμητον τοῦ στέρνου τὸ μέσον καταλιμπάνει, χειρίσι τε ἠσκημένος, καὶ τῷ παντὶ σχήματι χιτὼν εἶναι πεποιημένος. Diese Stelle des *Joseph.* spricht nicht dafür, dass der Ephod aus zwei Hälften bestand, noch auch das A. T.; s. *Knobel* zu Exod. XXVIII, 7.

buntgewirktem Zeuge, mit zwölf in Gold gefassten Edelsteinen (worauf die eingegrabenen Namen der zwölf Stämme) besetzt, und durch Ringe und Schnüre an das Ephod befestigt. *Auf* oder *in* (אֶל) demselben befand sich das räthselhafte אוּרִים וְתֻמִּים, LXX *δήλωσις καὶ ἀλήθεια*, Symbol oder Werkzeug des hohenpriesterlichen Orakels (2 Mos. XXVIII, 15—20. 4 Mos. XXVII, 21.) [1]). 4) Der Kopfbund (מִצְנֶפֶת)

---

[1]) 1) Meinung *Philo's* (vit. Mos. III, 670.): Τὸ δὲ λογεῖον τετράγωνον διπλοῦν κατεσκευάζετο, ὡςανεὶ βάσις, ἵνα δύο ἀρετὰς ἀγαλματοφορῇ, δήλωσίν τε καὶ ἀλήθειαν. (Wozu jedoch nicht ganz stimmt de Monarch. II, 824.: ἐπὶ τοῦ λογείου διττὰ ὑφάσματα κατατοικίλλει προςαγορεύων τὸ μὲν δήλωσιν, τὸ δ' ἀλήθειαν). *Aelian.* var. hist. XIV, 34.: Δικασταὶ δὲ τὸ ἀρχαῖον παρ' Αἰγυπτίοις ἱερεῖς ἦσαν· ἦν δὲ τούτων ἄρχων ὁ πρεσβύτατος, καὶ ἐδίκαζεν ἅπαντας. — Εἶχε δὲ καὶ ἄγαλμα περὶ τὸν αὐχένα ἐκ σαπφείρου λίθου, καὶ ἐκαλεῖτο τὸ ἄγαλμα ἀλήθεια. *Diodor. Sic.* I, 75.: Ἐφόρει οὗτος (ὁ ἀρχιδικαστὴς τῶν Αἰγυπτίων) περὶ τὸν τράχηλον ἐκ χρυσῆς ἁλύσεως ἠρτημένον ζῴδιον τῶν πολυτελῶν λίθων, ὃ προςηγόρευον ἀλήθειαν. Vgl. I, 48. Brustschild angeblich einer Oberpriester-Mumie von einem grünen Halbedelsteine mit symbolischen Figuren in der Sammlung *Belzoni's* zu London. *Gesen.* allg. Enc. Art. Bibl. Archäol. *Rob. Richardson* Trav. along the Mediterr. (Lond. 1822.) I, 289. Nach *Rosellini* II, 3. 500. b. *Hengstenb.* d. BB. Mos. u. s. w. S. 155. sind in Grabdenkmälern Bilder von Personen gefunden worden, welche das oberste Amt der Gerechtigkeit bekleideten u. die das gewöhnliche kleine Bild der Göttin Tme am Halse trugen. *Hengstenb.* nimmt einen bestimmten Zusammenhang des Ur. u. Th. hiermit an. So auch *Knobel* zu Exod. XXVIII, 30., welcher die Urim u. Thummim für zwei gewirkte u. mit Edelsteinen besetzte oder aus Edelsteinen zusammengesetzte u. am Choschen angehängte oder sonst irgendwie angebrachte Figuren hält, welche die Offenbarung und die Wahrheit sinnbildlich darstellten. — 2) *Christphr. a Castro* de vera fut. cognit. III, 3.: Erant Ur. et Th. iidem, qui Theraphim.... Theraphim autem imagunculae erant s. idola, quae interrogata responsa dabant voce manifesta etc. (vgl. gegen ihn *Rivet.* Opp. theol. II, 1145.). *Spencer* lib. III. diss. 7. de Urim et Thummim p. 932 sqq., vgl. Hos. III, 4. Richt. XVII, 5. Gegen ihn *Braun* de vest. sac. II, 20. 597 sqq. *Wits.* Aeg. c. 10—12. — 3) *Michael.* z. 2 Mos. XXVIII, 30. u. mos. R. VI. §. 304., *Jahn* Arch. III, 353.: es sei das heil. Loos gewesen, welches aber daneben scheint angewendet worden zu sein, 1 Sam. X, 20. XIV, 36 ff., wie denn auch die Art Gott durch das Ur. u. Th. zu fragen (z. B. Richt. I, 1. XX, 18.) von dem Gottesurtheile durch das Loos verschieden ist. — 4) Es sei der Name Gottes gewesen. *Ps.-Jonathan* Targ. 2 Mos. XXVIII, 30.: .... quod in illis insculptum sit et expressum nomen magnum et san-

ctum, per quod creati sunt trecenti et decem mundi etc. — *Zohar* iu Exod. f. 105, 4. (b. *Buxtorf* hist. Ur. et Th., Exercitatt. p. 309.): Quando litterae illae, quae ibi sunt occultatae (Nominum sc. divinorum), lucent, tum litterae illae aliae, in quibus sculpta sunt nomina tribuum, lucent vel obscurantur: omnia enim fiunt per mysterium litterarum nominum illorum sanctorum. — *R. Mos. Nachmanid.* in leg. f. 70, 3. (ibid. p. 310.): Ur. et Th. fuerunt Nomina sancta, quorum virtute litterae lucem emittebant e lapidibus pectoralis in oculos Sacerdotis interrogantis.... Cum interrogabatur: Quis ascendet nobis primus etc.? tum Sacerdos animo suo intendebat ad Nomina, quae vocabantur Urim, et luxerunt in oculis ejus litterae nominis Jehudah, deinde eluxit porro Jod ex Levi, Ajin ex Schimeon, Lamed iterum ex Levi, He ex Abraham vel ex Jehudah. .... Fuerunt illic alia nomina s., quae vocabantur Thummim, quorum virtute animus Sacerdotis perficiebatur, ut sciret sensum litterarum illarum, quae emicuerunt .... et in mentem illi venit illas ita conjugendas: יהודה יעלה, Jehudah ascendet. — *R. Levi ben Gerson* (ibid. p. 311.): Quidam priscorum dicunt, quod in pectorali fuerint Scripturae Nominis Tetragrammati ...... Ur. et Th. excitabant prophetiam, siquidem Sacerdos idoneus ad eam fuerit, dum ea contemplatus est. Dieser Meinung ist auch *Saalschütz* (Prüf. d. vorz. Ansichten v. d. Ur. u. Th. in *Illgen's* hist.-theol. Abhandll. III, 105. Mos. R. S. 11 ff. Archäol. II, 363.), indem er das letztere Moment besonders geltend macht nach Tr. Joma f. 73, 2.: „Wenn ein Priester nicht im heil. Geiste sprach, u. die Schechina auf ihm ruhete, so fragte man ihn nicht." — 5) *Cornel. a Lap.* ad 2 Mos. XXVIII, 30. (wozu sich *R. Azaria* Meor Enajim c. 46. neigt): es seien die Worte אורים u. תמים selbst gewesen („has duas voces opere phrygionico acu pictas fuisse in rationali inter duodecim gemmas ...... non quod per has voces .... Deus responderet, sed quod per pontificem iis quasi pontificalibus indutum et fungentem jam munere pontificio Deus revelaret illa de quibus consulebatur"). — 6) *Joseph.* Antt. III, 8, 9.: Τῶν γὰρ λίθων, οὓς ἐπὶ τῶν ὤμων φέρειν τὸν ἀρχιερέα προεῖπον, ... συνέβαινε λάμπειν, ὁπότε ταῖς ἱερουργίαις ὁ θεὸς παρῆει, τὸν ἕτερον τὸν ἐπὶ τῷ δεξιῷ τῶν ὤμων πεπορπημένον, αὐγῆς ἀποπηδώσης καὶ τοῖς ποῤῥωτάτω φαινομένης, οὐ πρότερον ταύτης ὑπαρχούσης τῷ λίθῳ. .... Διὰ γὰρ τῶν δώδεκα λίθων, οὓς κατὰ στέρνον ὁ ἀρχιερεὺς ἐνερῥαμμένους τῷ ἐσσῆνι φορεῖ, νίκην μέλλουσι πολεμεῖν προεμήνυεν ὁ θεός· τοσαύτη γὰρ ἀπήστραπτεν ἀπ᾽ αὐτῶν αὐγὴ μήπω τῆς στρατιᾶς κεκινημένης, ὡς τῷ πλήθει παντὶ γνώριμον εἶναι τὸ παρεῖναι τὸν θεὸν εἰς τὴν ἐπικουρίαν· ὅθεν Ἕλληνες, οἱ τὰ ἡμέτερα τιμῶντες ἔθη, διὰ τὸ μηδὲν ἀντιλέγειν δύνασθαι τούτοις, τὸν ἐσσῆνα λόγιον καλοῦσιν. Ἐπαύσατο μὲν οὖν ὅ τε ἐσσῆνης καὶ ὁ σαρδόνυξ τοῦ λάμπειν ἔτεσι διακοσίοις πρότερον ἢ ταύτην ἐμὲ συνθεῖναι τὴν γραφήν, τοῦ θεοῦ δυσχεράναντος ἐπὶ τῇ παραβάσει τῶν νόμων. — R. Azaria Meor Enaj. c. 50 f., *Braun* l. l. p. 606 sqq., *Schröder* de Ur. et Thumm. Marb. 1744., *Bauer* a. a. O. S. 331 ff., *Bellermann* Urim u. Th. d. alt. Gemmen (Berl.

mit der Inschrift קֹדֶשׁ לַיהוָֹה auf einem Goldbleche (צִיץ, נֵזֶר
2 Mos. XXVIII, 36 ff.)¹). Demnach stellt der Hohepriester

1824.), *Theile* (*Winer's* krit. Journ. V, 202 f.), *Köster* Erläuterungen z. A. T. S. 215 ff.: es seien die Edelsteine selbst gewesen, wonach 2 Mos. XXVIII, 30. nur Wiederholung von Vs. 17 ff. wäre, vgl. 3 Mos. VIII, 8. Vgl. *Wichmannshausen* dissert. num אבני מלאים ab אורים ותומים distinctum fuerit nec ne? Viteb. 1701. — 7) *Rosenm.* ad Exod. XXVIII, 30.: Ur. et Th. nomen fuisse monilis sive gemmae diversae a caeteris pectoralis gemmis. Adpensa autem fuisse videtur ista gemma lapidibus illis etc. — 8) *Züllig* 2 Exc. z. Apokal. I, 208 ff.: es seien die Ur. u. Th. theils geschliffene, leuchtende (אורים), theils rohe (תמים) Diamanten-Würfel gewesen, durch deren Werfen der Hohepriester geweissagt habe. *Ewald* Alterth. S. 337 ff. nimmt das Choschen für eine Tasche mit zwei Steinchen als Loosen, mittelst deren das Orakel Urim u. Thummim d. h. „Helligkeit (Offenbarung) u. Richtigkeit d. i. ein heller, richtiger Spruch, eine richtige und zuverlässige Offenbarung" von Seiten des Hohenpriesters gewonnen wurde. Vgl. noch *Carpzov.* appar. p. 75 sqq. *Win.* RWB. *Bähr* II, 134 ff. *Diestel* in *Herzog's* RE. unt. Urim, welcher nach sorgfältiger Erwägung der betreffenden Stellen zu dem Resultat gelangt, dass ursprünglich die allgemeine Neigung zu Orakeln sich an den schönen Schmuck des Ephod geheftet u. ihn als Medium benützt habe, indem die leuchtenden Steine als אורים, Lichter, und die Namen der zwölf Stämme als integritates, תמים, gegolten hätten, u. dass erst später, wie 2 Mos. XXVIII, 30. zeige, die Urim u. Thummim unter den Edelsteinen als besondere Dinge gedacht worden seien, — wobei nur nicht ersichtlich ist, in welche Beziehung jene ursprüngliche Anschauung die Steine u. Namen gerade als Urim u. Thummim zum Orakelwesen gebracht hätte.

¹) *Joseph.* Antt. III, 7, 6. (nach späterem Gebrauche): *Πῖλος δ' ἦν μὲν ὁ καὶ πρότερον αὐτῷ παραπλησίως εἰργασμένος τοῖς πᾶσιν ἱερεῦσιν· ὑπὲρ αὐτὸν δὲ συνεφδραμένος ἕτερος ἐξ ὑακίνθου πεποικιλμένος· περιέρχεται δὲ στέφανος χρύσεος, ἐπὶ τριστοιχίαν κεχαλκευμένος. Θάλλει δ' ἐπ' αὐτῷ κάλυξ χρύσεος τῇ σακχάρῳ βοτάνῃ παρ' ἡμῖν λεγομένῃ ἀπομεμιμημένος, ὃς δὲ κύαμον Ἑλλήνων, οἱ περὶ τομὰς ῥιζῶν ἐμπείρως ἔχοντες προςαγορεύουσι. . . . . . Ἐκ τούτου μὲν στέφανος ἐκκεχάλκευται, ὅσον ἀπὸ τοῦ ἰνίου πρὸς ἑκάτερον τῶν κροτάφων. Τὸ δὲ μέτωπον ἡ μὲν ἐφιελὶς οὐκ ἔπεισι· λεγέσθω γὰρ οὕτως ὁ κάλυξ· τελαμὼν δ' ἐστὶ χρύσεος, ὃς ἱεροῖς γράμμασι τοῦ θεοῦ τὴν προσηγορίαν ἐπιτετμημένος ἐστί.* Nach *Braun* II, 21. war die מצחי niedriger als die מגב; nach *Bähr* II, 111 f. hingegen höher, was wahrscheinlicher. Vgl. *Töpfer* de tiara summi sacerd. in *Ugolin.* thes. XII. Aehnlich die Amtstracht der Priester zu Hierapolis: *Lucian.* de dea Syr. sect. 42.: *Ἐσθὴς δὲ σιντέοισι πᾶσι λευκή· καὶ πῖλον ἐπὶ τῇ κεφαλῇ ἔχουσι. Ἀρχιερεὺς δὲ ἄλλος ἑκάστου ἔτεος ἐπιγίγνεται. Πορφυρέην δὲ μοῦνος οὗτος φορέει, καὶ τιάρῃ χρυσέῃ ἀναδέεται.*

seiner ganzen äussern Erscheinung nach das Priesterthum in seiner höchsten Bedeutung dar. Auf Brust und Schulter trägt er die Namen der zwölf Stämme zum Zeichen, dass er das ganze Volk vor Jehova zu vertreten hat; die Aufschrift aber auf dem Goldblech des Kopfbundes drückt ebenso den Charakter des Hohenpriesters selbst, wie die Bestimmung des Volkes aus, das er vertritt [1]).

III. Die verschiedenen Stücke des Gottesdienstes.

A. Opfer und Gaben.

§. 200.

Der Cultus des im Heiligthume seinem Volke gegenwärtigen und von seinen Dienern, den Priestern, umgebenen Gottes bestand vorzüglich in den Opfern und Gaben, welche von dem Volke dem Heiligthume übergeben und von den Priestern Gott dargebracht wurden. Es liegt diesem Gottesdienste eine einfach menschliche (anthropopathische) Anschauung zu Grunde. Die Opfer und Gaben, welche das Volk darbringt, gelten als eine Speise für Jehova und seine Diener (לֶחֶם יְהֹוָה, לֶחֶם אֱלֹהִים) 3 Mos. III, 11. 16. XXI, 6. 8. 17. XXII, 25. 4 Mos. XXVIII, 2.). Da Gott mitten unter dem Volke seine Wohnung genommen hatte, so musste er mit seinen Dienern auch von dem Volke gespeist werden. Aus der Natur der Sache aber ergab sich, dass das Volk die Nahrung, die ihm selbst sein Land als Speise bot, auch seinem Gott als Speise und zwar, wie es sich ziemte, von bester und vorzüglichster Art darreichte. Darin lag im Allgemeinen eine Huldigung Gottes von Seiten des Volkes; indem es Gaben, die es allein von Gott empfangen hatte, fort und fort an Gott zurückgab, sprach es ein fortwährendes Bekenntniss seiner Abhängigkeit von Gott und seines Vertrauens aus, dass für diese Gaben Gott seinerseits das Volk in seinem Besitzstande erhalten werde. Ausserdem aber war die Gott dargebrachte Speise nicht eine gewöhnliche, sondern eine heilige

---

[1]) Vgl. *Oehler* in *Herzog's* RE. unt. Hoherpriester S. 201 f.

Opfer und Gaben. §. 200.

und nur als solche Gott gleichsam geniessbare Speise, insofern sie durch den religiösen Sinn, den das Volk oder der Einzelne in seine Gabe hineinlegte, geweiht war. Mit seinen Opfern verband das Volk eine bestimmte religiöse Absicht und machte sie zu Trägern derselben, indem es mittelst der Opfer die zwischen ihm und Gott bestehende Bundesgemeinschaft unablässig bekundete oder jede von seiner Seite ausgegangene Störung derselben wieder aufzuheben suchte. Nach dem Opfermaterial betrachtet, zerfallen die Opfer in blutige (Schlachtopfer, זֶבַח) und unblutige (Speis- und Trankopfer, מִנְחָה, מִנְחָה וְנֶסֶךְ), nach ihrer religiösen Bedeutung 1) in solche, die das Bewusstsein ungetrübter Gemeinschaft mit Gott, 2) in solche, die das Bewusstsein der gestörten Gemeinschaft mit Gott, und 3) in solche, die das Bewusstsein der wiedergewonnenen Gemeinschaft mit Gott ausdrückten. Zur ersten Klasse gehört das Brandopfer, zur zweiten gehören die Sühnopfer (Sünd- und Schuldopfer), zur dritten die Dank-, die Speis- und Trankopfer, und im weitern Sinn auch die Gaben, die nicht auf den Altar kamen. In der Wirklichkeit freilich war dieser Unterschied bei den wechselnden und gemischten Stimmungen des religiösen Gefühls nicht immer rein und scharf abgegrenzt; darnach konnten die Opfer auch auf verschiedene Weise sich mit einander verbinden und auf einander folgen.

Anmerkung. — Von neuesten Arbeiten über die hebräischen Opfer sind zu erwähnen die von *Ewald* Alterth. S. 11 ff. *A. Thalhofer* die unblutigen Opfer des mosaischen Cultus. Regensb. 1848. *W. Neumann* die Opfer des alten Bundes, in d. Zeitschrift f. christl. Wissensch. u. christl. Leben, Jahrg. 1852. 1853. *E. W. Hengstenberg* die Opfer der heil. Schrift; ein Vortrag, a. d. Evang. Kirchenz. besonders abgedruckt. Berlin 1852. *Saalschütz* Archäol. I, 203 ff. Mos. R. S. 306 ff. *Oehler* in *Herzog's* RE. unt. Opfercultus des A. T. *Keil* Archäol. I, 191 ff. *J. H. Kurtz* der alttestamentl. Opfercultus n. s. gesetzl. Begründung u. Anwendung. Mitau 1862. Zur Exegese vgl. besonders *Knobel* zu Lev. I—VII. *A. Merx* kritische Untersuchung über die Opfergesetze Levit. I—VII., in *Hilgenfeld's* Zeitschrift VI, 41 ff. u. 164 ff. — Ueber die Bedeutung der Opfer vgl. *Ewald* l. c. S. 24 ff. *Knobel* l. c. S. 345 ff. Wenn *Kurtz* l. c. S. 46. die Sühnung „als hauptsächlichsten u. wichtigsten Zweck des blutigen Opfercultus" bezeichnet, so berichtigt er doch selbst S. 52 f. diese Behauptung, welche den Unterschied der Sühnopfer von den Brand- u. Dankopfern, bei

286 Mos. Gottesdienst.

denen die Sühnung nur eine accessorische Bedeutung hat, ganz aufheben würde; s. *Hengstenberg* l. c. S. 4 f. *Oehler* l. c. S. 620. *Keil* l. c. S. 211. N. 2. Einseitig ist es, wenn *Saalschütz* mos. R. S. 295 f. 309. Archäol. I, 216 ff. der Opfer-Institution nur eine prohibitive Tendenz gegenüber dem Götzendienst zuspricht. Die Eintheilung der Opfer in drei besondere Arten findet sich schon bei *Porphyr.* abstin. 2, 24.: Τριῶν ἕνεκα θυτέον τοῖς θεοῖς· ἢ γὰρ διὰ τιμήν, ἢ διὰ χάριν, ἢ διὰ χρείαν τῶν ἀγαθῶν. Die Eintheilung in sacrificia impetratoria, eucharistica u. piacularia giebt der ersten Klasse einen zu allgemeinen Namen, da auch die eucharistica u. piacularia mehr oder weniger impetratoria sind. Indessen ist die Eintheilung in drei Klassen doch nicht so ohne objectiven Grund, wie *Ewald* l. c. S. 52. N. 2. meint. *Ewald's* eigne Eintheilung aber in Tischopfer und Feueropfer scheint desshalb nicht geeignet, weil die letztern doch auch u. ganz besonders auf den Tisch Gottes, den Altar, kamen. Jedenfalls müssen die hebräischen Opfer aus der theokratischen Idee Gottes u. seiner Eigenschaften u. aus dem dadurch verschieden bestimmten religiösen Gefühl erklärt und darnach unterschieden werden. Ungenügend ist es, sie „aus der ängstlichen Scheu vor dem Zorne u. den Schlägen Gottes" herzuleiten, wie *Ewald* l. c. S. 11 f. thut. *Oehler* l. c. S. 634. scheidet die Opfer in 2 Hauptklassen, 1) in solche Opfer, bei denen das Bundesverhältniss als ein ungetrübtes vorausgesetzt wird, 2) in solche, welche eine besondere, in das Bundesverhältniss eingetretene Störung aufheben sollen. So auch *Hengstenberg* l. c. S. 12. *Keil* l. c. S. 215. Diese Eintheilung stellt das Brandopfer mit den Dank- und Speisopfern zusammen u. lässt diese in ihrem Unterschiede von jenem nicht zu rechter Geltung kommen.

a) Schlachtopfer. Opferthiere und -Gebräuche.

Rinder, Ziegen und Schafe, auch im Nothfalle Tauben, fehllos (3 Mos. XXII, 20 ff. vgl. Mal. I, 8.), 8 Tage alt und darüber, gewöhnlich jährig (3 Mos. XXII, 27. IX, 3. 2 Mos. XII, 5.)[1], waren zum Opfer tauglich[2]), Menschenopfer bei

---

[1] *Outram* de sacrif. I, 19. Odyss. XI, 30. XIX, 420. Iliad. I, 66. VI, 94. X, 292. *Feith.* antt. homer. I, 9, 59. *Herod.* II, 38. *Plutarch.* de orac. def. 49. *Plin.* VIII, 45. 51. *Potter* griech. Arch. I, 513. *Rosenm.* Morgenl. II, 212.
[2] Warum keine Fische? *Plutarch.* symp. VIII, 8.: ἰχθύων θύσιμος οὐδείς, οὐδὲ ἱερεύσιμός ἐστιν· dgg. *Athen.* VII, 297. vgl. *Jurieu* hist. des cult. p. 798. Die ägyptischen Priester assen keine Fische, *Herod.* II, 37. — Keine Hühner, dergleichen doch sonst geopfert wurden, z. B. ein Hahn dem Aesculap. Nach *Schuls*

Opfer und Gaben. §. 200. 287

Todesstrafe verboten (3 Mos. XVIII, 21. XX, 2 ff. 5 Mos. XII, 31.).

Der Opfernde, vorher geheiligt (§. 187.), brachte das Opferthier dar (הִקְרִיב 3 Mos. I, 3.) mit der die Hingebung bezeichnenden Cerimonie des Handauflegens (3 Mos. I, 4. III, 2. IV, 33.)[1]), schlachtete es (3 Mos. I, 5. u. öft. vgl. dgg. 2 Chron. XXIX, 24.)[2]); die Priester fingen das Blut auf, und sprengten es, bei verschiedenen Opfern verschieden (3 Mos. I, 5. IV, 6 f. 25. V, 9.). Der Opfernde zog das Thier, wenn es ein Brandopfer war, ab, und zerstückte es

---

Arch. S. 257., weil beiderlei Thiere nicht zu den ältesten Nahrungsmitteln, nach dem von *Bähr* II, 317. aufgestellten Princip, weil sie nicht zu den gewöhnlichen Landesproducten, zum Volkseigenthume, gehörten. Vgl. *Eskuche* de gallis et gallinis ad aram Jeh. non factis. — Das vom Gesetz vorgeschriebene Opfermaterial erklärt sich am besten aus der Bedeutung der Opfer als einer Speise Jehova's; gemäss dem Verhältniss, das zwischen Jehova, dem Volke und dem Lande stattfand, ergaben sich von selbst die von Jehova dem Volke in seinem Lande gegebenen u. zugleich von dem Volke durch seine Thätigkeit gewonnenen Hauptnahrungsmittel des Volkes auch als die allein geeigneten Opfer für Jehova. Während sie die Bedeutung einer Speise für Jehova hatten, konnten sie ausserdem als Gabe Gottes u. Eigenthum des Volkes zugleich die Bedeutung der Gegengabe, des Dankes u. der Dahingabe des Volkes an Gott, haben. So im Wesentlichen auch *Oehler* l. c. S. 625 f. u. *Keil* l. c. S. 198 ff.

- [1]) Gegen die gewöhnliche Deutung, dass dadurch das Opferthier an die Stelle des Opfernden substituirt werde, s. Comm. de morte J. Chr. expiat. p. 15. (Opusc. p. 22.) *Bähr* II, 339. Auch *Knobel* zu Lev. I, 4. sieht in dem Ritus der Handauflegung (vielmehr des Handaufdrückens) ein blosses Zeichen der Dahingabe des Opferthiers an Gott, während *Ewald* l. c. S. 47 f. *Hengstenberg* l. c. S. 13. *Oehler* l. c. S. 627. *Keil* I, 206. denselben bestimmter u. richtiger als Zeichen der Dahingabe mit Uebertragung der Intention des Opfernden auf das Opfer nehmen.

[2]) Ueber die Art des Schlachtens nach den Rabbinen *Outram* de sacrif. I, 16. 154 sqq. *Reland* III, 1, 18. Schlachten der Vögel 3 Mos. I, 15 ff. Auch das Passahlamm schlachtete jeder Israelit selbst 2 Mos. XII, 6. Pesach. V, 5—7. *Philo* de decal. p. 766.: ἐν ᾗ (ἑορτῇ) θύουσι πάντες πανδημεὶ αὐτῶν ἕκαστος, τοὺς ἱερεῖς αὐτῶν οὐκ ἀναμένοντες, ἱερωσύνην τοῦ νόμου χαρισαμένου τῷ ἔθνει παντὶ μίαν ἡμέραν ἐξαίρετον ἀνὰ πᾶν ἔτος, εἰς αὐτουργίαν θυσιῶν. Vgl. aber 2 Chron. XXX, 17. Esr. VI, 20.

(3 Mos. I, 6.); von andern Opfern sonderte er die Fettstücke als Opfertheil ab (3 Mos. III, 9 f. IV, 8 ff.). Bei einigen Opfern (Einweihungs- und Dankopfern) wurde mit gewissen Opferstücken der Brauch der *Webe*, eines gewissen Hin- und Herbewegens (תְּנוּפָה) beobachtet (2 Mos. XXIX, 27. 3 Mos. VII, 30. VIII, 27. 29. IX, 21. X, 15.). Bei gewissen Opfern fand derselbe sogar vor dem Schlachten der Thiere Statt (3 Mos. XIV, 12. XXIII, 20.)[1]. Die Priester besorgten das Verbrennen des gottgeweihten Opferfleisches (3 Mos. I, 7 ff. III, 5. u. a. St.).

§. 201.

a) D a n k o p f e r.

Das *Dankopfer* (זֶבַח שְׁלָמִים, LXX ϑυσία σωτηρίου, Vulg *hostia pacificorum*, 3 Mos. III. VII, 11 ff.), welches entweder eigentliches *Dankopfer* (תּוֹדָה, LXX ϑ. αἰνέσεως, Vulg. *h. gratiarum*, 3 Mos. VII, 12.), oder *Gelübde*, oder *freiwillig* (3 Mos VII, 16.) oder *vorgeschrieben* (שלמי חובה 4 Mos. VI, 14. 3 Mos. XXIII, 19.)[2] war, konnte nur in Rind- oder Klein-

---

[1] Menachoth V, 6. wird diese Handlung mit den Worten beschrieben: מוליך ומביא מעלה ומוריד. *Macrob.* Saturn. III, 2.: Exta nimirum *porrici* dicuntur, quando diis porriguntur. *Michaelis*' Suppl. p. 1615. Erklärung, wgg. *Bauer* I, 137. Gewöhnlich nimmt man noch den zweiten Gebrauch der Hebe, תְּרוּמָה, an, weil öfter neben der Brust der Webe die Schulter oder Keule der Hebe, u. 2 Mos. XXIX, 27. Weben und Heben neben einander vorkommt. So *Reland* III, 1, 17. *Outram* de sacrif. p. 151 f. *Bähr* Symbol. II, 355 f. *Ewald* l. c. S. 84 f. 320. *Winer* unt. Weben. Für nicht verschieden halten beide *Hiskuni* b. *Carpz.* S. 709., *Jahn* Arch. III, 383. Dagegen hat *Knobel* Lev. S. 411 ff. gezeigt, dass nur bei der תְּנוּפָה, nicht aber bei der תְּרוּמָה (Abhub von einer Masse zur Darbringung für heilige Zwecke) an einen besondern Ritus beim Opfer zu denken sei. Ihm stimmen bei *Oehler* l. c. S. 639 ff. u. *Keil* I, 244. N. 1.

[2] Man unterscheidet auch öffentliche (שלמי צבור) und Privatdankopfer (של׳ יחיד). — Gegen *Hengstenberg*, welcher l. c. S. 36. זֶבַח־הַתּוֹדָה für einen Gattungsnamen hält u. darnach nur zwei Arten des Dankopfers, נְדָבוֹת u. נְדָרִים, annimmt, vgl. *Oehler* l. c. S. 638. — Der einfache Name für das Dankopfer ist זֶבַח, Schlachtung, 3 Mos. VII, 16. 17., bestimmter זֶבַח שְׁלָמִים 3 Mos. III, 1. 3. 6., auch bloss שְׁלָמִים 3 Mos. IX, 22., im Sing. שֶׁלֶם

vieh bestehen, wozu noch ein Speisopfer kam (4 Mos. XV, 3 ff.); ein besonderes beim eigentlichen Dankopfer (3 Mos. VII, 12.). Nur ein Theil vom Opferthiere (nämlich das Fett über und an den Eingeweiden, die Nieren mit den innern fetten Lendenmuskeln in der Gegend derselben, das Leber-Netz [And. Lappen] 3 Mos. III, 3 f.) kam auf den Altar; ein Theil (die Brust und die rechte Schulter, 3 Mos. VII, 30 ff. vgl. 1 Sam. II, 13 ff.) bei dem Pfingst-Dankopfer 3 Mos. XXIII, 20.; alles Uebrige gehörte dem Priester. Der grösste Theil wurde verschmaust (vgl. 5 Mos. XII, 12 ff.), musste aber noch an demselben (3 Mos. VII, 15.) oder doch am folgenden Tage (Vs, 16 ff.) verzehrt werden.

§. 202.

β) Sünd- und Schuldopfer.

Diese beiden Arten von Opfern hatten den gemeinschaftlichen Zweck wegen (nicht bürgerlich strafbarer §. 169.) Vergehung zu *versöhnen* (כִּפֶּר), 3 Mos. IV, 26. 31. 35. V, 10. 13. 16. und öfter. Wie und inwiefern sie versöhnten, ist nirgends deutlich gesagt, und darum streitig [1]). Aber so viel ist sicher,

---

nur Am. V, 22. Verschieden wird die Bedeutung von שֶׁלֶם gefasst. Wie schon LXX u. Vulg., so übersetzen es auch Noucre, wie *Neumann*, *Hengstenberg*, *Oehler*, *Keil*, *Kurtz*, indem sie die Ableitung von dem Kal שָׁלֵם integer fuit, annehmen, durch Heilsopfer oder Friedensopfer, sei es, dass man das Heil als Gegenstand des Opfers, oder den Frieden mit Gott als den religiösen Gemüthszustand, aus dem das Opfer hervorging, bezeichnet. Aber als Name eines Opfers wird derselbe sowohl der auf Gott gerichteten Tendenz als auch dem meist vorkommenden Pluralis שְׁלָמִים mehr entsprechend von dem Piel שִׁלֵּם vergelten, abgeleitet u. durch Dankopfer übersetzt; so von *Luther*, *Reland*, *Rosenmüller*, *Winer*, *Bähr*, *Ewald* l. c. S. 56. N. 2. u. *Knobel* Lev. S. 372 f.

[1]) Für die Stellvertretungs-Theorie s. die Gründe Comm. de morte J. Chr. p. 15 sqq. (Opuscc. 23 sqq.) Bibl. Dogm. §. 126. bei *Win.* Art. Sühnopf. *Scholl* in Stud. d. würtemb. Geistl V, 2. *Tholuck* Beil. II. z. Br. an d. Hebr. *v. Cölln* bibl. Theol. I, 270 ff. *Hengstenberg* l. c. S. 12 ff. *Knobel* Lev. S. 377 ff. *Kurtz* l. c. S. 77 ff. 90 ff. Jedoch muss der Grund, dass das Fleisch des Sündopfers unrein werde, nach *Bährs* (II, 393.) Gegenbemerkung aufgegeben werden. Gegen diese Theorie s. *Klaiber* in Stud. d. würtemb. G. VIII, 2., dessen eigene Theorie: „das fehllose, reine

dass das *Blut* derselben für versöhnend galt (3 Mos. XVII, 11.): daher konnten sie nur Schlachtopfer sein (eine Ausnahme für Arme 3 Mos. V, 11.), und die versöhnende **Kraft** des Blutes Opferthier habe in dem Darbringenden das Bewusstsein der durch das Gesetz von ihm geforderten, aber ihm mangelnden Reinheit wecken sollen" keiner Widerlegung bedarf. *Bähr* II, 277 ff. bestreitet mit Recht die juridische Stellvertretungs-Theorie (die nie die meinige war), und nimmt eine symbolische Stellvertretung (wie wir) an, jedoch in dieser (offenbar erkünstelten) Weise: „Das Darоder Nahe-Dringen (הקריב) des Nephesch im Opferblute auf den Altar, als den Ort der Gegenwart und Offenbarung Gottes, ist Symbol von dem Dar- oder Nahe-Bringen des Nephesch des Opfernden an Jehova. Wie jenes Darbringen des Thier-Blutes ein Hin- und Aufgeben des Thier-Lebens in den Tod ist, so soll auch das seelische, d. i. selbstische, im Gegensatz zu Gott befindliche Leben des Opfernden hin- und aufgegeben werden, d. h. sterben; weil aber das Hingeben ein Hingeben an Jehova den Heiligen ist, so ist es kein Aufhören schlechthin, nicht etwas bloss Negatives, sondern ein Sterben, welches eo ipso zum Leben wird u. s. w." S. 210. Es ist diese Auffassung zu tief ethisch, als dass sie geschichtlich wäre. Gegen eine durch das Sühnopfer symbolisirte satisfactio oder poena vicaria haben sich auch erklärt *Oehler* l. c. S. 628 ff. *Ewald* l. c. S. 43. 72. *Saalschütz* Archäol. I, 213. *Keil* I, 206 ff. 227 ff. *Oehler* findet die Sühnung, die das Sündopfer wirkt, darin, dass die Seele des reinen, schuldlosen Thieres der unreinen, sündigen Seele des Darbringers substituirt werde. Diess liegt aber nicht in der Hauptstelle, in der die sühnende Kraft des Blutes bestimmt wird, 3 Mos. XVII, 11. Wenn die Stelle das Verbot des Blutgenusses dadurch begründet, dass im Blute die Seele des Thieres sei, so ist נפש eben nichts als das Leben des Thieres, u. wenn es dann heisst, dass das Blut durch die נפש sühne, so liegt darin eben diess, dass das Blut nicht als blosse materielle Masse sühne, sondern dadurch, dass es Leben ist. Wenn also durch das Blut als Leben die menschliche Seele gesühnt wird, so kann die Sühnung nur darin bestehen, dass ein durch die Sünde verwirktes u. ebendesshalb zu sühnendes menschliches Leben (עַל־נַפְשֹׁתֵיכֶם) durch ein Thierleben gedeckt d. h. gesühnt werde. Der Gedanke, dass die reine, schuldlose Seele des Thieres der unreinen, sündigen Seele des Menschen substituirt werde und durch diese Substitution die letztere sühne, ist der Stelle ganz fremd. Nicht auf die Reinheit u. Schuldlosigkeit des Thieres kommt es nach der Stelle an, sondern auf seine נפש als solche, auf sein Leben, und nicht nur um die Sünde des Menschen, sondern um seine durch die Sünde verwirkte נפש, um sein dem Tode verfallenes Leben handelt es sich. Das gegen *Oehler* Gesagte gilt auch gegen *Ewald*, welcher die Sühnung der menschlichen Sünde von der Heiligkeit des Gott dar-

wurde durch eigenthümliche Gebräuche geltend gemacht. Der Unterschied des *Sündopfers* (הַחַטָּאת, LXX ἁμαρτία, περὶ τῆς ἁμαρτίας) vom *Schuldopfer* (אָשָׁם; LXX πλημμέλεια, τὸ τῆς πλημμελείας, Vulg. *pro delicto*) ist durch die Gesetze selbst festgestellt: über das erste 3 Mos. IV. VI, 17 ff. (al. 24 ff.) 4 Mos. XV, 22 ff.; über das zweite 3 Mos. V, 1—25. (al. V, 1—19. VI, 1—7.), VII, 1—10. 4 Mos. V, 6 ff. (3 Mos. VII, 7. werden beide neben einander gestellt; auch kommen beide neben einander in denselben Fällen vor: 4 Mos. VI, 10—12.

gebrachten Blutes ableitet. *Keil* kommt über das, worin die Sühnkraft der dahingegebenen Thierseele eigentlich bestehe, zu keiner klaren Anschauung. Unvereinbar mit 3 Mos. XVII, 11. ist auch, was *Kurtz* l. c. S. 92. sagt: „Die Kraft des Verdienstes, das die an sich reine u. sündlose, und darum auch keiner Strafe für sich selbst verhaftete Opferseele durch ihr stellvertretendes Todesleiden erworben hat, wirkt nun sündendeckend, d. h. die Sünde unkräftig machend, auf des Opfernden sündige Seele ein." Gegen *Oehler* u. *Keil* ist noch zu bemerken, dass die Stellvertretungstheorie die Schlachtung mit dem Blutvergiessen nicht als den eigentlichen Sühnact anzusehen hat, sondern die Schlachtung auch nur „als Mittel für die Gewinnung des Blutes"; denn das Blut eben soll als das dahingegebene Thierleben Gott dargebracht werden; geschlachtet aber musste das Thier werden, weil nicht nur Blut, sondern ein individuelles Thierleben als Symbol eines verwirkten Menschenlebens Gott dargebracht werden sollte. Die Frage daher, „warum die zur Deckung der Sünde auf dem Altar dargebrachte Thierseele gerade durch den Tod musste hindurchgegangen sein", lässt das Gesetz nicht offen, wie *Oehler* nach seiner Theorie allerdings meinen muss. Die Handauflegung auf das Opferthier hat aber beim Sündopfer ganz dieselbe Bedeutung, wie bei den andern Opfern, dass nämlich der Opfernde seine Intention auf das Opferthier überträgt. Das so nach der Stellvertretungstheorie aufgefasste Sündopfer widerstrebt keineswegs, wie *Keil* und *Oehler* meinen, sondern entspricht vielmehr ganz und gar dem Wesen des hebräischen Cultus. In der Hinnahme des Sündopfers vollzieht Gott nicht einen Strafjustizact, sondern einen Gnadenact, indem er den Opfernden, trotzdem dass er den Tod erleiden müsste, für das Opfer als zum Leben berechtigt wieder in seine Gemeinschaft aufnimmt. Der Milde des Gesetzes entspricht die göttliche Gnade. — Bei der Ansicht von *Saalschütz*, welcher dem Sprengen des Blutes vorzüglich den Zweck unterlegt, „es durch diese Verwendung und um so sicherere Vernichtung dem heidnisch-abergläubischen Gebrauche zu entziehen, u. dem Blutgenusse zu wehren", ist gar nicht abzusehen, wodurch die Sühne in dem Sündopfer erreicht worden wäre.

3 Mos. XIV, 10—19., wogegen sie 3 Mos. V, 6—10. mit einander verwechselt werden); auch sind die Gebräuche bei beiden etwas verschieden (s. nachh.); der Grund ihrer Unterscheidung aber ist durchaus nicht klar ¹).

---

¹) Für das Sündopfer ist eine allgemeine Regel gegeben 3 Mos. IV, 2. 13. 22. 27., nämlich dass es für Vergehungen aus Versehen (בִּשְׁגָגָה) — Gegentheil aus Frevel (בְּיָד רָמָה) 4 Mos. XV, 30. — gebracht werden soll, worunter aber die Fälle 3 Mos. XV, 15. 30. XII, 6. 8. 4 Mos. VII, 87. VIII, 8. 12. nicht passen. Für das Schuldopfer ist gar keine Regel, sondern nur einzelne Fälle angegeben, 3 Mos. V, 1—6. 15. (wovon aber der letzter [בִּשְׁגָגָה] mit dem des Sündopfers zusammenfällt, wie auch der Vs. 17. angegebene mit 3 Mos. IV, 1. 13. 22. 27.) 21—25. Besondere Fälle desselben sind noch: 3 Mos. XIV, 12. 24. 4 Mos. VI, 12. 3 Mos. XIX, 20 ff. Verschiedene Bestimmungen des Unterschieds: *Michael.* (Suppl. p. 718. Mos. R. IV. §. 187 Anm. z. 3 Mos. IV, 2. V, 1—4.), *Warnekros, Jahn* u. A.: Sündopfer seien für Begehungs-, Schuldopfer für Unterlassungssünden. Die Annahme *Relands* (III, 4, 3.), *Schulzens* (Arch. p. 269.), *Bauers* (S. 148 ff.), *Ewalds* (Alterth. S. 65 f.) u. A.: Sündopfer sei ein Opfer für eine aus Unwissenheit begangene Sünde, von welcher jemand durch Zeugen überführt werden konnte; Schuldopfer dagegen ein Opfer für eine Uebereilungssünde, die heimlich begangen war, von welcher kein Zeuge, sondern allein das Gewissen überführen konnte (ähnlich *Win.*: „S.-O. scheinen auf objective, Sch.-O. auf subjective Vergehen sich zu beziehen"), gründet sich auf *Joseph.* Antt. III, 9, 3.: Ὁ μὲν κατὰ ἄγνοιαν εἰς τοῦτο προπεσὼν ἄρνα καὶ ἔριφον θήλειαν προσφέρει. ..... Ὁ δὲ ἁμαρτὼν μέν, ἑαυτῷ δὲ συνειδὼς καὶ μηδένα ἔχων τὸν ἐλέγχοντα κριὸν θύει τοῦ νόμου τοῦτο κελεύοντος. *Philo* de victim. p. 844.: Ἐάν τις ...... δόξας ἐκπεφευγέναι τὸν ἀπὸ τῶν κατηγόρων ἔλεγχον, αὐτὸς ἑαυτοῦ γένηται κατήγορος, ἔνδον ὑπὸ συνειδότος ἐλεγχθεὶς ...... κριὸν ἄγειν κελεύει (d. i. ein אָשָׁם). Aber unter diesen Begriff passen nicht die Sündopfer 4 Mos. VI, 12. (vgl. Vs. 14.) 3 Mos. XII, 6. XIV, 19. 22. XV, 15. 30., nicht das Schuldopfer 3 Mos. XIX, 21. Vgl. m. Comm. de morte J. Chr. p. 14. (Opusc. 20.) Not. *Bähr* II, 410. Nach Letzterem liegt das Unterscheidende des Schuldopfers darin, dass es gleich dem Sündopfer sich meist auf theokratische Vergehen [nach seiner Annahme], jedoch speciellerer Art, namentlich auf Veruntreuung (Schuld) [diess passt nur auf 3 Mos. V, 15 ff. 5 Mos. V, 6 ff.] und dann auch auf levitische Verunreinigungen [aber das Sündopfer auch] bezog; ferner, dass es durch Selbstbekenntniss bedingt u. veranlasst [3 Mos. V, 5. 4 Mos. V, 7.] und eben darum Privatopfer war (S. 409.). Andere Hypothesen s. b. *Carpz.* p. 707., *Bauer* S. 146., *Win.*, *Bähr* II, 410 f. — *Riehm* über das Schuldopfer in d. Stud. u. Krit 1854.

Opfer und Gaben. §. 202. 203.   293

Die Sündopfer waren 1) grössere oder öffentliche (3 Mos. IV, 3–21. XVI, 15. 4 Mos. XVIII, 15. 22. XXIX, 5. 11. 16. 19. 22. 25. 28. 31. 34. 38.), wovon das Blut ins Heiligthum gebracht, und das Thier (ein Stier 3 Mos. IV, 3. 14. [vgl. dgg. 4 Mos. XV, 24.], bei festlichen Gelegenheiten, 3 Mos. XVI, 15. 4 Mos. XXVIII, 15. u. a. XXIX, 5. u. a., ein Ziegenbock) ausser den auf dem Altar verbrannten Fettstücken, ausserhalb des Lagers verbrannt wurde; 2) kleinere oder Privatopfer (3 Mos. IV, 22—35.), gewöhnlich aus einer Ziege oder einem Schafe bestehend, wovon das Blut nicht ins Heiligthum kam und das Fleisch ausser den Altar-Stücken von den Priestern an heiliger Stätte verzehrt wurde (3 Mos. VI, 19 ff.). Das Schuldopfer, gewöhnlich aus einem Widder bestehend, war immer Privatopfer. Von den öffentlichen Sündopfern wurde das Blut theils im Heiligen gegen das Allerheiligste gesprengt und an die Hörner des Räucheraltars gestrichen (3 Mos. IV, 6 f. 17 f.), theils an den Deckel der Bundeslade gesprengt (3 Mos. XVI, 14 f.); von den Privat-Sündopfern aber an die Hörner des Brandopferaltars gestrichen (3 Mos. IV, 25. 30. 34.); beim Schuldopfer hingegen an die Wand desselben gesprengt (3 Mos. V, 9. VII, 2.).

§. 203.

γ) Brandopfer.

Das *Brandopfer* (עֹלָה, כָּלִיל [1]), LXX ὁλοκαύτωμα) war das älteste (1 Mos. VIII, 20.), häufigste, feierlichste und vor-

---

l. S. 93 ff., *Rinck* in d. Stud. u. Krit. 1855. II. S. 369 ff., *Knobel* Lev. S. 394 ff., *Oehler* l. c. S. 642 ff., *Keil* I, 224 f., *Kurtz* l. c. S. 156 ff. stimmen bei verschiedenen Ansichten im Einzelnen doch im Wesentlichen darin überein, dass die Sündopfer für Vergehen gegen Gott, die Schuldopfer für Vergehen, welche das theokratische Recht des Nächsten verletzten u. insofern immer auch eine Schuld gegen Jehova in sich schlossen, dargebracht wurden.

[1] „Als prosaischer Kunstausdruck ist dieses Wort nicht zu betrachten: 5 Mos. XXXIII, 10. ist dichterische Stelle; 1 Sam. VII, 9. u. Ps. LI, 21. aber ist כָּלִיל dem עֹלָה als nähere ausdrucksvollere Bestimmung beigegeben: Brandopfer, Vollopfer". *Win.* Art. Brandopf. Somit fällt die ohnehin falsche Deutung (denn כָּלִיל bezieht sich auf das Ganzverbrennen; nach *Köst.* Erläutt.

züglichste Opfer¹), welches allein gebracht werden konnte, aber auch die andern gewöhnlich begleitete und gleichsam vollendete. Es unterschied sich von den vorigen 1) durch die bloss männlichen Opferthiere (3 Mos. I, 3. 10. mit Ausnahme der Vögel Vs. 14.); 2) durch das gänzliche Verbrennen (3 Mos. I, 6—9. VI, 2. vgl. VII, 8.); 3) durch den Zweck einer Versöhnung und Begütigung im Allgemeinen (3 Mos. I, 4. 9. XIV, 20.). Wie bei den Dankopfern war ein Speisopfer damit verbunden (4 Mos. XV, 3 ff.). Es wurde täglich, am Sabbath, an Festtagen (4 Mos. XXVIII, 3 ff. XXIX, 1 ff.), bei Feierlichkeiten (3 Mos. VIII, 18. IX, 2. 4 Mos. VIII, 12. VII, 15 ff.), in Verbindung mit Dank- (2 Mos. XXIV, 5.), Sünd- und Schuldopfern gebracht (4 Mos. XV, 24. 3 Mos. V, 10. XII, 6. 8. XIV, 20. 22. 31. XV, 15. 4 Mos. VI, 11. 14. 3 Mos. XVI, 3.), und zwar theils vorgeschrieben, theils freiwillig, theils öffentlich, theils privatim. Auch Heiden konnten es bringen²).

§. 204.

b) Unblutige Opfer. α) Speis- und Trankopfer.

Das Speisopfer (מִנְחָה, LXX δῶρον), theils selbstständige Gabe (3 Mos. II.; besondere Arten: 3 Mos. VI, 13 ff. V, 11. 4 Mos. V, 15.), theils Zugabe zu Dank- und Brand-Opfern (§. 201. 203.; auch 3 Mos. XIV, 10. 20. gehört das Speisopfer zum Brandopfer), und zwar in verhältnissmässiger Quantität, je nach Beschaffenheit des Opferthieres (4 Mos. XV, 4 ff.), bestand in Mehl, Gebackenem³), gerösteten Körnern

---

S. 222. auf die Vollkommenheit der Form): es sei mit dem Br.-O. der Begriff des Umfassenden und Vollkommenen verbunden. *Bähr* II, 361 ff.

¹) *Philo* de victim. p. 838.: ἀρίστη δέ ἐστιν ἡ ὁλόκαυστος.

²) *Philo* de legat. ad Caj. p. 1036. *Joseph.* B. J. II, 17, 2. Hekatomben 1 Kön. III, 4. 1 Chron. XXIX, 21 f. Esr. VI, 17. vgl. Odyss. III, 6—9. vgl. Vs. 59. Il. I, 315.

³) Vgl. §. 133. und über ähnliche Opferkuchen *Potter* griech. Arch. I, 512. *Knobel* Lev. S. 366.

mit Oel, Weihrauch und Salz ¹), ohne Sauerteig ²) und Honig³) (3 Mos. II, 13. 11.). Ein Theil wurde verbrannt, das Uebrige gehörte den Priestern.

Das *Trankopfer* (נֶסֶךְ, LXX σπονδή) nebst dem Speiseopfer eine Zugabe der Brand- und Dankopfer (4 Mos. XV, 5 ff. XXVIII, 7 ff.), aus Wein bestehend, wurde um den Altar gegossen⁴).

---

¹) Als „Bundessalz", vgl. 4 Mos. XVIII, 19. *Schulz* Leitt. d. H. V, 249., wobei aber wohl die einfache Bedeutung als Gewürz nicht auszuschliessen ist. *Knobel* Lev. S. 370: „Ein Salzbund ist ein Bund, welcher unverbrüchlich gehalten wird u. eine beständige Dauer hat." *Oehler* l. c. S. 624. will auch die Lauterkeit darin ausgedrückt finden. Vgl. die molas salsas, οὐλάς, οὐλοχύτας. *Plin.* XXXI, 17. *Schol.* ad Iliad. I, 449.: οὐλαὶ, κριθαὶ μετὰ ἁλῶν μεμιγμέναι, ἃς ἐπέχεον τοῖς ἱερουργουμένοις ζώοις πρὸ τοῦ θύεσθαι. *Feith.* antt. homer. I, 8, 4. p. 56 sq. Auch die Schlachtopfer scheinen gesalzen worden zu sein Ez. XLIII, 24. Mark. IX, 49. Menachoth fol. 21, 2. *Reland* III, 1, 31. Mysteriöse Auffassung: *Philo* de sacrif. p. 851.: τὴν εἰσάπαν διαμονὴν αἰνίττεται. *Mill.* de usu salis in sacris Israelit. ejusq. myst. *Carpz.* p. 720. *Bähr* II, 326.

²) *Philo* l. l. p. 852.: ζύμην (ἀνίερον εἶναι) διὰ τὴν γενομένην ἔπαρσιν (tumiditatem) ἐξ αὐτῆς. De septenar. et festis p. 1193.: ... πᾶν τὸ ἐζυμωμένον ἐπαίρειν. De congress. quaer. erudit. gratia p. 448: .. νόμῳ ἀπείρηται πᾶσαν ζύμην καὶ πᾶν μέλι προσφέρειν τῷ βωμῷ· χαλεπὸν γὰρ ἢ τὰς γλυκύτητας τῶν κατὰ τὸ σῶμα ἡδονῶν, ἢ τὰς τῆς ψυχῆς ἀραιὰς καὶ χαύνους ἐπάρσεις καθιεροῦν ὡς ἅγια, τὰ φύσει βέβηλα καὶ ἀνίερα ἐξ αὐτῶν. Babyl. Berach. f. 17, 1.: . . . . . fermentum quod est in massa . . . Glossa: fermentum etc. sunt pravi affectus, qui in cordibus nostris fermentant (*Lightf.* ad Matth. XVI, 6.). *Aul. Gell.* X, 15, 19.: Farinam fermento imbutam attingere flamini diali fas non est. Gut *Oehler* l. c. S. 623: „Dieses Erforderniss der vegetabilischen Opfer (ungesäuert zu sein) scheint der Fehllosigkeit der Thieropfer zu entsprechen."

³) Grund, nicht weil er den Wein verderbt, die Juden aber den Bacchus verehrten (*Plutarch.* symp. IV, 5.); nicht gegen heidnische Gebräuche (*Maimon.* More Nevoch. III, 46. *Spenc.* p. 346. vgl. *Pausan.* V, 15, 6.); nicht weil die Biene unter die unreinen Thiere gehört (*Philo* de sacrif. p. 851., vgl. de congress. Not. 2.); schwerlich des übeln Geruches wegen (*Rosenm.*, *Win.*), sondern weil er leicht gährungs- und säuerungsfähig ist; vgl. הַדְבָּשִׁי b. *Buxt.* L. T. (*Bähr* II, 322.). *Knobel* Lev. S. 369.

⁴) *Joseph.* Antt. III, 9, 4.: Σπένδουσι περὶ τὸν βωμὸν τὸν οἶνον. Jes. Sir. L, 15.: Ἐξέτεινεν ἐπὶ σπονδείου χεῖρα αὐτοῦ, καὶ ἔσπεισεν ἐξ

§. 205.

β) **Rauchwerk.**

Zu mehreren Speisopfern musste Weihrauch hinzugethan werden (3 Mos. II, 1. 15.). Ausserdem wurde von einer eigenen köstlichen Mischung (2 Mos. XXX, 34.) [1]) ein tägliches Rauchopfer (2 Mos. XXX, 7 f.), und ein vorzüglich feierliches am Versöhnungstage im Allerheiligsten dargebracht (3 Mos. XVI, 12 ff.).

§. 206.

c) **Andere Gaben.** *α*) **Erstlinge und Erstgeburt.**

Zum Dank, dass Gott das Volk von der ägyptischen Noth befreite und ihm ein reich gesegnetes Land gab (5 Mos. XXVI, 5 ff.) musste von allen Erzeugnissen des Landes [2], sowohl in natürlicher wie künstlicher Gestalt, bevor man von dem Uebrigen Gebrauch machte, einer allgemeinen alterthümlichen Sitte gemäss [3] ein Theil der Erstlinge (בִּכּוּרִים, רֵאשִׁית) [4]

αἵματος σταφυλῆς, ἐξέχεεν εἰς θεμέλια θυσιαστηρίου. Vgl. Il. I, 462. XI, 778 sq. *Feith.* p. 77. *Ovid.* Metam. VII, 593 sq. *Potter* gr. Arch. I, 539.

[1]) Die einzelnen Bestandtheile s. §. 114. Rabbinische Zuthaten, Hieros. Joma 41, 4. *Rel.* I, 5, 11. *Carpz.* p. 276. Vgl. über das Rauchopfer *Knobel* Exod. S. 204 ff. Allgemeiner und starker Verbrauch des Weihrauchs im Alterthume. *Herod.* I, 183.

[2]) Nach Biccurim I, 3. (vgl. Bechoroth f. 35, 1.) nur von den 5 Mos. VIII, 8. benannten Früchten. *Saalschütz* mos. R. S. 124 f. *Winer* unt. Erstlinge.

[3]) θαλύσια, θαλύσιος ἄρτος, Il. IX, 534. *Theocr.* VII, 31. *Callim.* Cer. XX. 137. *Diodor.* I, 14. *Plin.* H. N. XVIII, 2. Mehr b. *Spenc.* p. 714 sqq. *Winer* l. c. *Ewald* Alterth. S. 347.

[4]) Talmudischer Unterschied zwischen בִּכּוּרִים, primitiva, πρωτογεννήματα, u. תְּרוּמוֹת, primitiae, ἀπαρχαὶ τῶν γεννημάτων, *Rel.* III, 8, 1. „Der allgemeine Ausdruck im Hebr. ist רֵאשִׁית, das sowohl von den natürlichen (Deut. XXVI, 2.) als künstlichen (Num. XVIII, 12. Neh. X, 38.) Erstlingen gebraucht wird, dahingegen בִּכּוּרִים nur die Erstlingsfrüchte sind. Die Zusammenstellung רֵאשִׁית בִּכּוּרִים Exod. XXIII, 19. bezeichnet das Erste (Beste, vgl. Num. XVIII, 12. חֵלֶב יִצְהָר) der zuerst gereiften Früchten. תְּרוּמָה ist nur Deut. XII, 17. von den Erstlingen (natürl. Art) gebraucht: die Hebe d. h.

Gott dargebracht werden, wurde aber nicht geopfert und gehörte den Priestern (2 Mos. XXIII, 19. 4 Mos. XVIII, 12 f. 5 Mos. XVIII, 4. XXVI, 2 ff.) ¹). Die Quantität war bei keinerlei Art bestimmt ²).

So war auch alle männliche Erstgeburt (בְּכוֹרָה) heilig (2 Mos. XIII, 2. 11 ff. 4 Mos. XVIII, 15 ff.), und zwar in Folge der über die Aegypter verhängten, von den Israeliten abgewandten Plage der Erstgeburt (4 Mos. III, 13. VIII, 17.). Die von Menschen musste, einen Monat alt, dem Jehovah dargebracht und mit 5 Sekel gelöst, die von reinem Viche, wenn fehllos, binnen einem Jahre, geopfert und das Fleisch den Priestern überlassen (4 Mos. XVIII, 18.), nach 5 Mos. XV, 20. aber (vgl. XII, 6 f. XIV, 23.) in Opfermahlzeiten verzehrt werden ³). War das Thier aber fehlerhaft, so wurde es nach 5 Mos. XV, 21. zu Hause geschlachtet und gegessen ⁴).

---

was man von den Erstlingsfrüchten als Erstlingsgabe absondert, abhebt, und der Unterschied, welchen der Talmud zwischen בִּכּוּרִים und תְּרוּמוֹת macht, lässt sich aus dem A. T. nicht erweisen, auch nicht aus der etwas dunkeln Stelle Neh. X, 38. Die griech. WW. ἀπαρχή u. πρωτογέννημα stehen im Gebrauch der LXX nicht so fest, dass jenes die תְּרוּמוֹת primitiae, dieses die בִּכּוּרִים primitiva, immer bedeutete; dag. entspricht ἀφαίρεμα allerdings nur dem תְּרוּמָה." *Winer* I, 343. N. 3.

¹) Zu dem 5 Mos. XXVI, 3 ff. vorgeschriebenen Ritus fügt der Tr. Biccurim III, 2 ff. noch den einer Wallfahrt derer, welche die Erstlinge darzubringen hatten. Vgl. *Maimonid.* Hilc. Biccur. *Reland* l. l. §. 6.

²) Trumoth IV, 3.: „Ein gutes Auge (ein Freigebiger) giebt eins von 40 oder nach der Schule Schammai eins von 30; ein mittelmässiges giebt 1 von 50, u. ein böses 1 von 60." Vgl. *Reland* §. 4. 8.

³) Differenz der Gesetzgebung. Fälschlich nehmen *Michael.* mos. R. IV. §. 193. *Bauer* I, 289. *Jahn* III, 415. *Rosenm.* ad Deut. XII, 17. eine zweite Erstlings- und Erstgeburtabgabe an; s. d. folg. §. Gegen diese Annahme erklärt sich auch *Saalschütz* mos. R. S. 124 f.; ebenso *Keil* I, 338. N. 6., der aber mit *Winer* I, 342. und *Pressel* in *Herzog's* RE. unt. Erstgeburt S. 145. die Stelle 4 Mos. XVIII, 18. unrichtig deutet; s. *Kurtz* l. c. S. 386 ff., welcher die Erstgeburtsopfer als priesterliche Dank- oder genauer Lobopfer betrachtet u. zu den Opfermahlzeiten die Darbringer von den Priestern zugezogen werden lässt.

⁴) So auch die israelitische Praxis. Irrig behaupten *Reland* III, 6, 7. nach 5 Mos. XV, 21. (?), Maaser scheni I, 1. 2. (?),

Die Erstgeburt von unreinem Viehe (Esel) musste entweder gelöst (vgl. 3 Mos. XXVII, 26.) oder getödtet[1] werden[2].

§. 207.

β) Zehenten.

Von allen Erzeugnissen des Landes (den Feld- und Baumfrüchten) und der Heerde (an Rind- und Kleinvieh)[3] musste der Zehente (מַעֲשֵׂר), in Folge eines alten Gebrauchs (1 Mos. XIV, 20. XXVIII, 22.)[4], den Leviten als ihr Einkommen entrichtet oder gelöst werden (4 Mos. XVIII, 21. 24. 3 Mos. XXVII, 30 ff.). Vgl. §. 197.

Nach der spätern Gesetzgebung des 5. Buch Mos. dagegen soll der Zehente nicht den Leviten entrichtet, sondern mit Zuziehung derselben in Opfermahlzeiten verschmaust werden (XII, 6 f. 11 ff. XIV, 22 ff. vgl. §. 227.), woraus die Habsucht der spätern Priester einen *zweiten Zehenten*

Jahn, Win., *Bähr* mit Berufung auf 4 Mos. XVIII, 17 ff. 3 Mos. XXVII, 26. 5 Mos. XV, 19. (?), es sei den Priestern zum Eigenthume überlassen worden.

[1] Es sollte ihr das Genick zerbrochen werden. *Movers* Phöniz. I, 366. vergleicht das typhonische Eselsopfer in Aegypten.

[2] Vgl. überhaupt *Gruner* de primitiarum oblat. et consecrat. L. B. 1739.

[3] Nähere Bestimmungen s. M. Maasroth c. I., z. B. §. 4.: „Von Kohlgewächsen sind zehentbar: Cucumern, Kürbse, Pfeben u. Melonen u. s. w." §. 6.: „Die Kerne von Granatäpfeln, die man dürret u. zu dem Ende aufschüttet, Rosinen u. Johannisbrod werden zehentbar, wenn man sie in Haufen auf dem Dache zusammengeschüttet hat u. s. w." Bechoroth IX, 7.: „Also verzehntet man: Man treibt das Vieh zusammen in einen Stall oder Pferch, und macht eine kleine Thüre drein, dass nicht zwei Stück zugleich hinausgehen können. Alsdann zählt man mit einem Stabe eins, zwei, drei u. s. f., das zehente bezeichnet man mit Röthel, u. sagt: das ist Zehent." Vgl. 3 Mos. XXVII, 32 f. *Maimon.* Hilc. Maasroth II, 6. *Carpz.* p. 619. Vgl. Matth. XXIII, 23.

[4] Parallelen: *Diodor. Sic.* XX, 14. *Xenoph.* exped. Cyri V, 3, 13.: Ἱερὸς ὁ χῶρος τῆς Ἀρτέμιδος. Τὸν δὲ ἔχοντα καὶ καρπούμενον τὴν μὲν δεκάτην καταθύειν ἑκάστου ἔτους. *Plin.* XII, 14. Auch von anderem Erwerbe: *Herod.* IV, 152.; von der Beute *Diodor.* XI, 33. Mehr bei *Spencer* p. 720. Vgl. auch *Knobel* Lev. S. 588 f.

Opfer u. Gaben. Gelübde. §. 207. 208.

(מעשר שני) gemacht hat¹). Im dritten Jahre soll dieser Zehente²) zu Hause zu einem Gastmahle verwandt und dazu Leviten, Fremdlinge, Witwen und Waisen eingeladen werden (5 Mos. XIV, 28 f. XXVI, 12.), מעשר עני von den Rabbinen genannt.

B. Gelübde.

§. 208.
a) Eigentliche Gelübde.

Gelübde (נְדָרִים), für erbetene göttliche Leistung versprochene Gegenleistungen, schon vor Mose (1 Mos. XXVIII, 20.) wie bei allen alten Nationen gebräuchlich³), mussten, einmal ausgesprochen, gehalten werden (5 Mos. XXIII, 22 f. 4 Mos. XXX, 3.); jedoch setzt das Gesetz (4 Mos. XXX, 4 ff.) ge-

---

¹) M. Maaser scheni I, 7. *Joseph*. Antt. IV, 8, 8. Vgl. *Michael*. mos. R. IV. §. 192. *Saalschütz* mos. R. S. 354 ff. *Winer* unt. Zehent. *Keil* I, 337. Dgg. *Vater* Comment. üb. d. Pent. III, 245 ff. 500. Krit. d. isr. Gesch. S. 331 ff. *Ewald* Alterth. S. 346. *Knobel* Lev. S. 590 f. und zu Deut. XIV, 22—29. Der Ansicht von *Saalschütz*, *Winer*, *Keil* u. A., dass der Deuteronomiker die Gesetzgebung des Leviticus erweitert und dem dort angeordneten Zehnten einen zweiten hinzugefügt habe, widerspricht der Umstand, dass der Deuteronomiker den levitischen Zehnten nirgends erwähnt. Er scheint daher unter veränderten Zeitverhältnissen von dem Lev. abweichende Gebote über den Zehnten, wie sie zu seiner Zeit ausführbar sein mochten, aufgestellt zu haben. Nach XIV, 22 u. 28. fordert er aber einen doppelten, einen jährlichen und dreijährlichen Zehnten, so dass in späterer Zeit, wenn man nach dem Buchstaben des Gesetzes die Gebote des Lev. u. Deuter. zusammenfasste, sogar ein dreifacher Zehent gefordert werden konnte.

²) *Edv. Bernard* ad *Joseph*. IV, 8, 12. *J. C. Hottinger* de decimis Judaeor. (exercit. VIII. p. 182 sqq.). *Carpz*. p. 621 sq. Bei *Joseph*. l. l. und Tob. I, 7. heisst dieser Zehente der dritte. Gebet bei Darbringung des Zehenten, וִדּוּי הַמַּעֲשֵׂר, 5 Mos. XXVI, 13. Hieros. Sota f. 17, 4. *Carpz*. p. 622.

³) Il. VI, 304 ff. Od. III, 382. vgl. *Feith*. antt. homer. p. 46. *Virgil*. Aen. V, 234. *Liv*. XXII, 9. — Vgl. über das Gelübde *Michaelis* mos. R. III, 3 ff. II, 355 ff. *Saalschütz* mos. R. S. 358 ff. *Winer* Art. Gelübde. *Oehler* in *Herzog's* RE. unt. Gelübde bei den Hebräern S. 788 ff. *Knobel* zu *Lev*. XXVII.

wisse Einschränkungen in Beziehung auf abhängige Personen fest. Alles Gelobte: Personen (die dadurch Eigenthum des Heiligthums, wie Samuel [1 Sam. I, 11.], wurden), unreine Thiere, Häuser, Aecker, nur nicht Opferthiere, die geopfert werden mussten (3 Mos. VII, 16. XXII, 18. 21. 5 Mos. XII, 17. vgl. §. 201.), konnten nach den Bestimmungen 3 Mos. XXVII, 1—27. (vgl. *M. Arachin*) gelöst werden [1]).

§. 209.

b) A b l o b u n g e n.

Eine andere Art von Gelübden (אִסָּר) verband den so Geweihten (נָזִיר) oder die Geweihete (נְזִירָה, *Nasir* III, 6.) gewöhnlich auf eine gewisse Zeit [2]) zur Enthaltung von starkem Getränke [3]), von aller Verunreinigung und vom Abschneiden des Gott geweiheten Haares (4 Mos. VI, 1—8.) [4]). Hatte der

---

[1]) 5 Mos. XXIII, 19. ist unter מְחִיר כֶּלֶב (neben אֶתְנַן זוֹנָה) nicht mit *Joseph.* Antt. IV, 8, 9., *Iken* de mercede meretr. et pretio canis ad domum Jeh. non adferendo (dissert. L. B. 1749. T. I.), *Spenc.* p. 564 sqq., *Boch.* (Hieroz. I, 690.) der Kaufpreis eines Hundes, sondern mit *Rosenm.* zu *Boch.* und zu 5 Mos. XXIII, 19. „pretium quod datum est scorto masculo" zu verstehen. So auch *Winer* l. c. S. 406. *Saalschütz* mos. R. S. 352. *Keil* I, 321. N. 1.

[2]) Gewöhnlich 30 Tage, Nasir I, 3. Unterschied der נְזִירֵי יָמִים und נְזִירֵי עוֹלָם, ewigen Nasiräer. Vgl. Richt. XIII, 5. 1 Sam. I, 11. Luk. I, 15. Nas. I, 2 ff.

[3]) *Plutarch.* de Is. et Osir. c. 6.: Οἶνον δὲ οἱ μὲν ἐν Ἡλίου πόλει θεραπεύοντες τὸν θεὸν οὐκ εἰσφέρουσι τοπαράπαν εἰς τὸ ἱερόν, ὡς οὐ προσῆκον ἡμέρας πίνειν τοῦ κυρίου καὶ βασιλέως ἐφορῶντος· οἱ δὲ ἄλλοι χρῶνται μέν, ὀλίγῳ δέ. Πολλὰς δὲ ποίνους ἁγνείας ἔχουσιν, ἐν αἷς φιλοσοφοῦντες καὶ μανθάνοντες καὶ διδάσκοντες τὰ θεῖα διατελοῦσιν. Οἱ δὲ βασιλεῖς καὶ μετρητὸν ἔπινον..... Ἤρξαντο δὲ πίνειν ἀπὸ Ψαμμητίχου, πρότερον δὲ οὐκ ἔπινον οἶνον, οὐδὲ ἔσπενδον ὡς φίλιον θεοῖς, ἀλλ' ὡς αἷμα τῶν πολεμησάντων ποτὲ τοῖς θεοῖς, ἐξ ὧν οἴονται πεσόντων καὶ τῇ γῇ συμμιγέντων ἀμπέλους γενέσθαι. *Clem. Al.* Strom. III, 533.: Ἀμέλει διὰ φροντίδος ἐστὶ καὶ τοῖς Μάγοις οἴνου τε ὁμοῦ καὶ ἐμψύχων καὶ ἀφροδισίων ἀπέχεσθαι. Andere Parallelen: *Augustin.* de moribus Manich. II, 44. *Epiphan.* Haeres. XLV, 1. *Jablonsky* Panth. Aeg. I, 131. *Priestl.* Vgl. d. Ges. Mos. S. 182.

[4]) *Diodor.* Sic. I, 18.: ..... τὸν Ὄσιριν εὐξάμενον τοῖς θεοῖς θρέψειν τὴν κόμην μέχρις ἂν εἰς Αἴγυπτον ἀνακάμψῃ, τὴν πορείαν ποιεῖσθαι δι' Αἰθιοπίας· δι' ἣν αἰτίαν μέχρι τῶν νεωτέρων χρόνων ἐνισχῦσαι τὸ

Geweihete sich aber unversehens verunreinigt, so musste er sein Haupt scheeren und nach Darbringung eines Brand- und Sündopfers in Tauben sich nochmals weihen (4 Mos. VI, 9–12.).

περὶ τῆς κόμης νόμιμον παρ' Αἰγυπτίοις, καὶ τοὺς ποιουμένους]τὰς ἀποδημίας μέχρι τῆς εἰς οἶκον ἀνακομιδῆς κομοτροφεῖν. Iliad. XXIII, 141 sqq.:

Στὰς ἀπάνευθε πυρῆς ξανθὴν ἀπεκείρατο χαίτην,
Τήν ῥα Σπερχειῷ ποταμῷ τρέφε τηλεθόωσαν.

Plutarch. Thes. p. 2.: Ἔθους δὲ ὄντος ἔτι τότε τοὺς μεταβαίνοντας ἐκ παίδων, ἐλθόντας εἰς Δελφούς, ἀπάρχεσθαι τῷ θεῷ τῆς κόμης, ἦλθε μὲν εἰς Δελφοὺς ὁ Θησεύς.... ἐκείρατο δὲ τῆς κεφαλῆς τὰ πρόσθεν μόνον. Sueton. Ner. 12. Martial. IX, 18, 3 sqq. Spencer p. 694 sqq. Ein ähnlicher Gebrauch bei den Hindu's, Morier zw. R. S. 117. Vgl. Knobel Num. S. 29. Nach Bähr Symb. II, 432. ist der Haarwuchs Bild der Blüthe des Lebens und somit des Heiligseins. Dagegen Hengstenb. die BB. Mos. u. s. w. S. 201.: das Wachsenlassen der Haare sei Symbol der Absonderung des Nasiräers von der Welt, und zwar in Beziehung auf die den Hebräern mit den Aegyptern gemeinsame Sitte, wornach das Abscheeren des Haares zum geselligen Anstande gehörte. Vgl. aber §. 130. Nach Herod. II, 36. war das Wachsenlassen der Haare bei den Aegyptern Zeichen der Trauer; diess gehört aber auch nicht hieher, weil das Nasiräerhaar des Simson als Sitz seiner Stärke, folglich nicht als etwas Unglückliches oder Unheimliches angesehen wurde. Vgl. über die Bedeutung des Nasiräats Ewald Alterth. S. 96 ff. Keil I, 322. Oehler in Herzog's RE. unt. Nasiräat. Kurtz l. c. S. 388. E. Vilmar die symbolische Bedeutung des Näziräergelübdes, in den Stud. u. Krit. 1864. III. S. 438 ff. Wenn aus den negativen Momenten dieses Gelübdes, der Enthaltung von Wein und allem Weinartigen, und dem Meiden alles Unreinen als positive Tendenz die Weihe für Jehova sich ergiebt, so folgt aus der dadurch bedingten Unantastbarkeit des Geweihten das Wachsenlassen des Haupthaares, das daher als eigentliches Symbol der Weihe für Jehova erscheint (נֵזֶר אֱלֹהָיו עַל־רֹאשׁוֹ). Mit Recht findet Oehler l. c. in den charakteristischen Zügen des Nasiräats eine Beziehung auf das Priesterthum. Die dem Priester nach Geburt und Beruf gebotene Heiligkeit stellt sich im Nasiräat als frei erstrebte dar. Auch Vilmar hebt diess hervor, indem er in dem langen Haar des Nasiräers das dreifache Moment der Absonderung, der Weihe und der Würde, in der Enthaltsamkeit vom Wein die Enthaltsamkeit von allem durch die Cultur Gewonnenen und in dem Meiden alles Unreinen die vom Nasiräer gemäss seinem Haarschmuck oder Haardiadem zu erstrebende hohepriesterliche Heiligkeit (קֹדֶשׁ לַיהוָה) ausgedrückt findet. Mit Unrecht aber rechnet Vilmar das Nasiräat nicht zu den Enthaltsamkeitsgelübden, sondern zu den eigentlichen נְדָרִים; denn die

Nach Verlauf der Ablobungszeit löste sich der Geweihte durch Darbringung eines Brand-, Sünd- und Dankopfers nebst dazu gehörigem Speis- und Trankopfer, wobei das geweihete Haar abgeschnitten und in das Feuer des Dankopfers geworfen wurde (4 Mos. VI, 13—21.)[1]. Die Gültigkeit auch dieser Gelübde unterlag gewissen Beschränkungen (4 Mos. XXX, 4 ff.)[2].

§. 210.

c) Verbannungsgelübde.

Der Bann (חֵרֶם), diese unlösbare Art Gott etwas zu weihen, kam theils als Gelübde (4 Mos. XXI, 2.) theils als Gebot (5 Mos. VII, 2. XX, 16. Jos. VI, 17. 1 Sam. XV, 3.) im Kriege vor, und führte die Vertilgung der eroberten Städte (Ausnahmen Jos. X, 28 ff.), der Gefangenen und des erbeuteten Viehes (1 Sam. XV, 3.; Ausnahme 5 Mos. II, 34. III, 6., wogegen 1 Sam. XV, 14 ff.) mit Ausschluss des ans Heiligthum abgelieferten Metalls (Jos. VI, 24.)[3], und die Verban-

thatsächliche Leistung, auf die sich das Gelübde bezieht, ist unstreitig im Nasiräat eine negative, während sie im נֶדֶר eine positive ist; man kann nur sagen, dass Nasiräat und נֶדֶר unter den allgemeinen Begriff des Opfers fallen.

[1] Uebernahme der Kosten durch Andere. *Joseph.* Antt. XIX, 6, 1. AG. XXI, 24. Nas. II, 5 f.

[2] Ueber die Aehnlichkeit des Nasiräats mit dem Mönchthume (mit Ausnahme der geschlechtlichen Enthaltsamkeit) s. *Dassov.* diss. vita monastica et Nasiraeorum inter se collata. Kilon. 1703. *Less* progr. super lege Mos. de Nasiracatu Num. VI. prima eaque antiquissima vitae monasticae improbatione. Gott. 1789. Ueber das Gelübde AG. XVIII, 18. s. m. Anm. im Exeg. Hdb. *Win.* Art. Nasir. S. 140 f. *Oehler* l. c. S. 209 f.

[3] Ueber die Vorwürfe *Tindals* und *Morgans* s. *Lilienthals* g. Sache d. Offenb. IV. §. 63. Das Banngelübde ging aus der strengen Consequenz des theokratischen Lebens hervor; was dem Wesen der theokratischen Gemeinde oder dem theokratischen Sinn widerstrebte und zuwider war, konnte oder musste dem Bann verfallen, der als Gelübde theils Vernichtung der gebannten Personen und Sachen, theils nur Vernichtung des Besitzrechtes am Gebannten durch die Hingabe an Gott zum Zweck hatte. Schranken gegen den Missbrauch des Bannes lagen im Gesetze selbst. Vgl. *Ewald* Alterth. S. 86 ff. *Keil* I, 332 ff. *Rütschi* in *Herzog's* RE. art. Bann. Ueber 3 Mos. XXVII, 28. 29. vgl. *Saalschütz* mos. R. S. 369 ff. und *Knobel* zu dieser Stelle.

Gelübde. Fasten. §. 210. 211. 303

nung dessen, der sich am Verbannten vergriffen hatte (5 Mos. VII, 26. Jos. VII, 1. 20 ff.) mit sich. Aehnlich ist der Bann als heilige Strafe (2 Mos. XXII, 19. 5 Mos. XIII, 13 ff.) [1]. Im gewöhnlichen Leben konnte man durch das unwiderrufliche unablösbare Verbannungsgelübde Menschen und Sachen Gott widmen (3 Mos. XXVII, 28 f., vgl. 4 Mos. XVIII, 14. Ez. XLIV, 29.). Verbannte Personen mussten sterben (3 Mos. XXVII, 29.). Gegen den Missbrauch aber, der mit diesem (einer Privatperson schwerlich zustehenden) Gelübde getrieben werden konnte (vgl. 1 Sam. XIV, 24. Richt. XI, 31 ff.), findet sich keine gesetzliche Bestimmung.

§. 211.

C. Fasten.

Das Fasten (צוֹם) ist Ausdruck der bussfertigen Demüthigung vor Jehova (עִנָּה נֶפֶשׁ 4 Mos. XXX, 14.). Moses hat nur ein einziges öffentliches Fasten (תַּעֲנִית, Esr. IX, 5., vgl. וְעִנּוּ אֶת־נַפְשֹׁתֵיכֶם in den Gesetzst.; es gehörte mehr dazu als Fasten, vgl. Jona VIII, 1.) am grossen Versöhnungstage geboten (3 Mos. XVI, 29. 31. XXIII, 27. 29. 32. 4 Mos. XXIX, 7. §. 210.) [2]; späterhin aber waren mehrere gewöhnlich: ordentliche im 4. 5. 7. 10. Mon. (Zach. VIII, 19.) [3] und ausserordentliche (Joel I, 14. II, 12. Richt. XX, 26. 1 Sam. VII, 6. Jer. XXXVI, 9. Taanith I, 5.). Von Privatfasten (חַג הַיָּחִיד/ צִי) geschieht in den Gesetzen keine Erwähnung, aber wohl sonst häufig (2 Sam. XII, 16. 1 Kön. XXI, 27. Ps. XXXV, 13. Esr. X, 6. Neh. I, 4. Dan. X, 2. 3. Luk. II, 37. Matth. IX,

---

[1] Lex Horatia, Liv. III, 55.: Ut, qui tribunis plebis, aedilibus, judicibus, decemviris nocuisset, ejus caput Jovi sacrum esset. Familia ad aedem Cereris, Liberi Liberaeque venum ibat.

[2] Fasten bei Aegyptern Herod. II, 40. IV, 186.; bei Griechen an dem einen Tage der Thesmophorien, Wachsmuth Hell. Alterth. II, 2. 139., u. bei Römern in seltenen Fällen, 'Liv. XXXVI, 37. Sueton. Aug. 76. Vgl. Winer unt. Fasten. S. 366. Ewald Alterth. S. 93 ff.

[3] Verschiedene Angabe der Gründe in Gem. Hieros. Taanith b. Rel. IV, 10. 6. Hieron. ad Zach. vgl. Rosenm. Scholl.

14. Luk. XVIII, 12.) ¹). Festtage waren vom Fasten ausgeschlossen (Judith VIII, 6.) ²) vgl. §. 214 a.

§. 212.

Gebet und Segen.

Während die verschiedenen religiösen Gefühlsstimmungen in Opfern, Gelübden und Fasten ihren äussern Ausdruck fanden, wurden sie im Gebet in mehr geistiger Weise durch das Wort ausgedrückt. Wahrscheinlich war das Gebet immer mit den Opfern verbunden; aber von dem, bei den Patriarchen (1 Mos. XII, 8. XXVI, 25.) wie bei andern Völkern gewöhnlichen ³) Opfergebete finden sich wenig Spuren: das Sündenbekenntniss am Versöhnungstage 3 Mos. XVI, 21. ⁴); die Gebete bei Darbringung der Erstlinge 5 Mos. XXVI, 5 ff. 13 ff. Dagegen ist die Formel des priesterlichen Segens vorgeschrieben 4 Mos. VI, 22—24. ⁵), worauf das Volk mit Amen antwortete (vgl. Neh. VIII, 6. 1 Chron. XVI, 36. 5 Mos. XXVII, 15 ff. 1 Cor. XIV, 16.) ⁶).

---

¹) Taan. f. 12, 1.: Homo singularis, qui suscipit in se jejunia die secundo et quinto et secundo per totum annum. — Ausserordentliche Talmudische Beispiele bei *Rel.* l. l. §. 3.

²) Irrthum *Justins* XXXVI, 3.: Septimum diem more gentis Sabbatum appellatum in omne aevum jejunio sacravit. Vgl. *Sueton.* Aug. 76. *Martial.* IV, 4. Dagegen Taan II, 10. *Maimon.* Hilc. cap. ult.: Prohibitum est Sabbatho se affligere, clamare, precari, implorare Dei misericordiam. *Carpz.* app. p. 391.

³) Od. XIV, 423. Il. I, 456. *Feith* p. 73. *Plin.* XXVIII, 2.

⁴) Diese Formel nach den Rabbinen b. *Goodw.* III, 8. §. 6. p. 619. ed. Hott. Die Gebetsformel beim Handauflegen b. *Carpz.* app. p. 711. *Outr.* de sacrif. I, 15. p. 158.

⁵) Nach M. Sota VII, 2. 6. wurde der Segen in althebräischer Sprache und in drei Absätzen, so dass dreimal Amen gesagt wurde, gesprochen u. dgl. m. *J. H. Häner* diss. de ritu benedict. sacerdot. Jen. 1671. recus. 1712. 4.

⁶) Hieros. Taanith f. 65. 4. *Buxt.* Lex. Talm. p. 114.: Traditio est: Non respondebant Amen in domo Sanctuarii. Quid igitur dicebant: ברוך כבוד מלכותו לעולם ועד. Unde autem habemus?.... Ex eo quod dictum est: Benedicite Domino Deo vestro a seculo usque in seculum, Neh. IX, 5. Alibi: ... quia pronunciabant Nomen Dei secundum scripturam suam etc. Rabbinische Bestimmungen über das Sprechen des Amen b. *Vitring.* de synag. vet. p. 1093 sqq.

Gebet und Segen. §. 212.

Von Gebetsstellungen war die gewöhnliche 1) das Stehen (1 Sam. I, 26. 1 Kön. VIII, 22. Dan. IX, 20. Matth. VI, 5.)[1]; bei gesteigerter Andacht 2) das Kniebeugen oder Niederknieen (בָּרַךְ, בֶּרֶךְ Jes. XLV, 23. 2 Chron. VI, 13. Esr. IX, 5.); mit Beidem verband man 3) das Erheben und Ausbreiten der Hände (1 Kön. VIII, 22. 2 Chron. VI, 13. Esr. IX, 5. Ps. LXIII, 5.)[2]; endlich bei noch mehr gesteigerter Andacht 4) fiel man mit dem ganzen Körper nieder (קָדַד, הִשְׁתַּחֲוָה 1 Mos. XXIV, 26. 2 Chron. XXIX, 28 ff.)[3].

Schon bald nach dem Exile, wo nicht schon früher (Dan. VI, 10. Ps. LV, 18.), haben sich für die besondere Gebetsübung die drei Zeiten: des Morgens um die 3. St. (zur Zeit des Morgenopfers), Mittags um die 6. St. und Nachmittags um die 9. St. (zur Zeit des Abendopfers; heutzutage um

---

[1] *Maimon.* Hilc. Thephil. V, 2.: Nemo oret nisi stans. In navi si quis versetur vel in curru, stet is quoque, si fieri ulla ratione possit. Daher wird im Talmud Berachoth f. 26, 1. 1 Mos. XIX, 27. עמד durch Beten erklärt. *Lakem.* observatt. philol. VII, 110. *R. Mos. Mikkotzi* b. *Carpz.* p. 322.: Qui stat in oratione, demittat oculos suos deorsum, ut qui intuetur terram etc. Vgl. II. XXIV, 307. *Martial.* XII, 77. vs. 2.

[2] Sohar Deut. f. 101, 427.: Quicunque manibus sordidis orat, mortis reus est. Vgl. 1 Tim. II, 8. — *Aristot.* de mundo c. VI.: Πάντες οἱ ἄνθρωποι ἀνατείνομεν τὰς χεῖρας εἰς τὸν οὐρανὸν εὐχὰς ποιούμενοι. Iliad. I, 351. *Virgil.* Aen. I, 93. *Horat.* Carm. III, 23. vs. 1. *Liv.* V, 21. *Reland* relig. muhamm. p. 87. Mehr bei *Matth. Broverius de Niedek* de populorum vet. ac recent. adorationibus. Amst. 1713. — Noch sind zu bemerken die Stellungen: 1 Kön. XVIII, 42. Ps. XXXV, 13. Luk. XVIII, 13. (vgl. *Lakem.* l. l. p. 128 sq.) *Maimon.* Hilc. Thephil. c. V.: Non orant discipuli sapientum nisi velati, vgl. *Ligthf.* ad 1 Cor. XI, 4. Die Richtung beim Gebete nach dem Tempelhause (1 Kön. VIII, 30. 35. 38.), nach dem Tempelberge (Dan. VI, 11.) gleichsam die „Kebla" der Juden, *Maimon.* ibid. V, 3. b. *Carpz.* p. 322.: Qui constitutus est extra terram Israëlis, convertat faciem suam versus eam, sicubi orat. Qui degit in ea, dirigat faciem Hierosolymam versus. Qui Hierosolymae est, versus templum. Qui in templo, versus Sanctum Sanctorum. Bei den Christen das Beten gegen Osten. *Orig.* hom. V. in Num. (Opp. II, 284.). *Clem. Al.* Strom. VII, 724.

[3] Rabbinische Unterscheidung zwischen הִשְׁתַּחֲוָאָה, prostratio toto corpore facta; קִידָה, inclinatio capitis et humerorum; בְּרִיעָה, incurvatio ad genua; בְּרִיכָה, genuum flexio, s. *Carpz.* p. 323. *Bauer* I, 369 f.; dgg. *Gesen.* unt. קדד u. כרע.

De Wette Archäologie. 4. Aufl. 20

5 Uhr Abends) festgestellt, wie wir sie AG. II, 15. X, 9. 30. III, 1. finden. Alt ist gewiss auch das Mittags- oder Tischgebet (*Berachoth* VI. VII.) ¹).

IV. Ordnung des Gottesdienstes.

§. 213.
Täglicher Gottesdienst.

Die Bundesgemeinschaft, in der das Volk mit Gott stand, bethätigte es durch eine ununterbrochene tägliche Feier, durch die es sich ohne Unterlass zu seinem Gott bekannte und sich seiner dauernden Liebe und Gnade versicherte. Jeden Abend und Morgen wurde ein Lamm nebst Speis- und Trankopfer als Brandopfer (עוֹלַח תָּמִיד) geopfert (2 Mos. XXIX, 38 ff. 4 Mos. XXVIII, 3 ff. vgl. Tr. *Tamid*). Im Heiligthume wurde Abends und Morgens geräuchert (2 Mos. XXX, 7 f.). Die Lampe brannte die ganze Nacht hindurch (2 Mos. XXVII, 20 f. 3 Mos. XXIV, 3. vgl. 2 Mos. XXX, 7 f.) ²).

§. 214 a.
Der Sabbaths-Cyclus. 1. Der Wochen-Sabbath.

Ausserdem aber wurden aus mannichfachen Motiven, die theils dem rein religiösen Sinn des Volkes, theils der Bedeutung natürlicher oder geschichtlicher Thatsachen entsprangen, durch die sich Gott seinem Volke auf das Unverkennbarste bezeugte, nach kleineren oder grösseren Zeitabschnitten besondere Tage und Zeiten festgesetzt, an denen das Volk eine erhöhte Feier seines Gottes beging. — Die Heiligkeit der

---

¹) M. Berach. IV, 1. werden das Morgen-, Abend- u. Nachtgebet (letzteres unverbindlich) und die Zugabegebete unterschieden. Vgl. besonders über das spätere Gebetsritual *Pressel* in *Herzog's* RE. unt. Gebet S. 679 ff.

²) Anders *Joseph*. Antt. III, 8, 3.: ... τοὺς μὲν τρεῖς (λύχνους) ἐπὶ τῇ ἱερᾷ λυχνίῳ φέγγειν ἔδει τῷ θεῷ κατὰ πᾶσαν ἡμέραν, τοὺς δὲ λοιποὺς περὶ τὴν ἑσπέραν ἅπτοντας. — Ueber die Bedeutung des täglichen Gottesdienstes und seiner einzelnen Theile s. *Ewald* Alterth. S. 129 ff. *Kurtz* d. alttestam. Opfercultus S. 301 ff.

Siebenzahl[1]) und die dem Monotheismus eigene Richtung zur frommen Ruhe und Betrachtung, wie auch der Geist milder Menschlichkeit leiteten auf das ganz eigenthümliche Institut der Sabbathsruhe, das durch einen dreifachen Zeitkreis hindurchgeführt war. Höchst zweckmässig und wohlthätig war die heilige Ruhe (שבת) oder Feier von aller Arbeit für Menschen, Freie und Sklaven, und Vieh am *siebenten Wochentage*. Die Beobachtung derselben ist wiederholt geboten, und deren Uebertretung selbst mit dem Tode verpönt (2 Mos. XX, 9 f. XXIII, 12. XXXI, 12 ff. XXXIV, 21. XXXV, 1 ff., vgl. 2 Mos. XVI, 22 ff. 4 Mos. XV, 32—36.)[2]).

---

[1]) „Nicht nur war der 7. Tag, der 7. Monat und das 7. Jahr heilig, sondern auch die grossen Feste sind durch die Siebenzahl bestimmt. Denn nach dem das Jahr beginnenden Passah folgt am Ende der 7. Woche das Pfingstfest, und im 7. Monat das Laubhüttenfest." *Baur* Tüb. Ztschr. 1832. III, 182 ff. Vgl. *Philo* §. 215 b. S. 312. Not. u. überh. *Bähr* Symb. d. mos. Cult. I. §. 7. Auch *Ewald* de feriarum hebr. origine ac ratione. Gött. 1841. Alterth. S. 379 ff. „So entsteht über die einfachen Wochensabbathe hinaus ein Sabbathmonat, welcher als der 7. des Jahres zugleich alle übrigen jährlichen Feste, d. i. grösseren Sabbathe, ebenso nach sich bestimmt wie die Wochentage vom Sabbathe als dem höheren und heiligeren Tage abhangen, und der alle die einfachen Wochensabbathe umschliessend selbst wieder vom Kreise des Jahres umschlossen wird. Ueber die Sabbathmonate hinaus bildet sich weiter ein Sabbathjahr, welches von einem bestimmten Anfangsjahre aus als das je 7. wiederkehrt, so dass nach ihm aller Jahre Lauf gezählt und berechnet werden kann. Ueber die Sabbathjahre hinaus schliesst endlich ein grosses Sabbathjahr als das 7. Sabbathjahr (gezählt aber vielmehr als das 50. Jahr) im weitesten Kreise die ganze Reihe ab, so dass sich zuletzt immer ein halbes Jahrhundert an das andere knüpft." S. 384. „Das Gesetz bestimmte auf die sinnreichste Weise mit den drei des Frühlinges und den vier des Herbstmonates zusammen gerade sieben Jahresfeste: auch in dieser Art kehrt die heil. Zahl wieder." S. 405. — *Keil* I, 358 ff. — Gegen die Eintheilung der hebr. Feste in zwei Klassen (*Ewald, Keil*) vertheidigt *Kurtz* der alttestam. Opfercultus S. 299 ff. die herkömmliche Eintheilung in drei Klassen. Vgl. auch über die hebr. Feste. *H. Hupfeld* de primitiva et vera festorum apud Hebraeos ratione. P. 1. 2. Halle 1851. 52. *Knobel* Lev. S. 529 ff.

[2]) Die Strenge, mit der das Gesetz über der Haltung des Sabbaths wachte, erklärt sich aus der besonderen Heiligkeit desselben, insofern er das eigentliche Bundeszeichen zwischen Gott und seinem Volke war (2 Mos. XXXI, 16. 17.), so dass jeder, der ihn ver-

Zur Feier des Sabbaths gehörte noch, dass ausser dem täglichen noch ein Sabbath-Opfer (4 Mos. XXVIII, 9.) geletzte, den Bund mit Gott brach. Vgl. über die Heiligkeit des Sabbaths *Ewald* Alterth. S. 111 ff. Wenn aber *Ewald* und auch *Knobel* l. c. S. 588. den Sabbath unter den Gesichtspunkt des Opfers stellen, so widerstrebt diess der alttestam. Anschauung, nach der der Sabbath nicht sowohl als eine Gabe des Volkes an Gott, als vielmehr als eine Gabe Gottes an das Volk erscheint. Vgl. *Oehler* in *Herzog's* RE. unt. Sabbath. — Der Begriff der Arbeit blieb ziemlich unbestimmt, nur dass Feldarbeit, Feuermachen und Holzlesen genannt war. Die auf frühere Schlaffheit (Ezech. XX, 16. XXII, 8. Jes. LVI, 2. LVIII, 13.) folgende Strenge rechnete zur Arbeit auch den Kauf und Verkauf (Neh. X, 31. XIII, 15 f. 19.); das Reisen (*Joseph.* Antt. XIII, 8, 4.; Sabbathsweg, σαββάτου ὁδός AG. I, 12., תְּחוּם הַשַּׁבָּת, terminus Sabbathi, 2000 Ellen betragend nach 2 Mos. XVI, 29., weil man so weit die Entfernung der Stiftshütte vom äussersten Rande des Lagers bestimmte. Tr. Schabb. XXIII, 3. 4. Erubim IV, 7. *Maimon.* Tr. de Sabb. P. I. c. 27.: Homo ne egrediatur extra urbem nisi ad bis mille cubitos; ultra bis mille cubitos exire prohibitum est. Nam bis mille cubitis constabat suburbium. [*Buxt.* L. T. p. 2583.] Nach griechischem Maasse bestimmt *Epiphan.* Haer. LXVI, 82. den Sabbathweg auf sechs Stadien, was mit AG. I, 12. vgl. *Joseph.* B. J. V, 2, 3. [Antt. XX, 8, 6. nur 5 St.] übereinkommt. Vgl. m. Anm. im Exeg. Hdb. *Leyrer* in *Herzog's* RE. unt. Sabbathweg; sogar den Gebrauch der Waffen (daher man sich von den Feinden niedermetzeln liess, 1 Makk. II, 32 ff. 2 Makk. VI, 11., bis man zur Besonnenheit kam, 1 Makk. XI, 34. 43 ff. *Joseph.* Antt. XIV, 4, 2.). Noch weiter ging der Kleinlichkeitsgeist der Pharisäer Matth. XII, 2. 10. Joh. V, 10. Tr. Schabb. VII, 2.: Die Väter (אבות), d. i. Hauptarten, der (verbotenen) Arbeiten sind vierzig weniger eins. Diese sind: 1. säen; 2. ackern; 3. ernten; 4. graben und Büschel machen oder sammeln; 5. dreschen; 6. worfeln; 7. Früchte ausklauben und vom Unrathe reinigen, es sei mit der Hand oder mit dem Siebe; 8. Mehl mahlen; 9. solches sieben; 10. kneten; 11. backen und kochen; 12. Wolle abscheeren; 13. dieselbe waschen; 14. mit einem Stocke ausklopfen; 15. färben; 16. spinnen; 17. zetteln; ...21. einen Knoten knüpfen; 22. einen Knoten auflösen;.... 25. ein Reh jagen; 26. schlachten; 27. die Haut abziehen;... 32. zwei Buchstaben schreiben oder 33. auslöschen; 34. bauen; 35. niederreissen; 38. mit einem Hammer schlagen; 39. von einem öffentlichen Ort in ein Haus tragen. §. 4.: Wenn jemand so viel Stroh austrägt als eine Kuh ... ins Maul fassen kann ... so ist er schuldig. XII, 2.: Schuldig ist wer ackert, es sei so wenig als es wolle; wer Unkraut ausjätet ..... es sei so wenig als es wolle." XIV, 4.: „Wenn jemandem die Zähne weh

bracht, und die Schaubrode (לֶחֶם הַפָּנִים, ἄρτοι ἐνώπιοι [1]), 2 Mos. XXV, 30. עֶרֶךְ לֶחֶם 4 Mos. XL, 23. לֶחֶם מַעֲרָכָה Neh. X, 34., ἄρτοι τ. προθέσεως. לֶחֶם הַתָּמִיד 4 Mos. IV, 7.), zwölf aus feinem Weizenmehl bereitete Brodkuchen, als tägliche Speise Jehova's [2]) für die künftige Woche aufgelegt wurden (3 Mos. XXIV, 5 ff.) [3]). Nicht geboten, aber wahrscheinlich schon früh üblich waren fromme Andachtsübungen (2 Kön. IV, 23.), wie solche nach dem Exile zur Regel wurden (§. 243.). Man fastete am Sabbath keineswegs (vgl. §. 211.), sondern hielt Mahlzeiten (Luk. XIV, 1.) [4]).

---

thun, darf er nicht Essig in den Mund nehmen, aber eintunken darf man wie sonst." XV, 3.: „Die Betten darf man machen am Abend vor dem Sabbath auf den Sabbath, aber nicht am Sabbath auf den Ausgang des Sabbaths." Nach XVI, 5. scheint es, dass Rabbinen es sogar für verboten hielten eine Feuersbrunst zu löschen. Nach §. 6. darf man nicht einmal einem Heiden gebieten ein Feuer zu löschen. XIX, 1. R. Akiba giebt diese Regel an: „Alles was man am Abend vor dem Sabbath thun kann, so zur Beschneidung nöthig ist (die Zurüstung dazu), vertreibt den Sabbath nicht; was man aber nicht zum voraus thun kann, also nur die Beschneidung selbst, vertreibt den Sabbath." XXII, 6.: „Man richtet keinen Beinbruch ein (doch ist das nicht die Halacha). Wenn Jemand seine Hand oder Fuss verrenkt, darf man sie nicht in kalt Wasser eintauchen." Joma VIII, 6.: „Alles wo Lebensgefahr dabei zu besorgen ist, vertreibt den Sabbath. Vgl. *Danz* Christi curatio sabbathica vindicata. Jen. 1699. in *Meuschen* N. T. ex Talm. illustr. p. 569. *Macrob.* Saturn. I, 16.: Scaevola consultus, quid feriis agi liceret, respondit, quod praetermissum noceret.

[1]) d. h. Brod, das vor dem Angesichte Jehova's niedergelegt wurde (*Win.*), nicht Brod, mit dessen Genusse das Schauen Gottes verbunden ist (*Bähr* Symb. d. mos. Cult. I, 428 f.).

[2]) Aehnlich die heidnischen Lectisternia, Dan. LXX. XIV, 6. Jes. LXV, 11. u. dz. *Gesen.* Bar. VI, 26. *Macrob.* Saturn. III, 11. *Diodor. Sic.* II, 9. *Aelian.* var. hist. XI, 17. wgg. vergeblich *Bähr* S. 436 f. Vgl. *Knobel* Lev. S. 554 ff.

[3]) Nach Vs. 7. wurde Weihrauch, und nach den LXX, *Philo* de vit. Mos. III, 669. Salz darauf gelegt. Ueber das Auflegen der Brode s. Menachoth XI. *Joseph.* Antt. III, 10, 7. Die weggenommenen Br. fielen den Priestern zu 3 Mos. XXIV, 8 f. vgl. 1 Sam. XXI, 6. Ueberh. vgl. *Wolter* 2 diss. de mensa et panibus propos. Erf. 1703. *Schlichter* de panibus facier. corumque myst. Hal. 1737. 4.

[4]) Ueber σάββατον δευτερόπρωτον Luk. VI, 1. s. Exeg. Hdb. *Lübkert* in theol. Studd. u. Kr. 1835. S. 664 ff. Vgl. aber *Meyer* in s. Comm. zu Luc. VI, 1.

§. 214 b.

Der Wochen-Sabbath ist den Hebräern durchaus eigenthümlich [1]), obschon die Woche wahrscheinlich von den Aegyptern entlehnt ist (§. 180.). Auch ist keine Spur des Sabbaths vor Mose zu finden, und Alle, Rabbinen und Kirchenväter, sprechen die Feier desselben den Patriarchen ab [2]). Mithin ist die Einführung desselben Mose zuzuschreiben (Neh. IX, 14. Ezech. XX, 12.) [3]). 5 Mos. V, 14 f. ist richtig der eine Zweck und vielleicht die Veranlassung dieser eigenthümlichen Einrichtung angegeben, wornach Mose seinem bisher mit Arbeiten geplagten Volke für die Zukunft hätte einen wöchentlichen Ruhetag gönnen und es zugleich Milde gegen Knechte und Vieh lehren wollen [4]). Dieser eine Zweck aber schliesst den andern der frommen Betrachtung nicht aus, sondern bedingt ihn. Die Beziehung auf den Schöpfungs-Sabbath 2 Mos. XX, 11. XXXI, 17. ist erst hinterher auf dem Grunde der mythisch-symbolischen Darstellung 1 Mos. I, 1 — II, 3. gefasst

---

[1]) *Selden* de jur. nat. et gent. III, 15. *Spenc.* de legg. Hebr. rit. I, 5, 9. p. 70. 74 sq. *Gabler* Einl. u. Anm. zu *Eichhorn's* Urgesch. I, 64 ff. Vgl. auch *Ewald*, *Knobel*, *Keil*, *Oehler* ll. cc. Die Juden hiessen Sabbatarii, *Martial.* IV, 4. Was *Philo* de Mos. p. 657. *Joseph.* c. Ap. II, 39. von der Allgemeinheit der Sabbathsfeier sagen, ist nicht sowohl auf die vielen eigentlichen Proselyten als auf die im römischen Reiche herrschende Hinneigung zur „Superstitio judaica" u. auf den an den jüdischen Sabbath geknüpften Aberglauben zu beziehen. *Ideler* Hdb. d. Chron. II, 175 ff. Dass jedoch die Heiden festliche Ruhe kannten, s. §. 217. Not. 1.

[2]) *Justin.* M. dial. c. Tryph. §. 19. *Tertull.* adv. Jud. c. 2 sq. *Euseb.* H. E. I, 4. Praep. ev. VII, 6. Demonstr. ev. I, 6. Vgl. *Spenc.* p. 74. *Selden* III, 10.

[3]) *Spenc.* *Selden* ll. ll. *Marsh.* can. chron. p. 195. *J. H. Heidegger* hist. s. patriarch. I, 14. 53. *Gabler* n. a. O. S. 58 ff. *Bauer* gottesd. Verf. I, 174 ff. Dagegen *Wits.* Aegypt. p. 192. *Budd.* theol. mor. P. II. c. 3. sect. 2. §. 32 sqq. *Hebenstreit* de sabbato ante leg. mos. existente. *J. Meyer* de temporibus s. et festis Hebr. (ed. auct. Amst. 1724.) c. 9. *Iken* diss. philol. II, 26 sq. Vgl. *Schacht* animadvv. p. 550 sqq. *Mich.* mos. R. IV. §. 195. *Jahn* Arch. III, 288 ff. *Oehler* l. c. S. 194 ff.

[4]) *Gabler* n. Vers. üb. d. mos. Schöpf.-Gesch. S. 50 ff. *des Vignol.* chronol. 1, 678 sq.

worden¹). Dass das Sabbaths-Institut auf den ehemaligen Saturndienst der Israeliten zurückzuführen sei,° ist eine alte, auch neuerlich wiederholte Vermuthung²).

§. 215 a.
2. Der Mond-Sabbath nebst den Neumonden.

Der Neumond, d. h. das neue Mondlicht (§. 179.) wurde wie bei andern alten Völkern³) jedesmal gefeiert, und zwar durch Blasen mit den heiligen *Trompeten* und durch Opfer (4 Mos. X, 10. XXVIII, 11 ff.; das 3. B. Mos. sagt nichts von dieser Feier), durch heil. Versammlung (Jes. I, 13. vgl. Ezech. XLVI, 1. 2 Kön. IV, 23.), durch Stillstellung des Handels und Verkehrs (Am. VIII, 5.), durch Wohlleben (1 Sam. XX, 5. Jud. VIII, 6.). Der siebente oder Tisri-Neumond aber war durch das Blasen mit dem *Schophar* ausgezeichnet (daher תְּרוּעָה genannt)⁴), und wurde als Sabbath

---

¹) *Gabler* u. Vers. S. 38. Meine Kritik d. isr. Gesch. S. 40 ff.
²) *Tacit.* Hist. V, 4.: Alii, honorem eum Saturno haberi ... quod e septem sideribus ... altissimo orbe et praecipua potentia stella Saturni feratur. *Baur* d. hebr. Sabb. und d. Nationalfeste, Tüb. Ztschr. 1832. III, 128 ff. *Vatke* bibl. Theol. I, 196. 199. *v. Bohlen* Gen. Einl. CXXXVI f. Am annehmlichsten *Movers* Phöniz. I, 315. auf der Voraussetzung, dass Mose den Saturn-Dienst reformirte. S. dagegen *Bähr* Symb. d. mos. Cult. II, 584 ff. *Knobel* l. c. S. 537. *Oehler* l. c.
³) *Isidor.* Origg. V, 33.: Apud veteres omnium mensium principia colebantur sicut et apud Hebraeos. *Macrob.* Saturn. I, 15. (§. 179. S. 238. Not. 2.). *Horat.* Carm. III, 23. *Demosth.* orat. I. in Aristogiton.: Πῶς ταῖς νουμηνίαις εἰς τὴν ἀκρόπολιν ἀναβαίνοντες τἀγαθὰ τῇ πόλει διδόναι καὶ ἕκαστος ἑαυτῷ τοῖς θεοῖς εὔξεται. *Liban.* declamat. 8.: Ταῖς νεομηνίαις νόμῳ πόλεως ἐθύομεν. Vgl. *Meurs.* Graec. feriat. p. 211 sq. *Mohamm. Ben Isaac* in *Hotting.* hist. orient. I, 8. p. 184. Mehr bei *Dought.* analect. sacr. P. II. Exc. 87. *Spenc.* p. 805. *Knobel* Lev. S. 531 f.
⁴) Rosch haschana III, 2 ff. *Maimon.* Hilc. Schof. I, 1. Einen ähnlichen Gebrauch s. bei *Creuzer* Symbol. II, 39. *Gerdes* de festo clangor. §. 20 sqq.: Generalem hujus festi ... rationem ...... sine dubio in eo esse collocandam, quoniam is dies erat mensis Tisri sive Mensis septimi ...... qui mensis ...·. quasi sabbaticus erat et quieti destinatus, peracta messe et collectione fructuum. *Paul. Fag.* in Lev. XXII, 24.: In hoc septimo mense plures sunt

mit einem zum gewöhnlichen Neumondsopfer noch hinzukommenden Brandopfer gefeiert (3 Mos. XXIII, 24. 4 Mos. XXIX, 1 ff.). Bei den spätern Juden war und ist es noch das Neujahrsfest, vgl. §. 178.

§. 215 b.
3. Der Jahr-Sabbath nebst dem Jubeljahre.

Wie der 7. Tag und der 7. Monat, so war auch das 7. Jahr der Ruhe gewidmet (§. 153.). Die Ruhe aber bezog sich vorzüglich auf das Land; der damit verbundene landwirthschaftliche Vortheil (einer Brache)¹) ist von Bedeutung, aber nicht der Hauptzweck der Feier. Dieser war vielmehr ein religiöser (3 Mos. XXV, 2. 4.), indem sie dem Volke in Erinnerung brachte, dass das Land, das ihm seine Früchte gab, ein Land Jehova's sei und dazu bestimmt, alle seine Bewohner zu nähren, dass daher aus religiöser Verpflichtung

---

festi dies, quam in ullo alio mense, ac totus propemodum mensis festus est, addoque, tempus admodum idoneum est ad celebranda festa, quippe quod tunc omnes fruges terrae, [non tantum frumenta, sed et poma et vina et alia frugum genera de agris collecta fuerint. Quare cum multum in hujus mensis observatione situm sit, voluit Spiritus S. primum ejus diem festo, otio, clangore et sacrificiis insignem facere, ut ex initio mensis ipse notabilior fieret. *Philo* de septenar. et festis p. 1183.: . . . . . ἵνα τὴν ἑβδομάδα τιμήσῃ κατὰ πάντας χρόνους ἡμερῶν καὶ μηνῶν καὶ ἐνιαυτῶν ἑβδόμη τε γὰρ πᾶσα ἡμέρα ἱερά, τὸ καλούμενον παρ' Ἑβραίοις σάββατον· μηνῶν τε ὁ ἕβδομος· κατὰ πᾶν ἔτος ἑορτῶν ἔλαχε τὴν μεγίστην. Vgl. *Ewald* Alterth. S. 394 f. *Keil* I, 367 ff.

¹) Diesen Zweck nimmt *Win.* wirklich an nach *Hug* Freib. Ztschr. I, 8. Nach *Michael.* Comment. de paradoxa lege mos. septimo quovis anno omnium agrorum ferias indicente, Brem. 1763. Mos. R. II. §. 74. sollte die Anlegung von Magazinen der Zweck sein (!). Aeltere Allegorisirung b. *Philo* de septen. p. 1183 sqq. *Carpz.* app. p. 445., die neueste b. *Bähr* II, 601 ff. Vgl. über das Sabbath- und Jubeljahr *Ewald* Alterth. S. 411 ff. *Knobel* zu Lev. XXV. *Oehler* in *Herzog's* RE. unt. Sabbath- und Jobeljahr. *H. Hupfeld* de prim. et vera temp. fest. apud Hebr. ratione, P. III. De anni Sabbathici et Jobelei ratione. Hal. 1858. *Keil* I, 371 ff. — Ueber die das Sabbath- u. Jubeljahr betreffenden chronologischen Fragen vgl. *B. Zuckermann* über Sabbatjahrcyclus und Jobelperiode. Breslau 1857. 4.

gegen Jehova dem Lande in jedem siebenten Jahr die Ruhe gegönnt und der Ertrag dieses Jahres allen Bewohnern überlassen werden müsse, zum Zeichen, dass auch in den gewöhnlichen Jahren der Eigennutz der Besitzenden den Besitzlosen den Segen des Landes nicht versagen solle. Die Verlesung des Gesetzes aber vor versammeltem Volke am Laubhüttenfeste des Sabbathjahres sollte das Volk erinnern, dass es überhaupt nur durch die Beobachtung der göttlichen Gebote einen Anspruch auf den Segen des Landes gewinne (5 Mos. XXXI, 9—13.). Wie das Ruhejahr dem gewöhnlichen irdischen Treiben ein Ziel setzte, so führte das *Jubeljahr* eine Wiederherstellung der verrückten bürgerlichen Verhältnisse herbei (§. 152.) und hatte ebenfalls die religiöse Bedeutung, dem Volke zum Bewusstsein zu bringen, dass die bürgerliche Freiheit und der bürgerliche Besitz eine göttliche Ordnung und als solche zu achten sei.

§. 216.
Der Versöhnungstag.

Wenn das Jubeljahr den Zweck hatte, die gestörte bürgerliche Ordnung in der Theokratie wieder herzustellen, so stellte der Versöhnungstag die gestörte religiöse Ordnung her. Alljährlich am 10. des 7. Monats (Tisri) wurde ein grosser Versöhnungstag (יוֹם הַכִּפֻּרִים, bei den Talmudisten יומא רבא‎, יומא, vgl. Tr. *Joma*) gefeiert [1]). Ausser der Sabbathsruhe und dem Fasten (3 Mos. XXIII, 27 ff., daher νηστείας ἑορτή bei *Philo* und *Joseph.* AG. XXVII, 9.) bestand die Feier desselben 1) in der Sühnung des Hohenpriesters und seiner Familie durch das Sündopfer eines Stieres, durch Blutsprengen und Räuchern im Allerheiligsten (3 Mos. XVI, 11—14.); 2) in der Entsündigung des Heiligthums und des Volks durch zwei Ziegenböcke, von denen der eine zum Sündopfer, der andere zum symbolischen Träger der Sünden

---

[1]) Unvollkommene Parallelen ll. I, 313 sq. Liv. III, 7. XXIV, 10. XXVII, 37. (Supplicationes). Vgl. *J. Lomeieri* de veterum gentilium lustrationibus syntagma. Ultraj. 1681. 4. *Reland* relig. muhamm. p. 109. (Fastmonat Ramadan). Mehr parallel ist der Fasttag Sandrajonon der Hinduer, *Priestl.* Vergl. d. Ges. Mos. S. 196.

des Volks durch das Loos bestimmt[1]), jener geopfert, dessen Blut an den Deckel der Bundeslade gesprengt, dann auch zugleich mit dem Blute des Stieres zur Entsündigung des Heiligthums an die Hörner des Räucheraltars gestrichen und darauf gesprengt [2]), dieser, nachdem auf ihn alle Sünden Israels durch ein Sündenbekenntniss gelegt worden, in die Wüste getrieben wurde (Vs. 7—10. 15—19.)[3]): worauf dann

---

[1]) Dieser weggetriebene Bock sollte die Sünden des Volkes wegtragen (*Süskind* in *Flatts* Magaz. III, 217. M. Comment. de morte J. Chr. exp. p. 17. [Opuscc. 26.] not. 33. *Bähr* II, 680 ff. *Ewald* Alterth. S. 403 f. *Keil* I, 406 f. *Kurtz* l. c. S. 351 ff.), nicht an dessen Stelle büssen (*Bauer* gottesd. Verf. I, 186. Bibl. Theol. d. N. T. IV, 128.). Aehnlicher Sühn-Gebrauch 3 Mos. XIV, 4 ff., vgl. *Spenc.* p. 1072 sq. — Das erste Loos war לַיהוָֹה, das andere לַעֲזָאזֵל (3 Mos. XVI, 8.). Letzteres W. wird erklärt 1) vom Orte, wohin der Bock getrieben wurde, a) als Nom. propr. (Vers. Arab.: mons asper; *Ab. Esr.* u. a. Rabb., *Deyling* obss. s. I, 88.); b) als Nom. appell. „recessibus" (*Boch.* Hieroz. I, 654. *Hackspan* praecid. s. 232.), oder „zu gänzlicher Hinwegschaffung" (*Winer* II, 659 f.); 2) als Name des Bockes selbst (LXX: ἀποπομπαῖος, Vulg.: emissarius, Luth.: der ledige Bock; *Vater, Bauer* I, 162.); 3) als Name eines bösen Dämons (*Orig.* c. Cels. VI, 305. Spenc. [vgl. dgg. *Cyrill. Alex.* ep. ad ep. Acac.], Pirke R. Elieser c. 46. u. a. Rabb. b. *Eisenmenger* II, 155., *Spenc.* 1041., *Rosenm.* ad Lev. XVI, 8., *Gesen.* WB. [Deus averruncus], v. *Cölln* bibl. Theol. I, 199. *Ewald* l. c. S. 402. *Keil* I, 404. *Knobel* zu Lev. XVI, 10. *Kurtz* l. c. S. 345 ff. *Vaihinger* in *Herzog's* RE. unt. Azazel. *Diestel* Set-Typhon, Asahel u. Satan, in *Niedner's* Zeitschrift f. hist. Theol. 1860. Heft 2.); als des Typhon-Satan (*Hengstenb.* Christ. I, 1. 36. d. BB. Mos. u. Aegypt. S. 164.); als des Maos-Typhon, des rächenden Dämon, der aber nach der mosaischen Modification eine Manifestation Jehova's selbst sei (*Movers* Phöniz. I, 367.), Beide mit Vergleichung einer ähnlichen ägyptischen Sühnungsfeier bei *Plutarch.* de Is. et Os. c. 73. S. gegen Beide *Diestel* l. c.

[2]) Der Hohepriester ging also mehr als einmal in das Allerheiligste (nach Joma V, 1. 3. 4. VII, 4.), womit nicht Hebr. IX, 7., wohl aber *Philo* leg. ad Caj. p. 1035. (. . . κἂν αὐτὸς ὁ ἀρχιερεὺς δυσὶν ἡμέραις τοῦ ἔτους ἢ καὶ τῇ αὐτῇ τρὶς ἢ καὶ τετράκις εἰσφοιτήσῃ, θάνατον ἀπαραίτητον ὑπομένει) in Widerspruch steht. Archäologische Streitfrage, vgl. *Bleek, Tholuck* zu Hebr. IX, 7. Ueber obwaltende Differenzen zwischen dem A. T. u. *Joseph.* III, 10, 3. u. Tr. Joma s. *Win.* Art. Versöhnungstag.

[3]) Spätere jüdische Zusätze im Tr. Joma u. b. *Maimon.* Joma Hakkipp., vgl. *Rel.* IV, 6. *Carpz.* p. 434 sqq. *Bauer* II, 191 ff. Vorbereitungstage: Busstage ימי תשובה, die beiden letzten schreck-

Versöhnungstag. Die drei grossen Feste. §. 216. 217. 315

der Hohepriester für sich und das Volk Brandopfer brachte, und die Fettstücke der Sündopfer verbrannte u. s. w. (Vs. 23—28.). Noch andere Opfer sind 4 Mos. XXIX, 8 ff. vorgeschrieben.

§. 217.
Die drei grossen Feste.

Von der grössten Wichtigkeit für das öffentliche Leben der Israeliten waren die drei jährlichen grossen Feste (חַגִּים, talmud. רְגָלִים nach 2 Mos. XXIII, 14.), das Passah-, Pfingst- und Laubhüttenfest, welche auf das Zweckmässigste theils an die Zeitabschnitte des Landbaues, theils an geschichtliche Thatsachen angeknüpft waren, und, das zweite ausgenommen, eine Woche lang mit zwei Sabbathen [1]), unter Versammlung

---

lichen Tage ימים נוראים, Vorbereitung des Hohenpriesters u. a. m. — Heutiges Versöhnungsopfer der Juden, *Buxt.* Synag. Jud. XXV, 508 sqq.

[1]) Die übrigen Tage waren dem Wohlleben und dem Verkehre gewidmet; *Michael.* mos. R. IV. §. 197. *Saalschütz* mos. R. S. 409. Anm. 521. Jedoch beschränkt M. Moed Katon (von den Zwischen-Feiertagen) die Erlaubniss zu arbeiten auf gewisse Geschäfte. Z. B. II, 4.: Man kauft keine Häuser, Sklaven noch Vieh, es sei denn, dass man deren auf das Fest benöthigt sei, oder um die Nothdurft des Verkäufers willen, welcher nichts zu essen hat." III, 4.: „Man schreibt keine Schuldbriefe, es sei denn dass man dem Schuldner nicht traue, oder dass der Schreiber sonst nichts zu essen habe" u. s. w. Vgl. *Strabo* X, 467.: *Κοινὸν δὲ τοῦτο καὶ τῶν Ἑλλήνων καὶ τῶν βαρβάρων ἐστὶ, τὸ τὰς ἱεροποιΐας μετὰ ἀνέσεως ἑορταστικῆς ποιεῖσθαι, τὰς μὲν σὺν ἐνθουσιασμῷ, τὰς δὲ χωρίς· καὶ τὰς μὲν μετὰ μουσικῆς, τὰς δὲ μή· καὶ τὰς μὲν μυστικῶς, τὰς δὲ ἐν φανερῷ, καὶ τοῦθ' ἡ φύσις οὕτως ὑπαγορεύει. Ἥτε γὰρ ἄνεσις τὸν νοῦν ἀπάγει ἀπὸ τῶν ἀνθρωπικῶν ἀσχολημάτων, τὸν δὲ ὄντως νοῦν τρέπει πρὸς τὸ θεῖον. Petit.* legg. Att. Tit. I. lib. XI.: *Ἁπάντων τῶν Ἀθηναίων ἀγόντων ἱερομηνίαν, μήτ' ἰδίᾳ, μήτε κοινῇ, μηδὲν ἀλλήλους ἀδικεῖν ἐν τούτῳ τῷ χρόνῳ, μηδὲ χρηματίζειν, ὅ τι ἂν μὴ περὶ τῆς ἑορτῆς ᾖ. Cic.* de legg. II, 12.: Feriarum festorumque dierum ratio in liberis requietem habet litium et jurgiorum, in servis operum et laborum. *Macrob.* Saturn. I, 16.: Ferias pollui, quoties iis indictis conceptisque opus aliquod fieret. Praeterea non licebat sacrorum regem et flamines videre feriis opus fieri. Atque ideo per praeconem denunciabant, ne quid tale ageretur; et praecepti negligens multabatur. Praeter multam vero affirmabatur, eum, qui talibus diebus imprudens aliquid egisset,

aller Israeliten (2 Mos. XXIII, 17.), beim Nationalheiligthume (5 Mos. XVI, 16.)[1]) mit Opfern und Opfermahlzeiten gefeiert, in der Gesammtheit des Volkes theokratische Frömmigkeit und Vaterlandsliebe, Gemeinsinn (vgl. 1 Kön. XII, 26 f.) und Verkehr beförderten [2]).

§. 218 a.

Das Passah.

Vom Abende des 14.[3]) des Monats Abib oder Nisan bis zum 21. wurde das Passahfest (פֶּסַח[4]), πάσχα)[5]) oder das

---

porco piaculum dare debere, prudentem expiare non posse, Scaevola Pontifex affirmabat. Umbro negabat, eum pollui, qui opus vel ad Deos pertinens sacrorumve caussa fecisset, vel aliquid ad urgentem vitae utilitatem respiciens actitasset etc. *Wits.* Aegypt. II, 16. 146. *Homer.* Od. XXI, 257 sqq.:

Εὐρύμαχ', οὐχ οὕτως ἔσται· νοέεις δὲ καὶ αὐτός·
νῦν μὲν γὰρ κατὰ δῆμον ἑορτὴ τοῖο θεοῖο
ἁγνή· τίς δέ κε τόξα τιταίνοιτ'; ἀλλὰ ἕκηλοι
κάτθετ'.

[1]) Wo die Pilgrime zu Jerusalem herbergten? *Fab.* Arch. S. 281 f. *Saalschütz* mos. R. S. 421 ff.

[2]) Aehnlich die olympischen Spiele der Griechen, noch ähnlicher die drei grossen Feste der Hindu's. *Rhode* rel. Bild. d. Hind. II, 261.
Vgl. überh. *J. Meyer* de tempor. et festis dieb. Hebr. Amst. 1724. 4. in *Ugolin.* thes. I. *Ewald* Alterth. S. 385—392. *Knobel* Lev. S. 532—537. *Oehler* in *Herzog's* RE. unt. Feste S. 383 f. *Kurtz* l. c. S. 297 f.

[3]) Eigentlich vom 15. nach jüdischer Zeitrechnung (3 Mos. XXIII, 6. vgl. *Joseph.* Antt. III, 10, 5.). Dagegen Matth. XXVI, 17. Mark. XIV, 12. *Joseph.* Antt. II, 15, 1.: . . . . ἑορτὴν ἄγομεν ἐφ' ἡμέρας ὀκτώ, τὴν τῶν ἀζύμων λεγομένην. Gegen *Rauch* (Stadd. u. Kr. 1832. 537 ff.), welcher die Passahmahlzeit auf das Ende des 13. u. den Anfang des 14. Nisan setzt, s. m. Bemerkk. ebend. 1834. 939 ff. *Lücke* Comm. zu Joh. II, 714 ff.

[4]) *Joseph.* Antt. II, 14, 6.: Τὴν ἑορτὴν πάσχα καλοῦντες σημαίνει δὲ ὑπερβασία, διότι κατ' ἐκείνην ἑσπέραν ὁ θεὸς αὐτῶν ὑπερβὰς Αἰγυπτίοις ἐναπέσκηψε τὴν νόσον. Vulg.: transitus. Vgl. Jes. XXXI, 5., das arab. ڢَسَحَ, Jemandem Platz machen; s. d. WBB. u. d. Ausll. zu 2 Mos. XII, 13.

[5]) Vgl. das aram. פסחא. Falsche griech. Etymologie bei *Chrysost.* hom. V. in ep. I. ad Tim. *Tertull.* adv. Jud. c. 10.; dgg. *Augustin.* ep. LV, 2.

Passah. §. 218 a. 317

Fest der ungesäuerten Brode (חַג הַמַּצּוֹת, vgl. *Knobel* Exod. S. 103.) zum Andenken an den Auszug aus Aegypten und zur Einweihung der Ernte sieben Tage lang mit zwei Sabbathen (der zweite עֲצֶרֶת, *Versammlung*, And. *Schlusstag*, genannt) gefeiert (2 Mos. XII, 3 ff. 14 ff. 3 Mos. XXIII, 5 ff. 4 Mos. XXVIII, 16 ff. 5 Mos. XVI, 1 ff.).

Die Feier bestand 1) im Genusse des ungesäuerten Brodes (gesäuertes Brod und Sauerteig durfte nicht in den Häusern sein, 2 Mos. XII, 19., nach M. *Pesach*. I. II. musste der Sauerteig schon den Tag zuvor weggeschafft werden); 2) im Opfer eines am Abende (בֵּין הָעַרְבַּיִם, vgl. §. 181. z. E.) des 14. Nisan im Vorhofe des Tempels[1] von jedem Israeliten selbst zu schlachtenden[2]), ganz zu bratenden und in der Familie[3]) mit bittern Kräutern[4]) zu verzehrenden männlichen einjährigen Schaf- oder Ziegenlammes[5]); 3) in mehrern täglichen öffentlichen Opfern (4 Mos. a. a. O.) und in Privat-Dankopfern nebst Opfermahlzeiten (5 Mos. XVI, 2.); 4) in

---

[1]) Wegen *Joseph*. B. J. VI, 9, 4.: τῶν μὲν θυμάτων εἴκοσι πέντε μυριάδας ἠρίθμησαν, πρὸς δὲ ἑξακισχίλια καὶ πεντακόσια, d. i. 256500 Passahlämmer — und der Kürze der Schlachtzeit (von der 9. bis 11. Stunde) haben daran gezweifelt: *C. Sagittar.* harm. pass. J. C. I, 89 sq. *Loesner* obss. ad Matth. XXVI, 19. *Schulz* Arch. p. 266 sqq. Vgl. dgg. *Bauer* gottesd. Verf. II, 216 ff. Die Zahl bei *Joseph*. scheint verdorben zu sein.

[2]) Das Blut wurde von den Priestern aufgefangen und dann am Altare ausgeschüttet, das Fett auf demselben verbrannt, Pesach. V, 6. 10.

[3]) Die Anzahl der essenden Personen sollte sich nach dem Appetite bestimmen (2 Mos. XII, 4.); nach Jonath. z. d. St. sollen es nicht unter 10 und nicht über 20 sein. Vgl. *Joseph*. B. J. VI, 9, 3. Die Karäer liessen nur Mannspersonen zu; dgg. Pesach. VII, 13. VIII, 1. Unentgeltliche Einräumung des Zimmers gegen das überlassene Fell des Lammes, Babyl. Jom. 12, 1.

[4]) Nach Pesach. II, 6. חזרת, עלשין, תמכא, חרחבינא, מרור, d. i. nach *Boch*. Hieroz. I, 603 sqq. lactuca sat., intybum, partheniam, urtica, lactuca sylv. oder intyb. sylv. Anders *S. Schmid* de pasch. I, 78 sqq. Vgl. *Carpz.* app. p. 402 sq. Dazu noch nach Pesach. II, 8. X, 3. חֲרוֹסֶת, eine Art süsser Sauce.

[5]) Spätere Observanz der während der Mahlzeit zu trinkenden vier Becher, der Lobsprüche und des Hallel, Pesach. X. m. Anm. zu Matth. XXVI, 20. Vgl. *Keil* I, 391 f.

Darbringung der Erstlingsgarbe am 2. Tage des Festes (3 Mos. XXIII, 10 ff. vgl. M. *Menachoth* X.), womit die Ernte eröffnet wurde [1]).

§. 218 b.

Die Symbolik des Festes ist gerade in einem wesentlichen Theile, dem Passahopfer (פֶּסַח), unklar und durch die mythische Darstellung der Stiftung und ersten Feier in Aegypten [2]) verwirrt. Nach dieser wäre es ein Sühn- und Bewahrungsopfer gewesen, während es nach der gewöhnlichen Feier ein Dankopfer ist.

Anmerkung. Gegen die verschiedenen Combinationen des Passahopfers mit den andern gesetzlichen Opferarten, dem Sühn-, Dank- oder Brandopfer, *Knobel* Exod. S. 93: „Indessen ist es das Gerathenste, bei dem schon vor Einführung des Opferdienstes entstandenen Passah von den spätern Opferarten ganz abzusehen u. es als ein Opfer eigner Art anzusehen." Vgl. *Kurtz* l. c. S. 318. Am meisten verwandt ist es nach *Knobel* mit dem Brandopfer, nach *Kurtz* mit den שְׁלָמִים.

Deutlich dagegen und im Volksbewusstsein geblieben ist die geschichtliche Beziehung des Ungesäuerten (לֶחֶם עֹנִי, 5 Mos. XVI, 3. vgl. 2. Mos. XII, 39.) [3]). Sehr natürlich findet

---

[1]) Diese herkömmliche Ansicht, dass die Weihung der Garbe am 2. Feiertage stattgefunden habe, bestreitet *Knobel* Lev. S. 544 f. und erklärt den Ausdruck מִמָּחֳרַת הַשַּׁבָּת so, dass der auf den Sabbath folgende Tag der 1. Festtag sein soll, an dem die Garbe dargebracht worden sei. Dagegen *Keil* I, 393. Anm. 2., dafür *Kurtz* l. c. 308. Anm.

[2]) Beiträge I, 292 ff. II, 196 f. *Bauer* a. a. O. S. 203. vgl. *George* d. ältern jüd. Feste S. 85 ff. Vermuthungen *Spencers* p. 294 sqq.

[3]) *Bähr* II, 630. will neben dieser historischen Beziehung des Ungesäuerten noch u. vorzüglich dessen sonstige Bedeutung (§. 204.) geltend machen. „Warum sollte auch aller Sauerteig aus den Häusern u. dem ganzen Gebiete entfernt werden, wenn es sich nur um das Essen unschmackhaften Brodes gehandelt hätte?" Aber so wäre die Hauptbedeutung vergessen worden; denn nirgends wird sie angegeben. Die ganze Bedeutung des Festes ist nach *B*. S. 628 ff.: „Passah ist Israels Geburts- und Lebensfest. Wenn das Volk nur von Ungesäuertem d. h. Reinem leben sollte, so bezeichnet diess seine Bestimmung ein Volk zu sein, das alles Unreine aus seiner Mitte entfernt. Ungesäuertes Brod ist als reines Brod auch Lebens-

man sich zu Vermuthungen über die ursprüngliche Bedeutung des Festes veranlasst. Nach v. *Bohlen* Einl. z. Genes. CXL. ist das Passah (פֶּסַח, *transitus* sc. solis) das grosse Frühlingsfest der alten Welt (*Huli*, *Nauruz*, *Hilaria*), und nach *Baur* (üb. d. urspr. Bedeut. des Passahfestes u. s. w., Tüb. Ztschr. 1832. I, 40 ff.) war es ebenfalls ursprünglich theils ein Frühlings-[1]), theils ein Sühnfest (nach der Idee, dass im Beginne

---

brod, u. während seines Lebensfestes sollte das Volk auch Lebensbrod essen." Die anfängliche Sühnbedeutung des Passahopfers kann *B.* nicht wohl mit der nachherigen Feier vereinigen; „denn das Passah war kein Sünd- oder Schuld-, sondern ein Dankopfer, bei welcher Opfergattung die Sühne mehr zurücktritt, dagegen die Beziehung auf göttliche Wohlthat, Errettung u. Hülfe sich desto mehr geltend macht." S. 634. — Darin dass der Israelit das Passah selbst schlachtete, wird der Gedanke, dass Israel ein Priester-Volk sein soll (2 Mos. XIX, 6.), gefunden u. dgl. m. — Für die Frage nach der Symbolik des Festes u. seiner Hauptgebräuche ist der geschichtliche Ursprung derselben von geringerer Bedeutung, als die Geltung, die sie für das Volksbewusstsein hatten. An den betreffenden biblischen Stellen wird aber das Passah ganz bestimmt auf den Auszug aus Aegypten bezogen, u. den Mazzoth, wenn sie vielleicht auch ursprünglich der Feier eines Erntefestes angehörten (s. *Knobel* Exod. S. 103 f.), wird doch nach 2 Mos. XII, 17. 34. 39. 5|Mos. XVI, 3. dieselbe Beziehung gegeben. Daher galt dem Volke das Fest ohne Zweifel als ein Fest zur Feier der Befreiung aus der ägyptischen Knechtschaft. Wenn aber dem פֶּסַח 2 Mos. XII, 12. 13. 22 ff. ausserdem die specielle Beziehung auf die Verschonung der Erstgeburt beim Auszuge aus Aegypten gegeben wird, so erklärt sich bei der Bedeutung der Erstgeburt für die Hebräer auch die eigenthümliche Feier des Passah in allen einzelnen Familien. Tritt nun dazu noch die Erstlingsgarbe, welche das Volk als solches beim Beginn der Ernte am Passahfest Jehova darbrachte, so erscheint das Fest als ein wahres Frühlingsfest zur Feier der Gründung und ewigen Erhaltung des theokratischen Volkes durch seinen Gott, ein Lebensfest, reich ebenso an religiösen Motiven, wie an religiösen Anregungen.

[1]) Beide berufen sich auf das auf das Zeichen des Widders im Thierkreise bezügliche Frühlings-Widderopfer der Aegypter (*Herod.* II, 42. *Creuz.* II, 205.); aber das Passah-Lamm ist nicht bloss ein männliches Schaflamm. v. *B.* bemerkt noch (vgl. alt. Ind. I, 140.), dass die alten Peruaner ihre Tempel und Wohnungen zu röthen pflegten, um den Triumph der Sonne über den Winter zu versinnbilden, u. *B.* aus *Epiphan.* Haer. XIX, 3., dass die Aegypter im Frühlingsanfange ihre Schafe, auch Bäume und Anderes mit Röthel zu bemalen pflegten, vgl. 2 Mos. XII, 22.

einer Zeitperiode die Schuld gebüsst, das neue Leben mit Tod [Opfer] erkauft werden muss)¹). Nach *George* (a. a. O. S. 222 ff.) war es ursprünglich ein Ernte- und Erstlingsfest (aber das Passahlamm ist kein Erstling, und die Combination der Heiligkeit der Erstgeburt mit diesem Feste beruht auf dem Mythus). Eigenthümlich ist der Familiencharakter des Festes, welcher vorzüglich mit in eine befriedigende Erklärung aufgenommen werden müsste ²).

¹) *B.* vergleicht das römische Ver sacrum, wo den Göttern, besonders dem Mars, die Suovetaurilia geopfert wurden. Auch *Ewald* Alterh. S. 390 ff. sucht den Ursprung des Passah in dem Frühlingsfest der alten Welt, an dem man bei dem Uebergang in ein neues Jahr Gott ein Sühnopfer darbrachte, damit Gott in dem neuen Jahr an dem Opfernden gnädig vorübergehe. Gegen diese verschiedenen Versuche, ausserhalb der israelitischen Geschichte die Entstehung des Passah zu erklären, vgl. *Knobel* Exod. S. 93 f.

²) *Bähr* S. 635. erklärt diesen Theil des Ritus so: „Indem jedes Haus diess Vereinigungsmahl hielt u. alle Häuser das Passah assen, ass es eo ipso das ganze aus diesen Häusern (Familien) bestehende Volk, welches eben dadurch als Eine grosse Gemeinschaft bezeichnet und so recht eigentlich zu Einer Gemeinde wurde, vgl. 2 Mos. XII, 47.: „die ganze Gemeinde Israel soll es halten." (?)
Zur richtigen Beurtheilung des Streites über das πάσχα σταυρώσιμον fasse man die Stellen Matth. XXVI, 17—20. Mark. XIV, 12 - 17. Luk. XXII, 7—16. im Vgleich mit Joh. XIII, 1. 29. XVIII, 28. XIX, 14. 31. unbefangen ins Auge, und so wird man den Widerspruch boider evangelischer Relationen weder verkennen, noch zu lösen hoffen durch eine der folgenden Annahmen: 1) der Griechen: *Cedrenus*, *Petrus* episc. Alex. b. *Casaub.*, *Metrodor.* de festo paschalis in Excerptis Photianis (vgl. *Deyling*), *Casaub.* exercitatt. XVI, 12. p. 464., *Marc. Ant. de Cominis* de republ. eccl. P. II. c. 6. num. 275 sq., *Nic. Toynard* harm. evang. f. 107., *Bern. Lamy* harm. ev. und de l'ancienne Pâque des Juifs (Paris 1693.), *Deyling* obss. s. I, 52. p. 273 sqq., *Gude* demonstr. herm. quod Christus in coena sua σταυρωσίμῳ agnum pasch. non comederit 1733. 4. (vgl. dgg. *Iken* diss. qua contra Gud. demonstr. coenam Chr. σταυρώσιμον vere paschalem fuisse [dissert. II. p. 472 sqq.]): Jesus habe nicht das eigentliche jüdische Passahmahl gefeiert (wogegen besonders Luk. XXII, 15.); 2) *Grot.* zu Matth. XXVI, 18., *Hamm., Cleric.* zu Mark. XIV, 12.: J. habe das πάσχα μνημονευτικόν, nicht θύσιμον gegessen (wogegen besonders Luk. XXVII, 7 f. 15.); 3) J. habe das Passah eher als die übrigen Juden gefeiert, entweder weil er vorhersah, dass es ihm in der nächsten Nacht nicht verstattet sein werde es zu feiern (*Majus*

de temp. pasch. Chr. ult. Giess. 1712. *S. Schmid* de pasch. p.
398. *Idel.* Chron. I, 521.), oder wegen einer geschehenen Verlegung des Passah (*Scalig.* de emendat. tempp. VI, 531 sq. vgl.
Casaub. p. 467 sqq.), oder wegen einer verschiedenen Berechnung
des Neumondes (*Cudworth* de vera notione coenae Dom. p. 28.
[an s. System. intellect. ed. *Mosh.*] *Carpz.* app. p. 430. u. a. von
ihm angef. Schriftst.), und zwar wegen einer zwischen den Sadducäern und Pharisäern obwaltenden Differenz (*Iken* de temp. celebrat. a Servatore ult. coenae pasch. [dissertt. II, 390 sqq.]. *Ernesti*
n. theol. Bibl. II, 890. *Cotta* zu *Gerh.* loc. theol. IX, 40 sq.
Storr opusce. III, 21 3 sqq. *Kuinoel* Comm. in libr. N. T. hist.
ad Matth. XXVI, 17., wgg. *Paul.* Comm. III, 543 ff.); 4) der
Osterlammstag und das Passahfest der Juden seien um einen ganzen
Tag verschieden gewesen (*J. Fr. Frisch* v. Osterlamme überh. und
d. letzten Osterlammstage Christi, Leipz. 1758., wgg. *Gabler* n.
theol. Journ. 1799. 7. St.); endlich 5) auch nicht durch eine solche
Erklärung der Joh. Stellen, wodurch die Differenz mit den drei
ersten Evangelisten gehoben werden soll (*Boch.* Hieroz. I, 564 sq.
Bauer gottesd. Verf. II, 227 ff. *Gabler* a. a. O. S. 446 ff. 454 ff.
Tholuck z. d. St.), wgg. schon *Cudworth* l. l. p. 22 sq., *Mosh.*
Anmerkk., *Iken* diss. IX., *Lampe* z. d. St., *Theile* in *Win.* krit.
Journ. V, 135 ff. gegründete Einwendungen machen. Vgl. m. Exeg.
Hdb. I, 3. 155 ff. Dass Christus am Passahtage gefangen genommen und gekreuzigt werden konnte, suchen *Boch.* l. l. p. 568 sq.,
Paul. a. a. O. S. 550., *Thol.* zu Joh. XIII, 1., *Guerike* in *Win.*
krit. J. III, 265. zu zeigen. Allein dem steht entgegen: M. Bezah
V, 2.: De quocunque tenentur opere propter Sabbathismum, propter
praeceptum die Sabbathi, de eodem etiam tenentur die festo. Illa
autem sunt de quibus propter Sabbathismum tenentur .... Haec
sunt de quibus tenentur propter licentiam: *non judicant*..... Non
est differentia inter diem festum et diem Sabbathi, nisi in edulibus
tantum. *Maimonid.* ad Sanhedr. IV, 1. (Surenh. IV, 226.): Die
Sabbathi non licet quemquam occidere. Vgl. *Usteri* Comment. crit.
in qua Evang. Joann. genuinum esse ex comparatis IV Evangg.
narrationibus de coena ultima et passione J. Chr. ostenditur. Tur.
1823. p. 24. *Baur* a. a. O. S. 90 ff. nimmt an, es sei gewöhnlich
gewesen am Passah Missethäter hinzurichten (AG. XII, 1 f. M.
Sanhedr. X, 9. 4.: .... asservant eum usque ad festum, et in
festo interficitur — was aber von irgend einem der Zwischentage
zu verstehen ist), u. glaubt, dass diese Sitte mit den alten Menschenopfern in Verbindung stehe. *Saulschütz* mos. R. S. 413. Anm.
527. lässt Christum das gewöhnliche Passahmahl halten, findet es
aber unglaublich, dass er am ersten Festtage gekreuzigt worden
sei, und sucht die Schwierigkeit durch die Annahme zu beseitigen,
dass die Kreuzigung am Tage vor dem letzten Passahtage stattgefunden habe. Ueber die exegetischen Schwierigkeiten, die dieser

§. 219.

Das Pfingstfest.

Sieben Wochen oder funfzig Tage nach dem ersten Passahtage (מִמָּחֳרַת הַשַּׁבָּת)[1] wurde das Fest der Wochen (חַג הַשָׁבוּעוֹת), auch das Erntefest (חַג הַקָּצִיר) und Erstlingsfest (יוֹם הַבִּכּוּרִים)[2], bei den Rabbinen עֲצֶרֶת[3] genannt, mit Darbringung der (gesäuerten) Erstlingsbrode, eines Dankopfers von zwei Lämmern (beides gewebt) und andern Opfern[4])

Annahme entgegenstehen, setzt sich *Saalschütz* ziemlich leicht hinweg. — Vgl. *Winer* RWB. II, 202 ff. *Bleek* Einleitung in das N. T. S. 172 f. u. 180 ff.

[1] Die Karäer und Samaritaner dagegen verstehen unter dem Sabbath 3 Mos. XXIII, 15. einen Wochensabbath, und ihnen nach fällt Pf. immer auf einen Sabbath. *Trigland* diatr. de secta Karaeor. c. 4. *Rel.* antt. IV, 4, 3. *Idel.* Chronol. II, 613. *Ludolf* ep. samar. p. 27. *Schnurrer* sam. Briefw. in *Eichh.* Rep. IX, 13. *Reland* diss. misc. II, 92. Kritische Hypothesen über diese St. u. die darauf beruhende Zählung b. *George* ält. jüd. F. S. 122 ff. 262 ff. *Hitzig* Ostern und Pfingsten. Sendschr. an Ideler. 1837. Ost. u. Pf. im zweit. Decalog. Sdschr. an A. Schweizer 1838. Vgl. §. 218 a. u. *Vaihinger* in *Herzog's* RE. unt. Pfingstfest.

[2] ἑορτὴ πρωτογεννημάτων, *Philo* de septenar. et fest. p. 1192.

[3] *Joseph.* Antt. III, 10, 6.: Ἑβδόμης δ' ἑβδομάδος διαγεγενημένης μετὰ ταύτην τὴν θυσίαν, αὗται δ' εἰσὶν αἱ τῶν ἑβδομάδων ἡμέραι τεσσαράκοντα καὶ ἐννέα. τῇ πεντηκοστῇ, ἣν Ἑβραῖοι Ἀσαρθὰ καλοῦσι, σημαίνει δὲ τοῦτο Πεντηκοστήν, προσάγουσι τῷ θεῷ ἄρτον. Ueber die Bedeutung dieses W., das im A. T. vom 7. Tage des Passah und vom 8. des Laubhüttenfestes vorkommt (5 Mos. XVI, 8. 3 Mos. XXIII, 36.) s. *Bernard.* ad *Joseph.* l. l. *Iken* de Azereth festi ad Deut. XVI, 8. [dissert. philol. theol.] p. 50—64. *Michael.* Suppl. *Gesen.* u. d. W. Die Bedeutung Schlussfest (*Bähr*) passt freilich am besten. Vgl. *Keil* I, 394. Anm. 3. *Knobel* zu Lev. XXII, 36. nimmt es in der Bedeutung: Zurückhaltung, Einhaltung, Festversammlung, mit welcher Ab- und Zurückhaltung des Volkes vom gewöhnlichen Treiben u. Verkehr verbunden war.

[4] Nach 3 Mos. XXIII, 18 ff. 7 jährige Lämmer, 1 junger Stier, 2 Widder als Brandopfer, 1 Ziegenbock als Sündopfer; nach 4 Mos. XXVIII, 27 ff. 2 junge Stiere, 1 Widder, 7 jährige Lämmer als Brandopfer. Menachoth IV, 2. *Joseph.* III, 10, 6. fassen beides zusammen, und Letzterer zählt 14 L. 3 St. 2 (statt 3) W. Vgl. *Win.* Art. Pfingst. *Knobel* zu Lev. XXIII, 18. 19.

einen Tag lang¹) gefeiert (2 Mos. XXIII, 16. 3 Mos. XXIII, 15 ff. 4 Mos. XXVIII, 27 ff. 5 Mos. XVI, 9 ff.). Als Erntefest stand es in Beziehung zu der einen Seite des Passahfestes und bildete den eigentlichen Abschluss des letztern.

§. 220.
Das Laubhüttenfest.

Am 15. des 7. Monats (Tisri) begann das achttägige Fest der Einsammlung (חַג הָאָסִיף), oder das Fest der Hütten (חַג הַסֻּכּוֹת)²), von seiner doppelten Bestimmung, als Dankfest der Obst- und Weinlese, und als Dankfest des Wohnens in Hütten auf dem Zuge durch die Wüste³) so genannt (2 Mos. XXIII, 16. 3 Mos. XXIII, 34 ff. 5 Mos. XVI, 13 ff.). Der Ritus der aus frischen Zweigen errichteten Laubhütten, in denen man wohnte (3 Mos. XXIII, 40. 42 f. vgl. Neh. VIII, 15.)⁴), und zahlreiche Opfer (70 Stiere u. and. 4 Mos. XXIX, 12—39.) zeichneten dieses fröhlichste aller Feste aus⁵).

---

¹) Siphra f. 189, 1.: עצרת שחוא יום אחד. Menachoth f. 65, 1. *Bernard.* l. l. Unicus dies felicitas haec fuit, quicquid viri docti in contrarium dissertant, donec seculo, altero post scriptam Mischnam Judaeamque derelictam, computistarum Rabbanicorum suspicio aut ignorantia biduum (2 Tage feiern die heutigen Juden) adseverasset. Es dauerte nur 1 T., weil es Schlussfest des Passah- und Ernte-Cyclus war. Falsch nehmen *Michael.* mos. R. §. 197. und *Bauer* gottesd. Verf. II, 236. 7 Tage an. Die historische Beziehung des Pf.-F. auf die sinaitische Gesetzgebung (*Maimon.* Mor. Nev. I, 41.) ist später, und nicht einmal von allen Rabbinen angenommen. *Bähr* II, 645 f. Vgl. dagegen *Vaihinger* l. c. S. 482 ff.

²) σκηνοπηγια Joh. VII, 2. *Joseph.* Antt. XI, 5, 5. Bei den Talmudisten חַג, als das grösste Fest, s. *Joseph.* l. l. *Philo* de septenar. p. 1183. s. §. 215 a. Not. 4. S. 312.

³) Vielleicht ist die erstere älter und ursprünglich mosaisch, s. Beiträge 1, 298. *George* S. 276 ff. *Ewald* Alterth. S. 388 f.

⁴) Vorschriften im Tract. Succa (ed. *Dachs*) I. II.

⁵) Spätere Gebräuche: 1) das Tragen der Citrone (אֶתְרוֹג) u. des Palmen-, Weiden- und Myrthenbüschels (לוּלָב) nach 3 Mos. XXIII, 40. M. Succa III. *Buxt.* Synag. Jud. XXI, 454 sqq. vgl. *Knobel* zu Lev. XXIII, 40.; dagegen *Keil* I, 413. Anm. 1. 2) Das Wassergiessen an jedem der 7 Festtage Succa IV, 9 sq. vgl. dz. *Dachs* p. 368 sqq. Succa V, 1.: „Wer nicht die Freude des Schöpf-

Der 8. Tag, עֲצֶרֶת genannt, war ein Zusatz zum Feste, vielleicht der Schlusstag sämmtlicher Feste. Im Erlassjahre sollte am Laubhüttenf. das Gesetz vorgelesen werden (5 Mos. XXXI, 10 ff.).

§. 221.
Symbolische Bedeutung dieses Gottesdienstes.

Bei Aufsuchung der allerdings vorauszusetzenden symbolischen Bedeutung dieses Gottesdienstes muss man vom historischen Standpunkte ausgehen. Nur solche Ideen können symbolisirt sein, welche der sonsther bekannten religiösen Ansicht der Urheber der Symbole angemessen sind, und wenigstens zum Theil in ihrem Bewusstsein lagen: womit die ehemalige Typologie [1]) (nicht aber eine unbewusste, auf der

hauses gesehen hat, der hat seine Lebtage keine Freude gesehen." Vgl. Joh. VII, 37. 3) Die Illumination und der Fackeltanz am Abend des 1. T. im Weibervorhofe, Succa V, 2—4. Vgl. *Pressel* in *Herzog's* RE. unt. Laubhüttenfest S. 220 ff. Aehnlichkeit mit den Dionysiacis der Griechen, *Plutarch.* sympos. IV, 6, 671.: τῆς μεγίστης καὶ τελειοτάτης ἑορτῆς παρ' αὐτοῖς ὁ καιρός ἐστι καὶ ὁ τρόπος Διονύσῳ προσήκων· τὴν γὰρ λεγομένην νηστείαν ἀκμάζοντι τρυγητῷ τραπέζας τε προτίθενται παντοδαπῆς ὀπώρας, ὑπὸ σκηναῖς τε καθιᾶσιν, ἐκ κλημάτων μάλιστα καὶ κιττοῦ διαπεπλεγμέναις, καὶ τὴν προτέραν τῆς ἑορτῆς σκηνὴν ὀνομάζουσιν· ὀλίγαις δὲ ὕστερον ἡμέραις ἄλλην ἑορτὴν οὐκ ἂν δι' αἰνιγμάτων, ἀλλὰ ἄντικρυς Βάκχου καλουμένου τελοῦσιν. Ἔστι δὲ καὶ κρᾳδηφορία τις ἑορτὴ καὶ θυρσοφορία (vgl. 2 Makk. X, 7. *Joseph.* Antt. XIII, 13, 5.) παρ' αὐτοῖς, ἐν ᾗ θύρσους ἔχοντες εἰς τὸ ἱερὸν εἰςίασιν· εἰςελθόντες δὲ ὅ,τι δρῶσιν, οὐκ ἴσμεν· εἰκὸς δὲ βακχείαν εἶναι τὰ ποιούμενα· καὶ γὰρ σάλπιγξι μικραῖς, ὥςπερ Ἀργεῖοι τοῖς Διονυσίοις, ἀνακαλούμενοι τὸν θεὸν χρῶνται. Καὶ κιθαρίζοντες ἕτεροι προςίασιν, οὓς αὐτοὶ Λευίτας προςονομάζουσιν, εἴτε παρὰ τὸν Λύσιον, εἴτε μᾶλλον παρὰ τὸν Εὔιον τῆς ἐπικλήσεως γεγενημένης. *Lakem.* obss. philol. I, 2. 17 sqq. de ritibus quibusdam Bacchicis a Graecis ad Judaeos rec. derivatis nimmt an, dass diese Gebräuche von den Griechen in der makkabäischen Zeit entlehnt worden. *Movers* Phöniz. I, 458. leitet das Tragen des Citronapfels u. s. w. vom babylonischen Hütten- oder Sakeen-Feste ab.

[1]) Wie sie sich findet b. *Coccej.* und seinen Nachfolgern, in den alten Archäologieen, bei *Lundius*, *Carpzov*, *Wits.* Miscell. sacr. u. A.; s. auch *Michael.* Entwurf d. typ. Gottesgelahrth. 2. A. 1763. *Blasche* n. Aufkl. üb. d. mos. Typol. 1789. Dagegen *Rau* freimüth. Gedanken üb. d. Typol. 1784. *Bauer* gottesd. Verf. I, 224 ff. *Bähr* Symb. I, 17 f. 111 ff.

tiefern Einheit des A. und N. Bundes beruhende[1]) und manche alte und neue Deutelei[2]) verworfen wird. Die Deu-

---

[1] Für welche *Friederich* Symb. d. Stiftsh. S. 73., aber auch, nur in etwas verschiedener Weise, *Bähr* I, 19. Die Typik ist nur insofern berechtigt, als sie sich auf den durch die geschichtliche Entwickelung bedingten Zusammenhang des Typus und Antitypus stützt. Zwischen dem A. und N. T. stellt sich aber dieser Zusammenhang überhaupt als Fortschritt von äusserer Cultusform zur Vergeistigung dar. Alle andere Typik, die zwar geistreichen Combinationen Spielraum giebt. aber immer auf Willkür beruht, gehört nicht in die Theologie.

[2] So die kosmisch astronomischen Deutungen b. *Philo* de vita Mos. III. p. 666 sqq. z. B. . . . τὰ ἄδυτα τῆς σκηνῆς, ἅπερ ἐστὶ συμβολικῶς νοητά· τὰ δ' ἐκτός . . . ἅπερ ἐστὶν αἰσθητά. Τὰς τῶν ὑφασμάτων ὕλας ἀριστίνδην ἐπέκρινεν ἐκ μυρίων ὅσων ἐλόμενος τοῖς στοιχείοις ἰσαρίθμοις, ἐξ ὧν ἀπετελέσθη ὁ κόσμος, καὶ πρὸς αὐτὰ λόγον ἐχούσας, γῆν καὶ ὕδωρ καὶ ἀέρα καὶ πῦρ. Ἡ μὲν γὰρ βύσσος ἐκ γῆς, ἐξ ὕδατος δ' ἡ πορφύρα, ὁ δὲ ὑάκινθος ἀέρι ὁμοιοῦται· τὸ δὲ κόκκινον πυρὶ, διότι φοινικοῦν ἑκάτερον. *Joseph.* Antt. III, 7, 7.: . . . ἕκαστα γὰρ τούτων εἰς ἀπομίμησιν καὶ διατύπωσιν τῶν ὅλων . . . Τήν τε γὰρ σκηνὴν . . νείμας εἰς τρία, καὶ δύο μέρη πᾶσιν ἀνεὶς τοῖς ἱερεῦσιν, ὥσπερ βατόν τινα καὶ κοινὸν τόπον, τὴν γῆν καὶ τὴν θάλατταν ἀποσημαίνει· καὶ γὰρ ταῦτα πᾶσίν ἐστιν ἐπίβατα. Τὴν δὲ τρίτην μοῖραν μόνῳ περιέγραψε τῷ θεῷ, διὰ τὸ καὶ τὸν οὐρανὸν ἀνεπίβατον εἶναι ἀνθρώποις. Τὰ τε φάψη ἐκ τεσσάρων ὑφανθέντα τὴν τῶν στοιχείων φύσιν δηλοῖ κτλ. (wie *Philo*). Aehnlich *Clem. Alex., Origen., Chrysost.* u. A.; auch Rabbinen, *Kimchi, Abarbanel* u. A. vgl. *Bähr* I, 104 ff., welcher diese Deutungen mit Recht als nicht dem Geiste des Mosaismus angemessen verwirft. Aber ist es die seinige? „Die Cultusstätte sollte als Bau, Haus und Wohnung Gottes den Bau, den Gott gebaut, das Haus, worin Gott wohnt, d. i. die Schöpfung Himmels und der Erde darstellen. . . . . . Die speciell so genannte „Wohnung" ist als ein Bild des Himmels aufzufassen, während der Vorhof dem andern Theile der Schöpfung, der Erde, entspricht." Dafür werden fälschlich die Ausdrücke vom Himmel: Wohnung, Tempel u. dgl. angeführt, die ja eben übertragen sind, und es wird bei dieser Hypothese ganz der Zweck des Baues: Gottes Gegenwart symbolisch zu fixiren und ihm eine Wohnung inmitten seines Volkes (in dem er sittlich-politisch wohnen sollte), zu bereiten, und aus allzugrosser Abneigung vor allem Anthropomorphismus die ganz natürliche Analogie mit einer menschlichen Wohnung übersehen. Treffend bemerkt *Friederich* S. 25.: „Soll das Ganze des heil. Baues die Welt vorstellen, und dabei der Vorhof der Erde, die Wohnung dem Himmel entsprechen : so fragt man unwillkürlich: Ja was bedeutet denn da eigentlich das Allerheiligste?" Vgl. auch gegen diese Deutung *Hengstenb.* Beitr. III, 636 ff. *Keil* d. Temp. Sal. S. 135 ff. Da-

tung muss einfach, natürlich und der Fassungskraft des Volkes gemäss sein¹), und nicht zu sehr ins Einzelne getrieben werden; denn nicht Alles ist symbolisch, sondern Manches dient bloss dem äusserlichen Bedürfnisse²), Anderes zum Gepränge³) und zur Unterstützung der Hierarchie; Manches ist vom Herkommen überliefert, und hat seine ursprüngliche Bedeutung verloren⁴).

---

mit die Wohnung dem Himmel entspreche, nimmt *Bähr* an, die Thachaschdecke sei blau u. zwar himmelblau gewesen, wie er denn auch die Farbe Hyacinth für Himmelblau nimmt. Die Farben sind ihm ein Symbol des Lichts, auch die Metalle deuten Licht an, und hiernach ist die Stiftshütte eine Stätte des Lichts und Lebens; aber wie passt das zu der relativen Dunkelheit des Heiligthums und zu der absoluten Dunkelheit des Allerheiligsten (*Frieder*.)? u. dgl. m.

¹) Mit Recht trifft *Friederichs* (S. 69 f.) Vorwurf der Künstlichkeit die *Bähr*'schen denen des *Philo* ähnlichen Zahlendeutungen. „Ist es auch erweislich, dass es mit den Principien des Mosaismus übereinstimmt, den Zahlen eine metaphysische Bedeutung zu geben, die Zahl 3 als Signatur der Gottheit, die Zahl 4 als Signatur der Welt zu betrachten u. s. w.?" *Friederichs* eigene Deutung der Stiftshütte nach dem Typus der menschlichen Gestalt ist zwar sinnreich, und hat *Luther* (Ausleg. des Magnificat, b. *Walch* VII, 1236.) zum Gewährsmanne, ist aber doch offenbar auch zu künstlich, wie wenn z. B. die 3 × 20 Säulen des Vorhofes auf die Finger und Zehen der menschlichen Glieder zurückgeführt, die Teppiche der Hütte mit der Haut des menschlichen Körpers verglichen, und der Altar und das Becken im Vorhofe als Symbole der Ehe zwischen Gott und Volk gedeutet werden u. dgl. m.

²) Diess gilt von dem in der Wüste sich natürlich darbietenden Schittim- oder Acacien-Holze, das nach *Bähr* I, 286 ff. Symbol des unverweslichen Lebens sein soll (?). Vgl. *Fried.* S. 39.

³) Dahin gehören die edeln Metalle und die Farben (vgl. §. 189. S. 259. Not. 1.). Ist denn die Pracht nicht ein nothwendiges u. zweckmässiges Mittel den Menschen Ehrfurcht für das Heiligthum einzuflössen? Vgl. *Keil* S. 142.

⁴) Alles diess Letztere gilt von manchen Theilen der gottesdienstlichen Handlungen, die zwar gewiss eine Hauptbedeutung haben, aber nicht in allen einzelnen Theilen symbolisch sind. (Es wird hierbei natürlich vorausgesetzt, dass nicht alle Opfergesetze des Pentateuchs aus dem Kopfe und dem Griffel eines Einzigen hervorgegangen sind.) Auch wird die *Bähr*'sche Symbolik sehr durch die *Spencer*'sche, von *Movers* Phöniz. u. *Hengstenb.* d. BB. Mos. a. m. O. gerechtfertigte Ansicht durchkreuzt, dass viele Gebräuche sich auf altisraelitische und heidnische von Mose modificirte oder ausgeschlossene Cultus-Elemente beziehen. Das rechte, durch das

Drittes Capitel.
Zustand des Gottesdienstes nach Mose bis zum Exile.

I. Heiligthum.

§. 222.
Verschiedene heilige Orte bis zu David.

Das Dasein der mosaischen Stiftshütte wird bald in der Geschichte unsicher. Ausgenommen Jos. XVIII, 1. (vgl. aber XXIV, 1. 26.) kommt in der ganzen Zeit von Josua bis David keine sichere Spur von diesem Nationalheiligthume vor. Ungewiss ist es, an welchem der verschiedenen heiligen Orte man es finden soll: ob zu *Mizpa* in Gilead (Richt. XI, 11.)[1]; oder zu *Silo*, wo allerdings die Lade war (Richt. XVIII, 31. 1 Sam. I—III. s. bes. III, 3. vgl. XIV, 3.); oder zu *Mizpa* in Benjamin (Richt. XX, 1. XXI, 1. 5. 8.[2]) 1 Sam. VII, 5. X, 17. vgl. 1 Makk. III, 46.); oder zu *Bethel*, wo ebenfalls die Lade war (Richt. XX, 18. 23. 27. bes. 28. XXI, 2. [Vs. 4. bauen sie daselbst einen Altar][3]) 1 Sam. VII, 16. X, 3.); oder zu *Gilgal* (Richt. III, 19. [wo Götzenbilder] 1 Sam. VII, 16. [Bethel, Gilgal und Mizpa die drei heiligen Richtstätten Samuels] XI, 15. XIII, 8. 11. XV, 21. 33.); oder

geschichtliche national-religiöse Bewusstsein bestimmte Maass in der symbolischen Deutung der Stiftshütte und ihrer Theile, des Priesterthums und der priesterlichen Kleidung, des Opfercultus und seiner Riten, der Feste und ihrer Gebräuche haben zumeist *Riggenbach*, *Ewald* und *Knobel* an den oben angeführten Stellen eingehalten, während es nicht selten von *Keil* in seiner Archäologie und von *Kurtz* in seinem Opfercultus überschritten wird.

[1] *Lakem.* de Jephtha etc. obss. philol. IX, 99 sqq.
[2] Nach *Joseph.* Antt. V, 2, 9. wollte *Michael.* z. d. St. u. Or. Bibl. V, 241 ff. Mizpa appellative und darunter Silo verstehen. Besser *Lakem.* l. l. p. 97 sq. *Faber* zu *Harm.* Beobb. II, 300 ff. Vgl. Beiträge I, 231. Nach *Kimchi* u. *Abarbanel* b. *Vitring.* Synag. p. 318 sq. war zu Mizpa ein Altar u. Bethaus (Synagoge), auch ein Versammlungshaus. Nach *Vitr.* p. 323. war zu M. gar kein gottesdienstlicher Ort; diesen findet er bloss XX, 18 ff.
[3] Auch Bethel hat man als Nom. appell. für Silo nehmen wollen, *Vitr.* l. l. p. 323. Exeg. Handb. d. A. T. 3. St. z. d. St.

zu *Nob*, der „Priesterstadt," wo Schaubrode und das zweifelhafte Ephod, auch eine zahlreiche Priesterschaft war (1 Sam. XXI, 1—9. XXII, 9 ff.)[1]; oder zu *Hebron* (2 Sam. V, 3. vgl. XV, 7 ff.). Die Lade, welche zu Silo (aber auch zu Bethel) war, wurde von den Philistern erbeutet, kam dann nach Kiriathjearim (1 Sam. IV, 4—VII, 2.), und wurde von da nach Jerusalem gebracht (2 Sam. VI.). Demungeachtet befindet sie sich einmal im Lager Sauls (1 Sam. XIV, 18.). Uebrigens opferte man an beliebigen Orten (Richt. II, 5. 1 Sam. VII, 17.), besonders auf Höhen (בָּמוֹת 1 Sam. IX, 12.)[2].

§. 223.
Das Heiligthum zu Jerusalem.

Nachdem David die wandernde Lade nach Jerusalem gebracht und ihr ein Zelt errichtet hatte (2 Sam. VI.), ward immer noch an andern Orten angebetet (2 Sam. XV, 7. 32. XXIV, 18.), selbst noch unter Salamo (1 Kön. III, 2 f.)[3], ja bis in die späteste Zeit (1 Makk. III, 46.). Salomo baut nun den Tempel; aber das Opfern auf Höhen, nunmehr erst von den Geschichtschreibern gemissbilligt, dauert im Reiche Juda

---

[1] *Maimon*. Hilc. Beth habbech. I, 2.: „Nach dem Tode Eli's wurde die Wohnung zu Silo verwüstet (oder verödete?), und sie kamen nach Nob, u. baueten daselbst ein Heiligthum." Vgl. Comm. ad Sevach. XIV, 7. Diese so wie *Lakemacher's* (obss. philol. IX, 4. 219 sq.) Annahme, Saul habe das Heiligthum zur Ehre seines Stammes dahin verlegt (ähnlich *Keil* üb. d. Chron. S. 393. *Win*. RWB. II, 533.) ist ganz willkürlich. — Nach *Ewald* Bd. II, 538 ff. *Knobel* Exod. S. 255 ff. *Keil* I, 117. befand sich die Stiftshütte von den Zeiten Josua's bis Eli zu Silo, dann zu Nob und Gibeon. Gegen die Annahme von *Thenius, Ewald, Bertheau, Winer, Keil* l. c., dass die Stiftshütte nach Erbauung des Tempels nach Jerusalem gebracht und in den Nebengebäuden des Tempels aufbewahrt worden sei, vgl. *Knobel* l. c. S. 256.

[2] Wo sich wahrscheinlich heil. Zelte oder Tempelchen befanden, vgl. בָּתֵּי הַבָּמוֹת 1 Kön. XIII, 32. 2 Kön. XVII, 29. 32. XXIII, 19.: בָּמוֹת טְלָאוֹת Ez. XVI, 16. Auch waren die Höhen zum Theil künstlich angelegt (vgl. βωμός). *Gesen*. unt. במה, Vorr. zu *Gramberg* Gesch. d. Relig.-Ideen d. A. T. I. XIX f. Ueber die Höhenopfer M. Sevach. XIV.

[3] Falsche Nachrichten der Chronik von der mos. Stiftshütte zu Gibeon. Beitrr. I, 110 ff. Einl. ins A. T. §. 190 c.

ungestört fort (1 Kön. XIV, 22 f. XV, 14. XXII, 44. 2 Kön. XII, 4. XIV, 4. XV, 4. 35.) bis auf Hiskia, der es abschaffte (2 Kön. XVIII, 4.); doch erst Josia, nach Findung des Gesetzbuches, rottete es ganz aus (2 Kön. XXIII, 8. 13.)[1]).

§. 224.
Der Tempel Salomo's. Umgebung.

Die Wohnung Jehova's durfte den Prachtbauten, die sich das menschliche Königthum errichtete, nicht nachstehen (2 Sam. VII, 2.); zur Verherrlichung des himmlischen Königs musste an die Stelle des Zeltes ein Haus (בַּיִת) treten, für die Ewigkeit berechnet (1 Kön. VIII, 13. 2 Chron. VI, 2.), neben den königlichen Palästen ein Palast Jehova's (הֵיכַל יְהֹוָה 2 Kön. XXIV, 13.). Den Tempel erbaute Salomo mit Hülfe phönicischer Bauleute (1 Kön. V, 20 ff. 32. VII, 13.), also wahrscheinlich im phönicischen Geschmacke auf dem durch Ummauerung erweiterten und geebneten [2]) Hügel Moriah.

---

[1]) Folgerung daraus gegen die §. 196. enthaltenen Gesetze. Beitrr. I, 285 ff.
[2]) Vgl. *Ewald* Bd. III, 294 ff. *G. Unruh* das alte Jerusalem u. seine Bauwerke S. 18 ff. *Joseph.* Antt. VIII, 3, 9.: Μεγάλας γὰρ ἐγχώσας φάραγγας, ἃς διὰ βάθος ἄπειρον οὐδὲ ἀπόνως νεύσαντας ἦν ἰδεῖν· καὶ ἀναβιβάσας εἰς τετρακοσίους πήχεις τὸ ὕψος, ἰσοπέδους τῇ κορυφῇ τοῦ ὄρους, ἐφ' ἧς ὁ ναὸς ᾠκοδόμητο, κατεσκεύασε. XV, 11, 3 : Λόφος ἦν πετρώδης, ἀνάντης, ἠρέμα πρὸς τοῖς ἑῴοις μέρεσι τῆς πόλεως ὑπτιούμενος ἐπὶ τὴν κορυφὴν ἄκραν. Τοῦτον ὁ πρῶτος ἡμῶν βασιλεύσας Σολομών, κατ' ἐπιφροσύνην τοῦ θεοῦ, μεγάλαις ἐργασίαις ἀπετείχιζεν ἄνωθεν τὰ περὶ τὴν ἄκραν, ἀπετείχιζε δὲ κάτωθεν ὑπὸ τῆς ῥίζης ἀρχόμενος, ἣν βαθεῖα περιιθεῖ φάραγξ, κατὰ λίβα ταῖς πέτραις μολίβδῳ δεδεμέναις πρὸς ἀλλήλας, ἀπολαμβάνων ἀπὸ τῆς ἔσω χώρας, καὶ προβαίνων εἰς βάθος, ὥστε ἄπορον εἶναι τό τε μέγεθος τῆς οἰκοδομῆς καὶ τὸ ὕψος τετραγώνου γενομένης, ὡς τὰ μὲν μεγέθη τῶν λίθων ἀπὸ μετώπου κατὰ τὴν ἐπιφάνειαν ὁρᾶσθαι, τὰ δ' ἐντὸς σιδήρῳ διησφαλισμένα συνέχειν τὰς ἁρμογὰς ἀκινήτους τῷ παντὶ χρόνῳ. Τῆς δ' ἐργασίας οὕτω συναπτούσης εἰς ἄκρον τὸν λόφον, ὑπεργησάμενος αὐτοῦ τὴν κορυφήν, καὶ τὰ κοῖλα τῶν περὶ τὸ τεῖχος ἐμπλήσας, ἰσόπεδον τοῖς κατὰ τὴν ἐπιφάνειαν τὴν ἄνω καὶ λεῖον ἐποίησε. Etwas anders und richtiger B. J. V, 5, 1.: Τὸ δὲ ἱερὸν ἵδρυτο μὲν . . . . . ἐπὶ λόφου καρτεροῦ· κατ' ἀρχὰς δὲ μόλις ἐξήρκει τὸ ἀνωτάτω χθαμαλὸν αὐτοῦ τῷ τε ναῷ καὶ τῷ βωμῷ. Τὰ γὰρ πέριξ ὑπόκρημνος ἦν καὶ κατάντης· τοῦ δὲ βασιλέως Σολομῶνος, ὅς δὴ καὶ τὸν ναὸν ἔκτισε, τὸ κατ' ἀνατολὰς μέρος ἐκτειχίσαντος, εἶτ' ἐτέθη μία στοὰ τῷ χώματι· καὶ κατά γε τὰ λοιπὰ μέρη γυμνὸς ὁ ναὸς

Ihn umgaben zwei Vorhöfe, ein *äusserer* (הֶחָצֵר הַחִיצוֹנָה Ezech. XL, 17., auch הָעֲזָרָה הַגְּדוֹלָה 2 Chron. IV, 9.) und ein *innerer* (הֶחָצֵר הַפְּנִימִית 1 Kön. VI, 36., auch der Priestervorhof 2 Chron. IV, 9. genannt)[1]): dieser mit einer Mauer und einem Geländer (1 Kön. VI, 36.)[2]), jener mit Portiken (מוּסָךְ 2 Kön. XVI, 18.?)[3]) und zu Vorrathskammern dienenden

---

ἦν. Τοῖς δ᾽ ἑξῆς αἰῶσιν, ἀεί τι τοῦ λαοῦ προςκυνοῦντος, ἀνισούμενος ὁ λόφος ἐγίγνετο. Διακόψαντες δὲ καὶ τὸ προςάρκτιον τεῖχος, τοσοῦτον προςέλαβον ὅσον ὕστερον ἐπεῖχεν ὁ τοῦ παντὸς ἱεροῦ περίβολος. Τειχίσαντες δὲ ἐκ ῥίζης τριχῇ κύκλῳ τὸν λόφον, καὶ μεῖζον ἐλπίδος ἐκπονήσαντες ἔργον· εἰς ὃ μακροὶ μὲν ἐξανηλώθησαν αἰῶνες αὐτοῖς, καὶ οἱ ἱεροὶ δὲ θησαυροὶ πάντες, οὓς ἀνεπίμπλασαν οἱ παρὰ τῆς οἰκουμένης δασμοὶ πεμπόμενοι τῷ θεῷ· τούς τε ἄνω περιβόλους, καὶ τὸ κάτω ἱερὸν ἀμφεδείμαντο. Jos. Sir. L, 2.: καὶ ὑπ᾽ αὐτοῦ (Simons des S. Onia's) ἐθεμελιώθη ὕψος διπλῆς ἀνάλημμα ὑψηλὸν περιβόλου ἱεροῦ. Diese alte Einschliessungs-Mauer findet sich ihrem untern Theil nach noch in der an der Stelle des Tempels erbauten Moschee. *Robins.* R. II, 63 ff. — Ob aus der Zuziehung phönicischer Bauleute auf eine Ausführung des Tempels in phönicischem Styl zu schliessen sei, ist zweifelhaft. *Thenius* Bücher der Könige, im Anhange: das vorexilische Jerusalem u. dessen Tempel S. 28 f. macht vielmehr geltend, dass der Styl, in welchem der Tempel aufgeführt war, zu dem ägyptischen sich hinneigte, während *H. Merz* in *Herzog's* RE. unt. Tempel S. 501 f. jeden fremdländischen Einfluss von dem Tempelbau ausgeschlossen wissen will. „Der eigenthümliche israelitische Religionsgeist erzeugte auch einen eigenthümlichen israelitischen Baugeist." So auch *Bähr* der Salomonische Tempel. Karlsruhe 1848. S. 239 ff. So richtig diess ist, so schliesst es doch die Anlehnung an vorgefundene, schon vollendetere Bauformen nicht aus.

[1]) Der neue Vorhof 2 Chron. XX, 5. scheint vom innern nicht verschieden zu sein, *Rel.* antt. I, 6, 5. Nach *Bertheau* zu dieser Stelle der Chron. ist der neue Vorhof vielmehr der äussere; auch nach *Thenius* zu 1 Kön. VI, 36. — *Unruh* l. c. S. 22 ff. giebt dem Salomonischen Tempel drei Vorhöfe, ohne die nöthigen Gründe dafür beizubringen.

[2]) *Joseph.* Antt. VIII, 3, 9.: Περιέβαλε δὲ τοῦ ναοῦ κύκλῳ γεισὸν μὲν κατὰ τὴν ἐπιχώριον γλῶτταν, θριγκὸν δὲ παρ᾽ Ἕλλησι λεγόμενον, εἰς τρεῖς πήχεις ἀναγαγὼν τὸ ὕψος. Nach *Thenius* zu 1 Kön. VI, 36. u. *Keil* I, 125. hat man sich die auf der Steinmauer angebrachten Cedernbalken nicht als ein Geländer zu denken, sondern die Balken horizontal auf die Mauer gelegt, zum Schutz derselben gegen die Einflüsse der Witterung. Was *Merz* l. c. S. 509. dagegen sagt, spricht eher für diese Ansicht.

[3]) *Joseph.* l. l.: Τούτου δὲ ἔξωθεν ἱερὸν ᾠκοδόμησεν ἐν τετραγώνῳ σχήματι, στοὰς ἐγείρας μεγάλας καὶ πλατείας καὶ πύλαις ὑψη-

Tempel Salomo's. §. 224. 331

(1 Chron. IX, 26. XVIII, 12.) und ihre besondern Namen führenden (Jer. XXXV, 2. 4. XXXVI, 10. 2 Kön. XXIII, 11.) Cellen (לִשָׁכוֹת) umschlossen. In denselben führten Thore (1 von Norden, Ezech. VIII, 14. Jer. XX, 2. [*Benjamins*-Thor], 1 von Osten, Ez. X, 19. XI, 1. vgl. 2 Kön. XI, 6. [Thor *Sur*] 2 Chron. XXIII, 5. [dass. Thor *Jesod* genannt], 1 von Süden, vgl. 2 Kön. XII, 10. mit 2 Chron. XXIV, 8.; auch wird ein *neues* Thor genannt Jer. XXVI, 10.), die wenigstens zum Theil überbaut (Jer. XX, 2. XXVI, 10.) und mit ehernen Thüren versehen waren (2 Chron. IV, 9.).

Im Vorhofe der Priester stand: 1) der eherne Brandopferaltar, 20 Ellen lang und breit und 10 hoch (2 Chron. IV, 1.); 2) das grosse aus Erz gegossene Badgefäss für die Priester (יָם מוּצָק), das eherne Meer (הַיָּם הַנְּחֹשֶׁת) 2 Kön. XXV, 18.), 5 Ellen hoch, von Umfang oben am Rande 30 Ellen, von Durchmesser 10 Ellen[1]), 2000 (nach der Chron. 3000) Bath enthaltend; unter dem Rande desselben zwei Reihen Coloquinthen desselben Gusses; es ruhete auf 12 aus Erz gegossenen Rindern (2 Chron. IV, 2 ff. 1 Kön. VII, 23 ff.); 3) zehn eherne Becken (כִּיֹּרוֹת), 5 rechts und 5 links vom Tempelhause, zum Waschen des Opferfleisches, 4 Ellen gross, 40 Bath fassend, und auf Gestellen (מְכֹנוֹת) ruhend, die 3 E. hoch und 4 Ellen im Durchschnitte mit Bildern von Löwen, Stieren und Cherubim verziert und mit 4 Rädern versehen waren (1 Kön. VII, 27 ff. 2 Chron. IV, 6 ff.)[2]).

λπῖς ἀνεωγμένης, ὧν ἑκάστη πρὸς ἕκαστον τῶν ἀνέμων τέτραπτο χρυσέαις (!) κλειομένη θύραις. Halle Salomo's (Joh. X, 23.), vgl. *Joseph.* B. J. V, 5, 1. S. 329. Not. 2. und §. 238. Wahrscheinlich hatte die Folgezeit zum Ausbaue dieser Umgebungen des Tempels Vieles beigetragen. — Vgl. *Thenius* l. c. Anhang S. 36 f. *Merz* l. c. S. 509. *Keil* I, 125.

[1]) Die darin liegende mathematische Ungenauigkeit (30 E. Peripherie geben nur $9^{174}/_{314}$ E. Durchmesser) bemerkt von *Spinoz.* tract. theol. polit. c. II. p. 22., heben *Deyling* obss. s. I, 23. p. 121 sqq. u. *Reyher* mathes. mos. p. 715. durch Annahme einer sechseckigen Form; besser hilft man sich mit Annahme einer runden Zahl (*Win.*). Auch *Bähr* l. c. S. 214 ff. *Leyrer* in *Herzog's* RE. unt. ·Meer.

[2]) Eine Beschreibung und Abbildung b. *Züllig* d. Cherubim-Wagen (1832.) S. 50 ff. Vgl. *Grüneis.* im Kunstbl. 1834. No. V. VI. Eine Abbildung auch bei *Thenius* l. c. Taf. III. Fig. 4.

§. 225 a.

Das Tempelhaus.

Das Tempelhaus, das den westlichen Theil des Tempelplatzes einnahm, war ein steinernes Gebäude[1]) von 60 Ellen Länge (ohne die Halle), 20 Ellen Breite und 30 (nach *Joseph.* Antt. VIII, 3, 2. 60) Ellen Höhe (alles wahrscheinlich im Lichten oder Innern gemessen)[2]), vorn nach Osten mit einer Halle (אֻלָם, πρόναος), die 20 Ellen Länge „nach der Breite des Hauses" (1 Kön. VI, 2 f., also von S. nach N.) und 10 Ellen Breite „vor dem Hause" (von O. nach W., also Tiefe) hatte; nach 2 Chron. III, 4. und *Joseph.* hingegen wäre sie 120 Ellen hoch, also thurmähnlich gewesen (was aber wohl auf einem Fehler beruhet)[3]). Zwei eherne Säulen, 18, mit

---

Ehernes Gerüst (Kanzel) Salomo's (2 Chron. VI, 12 f.). Vgl. *Thenius* zu 1 Kön. VIII, 22.

[1]) Nach *Stieglitz* (Gesch. der Baukunst. 1827.) ist *Grüneisen* (Revis. d. jüngsten Forschung. üb. d. salom. Temp., im Kunstbl. d. Morgenbl. 1831. LXXIII, 292.) geneigt einen blossen Unterbau von Quadern, darüber aber Holzwände anzunehmen, weil von uralten aus Cedern erbauten Tempeln phönicischen Ursprungs Spuren vorkommen, *Joseph.* c. Ap. I, 17 f. (?) *Plin.* XVI, 40. (79.) (?) *Lenz* die Göttin von Paph. S. 12. wgg. *Münter* d. Temp. d. Gött. zu Paph. S. 8. Günstig ist dieser Annahme der grosse Aufwand von Cedernholz (1 Kön. V, 20 ff.) und die Stelle 1 Kön. V, 30. Dgg. vgl. *Keil* d. Temp. Sal. (1839.) S. 42 ff.

[2]) So *Hirt* (d. Temp. Salom. 1809.), *Stieglitz*, *Grüneisen* S. 293., während *v. Meyer* (d. Temp. Sal. 1830.) sich das Innere nur 20 E. hoch denkt, so dass Heil. u. Allerh. gleiche Höhe gehabt hätten. Die übrigen 10 E. der äussern Höhe vertheilt er an einen Unterbau oder Sockel (3 E.), eine Bühne (5 E.) u. das Dach (2 E.). Gegen diese Annahme, besonders auch des Sockels, s. *Grüneisen*.

[3]) *Movers* üb. d. Chron., *v. Meyer* S. 36 f., *Böttcher* Proben u. s. w. Indessen hat der Tempel zu Paphos (*Münter* a. a. O. Taf. III.) wirklich eine höhere Vorhalle. *Ewald* Bd. III, 300. hält an der Höhe von 120 Ellen fest; s. dagegen *Keil* I, 124. Anm. 11. u. *Bertheau* zu 2 Chron. III, 4., welcher durch Textveränderung auch für die Halle die Höhe von 30 Ellen gewinnt. Vgl. *Merz* l. c. S. 505 f. *Hirt* S. 24. nimmt nur 20 E. für die Halle an, wozu aber die Höhe der Säulen nicht passt.

den Capitälern[1]) 23 Ellen hoch, *Jachin* und *Boas*[2]) genannt, standen entweder *vor* der offenen Halle frei (*Hirt*, *Stieglitz*, *Keil*, *Bähr*, d. M.), oder trugen das Dach derselben (*v. Meyer*, *Grüneisen*, *Ewald*, *Thenius*, *Merz*) 1 Kön. VII, 15 ff.

An den Seiten und hinten war das Tempelhaus mit drei Stockwerken (יָצִיעַ) von Seitenzimmern (צְלָעוֹת) in zunehmendem Maasse 5, 6, 7 Ellen breit (1 Kön. VI, 5 f. 10. Ez. XLI, 6 ff.)[3]), die zu Vorrathskammern dienen mochten und in welche von aussen zwei Thüren mit Wendeltreppen führten (1 Kön. VI, 8. Ez. XLI, 11.), umbaut. Die Fenster (1 Kön. VI, 4.), mit Gittern versehen (חַלּוֹנֵי שְׁקֻפִים אֲטֻמִים)[4]), waren

---

[1]) Von der Verzierung derselben mit Granatäpfeln u. s. w. s. die Vorstellung *v. Meyers* geprüft von *Grüneis*. n. a. O. LXXVII, 306 ff. Vgl. *Keil* S. 97 ff. *Win*. RWB. I, 520 ff. und die das. angef. Monographieen. *Merz* l. c. S. 506. *Bähr* l. c. S. 190 ff. *Thenius* l. c. Anhang S. 40. *Ewald* Bd. III, 300 ff.

[2]) Nach *Movers* Phönic. I, 293. bedeuten diese Namen Gründung und Bewegung (vgl. يكن), und die Säulen sind Symbole des ruhenden und fliegenden Saturn. Während *Ewald* Bd. III, 302. *Jachin* u. *Boas* für Namen von beliebten Männern, vielleicht jungen Söhnen Salomo's selbst, hält, finden Andere in diesen Namen der Säulen bedeutungsvolle Worte, die auf die göttliche Gründung u. Erhaltung des Tempels bezogen werden, z. B. *Thenius* Büch. der Kön. S. 105: „er (der Herr) gründet mit Kraft"; *Bähr* l. c. S. 195: „er gründet" u. „in ihm ist Kraft". So auch *Keil* 1, 131. *Merz* l. c. S. 506. — *Vatke* Rel. d. A. T. I, 324. 336. findet in diesen Säulen wie in den Granatäpfeln und Palmen, im ehernen Meere, mit den 12 Stieren u. s. w. phönicische Sonnen-Symbolik.

[3]) Diese Stockwerke ruheten auf Absätzen (מִגְרָעוֹת, welche an der Aussenseite der Tempelwände, bei jedem Stockwerk um eine Elle zurücktretend, sich befanden, u. nahmen daher nach oben zu. Anders *Joseph*. Antt. VIII, 3, 2. (der allen dreien gleiche Maasse giebt), *Stieglitz* und *Hirt*. Die Höhe eines Stockwerkes war 5 E. (1 Kön. VI, 10.; nach *Joseph*. 20 E.), alle drei zusammen 3 × 15, also nur halb so hoch als das Haus, so dass Raum für Fenster übrig blieb. Nach *Hirt* war diess nicht der Fall. — Vgl. über den Anbau *Ewald* Bd. III, 303. *Thenius* zu 1 Kön. VI, 5—10.

[4]) Verschiedene Erklärungen, *Rel*. I, 7, 10. *Hirt* S. 28. *Gesen*. u. d. WW. Nach *Keil* und *Thenius* zu 1 Kön. VI, 4. ist bei den Fenstern nicht an Gitterwerk zu denken, sondern an Fenster, deren Querleisten aus starkem, unbeweglichem Gebälk bestanden.

nur am Heiligen angebracht¹). Ob das Dach ein Giebeldach oder platt gewesen, ist streitig²).

§. 225 b.

Innen war das Haus nach dem Vorbilde der Stiftshütte eingetheilt in das *Heilige* (הֵיכָל, *Cella*) und das *Allerheiligste* (*Sanctuarium*), oder den *Hinterraum*, *And. Sprachort* (וּבְיר). Das Heilige, in welches eine Thüre von Cypressenholz führte (1 Kön. VI, 33 f.)³), war 40 Ellen lang, 20 breit und 30 hoch: der auf Cypressenbalken gelegte Fussboden, die Wände und die Decke mit Cedernholz getäfelt und mit Gold überzogen, an den Wänden Schnitzwerk von Cherubs, Palmen und Blumen (1 Kön. VI, 15. 17 f.). Es enthielt 10 goldene Leuchter, auf jeder Seite (N. und S.) 5 (1 Kön. VII, 49. 2 Chron. IV, 7.)⁴), einen (1 Kön. VII, 48.) oder mehrere (1 Chron. XXVIII, 16. 2 Chron. IV, 19. dgg. XXIX, 18.) Schaubrodtische und den Rauchaltar (1 Kön. VII, 48. 1 Chron. XXVIII, 18.). Das Allerheiligste, in welches eine Thüre von wildem Oelbaum

---

¹) *Hirt* u. *Rel.* setzen sie vorn über die Halle, weil sie die Stockwerke bis unter das Tempeldach hinaufgehen lassen.

²) Ersteres nach *Lundius*, *Hirt*, *Stieglitz*, *Schnaase*, vgl. 1 Kön. VI, 10., das aber nicht hieher gehört; letzteres nach *v. Mey.*, *Grüneis.* S. 315 f. *Keil* S. 65. *Bähr* l. c. S. 25. *Ewald* Bd. III, 104. *Thenius* Büch. der Kön. S. 64 f. *Merz* l. c. S. 503. Spitzige goldene Stangen? Dgg. Ps. LXXXIV, 4. Wetterableiter(?!), *Michael.* Götting. Magaz. III, 6, 1. 801 ff.

³) Sie nahm den 4ten Theil der Wand ein, und hatte Flügel, die je aus 2 drehbaren Blättern bestanden, die über einander geschlagen werden konnten, damit die Flügel nicht jederzeit ganz geöffnet zu werden brauchten; vgl. *Thenius* zu 1 Kön. VI, 34. gegen die Ansicht, welche jeden Flügel aus einem obern u. untern Theil bestehen lässt, *Ewald* Bd. III, 305. *Keil* I, 124. Anm. 8. *Merz* l. c. S. 507.

⁴) Ob sie alle angezündet worden, ist streitig, Menachoth f. 99, 1. *Rel.* I, 7, 8.

Tempel Salomo's. §. 225 b.

führte (1 Kön. VI, 31.) [1]), 20 Ellen ins Gevierte [2]), die Wände ebenfalls getäfelt, vom Heiligen durch eine Cedernwand geschieden (1 Kön. VI, 16. 19 f.), enthielt die Gesetzlade von zwei, 10 Ellen hohen, hölzernen mit Gold überzogenen Cherubs überdeckt (1 Kön. VI, 23 ff.) [3]).

---

[1]) Sie nahm den 5ten Theil der Wand ein (חֲמִישִׁית), war also 4 E. (die vor dem Heiligen 5 E.) breit. Nach *v. Meyer* bildete sie ein Fünfeck, vgl. *Grüneis*. S. 298. Dunkel ist 1 Kön. VI, 21.: „Und zog goldene Riegel vor dem Sprachort her" (*v. Mey.*); *dW.*: „und verriegelte mit goldenen Ketten vor dem Hinterraume." *v. M.* denkt sich darunter ein Gitterwerk, das über der Thüre des Allerh. angebracht, den Luftzug leitete. Nach 2 Chron. III, 14. wäre die offene Thüre mit einem Vorhange verdeckt gewesen. Dafür entscheidet sich *Thenius*, der daher die Stelle 1 Kön. VI, 21. in dem Sinne nimmt, dass der Vorhang vor der Thür mittelst goldener Kettchen an einer runden Stange so angebracht gewesen sei, dass er vor- und zurückgezogen werden konnte. Ihm stimmt bei *Keil* I, 123. Anm. Dagegen *Ewald* Bd. III, 305. und *Merz* l. c. S. 507., welche 1 Kön. VI, 21. in ersterem Sinne verstehen. Im Tempelhause sollte die Thür ohne Zweifel den Vorhang vor dem Allerheiligsten der Stiftshütte vertreten, so dass letzterer allerdings im Tempel unnöthig erscheint.

[2]) Also 10 F. niedriger als das Heilige (wenn man dieses nicht mit *v. Mey.* eben so niedrig denken will), u. mithin entweder auch im Aeussern niedriger wie bei den ägyptischen Tempeln (*Stieglitz* vgl. *Grüneis*. S. 297.) oder ein Obergemach über sich habend (*Hirt*). Des Letztern unwürdige Vermuthung, dass daselbst eine Electrisirmaschine aufgestellt gewesen, gestützt auf *Bendavid* Berl. Arch. d. Zeit Octob. 1787.: Ueb. d. innere Einricht. d. Stiftsh. *Merz* l. c. S. 504. hält an der Höhe von 30 Ellen für das ganze Tempelhaus fest, nimmt aber für das Heilige ebenso, wie für das Allerheiligste die Höhe von 20 Ellen im Innern an, so dass er dem übrigen Oberraume des Heiligen u. Allerheiligsten von 10 E. Höhe die 2 Chron. III, 9. erwähnten Obergemächer zuweist.

[3]) Parallelen in Einrichtung u. Bau des Tempels zu Hierapolis *Lucian*. de dea Syr. sect. 29. 30. 31. 39. Vgl. *Jurieu* hist. des cultes p. 775 sqq.
Aeltere Schriften über den Tempelbau: *Jehuda Leo* (*Arje*) LL. IV de templo Hieros. tam priori quam poster. ex Hebr. lat. rec. a *J. Saubert*. Helmst. 1665. 4. *L. Cappelli* τρισάγιον s. triplex templi delin. Amst. 1643. 4. (auch in Bibl. Polygl. Lond. I.) Mehr bei *Meusel* Bibl. hist. I, 2. 113 sqq. — Abbildungen des Salomonischen Tempels bei *Thenius* Bücher der Kön. Taf. II. III. *Keil* Archäol. Taf. II. III.

II. Priesterthum.

§. 226.

Spuren von Priestern bis zu Davids Regierung.

Nach Jos. XXII, 32. Richt. XX, 28. finden wir die erste Spur eines gesetzmässigen [1]) Priesterthums am Ende der Richterperiode zu Silo (1 Sam. I, 3. vgl. II, 28 ff.), welches aber bald aufgelöst wird. Nun lauter Unregelmässigkeiten: Eleasar, Hüter der Lade (1 Sam. VII, 1. vgl. dgg. 1 Sam. XIV, 3. 18.); Priesterverrichtungen des Nicht-Priesters Samuel (1 Sam. VII, 5 ff. 15 ff. IX, 12 f. X, 17. XI, 14 f. XVI, 5. vgl. II, 11. 18. 19. III, 1. 3.) und Sauls (1 Sam. XIII, 9. XIV, 34 f. vgl. Vs. 36.); ein Priesterthum zu Nob (1 Sam. XXI, 1. XXII, 11. 18 f.) und davon ein Flüchtling bei David, das Orakel verwaltend (1 Sam. XXII, 20. XXIII, 2. 4. 6. 9 f. XXX, 7 f.). Von Leviten kommt nur Richt. XVII, 7. und 1 Sam. VI, 15. etwas vor, aber nicht da, wo man sie erwarten sollte (1 Sam. IV, 4. 11.) [2]). Etwas Abweichendes in Ansehung des Priesterornats s. 1 Sam. II, 18. Was von der Befragung des Orakels durch das Ephod (1 Sam. XXIII, 6. 9. XXX, 7.) zu halten sei, ist zweifelhaft (s. §. 228.); auch das heilige Loos (Jos. VII, 14 ff. 1 Sam. X, 20. 21. XIV, 41 f.) ist nichts Gesetzliches.

§. 227.

Das Priesterthum in späterer Zeit.

Auf der Hofliste Davids (2 Sam. VIII, 17 f.) [3]) und Salomo's (1 Kön. IV, 4.) befinden sich Priester; beide Könige aber handeln als Oberpriester (2 Sam. VI, 18. 1 Kön. III, 4. VIII, 14. vgl. §. 146 a.). Die Leviten kommen nicht bei der

---

[1]) Eines ungesetzmässigen Richt. XVII, 7. XVIII, 30.
[2]) Meine „Beiträge" 1, 240.
[3]) Ueber לְהֵן im letztern Vs. s. *Gesen.* u. d. W. Vgl. zu 2 Sam. VIII, 18. *Thenius*, welcher unter den כֹּהֲנִים mit *Movers* nach dem Vorgange Anderer nicht Hauspriester, sondern höhere Staatsbeamte versteht. Dagegen *Winer* unt. Priester S. 274.

Versetzung der Bundeslade 2 Sam. VI. noch bei der Einweihung des Tempels 1 Kön. VIII., aber 2 Sam. XV, 24. vor. Nach den freilich unsichern [1]) Nachrichten der Chronik hätte der Stamm Levi durch David, nach einer vorgenommenen Zählung (es fanden sich 38000 Männer), eine förmliche Organisation erhalten: die Priester vom Geschlechte Aarons wären in 24 Abtheilungen (מַחְלְקוֹת, ἐφημερίαι) zum abwechselnden Dienste (1 Chron. XXIV.) und auch die übrigen Leviten, die schon bei der Versetzung der Bundeslade (1 Chron. XV. XVI.) und bei der Tempelweihe (2 Chron. V, 4 f., doch h. weniger) thätig gewesen, wären in verschiedene Classen zu verschiedenen Diensten eingetheilt worden (1 Chron. XXIII, 4 f. XXV. XXVI.) [2]). Esr. VIII, 20. kommen *Nethinim*, eigene Leute, Diener der Leviten, vor, welche ihnen David zugetheilt haben soll [3]). Sehr wahrscheinlich ist, dass David, der Stifter und Meister der Psalmendichtung, so wie er Musik bei Hofe hatte (§. 148.), auch dem öffentlichen Gottesdienste die Verschönerung durch diese Kunst hat angedeihen lassen [4]); ebenso dass die Stiftung eines Centralcultus und zumal die Errichtung eines prächtigen Tempeldienstes durch Salomo auch eine Vermehrung des Priesterpersonals und der heiligen Amtsverrichtungen herbeigeführt hat; wie viel aber David und Salomo dafür gethan, was die spätern

---

[1]) Vgl. Beitrr. I, 85 ff. Einl. ins A. T. §. 190 c. 191.
[2]) Doch ist die gew. (*Win*. Art. Leviten S. 21.) angenommene Eintheilung in 4 Classen: 1) Tempeldiener, ἱερόδουλοι, *Joseph*. Antt. XI, 5, 1.), 2) Thürhüter, 3) Tonkünstler, 4) Richter u. Amtleute, nicht ganz klar. Sind die Erstern 1 Chron. XXIII, 4. mit den WW. יְהִי בֵית עַל־מְלֶאכֶת לְנַצֵּחַ bezeichnet, so dass מַל = עֲבוֹדָה wäre (*J. H. Michael*.)? Aber sonst ist מַל־ das Bauwerk (*Joseph*. VII, 14, 7.: ἐπιμελητὰς τῆς οἰκοδομίας τοῦ ναοῦ). S. *Bertheau* zu 1 Chron. XXIII, 4. Cap. XXV. ist deutlich von der Einrichtung der heil. Musiker (24 Abtheilungen), Cap. XXVI. von der der Thürhüter u. Bewahrer der heil. Vorräthe, zuletzt (Vs. 29 ff.) etwas von den Vorstehern (*Joseph*. γραμματεῖς) u. Richtern die Rede.
[3]) Wie diese eine verachtete, gleichsam Paria-Caste bildeten, s. b. *Rel*. II, 6, 9.
[4]) Eine sehr zusammengesetzte Tempelmusik bei Opfern 2 Chron. XXIX, 25 ff., am Passah XXX, 21 f. XXXV, 15. — Vgl. über die Geschichte des Priesterthums zu §. 226 und 227: *Knobel* zu Lev. S. 418 ff. *Oehler* in *Herzog's* RE. unt. Priesterthum im A. T. S. 182 ff. *Keil* I, 187 ff.

Könige hinzugefügt haben, wird sich schwerlich ausmachen lassen. — Als Jerobeam ein nicht-levitisches Priesterthum stiftet (1 Kön. XII, 31.), so wandern die Leviten nach Juda aus (2 Chron. XI, 13 f.), wo sie nun als brodlose Fremdlinge wohnen (5 Mos. XII, 11 f. 17 ff. XIV, 27 ff., vgl. aber auch Richt. XVII, 7 ff.), indem sie nicht den ihnen ausgesetzten Zehenten erhalten (§. 207.).

III. Gottesdienst.

§. 228.
Bilderdienst.

Der Dienst Jehova's unter Bildern dauerte fort. Bilder, ungewiss von welcher Art, finden sich zu Gilgal (Richt. III, 19.). Gideon stellte ein *Ephod*, d. i. ein Bild, nicht Leibrock (*Luth.*)[1] auf (Richt. VIII, 27.), was aber nicht ein Götzen-, sondern ein Bild Jehova's (vgl. Vs. 23.), mithin wahrscheinlich ein Stier war. Micha liess sich ein Schnitz- und Guss-Bild (= אֵפוֹד) zur Anbetung Jehova's machen (Richt. XVII, 3—5.), welches nachher die Daniter rauben und in Dan aufstellen (XVIII, 30.). Priester bei diesem Stiercultus war erst ein Sohn Micha's, dann ein Levit (Richt. XVII, 5. 10.). In

---

[1] *Gesen.* u. d. W. v. *Meyer* zu *Luth.*: Abgott, den Engel des Herrn darstellend (?). Für die gewöhnliche Meinung *Rosenm.* zu Hos. III, 4. *Theile* in *Win.* krit. Journ. V, 186. *Saalschütz* in *Illgen's* hist. theol. Abhh. III, 40 ff. Dagegen ist es freilich zweifelhafter, ob אֵפוֹד auch 1 Sam. XXIII, 6. 9 f. XXX, 7. ein Bild, oder die gew. Epomis ist. *Thenius* zu diesen Stellen des 1. B. Sam. und *Bertheau* Buch der Richter S. 137. nehmen אֵפוֹד für die Epomis. Gegen *Gesenius* nehmen auch das Ephod Richt. VIII, 27. u. XVII, 5. *Bertheau* zu diesen Stellen, *Ewald* Alterth. S. 256 ff., *Saalschütz* I, 387. Anm. 3., *Keil* I, 434. Anm. 4. für die Epomis. Ob aber bei dem Cultus des Gideon u. des Micha an einen Cultus Jehova's unter dem Bilde des Stieres zu denken sei, wofür sich auch *Bertheau* zu Richt. VIII, 27. entscheidet, ist sehr zweifelhaft; im Buch d. Richt. spricht nichts für diese Annahme; wahrscheinlicher ist es vielmehr, dass das Ephod als priesterliches, zum Orakelgeben bestimmtes Schulterkleid in dem ungesetzlichen Jehovacultus mit den Teraphim in Verbindung gebracht wurde. S. *Ewald* u. *Keil* ll. cc.

Bilderdienst. §. 228. 229. 339

den Jehovadienst des Micha (Richt. XVII, 5. XVIII, 14.), aber auch sonst (Hos. III, 4.) war der Götzendienst der *Teraphim*¹), welche sonst dem häuslichen Gottesdienste anzugehören scheinen (1 Mos. XXXI, 19. 1 Sam. XIX, 13.), verflochten, besonders in Beziehung auf das Orakel (Ez. XXI, 26. Zach. X, 2.).

Jerobeam machte nun diesen alten Stierdienst im Reiche Israel zur Staatsreligion, indem er die alten Heiligthümer zu Dan und Bethel (§. 222.) bestätigte und wahrscheinlich neu ausstattete. An letzterem, dem königlichen Heiligthume, finden wir ein Priesterthum (Am. VII, 10. vgl. 1 Kön. XIII, 1.), aber kein levitisches (§. 227.). Es bestand auch nach dem Untergange des Reiches fort (2 Kön. XVII, 28.); K. Josia rottete es aus (2 Kön. XXIII, 15 ff.). Selbst im Reiche Juda dauerte das alte Heiligthum zu Gilgal (§. 222.) fort, und an der Südgrenze zeigt sich eins zu Beerseba (Am. V, 5. VIII, 14., vielleicht ein altes patriarchalisches, vgl. 1 Mos. XXI, 31. vgl. §. 191.), wo wahrscheinlich auch Bilderdienst gepflegt wurde²).

§. 229.
Gebräuche und Feste.

Das Wasser-Trankopfer (1 Sam. VII, 6. vgl. 2 Sam. XXIII, 16. S. 323. Not. 5.)³); Jephtha's Menschenopfer

---

¹) *Schultens* ad Consess. Harir. vergleicht تَرَفَ, bonis commodisque vitae affluxit; And. das unsichere syr. ܐܨܛܒܝ percontari. Vgl. v. *Bohlen* zu Genes. S. 306. Sie hatten nach 1 Sam. XIX, 13. menschliche Gestalt. Nach *Michael.* Comm. de Theraphis in s. Comm. Brem. 1763. p. 5. waren es Silenen. Fabelhafte Angaben des *Ps.-Jonath.* zu 1 Mos. XXXI, 19. vgl. *Buxt.* lex. talm. s. h. v. *Winer* unt. Theraphim, u. *Rütschi* in *Herzog's* RE. unt. Theraphim.
²) Vgl. über den Cultus Jehova's unter dem Bilde des Stiers §. 193 u. *Keil* I, 435 f.
³) Nicht richtig urtheilen darüber *Lakem.* obss. IX, 120 sqq. *Jahn* Arch. III, 325. Es war das älteste Trankopfer, *Goguet* Urspr. d. Ges. I, 77. *Potter* gr. Arch. I, 511. Nach v. *Bohl.* das alt. Ind. I, 251. vielleicht entsprungen aus der ägyptischen Sitte das heil. Nilwasser in den Tempel zu sprengen.

(Richt. XI, 30 ff.)[1]); das sonderbare Sühnopfer (2 Sam. XXI, 6. 9. vgl. 4 Mos. XXV, 4.); der Jungfrauen-Tanz zu Silo (Richt. XXI, 19 ff.); Davids Tanz vor der Bundeslade (2 Sam. VI, 14.[2]) vgl. 2 Mos. XV, 20. XXXII, 6. 19. Ps. CXLIX, 3. CL, 4. §. 220.) — sind lauter Eigenthümlichkeiten, den Vorschriften des Pentateuchs fremd[3]).

Für die Feier der mosaischen Feste scheint zwar 1 Kön. IX, 25., zumal in Vergleich mit 2 Chron. VIII, 13., zu sprechen, dgg. aber 2 Kön. XXIII, 22. Neh. VIII, 17. vgl. auch 1 Sam. I, 3. 20 f. II, 19. Jerobeam verlegte das Laubhüttenfest, vielleicht damals noch das einzige, auf den folgenden Monat (1 Kön. XII, 33.), theils weil in den nördlichen Gegenden die Oel- und Weinlese etwas später fällt, theils um das Volk von Jerusalem abzuhalten. Ueber die Einführung der Tempelmusik durch David §. 227.

---

[1]) Willkürliche Umgehung des von *Joseph.* Antt. V, 7, 10., Targum., *Augustin.* u. A. anerkannten Factums durch Annahme eines blossen חֵרֶם (*Cappell.*, Critt. s. I, 2047 sqq., *Jahn* Einl. II, 198. u. A.) oder einer Widmung zu ewiger Jungfrauschaft (*Grot.*, *Cleric.*, *Budd.* H. E. I, 712 sqq., *Rel.* Antt. III, 10, 6. u. A. b. *Win.* Art. Jephtha). *P. Cassel* in *Herzog's* RE. unt. Jephta schliesst sich wieder denen an, welche die Lösung des Gelübdes in der Widmung der Tochter zu ewiger Jungfrauschaft finden. — Mythische und etymologische Parallele der Iphigenia in Aulis (*Eurip.* Iphig. Taur. vs. 17 ff. *Cic.* off. III, 25.); der Tochter des Idomeneus (*Serv.* ad Aen. III, 331.). Auch 1 Mos. XXII. begünstigt die mythische Ansicht.

[2]) Vgl. *Ovid.* Fast. III, 387. *Lüdecke* türk. R. S. 225 f.

[3]) Folgerungen hieraus gegen die Vorschriften des Pentateuchs. *Strabo* XVI, 761.: Οἱ δὲ διαδεξάμενοι χρόνους μέν τινας ἐν τοῖς αὐτοῖς διέμεινον δικαιοπραγοῦντες, καὶ θεοσεβεῖς ὡς ἀληθῶς ὄντες· ἔπειτ' ἐφισταμένων ἐπὶ τὴν ἱερωσύνην τὸ μὲν πρῶτον δεισιδαιμόνων, ἔπειτα τυραννικῶν ἀνθρώπων, ἐκ μὲν τῆς δεισιδαιμονίας αἱ τῶν βρωμάτων ἀποσχέσεις, ὥσπερ καὶ νῦν ἔθος ἐστὶν αὐτοῖς ἀπέχεσθαι, καὶ περιτομαὶ, καὶ ἐκτομαὶ, καὶ εἴ τινα τοιαῦτα ἐνομίσθη.

IV. Götzendienst.

§. 230.
Herrschaft desselben.

Die Naturculte der benachbarten Völker waren für den sinnlichen Menschen zu reizend, als dass die Israeliten, schon früher Götzendiener (§. 193.), nicht gern dem geistigen Jehovadienste hätten abtrünnig werden sollen: daher auch der Götzendienst erst sehr spät ausgerottet werden konnte. Die Gesetzgebung, welche die Gefahren, mit denen er den Jehovadienst und den theokratischen Staat bedrohte, nicht verkannte, setzte die härteste Strafe, den Tod, auf die Abgötterei (§. 170.).

§. 231.
Aegyptischer Thierdienst.

In Aegypten war die Schlange ein heiliges Thier (*Herod.* II, 74.), Symbol des guten Dämon *Kneph* und Bild der heilenden, wohlthätigen Kraft, der *Isis* [1]). Eine solche Schlange verehrten die Israeliten bis zu Hiskia's Zeit (2 Kön. XVIII, 4. vgl. 4 Mos. XXI, 4—9.) [2]).

§. 232 a.
Baal.

1. Der *Baal* schlechthin (הַבַּעַל d. i. *der Herr*) [3]), welcher gewöhnlich in Verbindung mit der *Astarte* (§. 233 a.) und

---

[1]) *Creuzer* Symbolik I, 504. II, 393. *Gesen.* zu Jes. VI, 2. Menschenopfer, der Schlange dargebracht, auf einem ägygtischen Denkmal in *Richardson's* Travels I, 299. Vgl. über die Religion der Aegypter *M. Duncker* Gesch. des Alterthums Bd. I, 36 ff. Aufl. 3. — Phönicischer Schlangendienst, *Münter* Relig. d. Karthag. S. 125. 2. Aufl. Drache zu Babel, *Münter* Relig. d. Babyl. S. 33.

[2]) Vielleicht ist diese Erzählung nur ein symbolischer ἱερός λόγος dieses Schlangencultus. Krit. d. israelit. Gesch. S. 361. *Ditmar* Gesch. d. Isr. S. 55. *Knobel* zu Num. XXI, 4—9.

[3]) בַּעַל בְּעָל, בֵּל, Belus, אָדוֹן, Adonis, punisch Don, מֶלֶךְ, Moloch sind eig. nomina appell. Ursprung der weiblichen Form ἡ

Aschera (§. 233 b.) seit der Richter-Zeit unter den Israeliten (Richt. II, 13. X, 6. 1 Sam. VII, 4. XII, 10.), nachher im Reiche Israel seit Ahab, dessen Gemahlin eine Phönicierin (1 Kön. XVI, 31 f. XVIII, 19. 2 Kön. XVII, 16.), und selbst im Reiche Juda (2 Kön. VIII, 18. 27. 2 Chron. XXVIII, 2. 2 Kön. XXI, 3. XXIII, 4.f.) verehrt wurde, war der tyrische Schutzgott oder *Melkarth*[1]), und ursprünglich eins mit dem babylonischen *Bel*, eine Naturgottheit, deren Begriff die zeugende und als solche ebenso erhaltende wie zerstörende Naturkraft, und desshalb vielumfassend und vermöge des dem Polytheismus zum Grunde liegenden Pantheismus vielbeweglich, auch wohl zu verschiedenen Zeiten und an verschiedenen Orten verschieden war [2]).

Βάαλ LXX Zeph. I, 4. Hos. II, 8. Vgl. *Fritzsche* u. m. exeg. Hdb. zu Röm. XI, 4. Auch *Ewald* Alterth. S. 261. Anm. sieht das Femininum als Zeichen der Geringschätzung an.

[1]) מלך קרתא, d. i. König der Stadt. Falsch ist die Etymologie: מ׳ ארתא. Maltesische Inschrift bei *Gesen*. Script. linguaeque Phoen. monum. I, 96.: לאדנן למלקרת בעל צר, d. i. לַאֲדֹנֵנוּ לְמֶלְקַרְת בַּעַל צֹר, in der griechischen Uebersetzung: Ἡρακλεῖ ἀρχηγέτει. *Münter* Rel. d. Karth. S. 36 f. will den Baal nicht mit dem Melkarth, sondern dem Baal-Samen der Punier verglichen wissen. *Augustin.* Quaest. in Jud. XVI: Solet hic dici Baal, nomen apud gentes illarum partium Jovis, nam et Baal Punici videntur dicere dominum, unde *Baal-Samen* quasi dominum coeli intelliguntur dicere: Samen quippe apud eos coeli appellantur. Er beruft sich vorzüglich auf die Stellen des *Sanchuniathon* b. *Euseb.* Praep. ev. I, 10. p. 34.: Τοῦτον (sc. ἥλιον) φησὶ, θεὸν ἐνόμιζον μόνον οὐρανοῦ κύριον, Βεελσάμην καλοῦντες, ὅ ἐστι παρὰ Φοίνιξι κύριος οὐρανοῦ, Ζεὺς δὲ πατὴρ Ἕλλησιν. p. 38.: Τῷ δὲ Δημαροῦντι γίνεται Μελίκαρθος, ὁ καὶ Ἡρακλῆς. S. dgg. *Gesen.* allg. Enc. VIII, 398.

[2]) Vgl. *Movers* Phönizier I, 169 ff. *J. G. Müller* in *Herzog's* RE. unt. *Baal* unterscheidet vier Perioden in 'der Entwicklung des Baaldienstes, 1) die altphönicische, sidonisch-karthagische, 2) die kananitische, 3) die neuphönizische oder neutyrische, 4) die chaldäische Periode. Indessen wenn die letzte Periode sich von den ersteren dadurch unterscheiden mag, dass in diesen ein bildloser, u. erst in jener ein Baaldienst mit Baalbildern stattfand, so scheinen doch statt der verschiedenen Perioden vielmehr nur verschiedene, möglicher Weise gleichzeitige Modificationen des Baaldienstes anzunehmen zu sein, bei denen an dem einen oder andern Orte der Cultus selbst mehr oder weniger prächtig sich gestalten

Die Griechen und Römer nannten sie gewöhnlich *Herkules*[1]) wegen der Aehnlichkeit der Abbildung[2]), aber auch *Zeus*, *Saturn* und *Mars*[3]). Dasselbe gilt vom babylonischen *Bel*[4]). Sicherlich wurde der Baal als *Sonne* verehrt und gekonnte. S. *Keil* I, 439. Anm. 3. Ueber die weite Verbreitung des Baaldienstes vgl. auch *Duncker* l. c. I, 220 ff. 249 f. 346 ff.

[1]) Die maltesische Inschrift S. 342. Not. 1. *Herod.* II, 44.: ... ἔπλευσα καὶ ἐς Τύρον τῆς Φοινίκης, πυνθανόμενος αὐτόθι εἶναι ἱρὸν Ἡρακλέος ἅγιον· καὶ ἴδον πλουσίως κατεσκευασμένον ἄλλοισί τε πολλοῖσι ἀναθήμασι, καὶ ἐν αὐτῷ ἦσαν στῆλαι δύο, ἡ μὲν χρυσοῦ ἀπέφθου, ἡ δὲ σμαράγδου λίθου λάμποντος τὰς νύκτας μέγαθος .... ἴδον δὲ ἐν τῇ Τύρῳ καὶ ἄλλο ἱρὸν Ἡρακλέος ἐπωνυμίην ἔχοντος Θασίου εἶναι· ἀπικόμην δὲ καὶ ἐς Θάσον, ἐν τῇ εὗρον ἱρὸν Ἡρακλέος ὑπὸ Φοινίκων ἱδρυμένον. *Arrian.* Exped. Alex. II, 16.: ἔστι γὰρ ἐν Τύρῳ ἱερὸν Ἡρακλέους παλαιότατον .... οὐ τοῦ Ἀργείου Ἡρακλέους, τοῦ τῆς Ἀλκμήνης .... Ὡς τόν γε ἐν Ταρτησσῷ πρὸς Ἴβηρων τιμώμενον Ἡρακλέα (ἵνα καὶ στῆλαί τινες Ἡρακλέους ὠνομασμέναι εἰσὶ) δοκῶ ἐγὼ τὸν Τύριον εἶναι Ἡρακλέα κτλ. *Curt.* IV, 2. *Cic.* Nat. Deor. III, 16.: Quartus (Hercules) Jovis et Asteriae, Latonae sororis, qui Tyri maxime colitur, cujus Carthaginem filiam ferunt; quintus in India (Babylonia), qui Belus dicitur. And. Stellen b. *Bochart* Can. p. 610.

[2]) Mit Löwenhaut und Keule u. s. w. *Eckhel* doctr. num. I. III, 380 sqq. Ein tieferer Grund der Benennung lag jedoch in der Verwandtschaft der religiösen Anschauungen. Vgl. *J. G. Müller* l. c. S. 640.

[3]) In Tyrus auf der Inselstadt war ein zweiter Tempel dem Zeus geweiht (*Dios* b. *Joseph.* Antl. VIII, 5, 3. *Menander* b. *Joseph.* c. Ap. I, 18.). Es ist aber dieser Zeus vom Herkules nicht wesentlich verschieden, *Movers* Phön. I, 388. Vgl. *Sanchun.* b. *Euseb.* I, 10. p. 34. *Augustin.* (s. Not. 1. S. 342.) *Damasc.* vit. Isidor. b. *Phot.* p. 343.: Φοίνικες καὶ Σύροι τὸν Κρόνον Ἢλ καὶ Βὴλ καὶ Βωλαθὴν ἐπονομάζουσιν. *Macrob.* Saturn. III, 12: ..... idem est Hercules et Mars. Nam et stellam, Chaldaeis dicentibus, unam habere dicuntur etc. *Plin.* II, 8.: Tertium Martis, quod quidam Herculis vocant.

[4]) *Diodor. Sic.* II, 8.: Διός, ὃν καλοῦσιν οἱ Βαβυλώνιοι Βῆλον. *Herod.* I, 181.: ..... Διὸς Βήλου ἱρόν ... c. 183.: .... ἔνθα ἄγαλμα μέγα τοῦ Διός. *Servius* ad Aen. I, 729.: Apud Assyrios Bel dicitur quadam sacrorum ratione et Saturnus et Sol. *Hieron.* ad Jes. c. XLVI.: Bel, quem Graeci Belum, Latini Saturnum vocant. Mehr bei *Movers* S. 175. 185. 187.

rade bei den Israeliten[1]), obwohl sie auch noch neben ihm die Sonne verehrten (§. 234 b.)[2]).

Von der Verehrung des Baal kommt im A. T. Folgendes als charakteristisch vor. Er hatte eine zahlreiche Priesterschaft (1 Kön. XVIII, 19.), wie denn auch dem tyrischen Herkules eine mächtige Hierarchie zur Seite stand[3]). Man küsste ihn (1 Kön. XIX, 18.)[4]), hielt ihm enthusiastische, mit Zerfleischungen des Körpers verbundene Tänze (1 Kön. XVIII, 26 ff.)[5]), brachte ihm in seiner Verbindung mit dem *Moloch*

---

[1]) *Joseph.* Antt. VIII, 5, 3. von Hiram: !Πρῶτός τε τοῦ Ἡρακλέους ἔγερσιν ἐποιήσατο ἐν τῷ Περιτίῳ μηνί. „Man erinnere sich, dass am 2. Peritius, dem 25. Dec., das Fest *Natales solis invicti*, entsprechend dem Hercules Tyrius invictus (Inschrift b. *Münter* Rel. d. Karth. S. 43.: Sanctissimo Herculi Tyr. invicto etc.) gehalten wurde." Eine Beziehung auf diese mythische Vorstellung findet *Movers* S. 386. in 1 Kön. XVIII, 27. Auf phönicischen Inschriften erscheint er als ב' חמן Baal solaris (*Gesen.* Monum. phoenic. p. 170.).

[2]) Nach *Gesen.* Beil. 2. zu Jes. S. 335., Encyclop. VIII, 401. war Bel der Planet Jupiter, den die Babylonier wie die Perser unter dem Namen *Teschter* u. die alten Araber als heilbringendes Gestirn verehrten, wofür unter Anderem der Sprachgebrauch der sabischen Religionsschriften, welche jenen Planeten *Bel* nennen (*Norberg* Onomast. p. 28 sq.), und das Vorkommen eines Glücksgottes *Gad* (Jes. LXV, 11.), woher der Stadtname Baal-Gad (Jos. XI, 17.), zeugt. Man verehrte diesen Gad durch Lectisternien gerade wie den Bel zu Babel (*Herod.* I, 181 sq. Vom Bel u. Drach. Vs. 1 ff. *Münter* Relig. d. Babyl. S. 53.). S. aber gegen diese Ansicht *Movers* I, 167 ff. *Winer* unt. Baal I, 119. u. *J. Müller* l. c. S. 641 f.

[3]) *Justin.* XVIII, 4.: . . . . Sacerdoti Herculis, cui honos secundus a rege erat. *Joseph.* c. Ap. I, 21.

[4]) *Cic.* Verr. IV, 43.: Herculis templum est apud Agrigentinos, sane sanctum apud illos et religiosum: ibi est ex aere simulacrum ipsius Herculis, quo non facile quidquam dixerim me vidisse pulcrius, usque eo, judices, ut rictum ejus et mentum paullo sit attritius, quod in precibus et gratulationibus non solum id venerari, verum etiam osculari solent. Freilich ist das Küssen etwas Gewöhnliches beim Götzendienste.

[5]) *Statius* Theb. X, 164 sqq.:
    Sic Phryga terrificis genitrix Idaea cruentum
    Ejicit ex adytis consumtaque brachia ferro
    Scire vetat.

Kinderopfer (Jer. XIX, 5. XXVII, 35.)[1]). Ihm waren in seiner Eigenschaft als *brennende* Sonne die Sonnensäulen הַחַמָּנִים (2 Chron. XXXIV, 4. u. a. St.), מַצֵּבוֹת (1 Kön. XIV, 23. u. a.) geweiht. Neben seinem strengen Dienste[2]) bestand auch vermöge seiner Verbindung mit der Aschera ein wollüstiger, wohin wahrscheinlich der im Gesetze verbotene Kleiderwechsel (§. 190. vgl. 2 Kön. X, 19.) gehörte[3]).

§. 232 b.

II. Der *Bundes-Baal*, בַּעַל בְּרִית (Richt. VIII, 33. IX, 4. 46.), ist zu vergleichen mit dem Ζεὺς ὅρκιος, oder mit Herkules als *Deus fidius*[4]). Nach Andern[5]) der Gott von der Stadt Berythus.

III. Der *Fliegen-Baal*, בַּעַל זְבוּב (2 Kön. I, 2.), ist zu

---

Propert. Elegg. II, 32.:
    Cur aliquis sacris laniat sua brachia cultris.
Lucian. de dea Syr. s. 50. *Lactant.* de fals. relig. I, 21. *Goodwin* Mos. et Aar. IV, 2, 13. *Jurieu* p. 600. Hinken Vs. 26. spöttisch für Tanzen. Die רְמָחִים Vs. 28. sind Sichellanzen (*Movers* S. 424.).

[1]) *Plin.* XXXVI, 5.: ad quem (Herculem) Poeni omnibus annis humanâ sacrificaverunt victima.

[2]) Er hatte in Gades unverheirathete Priester und in Tyrus (wahrscheinlich jungfräuliche) Priesterinnen. *Münter* Rel. d. Karth. S. 58. *Movers* S. 404.

[3]) *Movers* S. 452 ff. — Auf den „ringenden" Herkules bezieht *M.* S. 433. das Ringen Jakobs mit Mose (1 Mose XXXII, 29.) und den Namen Gideons *Jerubbaal* (Richt. VI, 31 f.).

[4]) *Movers* S. 171.: „Bundesgott, Bundesbaal, nicht Gott der Bündnisse, wie man ungereimt u. sprachwidrig (vgl. 1 Mos. XIV, 13. ?), deutet, sondern verbündeter Gott, oder Baal, insoweit man einen Bund mit ihm geschlossen hat." So auch *Bertheau* zu Richt. IX, 4. Aber wäre das etwas Auszeichnendes? *J. G. Müller* l. c. S. 641.: Gott des phönicischen Staatenbundes.

[5]) *Steph.* Byz. unter βηρ. *Boch.* Can. p. 775. *Creuz.* Symb. II, 87. — Meinung *Jurieu's* p. 618 sqq. nach *Sanchun.* b. *Euseb.* P. E. I, 10. p. 36.: Κατὰ τούτους γίνεται τις Ἐλιοῦν καλούμενος ὕψιστος, καὶ θήλεια λεγομένη Βηρούθ.

vergleichen mit dem Ζεὺς ἀπόμυιος und μυίαγρος [1]; aber er war nach dieser Stelle ein heilbringender Herkules [2].

IV. Der *Baal* von *Peor*, בַּעַל פְּעוֹר (4 Mos. XXV, 1 ff), ein moabitischer Gott von einem moabitischen Berge (4 Mos. XXIII, 28.) so benannt, war irgend eine Modification des Baal, und zwar nach der üppigen Seite hin, wie sein wollüstiger Cultus verräth [3].

---

[1] *Pausan*. Eliac. prior. c. XIV.: φασὶ Ἡρακλεῖ τῷ Ἀλκμήνης θύοντι ἐν Ὀλυμπίᾳ δι' ὄχλου μάλιστα γενέσθαι τὰς μυίας· ἐξευρόντα οὖν αὐτόν, ἢ καὶ ὑπ' ἄλλου διδαχθέντα, ἀπομυίῳ θῦσαι Διί, καὶ οὕτως ἀποτραπῆναι τὰς μυίας πέραν τοῦ Ἀλφειοῦ. Λέγονται δὲ κατὰ ταὐτὰ καὶ Ἠλεῖοι θύειν τῷ ἀπομυίῳ Διΐ, ἐξελαύνοντι τῆς Ἠλείας Ὀλυμπίας τὰς μυίας. *Plin*. XXIX, 6.: Nullum animal minus docile existimatur minorisve intellectus (musca): quo mirabilius est, Olympio sacro certamine, nubes earum immolato tauro Deo, quem Myioden (Myiagron) vocant, extra territorium id abire. *Solin*. Polyhist. c. 1.: Hoc sacellum Herculi in Boario foro est, in quo argumenta et convivii et majestatis ipsius remanent. Nam divinitus illo neque canibus neque muscis ingressus est. Etenim cum visceratioinem sacricolis daret, *myiagrum Deum* dicitur imprecatus: clavam vero in adyto reliquisse, cujus olfactum refugerent canes, id usque nunc durat. Vgl. *Salmas*. exercitatt. *Plin*. p. 12 sq. Die Nachricht des *Clem. Alex.* in Protrept.: Ἀπομυίῳ Διΐ θύουσιν Ἠλεῖοι, Ῥωμαῖοι δὲ ἀπομυίῳ Ἡρακλεῖ, ist in Ansehung der letztern falsch.

[2] Ἡρακλῆς σωτήρ, ἀλεξίκακος. *Creuz*. II, 218. 255. Andere Meinung von *Michael*. suppl. p. 202 sq. Ob dieser Name ein Schimpfwort sei? *G. J. Voss* de orig. et progr. idololatr. II, 4. 323. Dagegen *Selden* de diis Syr. II, 6. 302. *Jurieu* p. 628. — Nach *J. G. Müller* in *Herzog's* RE. unt. Beelzebub ist der בַּעַל זְבוּב nicht nur in beschränktem Sinn als Deus averruncus muscarum aufzufassen, sondern mit Rücksicht auf 2 Kön. 1, 2. ist er „ein Orakelgott, wozu der Sonnengott (denn er ist ja ein Baal) gern wird, u. der zugleich wie Apollo Gesundheit und Krankheit senden sollte."

[3] Anderer Meinung *Selden* I, 5. vgl. *Creuz*. II, 85. Meinung von *Michael*. suppl. p. 205 sq.; von *Hieron*. in Jovin. I, 12. ad Hos. IX, 10. IV, 14., vgl. *Carpz*. app. p. 495. — Mit Baal sind mehrere Ortsnamen Palästina's gebildet (*Gesen*. Thes. I, 225.); aber nicht alle beziehen sich auf den Gott Baal, u. von einigen ist es streitig, vgl. *Movers* S. 175. mit *Gesen*.

§. 233 a.

Astarte.

Die Astarte (עַשְׁתֹּרֶת)[1] war eine phönicische Göttin (1 Kön. XI, 33. XXIII, 13. *Joseph.* Antt. VIII, 5, 3. c. Ap. I, 18.), welche die Griechen und Römer mit der Venus[2], Juno[3] und Luna[4] verglichen. Letztere Vergleichung ist besonders treffend, indem sie in Inschriften als Tanaïs (תנא, hebr. תַּנְיָה) erscheint, welches die persische *Artemis* ist[5]). Sie galt erweislich in Karthago für die *Virgo coelestis*[6]) und ihr Dienst war rein. Wahrscheinlich ist sie eins mit der Himmelskönigin Jerem. VII, 18. XLIV, 17 ff., welcher man die bekannten Mondkuchen opferte[7]).

---

[1] Vgl. das syr. ܥܣܬܪܐ und ‎ܐܠܗܐ und das pers. ستاره, Stern, Venus (vgl. *Suid.* Not. 2). S. *Movers* I, 605 ff.

[2] *Cic.* Nat. D. III, 23.: Quarta (Venus) Syria Tyroque concepta, quae Astarte vocatur, quam Adonidi nupsisse proditum est. *Suid.*: Ἀστάρτη· Ἀφροδίτη· ἔχει ἀπὸ τοῦ ἄστρου ἐπωνυμίαν. *Euseb.* Praep. ev. I, 10. p. 38. C: Τὴν δὲ Ἀστάρτην Φοίνικες τὴν Ἀφροδίτην εἶναι λέγουσι.

[3] *Augustin.* Quaest. in Jud. XVI.: Juno sine dubitatione ab illis (Poenis) Astarte vocatur. Et quoniam istae linguae (Punica et Phoenicia) non multum inter se differunt, merito creditur hic de filiis Israel hoc dicere scriptura, quod Baali servierunt et Astartibus,· quia Jovi et Junonibus.

[4] *Lucian.* de dea Syr: s. 4.: Ἔνι δὲ καὶ ἄλλο ἱρὸν ἐν Φοινίκη μέγα, τὸ Σιδώνιοι ἔχουσι, ὡς μὲν αὐτοὶ λέγουσι, Ἀστάρτης ἐστί. Ἀστάρτην δ' ἐγὼ δοκέω Σεληναίην ἔμμεναι. — Ueber den Zusammenhang dieser verschiedenen Bezeichnungen vgl. *Winer* unt. Astarte.

[5] *Gesen.* Monum. phoen. p. 168. vgl. 115. Tanais kommt bei *Strabo* XI. p. 512. 601. als Ἀναΐς, aber nach einer andern LA. auch als Ταναΐς vor. Vgl. *Huschke* IV, 601. *Movers* I, 616 ff.

[6] *Tertull.* Apol. c. 23. *Augustin.* in Ps. XCVIII. §. 14.: Regnum Coelestis, quale Carthagini, ubi nunc est regnum Coelestis. Mehr bei *Münt.* Relig. d. Karth. S. 74. *Augustin.* de civ. Dei II, 26. nennt sie virginale numen. — *Duncker* I, 351 ff.

[7] *Creuzer* II, 138 f. *Pott.* gr. Archäol. I, 513. Vgl. *Graf* zu Jer. VII, 18.

§. 233 b.

Aschera.

Wie die Astarte, so erscheint die *Aschera*, אֲשֵׁרָה oder אֲשֵׁירָה [1]), in Verbindung mit dem Baal, und ist zwar in Canaan uralt (2 Mos. XXXIV, 13. 5 Mos. XII, 3. Richt. III, 7.), hat aber zugleich mit dem Baal durch die Königin Isebel einen öffentlich anerkannten und wohleingerichteten priesterlichen Cultus erhalten (1 Kön. XVI, 33. XVIII, 19.). Ihr Dienst war wollüstig (2 Kön. XXIII, 7. vgl 5 Mos. XXIII, 18 f.) [2]), und sie war unstreitig eine mit der *Baaltis* von Byblos [3], der *syrischen Göttin* zu Hierapolis [4]), den Fischgott-

---

[1]) Das W. bezeichnet theils die Göttin (Richt. III, 7. 1 Kön. XV, 13. XVI, 33. 2 Kön. XXI, 7.: פֶּסֶל הָאֲשֵׁרָה), theils u. zwar oft im Plur. deren Bild oder sonstiges Symbol; nach *Keil* I, 443. Anm. 11. soll nur der Plur. אֲשֵׁרִים die Bilder oder Idole der Astarte oder Aschera, dagegen der Plur. אֲשֵׁרוֹת die verschiedenen Modificationen in der Auffassung der Göttin bedeuten. Das Bild der Göttin aber war von Holz (Richt. VI, 26.), und daher sind die WW. גָּדַע, כָּרַת von dessen Zerstörung gebräuchlich, und es wird im Feuer verbrannt (2 Mos. XXXIV, 13. 5 Mos. XII, 3. Richt. VI, 25. 2 Kön. XXIII, 14. 2 Chron. XXXI, 1. u. a. Stt.). Dadurch und noch mehr durch Mich. V, 13.: „Ich werde *ausreissen* deine Ascheren," und 5 Mos. XVI, 21.: „Du sollst dir nicht *pflanzen* eine Aschera von allerlei Holz" u. s. w. wird die Uebers. *Hain* (LXX, Vulg., Luth.) sehr begünstigt, die aber wenigstens an den meisten Stt. nicht passt. Das Ascherensymbol befand sich gew. auf dem Altare des Baal (Richt. VI, 25.) neben dessen Bild oder Säule. *Gesen.* erklärt das W. durch Glücksgöttin (von אָשַׁר beatus); *Mov.* aber durch recta, n. vergleicht den Beinamen der Artemis ὀρθία, ὀρθωσία (*Herod.* IV, 87. *Pausan.* III, 16, 6.), weil ihr Idol eine Säule oder ein aufgerichteter Phallus gewesen. So auch *Duncker* I, 349., während *Keil* I, 144. Anm. 11. u. 16. u. *J. G. Müller* unt. Astarte *Movers* nur insofern beistimmen, als sie אֲשֵׁרָה für aufgerichtete Säule nehmen. Dann ist aber der Name zu nichtssagend, daher man wohl entweder für die Ansicht von *Movers* oder von *Gesenius* sich entscheiden muss; der letzteren stimmen bei *Winer* unt. Aschera u. *Knobel* Jes. S. 128.

[2]) קְדֵשׁוֹת sind puellae prostitutae; unter קְדֵשִׁים versteht *Movers* S. 678. verschnittene Gallen, Cybeben, Cynäden, welche im Dienste der syrischen und phrygischen Göttin bettelnd umherzogen.

[3]) *Euseb.* Praep. ev. I, 10. p. 38. *Creuzer* II, 95.

[4]) *Lucian.* de dea Syr. s. 32: Ἡ δὲ Ἥρη σκοπιωτί τοι πολυιδία μορφήν ἐκφανέει. Καὶ τὰ μὲν ξύμπαντα ἀτρεκέει λόγῳ Ἥρη ἐστί

Götzendienst. §. 233 b. 349

heiten *Atergatis, Derketo, Dagon* [1]) in den philistäischen Städten und besonders mit der babylonischen *Mylitta* [2]) verwandte, die weibliche Naturkraft darstellende Gottheit.

ἔχει δέ τι καὶ Ἀθηναίης, καὶ Ἀφροδίτης, καὶ Σεληναίης, καὶ Ῥέης, καὶ Ἀρτέμιδος, καὶ Νεμέσιος, καὶ Μοιρέων. Χειρὶ δὲ τῇ μὲν ἑτέρῃ σκῆπτρον ἔχει, τῇ ἑτέρῃ δὲ ἄτρακτον. Καὶ ἐπὶ τῇ κεφαλῇ ἀκτῖνας δὲ φορέει, καὶ πύργον, καὶ κεστόν, τῷ μούνην τὴν Οὐρανίην κοσμέουσι. .... Λίθον ἐπὶ τῇ κεφαλῇ φορέει, λυχνὶς καλέεται, οὔνομα δέ οἱ τοῦ ἔργου ἡ συντυχίη. Ἀπὸ τούτου ἐν νυκτὶ σέλας πολλὸν ἀπολάμπεται, ὑπὸ δέ οἱ καὶ ὁ νηὸς ἅπας, οἷον ὑπὸ λύχνοισι φαείνεται. Ἐν ἡμέρῃ δὲ τὸ μὲν φέγγος ἀσθενέει. Ἰδέην δὲ ἔχει κάρτα πυρώδεα.

[1]) Nach *Selden* II, 3. p. 267. ist Atergatis s. v. a. אדיר דג, so dass es derselbe Name wie Dagon wäre; nach *Sickler* (d. Hieroglyphen u. s. w. S. 74 f.) 's. v. a. אדר גד, das grosse Glück. Die richtige Ableitung ist vom syr. ܐܬܪܥܬܐ Oeffnung, Riss, pudendum muliebre (*Michael*. Or. Bibl. VI, 98., nur in der falschen Beziehung auf das χάσμα μέγα bei *Lucian*. de dea Syr. s. 13., in welches man Wasser schüttete; *Movers* S. 593 f.). Beide Namen Atergatis und Derketo sind eins. *Strabo* XVI, 785.: Αἱ δὲ τῶν ὀνομάτων μεταπτώσεις, καὶ μάλιστα τῶν βαρβαρικῶν πολλαί· καθάπερ τὸν Δαριήκην Δαρεῖον ἐκάλεσαν. ... Ἀταργατὴν δὲ τὴν Ἀθάραν· Δερκετὼ δ' αὐτὴν Κτησίας καλεῖ. *Plin.* V, 23.: Ibi autem prodigiosa Atergatis, Graecis autem Derceto dicta, colitur. Falsche Etymologie von Dagon bei *Euseb*. Praep. ev. I, 10. p. 36.: Δαγών, ὅς ἐστι Σίτων, vgl. p. 27.: Ὁ δὲ Δαγὼν, ἐπειδὴ εὗρε σῖτον καὶ ἄροτρον, ἐκλήθη Ζεὺς ἀρότριος. *Diodor*. *Sic*. II, 4.: Κατὰ τὴν Συρίαν τοίνυν ἐστὶ πόλις Ἀσκάλων, καὶ ταύτης οὐκ ἄποθεν λίμνη μεγάλη καὶ βαθεῖα πλήρης ἰχθύων. Παρὰ δὲ ταύτην ὑπάρχει τέμενος θεᾶς, ἣν ὀνομάζουσι οἱ Σύροι Δερκετοῦν· αὕτη τὸ μὲν πρόσωπον ἔχει γυναικός, τὸ δ' ἄλλο σῶμα πᾶν ἰχθύος. ... Διὸ καὶ τοὺς Σύρους μέχρι τοῦ νῦν ἀπέχεσθαι τούτου ζώου καὶ τιμᾶν τοὺς ἰχθῦς ὡς θεούς. *Lucian*. de dea Syr. s. 14.: Δερκετοῦς δὲ εἶδος ἐν Φοινίκῃ ἐθησάμην, θέημα ξένον· ἡμισέη μὲν γυνή· τὸ δὲ ὁκόσον ἐκ μηρῶν ἐς ἄκρους πόδας, ἰχθύος οὐρὴ ἀποτείνεται· ἡ δὲ ἐν τῇ ἱρῇ πόλει πᾶσα γυνή ἐστι. Vgl. *Salmas*. exercitatt. Plin. p. 405. A. *Creuzer* II, 63 ff. Heiligkeit der Fische, als Symbole der Fruchtbarkeit. Vgl. *Duncker* I, 360. „Dagon und Derketo waren Gottheiten der aus dem Wasser und der Feuchte zeugenden Naturkraft, aus dem Meere emporsteigende Gottheiten; auch die Aphrodite von Paphos und Kythera ist eine Anadyomene; auch die Pflanzstädte der Phöniker verehrten eine Venus marina." S. 361.

[2]) *Herod*. I, 199. *Strabo* XVI, 745. Bar. VI, 43. Mylitta ist s. v. a. מולדת d. i. Gebären machende. Vgl. *Duncker* I, 220 f. Unter den בָּמוֹת סֻכּוֹת 2 Kön. XVII, 30. verstand man gew. (*Selden* de Diis syr. p. 309.) Hütten der sich zu Ehren der Göttin

Der neuerdings ziemlich allgemein angenommenen Meinung (*Vitring.*, *Castell.*, *Lette*, *Gesen.*, *Win.*, *Hitzig*, *Münt.*, *Creuz.*), *Aschera* sei nur ein anderer Name der *Astarte*, ist von *Movers* Phöniz. I, 560 ff. entgegengestellt worden: 1) die Etymologie und der Gebrauch des W. (s. S. 348. Not. 1.); 2) Aschera heisse nie eine Göttin der Sidonier wie Astarte (vgl. aber 1 Kön. XVI, 33. XVIII, 19.); beide werden unterschieden (allein Richt. II, 13. kann עַשְׁתָּרוֹת nicht verschieden sein von אֲשֵׁרוֹת III, 7.), und haben verschiedene Cultusstätten, 2 Kön. XXIII, 6 f. vgl. Vs. 13 f. (aber hier ist ein von Salomo errichteter Götzendienst besonders genannt, und die אֲשֵׁרִים Vs. 14. gehören doch ohne Zweifel der Astarte wie die מַצֵּבוֹת dem Baal, vgl. Jes. XVII, 8.); 3) die Verehrung der Astarte sei nicht unzüchtig gewesen wie die der Aschera (allein er giebt selbst zu, dass der Dienst der Ersteren Modificationen erlitten, wodurch er sich dem der Mylitta genähert habe, wie auch die *Tanais* ihren Charakter mit dem der letztern austauschte [1]); eine solche Modification der Astarte als Mylitta ist die Semiramis von Askalon, S. 631 ff.; und wenn auch die tyrische und karthagische Göttin keusch verehrt wurde [2]), so wird doch Astarte mit dem Adonis in Verbindung gebracht, auf Cypern nahm sie den Charakter der Mylitta an, und es gab einen unzüchtigen Venusdienst zu Aphaca im Libanon; dazu kommt, dass die syrische Göttin nach *Lucian* offenbar einen gemischten Charakter hatte, und mithin vermöge der überhand nehmenden Theokrasie auch die Astarte ausarten konnte). Nach *Movers* ist *Aschera* ein Baumstamm oder Phallus, den man wie die Pinie der Cybele einer tellurischen Göttin, die er mit einer bei *Sanchuniathon* vorkommenden

---

preisgebenden Töchter (vgl. 2 Kön. XXIII, 7.). Vgl. *Heyne* de Babylon. instituto relig., ut mulieres ad Veneris templum prostarent (Commentt. Gott. XVI.), *Münter* Rel. d. Babyl. S. 74. *Movers* S. 596. erklärt es durch involucra mulierum, weibliche Lingams mit Kleidern umwickelt (?). S. dgg. *Thenius* zu 2 Kön. XVII, 30., welcher סֻכּוֹת בְּנוֹת für den Namen eines Götzenbildes nimmt. — Sonderbare Meinung der Talmudisten, Sanhedr. f. 63, 2. *Carpz.* p. 516.

[1]) Vgl. über den unzüchtigen Cult der Artemis oder Bellona in Comana in Cappadocien und Pontus *Strabo* XII, 535. 559.; der Anaitis *Kleuk.* Anh. z. Zend. III, 61.

[2]) Gegen *Münter* Rel. d. Karth. S. 79. s. *Movers* S. 604.

Götzendienst. §. 233 b. 234 a.   351

Göttin Βραθύ oder Βηρούθ (ברות, ברוש) vergleicht, errichtet habe; ja, zuweilen habe man die Aschera selbst in lebenden Bäumen verehrt. Aber theils ist diese aufgegriffene Analogie sehr unsicher, theils kommt geradezu ein Bild (מִפְלֶצֶת, פֶּסֶל) der Aschera vor, und sie kann mithin nicht bloss in Baumstämmen oder Pfahlen verehrt worden sein; theils deutet eine Priesterschaft von 400 (1 Kön. XVIII, 19.) auf eine andere als eine solche dunkle Erdgöttin. Es möchte daher immer sicher bleiben, dass die Aschera wo nicht mit der Astarte eins, so doch eine Modification derselben gewesen ist [1]).

§. 234 a.

Adonis.

Die Trauer um den *Thammus* (Ez. VIII, 14.) ist unstreitig jener zu Byblos einheimische, in Griechenland verbreitete und mit dem Osirisdienste verwandte Dienst des *Adonis* [2]),

---

[1]) Dieser Ansicht schliessen sich auch an *Winer* unt. Aschera; *J. G. Müller* in *Herzog's* RE. unt. Astarte; *Keil* I, 443. Anm. 11. — *Duncker*, welcher im Wesentlichen *Movers* folgt, sagt l. c. I, 357: „Wie Baal und Moloch, die wohlthätige und die verderbliche Macht in dem Baal von Tyros, in der Gestalt des Melkart vereinigt waren, so wurde auch die himmlische Jungfrau, die Tod bringende Kriegsgöttin, mit der Göttin der Fortpflanzung, der Geburt und der Zeugung verschmolzen. Es war nun dieselbe Gottheit, welche wechselnd Segen und Verderben, Liebesgenuss und Krieg, Geburt und Tod gab. So konnte die Göttin, welche in Sidon und Karthago als jungfräuliche Gottheit angerufen wurde, in Tyros als die Gattin Baals durch Prostitution der Jungfrauen verehrt werden; so konnte von der Astarte erzählt werden, dass sie sich in Tyros zehn Jahre lang preisgegeben habe; so konnte sie für jene buhlerische Göttin erklärt werden, welche dem Adonis vermählt gewesen sei."

[2]) Thammus (Junius oder Julius §. 179.) ist ein anderer Name für Adonis (אֱלֹרָי, vgl. *Gesen.* Monum. phoen. II, 400. §. 232 a. Not. 3. S. 341.), weil sein Fest in diesem Monate gefeiert wurde. (Verschiedene Etymologieen von *Movers* S. 195 f., von נמד, Scheidung, *Maur.* z. d. St. u. a.) Nach *Hitz.*, *Movers* hiess er auch *Rimmon* (2 Kön. V, 28. vgl. Zach. XII, 10 f.). *Hieron.* ad Ezech. l. l.: Quem nos *Adonidem* interpretati sumus, et Hebraeos et Syrus sermo *Thammuz* vocat: unde quia juxta gentilem fabulam in mense Junio amasius Veneris et pulcherrimus juvenis occisus et deinde revixisse narratur, eundem Junium mensem eodem appellant nomine,

dessen *Verschwinden* (ἀφανισμός) man in einer Todtenfeier und dessen *Wiederfinden* (εὕρεσις) in einem Freudenfeste mit dem Opfer weiblicher Keuschheit beging. Dieser (verschieden gestaltete) Mythus[1]) und Cultus symbolisirte den Sonnenlauf und das dadurch bedingte Wachsen und Vergehen[2]).

§. 234 b.

Gestirndienst.

Ausser diesen Göttern verehrte man Sonne und Mond auch noch ohne Bilder[3]), nebst den übrigen Gestirnen, be-

---

et anniversariam ei celebrant solennitatem, in qua plangitur a mulieribus quasi mortuus, et postea reviviscens canitur atque laudatur. Gegen den Einwurf *Corsini's* (Fasti att. II, 297 sqq.) aus der Verschiedenheit der Feierzeit (zu Athen im Frühlinge) gegen die Einerleiheit beider Culte s. *Creuz.* II, 93 f. — *J. G. Müller* in *Herzog's* RE. unt. Thammuz lässt den Dienst des Thammus aus Babylon nach Jerusalem kommen und hält gegen *Chwolson's* euhemeristische Deutung des Thammus die Verwandtschaft desselben als Sonnengottes in seiner Einwirkung auf die Jahresvegetation mit Adonis fest.

[1]) *Apollodor.* III, 14. *Ovid.* Met. X, 298.

[2]) *Macrob.* Saturn. I, 21.: Physici terrae superius hemisphaerium, cujus partem incolimus, Veneris appellatione coluerunt; inferius vero hemisphaerium terrae Proserpinam vocaverunt. Ergo apud Assyrios sive Phoenicas lugens inducitur Dea: quod Sol annuo gressu per duodecim signorum ordinem pergens partem quoque hemisphaerii inferioris ingreditur, quia de duobus signis Zodiaci sex superiora, sex inferiora censentur: et cum est in inferioribus et ideo dies breviores facit, lugere creditur Dea, tamquam Sole rapto mortis temporalis amisso a Proserpina retento, quam numen terrae inferioris circuli et antipodum diximus. Rursumque Adonin redditum Veneri credo volunt, cum sol evictis sex signis inferioris ordinis incipit nostri circuli lustrare hemisphaerium cum incremento luminis et dierum. Ab apro autem tradunt interemptum Adonin, hiemis imaginem in hoc animali fingentes, quod aper hispidus et asper gaudet locis humidis et lutosis pruinaque contextis, proprieque biemali fructu pascitur glande etc. Ueber den Adonisdienst zu Byblos *Lucian.* de dea Syr. sect. 6 sqq.

[3]) *Lucian.* l. l. s. 34.: Ἐν αὐτῷ δὲ τῷ νηῷ, ἐσιόντων ἐν ἀριστερῇ, κέαται πρῶτα μὲν θρόνος ἠελίου· αὐτοῦ δὲ εἶδος οὐκ ἔνι, μόνον γὰρ Ἠελίου καὶ Σεληναίης ξόανα οὐ δεικνύουσι ...... Λέγουσι τοῖσι μὲν ἄλλοισι θεοῖσι ὅσιον ἔμμεναι ξόανα ποιέεσθαι, οὐ γὰρ σφέων ἐμφανέα

Götzendienst. §. 234 b. 235 a.

sonders den Zeichen des Thierkreises, מַזָּלוֹת (2 Kön. XXIII, 5. 11. XVII, 16. XXI, 3. 5.); und zwar geschah diess erst seit der assyrischen Periode[1]), daher auch nur das 5. B. Mos. (IV, 19. XVII, 3.), nicht die ältern mos. BB. davon wissen (Einl. ins A. T. §. 156.).

§. 235 a.
Moloch.

Der Moloch (הַמֹּלֶךְ d. i. *der König*, LXX gew. ὁ ἄρχων oder βασιλεύς, *Aqu. Symm. Theod.* Vulg. Μολόχ, *Moloch*; auch מַלְכָּם, מִלְכֹּם, *ihr König*) war ein Götze der Ammoniter, welchen die Israeliten seit Salomo (1 Kön. XI, 5. 7. 2 Kön. XXIII, 13.) verehrten, und dem sie im Thale Hinnom am sogenannten Thopheth Kinder verbrannten[2]) (2 Kön. XVI, 3. XXIII,

πάντεσι τὰ εἴδεα· Ἥλιος δὲ καὶ Σεληναίη, πύμπαν ἐναγγέες, καὶ σφεας πάντες ὁρέουσι. Κοίη οὖν αἰτίη ξοανουργίης, τοῖσι ἐν τῷ ἠέρι φαινομένοισι;

[1]) *Movers* S. 623. Ueber das astronomisch-religiöse System der Zendavesta s. *Gesen.* Comm. üb. d. Jes. III, 327 ff. Gebräuche: Anbetung auf den Dächern, Jer. XIX, 13. Zeph. I, 5., vgl. *Strabo* XVI, 784.: Ἥλιον τιμῶσιν (οἱ Ναβαθαῖοι) ἐπὶ τοῦ δώματος ἱδρυσάμενοι βωμόν, σπένδοντες ἐν αὐτῷ καθ᾽ ἡμέραν καὶ λιβανωτίζοντες. Sonnenwagen, 2 Kön. XXIII, 11. vgl. *Zendav.* II, 264. *Xenoph.* Cyrop. VIII, 3, 12. *Herod.* I, 189. *Boch.* Hier. P. I. lib. II. c. 10. de equis soli consecratis. Tragen des Reises Bersom, Ez. VIII, 17. vgl. *Zendav.* III, 204. *Rosenm.* scholl. ad h. l. Morgenl. IV, 1049. S. dagegen *Hitzig* zu Ez. VIII, 17. Ueber Jer. VII, 18. XLIV, 17 ff. s. §. 233 a.

[2]) Andere Erklärung der Phrase הֶעֱבִיר בָּאֵשׁ (*Maimonid., Spenc., G. J. Voss* de idolatr. II, 15., *Selden* I, 6. 167 sqq., *Carpz.* p. 487.). Aber Jer. VII, 31. vgl. Ps. CVI, 37. ist bestimmt dagegen. Nach *Gesen.* heisst sie *durchs Feuer weihen* vgl. 2 Mos. XIII, 12.; nach *Movers* S. 328. *durchs Feuer* zur Unsterblichkeit *hindurchgehen lassen* vgl. 4 Mos. XXI, 23. (?). Nach Dems. wurden die Kinder erst geschlachtet, und dann verbrannt, vgl. S. 380. Nach *Münt.* Rel. d. Karth. S. 21. wurden Erwachsene auf diese Art geopfert, Kinder hingegen dem glühenden Götzen in die Arme gelegt. Vgl. *Diodor. Sic.* und *Jarchi* Not. 2. S. 354. S. aber *Keil* I, 447. Anm. 23. — *J. G. Müller* in *Herzog's* RE. unt. Moloch S. 717 f. unterscheidet das Hindurchgehenlassen durchs Feuer als eine Weihe von der Opferung, indem jenes auch ohne diese stattfinden, indessen

10. Jerem. VII, 31. XXXII, 35. vgl. 3 Mos. XVIII, 21. XX, 2 ff. 5 Mos. XVIII, 10.). Er ist wohl jener mit ähnlichen Opfern verehrte phönicische [1]), punische [2]), griechische [3]), ita-

jenes doch auch den ganzen Ritus des Molochdienstes bezeichnen konnte.

[1]) *Porphyr.* b. *Euseb.* Praep. ev. IV, 16. p. 156.: Φοίνικες δὲ ἐν ταῖς μεγάλαις συμφοραῖς ἢ πολέμων ἢ λοιμῶν ἢ αὐχμῶν ἔθνον τῶν φιλτάτων τινὰ ἐπιψηφίζοντες Κρόνῳ. *Euseb.* de laude Constant. XIII.: Κρόνῳ μὲν γὰρ Φοίνικες καθ' ἕκαστον ἔτος ἔθνον τὰ ἀγαπητὰ καὶ μονογενῆ τῶν τέκνων. *Philo* b. *Euseb.* I, 10. p. 40.: Κρόνος τοίνυν, ὃν οἱ Φοίνικες Ἰσραὴλ προςαγορεύουσι, βασιλεύων τῆς χώρας, καὶ ὕστερον μετὰ τὴν τοῦ βίου τελευτὴν εἰς τὸν τοῦ Κρόνου ἀστέρα καθιερωθείς, ἐξ ἐπιχωρίας Νύμφης, Ἀνωβρὲτ λεγομένης, υἱὸν ἔχων μονογενῆ, ὃν διὰ τοῦτο Ἰεοὺδ (יחיד) ἐκάλουν, τοῦ μονογενοῖς οὕτως ἔτι καὶ νῦν καλουμένου παρὰ τοῖς Φοίνιξι. Κινδύνων ἐκ πολέμου μεγίστων κατειληφότων τὴν χώραν, βασιλικῷ κοσμήσας σχήματι τὸν υἱόν, βωμόν τε κατασκευασάμενος, κατέθυσε. Vgl. *Curt.* IV, 3.

[2]) *Diodor. Sic.* XX, 14.: Ἠπιῶντο δὲ καὶ τὸν Κρόνον αὐτοῖς ἐναντιοῦσθαι, καθόσον ἐν τοῖς ἔμπροσθεν χρόνοις θύοντες τούτῳ τῷ θεῷ τῶν υἱῶν τοὺς κρατίστους, ὕστερον ὠνούμενοι λάθρᾳ παῖδας καὶ θρέψαντες ἔπεμπον ἐπὶ τὴν θυσίαν..... Τούτων δὲ λαβόντες ἔννοιαν, καὶ τοὺς πολεμίους πρὸς τοῖς τείχεσιν ὁρῶντες στρατοπεδεύοντας...... διακοσίους μὲν τῶν ἐπιφανεστάτων παίδων προκρίναντες ἔθυσαν δημοσίᾳ...... Ἦν δὲ παρ' αὐτοῖς ἀνδριὰς Κρόνου χαλκοῦς, ἐκτετακὼς τὰς χεῖρας ὑπτίας ἐγκεκλιμένας ἐπὶ τὴν γῆν, ὥστε τὸν ἐπιτεθέντα τῶν παίδων ἀποκυλίεσθαι καὶ πίπτειν εἴς τι χάσμα πλῆρες πυρός. *Jarchi* ad Jer. VII, 31.: Fuit Molech ex aere factus, quod ab inferiori ejus parte succendebatur: erant autem illius manus protensae atque cadentes, quibus infans imponebatur ipseque comburebatur atque gemebat: sacrificuli autem tympana pulsabant, ne pater clamorem filii sui audiret ejusque viscera commoverentur. Jalkut Jer. VII. f. 97 c. 1.: Quomodo Molech erat factus? Erat statua aenea, habens septem sacella, ante quae posita fuit, et faciem vituli et manus expansas, instar viri palmas aperientis ad aliquid ab alio accipiendum: ignem in eam subjiciebant, excavata enim erat. In ista sacella pro ratione sacrificiorum ingrediebantur. Quomodo? Avem offerens, primum subibat sacellum . . . . denique filium suum oblaturus, septimum. *Carpz.* p. 87. 484. *Beyer* Addit. ad *Selden* p. 256. *Münt.* Rel. d. Karth. S. 10.

[3]) *Euseb.* de laude Constant. l. l.: . . . . τὸ δ' αὐτὸ τοῦτο καὶ ἐν Ῥόδῳ μηνὸς μεταγειτνιῶνος ἕκτῃ ἱσταμένου ἀνθρώπους ἔσφαττον. *Porphyr.* b. *Euseb.* Praep. ev. IV, 16. p. 155.: Ἐθύετο γὰρ καὶ ἐν Ῥόδῳ μηνὶ μεταγειτνιῶνι, ἕκτῃ ἱσταμένου, ἄνθρωπος τῷ Κρόνῳ. Ὁ δὴ

lische ¹) u. gallische ²) Saturn, nach den Einen ³) der Planet gleiches Namens, das unglückbringende Gestirn (vgl. §. 193.), nach Andern eins mit dem Baal, die Sonne ⁴) oder die Personification des Jahres in seiner Entwickelung ⁵), endlich nach der neuesten Meinung theils eine Modification des Baal, theils eine altcananitische Feuergottheit ⁶).

ἐπιπολὺ κρατῆσαν ἔϑος μετεβλήϑη· ἵνα γὰρ τῶν ἐπὶ ϑανάτῳ δημοσίᾳ κατακριϑέντων μέχρι τῶν Κρονίων συνεῖχον· ἐνστάσης δὲ τῆς ἑορτῆς, προαγαγόντες τὸν ἄνϑρωπον ἔξω πυλῶν ἀντικρὺ τοῦ Ἀριστοβούλης ἔδους οἴνου ποτίσαντες ἔσφαττον. Ibid. p. 156.: Ἴστρος δὲ ἐν τῇ συναγωγῇ τῶν Κρητικῶν ϑυσιῶν φησι, τοὺς Κουρῆτας τὸ παλαιὸν τῷ Κρόνῳ ϑύειν παῖδας.

¹) *Macrob.* Saturn. I, 7.: Pelasgi, sicut Varro memorat, cum sedibus pulsi diversas terras petiissent, confluxerunt plerique Dodonam, et incerti, quibus haererent locis, ejusmodi accepere responsum:

Καὶ κεφαλὰς Ἅδῃ καὶ τῷ πατρὶ πέμπετε φῶτα.

. . . . Cumque diu humanis capitibus Ditem et virorum victimis Saturnum placare se crederent propter oraculum (illud); Herculem ferunt postea cum Geryonis pecore per Italiam revertentem suasisse illorum posteris, ut faustis sacrificiis infausta mutarent etc.

²) *Dionys. Halicarn.* b. *Euseb.* l. l. p. 160.: Λέγουσι δὲ καὶ τὰς ϑυσίας ἐπιτελεῖν τῷ Κρόνῳ καὶ τοὺς παλαιοὺς, ὥσπερ ἐν Καρχηδόνι, τέως ἡ πόλις διέμεινε, καὶ παρὰ Κελτοῖς εἰς τόδε χρόνου γίνεται, καὶ ἐν ἄλλοις τισὶ τῶν πρὸς Ἑσπερίων ἐϑνῶν ἀνδροφονοῦσι.

³) *Gesen.* Comm. z. Jes. III, 343 f. *Win.* Art. Molech.

⁴) *Münter* a. a. O. S. 5 ff. *Creuzer* II. S. 267 f. *Duncker* I, 350 f. Auch *Müller* l. c. hält den Moloch für eine Modification des Baal und findet die physische Grundlage desselben in der Sonne.

⁵) *Macrob.* Saturn. I, 8.: . . . . eum tempus esse, a quo vicibus cuncta gignantur absumanturque; et ex eo denuo renascantur. *Creuz.* II, 439.

⁶) *Movers* S. 322 ff. Nach seiner mir nicht ganz klaren Meinung ist der altcananitische Feuergott Moloch und das Numen patrium der Ammoniter, welchem Salomo eine Cultusstätte errichtete, von dem im Thale Hinnom verehrten Baal-Moloch zu unterscheiden. Jener wurde wenigstens bei den Israeliten nicht mit Kinderopfern verehrt (vgl. aber die ob. Gesetzesst.), diesem erst in der assyrischen Periode die Brandstätte Thopheth errichtet. Gegen die Ansicht von *Movers* vgl. *Müller* l. c. S. 716.

§. 235 b.

Andere Götzen.

Camos, Gott der Moabiter und Ammoniter (4 Mos. XXI, 29. Richt. XI, 24. Jer. XLVIII, 7.), dessen Verehrung Salomo einführte (1 Kön. XI, 7. 2 Kön. XXIII, 13.), ist nach der völkerschaftlichen Verwandtschaft wahrscheinlich ein dem Moloch ähnlicher Götze [1]), wie dieses von dem *Adrammelech* und *Anammelech* (2 Kön. XVII, 31.), den Göttern von Sepharvaim, welchen die samaritanischen Ansiedler Kinder verbrannten, noch sicherer ist [2]). *Nergal*, Götze der Cuthäer (2 Kön. XVII, 30.) und der babylonische *Merodach* (Jes. XLVI, 1. Jer. L, 2.) ist *Mars* [3]). *Nebo*, ein chaldäischer Götze (Jes. XLVI, 1.) ist *Merkur* [4]). *Nisroch* (2 Kön. XIX, 37.), ein assyrischer, ist ein Falkengott (vgl. נֶשֶׁר) [5]). *Nibchas*, Götze der Aväer (2 Kön. XVII, 31.), soll ein hundgestaltiger Gott gewesen sein (vgl. נָבַח *latrare*) [6]).

---

[1]) Nach *Euseb.* de nomin. locor. Scr. s. b, *Hieron.* III, 1. p. 162. Vallars.: ... καλοῦσιν εἰς ἔτι καὶ νῦν Ἀριὴλ τὸ εἴδωλον αὐτῶν οἱ τὴν Ἀρεόπολιν (d. i. Ar-Moab) οἰκοῦντες — hätte er den Namen Ariel, d. i. Feuer Gottes, gehabt, und Münzen von Areopolis (bei *Eckhel* l. III, 504.) zeigen ihn auf einer Feuersäule stehend mit Feuerfackeln zur Seite. *Movers* S. 334. — *J. G. Müller* in *Herzog's* RE. unt. Chamos hält auch seine Verwandtschaft mit Moloch für wahrscheinlich. Nach *Beyer* zu *Selden* S. 323. ist er der Saturn.

[2]) Adrammelech nach dem pers. آذر Feuer s. v. a. Feuerkönig. „Es war ein doppeltgestalteter Moloch, und Beide wurden als Ein Wesen gedacht; es ist aber ein Sonnenwesen: denn Sepharim, dessen πολιοῦχος es war, wird als die Sonnenstadt von Berosus bezeichnet" (*Movers* S. 410.).

[3]) Die Bedeutung des Namens Nergal *Beil* führt auf einen blutigen Dienst. Vgl. *Movers* S. 423. *Gesen.* Jes. III, 345.

[4]) *Gesen.* a. a. O. S. 342. *Norberg* Onom. Cod. Nasar. 95.

[5]) Nach *Movers* S. 68. der assyrische Sonnengott mit dem Adler- oder Falkenkopfe.

[6]) *Iken* diss. de Nibchas, Dissertt. I, 143 sqq. Ueber Asima 2 Kön. XVII, 30., Thartak Vs. 31. s. d. WBB. und *Gesen.* zu Jes. III, 348. Ueber Rimmon 2 Kön. V, 18. vgl. *Win.* unt. Rimmon. S. *Keil* I, 448 f. und *Thenius* zu 2 Kön. XVII, 30. 31.

§. 236.

Wahrsagerei und Zauberei.

Wie die Theokratie ihre Weissagung und Theurgie (nämlich mittelst der Priester und Propheten) hatte: so hingen mit dem Götzendienste Wahrsagerei und Zauberei zusammen (2 Kön. I, 2. IX, 22. XVII, 7. Mich. V, 11 f.)[1]), und waren ebenfalls verboten (2 Mos. XXII, 17. 3 Mos. XIX, 26. XX, 27. 5 Mos. XVIII, 10 f.). Dieser Künste waren mancherlei: 1) die der Todtenbeschwörer, אוֹבוֹת, welche durch Zaubersprüche Verstorbene hervorriefen (1 Sam. XXVIII, 8 ff.), und, indem sie sich wahrscheinlich der Bauchrednerei bedienten (LXX ἐγγαστρίμυθος = אוֹב) und die leise Stimme derselben nachahmten (vgl. Jes. VIII, 19. XXIX, 4.), sie reden liessen; 2) die Schlangenbeschwörung, חֶבֶר, לַחַשׁ, eig. *Bann, Beschwörung* überhaupt (Ps. LVIII, 5. Jer. VIII, 17. Pred. X, 11.), die noch jetzt im Morgenlande, besonders in Aegypten und Indien geübte Kunst Schlangen zu bändigen, ihnen das Gift zu nehmen, sie abzurichten u. s. w.[2]); 3) מְכַשְּׁפִים sind wahrscheinlich solche, die durch Zaubersprüche Allerlei hervorzubringen vorgaben, vgl. das syr. ܨܰܡܺܝ Ethp. *beten*; 4) מְעוֹנְנִים oder עֹנְנִים solche, die durch das böse Auge bezauberten[3]); 5) *Rhabdomantie* (Hos. IV, 12. Ezech. XXI, 26.), vgl. *Rosenm.* z. d. St.; 6) das Wahrsagen aus Träumen (1 Mos. XL, 12 ff. XLI, 25. Dan. II, 4 ff. IV, 5 ff.) und durch eigene Träume, eine niedere Art auch der israelitischen Propheten zu weissagen (4 Mos. XII, 6. Joel III, 1. Dan. VII, 1.)[4]).

---

[1]) Priesterliche Zauberer und Zeichendeuter der Aegypter (2 Mos. VII, 11.) und Babylonier (Dan. II, 2. vgl. Jes. XLVII, 9. 12 f.). Bileam Prophet.

[2]) *Hasselqu.* R. S. 76. 79. *Nieb.* R. I, 189. *Morier* zweite R. S. 108. *Minutoli* R. S. 226 f. *Rosenm.* ML. IV, 55 ff. *Michael.* mos. R. V. §. 255. *Boch.* Hieroz. II, 384 sqq. Die Auslegg. zu Ps. LVIII, 5.

[3]) Vgl. *Mischna* Surenh. IV, 244. And. erklären Wolkendeuter.

[4]) Uebrigens vgl. *Win.* Art. Wahrsagerei, Zauberei. — *Diestel* in *Herzog's* RE. unt. Wahrsager führt אוֹב auf אוּב, خَافَ hohl

Viertes Capitel.

Zustand des Gottesdienstes nach dem Exile.

I. Heiligthum.

§. 237.

Der Tempel Serubabels.

Dieser mit Erlaubniss und Unterstützung des Cyrus (Esr. I, 3. VI, 3 ff.) im 2. Jahre der Rückkehr begonnene (Esr. III, 8 ff.), aber erst nach Beseitigung von eingetretener Hemmung im 6. Jahre des Darius Hystaspis (516 v. Chr.) vollendete zweite Tempel (vgl. §. 49. S. 69. Anm. 2.) stand (obschon nach Esr. VI, 3. 60 Ellen hoch und 60 Ellen breit) dem ersten an Pracht weit nach (Esr. III, 12. vgl. Hagg. II, 1—9.). Aber in den folgenden Zeiten wurde er erweitert, verschönert und bereichert (vgl. S. 329, Not. 2)¹). Nach der Entweihung durch Antiochus Epiphanes weihete ihn von neuem und verschönte ihn Judas a kk. (1 Makk. IV, 36—57.) wie auch Fürst Simon (1 Makk. XIV, 15.). Es muss auch

---

sein, zurück, so dass אוֹב der hohle Gegenstand, dann der hohl, dumpf Redende sein soll; עוֹנֵן leitet er ab von غَ sonum stridulum edidit, und versteht es von dem geheimnissvollen Flüstern der Wahrsager. — Vgl. auch *Saalschütz* mos. R. 8, 510 ff.

¹) Weihgeschenke von Königen, 2 Makk. III, 2, *Joseph.* Antt. XII, 2, 7 ff. vgl. XVIII, 3, 5. *Tacit.* Hist. V, 5.: Pessimus quisque, spretis religionibus patriis, tributa et stipes illuc congerebat, unde auctae Judaeorum res. *Cic.* pro Flacc. c. 28. Tempelabgabe eines δίδραχμον (nach 2 Mos. XXX, 13.). *Joseph.* Antt. XVIII, 9, 1. von den babylonischen Juden: . . . . . ὅθεν Ἰουδαῖοι, τῇ φύσει τῶν χωρίων πεπιστευκότες, τό τε δίδραχμον τῷ θεῷ καταβάλλειν, ὁ ἐκάστοις πάτριον ταύτῃ κατετίθεντο, καὶ ὁπόσα ἄλλα ἀναθήματα. B. J. VII, 6, 6.: Φόρον δὲ τοῖς ὅπου δήποτ' οὖσιν Ἰουδαίοις ἐπέβαλε (Vespasian), δύο δραχμὰς ἕκαστον κελεύσας ἀνὰ πᾶν ἔτος εἰς τὸ Καπιτώλιον φέρειν, ὥσπερ πρότερον εἰς τὸν ἐν Ἱεροσολύμοις νεὼν συνετέλουν. Matth. XVII, 24. Vgl. *Sohekalim* s. tr. talm. de modo annuaque consuetudine, siclum mense Adar offerendi, de nummulariorum officio, collybo, aerarii sacri reditibus etc. lat. et perp. comment. illustr. a *Jo. Wülfer.* 1680. 4. *Zorn* hist. fisci jud. 1734. p. 404 sqq. *Win.* RWB. II, 588 f.

Der Tempel Serubabels. §. 237.

schon gleich anfangs eine Burg (בִּירָה) neben dem Tempel erbaut worden sein (Neh. II, 8. VII, 2.), dieselbe die von den Hasmonäern unter dem Namen βάρις zu ihrer Residenz eingerichtet (*Joseph.* Antt. XV, 11, 4. vgl. XIII, 11, 2. B. J. I, 3, 3.) und von Herodes d. Gr. unter dem Namen *Antonia* umgebaut wurde (§. 126 c.) [1]).

An Geräthen hatte dieser Tempel 1) im Vorhofe: einen *steinernen* Brandopferaltar (1 Makk. IV, 46. vgl. 2 Mos. XX, 25.); nur *ein* Becken (כִּיּוֹר) nach *M. Middoth* III, 6.[2]). 2) Im Heiligen ausser Schaubrodtisch und Räucheraltar nur *einen* goldenen Leuchter (1 Makk. I, 21. IV, 49.). 3) Im Allerheiligsten fehlte die Bundeslade[3]), und an ihrer Stelle befand

---

[1]) Es fragt sich, wie die im 1. B. d. Makk. vorkommende Burg (ἄκρα) sich dazu verhält. Nach *Joseph.* XII, 5, 4., dem *Rosenm.* Alt. II, 2. 210 ff. folgt, war sie auf dem Hügel Akra (vgl. §. 126 a.) erbaut, wurde von Fürst Simon geschleift, und der Hügel selbst abgetragen (XIII, 6, 7.), was offenbar gegen 1 Makk. XXIII, 50 ff. XIV, 37. streitet. Nach *Michael.* zu 1 Makk. I, 33., welchem *Hamelsv.* II, 60. folgt, soll diese Burg auf Zion gelegen haben; aber den Zion besassen die Makkabäer, während noch lange die Syrer jene Burg inne hatten (1 Makk. IV, 60. VI, 62.); auch lag diese ganz nahe beim Tempel (1 Makk. I, 37. IV, 41. XIII, 52. XIV, 36.). Indessen muss beachtet werden, dass im 1. Buch der Makk. der Tempelberg constant τὸ ὄρος Σιών genannt wird. Daher steht nichts entgegen, die Akra auf den Hügel Zion in die Oberstadt zu versetzen und sie für ganz verschieden von der Baris zu halten. Vgl. *Win.* unt. Burg und *Grimm* exeget. Handb. Lief. 3. zu 1 Makk. I, 33.

[2]) Dagegen Jes. Sir. L, 3.: Ἐν ἡμέραις αὐτοῦ (Simons d. S. Onia's) ἠλαττώθη (*Grot.*: ἐλακίσθη, *Bretschn.* cavatum est, vgl. chald. חסר vacuum facere, cavare?) ἀποδοχεῖον ὕδατος χαλκός ὡσεὶ θαλάσσης τὸ περίμετρον. *Fritzsche* exeget. Handb. Lief. 5. zu dieser Stelle will statt ἠλαττώθη gelesen wissen: ἐλατομήθη, und übersetzt die Stelle: In seinen Tagen ward gegossen (?) ein Wasserbecken von Kupfer, wie eines Meeres sein Umfang.

[3]) Es scheint also doch, dass nicht alle heil. Geräthe zurückgegeben worden (Esr. I, 7 ff.), oder dass ein Theil bei der Zerstörung des Tempels untergegangen ist. Nach Gem. Jom. f. 53, 2. war die Lade mit nach Babylon geführt (vgl. 2 Chron. XXXVI, 10.), nach einer andern Sage aber verborgen worden, *Buxt.* hist. arcae foederis p. 186 sq. Nach *R. Asar.* (Moor Enaj. III, 51.), *Cremer* (antt. sacr. poecile II, 5 sqq.), *J. B. Carpz.* (quonam arca pervenerit, dispp. acad. p. 48 sqq.), *Carpz.* (app. p. 299.) ist die Lade erst unter Antiochus Epiph. weggekommen. Vgl. *Ewald* Bd. IV, 194.

sich der אֶבֶן שְׁתִיָּיה, *lapis positionis*, auf welchen der Hohepriester das Rauchfass zu stellen pflegte (M. Joma V, 2.)[1].

§. 238.
Der Tempel des Herodes.
(Hierzu Tafel 1.)

Jenen Tempel, nämlich das Tempelhaus und die Säulenhallen[2], baute Herodes d. Gr. nach einem grössern Maassstabe und mit grösserer Pracht um[3].

---

[1] Jom. f. 21, 2. werden nach dem Keri-Chethib וְאַבְנֵךְ Hagg. I, 8. (wo also ein ה d. i. 5 fehlt) 5 fehlende Stücke gezählt: die Lade, das heil. Feuer, die Schechina, der heil. Geist und das Urim und Thummim.

[2] Auch die Area des Tempels und deren Umfangmauer scheint er erweitert zu haben nach *Joseph* B. J. I, 21, 1.; doch bezieht sich diess wohl vorzüglich auf die damit verbundene Area der Burg Antonia (*Robins*. R. II, 57. N. Forsch. S. 304 ff.). Von einem unterirdischen Gange aus dieser Burg nach dem Tempel s. Antt. XV, 11, 7. *Tacit*. Hist. V, 12.: Templum in modum arcis propriique muri, labore et opere ante alios. . . . . Fons perennis aquae, cavati sub terra montes, et piscinae cisternaeque servandis imbribus. Von diesen Gewölben als noch vorhanden sprechen mehrere Reisebeschreiber b. *Robins*. R. II, 89 ff. Von einem Brunnen in der Kammer Golah s. Midd. V, 4. *Aristuei* hist. LXX interpr. b. *Lightf*. descr. templi c. 23. Auch *Robins*. erhielt von einer unterirdischen Quelle Kunde (S. 159 f.), und vermuthet (wie schon *Reland* I, 9, 13.), dass die Wasserleitung aus den Teichen Salomo's bei Bethlehem Wasser zum Tempelberge führte (S. 166 ff. 384 ff.).

[3] *Joseph*. Antt. XV, 11. Der Bau wurde im 18. Reg.-J. des Herodes begonnen, das Tempelhaus in 1½ J. u. die Vorhöfe in 8 J. vollendet; an den Umgebungen ward aber fortgebaut bis unter den Procur. Albinus (*Joseph*. l. l. §. 1. 5. 6. B. J. 1, 21, 1. [abweichend] Antt. XX, 9, 7. Joh. II, 20. u. dz. d. Ausll. u. *Anger* de temp. in Actis apost. ratione p. 23.). Streit, ob dieses der dritte Tempel zu nennen sei, wegen Hagg. II, 9. *Carpz*. p. 294 sq. *Hengstenb*. Christol. III, 886 f. Zu vergleichen sind über diesen Tempel *Joseph*. Antt. XV, 11. B. J. V, 5. M. Middoth ed. *Lempereur* L. B. 1630. 4. b. *Surenh*. P. V. p. 322 sqq. *Rel*. de spoliis etc. und *Schulz* prolus. dazu. *Lightf*. descr. templi, Opp. I, 549 sqq. m. e. Grundr. *Hirt* in Abhdlgg. d. histor. philol. Classe d. königl. preuss. Akad. d. Wissensch. 1816—17. (Berl. 1819. 4.) S. 9 ff. mit Grundr. u. Ans. *Winer* II, 578 ff. *Ewald* Bd. IV, 490—493. VI, 719 (715) ff. *Keil* I, 140 ff. *Merz* in *Herzog's* RE. unt. Tempel S. 514 ff. *Unruh* l. c. S. 187 ff.

Der Tempel des Herodes. §. 238. 361

Das Ganze (ἱερόν) mit seinen Umgebungen von einem Umfange von 1 Stad. *(Joseph.)* 500 Ellen (Talm.) ins Gevierte, stellte in stufenweiser Erhöhung, ein Vorhof höher als der andere, das Tempelhaus über alles hinwegragend, einen majestätischen Anblick dar. Der äussere Raum (הבית הר׳ τὸ πρῶτον ἱερόν, τὸ ἔξωθεν ἱερόν), Vorhof der Heiden [1]), mit bunten Steinen gepflastert (B. J. V, 5, 2.), mit mehreren [2]) Thoren, war auf drei Seiten mit doppelten, auf der vierten südlichen aber mit dreifachen Säulengängen', worunter östlich die Halle Salomo's (Joh. X, 23.), bebaut [3]). Näher an der

---

[1]) S. gegen diese Benennung *Rel.* antt. I, 8, 9. Hier fanden sich eine Synagoge, die חנויות, tabernae mit dem Tempelmarkte, Joh. II, 14. Matth. XXI, 12., vgl. d. Ausll., bes. *Lightf.* descr. c. 9.

[2]) Nach Midd. I, 3. fünf: 2 gegen Süden, 1 gegen Westen, 1 gegen Norden u. 1 gegen Osten; nach *Joseph.* Antt. XV, 11, 5. waren allein auf der Westseite vier, und auf der Südseite ebenfalls mehrere. Vgl. *Schulz* Arch. p. 209., prol. de var. Judaeor. erroribus etc. §. 3. Das östliche Haupt-Thor Schuschan wahrscheinlich eins mit θύρα ὡραία AG. III, 2., *Lakem.* obss. I, 149 sqq. *Kuin.* ad h. l. Die Existenz des letztern wegen der grossen Tiefe der Mauer leugnet *Keil* d. Temp. Sal. S. 132., und bestreitet auch die Möglichkeit von südlichen Thoren. Vgl. auch *Keil* Archäol. I, 144. Anm. 6. Auch *Schulz* de Hierosolymae situ et amb. Progr. Bonn 1835. soll nur 3 Thore an der Westseite und 1 an der südwestlichen Ecke annehmen; vgl. dgg. dessen Arch. S. 223.

[3]) *Joseph.* B. J. V, 5, 2.: .... διπλαῖ μὲν αἱ στοαὶ πᾶσαι, κίονες δὲ αὐτοῖς εἰκοσιπέντε πηχῶν τὸ ὕψος ὑφεστήκεσαν. . . . . Καὶ πλατεῖαι μὲν ἦσαν ἐπὶ τριάκοντα πήχεις. Antt. XV, 11, 5.: Τὸ δὲ τέταρτον αὐτοῦ μέτωπον, τὸ πρὸς μεσημβρίαν, εἶχε μὲν καὶ αὐτὸ πύλας κατὰ μέσον, ἐπ᾿ αὐτοῦ δὲ τὴν βασιλικὴν στοὰν, τριπλῆν κατὰ μῆκος δύοῦσαν ἀπὸ τῆς ἑῴας φάραγγος ἐπὶ τὴν ἑσπέριον. . . . . Κίονες δ᾿ ἐφέστασαν κατ᾿ ἀντίστιχον ἀλλήλοις ἐπὶ μῆκος τέτραχα, συνεδίδοτο γάρ ὁ τέταρτος στοῖχος λιθοδομήτῳ τείχει, καὶ πάχος ἦν ἑκάστου κίονος ὡς τρεῖς ἐπισυναπτόντων ἀλλήλοις τὰς ὀργυιὰς περιλαβεῖν· μῆκος δὲ ποδῶν ἑπτὰ καὶ εἴκοσι, διπλῆς σπείρας ὑπειλημμένης („zu ihrer Unterlage diente eine Doppelbase" *Hirt*). Πλῆθος δὲ συμπάντων δύο καὶ ἑξήκοντα καὶ ἑκατόν. .... Τεσσάρων δὲ στίχων ὄντων, τρεῖς ἀπολαμβάνουσι τὰς διὰ μέσου χώρας ταῖς στοαῖς. Τῶν δὲ αἱ δύο παράλληλοι . . . . εὖρος ἑκατέρας πόδας τριάκοντα, μῆκος δὲ στάδιον, ὕψος δὲ πόδας ὑπὲρ πεντήκοντα· τῆς δὲ μέσης εὖρος μὲν ἡμιόλιον, ὕψος δὲ διπλάσιον. („Drei Gänge liefen zwischen diesen 3 Reihen Säulen: zwei derselben waren gleich breit, nämlich ein jeder 30 Fuss, lang ein Stadium und hoch mehr als 50 F. Der mittlere Gang aber war anderthalb so breit, u. doppelt so hoch; denn er ragte über die beiden Seiten weit empor" *Hirt*

nördlichen und westlichen Seite dieses Vierecks lag der Tempel mit seinen Vorhöfen (*Midd.* II, 1.)[1]).

Vierzehn Stufen führten zu dem, mit einem 3 E. hohen steinernen Gitter (סורג) umgebenen *Zwinger* (חיל), einem 10 E. breiten Zwischenraume[2]), welcher die Vorhöfe (τὸ δεύτερον ἱερόν) umgab, woselbst das מדרש הגדול (*Sanhedr.* f. 88, 1.). Die Vorhöfe selbst waren mit einer von ihrem Fundamente an 40 E., sichtbar aber nur 25 E. hohen Mauer umschlossen, zu deren Thoren 5 Stufen führten[3]). Auf der Ostseite trat man zuerst in den *Vorhof der Weiber* (עזרת נשים, γυναικωνῖτις), welcher 135 E. ins Gevierte, durch eine Wand

S. 16.; aber er findet die Zahl 27 Fuss für die Höhe der Säulen, so wie die Zahl 162 unrichtig). XX, 9, 7.: Ἦν δὲ ἡ στοὰ τοῦ μὲν ἔξωθεν ἱεροῦ, κειμένη δὲ ἐν φάραγγι βαθεῖᾳ, τετρακοσίων πηχῶν τοῖς τοίχοις ἔχουσα. ἐκ λίθων δὲ τετραγώνων κατεσκεύαστο καὶ λευκῶν πάνυ. Τὸ μὲν μῆκος ἑκάστου λίθου πήχεις εἴκοσι· τὸ δὲ ὕψος ἓξ· ἔργον Σολομῶνος τοῦ βασιλέως πρώτου δειμαμένου τὸ σύμπαν ἱερόν. Πτερύγιον τοῦ ἱεροῦ Matth. IV, 5. (?).

[1]) Irrig setzt *Hirt* S. 12. das Tempelhaus in die Mitte der Vorhöfe, und findet daher keinen Raum für die königliche Halle (S. 18.).

[2]) *Joseph.* B. J. V, 5, 2.: ... δρύφακτος περιβέβλητο λίθινος, τρίπηχυς μὲν ὕψος, πάνυ δὲ χαριέντως διειργασμένος. Ἐν αὐτῷ δ᾽ εἰστήκεσαν ἐξ ἴσου διαστήματος στῆλαι, τὸν τῆς ἁγνείας προσημαίνουσαι νόμον, αἱ μὲν Ἑλληνικοῖς, αἱ δὲ Ῥωμαϊκοῖς γράμμασι, μὴ δεῖν ἀλλόφυλον ἐντὸς τοῦ ἁγίου παριέναι· τὸ γὰρ δεύτερον ἱερὸν, ἅγιον ἐκαλεῖτο Καὶ τεσσαρεσκαίδεκα μὲν βαθμοῖς ἦν ἀναβατὸν ἀπὸ τοῦ πρώτου..... Μετὰ δὲ τοὺς δεκατέσσαρας βαθμοὺς τὸ μέχρι τοῦ τείχους διάστημα πηχῶν ἦν δέκα, πᾶν ἰσόπεδον.

[3]) *Joseph.* B. J. V, 5, 2.: Τετράγωνον (τὸ δεύτερον ἱερόν) ἅπαν καὶ τείχει περιπεφραγμένον ἰδίῳ· τούτου τὸ μὲν ἔξωθεν ὕψος, καίπερ τεσσαράκοντα πηχῶν ὑπάρχον, ὑπὸ τῶν βαθμῶν ἐκαλύπτετο, τὸ δὲ ἔνδον εἴκοσι καὶ πέντε πηχῶν ἦν· πρὸς γὰρ ὑψηλοτέρῳ δεδομημένον βαθμοῖς, οὐκέτι ἦν ἅπαν εἴσω καταφανὲς καλυπτόμενον ὑπὸ τοῦ λόφου. „Ziehen wir die 25 E. innere Höhe der Mauer von den 40 E. eigentlicher Höhe ab, so bleiben 15 E. für die Treppe (zu 14 oder wohl 19 Stufen [beide Treppen zusammengerechnet?]). Die Stufen müssten dann sehr hoch gewesen sein, wogegen nach Midd. II, 3. jede nur ½ E. hoch und breit war. Es liegt also bei *Joseph.* wohl eine Corruption in der Zahl vor. *Hirt* conjecturirt 30 st. 40 E. Dann kämen auf 14 oder gar 19 Stufen nur 5 E." (*Win.*). *Joseph.* ibid. ἔνθεν (vom Zwinger) ἄλλαι πύλαι πεντέ(καὶ?)δεκα (für δύο και δέκα) κλίμακες (nach Midd. II, 3. 12 Stufen) ἀνῆγον ἐπὶ τὰς πύλας.

Der Tempel des Herodes. §. 238.

vom Vorhofe der Israeliten geschieden, 3 Thore und 4 Zellen nebst Säulengängen hatte [1]).

Von da stieg man auf 15 Stufen [2]) in den, mit Säulengängen und Zellen [3]) eingeschlossenen und mit sieben [4]) Thoren versehenen *grossen Vorhof*, welcher 187 E. lang von Osten nach Westen, und 135 E. breit von Norden nach Süden (*Midd.* V, 1.), den Tempel umgab, und in den *Vorhof der Israeliten* (östlich) und *den der Priester* (westlich) [5]) eingetheilt war. Jener war 11 E. lang und 135 E. breit; dieser eben so lang und breit, durch ein niederes Gitter getrennt;

---

[1]) B. J. l. l. . . . μία μεσημβρινή πύλη, καὶ μία βόρειος, δι' ἧς εἰς τὴν γυναικωνῖτιν εἰςῆγον· κατὰ γὰρ τὰς ἄλλας οὐκ ἐξῆν παρελθεῖν γυναιξίν, ἀλλ' οὐδὲ κατὰ τὴν σφετέραν ὑπερβῆναι τὸ διατείχισμα. Es befand sich daselbst eine Emporbühne für die Weiber, עזרת נשים (Midd. II, 5. *Rel.* I, 8, 11.). In folg. Stelle l. l.: Αἱ στοαὶ δὲ μεταξὺ τῶν πυλῶν ἀπὸ τοῦ τείχους, ἔνδον ἐστρωμμέναι πρὸ τῶν γαζοφυλακίων, σφόδρα μὲν καλοῖς καὶ μεγάλοις ἀνείχοντο κίοσιν· ἦσαν δὲ ἁπλαῖ — findet man das γαζοφυλάκιον Luk. XXI, 1., das man für die trompetenförmigen, im Weibervorhofe aufgestellten Opferstöcke שופרות Schekal. VI, 1. hält; s. *Lightf.* c. 19. *Paul.* Comm. III, 377. Allein *Joseph.* redet hier wie VI, 5, 2. von Schatzkammern.

[2]) *Joseph.* B. J. V, 5, 3.: Βαθμοὶ δεκαπέντε πρὸς τὴν μείζονα πύλην ἀπὸ τοῦ γυναικῶν διατειχίσματος ἀνῆγον· τῶν γὰρ κατὰ τὰς ἄλλας πέντε βαθμῶν ἦσαν βραχύτεροι. Der Weibervorhof war also nur um 5 Stufen niedriger als der Männervorhof.

[3]) Sechs, drei gegen N. und drei gegen S.: die Salzzelle, die Zelle Parvah, wo man die Häute der Opfer salzte, die Zelle zum Abwaschen der Opfer, die Holzzelle, die Z. Golah und die Z. Gasith, wo das Synedrium seine Sitzungen hielt. Midd. V, 3 f. *Rel.* I, 9, 5 sqq.

[4]) Midd. I, 4. *Joseph.* B. J. V, 5, 2. zählt zehn Thore, indem er die des Weibervorhofs mitrechnet: . . . . τὰς πύλας, αἱ ἀπὸ μὲν ἄρκτου καὶ μεσημβρίας ὀκτώ, καθ' ἑκάτερον τέσσαρες, δύο δ' ἦσαν ἐξ ἀνατολῆς κατ' ἀνάγκην. Διατετειχισμένου γὰρ κατὰ τοῦτο τὸ κλίμα ταῖς γυναιξὶν ἰδίου πρὸς θρησκείαν χώρου, ἔδει δευτέραν εἶναι πύλην· τέτμηται δὲ αὕτη τῆς πρώτης ἄντικρυς. . . . . . . §. 3.: Τῶν δὲ πυλῶν αἱ μὲν ἐννέα χρυσῷ καὶ ἀργύρῳ κεκαλυμμέναι πανταχόθεν ἦσαν, ὁμοίως τε παραστάδες καὶ τὰ ὑπέρθυρα· μία δὲ ἡ ἔξωθεν τοῦ νεὼ κορινθίου χαλκοῦ, πολὺ τῇ τιμῇ τὰς καταργύρους καὶ περιχρύσους ὑπεράγουσα. Unter letzterem (nach Midd. I, 4. das Nikanors-Thor) versteht *Lightf.* c. 18. die θύρα ὡραία AG. III, 2.

[5]) Fälschlich lässt *Hirt* auf seinem Grundrisse den Vorhof der Israeliten auf drei Seiten um den der Priester herumgehen: er lag 11 E. lang im Osten *vor* demselben.

beide mit Steinplatten belegt: hinter dem Allerheiligsten ein leerer Raum von 11 Ellen.

Im Priestervorhofe befand sich der aus unbehauenen Steinen erbaute 50 (?) E. lange und breite und 15 E. hohe Brandopferaltar [1]), und zwischen diesem und der Halle etwas südwärts das Waschbecken [2]).

§. 239.
Das Tempelhaus.

Der Tempel selbst, von weissem Marmor mit reicher Vergoldung inwendig und auswendig [3]), war 100 E. lang (von O. nach W.), eben so hoch und vorn eben so breit [4]), das eigentliche Haus aber nur (nach *Midd.* IV, 7.) 70 oder (nach *Joseph.*) 60 E. breit, so dass vorn auf beiden Seiten ein Vorsprung von 15 oder 20 Ellen war [5]).

---

[1]) Nach *Joseph.* B. J. V, 5, 6.; nach Midd. III, 1. hingegen 32 E. lang u. breit, u. sich verjüngend zur Höhe von 10 E. aufsteigend, mit einem Umgange für die Priester; übrigens mit Abzügen für das Opferblut und die Trankopfer, einem Aschen- und Schlachtort u. s. w. Vgl. *Lightf.* c. 34. *Dassov* de alt. exter. templi Hieros. 1697. 4. *Rel.* §. 8 sqq. *Win.* Art. Brandopferaltar.

[2]) Midd. III, 6. *Reland* §. 13.

S. die nebenstehende Steintafel.

[3]) *Joseph.* B. J. V, 5, 6.: Τὸ δ' ἔξωθεν αὐτοῦ πρόςωπον οὐδὲν οὔτε εἰς ψυχῆς, οὔτε [εἰς ὀμμάτων ἔκπληξιν ἀπέλιπε· πλαξὶ γὰρ χρυσοῦ στιβαραῖς κεκαλυμμένος πάντοθεν, ὑπὸ τὰς πρώτας ἀνατολὰς πυρωδεστάτην ἀπέπαλλεν αὐγὴν, καὶ τῶν βιαζομένων ἰδεῖν τὰς ὄψεις ὥςπερ ἡλιακαῖς ἀκτῖσιν ἀπέστρεφε. Τοῖς γε μὴν εἰσαφικνουμένοις ξένοις πόῤῥωθεν ὅμοιος ὄρει χιόνος πλήρει κατεφαίνετο· καὶ γὰρ καθὰ μὴ κεχρύσωτο, λευκότατος ἦν..... Τῶν δὲ ἐν αὐτῷ λίθων ἔνιοι μῆκος πέντε καὶ τεσσαράκοντα πηχῶν ἦσαν, ὕψος πέντε, εὖρος δὲ ἕξ.

[4]) Midd. IV, 6. *Joseph.* Antt. XV, 11, 3.: .... τὸν ναὸν ἤγειρε, μήκει μὲν ἑκατὸν ὄντα πηχῶν, τὸ δὲ ὕψος εἴκοσι περιττοῖς, οὓς τῷ χρόνῳ συνιζησάντων τῶν θεμελίων ὑπέβη (nach *Hirt* S. 10. ein Mährchen). B. J. V, 5, 4.: ..... καὶ τὸ μὲν κατὰ πρόςωπον ὕψος τε καὶ εὖρος ἴσον, ἀνὰ πήχεις ἑκατόν.

[5]) *Joseph.* l. l.: ..... κατόπιν δὲ τεσσαράκοντα πήχεσι στενότερος· ἔμπροσθεν γὰρ ὥςπερ ὦμοι παρ' ἑκάτερον εἰκοσιπήχεις διέβησαν. Middoth IV, 7.: „Zu beiden Seiten ging über 70 E. (der Breite des Tempelhauses) die Halle auf jeder Seite 15 E. heraus gegen Mitternacht u. gegen Mittag, und dieses nannte man das Schlacht-

Der Tempel des Herodes· §. 239.

Folgende Theile sind zu unterscheiden: 1) Zwölf Stufen führten zur *Halle*, innerlich 90 E. hoch, 50 E. breit (von N. gegen S.) und 20 E. lang (von O. gegen W.), mit einem 70 E. hohen und 25 E. breiten offenen Thore [1]). Ein mit einem buntgewirkten babylonischen Teppiche verhangener Eingang mit zwei 55 E. hohen und 16 E. breiten Flügelthüren, über welchem ein colossaler goldener Weinstock [2]), führte 2) in das *Heilige*, welches 40 E. lang, 20 breit

---

messer-Haus (Beth-Hachillnphoth) . . . . Dergestalt war der Tempel von hinten schmäler, von vorne breiter und insofern einem Löwen ähnlich (vgl. Jes. XXIX, 1.).“
[1]) *Joseph.* l. l.: Αὐτὸς δ' ὁ ναὸς, κατὰ μέσον κείμενος, τὸ ἅγιον ἱερόν, δώδεκα βαθμοῖς ἦν ἀναβατός. . . . . Τοῦ δὲ ναοῦ ὄντος εἴσω διστέγου, μόνος ὁ πρῶτος οἶκος προέκειτο, καὶ διηνεκὲς εἰς τὸ ὕψος, ἀνατεινόμενος μὲν ἐπὶ ἐνενήκοντα πήχεις, μηκυνόμενος δὲ ἐπὶ πεντήκοντα, καὶ διαβαίνων ἐπὶ εἴκοσιν. . . . (Nach *Midd.* IV, 7. aber war die Halle innerlich nur 11 E. lang; und da das Schlachtmesser-Haus auf jeder Seite der Halle 15 E. und die Mauer 5 E. betragen haben soll: so hätte die Halle innerlich 60 E. Breite gehabt.) *Keil* I, 149. Anm. 5. hält mit Recht die Angabe der Tiefe von 11 Ellen mit Rücksicht auf die Länge des ganzen Gebäudes für wahrscheinlicher. Die von *Keil* bestrittene Differenz aber zwischen *Joseph.* und *Midd.* in Betreff der Breite der Halle besteht allerdings; denn wenn die ganze Breite 100 Ellen betrug, nach *Midd.* aber auf jeder Seite das Schlachtmesserhaus 15 Ellen einnahm, = 30 Ellen, und die Mauer 5 Ellen betrug, = 10 Ellen, so bleibt nach *Midd.* für die Breite der Halle 60 Ellen. — Vorher sagt *Joseph.*: Ἡ πρώτη δὲ αὐτοῦ πύλη, πηχῶν ἑβδομήκοντα τὸ ὕψος οὖσα, καὶ εὖρος εἴκοσι καὶ πέντε (nach *Midd.* III, 7. nur 40 E. hoch und 20 E. breit) θύρας οὐκ εἶχε· τοῦ γὰρ οὐρανοῦ τὸ ἀφανὲς καὶ ἀδιάκλειστον ἐνέφαινε· κεχρύσωτο δὲ τὰ μέτωπα πάντα, καὶ δι' αὐτῆς ὅ τε πρῶτος οἶκος ἔσωθεν ἅπας κατεφαίνετο, μέγιστος ὤν, καὶ τὰ περὶ τὴν εἴσω πύλην πάντα λαμπόμενα χρυσῷ τοῖς ὁρῶσιν ὑπέπιπτεν. Tische in der Halle, auf deren einen man die Schaubrode legte, ehe man sie hineintrug, Menach. XI, 7. Schekal. VI, 4.
[2]) *Joseph.* l. l.: Ἡ δὲ διὰ τοῦ οἴκου πύλη κεχρύσωτο μὲν, ὡς ἔφην, πᾶσα, καὶ ὅλος περὶ αὐτὴν τοῖχος· εἶχε δὲ καὶ τὰς χρυσᾶς ὑπὲρ αὐτῆς ἀμπέλους, ἀφ' ὧν βότρυες ἀνδρομήκεις κατεκρέμαντο. Vgl. Antt. XV, 11, 3. *Tacit.* Hist. V, 5. Nach *Joseph.* [erste St.] scheint dieser Weinstock aussen über dem Eingange der Halle gewesen zu sein [so *Hirt, Win.*]; nach *Midd.* III, 8. aber befand er sich inwendig über dem Eingange des Heiligen (s. *Rel.* u. A.). Ὄντος δὲ ἤδη τοῦ ναοῦ διστέγου, ταπεινοτέρα τῆς ἔξωθεν ὄψεως ἡ ἔνδον ἦν, καὶ θύρας εἶχε χρυσᾶς πεντηκονταπέντε πηχῶν τὸ ὕψος, πυρὸς δ' ἐκκαι-

und 60 (nach *Midd.* IV, 6. nur 40) hoch, den siebenarmigen Leuchter, den Schaubrodtisch und den Rauchaltar enthielt[1]). Ein Vorhang (nach den Rabbinen zwei Vorhänge) trennte davon 3) das *Allerheiligste*, 20 E. lang, 20 breit und 60 (oder 40) hoch, gänzlich leer. 4) Der *obere Stock* des Hauses enthielt mancherlei Gemächer[2]). 5) *Drei Stockwerke Nebengemächer* umgaben von drei Seiten diesen wie den ersten Tempel, 60 Ellen hoch und (nach *Midd.* IV, 7.) mit der Wand 11 Ellen tief, so dass, wenn man noch die Dicke der beiden übrigen Wände zu den Räumen im Lichten hinzurechnet, jene 100 E. Länge herauskommen, das Nebengebäude aber um 40 Ellen niedriger war[3]). Das Dach war mit einem Geländer umgeben (*Midd.* IV, 6.) und mit goldenen Spitzen versehen[4]).

δεκα. Πρὸ δὲ τούτων ἰσόμηκες καταπέτασμα, πέπλος ἦν Βαβυλώνιος, ποικιλτὸς ἐξ ὑακίνθου καὶ βύσσου, κόκκοι τε καὶ πορφύρας, θαυμαστῶς μὲν εἰργασμένος, οὐκ ἀθεώρητον δὲ τῆς ὕλης τὴν κρᾶσιν ἔχων, ἀλλ' ὥσπερ εἰκόνα τῶν ὅλων κτλ.

[1]) *Joseph.* l. l. §. 5. *Rel.* §. 25. und de spoliis etc. p. 82.

[2]) Midd. IV, 5. u. dz. *Lempereur. Reland* Antt. §. 29. Bei *Joseph.* τὸ ὑπερῷον μέρος.

[3]) Nämlich die Wand der Halle 5 E., die Halle 11, die Wand des Tempels 6, das Heil. 40, die Wand des Allerh. 1, das Allerh. 20, die Wand des Tempels 6, die Kammern 6 u. die Wand der Kammern 5. *Joseph.* l. l. §. 5.: Περὶ δὲ τὰ πλευρά (also hinten nicht?) τοῦ κάτω ναοῦ δι' ἀλλήλων ἦσαν οἶκοι τρίστεγοι πολλοί, καὶ παρ' ἑκάτερον εἰς αὐτοὺς ἀπὸ τῆς πύλης εἴσοδοι. Τὸ δὲ ὑπερῷον μέρος τούτους μὲν οὐκ ἔτ' εἶχε τοὺς οἴκους, παρ' ὅσον ἦν καὶ στενότερον, ὑψηλότερον δ' ἐπὶ τεσσαράκοντα πήχεις, καὶ λιτότερον τοῦ κάτω· συνάγεται γὰρ οὕτω πρὸς ἑξήκοντα τοῖς τοῦ ἐπιπέδου πηχῶν ἑκατὸν τὸ πᾶν ὕψος.

[4]) *Joseph.* l. l. §. 6.: Κατὰ κορυφὴν δὲ χρυσέους ὀβελοὺς ἀνεῖχε τεθηγμένους, ὡς μή τινι προςκαθεζομένῳ μολύνοιτο τῶν ὀρνέων. Aus dem Ausdrucke κορυφή lässt sich schliessen, dass es ein tectum fastigiatum war wie bei den griechischen und römischen Tempeln (*Paul.* zu Matth. IV, 5. *Keil* Temp. Sal. S. 66.). *Hirt* spricht von einem Giebel der Vorhalle (S. 12.), und hat auch auf Fig. IV. V. VII. einen gezeichnet. Auch die Hallen Fig. II. haben Giebel.

II. Priesterthum.

§. 240.

Zahlreiches Personal.

Jene zahlreiche Priester- und Tempeldienerschaft mit ihren Abtheilungen und mancherlei Verrichtungen (1 Chron. XXIII. XXVI. §. 227.) können wir mit Sicherheit erst in dieser Periode annehmen[1]). Das Institut der Priester- und Levitenstädte scheint nach Neh. VII, 73. XI, 3. 20., jedoch nach XI, 10. 15. mit Ausnahmen, hergestellt worden zu sein. Die Anzahl der Priester und Leviten mag sich im Fortgange der Zeit vermehrt haben[2]), so wie auch neue priesterliche Würden und Geschäfte entstanden sein mögen, deren der Talmud erwähnt[3]).

---

[1]) *Joseph.* Antt. VII, 14, 7.: Καὶ διέμεινεν οὗτος ὁ μερισμὸς ἄχρι τῆς σήμερον ἡμέρας. Luk. I, 5. Priesterclassen-Häupter (שָׂרֵי הַכֹּהֲנִים 2 Chron. XXXVI, 14.) sind die ἀρχιερεῖς *Joseph.* XX, 8, 8. B. J. IV, 3, 6. Matth. II, 4. XXVI, 3. Angebliche Erneuung der Priesterclassen, von denen nur vier zurückgekehrt waren (Esr. II, 36.; vgl. jedoch VIII, 24. u. Nehem. XII, 1—7., wo 22, und Vs. 12—21., wo 20 Priesterhäupter gezählt werden) nach Hieros. Taanith f. 68, 1. *Bauer* gottesd. Verf. II, 373 f. *Sonntag* de sacerdotum V. T. ephemeriis. Altorf. 1691. *Reland* II, 4, 2. L. *Herzfeld* Gesch. des Volkes Jisrael S. 387 ff. *Oehler* in *Herzog's* RE. unt. Priesterthum S. 184 ff. Nach den Rabbinen theilte sich jede Priesterabtheilung wieder in 6 Unterabtheilungen, בָּתֵּי אָבוֹת, deren jede einen Tag zu amtiren hatte; am Sabbath hingegen amtirte die ganze Abtheilung.

[2]) *Joseph.* c. Ap. II, 8.: Licet enim sint tribus quatuor (?) sacerdotum et harum tribuum singulae habeant hominum plus quam quinque millia.

[3]) 1) Der Kriegspriester, כֹּהֵן מְשׁוּחַ מִלְחָמָה, Sota VIII, 1. (vgl. 5 Mos. XX, 2 ff.), *Lakem.* obss. phil. III, 3. p. 236 sqq. *Schacht* ad *Iken.* Antt. p. 480.; 2) der Stellvertreter des Hohenpriesters und Aufseher über die Priester, סָגָן, vollst. סְגַן הַכֹּהֲנִים, vgl. כֹּהֵן מִשְׁנֶה 2 Kön. XXV, 18. Jer. LII, 24. (?) Jom. I, 1. IV, 1. Pirke Aboth III, 2. *Joseph.* Antt. XVII, 6, 4. (wo die Ernennung eines solchen als etwas Ausserordentliches angeführt zu sein scheint), vgl. *Quandt* de Sagan (in *Ugolin.* thes. XII.). *Vitring.* observatt. s. VI, 23.; 3) Catholici קתולוקין oder קתלקא

III. Gottesdienst.

§. 241.

Gebräuche und Feste.

In dieser Periode mag zuerst in Begehung der Feste der Buchstabe des Gesetzes vollkommen erfüllt worden sein (Nch. VIII, 17.). Die levitische Tempelmusik (§. 227.) findet jetzt sicherlich Statt (1 Makk. IV, 54. *M. Succa* V, 1. 4. *Arachin* II, 3. Musik beim Wasserschöpfen und Fackeltanze und sonst am Laubhüttenfeste; *Tamith* VII, 3. beim Opfer; *Arach.* II, 3. Flötenspiel vor dem Altare; *Tamith* VII, 4. *Pesach.* V, 7. Gesänge der Leviten).

Zu den altüblichen Festen kamen noch hinzu: 1) das Fest *Purim*, פּוּרִים יְמֵי oder פּוּרִים (*Loose*, vgl. Esth. IX, 26.), ἡ μαρδοχαϊκὴ ἡμέρα (2 Makk. XV, 36.), zum Andenken der Rettung der Juden von den Anschlägen Hamans, am 14. und 15. Adar (im Schaltjahre 2 Mal, *grosses* und *kleines* P.), nach vorhergegangenem Fasttage (תַּעֲנִית אֶסְתֵּר) geteiert, hauptsächlich durch Vorlesen der Megillah Esther [1]).

2) Das Fest der *Tempelweihe*, חֲנֻכָּה, ἐγκαίνια (Joh. X, 22.) [2]), zum Andenken der Begebenheit 1 Makk. IV, 36 ff.

---

oder קְתָאלִיקֵי, Stellvertreter des Sagan, an der Zahl zwei. 4) Amarcalin, אֲמַרְכָּלִין, Schatzmeister, an der Zahl sieben. 5) Fünfzehn מְמֻנִּים, praefecti, und unter diesen der Tempelhauptmann, אִישׁ הַר בַּיִת, auch עַל הַשּׁוֹמְרִים, Wachtmeister, στρατηγός (*Joseph.* B. J. VI, 5, 3. AG. IV, 1. V, 26.). Vgl. *Reland* II, 3, 2 sqq. Genauer Wachdienst im Heiligthume: 3 Wachposten für die Priester im Tempel, und 21 für die Leviten an den Thoren und in den Vorhöfen (Midd. I, 1. Tamith I, 1.). Sorge gegen Verunreinigung des Tempels, Chelim I, 8. *Joseph.* Antt. XII, 3, 4. XVIII, 2, 2. §. 238. Not. 3. S. 363.

[1]) Tr. Megilla ap. *Surenhus.* P. II. b. *Ugolin.* T. XVIII. II. *Schickard* de festo Purim (Critt. SS. VI, 482 sqq. *Buxt.* Synag. jud. c. 29. *Bartolocci* Bibl. rabb. I, 693.

[2]) *Joseph.* Antt. XII, 7, 7.: Καὶ ἐξ ἐκείνου μέχρι δεῦρο τὴν ἑορτὴν ἄγομεν καλοῦντες αὐτὴν φῶτα· ἐκ τοῦ παρ' ἐλπίδας οἶμαι ταύτην ἡμῖν φανῆναι τὴν ἐξουσίαν (sc. τῆς θρησκείας), τὴν προσηγορίαν θέμενοι τῇ ἑορτῇ. Wahrscheinlich eine falsche Etymologie. Talmudische Fabel von einem gefundenen Oelkruge, dessen Oel auf wunderbare Weise 8 Tage lang gebrannt habe. Schabb. f. 21. 2. vgl. *Maimon.* Hilc. Chanucha c. 3. *Bauer* II, 266.

vom 25. Kislev an 8 Tage lang hauptsächlich mit Erleuchtung [1]) gefeiert.

3) Das Fest des *Holztragens* (ξυλοφόρια) [2]) am 3. Elul; wofür das Zeugniss der Rabbinen fehlt (vgl. Neh. X, 35.) [3]).

IV. Synagogen.

§. 242.

Ursprung und Einrichtung derselben

Die Synagogen, הַכְּנֵסֶת בָּתֵּי, auch προςευχαί [4]), Bet- und Erbauungshäuser, entstanden einige Zeit nach dem

---

[1]) Parallelen *Herod.* II, 62. *Juvenal.* Sat. XII, vs. 92. Uebrigens vgl. *Wähner* de festo encaenior. 1715. 4.
[2]) *Joseph.* B. J. II, 17, 6.: . . . . τῶν ξυλοφορίων ἑορτῆς οὔσης, ἐν ᾗ πᾶσιν ἔθος ὕλην τῷ βωμῷ προςφέρειν, ὅπως μήποτε τροφὴ τῷ πυρὶ λίποιτο, διαμένει γὰρ ἄσβεστον ἀεί . . . Andere Feste 1 Makk. XIII, 52. Judith XVI, 31. (Vulg.) 1 Makk. VII, 49. sind problematisch.
[3]) Vgl. zu diesem §. *Oehler* in *Herzog's* RE. unt. Feste S. 387 ff.
[4]) Streit über die Einerleiheit der Synagogen und Proseuchen, wofür *Grot.* ad Act. XVI, 13. Matth. IV, 23. *Vitringa* de Synagog. vet. (Franeq. 1696. 2 Voll. 4.) p. 119 sqq. *Carpz.* app. p. 320 sq.; wogegen *Drus.* ad Act. XVI, 13. *Dan. Heins.* exercitatt. s. p. 305. *Bauer* gottesd. Verf. II, 123. Gegen die Einerleiheit zeugt AG. XVI, 13.: . . . . ἔξω τῆς πόλεως πρὸς ποταμόν, οὗ ἐνομίζετο προςευχὴ εἶναι (vgl. *Joseph.* Antt. XIV, 10, 23.: καὶ τὰς προςευχὰς ποιεῖσθαι πρὸς τῇ θαλάσσῃ κατὰ τὸ πάτριον ἔθος. *Epiphan.* haeres. LXXX, 1. von einer Proseuche unter freiem Himmel in Sichem oder Neapolis); vgl. XVII, 1.: ὅπου ἦν ἡ συναγωγὴ τῶν Ἰουδαίων. Aber für den allgemeinen Gebrauch des W. προςευχή sind entscheidend die Stellen: *Juvenal.* Sat. III. vs. 296.: Ede, ubi consistas, in qua te quaero proseucha? *Philo* leg. ad Caj. p. 1011.: . . . . τῶν προςευχῶν (πολλαὶ δέ εἰσι καθ' ἕκαστον τμῆμα τῆς πόλεως) τὰς μὲν ἐδενδροτόμησαν, τὰς δὲ αὐτοῖς θεμελίοις κατέσκαψαν κτλ. Ibid.: προςευχάς, ὅσας μὴ ἐδυνήθησαν ἐμπρῆσαι καὶ κατασκαφαῖς ἀφανίσαι, ... ἕτερον τρόπον ἐλυμήναντο. *Joseph.* vit. §. 54.: Κατὰ τὴν ἐπιοῦσαν οὖν ἡμέραν συνάγονται πάντες εἰς τὴν προςευχήν, μέγιστον οἴκημα πολὺν ὄχλον ἐπιδέξασθαι δυνάμενον. Vgl. besonders *Philo* de vita Mos. III, 685.: Τὰ γὰρ κατὰ πόλεις προςευκτήρια τί ἕτερόν ἐστιν ἢ διδασκαλεῖα φρονήσεως καὶ ἀνδρίας καὶ σωφροσύνης καὶ δικαιοσύνης, εὐσεβείας τε καὶ ὁσιότητος, καὶ συμπάσης ἀρετῆς; mit Legat. ad Caj. p. 1035.: Τὸ μὲν γὰρ πρῶτον ἀπέστειλε {ὁ Σεβαστὸς} τοῖς ἐπιτρόποις . . . . ἵνα ἐπιτρέπωσιν τοῖς Ἰουδαίοις μόνοις εἰς τὰ συναγώγια συνέρχεσθαι· μὴ γὰρ εἶναι ταῦτα συνόδους ἐκ μέθης

Exile[1]). Neben dem Tempel erhielten sie vorzüglich die Einheit des Volkes im väterlichen Glauben und dienten dazu, die Kenntniss des göttlichen Gesetzes unter der Masse des Volkes zu verbreiten; daher sie für das Volk in der Zerstreuung von der grössten Wichtigkeit werden, als Träger der nationalen Gemeinschaft und als Pflanzstätten der Treue gegen das Gesetz, aber zugleich von nicht geringer Bedeutung für die erste Ausbreitung des Christenthums[2]).

Zu Christi Zeit fanden sich Synagogen in den Städten Palästina's, selbst den kleinern (Luk. IV, 16. VII, 1. Joh. VI, 59.), in Jerusalem mehrere (AG. VI, 9., nach *Megill.* f. 73, 4. 480., nach *Hier. Chetuboth* f. 35. 3. 460.); auch in den auswärtigen Städten, zum Theil in mehrfacher Zahl (AG. IX, 2, 20. XIII, 5. 14. XIV, 1. XVII, 1. 10. XVIII, 4. XIX, 8. vgl. S. 369. Not. 4.)[3]); u. nach den Rabbinen soll jede kleine jüdische Bevölkerung eine haben[4]). Ehedem hatte man die Betörter

---

καὶ παροινίας ἐπὶ συστάσει ὡς λυμαίνεσθαι τὰ τῆς εἰρήνης, ἀλλὰ διδασκαλεῖα σωφροσύνης καὶ δικαιοσύνης. Zu unterscheiden sind die בית מדרשות. Schulen oder Academieen, vgl. §. 273 b.

[1]) *Vitring.* p. 413 sqq. Die Synagogen kommen nicht im A. T. vor, obschon die Targumim sie selbst in die patriarchalische Zeit zurücktragen (*Win.* de Jonath. paraphr. chald. I, 30.); nicht Ps. LXXIV, 8. (der Ps. müsste denn makkabäisch sein); nicht in der doch gern Späteres in frühere Zeiten zurücktragenden Chronik; nicht in den BB. d. Makk. (1 Makk. III, 46. gehört nicht hierher); zuerst bei *Joseph.* XIX, 6, 3. B. J. II, 14, 4. VII, 3, 3. Aber der Geist des (nachexilischen) Judenthums brachte das öffentliche Vorlesen des Gesetzes mit sich (Neb. VIII, 1. [vgl. dgg. 5 Mos. XXXI, 10 ff.] AG. XV, 21.) und somit auch die Synagogen. Erste Spur derselben vielleicht 2 Kön. IV, 22. Später setzt den Ursprung derselben *Bauer* II, 126. Auch *Keil* I, 153. Anm. 3. lässt besondere Bethäuser erst in der Nothzeit unter Antiochus Epiphanes entstehen, während *Ewald* VI, 376. und *Leyrer* in *Herzog's* RE. unt. Synagogen S. 301 f. ihren Ursprung im Exil und in der ersten nachexilischen Zeit ihre weitere Verbreitung unter den zurückgekehrten Juden annehmen.

[2]) Vgl. Note. 4. S. 369. *Zunz* gottesdienstl. Vorträge der Juden S. 1. *Ewald* IV, 274. VI, 375 ff.

[3]) Ueber die prächtige Synagoge zu Alexandria Succah f. 51, 2. *Reland* I, 10, 12. *Vitring.* p. 256.

[4]) *Maimon.* Hilcoth Thephillah XI, 1. bei *Vitr.* p. 232.: In omni loco, in quo decem sunt ex Israële, necesse est ordinare domum, in quam congregentur ad preces. (Ursache: weil 10 Par-

Synagogen. §. 242. 243.

gern im Freien und am Wasser, gemäss der Sitte, dass die Juden vor dem Gebet sich zu waschen pflegen (Not. 4. S. 369. und *Leyrer* l. c. S. 303.); nach den Rabbinen sollen die Synagogen auf einem erhabenen Platze erbaut werden ¹).

Zur innern Einrichtung derselben gehört heutzutage Folgendes: 1) der *Bücherschrank*, ארון, תיבה, היכל, *armarium* (*Tertull.* de cultu fem. I, 3.), an der gegen Jerusalem hingerichteten Seite. 2) Die *Kanzel*, בימה, βῆμα (vgl. *Joseph.* Antt. IV. 8, 12.), מגדל, אלמיברא (المنبر), mit dem *Pulte*, כסא, כורסיא (pers. كرسى). 3) Die *Sitze*, קתדראות, καθέδραι, unter denen die für die Aeltesten ausgezeichnet sind, welche mit dem Rücken gegen den Schrank, mit dem Gesichte gegen das Volk sitzen, vgl. Matth. XXIII, 6. Jak. II, 3. Die Sitze der Weiber sind von denen der Männer getrennt. 4) Die *Leuchter*, mit welchen an Sabbath- und Festtagen festlich erleuchtet wird ²).

§. 243.
Gottesdienst der Synagogen.

An Sabbath- und Festtagen versammelte sich in den Synagogen das Volk zum Gebete ³) und zum Vorlesen der

---

sonen eine Gemeinde ausmachen nach 4 Mos. XIV, 27.). Hiermit verknüpfte *Lightf.* ad Matth. IV, 23., was von den decem otiosis (בטלנים) der Synagoge im Talmud vorkommt Sanhedr. f. 17, 2. Megill. f. 5, 1. Baba Kama f. 82, 1. (*Vitr.* p. 531.), und erklärte sie für die Beamten der Synagoge, worüber zwischen *Vitringa* und *Rhenferd* ein Schriftenwechsel sich entspann, vgl. *Carpz.* app. p. 311. Es sind aber 10 Leute, welche Zeit haben jedes Mal zur Zeit des Gebets in der Synagoge zu sein, und von der Gemeinde dazu gehalten werden. Denn nach Megill. IV, 3. *Maimon.* l. l. VIII, 4. sind 10 Leute zum Gebete und Vorlesen nothwendig. Vgl. *Leyrer* l. c. S. 313 f.

¹) *Maimon.* l. l. VIII, 11. *Vitring.* p. 216 sqq.
²) *Vitr.* p. 174—212. Merkwürdige und vielleicht ursprüngliche Einrichtung der Synagoge zu Aleppo, *d. Valle* R. IV, 195. *Jahn* III, 284 f. Vgl. *Leyrer* l. c. S. 304 f.
³) Man beginnt mit dem Morgengebete (שחרית) und dem Gebete קדיש, darauf folgt die Vorlesung, und wieder das Kaddisch (*Maimon.* XII, 20 sqq. *Vitr.* p. 962.; anders *Bodenschatz* kirchl. Verf. d. Juden II, 149.). Wie im Tempelcultus das Opfer, so war im Synagogencultus das Gebet der Hauptbestandtheil des Gottesdienstes; an die Opferzeiten schlossen sich die Gebetszeiten an.

Abschnitte des Gesetzes (פרשיות), der Propheten, d. h. der historischen BB. und der eigentlichen Propheten (הפטרות)[1] und anderer Bücher des A. T. (מגלות), welche in der Volkssprache ausgelegt[2]) und in freien Vorträgen erklärt wurden (Luk. IV, 20. AG. XIII, 15.)[3]). Der Segen und das Amen endigte die Versammlung (Neh. VIII, 6.)[4]). In späterer Zeit wurde auch der 2. und 5. Tag der Woche (Montag und Donnerstag) zum Gottesdienste in der Synagoge bestimmt[5]); ja heutzutage verrichten die Juden täglich ihr Morgen- und Abendgebet daselbst[6]).

[1]) Ueber die Eintheilung des Gesetzes in *Paraschen* (offene und geschlossene) und die aus den Propheten ausgehobenen *Haphtaren* s. Einl. ins A. T. §. 77 f. Ueber die Synagogenbaudschriften ebendas. §. 109.

[2]) *Maimon.* l. l. X, 10.: A diebus Esrae moris fuit, ut adesset interpres exponens populo, quod Lector in lege praelegebat, ut sententiam verborum perciperent. Megill. IV, 10. *Vitr.* p. 689 sqq. 1015 sqq. Entstehung der chaldäischen Paraphrasen oder Targumim. Einl. ins A. T. §. 57.

[3]) *Vitr.* p. 694. Der Prediger heisst דרשן, die Predigt דרוש. Letztere ist heutzutage etwas Ausserordentliches, und das Dolmetschen hat ganz aufgehört.

[4]) *Vitringa* p. 1114 sqq.

[5]) *Maimon.* XII, 1. (*Vitr.* p. 283.) leitet diesen Wochengottesdienst selbst von Mose und Esra ab.

[6]) Den Hauptbestandtheil desselben macht das שמע קריאת, zusammengesetzt aus 5 Mos. VI, 4—9. XI, 13—21. 4 Mos. XV, 37—41. (Berach. I. II. *Vitr.* p. 1052 sq.). Täglich sollen auch, wenigstens zum Theil oder in der Hauptsumme, die 18 Lobsprüche (Schemon-Esreh) gebetet werden (Berach. IV, 3. *Vitr.* p. 1031 sqq.). Bei dem Gebete legen die Juden die תפלין (Gebete), φυλακτήρια, d. i. Amulete (Matth. XXIII, 5.) an, welches zwei Kästchen sind, in deren eines vier Pergamentblättchen mit den Stellen: 2 Mos. XIII, 1—10., Vs. 11—16., 5 Mos. VI, 4—9., 5 Mos. XI, 13—21., und in deren zweites eine einzige Rolle mit derselben St. beschrieben gelegt, und das eine an die Stirne, das andere an die linke Hand mit ledernen Riemen gebunden werden, zufolge der gemissdeuteten St. 2 Mos. XIII, 9. (die vielleicht schon 5 Mos. VI, 8. XI, 18. eigentlich genommen ist). Vgl. *Bodenschatz* IV, 14 ff. *Buxt.* Syn. c. IX. In der Synagoge tragen die heutigen Juden das grosse טלית (vom kleinen s. §. 128.), welches ursprünglich dazu gedient hat, sich das Haupt zu verhüllen zur Verhütung der Zerstreuung (§. 212. Note. 2. S. 305.). Piske Tosaphot ad Menach. No. 150. b. *Lightf.* ad 1 Cor. XI, 4.: Sacerdotes obvelant se,

Synagogen. §. 243. 244.   373

§. 244.

Beamte und Diener der Synagogen.

Der *Synagogen-Vorsteher* (ראש הכנסת, *ἀρχισυναγωγός* Luk. VIII, 49. XIII, 14.) [1]) bildete mit den *Aeltesten* (זְקֵנִים, πρεσβύτεροι, Luk. VII, 3., ἀρχισυναγωγοί, Mark. V, 22. AG. XIII, 15., פַּרְנָסִים, ποιμένες, ממונים, προεστῶτες) ein Collegium, mit welchem er über die Ordnung und Zucht der Synagoge wachte, die Schuldigen bestrafte [2]), und die Armenpflege verwaltete [3]). Obgleich diese Vorgesetzten auch lehren mochten, so bestand doch eine vollkommene Lehrfreiheit (Luk. IV, 16. AG. XIII, 15.) [4]).

---

cum suggestum conscendunt. *Lakemacher's* (Obss. III, 209.) sonderbare Ableitung dieses Gebrauchs.
Verrichtung der Beschneidung in der Synagoge, s. *Buxt.* Synag. IV. *Rel.* Autt. I, 10, 8. — Vgl. zu diesem §. *Leyrer* l. c. S. 305—312. und die dort angeführte neuere Litteratur.

[1]) *Jarchi* ad Sota VII, 7. ראש הכנסת וגו'. Synagogae princeps est, ex cujus sententia res Synagogae decernuntur: quis Prophetas sit lecturus, quis expositurus super Schema, quis descensurus coram arca. Cod. Theodos. tit. de Jud. et Coelic. leg. XIV.: Superstitionis indignae est, ut Archisynagogi sive Presbyteri Judaeorum, vel quos ipsi Apostolos vocant etc. *Vitr.* p. 586 sqq. 610 sqq. Dessen Archisynag. observatt. novis illustr. 1685. 4.

[2]) *Vitr.* p. 727 sqq. Die erweisliche Jurisdiction bestand in Ertheilung eines Verweises und Erkennung der Ausschliessung (§. 165.). Nach dem N. T. (Matth. X, 17. XXIII, 34. AG. XXII, 19. XXVI, 11.) wurde auch die Strafe der Geisselung in den Synagogen ertheilt. Willkürlich verstand *Grot.* unter Synagogen weltliche Gerichtshöfe; eben so willkürlich nahm *Lightf.* an, es hätten sich in jeder Synagoge drei weltliche Richter gefunden, welche die Strafzucht geübt hätten. *Vitr.* p. 773 sqq. kann nur ungenügend nachweisen, dass die Geisselung in den Synagogen Statt gefunden.

[3]) *Vitr.* p. 806 sqq. Es wurden nämlich Almosen in Kistchen eingelegt und an den Sabbathabenden von Almosensammlern (s. unt.) eingesammelt.

[4]) *Vitr.* p. 696 sqq. Auch das Vorlesen scheint frei gewesen zu sein. Heutzutage werden 7 Personen, zuerst (wenn solche vorhanden sind) ein Priester, dann ein Levit zum Vorlesen aufgefordert, und darum sind die Paraschen in 7 Abschnitte zerlegt.

Diener der Synagoge waren: 1) der *Vorbeter* (שְׁלִיחַ הַצִבּוּר), *legatus ecclesiae*[1]); 2) der *Aufwärter* (חַזָּן, ὑπηρέτης, Luk. IV, 20.)[2]; 3) die *Almosensammler* (גַּבָּאִים)[3]).

V. Proselyten.

§. 245.

Arten derselben.

Aus der universalistischen Tendenz des Judenthums, welche mit den messianischen Hoffnungen zusammenhing (Jes. II, 2 ff. XLII, 6. XLIX, 6. LVI, 6 f. u. a.), floss das Bestreben, die jüdische Religion zu verbreiten (Matth. XXIII, 15.)[4]), welchem auch die Heiden, besonders die Frauen, aus religiösem Bedürfnisse entgegenkamen [5]).

---

[1]) Rosch Hasch. IV, 9.: Quemadmodum Legatus Ecclesiae tenetur (recitare benedictiones), sic quique privati tenentur. R. Gamaliel dicit: Legatus ecclesiae fungitur officio pro omnibus, et officio hoc rite perfunctus omnes ab obligatione liberat. *Vitr.* p. 891 sqq. p. 903 sqq. Er vergleicht ihn mit dem ἄγγελος τῆς ἐκκλησίας Apok. II, 1.

[2]) *Jarchi* ad Sota VII, 7.: Chazzan Synagogae est minister Synagogae, cui incumbit onus omnia Synagogae negotia curandi, nimirum Librum Legis in Arcam inferendi et ex ea producendi, Arcam nudandi et omnia in Synagoga recte disponendi. *Vitr.* p. 893 sqq. Er vergleicht ihn, jedoch nicht ganz treffend, mit dem διάκονος der christlichen Kirche.

[3]) Bisweilen sammelte auch der Chazzan ein. *Leo Mut.* Rit. Jud. I, 14. — Vgl. zu diesem §. *Leyrer* l. c. S. 312 f.

[4]) *Danz* de cura Judaeor. in conquir. Proselytis. 1688. in *Meuschen* N. T. ex Talm. illustr. p. 649. *Carpz.* ad *Schickard.* jus reg. Hebr. p. 324. *Paul.* zu Matth. XXIII, 15. Ein Beispiel von Missionsthätigkeit bei *Joseph.* Antt. XX, 2, 3. Gewaltsamer Bekehrungseifer der Hasmonäer, Antt. XIII, 9, 1. 11, 3. Die Beschneidung ein Rettungsmittel, B. J. II, 17, 10.; eine Heirathsbedingung, Antt. XX, 7, 3. — Vgl. *Ewald* IV, 35 ff. *Leyrer* in *Herzog's* RE. unt. Proselyten S. 239.

[5]) *Dio Cass.* XXXVII. p. 41. C.: Φέρει δὲ (ἡ ἐπίκλησις τῶν Ἰουδαίων) καὶ ἐπὶ τοὺς ἄλλους ἀνθρώπους, ὅσοι τὰ νόμιμα αὐτῶν, καίπερ ἀλλοεθνεῖς ὄντες, ζηλοῦσι. *Joseph.* B. J. II, 20, 2.: Καὶ ἐν τούτῳ Δαμασκηνοὶ . . . . . τοὺς παρ' ἑαυτοῖς Ἰουδαίους ἀνελεῖν ἐσπούδασαν. . . . . Ἐδεδοίκεσαν δὲ τὰς ἑαυτῶν γυναῖκας ἁπάσας πλὴν ὀλίγων ὑπηγμένας τῇ

Man nennt die Bekehrten *Proselyten*[1]) oder *Fremdlinge der Gerechtigkeit* (גֵּרֵי הַצֶּדֶק): sie waren ganz in den theokratischen Verband aufgenommen und zu allen Gebräuchen des Gottesdienstes verpflichtet [2]). Hingegen nicht zum Ccrimonialgesetze, sondern bloss zu den sieben sogenannten noachischen Geboten [3]) verpflichtet waren die *Fremdlinge des Thores* (גֵּרֵי הַשַּׁעַר) [4]), wahrscheinlich so genannt nach dem alttestamentlichen Ausdruck: der Fremdling, der in deinen Thoren ist (2 Mos. XX, 10. 5 Mos. XIV, 21. XXIV, 14.), nicht, wie Andere wollen, weil sie nur bis an das Thor des Tempelvorhofs kommen durften.

§. 246 a.
Aufnahme derselben.

Zur Aufnahme der Proselyten war nach den Rabbinen [5]) nothwendig: die Beschneidung (§. 151.) [6]), ein Opfer, die

---

Ἰουδαϊκῇ θρησκείᾳ. VII, 3, 3.: καὶ τε προςαγόμενοι ταῖς θρησκείαις πολὺ πλῆθος Ἑλλήνων (näml. in Antiochien). *Juvenal.* XIV. vs. 96 sqq. — Vgl. *Leyrer* l. c. S. 241.

[1]) *Suid.* προςήλυτοι· οἱ ἐξ ἐθνῶν προςεληλυθότες καὶ κατὰ τοὺς θείους πολιτευόμενοι νόμους. Jes. LVI, 3. בֶּן־הַנֵּכָר הַנִּלְוָה אֶל־יהוה. Vgl. *Leyrer* l. c. 237.

[2]) *Tacit.* Hist. V, 5.: Transgressi in morem eorum idem usurpant. Nec quicquam prius imbuuntur quam contemnere Deos, exuere patriam, parentes, liberos, fratres vilia habere.

[3]) Nämlich 1) über den Götzendienst, 2) das Preisen des Namens Gottes, 3) das Blutvergiessen, 4) die Blutschande und die verbotenen Grade, 5) den Raub, 6) die Gerichte, 7) de membro vivi (blutiges Fleisch). *Maimon.* Hilc. Melachim IX, 1. *Selden* de jure N. et G. I, 10. p. 116. *Schickard* de jure reg. Hebr. V, 7. u. *Carpzov's* Anm. p. 333. *Budd.* H. E. I, 156 sqq. Vgl. AG. XV, 20. — Vgl. *Leyrer* l. c. S. 249 ff.

[4]) So hiessen eig. die Beisassen, תּוֹשָׁבִים, die unter den Juden selbst wohnten: im N. T. εὐλαβεῖς, AG. II, 5., εὐσεβεῖς, AG. X, 2. 7., σεβόμενοι, AG. XIII, 50. *Joseph.* Antt. XIV, 7, 2., φοβούμενοι τὸν θεόν, AG. X, 2. Vgl. übrigens *Selden* de jur. N. et G. II, 1 sqq. *Slevogt* de Proselytis Jud. 1651. 4. *Lübkert* in Studd. und Kr. 1835. S. 681 ff. *Carpz.* app. p. 89 sqq.

[5]) Cherithuth f. 9, 1. Aboda sara f. 57, 1. *Maimon.* Hilc. Issure Bia XIII, 1.: Tribus rebus intrarunt in foedus Israelitae: circumcisione, baptismo et oblatione.

[6]) Dagegen ein gewisser Ananias b. *Joseph.* Antt. XX, 2, 4.: ..... δυνάμενον δὲ αὐτόν, ἔφη, καὶ χωρὶς τῆς περιτομῆς τὸ θεῖον

Taufe. Letztere ist aber wahrscheinlich ein späteres Institut [1]), das sich erst nach Zerstörung des Tempels bei dem Aufhören der Opfer zu einem wesentlichen Bestandtheil im Ritus der Aufnahme ausbildete.

Denn in ältern Schriften wird ihrer nicht erwähnt [2]), sondern nur in der Gemara, deren Zeugniss bloss für die Zeit

---

σέβειν, εἴγε πάντως κέκρικε ζηλοῦν τὰ πάτρια τῶν Ἰουδαίων. Vgl. *Michael.* mos. R. IV. §. 184.

[1]) Nach *Joh. Owen* Theologum. IV, 4, 22. p. 427. *N. Knatchbul* animadvv. in libr. N. T. (in *Dougtaei* Analect.) ad 1 Petr. III, 21. *Gottl. Wernsdorf* controvv. de baptism. recent. (1708.) §. 18 sqq. De baptismi Christ. orig. mere div. 1710. (gegen *J. A. Danz.*). *Zeltner* de initiis baptismi initiat. Jud. 1711. *Sam. Deyling* Observv. S. III, 26. 253. *Carpz.* app. p. 47 sqq. *Ernesti* vindic. arbitr. div. §. 49. (Opusc. th. p. 255 sqq.) *Paul.* Comm. I, 279 ff. *Bauer* gottesd. Verf. II, 393. Bibl. Theol. d. N. T. I, 276 ff. *Anonym.* üb. d. Taufe, e. freimüth. Unters. 1802. Meine Comm. de morte J. Chr. exp. (1813.) p. 42 sqq. (Opusc. p. 62 sqq.) *Reiche* de baptismi orig. etc. 1816. *Leopold* Joh. d. Täuf. 1824. Am erschöpfendsten *Schneckenburger* üb. d. Alter d. jüd. Pros.-T. etc. 1828. Vgl. *Matthies* baptism. expos. (1840.) p. 9 sqq. *Win.* RWB. *Leyrer* l. c. S. 245. (welcher die Einrichtung einer eigentlichen Proselytentaufe erst ziemlich spät nach dem ersten christlichen Jahrhundert setzt). Dagegen *Selden* jus N. et G. II, 2. *Lightf.* hor. hebr. ad Matth. III, 6. *J. B. Carpz.* ad *Schick.* jus reg. p. 328 sqq. u. A. Besonders *J. A. Danz* baptism. Pros. jud. in *Meuschen* N. T. ex Talm. illustr. p. 233 sqq. u. Antiqu. baptismi init. Israelit. (gegen *Wernsdorf*) ebend. p. 287 sqq. *J. D. Michael.* zu Matth. III, 6. Theol. dogm. p. 281. *Ziegler* theol. Abhandll. II, 131. *Eisenlohr* hist. Bemerkk. üb. die Taufe, 1804. *Jahn* Arch. III, 219. *Kumöl* ad Matth. III, 6. *Augusti* Denkwürdigk. IV, 113 ff. VIII, 26 ff. Vermittelnd *Bengel* üb. d. Alter d. jüd. Pros.-T. 1814. Arch. f. d. Theol. II, 3. S. 729 ff. An diesen schliesst sich an: *J. Fr. Th. Zimmermann* de baptismi orig. etc. 1815.

[2]) Nicht M. Pesachim VIII, 8.: Alienigena, qui factus est proselytus vespere paschali, Schola Schammai dicit: immergat se et comedat pascha suum vespere; Schola Hillelis dicit: qui se separat a praeputio, est ut ille, qui separat se a sepultura —; diess bezieht sich auf eine Waschung, aber nicht auf die Proselyten-Taufe. Eben so wenig bei *Arrian.* Diss. Epictet. II, 9.: Τί οὖν Στωικὸν λέγεις σεαυτόν; τί ἐξαπατᾷς τοὺς πολλούς; τί ὑποκρίνῃ Ἰουδαῖος ὢν Ἕλληνας; οὐχ ὁρᾷς, πῶς ἕκαστος λέγεται Ἰουδαῖος; πῶς Σύρος; πῶς Αἰγύπτιος; καὶ ὅταν τινὰ ἐπαμφοτερίζοντα ἴδωμεν, εἰώθαμεν λέγειν· οὐκ ἔστιν Ἰουδαῖος, ἀλλ' ὑποκρίνεται. Ὅταν δ' ἀναλάβῃ τὸ πάθος τὸ τοῦ βεβαμ-

nach der Zerstörung Jerusalems spricht, und in andern spätern Schriften [1]).

Indessen war vermuthlich schon in alten Zeiten mit der Proselyten-Weihe eine Art von Lustration verbunden, woraus die Proselyten-Taufe (vielleicht nicht ohne Nachahmung der christlichen) entstanden ist [2]).

VI. Die Samaritaner.

§. 246 b.
Ihr Gottesdienst und Verhältniss zu den Juden.

Diese aus Vermischung fremder Ansiedler mit israelitischen Einwohnern erwachsene Völkerschaft (§. 41.) fühlte den lobenswerthen Trieb mit den aus dem Exile zurückgekehrten Juden in religiöse Gemeinschaft zu treten (wie schon Einzelne während des Exils die heil Stätte in Jerusalem besucht

μένου καὶ ᾐρημένον. τότε καὶ ἔστι τῷ ὄντι καὶ καλεῖται Ἰουδαῖος. Οὕτως καὶ ἡμεῖς παραβαπτισταί. λόγῳ μὲν Ἰουδαῖοι, ἔργῳ δὲ ἄλλο τι, ἀσυμπαθεῖς πρὸς τὸν λόγον, μακρὰν ἀπὸ τοῦ χρῆσθαι τούτοις ἃ λέγομεν, ἐφ᾽ οἷς ὡς εἰδότες αὐτὰ ἐπαιρόμεθα. Tacit. Hist. V, 5.: Transgressi in morem eorum, idem usurpant nec quidquam prius imbuuntur etc. Bedeutendes Stillschweigen des *Philo, Josephus*, der Kirchenväter, der römischen Gesetzbücher, ins Licht gesetzt von *Schneckenb.* §. 54 ff.

[1]) Jebamoth f. 46, 1 sq. Si proselytus circumcisus fuerit, sed non baptizatus, R. Elieser dicit: En talis est proselytus, ita enim invenimus in patribus nostris, qui circumcisi sunt, sed non baptizati. Si quis baptizatus fuerit, sed non circumcisus, R. Josua dicit: En talis est proselytus, nam ita invenimus in matribus nostris, quae baptizatae sunt, sed non circumcisae. c. 2.: De baptizato nec tamen circumciso nemo hominum disputat eum esse legitimum, sed disputant de circumciso nec tamen baptizato. R. Elieser docet a patribus (inde sic esse institutum), sed R. Josua dicit apud patres etiam baptismum fuisse. Pseudo-Jonath. ad Exod. XII, 44.: Circumcides cum et baptizabis eum, ist ein noch späteres Zeugniss. Vers. Aeth. Matth. XXIII, 15.: ut baptizetis unum proselytum.

[2]) *Bauer* S. 392 f. *Schneckenburger* §. 82 ff. Dieser Ansicht schliessen sich auch an *Saalschütz* mos. R. S. 690. Anm. 888. *Keil* I, 317 f. *Leyrer* l. c., der jedoch ein Entlehnen der jüdischen Proselytentaufe von der johanneischen oder von der christlichen Taufe nicht annehmen will. S. 249.

hatten, Jer. XLI, 4.), wurde aber von den jüdischen Häuptern zurückgestossen (§. 49.), und bewies sich hierauf feindselig. Gleichwohl fand viel Annäherung und Verschwägerung zwischen beiden Theilen Statt, und als Nehemia diesem angeblich gesetzwidrigen Wesen wehren wollte, gab er zum Uebertritte des Priesters *Jojada* und Stiftung eines samaritanischen Tempeldienstes und Priesterthums auf Garizim Veranlassung (§. 51.). Da die Samaritaner die BB. Mose's (die sie wahrscheinlich eben damals von *Jojada* erhalten hatten) und zwar als alleinige Bücher anerkannten (Einl. ins A. T. §. 17 a.), so mag ihr Tempeldienst dem der Juden ähnlich gewesen sein. Da sie aber nicht nur einen eigenen Tempel hatten (gegen §. 196.), sondern auch behaupteten, ihr heil. Ort sei der wahre (*Joseph.* Antt. XII, 1. XIII, 1, 4. Joh. IV, 20., LA. des Cod. Sam. 5 Mos. XXVII, 4.); da ihr Gottesdienst und Gesetzeswesen wie ihre ganze Volksthümlichkeit einen schwankenden Charakter hatte [1]), und sie den strengen Juden als Abtrünnige gelten mussten [2]): so entzündete sich ein heftiger Religionshass gegen sie bei den Letzteren, die sie *Ketzer* (מינים) nannten, und jede Gemeinschaft mit ihnen mieden (Joh. IV, 9. und dz. *Lightf.*). *Joh. Hyrkan* zerstörte den Tempel auf Garizim (§. 62.), aber die Samaritaner fuhren fort daselbst anzubeten (Joh. IV, 19 f. *Epiphan.* Haer. IX, 3.), und hatten zugleich Bethäuser in der Ebene (S. 369 Not. 4.).

Nachdem diese Völkerschaft verschiedene zum Theil mit den Juden gemeinschaftliche Schicksale erlebt und sich auch auswärts angesiedelt hatte (*Joseph.* Antt. XI, 1, 6. XII, 1. XIII, 9, 13.) [3]), blieb ein kleiner Rest derselben in Sichem

---

[1]) *Joseph.* Antt. XI, 8, 6.: Εἰσὶ οἱ Σαμαρεῖς τοιοῦτοι τὴν φύσιν . . . . . ἐν μὲν ταῖς συμφοραῖς ὄντας τοὺς Ἰουδαίους ἀρνοῦνται συγγενεῖς ἔχειν, ὁμολογοῦνται τότε τὴν ἀλήθειαν· ὅταν δέ τι περὶ αὐτοὺς λαμπρὸν ἴδωσιν ἐκ τύχης, ἐξαίφνης ἐπιπηδῶσιν αὐτῶν τῇ κοινωνίᾳ, προσήκειν αὐτοῖς λέγοντες καὶ ἐκ τῶν Ἰωσήπου γενεαλογοῦντες αὐτοὺς ἐκγόνων Ἐφραίμου καὶ Μανασσοῦ.

[2]) Id. ibid. . . . . Σαμαρεῖται μητρόπολιν τότε τὴν Σίκιμα ἔχοντες . . . . . κατῳκημένην ὑπὸ τῶν ἀποστατῶν τοῦ Ἰουδαίων ἔθνους. §. 7. Εἴ τις αἰτίαν ἔσχε παρὰ τοῖς Ἱεροσολυμίταις κοινοφαγίας ἢ τῆς ἐν τοῖς σαββάτοις παρανομίας ἢ τινος ἄλλου τοιούτου ἁμαρτήματος, παρὰ τοὺς Σικιμίτας ἔφευγε. Vgl. *Bertheau* z. Gesch. d. Israel. S. 401 f.

[3]) *Win.* Art. Samar. *Robins.* Paläst. III, 1. 389 ff.

sitzen bis auf den heutigen Tag, 'und bewahrte nach dem Aussterben ihrer Sprache die in ihrer alten Schrift geschriebenen BB. Mose's, ihren Gottesdienst, ihren dem jüdischen ähnlichen Glauben und die Beobachtung des mosaischen Gesetzes. Die Bekanntschaft mit den neuern Samaritanern ist seit *Benjamin* von *Tudela* durch Reisende und einen von *Scaliger* angeknüpften Briefwechsel eingeleitet und unterhalten worden [1]).

Viertes Hauptstück.

Auswärtiges politisches Verhältniss oder Krieg und Friede.

Erstes Capitel.

Krieg.

§. 247.

Waffen. Schutzwaffen.

Der Krieg war für die Hebräer eine theokratische Nothwendigkeit. Doch waren sie nicht dazu bestimmt, ein eroberndes Volk zu werden; ihre Religion wies sie vielmehr nach Besiegung der Cananiter auf das heilige Land an und konnte überhaupt vermöge ihres ethischen Charakters eine bloss mit den Waffen vollzogene Bewältigung der Völker nicht fordern. Wenn aber der theokratische Staat von Feinden bedroht wurde, so war die Vertheidigung religiöses Gebot. Der oberste Kriegsherr, der sein Volk im Kampfe leitete und beschützte, war Gott selbst. Daher ward auch der Sieg vom Vertrauen

---

[1]) *Eichh.* Rep. XIII, 257 ff. *S. de Sacy* mém. sur l'état actuel des Samar. Par. 1812. deutsch in *Tzschirn.* Arch. f. KG. I, 2. 40 ff., auch einzeln Frkf. 1814., vermehrt in Notices et Extr. XII. Par. 1831. *Robins.* S. 317 ff., der sie zuletzt besuchte und genaue Bekanntschaft mit ihnen machte. Ueber ihre Lehrmeinungen s. *Gesen.* de Samarit. Theol. Hal. 1812. Carmm. Sam. Lips. 1824. Ausführlicheres über Geschichte, Lehre, Feste und Gebräuche der Samaritaner giebt *II. Petermann*, welcher bei einem zweimonatlichen Aufenthalt in Nablus in persönlichem Verkehr mit den Samaritanern genauere Erkundigungen über sie einzog, in *Herzog's* RE. unt. Samaria S. 365—391.

auf ihn, nicht vom Vertrauen auf menschliche, wenn auch für den Kampf unentbehrliche Rüstung abhängig gemacht. Für die Zukunft, wenn erst das Gottesvolk selbst seiner Bestimmung entsprechen, und auch die feindlichen Völker der Gegenwart die Jehovareligion bekennen werden, stand ein ewiger Friede in Aussicht[1]). — Die Waffen, deren sich die Hebräer bedienten, sind meist die auch bei andern Völkern des Alterthums üblichen.

1) *Schilder*: צִנָּה, der grössere, schwere der Schwerbewaffneten (1 Kön. X, 16 f. 2 Chron. XIV, 7.), also ähnlich dem θυρεός, *scutum*; מָגֵן, der kleinere, leichte (s. St. 2 Chron. XVII, 17.), s. v. a. *clypeus*, ἀσπίς. Die Form derselben war bei den spätern Juden länglich rund, in der Mitte wie gewöhnlich ein sogenannter Nabel (*umbo*, ὀμφαλός)[2]). Sie bestanden meistens aus Holz (vgl. Ezech. XXXIX, 9.) mit Leder überzogen, welches man zu salben pflegte (2 Sam. I, 21. Jes. XXI, 5.)[3]), ausnahmsweise aus Erz[4]), auch wohl mit Gold überzogen (vgl. 1 Kön. X, 16 f. XIV, 26 f. 2 Sam. VIII, 7.)[5]). Die Krieger führten den Schild mittelst eines Riemens (τελαμών) oder einer Handhabe (ὄχανον, πόρπαξ) mit der linken Hand; auf dem Marsche trugen sie ihn an der Schulter hängend, und zwar in einer Decke, die vor dem Kampfe weggezogen wurde (Jes. XXII, 6.).

---

[1]) Vgl. die hierher gehörigen Stellen bei *Knobel* Prophetism. I, 287 ff. 311 ff.

[2]) S. die Münzen b. *John* II, 2. Taf. XI. Num. 7. 8. Bei den homerischen Griechen rund. S. *Köpke* Kriegswesen d. Griechen im heroischen Zeitalter. 1807. S. 109. und Taf. II. Noch andere Namen für Schild: שֶׁלֶט, nur im Plur. 2 Sam. VIII, 7. u. ö., סֹחֵרָה.

[3]) ἀσπίδες βόειαι Il. V, 452. Schild des Ajax, ll. VII, 222 ff.

[4]) So der Schild des Achilles, Iliad. XX, 270 ff., vgl. *Feith* antt. homer. p. 467 sq. *Köpke* S. 108.

[5]) Ueber Prunkschilde s. *Callixen. Rhod.* bei *Athen.* deipnos. lib. V. p. 202. Goldene Schilde als Geschenke 1 Makk. XIV, 24. XV, 18. Antt. XIV, 8, 5. Zur Verzierung von Gebäuden Hohesl. IV, 4. 1 Makk. IV, 57. Vgl. überhaupt *Caryophil.* de clypeis vett. LB. 1751. 4. *Ortlob* de scutis et clypeis Hebr. Lips. 1718. 4. *Winer* unt. Schild.

2) Der *Helm* (כּוֹבַע. קוֹבַע) kommt eherm vor (1 Sam. XVII,
5. 38. 1 Makk. VI, 35.)[1]) und scheint, wenigstens späterhin,
zur gemeinen Bewaffnung gehört zu haben (2 Chron. XXVI, 14.).

3) Der *Panzer* (שִׁרְיוֹן), von Erz (?), schuppenförmig (1 Sam.
XVII, 5.), auch von Ketten (1 Makk. VI, 35.), vielleicht auch
aus Linnen, vgl. 2 Mos. XXVIII, 32.[2]).

4) Eherne *Schienen* (מִצְחָה) 1 Sam. XVII, 6., verschieden
von סְאוֹן, *caliga*, Jes. IX, 4.).

§. 248.

Trutzwaffen.

1) Die älteste Waffe, die *Keule*, kommt nicht vor (Ps. II,
9.), eher die *Streitaxt* (סַגּר) Ps. XXXV, 3., σάγαρις *Herod.* VII,
64.), und der *Streithammer* (מֵפִיץ Spr. XXV, 18.)[3]).

2) Das *Schwert* (חֶרֶב), oft zweischneidig (פִּיפִיּוֹת), welches,
aus *Klinge* (לַהַב) und *Heft* (נִצָּב) bestehend, in einer *Scheide*
(תַּעַר, נָדָן, ϑήκη), um die Hüfte gegürtet, an der linken Seite
getragen wurde (Richt. III, 16.)[4]).

3) Der *Speer* (רֹמַח), aus *Schaft* (חֵץ 1 Sam. XVII, 7.,
עֵץ 2 Sam. XXI, 19.) und *Spitze* oder *Klinge* (לַהֶבֶת) bestehend,
zur schweren Bewaffnung gehörig (1 Sam. XVII, 7. 2 Chron.
XIV, 7.), wofür auch חֲנִית vorkommt (1 Chron. XII, 34.)[5]).

4) Der *Wurfspiess* (חֲנִית 1 Sam. XVIII, 11., שֶׁבֶט 2 Sam.
XVIII, 14., מַטֶּה Hab. III, 14., כִּידוֹן 1 Sam. XVII, 7. Hiob
XLI, 20.).

---

[1]) Helme von Fell, κυνέη ταυρείη Il. X, 257 sq. πιδέη X, 335.,
mit metallenem Kegel u. Busch. Riemen (ὀχεύς) des Helmes Il. III,
371 ff. *Köpke* S. 91 ff.

[2]) Leinene Harnische der Aegypter *Herod.* III, 47. Αἴας λινο-
θώρηξ Il. II, 529. 830. *Xenoph.* Exped. Cyr. IV, 7, 15. Cyrop.
VI, 4, 2. *Feith* p. 461 sq. *Köpke* S. 97 f.

[3]) Vgl. *Jahn* II, 2. 419. *Michael.* suppl. p. 1717., die Ausll.
zu Ps. XXXV, 3. *Nieb.* R. II, 299.

[4]) Das Gegentheil aus dieser Stelle schliesst *Jahn* S. 420. nach
Xenoph. Cyrop. II, 1, 2. *Nieb.* R. II, 130. Taf. 22. Nr. 9. (?).

[5]) Historische Parallelen für die Länge b. *Jahn* S. 221 f. *Köpke*
S. 115. Der des Hektor war 11 E. lang.

5) Der *Bogen* (קֶשֶׁת) gewöhnlich von Erz (Ps. XVIII, 35. Hiob XX, 24.) und daher schwer zu spannen (דָּרַךְ)[1]), die *Sehne* (מֵיתָר, יֶתֶר) wahrscheinlich aus Ochsen-Sehnen (Il. IV, 124.), die *Pfeile* (חִצִּים), gewöhnlich aus Rohr verfertigt, befiedert, zum Theil vergiftet (Hiob VI, 4.)[2]), auch brennend (Ps. VII, 14. Eph. VI, 16.)[3]). Man trug den Bogen in einer Hülle (Hab. III, 9.) und die Pfeile in einem Köcher (תְּלִי, אַשְׁפָּה) auf dem Rücken. Gute Bogenschützen waren die Benjaminiten (1 Chron. VIII, 40. XII, 2. 2 Chron. XIV, 7. XVII, 17.) und die Elamiter (Jes. XXII, 6. Jer. XLIX, 35.).

6) Die *Schleuder* (קֶלַע), eine ländliche (1 Sam. XVII, 40.), vorzüglich von den Phöniciern (*Plin.* VII, 56. *Strabo* III, 167.), bei den Israeliten von den Benjaminiten (Richt. XX, 16.) gebrauchte Waffe, dem leichten Fussvolke eigen so wie der Bogen (vgl. 1 Chron. VIII, 40. XII, 2.)[4]).

§. 249.

Reiterei und Wagen.

Palästina war nicht wie Aegypten (2 Mos. XIV, 6 f. 9. 23. 28. XV, 4. 2 Chron. XII, 3. Jer. XLVI, 4. 9. Jes. XXXI, 1. XXXVI, 9. Ez. XVII, 15.) ein Land für Reiterei und Wagen (רֶכֶב)[5]); jedoch lag es mehr an der Verfassung und Neigung der Hebräer (vgl. 5 Mos. XVII, 16.), dass sie früher diese Waffenarten nicht gebrauchten, da doch die Cananiter

---

[1]) Vgl. *Xenoph.* Exped. Cyr. IV, 2, 16. Odyss. XXI, 75. 125 sqq.

[2]) Odyss. I, 261 sqq. *Virgil.* Aen. IX, 772 sqq.

[3]) *Ammian. Marcell.* rer. gest. XXIII, 4. *Lips.* Poliorcet. IV, 4. III, 605. *Lyd.* de re milit. (ed. van *Til.* 1698. 4.) p. 119 sq. 315.

[4]) Noch im jüdischen Kriege ward sie von beiden kriegführenden Theilen gebraucht, *Joseph.* B. J. II, 17, 2. III, 7, 5. 18. (syrische Schleuderer).

[5]) Auf ägyptischen Denkmälern erscheinen neben dem Fussvolke nur Wagen; die wenigen Personen zu Pferde gehören fast alle Ausländern an. Das Vorhandensein einer Reiterei in den früheren Zeiten ist daher wenigstens ungewiss. Nach *Rosellini* II, 3. 232. *Hengstenb.* d. BB. Mos. u. Aeg. S. 129 ff., welcher unter den פָּרָשִׁים 2 Mos. XIV, 17. 23. nicht Reiter, sondern Wagenkämpfer verstehen will (?).

Waffen. Das Heer. §. 249. 250. 383

und Philister Wagen hatten (Jos. XI, 4 ff. XVII, 16. Richt. IV, 3. Richt. I, 19. 1 Sam. XIII, 5.) [1]). Noch David behielt nicht alle von den Syrern erbeuteten Wagen (2 Sam. VIII, 4.). Aber Salomo führte Reiterei und Wagen ein (1 Kön. V, 6. IX, 19. X, 26.), und seitdem finden wir sie in beiden Reichen (1 Kön. XVI, 9. 2 Kön. VIII, 21. XIII, 7.). Die Kriegswagen waren unstreitig wie bei den homerischen Helden nur zweirädrig. Sie werden *eiserne* genannt (Jos. XVII, 16. Richt. 1, 19. IV, 3.), indem sie vielleicht ganz aus Eisen bestanden wie bei den Aegyptern [2]), auch kommen *Sichelwagen* im Heere der Meder vor (Nah. II, 4.: בְּאֵשׁ פְּלָדֹת וְהָרֶכֶב) [3]). Auf jenen befanden sich wahrscheinlich wie bei den homerischen Griechen zwei Personen, ein Kämpfer und ein Wagenlenker (רַכָּב 1 Kön. XXII, 34.), und wenn man der Etymologie trauen darf (שָׁלִישִׁים 2 Mos. XIV, 7., τριστάται LXX, ἀναβάται τριστάται [4]) 2 Mos. XV, 4. 1 Kön. IX, 22. u. öft. scheinen *Wagenkämpfer* zu sein, sogar drei Personen [5]).

§. 250.

Aushebung und Einrichtung des Heeres.

Die heerpflichtige Mannschaft (d. h. alle Mannspersonen vom 20. J. an, 4 Mos. I, 3. 2 Chron. XXV, 5. [nach *Joseph.* Antt. III, 12, 4. bis zum 50. J.] mit den 5 Mos. XX, 5. an-

---

[1]) Hier ist die grosse Zahl 30000 unstreitig fehlerhaft. Auch sind die Angaben 1 Chron. XVIII, 4. vgl. 2 Sam. VIII, 4. 1 Chron. XII, 3. übertrieben. Cyrus hatte in seinem Heere bei 120000 M. Reiterei nur 2000 Wagen, *Xenoph.* Anab. I, 7, 11. (*Jahn*).
[2]) *Win.* Art. Wagen, nach *Ginzrot* die Wagen der Griechen u. s. w. I, 331 f. Taf. 22. Vgl. *Leyrer* in *Herzog's* RE. unt. Wagen S. 461.
[3]) Quadrigae falcatae, *Curt.* IV, 9. Liv. XXXVII, 41.; ἅρματα δρεπανηφόρα, *Xenoph.* Anab. I, 7, 10. *Diodor. Sic.* XVII, 53. *Schickedanz* de curribus falcatis. 1754. 4.
[4]) Aber τριστάτης heisst sonst etwas Anderes. *Hieron.* ad Ezech. XXIII.: Tristatae, qui et terni statores vocantur, nomen est secundi gradus post regiam dignitatem etc. Vgl. überh. *Wichmannshausen* de curribus bellicis in oriente usitatis. Viteb. 1722. 4. *Knobel* zu Exod. XIV, 7. S. aber *Ewald* III, `178 f. u. *Keil* II, 294. Anm. 5.
[5]) Kameel- und Esel-Reiterei des Cyrus (Jes. XXI, 7.), vgl. *Rosenm.* u. *Gesen.* z. d. St.

gegebenen Ausnahmen) wurde in frühern Zeiten durch gewisse Lärmzeichen landsturmähnlich aufgeboten (Richt. III, 27. VI, 34 f. VII, 23. 1 Sam. XI, 7.); später aber, als nach dem Vorgange Sauls (1 Sam. XIII, 2. XIV, 52.) stehende Heere gehalten wurden (1 Chron. XXVII, 1 ff. 1 Kön. X, 26. 2 Chron. XIV, 8. XXVI, 11.) [1]), durch den Schreiber (שֹׁטֵר 2 Chron. XXVI, 11. Jer. LII, 25. 2 Kön. XXV, 19.) gezählt [2]) und ausgehoben [3]), auch vielleicht geübt (Jes. II, 4. 1 Chron. V, 18. vgl. 2 Sam. II, 14.). Sold zahlte man wohl gewöhnlich nicht ausser an Miethtruppen (2 Chron. XXV, 6. vgl. Ezech. XXIX, 18.), dann unstreitig auch an Leibwachen und stehende Truppen (1 Makk. XIV, 32.).

Das Heer war eingetheilt in Haufen von 50, 100 u. 1000 mit ihren besondern Anführern, שַׂר חֲמִשִּׁים, שַׂר הַמֵּאוֹת, שַׂר הָאֲלָפִים, (1 Sam. VIII, 10. 2 Kön. I, 9. 4 Mos. XXXI, 14. 48. Richt XX, 10. 1 Sam. VIII, 12. XVIII, 13. XXIX, 2. 2 Sam. XVIII, 1. 2 Kön. XI, 4. 1 Chron. XXVII, 1. 2 Chron. XXV, 5. 1 Makk. III, 55. wo sogar eine Abtheilung von 10) [4]), und mit ihrer Fahne (דֶּגֶל) [5]) oder Feldzeichen, אוֹת (4 Mos. I, 52. II, 2 f.); auch bildete man grössere Heerhaufen (1 Chron. XXVII, 1 ff. 2 Chron. XVII, 14 ff.), und kannte die Absonderung der verschiedenen Waffen (1 Sam. XXXI, 3. 1 Kön. V, 6. XXII, 31. 2 Chron. XIV, 7.). Der oberste Befehlshaber hiess שַׂר הַחַיִל, שַׂר הַצָּבָא (2 Sam. II, 8. XXIV, 2.). Noch gab es gewisse *Beamte*, שֹׁטְרִים, im Heere, welche unter

---

[1]) Vgl. *Ewald* III, 177 ff. *Rütschi* in *Herzog's* RE. unt. Krieg S. 89. Von den Hasmonäern hielt Fürst Simon zuerst ein stehendes Heer (1 Makk. XIV, 32.), u. Joh. Hyrkan, Alexander so wie Herodes d. Gr. hatten fremde Miethtruppen (*Joseph.* Antt. XIII, 8, 4. 13, 5. XVII, 8, 3.).
[2]) Warum die Zählung 2 Sam. XXIV. strafbar war? *Michael.* mos. R. III. §. 174. *Jahn* II, 2. 390. — *Ewald* III, 204 ff. leitet die Strafbarkeit von dem Uebergriff der königlichen Macht her.
[3]) Schon 4 Mos. XXXI, 2 ff. kommt eine Aushebung vor.
[4]) Zusammenhang mit der Genealogie (2 Chron. XXV, 5. XXVI, 12. 13.). Aehnliche persische Einrichtung, *Jahn* S. 395.
[5]) Nach *Harm.* Beobb. I, 448. war דֶּגֶל ein Feuerzeichen, vgl. *Faber.* Nach den Rabbinen führte Juda einen Löwen, Ruben einen Menschen, Ephraim einen Stier, Dan eine Schlange in der Fahne (*Carpz.* app. p. 667 sq.). Vgl. 1 M. XLIX. Fahne der Makkabäer, *Carpz.* p. 10. נֵס ist nicht Fahne, sondern Sammelzeichen, Wimpel od. dgl., Jes. V, 26. XIII, 2. u. a. Stt.

andern Geschäften auch die Befehlshaber bestellten (5 Mos. XX, 5 ff. 1 Makk. V, 42.)¹).

§. 251.
Marsch, Lager, Schlacht.

Das unter religiöser Feier (מִלְחָמָה קֹדֶשׁ Joel IV, 9. u. ö. Ps. CX, 3.) nach Befragung des Gottesspruchs (Richt. XX, 27. 1 Sam. XIV, 37. XXIII, 2. XXVIII, 6. XXX, 8.) oder eines Propheten (1 Kön. XXII, 5 ff.) ausgerückte Heer, welches manchmal die Bundeslade begleitete (1 Sam. IV, 4 ff. XIV, 18.), musste sich theils selbst beköstigen (1 Sam. XVII, 8.), theils wurde es verpflegt (Richt. XX, 10. 2 Sam. XVII, 27 ff. vgl. 1 Kön. IX, 19. 2 Chron. XXXII, 28.). Das mosaische Lager (4 Mos. I, 52. II, 2 ff. X, 14 ff.) kann als Ideal der hebräischen Lagerkunst angesehen werden ²). Dass die Form des Lagers wie bei den Beduinen und den alten Griechen ein Kreis war, schliesst man aus dem Worte מַעְגָּל, מְעַגְלָה, Kreis ³) oder Wagenburg (1 Sam. XVII, 20. XXVI, 5.). Man stellte Wachen aus (Richt. VII, 19. 1 Makk. XII, 27., vgl. dgg. 1 Sam. XXVI, 5 ff.) und liess eine Besatzung im Lager zurück (1 Sam. XXX, 24.); auch sollte man eine gewisse Polizei üben (5 Mos. XXIII, 10 ff.).

Vor der Schlacht pflegte man wohl zu opfern (1 Sam. VII, 9.), und ein Priester (5 Mos. XX, 2 ff. vgl. §. 240. Not. 3. S. 367.) oder der König hielt eine Ermahnungsrede (2 Chron. XX, 20.). Zum Angriffe (wie zum Rückzuge, 2 Sam. II, 28. XVIII, 16.) gaben Trompeten das Zeichen (4 Mos. X, 2 ff. 2 Chron. XIII, 14.⁴) Richt. VII, 18. 1 Makk. XVI, 8.), und das Heer erhob das im Alterthume übliche Kriegsgeschrei (Richt. VII, 18. 1 Sam. XVII, 52. Jes. XLII, 13.). Die Schlachtordnung (מַעֲרָכָה 1 Sam. IV, 2. XVII, 21.) war einfach, und

---

[1]) Ritterorden Davids 2 Sam. XXIII, 8—39. — Vgl. überh. *Gleichgross* de re milit. Hebr. praes. *Danz*. 1690. *Zachariae* de re milit. Hebr. 1735.

[2]) Vgl. *Ewald* II, 358 ff.

[3]) So *Harmar* Beobb. II, 277. *Thenius* zu 1 Sam. XVII, 20.

[4]) Ueber dieses angeblich ausschliessliche Priestergeschäft s. *Büsching* de tubis Hebr. argent. praes. *C. Iken* 1745. p. 26 sqq.

wahrscheinlich eine Linie, die sich im Gefecht in Einzelkämpfe auflöste; indess sonderte man das Heer gewöhnlich in drei Schlachthaufen (Richt. VII, 16. 1 Sam. XI, 11. 2 Sam. XVIII, 2. 1 Makk. V, 33. vgl. 2 Makk. VIII, 22.), d. i. Haupttreffen und zwei Flügel (כְּנָפַיִם Jes. VIII, 8.)[1]), und bediente sich auch gewisser strategischer Künste, des Ueberfalls (Jos. XI, 7. Richt. VII, 16 ff.), des Hinterhalts (Jos. VIII, 3 ff. Richt. XX, 29 ff. 1 Sam. XV, 5.), des Umgehens (2 Sam. V, 23.)[2]).

§. 252.

Festungskrieg, Festungen.

Festungen (עָרִים בְּצֻרוֹת, עָרֵי מִבְצָר) hatten schon die Cananiter (4 Mos. XIII, 28.), die Hebräer besonders seit Salomo (1 Kön. IX, 17. 1 Makk. XII, 35. XIII, 33.), auch Grenzfestungen (1 Kön. XV, 17. 22. 1 Makk. IV, 61. XIV, 33 f.). Ausser der natürlichen Lage waren sie fest durch folgende Werke: 1) die *Mauer* (חוֹמָה), zuweilen mehrfach (2 Chron. XXXII, 5.) und sehr dick[3]), im Zickzack gebaut[4]), mit Zinnen, *Brustwehren* (טִירוֹת 2 Chron. XXVI, 15. Zeph. I, 16, שְׁמָשׁוֹת Jes. LIV, 12.)[5]), *Thürmen* (מִגְדָּלִים 2 Chron. XIV, 7. XXXII, 5.) versehen. 2) חֵיל (2 Sam. XX, 15. Jes. XXVI, 1.), *pomoerium*, Graben nebst der dazu gehörigen kleinen Mauer[6]). 3) Die *Thore*, mit Erz beschlagen und mit ehernen oder eisernen Riegeln versehen (1 Kön. IV, 13. Jes. XLV, 2.), mit

---

[1]) Aehnlich die homerische Schlachtordnung, *Köpke* S. 214 f. Hektors 5 Schlachthaufen S. 218.

[2]) Zweikämpfe 1 Sam. XVII., vgl. II. III, 250 ff. *Herod.* IX, 26. *Liv.* 1, 24. — Vgl. *Rütschi* l. c. unt. Krieg S. 86 f.

[3]) Ueber die Mauern von Ekbatána *Herod.* I, 98., von Babylon Ders. I, 178. *Strabo* XIV, 738. Jer. LI, 58. Unvollkommene homerische Mauern, *Köpke* S. 175 ff.

[4]) *Tacit.* Hist. V, 11. von Jerusalem: .... muri per artem obliqui, aut introrsus sinuati, ut latera oppugnantium ad ictus patescerent.

[5]) *Faber* Arch. S. 290 ff.; s. die Kupfertafel b. *Lydius* de re milit. p. 129.

[6]) *Gesen.* unt. d. W. Vgl. חיל §. 238. Nach *Kimchi* war es eine Vormauer.

Festungskrieg, Festungen. Belagerung. §. 252. 253. 387

Thürmen überbaut (2 Sam. XIX, 1. 2 Chron. XXVI, 9.)[1], auf welchen Wächter sassen (2 Sam. XIII, 34. 2 Kön. IX 17.). Vor den Städten Warten (2 Kön. XVIII, 8.). Auch hatte man Castelle in den Städten (Richt. IX, 46. 49. 51. 2 Sam. V, 7.) und sonst im Lande (2 Chron. XXVII, 4.). Später lernten die Hebräer Festungsgeschütz (חִשְּׁבֹנוֹת) gebrauchen (2 Chron. XXVI, 15.)[2] und legten Lebensmittel in die Festungen (1 Makk. XIII, 33.).

§. 253.
Belagerung.

Der Belagerung sollte eine Aufforderung zur Uebergabe vorhergehen (5 Mos. XX, 10. vgl. 2 Kön. XVIII, 17 ff.), und man sollte sich unnöthiger Verwüstung enthalten (5 Mos. XX, 19., dgg. 2 Kön. III, 25.). Die Hauptoperationen waren 1) die Errichtung der Circumvallationslinie (בָּנָה דָיֵק. בָּנָה מָצוֹר 5 Mos. XX, 20. 2 Kön. XXV, 1. Ez. IV, 2.) zur Sicherung der Belagerung und Einengung der Belagerten; 2) die Aufschüttung des Walles (שָׁפַךְ סֹלְלָה 2 Sam. XX, 15. 2 Kön. XIX, 32. Jer. VI, 6. Ez. IV, 2. vgl. Joseph. B. J. V, 6, 2. 11, 4.), wodurch man sich der Mauer mit grobem Geschütze und Mauerbrechern (כָּרִים Ez. IV, 2. XXI, 27., קֹבֶל Ez. XXVI, 9.) näherte, um Bresche (Ez. XXI, 27.) zu machen [3]). Die 'Belagerung zog sich manchmal in die Länge und war mehr eine Blokade, wodurch Hungersnoth in der Stadt entstand (2 Kön. VI, 25 ff. Joseph. Antt. XIII, 10, 3. B. J. V, 10, 3. 12, 3.).

Die Belagerten vertheidigten sich von der Mauer herab mit Pfeilschiessen (2 Sam. XI, 24.), mit Herabwerfen von grossen Steinen (Richt. IX, 53.), späterhin mit Wurfgeschütz

---

[1] Iliad. III, 145. 154. *Faber* S. 301.
[2] *Lyd.* de re milit. p. 127 sqq. *Nast* Einl. in d. griech. Kriegsalterth. S. 128 ff. Taf. 5. 6. *Lips.* Poliorcet. III, 2, 3. *Jahn* Arch. II, 2. 430 ff. Ueber die Erfindung dieses Geschützes *Plin.* VII, 56.
[3] *Lips.* l. l. II, 1, 3. III, 1. *Nast* a. a. O. S. 127 ff. 130 ff. 155 ff. Untergraben der Mauern (2 Sam. XX, 15. *Joseph.* B. J. II, 17, 8.). Die Wandelthürme sind später, *Nast* S. 158 ff. Einschliessungsmauer B. J. V, 12. — Vgl. *Keil* II, 303. Anm. 5.

(2 Chron. XXVI, 15. 1 Makk. VI, 52.), auch wohl durch Herabgiessen von siedendem Oele (*Joseph.* B. J. III, 7, 28.). Sie suchten das Belagerungsgeschütz unwirksam zu machen (B. J. III, 7, 20.) und die Belagerungswerke zu zerstören (B. J. II, 17, 8. III, 7, 9. V, 6, 4. 11, 4.)[1].

§. 254.
Folgen und Feier des Siegs.

Zerstörung der eingenommenen Städte und Verwüstung des Landes (4 Mos. XXXI, 10. Richt. IX, 45. 1 Chron. XX, 1.- 2 Kön. III, 25. 1 Makk. V, 51.), Vertilgung der Einwohner (Richt. IX, 45. 1 Sam. XV, 8. 2 Sam. VIII, 2. 2 Kön. XV, 16. vgl. 5 Mos. XX, 13. 16.), zuweilen auf eine grausame Art (Richt. VIII, 16. 2 Sam. XII, 31. [2]) Am. I, 3. 2 Chron. XXV, 12.), Wegführung der Frauen, Kinder und Heerden nebst übriger Beute (4 Mos. XXXI, 9. 5 Mos. XX, 14. vgl. Odyss. IX, 40.), Zerstörung oder Wegführung der feindlichen Heiligthümer (2 Sam. V, 21. vgl. 1 Chron. XIV, 12.; 2 Chron. XXV, 14. Jes. XLVI, 1. Hos. X, 5. 2 Kön. XXV, 9 ff. 1 Makk. V, 68. X, 84. *Joseph.* Antt. XIII, 9, 1.) waren die gewöhnlichen Folgen des Sieges, und häufig auch Grausamkeiten gegen Wehrlose (Klagl. V, 11. Jes. XIII, 16. 18. Ps. CXXXVII, 9. 2 Kön. VIII, 12. XV, 16.)[3]. Den gefangenen und gefallenen Königen und Heerführern ward übel mitgespielt (Jos. X, 24. Richt. I, 6 f. VII, 25. 1 Sam. XVII, 54. XXXI, 9. 2 Kön. XXV, 7. 2 Makk. XV, 30. *Joseph.* B. J. I, 17, 2.).

Man benutzte aber auch den Sieg auf eine klügere und ruhigere Art durch Wegführung der Schätze und Kostbarkeiten (1 Kön. XIV, 26. 2 Kön. XIV, 14. XXIV, 13.); durch Auflegung einer Schatzung (2 Kön. XVIII, 14. XXIII, 33.); durch Wegführung von Geiseln (בְּנֵי הַתַּעֲרֻבוֹת 2 Kön. XIV, 14.); durch Besetzung des eroberten Landes (2 Sam. VIII, 6. 14.); durch Schliessung eines Unterwerfungsvertrags (2. Kön.

---
[1] Vgl zu §. 252. u. 253. *Winer* unt. Festungen, u. *Rütschi* in *Herzog's* RE. unt. Festungen.

[2] *Danz* Davidis in Ammonitas devict. mitigata crudel. 1710.

[3] Vgl. §. 210. — Parallelen bei *Nast* S. 195 ff. *Jahn* II, 2. 501 ff.

XXIV, 1.); durch Versetzung der Einwohner, zumal der Vornehmsten und Handwerker (2 Kön. XV, 29. XVII, 6. XXIV, 14 ff. XXV, 11 f., vgl. 1 Sam. XIII, 19.)[1]; ja sogar mit Grossmuth (1 Kön. XX, 31 ff.). Den Sieg feierte man mit Gesang und Tanz (2 Mos. XV, 1. Richt. V, 1. XI, 34. 1 Sam. XVIII, 6 f. 1 Makk. IV, 24.) und verewigte ihn durch die Weihe der eroberten Waffen (1 Sam. XXI, 9. XXXI, 10.)[2]). Die Austheilung der Beute geschah wahrscheinlich nach den Mustern 4 Mos. XXXI, 25 ff. 1 Sam. XXX, 20 ff.

Zweites Capitel.

Friede.

§. 255.

Friedliche Verhandlungen.

Allerdings kommen friedliche und freundliche Verhandlungen zwischen den Völkern und ihren Fürsten vor (4 Mos. XX, 14 ff. 2 Sam. V, 11. VIII, 9 f. X, 2 ff. 1 Kön. V, 15 ff. 2 Kön. XVI, 7. XX, 12. Jes. XVI, 1. XXX, 2. XXXI, 1.); auch vor dem Kriege (4 Mos. XXI, 21 ff. Richt. XI, 12 ff. 1 Kön. XX, 2 ff.); Kriegserklärung (2 Kön. XIV, 8.); Aufforderung der zu belagernden Städte (§. 253.); Capitulation der belagerten Städte (1 Sam. XI, 1 ff. 2 Sam. XX, 16 ff. 2 Kön. XVIII, 31. XXIV, 12. Jer. XXI, 9. XXXVIII, 17. L, 15.); Friedensschlüsse (1 Kön. XX, 31 ff. 2 Kön. XVIII, 14. XXIV, 1.). Die Unverletzlichkeit der Gesandten war noch nicht allgemein anerkannt (2 Sam. X, 4 ff.). Geschenke dienten zur freundlichen Einleitung (2 Sam. VIII, 10. Jes. XXX, 6. LVII, 9.). Ursprünglich wurden Bündnisse bei Opfern geschlossen und beschworen (1 Mos. XXI, 27.), wobei man die Formalität beobachtete, dass das Opferthier in zwei Hälften zerlegt wurde, und die Bundesgenossen dazwischen hindurch-

---

[1] Parallelen *Herod.* VI, 3. *Ktes.* Pers. c. 9. *Suet.* Aug. c. 21. vgl. *Heer.* Id. I, 1. 423 f. *Morier* zw. R. S. 55.

[2] Il. VII, 83. *Köpke* S. 233 f. *Virgil.* Aen. VII, 183 sqq. *Tacit.* Annal. I, 59.

gingen (Jer. XXXIV, 18 f. vgl. 1 Mos. XV, 9 ff.)¹). Daher die Wörter und Phrasen: מַסֵּכָה, σπονδή (Jes. XXX, 1.), עֵץ בְּרִית, ὅρκια τέμνειν, foedus icere²).

Zweiter Abschnitt.
Geselliges Verhältniss.

Erstes Hauptstück.
Reisen, Verkehr und Handel.

§. 256 a.
Transport- und Reisemittel.

Ausser Reit- und Lastthieren (§. 91 c.) bediente man sich sowohl im Ackerbaue (§. 98.) als sonst (1 Mos. XLV, 19. 4 Mos. VII, 3. 1 Sam. VI, 7. 2 Sam. VI, 3.) der *Wagen* (עֲגָלוֹת, עֲגָלוֹת צָב *Sänfte*- d. i. bedeckte *Wagen*). Auch kannte man schon nicht nur in Aegypten (1 Mos. XLI, 43.), sondern auch in Palästina die Reise- und Staatswagen (רֶכֶב, מֶרְכָּבָה, מֶרְכָּב 1 Kön. XII, 18. 2 Kön. IX, 21. 1 Sam. VIII, 11. 2 Sam. XV, 1.)³). Auch im N. T. kommt das Reisen zu Wagen vor (AG. VIII, 28.).

§. 256 b.
Caravanen.

Grössere Reisen, Reisen und Versendungen zum Behufe des Landhandels bewerkstelligte man vermöge einer in der Landesbeschaffenheit und im Stande der Gesittung begründeten uralten Gewohnheit wie noch jetzt im Morgenlande durch

---

¹) Aehnliches Lustrationsopfer der Macedonier *Plutarch*. quaest. rom. c. 111. *Liv.* XL, 6. *Rosenm.* ad Gen. XV, 10. ML. I, 57. *Win.* Art. Bund. Uebrigens *Köpke* S. 251.
²) Vgl. überhaupt zu §. 247—255. über das Völker- und Kriegsrecht der Hebräer *Saalschütz* mos. R. S. 627—678.
³) Abbildd. eines Reisewagens auf den persepol. Ruinen b. *Nieb.* R. II, 130. Taf. XXX. No. 2. *Chard.* Voy. II, 144. Tab. XVIII. Vgl. *Leyrer* in *Herzog's* RE. unt. Wagen.

Reisen, Verkehr und Handel. §. 256 a. b. c. 391

Caravanen (pers. كاروان, arab. ڡَروان³, hebr. אֹרְחָה, הֲלִיכָה, 1 Mos. XXXVII, 25. Jes. XXI, 13. Hiob VI, 18. 19., συνοδία, Luc. II, 44.), d. h. zahlreiche, geordnete, mit Zelten u. dgl., Lebensmitteln, auch wohl Wasser wohlversehene, an gewisse Strassen und Sammelplätze gebundene Reisegesellschaften, die sich besonders des Kameels, „des Schiffes der Wüste," bedienten [1]). Die frommen Wallfahrten geschahen unter Musik und Gesang (Jes. XXX, 29.), welche auch selbst andern Reisegesellschaften manchmal nicht fehlen mochten.

§. 256 c.
Strassen, Herbergen, Boten und Briefe.

Künstlich gebahnte Wege (מְסִלּוֹת) hatten die Hebräer schon in ältester Zeit (4 Mos. XX, 19. Richt. XX, 31 f. XXI, 19. 1 Sam. VI, 12. 2 Sam. XX, 12. und besonders 5 Mos. XIX, 3. *M. Maccoth* II, 5.) [2]). Die Wege nach Jerusalem soll nach *Joseph*. Antt. VIII, 7, 4. Salomo haben pflastern lassen. Eigentliche Kunststrassen, mit Meilensteinen versehen, führten erst die Römer durch das Land [3]). Auch schon früh bildeten sich dadurch, dass die Reisenden immer denselben Weg nahmen, gebahnte Strassen, die zum Theil noch heute gebraucht werden. So die Strasse von Palästina längs der Küste (B. J. IV, 11, 5. AG. VIII, 26.) [4]); die Strasse von Ptolemais über Nazareth, Tiberias, am See hin, über den Jordan nach Da-

---

[1]) Antheil der Nomaden am Caravanenhandel (Ez. XXVII, 21. 1 Mos. XXXVII, 25.). *Heeren* I, 31. I, 2. 115 ff. *Maycux* les Béd. II, 26. — Zu Reisen in der Wüste sind Wegweiser nothwendig (4 Mos. X, 31.); Heere bedienen sich der Feuerzeichen (*Curt*. V, 2. *Veget*. de re milit. III, 5. *Rosenm*. und *Knobel* zu Exod. XIII, 21. *Fuber* Arch.. S. 144 ff.). — Vgl. über die Caravanenreisen *Movers* Phönicier III, 1. S. 127 ff.

[2]) Wie auch die alten Indier (*Strabo* XV, 689. v. *Bohlen* Ind. II, 109 f.), die Karthager (*Isidor. Hisp.* Origg. V. c. ult.) und die Phönicier (*Movers* III, 1. S. 132.). Besserung der Wege vor. den marschirenden Heeren (*Arrian*. Exped. Alex. M. IV, 30.), und wenn Könige reisten (*Diodor. Sic.* II, 13.).

[3]) *Rel*. Palaest. S. 401 sqq.; *Robins*. II, 528. III, 294. und *Buckingh*. Tr. 293. fanden davon Spuren.

[4]) *Rel*. p. 59. 419. nach dem Itinerar. Antonini.

maskus (Zollstrasse der Römer, vgl. Matth. IX, 9.); die Strasse aus Galiläa nach Jerusalem über Ginäa *(Jenin)*, Samarien, Sichem, 3 Tagreisen lang (Joh. IV, 4. Luk. XVII, 11.)¹).

Die heutigen Reiseherbergen im Morgenlande, die *Mensils*, *Chans*, *Caravansereien*, gewähren ein blosses Obdach²), und solche mag es auch im Alterthume gegeben haben (1 Mos. XLII, 27.? Jer. XLI, 17. *Herod.* V, 52.). Zu Christi Zeit aber hatte man Gastwirthe (Luk. X, 34 f.)³). Jedoch suchte man wohl meistens in Privathäusern, selbst bei Fremden, Unterkunft (Luk. IX, 52.).

Durch ihre Staatsboten, die *Plethi* (§. 147.), schickten die Könige ihre Befehle in *Briefen* (אִגֶּרֶת, סֵפֶר, 2 Chron. XXX, 6. vgl. 2 Sam. XI, 14.; von königlichen Briefen s. noch 1 Kön. XXI, 8. 2 Kön. V, 5. X, 1. 6. XVIII, 14.). Privatpersonen bedienten sich auch der Reisegelegenheiten (Jer. XXIX, 3.). Man versiegelte die Briefe (1 Kön. XXI, 8.; ein unversiegelter, vielleicht zur Bezeugung von Verachtung Neh. VI, 8.)⁴) mit einem Petschaft, חוֹתָם (§. 131.) und Siegelerde (Hiob XXXVIII, 14.)⁵).

---

¹) *Joseph.* XX, 6, 1. *Robins.* III, 1. 300. 378. 385. Ausserdem nahmen die Juden auch den Weg über Peräa nach Jerusalem (Matth. XIX, 1.). Ueber diese und andere Strassen Palästina's *Jahn* I, 2. 26 ff. *Win.* Art. Strassen. *Leyrer* in *Herzog's* RE. unt. Strassen.

²) S. die aus Reisebeschrr. zusammengestellten Nachrichten b. *Jahn* S. 21 ff. *Rosenm.* ML. V, 161. *Win.* Art. Herbergen. *Vaihinger* in *Herzog's* RE. unt. Herbergen. Nach *Robins.* II, 335. 603. werden in Palästina die im Mensil Eingekehrten von den Einwohnern verköstigt.

³) Schon zu *Polybius* Zeit befanden sich in Italien Gasthäuser (Hist. II, 15. *Jahn* S. 24.). *Joseph.* Antt. V, 1. 2. hält die זוֹנָה zu Jericho für eine Gastwirthin.

⁴) Heutzutage bleiben die Briefe gewöhnlich unversiegelt, und nur für Vornehme werden sie in prächtige Beutel gethan und diese versiegelt. *Harm.* II, 121. III, 450. *Rosenm.* ML. III, 288. *Win.* Art. Briefe.

⁵) Jetzt enthält das Siegel gew. keine Figuren, sondern den Namen des Inhabers, und wird mit Tusche aufgedrückt. *Chard.* V, 454. Pl. 31. *Rosenm.* ML. III, 205 f. *Plin.* XXXIII, 1.: Non signat Oriens aut Aegyptus etiam nunc literis contenta solis.

§. 257.

Handel der Hebräer vor dem Exile.

Die auf den Ackerbau gegründete mosaische Verfassung und der theokratische Glaube, welcher das Volk auf sein Land und dessen Producte anwies (5 Mos. XXVIII, 12.) und überhaupt den Verkehr des Volkes mit heidnischen Völkern beschränkte, waren trotz der günstigen Lage des Landes dem auswärtigen Handel nicht günstig [1]). Einigen Passiv-Handel mit Natur- und Kunsterzeugnissen (Ez. XXVII, 17. Spr. XXXI, 24. vgl. 1 Mos. XXXVII, 25.) und vielleicht eine gewisse Theilnahme der Stämme Sebulon und Issaschar am phönicischen Handel (1 Mos. XLIX, 12. 5 Mos. XXXIII, 18 f.) ausgenommen, lernten die Hebräer den auswärtigen Handel erst durch Salomo kennen, welcher nicht nur Pferdehandel aus Aegypten nach Syrien durch königliche Handelsleute (סֹחֲרֵי הַמֶּלֶךְ) trieb (1 Kön. X, 28 f.), sondern auch mit Zuziehung der Phönicier von den edomitischen Häfen aus Schiffe nach Ophir gehen liess (1 Kön. IX, 26 ff. X, 22.) [2]). Indessen diese von Salomo ausgehenden Bestrebungen konnten nur

---

[1]) *Michael.* mos. R. 1. §. 39. *Saalschütz* mos. R. S. 182 ff. Archäol. I, 158 ff.. Jedoch beförderten die Feste den innern Verkehr. — Vgl. über den Handel der Hebräer *Bertheau* zur Gesch. der Israliten. *Ewald* III, 342 ff. u. a. St. *Winer* unt. Handel u. *Leyrer* in *Herzog's* RE. unt. Handel. *Keil* II, 147 ff.

[2]) Ophir (1 Mos. X, 29.) ist schwerlich in Indien (LXX Σωφιρή, *Joseph.* Antt. VIII, 6, 4. *Vitring.*, *Boch.*, *Reland*), sondern im südlichen Arabien zu suchen (*Michael.* Spicil. *Bredow* hist. Unterss. II, 253 ff. *Tychsen* Comm. Gott. XVI, 150. *Rosenm.* Alt.-K. III, 177 ff. *Keil* Dörpt. Beitrr. II, 233 ff. v. *Bohl.* Tuch zu 1 Mos. X, 29. *Win.* RWB. *Gesen.* thes. Hall. Encycl. 3. Sect. IV, 201 ff. *Knobel* Völkertafel S. 190 ff. u. A.). Wahrscheinlich empfing man dort das Gold von indischen Kaufleuten. Das Missverständniss der Chronik, Tharschisch statt Ophir zu setzen (2 Chron. IX, 21. XX, 36.), erkennen an *Bredow* S. 293. *Tychsen* p. 159. *Gesen.* Gesch. d. hebr. Spr. *Movers* Chron. S. 254., *Keil* aber (Chron. S. 303.) sucht es vergeblich zu heben. Auf Grund von 1 Kön. X, 22. sucht *Keil* Archäol. II, 152. N. 2. nachzuweisen, dass Salomo nicht nur nach Ophir, sondern auch nach Tartessus Handel getrieben habe. S. dagegen *Thenius* zu 1 Kön. X, 22. u. *Bertheau* zu 2 Chron. IX, 21.

eine vorübergehende Bedeutung haben, da sie dem religiös bestimmten Charakter und Sinn des Volkes nicht entsprachen. Josaphat wollte vergebens diesen Seehandel wieder aufnehmen (1 Kön. XXII, 49.), und später konnte wegen des Verlustes der edomitischen Häfen (2 Kön. VIII, 20. XIV, 22. XVI, 6.) keine Rede davon sein. Der Handel der Hebräer konnte nur ein Binnenhandel sein, welcher von dem Gesetz nicht verboten, zu allen Zeiten stattfand und in dem Absatz der entbehrlichen Landesproducte an die benachbarten handeltreibenden Völker bestand.

§. 258.
Handel der benachbarten Völker.

Die Phönicier, die Nachbarn und Brüder der Hebräer, waren im Besitze des Welthandels, von dem ein Hauptzweig sich über das Mittelmeer bis nach Britannien und Preussen hin erstreckte[1]), und der andere zu Lande in Verbindung mit dem fernen Osten stand[2]). Mit den Hebräern trieben sie zu allen Zeiten Handel im Grossen (AG. XII, 20.) und im Kleinen (Neh. XIII, 16.). Hiernächst kommen die benachbarten arabischen Stämme (1 Mos. XXXVIII, 25. Jes. LX, 6. Ez.

---

[1]) Phönicische Kolonieen: Tharschisch, d. i. Tartessus in Spanien (*Boch.* Geogr. S. p. 165 sqq. *Michael.* Spicil. I, 82 sqq. *Bredow* hist. Unterss. II, 260 ff. *Heeren* Id. I, 2. 49 ff. *Rosenm.* Alt.-K. III, 408 ff. *Gesen.* Jes. I, 719. *Tuch* zu 1 Mos. X, 4. *Knobel* Völkertafel S. 92 ff. u. A.); nicht Tarsus in Cilicien (*Joseph.* Antt. I, 6, 1. Targ.) oder Cilicien überhaupt (*Hartmann* Aufklärr. I, 69.); nicht in Aethiopien (*Hensler* üb. Psalm. und Gen. S. 348 f. *Meyer* üb. Ez. XXVII, 6. Gött. Bibl. IV, 305 ff.); nicht auf der Nordküste von Afrika (LXX, Arab. Ezech. XXVII, 12. Καρχηδόνιοι, Jes. XXIII, 6. Καρχηδών). Umschiffung Afrika's *Herod.* IV, 42. *Heer.* Id. I, 2. 87 ff. *Gust. Knös* de fide Herodoti, qua perhibet Phoenices Africam navibus circumvectos esse. Gott. 1805. 4.

[2]) Kolonieen der Phönicier im persischen Meerbusen Ez. XXVII, 15. *Strabo* XVI, 766.: Πλεύσαντι ἐπὶ πλέον ἄλλαι νῆσοι Τύρος καὶ Ἀρμαδός εἰσιν, ἱερὰ ἔχουσαι τοῖς φοινικικοῖς ὅμοια, καὶ φασί γε οἱ ἐν αὐταῖς οἰκοῦντες, τὰς ὁμωνύμους τῶν Φοινίκων νήσους καὶ πόλεις ἀποίκους ἑαυτῶν. *Heer.* I, 2, 64. Ueber die Ausdehnung des phönicischen Handels vgl. *Movers* Phönizier III, 1. S. 14 ff. *Duncker* Gesch. des Alterth. I, 531 ff.

Handel. Familien-Sitten. §. 258—260.

XXVII, 19 ff.)¹) und die Aegypter, die ebenfalls mit dem Oriente in Verbindung standen²), am meisten in Betracht.

§. 259.
Handel der Juden nach dem Exile.

Die Zerstreuung munterte die Juden zum Handel auf, zumal wenn sie an ihrem Wohnorte (wie in Alexandria, in Rom) vortheilhafte Gelegenheit hatten³), und dieses musste auch in den Handel der palästinensischen Juden mehr Leben bringen, indem zwischen ihnen und auswärtigen Juden Verbindungen entstanden (*Joseph.* B. J. II, 21, 2.). Fürst Simon und Herodes d. Gr. beförderten den Seehandel durch Anlegung von Häfen (1 Makk. XIV, 5. *Joseph.* Antt. XV, 9, 6.)⁴). Im Innern des Landes entwickelte sich nach dem Exil zu Jerusalem aus dem Bedürfniss der Tempelabgaben und Opfer ein durch die fremden Festbesucher besonders belebter Marktverkehr (Matth. XXI, 12. Joh. II, 14 ff.). — Nachdem die Juden ihr Land verloren hatten, sahen sie sich auf den Reichthum der Völker angewiesen, unter denen sie lebten, und in Folge des Druckes, den sie in den meisten Ländern erfuhren, ward der Handel das alleinige Mittel ihrer Existenz und ihrer Bereicherung⁵).

Zweites Hauptstück.
Gesellige Sitten in der Familie.

§. 260.
Geburt und Kindheit.

Bei der verhältnissmässig leichtern Geburt (2 Mos. I, 19.) hatten die Hebräerinnen doch Hebammen (1 Mos. XXXVIII,

---

¹) Von den Nabathäern s. *Diodor.* XIX, 94. *Heer.* I, 2. 118.
²) *Heeren* II, 1. 688 ff. *Movers* Phönizier III, 1. S. 314 ff.
³) *F. S. de Schmidt* diss. de commerc. et navigat. Ptolemaeorum in s. opusce. Carlsr. 1765. p. 304.
⁴) Halbwahre Stelle des *Joseph.* c. Ap. I, 12.: .... οὔτ' ἐμπορίαις χαίρομεν. ... Ἀλλ' εἰσὶν μὲν ἡμῶν αἱ πόλεις μακρὰν ἀπὸ θαλάσσης ἀπῳκισμέναι κτλ.
⁵) *Dohm* von der bürgerl. Verbesser. d. Juden S. 35.

28. 2 Mos. I', 16.)¹). Die Geburt eines Sohnes war dem Vater eine frohe Botschaft (Jer. XX, 15.)²). Das Kind wurde gebadet, mit Salz gerieben und in Windeln (חִתֻּלָה) gewickelt (Ez. XVI, 4. Hiob XXXVIII, 9.), ein Knabe nach 8 Tagen beschnitten, und mit einem bedeutsamen Namen belegt (1 Mos. XVI, 11. u. s. w. 2 Mos. XVIII, 3 f. Hiob XLII, 14. 2 Sam. XII, 25.)³). Die Mütter säugten selber (1 Mos. XXI, 7. 1 Sam. I, 23.; Ausnahmen: 1 Mos. XXIV, 59. vgl. Vs. 55.; 2 Sam. IV, 4. 2 Kön. XI, 2.) und lange (2 Makk. VII, 28. 2 Mos. II, 9 f.⁴) 1 Sam. I, 23 f. vgl. Odyss. II, 131.). Die Entwöhnung ward als ein häusliches Fest gefeiert (1 Mos. XXI, 8.), so auch der Geburtstag, wenigstens von Königen (1 Mos. XL, 20. Hos. VII, 5. Matth. XIV, 6.)⁵).

Nach der ersten Haremserziehung (Spr. XXXI, 1)⁶) erhielten die Söhne vornehmer Häuser Führer (אֹמֵן 1 Chron. XXVII, 32. 2 Kön. X, 1. 5.)⁷), wahrscheinlich auch Lehrer

---

¹) L. *Montague* II, 39. S. 8. *Arv*. III, 259. Sitten d. Bed. S. 124. Geburtshülfe bei den Beduinen, *May*. les Béd. III, 176. *Trusen* Sitten der alten Hebräer S. 105 ff. *Knobel* zu Exod. I, 17—19.

²) *Morier* zweite Reise S. 111.

³) Doppelte Namen 2 Sam. XII, 24 f.; 1 Sam. XIV, 49. vgl. XXXI, 2.; 2 Sam. III, 2 ff. vgl. 1 Chron. III, 1 ff. Veränderung derselben Richt. VI, 32. VII, 1. 2 Kön. XXIII, 34. XXIV, 17. Dan. I, 6. In spätern Zeiten gab man auch schon gebrauchte Namen, den des Vaters (Tob. I, 9. Luk. 1, 59.) oder des Grossvaters oder eines Verwandten. Man nannte den Sohn auch nach dem Vater durch Vorsetzung des W. בַּר, Sohn, z. B. Bartholomäus. Seit dem seleucidischen Zeitalter kamen griechische Namen und im römischen römische auf, zum Theil griechisch ungebildete (Ονίας, Σίμων), zum Theil ähnlich lautende (Ἰάσων für Ἰησοῦς, Παῦλος für Σαῦλος), und daher auch zum Theil Namen aus beiderlei Sprachen neben einander. Vgl. *Win*. Art. Name. *Oehler* in *Herzog's* RE. unt. Name.

⁴) *Joseph*. Antt. II, 9, 6: Τριετεῖ μὲν αὐτῷ γεγεννημένῳ. *Morier* S. 114. *Rosenm*. Morgenl. VI, 243 f. Nach *Kimchi* zu 1 Mos. XXI, 8. säugte man nur 2 Jahre. Vgl. *Trusen* l. c. S. 112 ff.

⁵) *Herod*. I, 133. *Xen*. Cyropaed. I, 3, 10. *Douglaei* Analect. XXV, 44 sq.

⁶) *Herod*. I, 136. *Strabo* XV, 733. *Nieb*. B. S. 27.

⁷) *Joseph*. (vit. 76.) hatte einen Sklaven als Erzieher seines Sohnes. Aehnlich die παιδαγωγοί der Griechen (Gal. III, 23 f. und d. Ausll.). Vgl. *Morier* S. 117.

Familien-Sitten. §. 260. 261. 397

(vgl. 2 Sam. XII, 25.)¹), und standen in strenger Zucht (Spr. XIX, 18. XXIII, 13.). Die Töchter blieben im Harem und lebten sehr eingezogen (2 Makk. III, 19.).

§. 261.
Ehe.

Die einige Zeit vorher (nach *Chethuboth* V, 2. 12 Mon.) durch den Vater oder die Mutter geworbene (§. 155, 156.), oft nie vorher gesehene ²) Braut (כַּלָּה) holte der Bräutigam (חָתָן) mit seinen Brautdienern (מֵרֵעִים Richt. XIV, 11., υἱοὶ τοῦ νυμφῶνος Matth. IX, 15., שׁוֹשְׁבִינִים, *Paranymphen*) ³) bei Fackelschein unter lautem Jubel (Matth. XXV, 1 ff. 1 Makk. IX, 37. HL. III, 6 ff. Jer. VII, 34. XXV, 10.) heim ⁴).

Bei dem vom Bräutigam gegebenen (Richt. XIV, 10. Joh. II, 9 f. dgg. 1 Mos. XXIX, 22. Tob. VIII, 19.), gewöhnlich 7 Tage dauernden (1 Mos. XXIX, 27. Richt. XIV, 17.; Tob. VIII, 19. 14 T.)⁵) Hochzeitmahle, wozu Freunde und Verwandte eingeladen wurden (1 Mos. XXIX, 22. Joh. II, 2.), erschien der Bräutigam bekränzt (HL. III, 11. Jes. LXI, 10. ⁶); nach *Sot.* IX, 14. seit Vespasian nicht mehr). Am Hochzeitabend ward er von den Brautdienern ins Brautgemach geleitet (Tob. VIII, 1.) und von diesen sodann das Zeichen der Jungfrauschaft (worauf nach 5 Mos. XXII, 13 ff. *Chethub.* I, 6 f.

---

¹) *Joseph.* Antt. XVI, 8, 3. *Strabo* XV, 733. In geringern Familien unterrichtete der Vater. Schulen gab es damals noch nicht, vgl. aber §. 273 b. Für den Unterricht liegen Andeutungen in 5 Mos. VI, 7. 20 ff. XI, 19. Ps. LXXVIII, 5 f. Spr. I, 8. IV, 4. 6. 20. XXII, 6. XXXI, 2 ff. *Joseph.* c. Ap. I, 18.
Vgl. zu diesem §. *Saalschütz* Archäol. II, 211 ff.
²) *Shaw* R. S. 210. *Lüdecke* Beschr. d. türk. R. S. 243. Dagegen Rich. XIV, 1 ff. Tob. VII, 10.
³) *J. F. Hirt* diss. de paranymphis apud Hebr. 1748. *Jacobson* in *Herzog's* RE. unt. Brautführer.
⁴) *Nieb.* R. I, 186. Taf. XXVIII, vgl. S. 402. *Arvieux* III, 255 ff. Sitten d. Bed. S. 120 f. *Hartmann* Hebr. II, 525 ff. Ausnahmen 1 Mos. XXIV. Richt. XIV, 10. Tob. VII.
⁵) *Burckh.* R. in S. II, 570. und *Gesen.* Anm. *Rosenm.* ML. V, 97.
⁶) *Hirt* de coronis nuptial. *Mader* de coron. nupt. sacr. et prof. in *Graev.* thes. VIII.

viel ankam) in Empfang genommen¹). Die Fruchtbarkeit der Ehe gehörte unter die höchsten Wünsche, und ein unfruchtbares Weib war verachtet (1 Mos. XXIV, 60. 1 Sam. I, 6 f. Ps. CXIII, 9. CXXVIII, 3. 6. Spr. XVII, 6. vgl. 1 Mos. XXX, 15 f. XVI, 1 f. XXX, 3 ff.).

§. 262.
Zustand der hebräischen Frauen.

Nicht nur im Hirten-, auch im bürgerlichen Leben genossen sie viele Freiheit, und hatten freien Verkehr mit den Männern (1 Mos. XII, 14. XX, 16. XXIV, 15. [vgl. dgg. Vs. 65.] XXIX, 9. 2 Mos. II, 16. Richt. IV, 18. 1 Sam. XXV, 18. IX, 11. 2 Mos. XXI, 22. 5 Mos. XXV, 11. Ruth II, 5 ff. 2 Sam. XX, 16. Matth. IX, 20. XII, 46. Joh. IV, 7. XII, 3. Luk. X, 38.)²), selbst in den höchsten Ständen (2 Sam. XIII, 7 ff. 1 Kön. XIV, 4.). Oeffentliche Feste oder andere Vorgänge gaben ihnen noch mehr Freiheit (1 Sam. XVIII, 6 f. Richt. XVI, 27. 2 Makk. III, 19 ff.). Nur bei stattfindender Vielweiberei und Aufsicht der Verschnittenen, etwa am königlichen Hofe (1 Kön. XI, 1 ff. Prd. II, 8. vgl. 1 Kön. VII, 8.; 2 Kön. XXIV, 15.³) vgl. Esth. II, 3. 8 ff.) fand das heutige Haremsleben mit aller seiner Strenge und seinem Luxus Statt⁴). Jedoch scheint in späterer Zeit die Eingezogenheit der jüdischen Frauen grösser gewesen zu sein⁵).

Im Widerspiele mit den weichlichen Haremsweibern waren die hebräischen Frauen fleissig und arbeitsam (1 Sam. II,

---

¹) *Michael.* mos. R. II. §. 92. *Dresde* cruent. linteum virginitat. signum. L. 1768. 4. *Nieb.* B. S. 35 ff. *Arvieux* III, 257 f. 260 f. Sitt. d. Bed. S. 123.
²) *Nieb.* R. II, 410. *Arv.* VI, 366. *Bucking.* R. d. Mesop. S. 55. *Hartm.* Hebr. II, 381 ff. *Saalschütz* Archäol. II, 120 f.
³) Häufig kommen סריסים vor, aber nicht gerade als Haremshüter (vgl. besonders 2 Kön. XXV, 19.); nur etwa 2 Kön. XXIV, 15. Jer. XXXVIII, 7. XLI, 16. Indess wurden wirklich Verschnittene zu Staatsämtern erhoben (AG. VIII, 27.).
⁴) L. *Mont.* III, 42. S. 20. *Hartm.* II, 399 ff. *Hoffmann* Hall. Enc. 2. Sect. II, 399 ff. *Hammer* Staatsverf. d. osm. R. II, 69 f.
⁵) 2 Makk. III, 19.: αἱ δὲ κατάκλειστοι τῶν παρθένων. *Philo* de legg. spec. p. 808. Chethub. VII, 6.

Familien-Sitten. §. 262. 263. 399

19. Spr. XXXI, 10 ff.), selbst in den höhern Ständen (2 Sam. XIII, 8. vgl. Odyss. IV, 130 ff. VI, 52 f. 76 f. X, 234.): daher sie auch grosse Achtung genossen (Spr. XII, 4. XVIII, 22. Jes. Sir. VII, 21. [29]. 28. [26.] ¹). XXVI, 1 ff.). Es gab bei den Hebräern öffentliche Buhlerinnen (Richt. XVI, 1. 1 Kön. III, 16. vgl. 1 Mos. XXXVIII, 15.), welche wahrscheinlich wie immer und überall meistens Fremde ²), vielleicht auch die Geweihten einer Gottheit waren (§. 233 b. Not. 2. S. 348.) gleich den syrischen *Ambubajen* in Rom ³).

§. 263.
Tod und Begräbniss.

Die letzte Ehre des Begräbnisses und der Todtenklage lag den Hebräern wie andern gesitteten Völkern sehr am Herzen (vgl. Jer. XXII, 18 f.), daher auch Verwandte und bei Nichtvorhandensein derselben Freunde und Genossen es für ihre Pflicht hielten, den Verstorbenen solche zu erweisen (1 Mos. XXV, 9. XXXV, 29. Richt. XVI, 31. 1 Makk. II, 70. Tob. XIV, 11 ff. 1 Kön. XIII, 29 f. Tob. 1, 17 ff. Matth. XXVII, 57 ff. vgl. 3 Mos. XXI, 2 f. 11.), ungeachtet der Vorschriften 4 Mos. XIX, 11 ff. Zudrücken der Augen und Küssen des Verschiedenen (1 Mos. XLVI, 4. L, 1. Odyss. XXIV, 294 f.). Waschen der Leiche (AG. IX, 37.), Einwickeln derselben in ein Tuch (Matth. XXVII, 59.) oder Umwickelung aller Glieder mit Binden (Joh. XI, 44.) mit Einlegung oder Einstreichung von Specereien (Joh. XIX, 39 f. Odyss. XXIV, 45. II. XVIII, 350.). Das Einbalsamiren nach ägyptischer Art hatte nur 1 Mos. L, 2. 26. Statt ⁴). Heftiger Ausdruck des Schmerzes: Zerreissen der Kleider, Verhüllen des

---

¹) *Saalschütz* Archäol. II, 173 ff. — Sonderbares Verhältniss der ägyptischen Weiber *Herod.* II, 35. vgl. *Diodor.* I, 27. Tiefe Herabsetzung der Weiber der Hindu's. *Rhode* rel. Bild d. Hind. II, 596 ff.
²) Aber fälschlich schliesst man es aus Spr. II, 16., wo נָכְרִיָּה die ehebrecherische Frau eines Andern ist.
³) *Suet.* Ner. 27. *Horat.* Sat. I, 2. vs. 1. *Hartm.* Hebr. II, 493 ff. *Win.* RWB. I, 517 f. *Movers* Phönic. I, 583.
⁴) *Herod.* II, 86 ff. *Diodor.* I, 91. Drei Arten desselben. Vgl. *Trusen* l. c. S. 88 ff.

Hauptes, zu Boden Liegen, Barfussgehen, Trauerkleider (שַׂק) anlegen, Fasten (1 Sam. IV, 12. 2 Sam. I, 11. III, 31. 35. XIX, 5. Hiob II, 12. Jer. XIV, 2. Ezech. XXIV, 17.), Scheeren der Haare und Blutigritzen des Körpers (Jer. XVI, 6. XLI, 5. XLVII, 5. XLVIII, 37. gegen 3 Mos. XIX, 28. 5 Mos. XIV, 1.) [1]). Laute, oft lange, gew. 7 Tage dauernde (1 Mos. XXIII, 2. L, 10. 4 Mos. XX, 29. 5 Mos. XXXIV, 8. 1 Sam. XXXI, 13. Jes. Sir. XXII, 12.) Todtenklage u. Trauer (1 Kön. XIII, 30. Jer. XXXIV, 5.) mit Hülfe von Klageweibern (Am. V, 16. Jer. IX, 16.), unter Flötenspiel [2]) und Absingung von Klagliedern (2 Sam. I, 17. III, 33. 2 Chron. XXXV, 25.).

Die Beschleunigung des Begräbnisses hatte und hat noch, um Verunreinigung zu vermeiden, bei den spätern Juden Statt (AG. V, 6. 10.) [3]), nicht bei den alten Hebräern (1 Mos. XXIII, 2—4. XXV, 9.). Auf einer wahrscheinlich offenen (vgl. Luk. VII, 14.) Bahre (מִטָּה 2 Sam. III, 31. σορός Luk. VII, 14.) trug man unter Wehklagen und Trauergeleit (2 Sam. III, 31. Luk. VII, 12.) die Leiche zum Grabe [4]), das bei den Vornehmen erblich (1 Mos. XXIII, 4 ff. XLIX, 31. L, 13. Richt. VIII, 32. XVI, 31. 2 Sam. II, 32. XVII, 23. XIX, 37. XXI, 14. 2 Chron. XXI, 20., vgl. dgg. 2 Kön. XXIII, 6.

---

[1]) Parallelen: Odyss. XXIV, 46. 315 f. Il. XVIII, 23 ff. *Ovid.* Metam. VIII, 528 f. *Herod.* I, 82. IV, 71. IX, 24. II, 36.: Τοῖσι ἄλλοισι ἀνθρώποισι νόμος, ἅμα κήδεϊ κεκάρθαι τὰς κεφαλὰς τοὺς μάλιστα ἱκνέεται· Αἰγύπτιοι δὲ ὑπὸ τοὺς θανάτους ἀνιεῖσι τὰς τρίχας αὔξεσθαι, τάς τε ἐν τῇ κεφαλῇ καὶ τῷ γενείῳ, τέως ἐξυρημένοι. *Curt.* X, 5. *Suet.* Jul. Caes. 33. Aug. 52. *Lucian.* de luctu §. 12. *Kirchmann* de funer. Rom. II, 17. *Morier* zw. R. S. 189. 192. *Potter* gr. Arch. II, 402. 394 ff.

[2]) *Chethub.* IV, 3.: Etiam pauperrimus inter Israelitas (uxore mortua) praebebit ei non minus quam duas tibias et unam lamentatricem. *Geier* de luctu Hebr. V, 19. *Kirchm.* II, 5 f. *Potter* II, 407 ff. *Shaw* R. S. 211. *Niebuhr* R. I, 186. *Mayeux* III, 201. *Rosenm.* Morgenl. III, 133 ff.

[3]) *Olear.* R. S. 686. *Chard.* voy. VI, 485. *Jahn* Arch. I, 2. 529.

[4]) Beilage der Waffen (Ez. XXXII, 27. Odyss. XI, 74.), des königlichen Schmucks (*Joseph.* Antt. XVI, 7, 1. vgl. B. J. I, 33, 9.?), vgl. *Jahn* S. 540 f. (1 Makk. XIII, 29. gehört nicht hieher). Auch legte man Specereien bei (2 Chron. XVI, 14. vgl. *Joseph.* Antt. XV, 3, 4. XVII, 8, 3.).

Jer. XXVI, 23.)¹), gewöhnlich ausserhalb der Stadt (vgl. *Baba Bathra* II, 9., dgg. 2 Kön. XXI, 18.?) unter Bäumen (1 Sam. XXXI, 13.), in Gärten (2 Kön. XXI, 18. Matth. XXVII, 60. Joh. XIX, 41.), auf einem Berge (2 Kön. XXIII, 16.), entweder in einer natürlichen Höhle angebracht (1 Mos. XXIII, 17.) oder in Felsen ausgehauen (Jes. XXII, 16. 2 Chron XVI, 14. Matth. XXVII, 60. Joh. XI, 38. vgl. *Baba Bathra* VI, 8. — also in wagerechter Lage) oder auf ebener Erde im Boden ausgemauert (Luk. XI, 44.) und (im erstern Falle) mit einem Steine (גולל, Mark. XVI, 3.) verschlossen und äusserlich geweisst war (Matth. XXIII, 27. *Schekalim* I, 1. *Maas. Scheni* V, 1.), bisweilen auch mit einem Denkmale, entweder einem Stein- (Erd-) Haufen (Hiob XXI, 32.)²) oder einer מַצֵּבָה bezeichnet wurde (1 Mos. XXXV, 20. 2 Sam. XVIII, 18. 1 Makk. XIII, 25 ff.³) 2 Chron. XVI, 14.). Aus den Stt. Jer. XXXIV, 5. 2 Chr. XXI, 19. Am. VI, 10. hat man fälschlich geschlossen, das Verbrennen der Leichen sei vor dem Exile üblich gewesen⁴). In den erstern ist vom Verbrennen von Specereien, in der letzten von dem, was man zur Pestzeit that, die Rede. Nach dem Begräbnisse eine Trauermahlzeit (2 Sam. III, 35. Jer. XVI, 7. Hos. IX, 4. Ez. XXIV, 17. 22. Tob. IV, 17.)⁵).

---

¹) Versagung des Erbbegräbnisses 2 Chron. XXI, 20. XXIV, 25. XXVIII, 27. vgl. *Diodor.* I, 92. 96.

²) Sitten d. Bed. S. 151. *Buckingh.* R. d. Syr. II, 157. vgl. dgg. §. 166. Not. 1. S. 226.

³) *Joseph.* XX, 4, 3. Grabmäler der Propheten (Matth. XXIII, 29.). Aehnliche heutige morgenländische Sitte, *Kämpfer* Amoen. exot. p. 109—112. *Jahn* S. 548. Noch vorhandene Grabmäler der Könige u. A. *Rosenm.* Alt. II, 2. 265 ff. *Robins.* R. II, 169 ff. Vgl. überh. *Nicolai* de sepulcris Hebr. L. B. 1706. 4.

⁴) *Michael.* de combustione et humatione mortuor. apud Hebr. Synt. I. p. 225 sqq. *Jahn* S. 550 f. *Rosenm.* zu Am. VI, 10. Auch 1 Sam. XXXI, 12. ist etwas Ausserordentliches.

⁵) *Mariti* R. I, 60. II. XXIV, 802. *Lucian.* de luctu §. 24. Archelaus gab nach Herodes' Tode dem Volke ein Gastmahl, *Joseph.* B. J. II, 1, 1.

Vgl. zu diesem §. *Saalschütz* Archäol. II, 144. *Keil* II, 101 ff. *Rütschi* in *Herzog's* RE. unt. Begräbniss. *Trusen* l. c. S. 47 ff.

Drittes Hauptstück.
Gesellige Sitten ausser der Familie.

§. 264.
Gastfreundschaft.

Diese erste Tugend menschlicher Gesittung, von den alten Völkern[1]) und den heutigen Arabern zumal auf dem Lande und in der Wüste[2]) so eifrig geübt, und bei dem Mangel eigentlicher Gasthäuser so sehr nothwendig, war auch den Hebräern im hohen Grade eigen (1 Mos. XVIII, 3. XIX, 2. XXIV, 25. 2 Mos. II, 20. Richt. XIX, 16.), wie denn auch das Gesetz der Fremden freundlich gedenket (5 Mos. XIV, 29.). Den Gästen wurde nicht nur Bewirthung (auch ihrer Thiere) und Bedienung (1 Mos. XVIII, 4. XIX, 2. XXIV, 32. 1 Tim. V, 10. vgl. Joh. XIII, 5.)[3]), sondern auch Schutz gewährt (1 Mos. XIX, 6 ff. Jos. II, 2 ff. Richt. XIX, 23 ff. dgg. Richt. IV, 17 ff.)[4]); beim Abschiede wurden sie begleitet (1 Mos. XVIII, 16. AG. XX, 38. XXI, 5.) und wohl auch mit den Mitteln zum Weiterreisen versehen (AG. XVII, 15. Röm. XV, 24.)[5]).

---

[1]) Odyss. VI, 207 sq.: . . . . . πρὸς γὰρ Διός εἰσιν ἅπαντες ξεῖνοί τε πτωχοί τε. *Potter* gr. Arch. II, 722 ff. *Caes*. B. G. VI, 23. *Tacit*. Germ. c. 21. *Rhode* rel. Bild. d. Hind. II, 435.

[2]) *Nieb*. B. S. 46 ff. *Arv*. II, 71 f. 382 f. III, 152 ff. Sitt. d. Bed. 30 ff. 165 ff. *Richardson* üb. Spr., Liter. u. Gebr. morgenl. Völker S. 324 f. *Harm*. I, 422 f. *Mayeux* II, 7 ff. Heroen der Gastlichkeit. *H. A. Schultens* Meidanii proverbb. arab. 134 sqq.

[3]) Odyss. III, 464 sqq. IV, 48 sqq. 252 sq. VI, 212 sqq. VIII, 449 sqq. XIX, 317 sqq. 357 sqq. Auch *Robinson* wurden die Füsse gewaschen, Paläst. III, 1. 234.

[4]) *Volney* R. I, 314. Sitt. d. Bed. 168 f. — Achtung für das Salz, Salzbund (4 Mos. XVIII, 19.) *Schulz* Leitt. d. Höchst. V, 246. Sitt. d. Bed. S. 43. 170 ff. *May*. II, 59. *Pott*. II, 729 f.

[5]) Vgl. zu diesem §. *Winer* RWB. u. *Rütschi* in *Herzog's* RE. Art. Gastfreiheit.

§. 265.

Höflichkeit.

Gleich dem heutigen Morgenländer [1]) scheint auch der Hebräer starke und umständliche Höflichkeitsbezeigungen geliebt zu haben, nämlich Titulaturen (1 Mos. XVIII, 3. XIX, 2. XXIII, 6. XXIV, 18. XXXIII, 5. 8. u. öft.), Verbeugungen u. dgl. (1 Mos. XXIII, 7. 2 Mos. XVIII, 7. 1 Sam. XX, 41. XXV, 23. 2 Sam. XVIII, 21. 2 Kön. I, 13.²), vgl §. 148. 212.; dgg. Esth. III, 2. AG. X, 26. Apok. XIX, 10. XXII, 9.), Begrüssungen, Segenswünsche, Fragen nach dem Wohlsein (1 Mos. XLIII, 29. 1 Sam. XXV, 6. Ruth II, 4. Ps. CXXIX, 8.³) — 1 Mos. XLIII, 27. 2 Mos. XVIII, 7. Richt. XVIII, 15. 1 Sam. X, 4. 2 Sam. XX, 9.), Küssen (1 Mos. XXXIII, 4. 2 Mos. IV, 27. XVIII, 7. 2 Sam. XX, 9.)⁴); aus welcher Umständlichkeit die Stellen 2 Kön. IV, 29. Luk. X, 4. sich erklären⁵).

---

¹) *Niebuhr* B. S. 49. *Arvieux* III, 80, 182 f. 273.

²) *Herod.* I, 134. von den Persern: Οἱ συντυγχάνοντες δ' ἀλλήλοισι ἐν τῇσι ὁδοῖσι, τῷδε ἄν τις διαγνοίη, εἰ ὁμοῖοί εἰσι οἱ ἐντυγχάνοντες. Ἀντὶ γὰρ τοῦ προςαγορεύειν ἀλλήλους φιλέουσι τοῖσι στόμασι. Ἢν δὲ ᾖ οὕτερος ὑποδεέστερος ὀλίγῳ, τὰς παρειὰς φιλέονται· ἢν δὲ πολλῷ ᾖ οὕτερος ἀγενέστερος, προςπίπτων προςκυνέει τὸν ἕτερον. Vgl. *Strabo* XVI, 734. *Herod.* II, 80. von 'den Aegyptern: Ἀντὶ τοῦ προςαγορεύειν ἀλλήλους ἐν τῇσι ὁδοῖσι προςκυνέουσι κατιέντες μέχρι τοῦ γούνατος τὴν χεῖρα. *Harm.* II, 34 ff. III, 433. Verschiedene Grade dieser Ehrfurchtsbezeigung, *Jahn* Arch. I, 2. 317 f. *Saalschütz* Archäol. II, 128 f. *Keil* II, 85. N. 2.

³) Dem gew. arab. Grusse سلام عليكم (*Nieb.* B. S. 48. *Harm.* II, 35.) würde לְךָ שָׁלוֹם entsprechen; diess kommt aber im A. T. nicht als Gruss, sondern als Ermunterungs- oder Trost-Zuspruch vor (1 Mos. XLIII, 23. Richt. VI, 23. XIX, 20.); gleichwohl scheint diese Grussformel üblich gewesen zu sein nach Matth. X, 13. Luk. X, 5.). Abschieds-Segenswunsch: לְשָׁלוֹם oder לָךְ בְּשָׁלוֹם (1 Sam. I, 17. XX, 42.). Vgl. *Winer* unt. Höflichkeit.

⁴) Verschiedene Abstufungen. *Nieb.* B. S. 50 ff. *Harm.* II, 50 ff. 61 ff. *Jahn* S. 316.

⁵) Bei den spätern Juden pflegten Trauernde und Fastende nicht zu grüssen, *Lightf.* ad Luc. l. l.

Die Höflichkeit erforderte, dass auf dem Wege der Niedere vor dem Höheren vom Reitthiere abstieg (1 Mos. XXIV, 64. 1 Sam. XXV, 23.) oder auch wohl vor ihm auswich[1]; dass der Niedere vor dem Höheren, der Jüngere vor dem Alten aufstand (3 Mos. XIX, 32. Hiob XXIX, 8.) und ihm die Rede liess (Hiob Vs. 9 f.). Im Gespräche nannte sich der Geringere des Vornehmen Knecht und ihn seinen Herrn (1 Mos. XVIII, 3. XIX, 2. Richt. XIX, 19. 1 Mos. XXIV, 18. 1 Sam. XXVII, 18.), und brauchte noch stärkere Demuthsbezeugungen (2 Sam. IX, 8. 2 Kön. VIII, 13.). Der Ehrenplatz war zur rechten Seite (1 Kön. II, 19. Ps. XLV, 10. vgl. Matth. XXV, 33.). Zur Höflichkeit der Besuche gehören besonders Wohlgerüche[2]) und Geschenke (1 Kön. X, 10. 13. 1 Sam. IX, 7. 1 Kön. XIV, 3. 2 Kön. V, 5. 15. vgl. §. 146 b.)[3].

Oeffentliche Ehrenbezeigungen gegen Könige u. A. waren: jauchzende Zurufungen mit Musik u. s. w. (1 Kön. I, 39 f. Zach. IX, 9. Ps. CXVIII, 26. Matth. XXI, 9.); Belegen und Bestreuen des Wegs mit Kleidern, grünen Zweigen u. dgl. (2 Kön. IX, 13. Matth. XXI, 8.); Erleuchtung (2 Makk. IV, 22.)[4].

§. 266.

Ergötzung und Unterhaltung.

Oeffentliche Unterhaltungsörter, wie die heutigen Morgenländer haben, Wirthshäuser und Bäder, kannten die Hebräer

---

[1] *Nieb.* B. S. 44. 50. R. I, 139. *Herod.* II, 80.

[2] *Arv.* I, 323. III, 274. V, 447. *Nieb.* D. S. 59. L. *Mont.* II, 33. 49. 55. *Harm.* II, 76 f. 83. III, 179. — *Don.* II, 46. gehört nicht hieher, vgl. *Lengerke*.

[3] *Maundrell* b. *Paul.* I, 37 ff. *Harm.* II, 1 ff. Prahlender Aufzug bei den Geschenken, vgl. Richt. III, 18. 2 Kön. VIII, 9. *Harm.* II, 26 ff. *Jahn* S. 326 f. Verschmähung derselben, vgl. Mal. I, 8. *Harm.* III, 156 ff. Bestechungs-Geschenke Jes. I, 23. V, 23. XXXIII, 15. Ez. XXII, 12. Spr. XVII, 23.

[4] *Herod.* VII, 54. *Curt.* V, 1. *Arv.* VI, 123. *Morier* zw. R. S. 101. *Paulsen* Reg. d. Morgenl. S. 228 f. *Harm.* II, 42.

nicht, zum wenigsten die erstern nicht ¹). Ihre Unterhaltungsplätze waren die Strassen und Thore (1 Mos. XIX, 1. Ps. LXIX, 13. Klagl. V, 14. 1 Makk. XIV, 9. vgl. §. 175.)²). Die Ernsthaftigkeit, Wortkargheit, Anständigkeit und Ehrbarkeit der alten wie der heutigen Morgenländer, besonders der Araber, dürfen wir den Hebräern nicht ohne Wahrscheinlichkeit beilegen (Spr. X, 19. XVII, 27 f. XXIX, 20. Hiob XXX, 10.)³).

Dritter Abschnitt.
Wissenschaftlich-ästhetisches Verhältniss.

Erstes Hauptstück.
Wissenschaft und Literatur.

Erstes Capitel.
Wissenschaft.

I. Vor dem Exile.

§. 267.

Charakter.

Die Wissenschaft blieb bei den Hebräern, ungeachtet ihrer geistigen Religion, wie bei allen jugendlichen Völkern in engster Verbindung mit der Religion, Poesie und Theurgie, mehr Sache des Instincts und der Begeisterung als der Reflexion und Schule. Der *Geist Gottes* war die Quelle der frommen Begeisterung wie der Wissenschaft und Kunst.

---

¹) *Nieb.* B. S. 106 f. *Arv.* II, 42. *Lüdecke* Beschr. d. türk. R. S. 365. I.. *Mont.* I, 26. 96 ff.
²) *Niebuhr* B. S. 28.
³) *Herod.* I, 99. von den Persern: ... γελᾶν τε καὶ πινεῖν ἀντίον (τοῦ βασιλέως) καὶ ἅπασι τοῦτό γε εἶναι αἴσχρόν. *Nieb.* B. S. 27 ff. *Arv.* III, 159. Sitt. d. Bed. S. 40 ff. *Buckingh.* R. d. Mesop. S. 26 f.

A. Gelehrte und Schulen.

§. 268.

Propheten.

Die Pflege der Wissenschaft war ungefähr nach demselben Verhältnisse wie die Verwaltung der Theokratie (§. 145.) an die Propheten und Priester vertheilt. Erstere, die begeisterten, gottbegabten [1]), waren 1) die Reiniger und Erweiterer der Religions- und Sittenlehre (Bibl. Dogm. §. 70. 123.); 2) die Staatsweisen [2]), und 3) die Naturkundigen oder Wunderthäter (2 Kön. II, 19 ff. III, 16 ff. IV, 33 ff. 41. V, 10 ff. VI, 6. XX, 7.). Ihre öffentliche Wirksamkeit und ihr Vortrag war durch Religion (Andachtsstunden? vgl. 2 Kön. IV, 23.), Poesie, Symbolik und Musik (2 Kön. III, 15.) unterstützt und gehoben, so wie letztere einen vorzüglichen Theil an ihrer Bildung in den Prophetenschulen [3]) gehabt haben mag (1 Sam. X, 5 ff. XIX, 18 ff.) [4]).

Diese Anstalten, wobei allerdings ein Zusammenleben der Lehrer mit ihren (zahlreichen, 2 Kön. II, 16.) Schülern (בְּנִים) [5])

[1]) Erklärung der Wörter: נָבִיא, נְבָא, הִתְנַבֵּא (vgl. מְשֻׁגָּע Jer. XXIX, 26. 2 Kön. IX, 11.), προφήτης, προφητεύειν, μάντις (von μαίνομαι). Einleit. ins A. T. §. 202. *Bleek* Einleit. ins A. T. S. 412 ff. *A. Tholuck* die Propheten S. 21 ff.

[2]) Als solche auch Vorhersager der Zukunft, רֹאִים, חֹזִים. In anderer Beziehung kommt das Weissagen selten vor (1 Sam. IX.). Auch an der Geschichtschreibung betheiligten sich die Propheten. *Augusti* Einleit. ins A. T. §. 87. *Ewald* I, 129 ff. 159 ff. u. a.

[3]) Namhafte Prophetenschulen: 1 Sam. X, 5. XIX, 18. 2 Kön. II, 3. 5. IV, 38. VI, 1., vgl. 2 Kön. II, 25. IV, 25. *Hering* v. d. Schulen d. Proph. etc. (1777.) S. 12 ff. *Vitring.* de synag. vet. p. 352.

[4]) Griechische Parallelen, *Perizon.* ad *Aelian.* V. H. VII, 15. *Forkel* Gesch. d. Mus. I, 238. 245. 248. 438 ff. *Jacobs* üb. d. Erzieh. d. Griechen z. Sittlichk., Denkschrr. d. Münch. Akad. 1808. S. 24 ff. Das Gesetz, die theokratische Verfassung und Geschichte gehörte gewiss zu den Unterrichtsgegenständen. Ob auch das Weissagen? *Hering* S. 23 ff.

[5]) Aehnlich: filii Magorum. *Hyde* de relig. vet. Pers. p. 372. Sie nannten die Propheten Väter (1 Sam. X, 12. vgl. 2 Kön. VI, 21. XIII, 14.), auch Herren und sich Knechte (2 Kön. II, 16. VI, 3. 5.), leisteten ihnen Knechtsdienste (2 Kön. III, 11. vgl. Matth. III, 11.).

Statt hatte (1 Sam. XIX, 18 ff. 2 Kön. IV, 38. VI, 1 ff.), können weniger mit den Klöstern [1]), als vielleicht vorzüglich in ihrem Zwecke mit der pythagoräischen Gesellschaft [2]) verglichen werden.

Für ihren Unterhalt waren die Propheten, wenn sie nicht selbst begütert waren (1 Kön. XIX, 19. Jer. XXXII, 7 ff.) oder ein Geschäft trieben (Am. I, 1. VII, 14.) [3]), an die Freigebigkeit ihrer Verehrer gewiesen (1 Sam. IX, 7. 1 Kön. XIV, 3. 2 Kön. IV, 42. V, 15. VIII, 8. IV, 8. Mich. III, 11.). Jedoch erhielten sie sich durch grosse Frugalität (2 Kön. IV, 39. Am. VII, 14. Matth. III, 4.) [4]) und durch äusserste Einfachheit der Kleidung (2 Kön. I, 8. Zach. XIII, 4. Matth. III, 4. Hebr. XI, 37.) unabhängig, so wie sie dadurch und durch ihre Liebe zur Einsamkeit (1 Kön. XIX, 8 ff. 2 Kön. I, 9. II, 16. 25.) ihren frommen Ernst bewiesen (Jer. XV, 17. Matth. XI, 18. vgl. Jes. XX, 2.). Indess lebten sie wenigstens zum Theil in der Ehe (Jes. VIII, 3.), selbst Prophetenschüler (2 Kön. IV, 1.).

§. 269 a.

Priester.

Obgleich in Gemässheit der Verfassung die ausschliesslichen Inhaber der Wissenschaften gleich den übrigen asiatischen Priestern, scheinen sie doch ausser einiger Mathematik, Astronomie (§. 178.) und Arzneikunde (§. 189.) nichts mit

---

[1]) *Hieron.* ep. 4. ad Rustic. monach. c. 7.: Filii Prophetarum, quos monachos in V. T. legimus, aedificabant sibi casulas propter fluenta Jordanis, et turbis urbium relictis, polenta et herbis agrestibus victitabant. Vgl. ep. 13. ad Paulin. c. 5.
[2]) *Tennemann* Gesch. d. Philos. I, 92 ff. *Meiners* Gesch. d. Wissensch. S. 391 f. Vgl. noch über die Prophetenschulen *Buddei* H. Eccles. V. T. II, 276 sqq. *Stäudlin* Gesch. d. Sittenl. Jesu I, 197. Comm. üb. d. Psalm. S. 7 ff. *Knobel* Prophetism. d. Hebr. I, 39. *Köster* d. Proph. S. 52 f. *Win.* RWB. *Ewald* Bd. II, 554 f. *Oehler* in *Herzog's* RE. unt. Prophetenthum S. 216. 220 f.
[3]) *Hering* S. 62 ff. *Knobel* Prophetism. d. Hebr. I, 44.
[4]) Ueb. d. Tracht d. Proph. *Henke* Mag. IV, 191 ff. *Harm.* III, 374 f. *Knobel* I, 47 f. Aehnlich die Braminen. *Rhode* rel. Bild. d. Hind. II, 533.

Erfolg bearbeitet zu haben als die vaterländische Gesetzkunde und Geschichte, und hatten dadurch, wenn auch keinen hierarchischen, so doch einen weitreichenden politischen Einfluss auf das Leben der ganzen Nation.

§. 269 b.

Weise.

Die hebräische Weisheit (חָכְמָה) war religiös-politische und religiös-ethische Weisheit. Als erstere war sie die legislative Weisheit, vorzüglich ein Besitzthum der Priester, als letztere richtete sie sich theils auf höhere Probleme der theokratischen Wahrheit, theils auf das praktisch-sittliche Leben. Die letztere, deren Elemente sich theils im Gesetze (vgl. 3 Mos. XIX, 16. 32. 5 Mos. VI, 4 ff. X, 12 ff.), theils in den prophetischen Schriften (Jes. XXXII, 6 ff. XXXIII, 15 f. Jer. V, 26. X, 23. XVII, 5 ff. Klagl. III, 25 ff. Hos. VI, 6. XIV, 10. Am. III, 3 ff. V, 15.) finden, wurde wie die heilige Poesie auch von Nicht-Priestern und Nicht-Propheten gepflegt: ihr Meister war *Salomo*, der alle Andern, *Ethan*, *Heman*, *Calcol* und *Darda* (1 Kön. IV, 31. vgl. aber über deren angebliche levitische Abstammung 1 Chron. VI, 33. 44. XV, 17.; noch wird Spr. XXX, 1. *Agur* genannt), übertraf[1]). Wahrscheinlich hatten sie auch ihre Schulen und Versammlungen (Pred. XII, 11.), und Hiskia vereinigte deren in eine Art von Akademie (Spr. XX, 1.). Allgemeine Schulen für die Jugend hatte man wahrscheinlich noch nicht.

B. Wissenschaften.

§. 270.

Theologie und Philosophie.

Erstere, mit welcher die speculative Philosophie zusammenfiel, war noch gar nicht zur Wissenschaft entwickelt, und in Mythologie, Symbolik und Poesie beschlossen[2]). Beide,

---

[1]) Vgl. *Ewald* III, 349 ff.
[2]) Spuren von Speculation u. Reflexion: 1 Mos. I. Ps. XXXVII. LXXIII. Hiob. Koheleth.

Theologie und Philosophie, waren in der Weisheit enthalten, die zwar der Philosophie ähnlich war, aber weder dem Princip noch der Form nach sich zu eigentlicher Philosophie erhob [1]). Die praktische Philosophie war Spruchweisheit [2]).

§. 271 a.
Mathematik und Naturkunde.

Die Rechenkunst, welche die Hebräer wahrscheinlich von den Aegyptern oder Phöniciern (den angeblichen Erfindern derselben nach *Strabo* XVII, 787.) erhalten hatten, ging wohl nicht über die vier Rechnungsarten hinaus (3 Mos. XXV, 27. 50.) [3]). In der Geometrie, welche bei den Aegyptern sehr blühete [4]), scheinen sie auch die ersten praktischen Kenntnisse nicht überschritten zu haben (Hiob XXXVIII, 5. Ez. XL, 3 ff.). Von der Unvollkommenheit ihrer Astronomie [5]),

---

[1]) Wenn *Bruch* Weisheits-Lehre der Hebräer S. 1—69. geneigt ist, die hebräische Weisheit mit der Philosophie zu identificiren, so beachtet er zu wenig die Gebundenheit des hebräischen Denkens an die positive Volksreligion, welcher selbst ein Koheleth sich nicht zu entziehen vermochte. Vgl. *Oehler* die Grundzüge der alttestam. Weisheit. Tübingen 1854. 4. (Programm.)
[2]) Parallelen der Griechen, Araber u. s. w.
[3]) *Goguet* Ursprung d. Ges. u. s. w. I, 214 ff. Weiter aber ging sie unstreitig bei den Aegyptern, welche Sonnenfinsternisse zu berechnen wussten.
[4]) *Herod.* II, 109. *Goguet* I, 242 ff. II, 226 f. III, 113 f. — Vgl. über die mathematischen Kenntnisse der Hebräer *Saalschütz* Archäol. II, 84 ff.
[5]) Sternbildernamen, wie עָשׁ (Hiob IX, 9. *Nieb.* B. S. 114.), עַיִשׁ (Hiob XXXVIII, 32.), der grosse *Bär*, und die „Kinder" die 3 Schwanzsterne; כְּסִיל (Hiob IX, 9. XXXVIII, 31. Am. V, 8. chald. נְפִילָא, syrisch ܢܦܝܠܐ, arab. جَبَّار), der *Orion*; נָחָשׁ בָּרִחַ (Hiob XXVI, 13.), der *Drache* zwischen dem grossen und kleinen Bären; כִּימָה (Hiob IX, 9. XXXVIII, 31. Am. V, 8.), das *Siebengestirn*, worüber vgl. *Goguet* I, 392 ff. *Lach.* Beitr. z. orient. Sternk. in *Eichh.* allg. Bibl. VII, 3 f. *Ideler* Unters. üb. d. Urspr. d. Sternnamen, 1809. *Neumann* Zusammenstell. aller astrognost. Benennungen im A. T. 1819. — machen noch keine Astronomie. Vgl. *Saalschütz* l. c. II, 72 ff. Dagegen die astronomischen Kenntnisse der Aegypter und Babylonier (*Gogu.* I, 231 f. III, 84 f. 219 f. III, 88 f. 105.).

deren Studium schon wegen ihres Zusammenhangs mit dem Gestirndienste bei den Hebräern nicht leicht aufkommen konnte, zeugt ihr Calender (§. 178—181.).

Ob die Hebräer Sonnenuhren gekannt haben (Jes. XXXVIII, 8. 2 Kön. XX, 11.), ist zweifelhaft[1]). Auch über Physik, Mechanik, Chemie, Mineralogie, Botanik und Zoologie finden sich nur vereinzelte Kenntnisse, aber keine Spur von systematischer Behandlung[2]).

§. 271 b.

Arzneikunde.

Die Arzneikunde, die auf Anatomie beruhen muss, konnte bei den Hebräern, denen die Religion jede Berührung des Todten verbot, nicht bedeutend sein, wurde aber bei ihnen schon durch bezahlte Aerzte ausgeübt (2 Chron. XVI, 12. vgl. 2 Mos. XXI, 19. Sir. XXXVIII, 1 ff. Luk. VIII, 43.

---

[1]) Nach dem Chald. nehmen eine Sonnenuhr an *Calmet* bibl. Unters. IV, 325., *Carpz.* app. p. 353., *Gogu.* III, 85. Not. 203., *Gesen.* zu Jes. a. a. O. u. A., welche er anführt; LXX, *Joseph.* Antt. X, 11, 1. blosse Treppenstufen; eine den Schatten zeigende Treppe nach *Hieron. Martini* Abhandl. v. d. Sonnenuhren d. Alt. 1777. S. 38 f. *Knobel* zu Jes. XXXVIII, 8. versteht unter den Stufen des Ahas eine mit Stufen versehene Säule, welche den Schatten ihrer Spitze des Mittags auf die obersten, des Morgens und Abends auf die untersten Stufen warf und so die Tageszeiten anzeigte, und die, wenn sie zu diesem Zweck errichtet war, wahrscheinlich durch Ahas von den Babyloniern entlehnt wurde. *Herod.* II, 109.: Πόλον μὲν γὰρ καὶ γνώμονα καὶ τὰ δυώδεκα μέρεα τῆς ἡμέρης παρὰ Βαβυλωνίων ἔμαθον οἱ Ἕλληνες. *Vitruv.* IX, 9. Erste Anfänge: *Plin.* VII, 60.: Duodecim tabulis ortus tantum et occasus nominantur (vgl. dgg. *Gell.* Noct. Att. XVII, 2.): post aliquot annos adjectus est meridies, accenso Consulum id pronuntiante, cum a curia inter rostra et Graecostasin prospexisset solem. A columna Maenia ad carcerem inclinato sidere supremam pronuntiabat.

[2]) Vgl. *Saalschütz* l. c. II, 66 ff. — Wenn es 1 Kön. V, 13. von Salomo heisst, er habe über Bäume und Thiere geredet, so ist es sehr zweifelhaft, ob man in diesen Reden, wie *Ewald* III, 358 f. meint, „den Anfang einer vollständigen Naturgeschichte" zu suchen habe.

vgl. S. 279. Not. 2)[1]), und betraf hauptsächlich Wunden
(Jes. I, 6. Ez. XXX, 21. 2 Kön. VIII, 29.)[2]) und Hautkrankheiten (3 Mos. XIII. XIV.), sowie ihre Arzneimittel meistens
äusserliche waren, Verband (חתול), Balsam, Oel, Pflaster
(Jes. I, 6. Jer. VIII, 22. Mark. VI, 13. Jak. V, 14.[3]) 2 Kön.
XX, 7.)[4]). Gewiss war auch die Anwendung von Zaubermitteln nicht selten, besonders bei den unter den spätern
Juden vorkommenden dämonischen Krankheiten, vgl. 2 Kön.
V, 11. *Joseph*. Antt. VIII, 2, 5.[5]).

§. 272.
Historische Wissenschaften.

Die Erdkunde (vgl. 1 Mos. II, 8. X.) hat wie die der
ältesten Griechen und Römer noch viel Mythisches, und muss
darnach behandelt werden [6]). Bei Jos. XVIII, 9. ist schwerlich an eine Landcharte zu denken [7]). Die Geschichte war

---

[1]) Ueber die Arzneikunde der Aegypter *Herod*. II, 84. *Diodor*.
Sic. I, 82. *Sprengel* Gesch. d. Arzneik. I, 62 ff. *Gogu*. II, 213 ff.
Astrologische Beziehung; Diätetik; Abführungen (*Herod*. II, 77.).

[2]) Il. IV, 190 sqq. 213 sqq. Ob die Chirurgie älter sei, als
die Medicin, s. *Spreng*. S. 31 ff.

[3]) *Joseph*. B. J. I, 33, 5. *Lightf*. ad Matth. VI, 17. Mark.
VI, 13. Luc. X, 34. *Paul*. zu Mark. a. a. O. Bäder 2 Kön. V, 10.
Joh. V, 2 ff. *Joseph*. l. l. Antt. XVII, 6, 5.

[4]) *Plin*. XXIII, 7. (63.). *Dioscor*. I, 184. *Cels*. II, 368.
Von innerlichen Mitteln talmud. Belege b. *Lightf*. ad Marc. V, 26.

[5]) Vgl. übr. *Lindinger* de Hebr. vet. arte med. etc. 1774.
Sprengel de medic. Ebracor. 1789. *Saalschütz* l. c. II, 60 ff.
Trusen Sitten u. s. w. S. 1 ff. *Keil* II, 178 ff. *Winer* RWB. und
Rütschi in *Herzog's* RE. unt. Arzneikunst.

[6]) *Gesen*. Hall. Encycl. X. Art. „Bibl. Geogr." Comm. zu Jes.
II, 316 ff. Nach ihm dachten sich die Hebräer die Erde als eine
(vielleicht viereckige) Fläche, auf Pfeilern und Säulen über dem
Meere gegründet, und als dessen Ausströmungen Flüsse und Meere:
in der Mitte der Erde Palästina, und dessen Mittelpunkt Jerusalem
(gleich dem Albordsch und Menu der Perser und Indier) u. s. w.
Vgl. *Tuch* zu 1 Mos. X. Ueber die geographische Bedeutung von
1 Mos. X. s. *Knobel* Völkertafel S. 4 ff.

[7]) Charte des Sesostris (*Goguet* II, 227 f.); erste griechische
Landcharten *Strabo* I, 7.

theils Genealogie wie bei den Arabern[1]), theils Sage und theokratischer Pragmatismus[2]). Keine wahre Chronologie (§. 14.).

II. Nach dem Exile.

§. 273 a.
Charakter.

Ausländische Bildung, welche von nun an Eingang fand, abgerechnet, gingen die Juden in den Wissenschaften eher rück- als vorwärts, indem sie nach dem Erlöschen der alten religiösen Begeisterung sich fast einzig der Erforschung der überlieferten heil. Bücher beflissen, und sich der Buchstäblichkeit, Grübelei und Sectirerei überliessen (Bibl. Dogmat. §. 76 ff.).

§. 273 b.
Gelehrte und Schulen.

Gleich nach dem Exile finden wir *Schriftgelehrte*, סוֹפְרִים, γραμματεῖς (Esr. VII, 6. 11 ff. Neh. VIII, 4. XIII, 13. 1 Makk. VII, 12. 2 Makk. VI, 18. Jes. Sir. XXXVIII, 24—XXXIX, 11.)[3]), deren Beruf neben einem in der Jugend erlernten und nöthigenfalls auch wohl getriebenen Handwerke (§. 115.) es war, nicht nur „in dem Gesetze und den Weissagungen zu studiren, Recht und Gerechtigkeit an den Tag zu bringen," sondern auch mit der Spruchweisheit der Alten umzugehen, mithin die ganze vaterländische Gelehrsamkeit zu umfassen. Manche aber mochten sich vorzugsweise auf die Gesetzeskunde legen und den ausschliesslichen Namen νομοδιδάσκαλοι (Luk. V, 17. AG. V, 34.), νομικοί (Matth. XXII, 35. Luk. XI, 45.) führen. Sie erklärten das Gesetz und die übrigen

---

[1]) *Eichhorn* monum. antiquiss. Arab. Hist. 1775. p. 17 sqq.
[2]) Ueber den Charakter der hebräischen Geschichtschreibung vgl. *Ewald* I, 17 ff.
[3]) Schriftgelehrte waren auch die Männer der sogenannten grossen Synagoge (§. 50.), zu denen freilich auch die Propheten Haggai u. A., Scrubabel und Mardochai gerechnet werden *Baba Bathr.* f. 15. 1.

alttest. BB. nicht bloss nach dem einfachen Wortsinne, und entwickelten den Inhalt des erstern, sondern bedienten sich auch des sogenannten מִדְרָשׁ oder der allegorischen, d. h. erweiternden, anknüpfenden, phantastischen Auslegung (Bibl. Dogm. §. 148.), welche theils als Halacha, Fortbildung des Gesetzes, theils als Hagada, freie Lehre nach dem Gesetz, sich darstellt, und brachten so die *Ueberlieferung* (קַבָּלָה, תּוֹרָה שֶׁבְּעַל־פֶּה, παραδόσεις τῶν πρεσβυτέρων) zuwege. Zu Christi Zeit bilden die γραμματεῖς eine geistliche Macht (Matth. XXIII, 2. vgl. §. 149 b.), ähnlich den heutigen Rabbinen, nur dass sie nicht wie diese allein, sondern zugleich mit den Priestern herrschten. Sie hielten auch Schulen בָּתֵּי הַמִּדְרָשׁ, in welchen nicht bloss künftige Gelehrte gebildet (AG. XXII, 3.), sondern auch andere junge Leute unterrichtet werden mochten (Luk. II, 46 f. vgl. *Joseph.* B. J. I, 33, 2. Antt. XVII, 6, 2.). Solche Schulen befanden sich in der Umgebung des Tempels (§. 238.), und scheinen mit den Synagogen verbunden gewesen zu sein. Die Rabbinen unterscheiden zwischen Trivialschule (בית רבן) und Akademie (בית רבנן) [1]. Der Chassan der Synagoge (§. 244.) scheint die Kinder im Lesen unterrichtet zu haben (*M. Schabb.* I, 3.).

§. 274.
Secten. Pharisäer und Sadducäer.

Die Schriftgelehrsamkeit fand ihre praktische Vertretung in den beiden nationalen Parteien der Pharisäer [2]) und der

---

[1]) *Vitring.* Synag. p. 133 sqq. 157 sqq. *Joseph.* Antt. XV, 10, 5.: .... ἔτι παῖδα τὸν Ἡρώδην εἰς διδασκάλου φοιτῶντα κατιδών .... ist von einer Trivialschule zu verstehen.

[2]) פרושים *Suid.*: Φαρισαῖοι, οἱ ἑρμηνευόμενοι ἀφωρισμένοι παρὰ τὸ μερίζειν καὶ ἀφορίζειν ἑαυτοὺς τῶν ἄλλων ἁπάντων. *Epiphan.* haer. XVI, 1.: Ἐλέγοντο δὲ Φαρισαῖοι, διὰ τὸ ἀφωρισμένους εἶναι αὐτοὺς ἀπὸ τῶν ἄλλων, διὰ τὴν ἐθελοπερισσοθρησκείαν παρ᾽ αὐτοῖς νενομισμένην· Φαρὲς γὰρ κατὰ τὴν ἑβραΐδα ἑρμηνεύεται ἀφορισμός. *R. Nathan* in Aruch: פרוש הוא שפירש עצמו מכל טומאה וגו׳, Pharisaeus qui separat se ab omni immunditie et omni cibo impuro et populo terrae, qui non habet accuratam rationem ciborum. *Elias Lev.* in Tisri s. v. פרושים וגו׳: ורם הפרושים מדרכי העולם וגו׳, hi separati fuerunt a moribus hujus seculi, quales olim fuerunt Nasiraei. Falsch *Joseph. Gorion.* IV, 6.: הפרושים המפרשים את התורה, Pharisaei

Sadducäer[1]), von denen jene bei strengster Wahrung des Gesetzes nach dem Buchstaben der alten Verheissung für die Zukunft ihres Volkes wirkten, diese unter Behauptung des Zuträglichen und Möglichen den Zeitverhältnissen sich anbequemten, während beide ausserdem sich durch die Annahme oder Verwerfung zoroastrischer Lehren [2]), u. besond. durch die Anerkennung der Ueberlieferung neben den BB. des A. T. als Glaubens- und Gesetzes-Quelle oder deren Verwerfung[3])

---

sunt qui interpretantur legem. Andere Ableitungen b. *Serar.* trihaeresium II, 1. *Drus.* de tribus Jud. sect. II. 2 sq. *Carpz.* p. 173 sq. *Vitring.* Obss. s. p. 228.

[1]) צדוקים *Epiphan.* haer. XIV.: Ἐπονομάζουσιν οὗτοι ἑαυτοὺς Σαδδουκαίους, δῆθεν ἀπὸ δικαιοσύνης τῆς ἐπικλήσεως ὁρμωμένης· Σεδὲκ γὰρ ἑρμηνεύεται δικαιοσύνη. Vgl. *Hieron.* in Matth. XXII. *Serar.* II, 18. *B. W. D. Schulze* conject. hist. crit. Sadduc. inter Jud. sectae novam lucem accendentes (1779.) §. 4 sqq. Vielleicht wäre zu vergleichen *Joseph.* Antt. XX, 9, 1.: ..... Σαδδουκαίων, οἵπερ εἰσὶ περὶ τὰς κρίσεις ὠμοὶ παρὰ πάντας τοὺς Ἰουδαίους. XIII, 10, 6.:
..... ἄλλως τε καὶ φύσει πρὸς τὰς κολάσεις ἐπιεικῶς ἔχουσιν οἱ Φαρισαῖοι. Gewöhnliche Ableitung des Namens und der Sache selbst von *Zadok*, Schüler des *Antigonus Sochäus*, nach *R. Nathan* Comment. zu Pirke Aboth c. 5. (*Lightf.* ad Matth. III, 7.) *Maimon.* zu dems. Tract. bei *Surenhus.* IV, 411.

[2]) Bibl. Dogmat. §. 176. 182. 187. Die Lehre von der menschlichen Freiheit und dem Schicksale (§. 167.) ist nicht so bezeichnend.

[3]) *Joseph.* Antt. XIII, 10, 6.: ..... νόμιμα πολλά τινα παρέδοσαν τῷ δήμῳ οἱ Φαρισαῖοι ἐκ πατέρων διαδοχῆς, ἅπερ οὐκ ἀναγέγραπται ἐν τοῖς Μωυσέως νόμοις· καὶ διὰ τοῦτο ταῦτα τὸ Σαδδουκαίων γένος ἐκβάλλει, λέγον ἐκεῖνα δεῖν ἡγεῖσθαι νόμιμα τὰ γεγραμμένα, τὰ δ' ἐκ παραδόσεως τῶν πατέρων μὴ τηρεῖν. XVIII, 1, 4.: ..... φυλακῆς δὲ οὐδαμῶν τινῶν μεταποίησις αὐτοῖς (Σαδδουκαίοις) ἢ τῶν νόμων· πρὸς γὰρ τοὺς διδασκάλους σοφίας, ἣν μέτιασιν, ἀμφιλογεῖν ἀρετὴν ἀριθμοῦσι, *Elias Lev.* in Tisbi voc. צדוק: Negarunt legem ore traditam nec fidem habuerunt nisi ei, quod in lege scriptum est. Strenge und Buchstäblichkeit der Pharisäer in Erklärung und Haltung des Gesetzes nebst asketischer Strenge *Joseph.* B. J. II, 8, 14.: .... Φαρισαῖοι μὲν οἱ δοκοῦντες μετὰ ἀκριβείας ἐξηγεῖσθαι τὰ νόμιμα ..... I, 5, 2.: Φαρισαῖοι, σύνταγμά τι Ἰουδαίων, δοκοῦν εὐσεβέστερον εἶναι τῶν ἄλλων, καὶ τοὺς νόμους ἀκριβέστερον ἀφηγεῖσθαι. Antt. XVII, 2, 4.:
..... μόριόν τι Ἰουδαϊκῶν ἀνθρώπων ἐπ' ἀκριβώσει μέγα φρονοῦν τοῦ πατρίου νόμου. .... XVIII, 1, 3.: ..... τὴν δίαιταν ἐξευτελίζουσιν, οὐδὲν εἰς τὸ μαλακώτερον ἐνδιδόντες (was dagegen *Win.* aus *Joseph.* Antt. XIII, 10, 5. anführt, bedeutet nichts), ὦν τε ὁ λόγος κρίνας παρέδωκεν ἀγαθῶν ἕπονται τῇ ἡγεμονίᾳ, περιμάχητον ἡγούμενοι τὴν φυ-

von einander scheiden¹). Indessen müssen wohl die Schriftgelehrten als solche in der Annahme der Ueberlieferung wenigstens der Hauptsache nach mit den Pharisäern übereingestimmt haben (vgl. Luk. XI, 45. u. dz. d. exeg. Hdb.).

Die Sadducäer bewahrten in gewisser Rücksicht den alten Hebraismus treuer, standen aber vereinzelt da und mit dem herrschenden Geiste in Widerspruch: daher auch die Pharisäer mehr Volksgunst besassen ²), welche sie aber zu

---

λακὴν ὧν προαγορεύειν ἠθέλησε. Casuistische Auslegung Matth. V, 33. 43. XV, 5. XXIII, 16 ff. Kleinlichkeitsgeist und Ueberschätzung des Cerimonialgesetzes Matth. XXIII, 23. XII, 2—6. Luk. VI, 7. Joh. IX, 16 ff. Mark. VII, 1 ff. Zur Schau Tragen der Frömmigkeit Matth. VI, 2. 5. 16. XXIII, 5. Tugendstolz Luk. XVIII, 9 ff. Gegen die Annahme, dass die Sadducäer die Propheten und übrigen Schriften des A. T. ausser dem Pentateuche verworfen (*Tertull.* de praescr. haeret. c. 46. *Hieron.* ad Matth. XXII. *Serar.* II, 21. *Bartolocci* bibl. rabb. I, 377 b. u. A., auch *Olshaus.* Comment. 4. A. I, 816.), haben schon das Richtige *Drus.* III, 4. *Scaliger* elench. trihaeres. N. Serar. c. 16. *Reland* antt. II, 9, 10. *Carpz.* app. p. 208 sq.: dann *Paul.* Comment. I, 286. *Stäudlin* Gesch. d. Sittenl. J. I, 421. *Güldenapfel* Joseph. Arch. de Sadduc. canone sententia. Jen. 1804. *Win.* Art. Sadd. Diese Meinung hat keinen Grund in *Joseph.* (vgl. besonders c. Ap. I, 8.), noch in Matth. XXII, 32., noch im Talmud, wo Pharisäer gegen Sadducäer prophetische und hagiographische Stellen brauchen, ohne dass Letztere deren Beweiskraft an sich leugnen (Sanhedr. f. 90, 2.), und selbst ein Sadducäer von Am. IV, 13. Gebrauch macht (Cholin f. 87, 1.). *Lightf.* ad Joh. IV, 25. Auch hätten Letztere bei dieser Verwerfung nicht Synedristen und Hohepriester sein können.

¹) *Bertheau* z. Gesch. d. Israel. S. 426. leitet beide Secten aus den Chasidim oder den Vorkämpfern für die israelitische Eigenthümlichkeit und gegen griechische Neuerung (1 Makk. VII, 13.) ab. Die meisten derselben seien nach dem Siege Pharisäer und somit Gegner gegen alle Neuerung geworden, während ein kleiner Theil derselben als Sadducäer freiere, weniger abschliessende Ansichten behauptet hätten. Diess ist allerdings richtig, die Pharisäer sind die strengen Patrioten, wie besonders aus der Richtung der Partei des Gauloniters Judas erhellet; aber obiger Gegensatz ist auch richtig, so dass also in einer Hinsicht die Pharisäer Gegner der Neuerung und die Sadducäer Freunde derselben, in anderer Hinsicht hingegen Erstere Fremdartiges in den Hebraismus zulassen, Letztere es ausschliessen.

²) *Joseph.* Antt. XVIII, 3, 1. von den Pharisäern: . . . . . τοῖς δήμοις πιθανώτατοι τυγχάνουσι, καὶ ὁπόσα θεῖα εὐχῶν τε καὶ ἱερῶν ποιή-

politischen Zwecken missbrauchten, und mehr als einmal mit der Staatsgewalt in Conflict traten [1]).

Der Natur ihrer Streitfragen zufolge gehört der Ursprung dieser Secten in die Zeit bald nach dem Exile, wenn sie auch erst später ihre feste Gestaltung und Benennung erhielten [2]).

σεως ἐξηγήσει τῇ ἐκείνων τυγχάνουσι πρασσόμενα. Εἰς τοσόνδε ἀρετῆς αὐτοῖς αἱ πόλεις ἐμαρτύρησαν ἐπιτηδεύσει τοῦ ἐπὶ πᾶσιν κρείσσονος, ἔν τε τῇ διαίτῃ τοῦ βίου καὶ λόγοις. XIII, 10, 5.: τοσαύτην ἔχουσι τὴν ἰσχὺν παρὰ τῷ πλήθει, ὡς καὶ κατὰ βασιλέως τι λέγοντες καὶ κατὰ ἀρχιερέως εὐθὺς πιστεύεσθαι. . . . . §. 6.: τῶν μὲν Σαδδουκαίων τοὺς εὐπόρους μόνον πειθόντων, τὸ δὲ δημοτικὸν οὐχ ἑπόμενον αὐτοῖς ἐχόντων, τῶν δὲ Φαρισαίων τὸ πλῆθος σύμμαχον ἐχόντων. XVIII, 1, 4. von den Sadducäern: Εἰς ὀλίγους τε ἄνδρας οὗτος ὁ λόγος ἀφίκετο, τοὺς μέντοι πρώτους τοῖς ἀξιώμασι. Πράσσεται τε ἀπ᾽ αὐτῶν οὐδὲν ὡς εἰπεῖν· ὁπότε γὰρ ἐπ᾽ ἀρχὰς παρέλθοιεν, ἀκουσίως μὲν καὶ κατ᾽ ἀνάγκας, προσχωροῦσι δ᾽ οὖν οἷς ὁ Φαρισαῖος λέγει, διὰ τὸ μὴ ἄλλως ἀνεκτοὺς γενέσθαι τοῖς πλήθεσιν.

[1]) *Joseph.* Antt. XIII, 10, 5. (§. 62.) XIII, 13, 5. 14, 1 f. (§. 63.). XVII, 2, 4: Φαρισαῖοι . . . βασιλεῦσι δυνάμενοι μάλιστα ἀντιπράσσειν προμηθεῖς καὶ ἐκ τοῦ προὐπτου εἰς τὸ πολεμεῖν τε καὶ βλάπτειν ἐπηρμένοι. Παντὸς γοῦν τοῦ Ἰουδαϊκοῦ βεβαιώσαντος δι᾽ ὅρκων ἦ μὴν εὐνοήσαι Καίσαρι καὶ τοῖς βασιλέως πράγμασι, οἵδε οἱ ἄνδρες οὐκ ὤμοσαν, ὄντες ὑπὲρ ἑξακισχίλιοι. Vgl. XV, 10, 4.

[2]) *Joseph.* Antt. XIII, 5, 9.: Κατὰ δὲ τὸν χρόνον τοῦτον (zur Zeit Jonathans) τρεῖς αἱρέσεις τῶν Ἰουδαίων ἦσαν. XVIII, 1, 2.: Ἰουδαίοις φιλοσοφίαι τρεῖς ἦσαν ἐκ τοῦ πάνυ ἀρχαίου τῶν πατρίων. Vgl. *Lakem.* obss. I, 1. *Schulze* l. 1. §. 25., welche beide diesen Stellen Gewalt anthun. Besser *Sevar.* I, 6. *Paul.* a. a. O. S. 287. Vgl §. 62. und *Ewald* IV, 312 ff. über die Sadducäer, u. S. 414 ff. über die Pharisäer. Mit Recht macht *E. Reuss* in *Herzog's* RE. unt. Pharisäer u. unt. Sadducäer geltend, dass beide nicht sowohl für blosse Secten, sondern vielmehr für nationale Parteien zu nehmen seien; der Einfluss aber, den er den Pharisäern auf die spätere Gestaltung des Judenthums zuschreibt, ist wohl vielmehr der Schriftgelehrsamkeit zuzuschreiben, welche ungestört durch die äusseren Geschicke des Volkes in ihrer Arbeit am Gesetz fortfuhr. Beachtenswerthe Beiträge für eine Geschichte u. Charakteristik der Pharisäer u. Sadducäer besonders aus talmudischen Quellen haben in neuerer Zeit geliefert *Grätz* Geschichte der Juden Bd. III, 507 ff. *Jost* Geschichte des Judenth. u. seiner Secten, Abth. 1, 197 ff. *Herzfeld* Gesch. des Volkes Jisrael Bd. III, 264 ff. u. 359 ff. *Geiger* Urschrift u. Uebersetz. der Bibel S. 100 ff. u. Ders., Sadducäer u. Pharisäer. Breslau 1863. (Abdruck a. d. 2. Bande der jüd. Zeitschr. für Wissenschaft u. Leben). *Geiger* leitet die Sad-

§. 275 a.

Essener.

Ganz ausserhalb dieses jüdischen Gelehrten-Wesens standucäer von dem priesterlichen Geschlecht der Zadokiten ab u. sieht sie als eine priesterlich-adliche Aristokratie an. Dieser Ansicht stehen nicht geringe geschichtliche Bedenken entgegen; zu bereitwillig stimmt ihr bei der Berichterstatter in der Protest. Kirchenzeit. 1862. Nr. 44. Ganz verfehlt aber ist es, wenn *Geiger* in der letztern Schrift S. 35. die Pharisäer als die demokratische oder Fortschrittspartei bezeichnet u. den Pharisäismus mit dem Protestantismus, den Sadducäismus mit dem Katholicismus parallelisirt. Der Pharisäismus war eine Orthodoxie des Buchstabens u. als solche ohne Zukunft; wenn eine blosse Orthodoxie lange still fortleben kann, so musste doch eine politische u. zwar so fanatische, wie der Pharisäismus war, untergehen und Untergang bereiten.

Verschiedene Schulen der Pharisäer (§. 158. S. 218. Not. 3.). Angebliche Secte der Assidäer (חסידים, *Ασιδαῖοι* 1 Makk. VII, 13. 2 Makk. XIV, 6. vgl. Not. 2. S. 415.). *Drus.* de Hasidaeis, Crit. sacr. VI. u. in *Trigland* Syntagma. *Scaliger* l. l. c. 22. *Carpz.* p. 165 sqq. *Michael.* zu 1 Makk. II, 42. VII, 13.

Die theokratisch-politische Secte des Judas Galiläus (69.) gehört nicht hieher. *Joseph.* Antt. XVIII, 1, 6.: . . . . τὰ μὲν λοιπὰ πάντα γνώμῃ τῶν Φαρισαίων ὁμολογοῦσι (s. Not. 1. [S. 416.), δυςνίκητος δὲ τοῦ ἐλευθέρου ἔρως ἐστὶν αὐτοῖς, μόνον ἡγεμόνα καὶ δεσπότην τὸν θεὸν ὑπειληφόσι. Θανάτων τε ἰδέας ὑπομένειν παρηλλαγμένας ἐν ὀλίγῳ τίθενται, καὶ συγγενῶν τιμωρίας καὶ φίλων, ὑπὲρ τοῦ μηδένα ἄνθρωπον προςαγορεύειν δεσπότην. Vgl. *E. A. Schulz* Exercitatt. phil. fasc. II. p. 105. Eben so wenig die Partei der Anhänger der herodischen Dynastie, die *Herodianer* (Matth. XXII, 16.), welche fälschlich unter die Secten gerechnet worden sind (*Epiphan.* haer. XX. *Tertullian.* de praescript. c. 45. u. A.); dgg. *Carpz.* p. 245 sq. *E. A. Schulz* p. 123. Die Zeloten (§. 177. Ende) bildeten nur im jüdischen Kriege eine politische Partei.

Verhältniss der spätern Secten der *Rabbaniten* (רבנים, traditionarii) und *Karäer* (קראים, scripturarii), deren Differenz bloss die Schrift und Tradition betrifft, zu den Pharisäern und Sadducäern: *Scaliger* c. 22. p. 169. *Jac. Trigland* diatr. de secta Karaeorum (nebst *Serar., Drus.* u. *Scalig.* angef. Schriften in Trium scriptor. illustr. de tribus Jud. sectis syntagma. Delphis 1703. 2 Tom. 4.), nachher von *J. Chr. Wolf* herausgeg. mit: Notitia Karaeor. ex Mardochaei Karaei recent. tractatu haurienda etc. 1714. 4. *Schupart* de secta Karaeor. 1701. *B. W. D. Schulze* 1. 1. §. 43 sq. Nachrichten der Reisenden *Henderson* und *Pinkerton* in Evang. KZ. Sept. 1835. *Pressel* in *Herzog's* RE. unt. Karäer, und *Jost* l. c. II, 294 ff.

den die Essener (Ἐσσηνοί) [1], aus den Chasidim als deren streng gesinnte Abkömmlinge hervorgegangen, welche abgestossen von dem politischen Treiben, aus der Oeffentlichkeit sich zurückzogen und ein Leben nach der strengen Norm levitischer Reinheit führten. Sie bildeten eine rein asketische Secte oder vielmehr einen Orden, scheinen aber ungefähr zu gleicher Zeit mit den Pharisäern und Sadducäern entstanden zu sein (*Joseph*. Antt. XIII, 5, 9. S. 416. Not. 2). In der Gegend des todten Meeres in Dörfern und Städten wohnend [2], führten sie ein arbeitsames, enthaltsames, gottseliges Leben [3].

---

[1] Ueber die Etymologie *Carpz*. app. p. 216 sq. Zu der Ableitung vom chald. אסא, sanare, ist nicht sowohl *Joseph*. B. J. II, 8, 6.: Σπουδάζουσι δὲ ἐκτόπως περὶ τὰ τῶν παλαιῶν συγγράμματα, μάλιστα τὰ πρὸς ὠφέλειαν ψυχῆς καὶ σώματος ἐκλέγοντες· ἔνθεν αὐτοῖς πρὸς θεραπείαν παθῶν ῥίζαι τε ἀλεξιτήριοι καὶ λίθων ἰδιότητες ἀνερευνῶνται — zu vergleichen, als *Philo* de vit. contempl. (folg. §. Not. 1. S. 421.). „Sie heissen Aerzte im geistigen Sinn, entsprechend dem pythagoräischen Begriffe der ἰατρική." *Baur* üb. Apollon. v. Tyana, Tüb. Ztschr. 1832. IV. Falsche Ableitung *Philo's* (quod omn. prob. liber p. 876.) von ὅσιος. Die beste vom syr. ܚܣܝܐ, pius. Vgl. über die verschiedenen Ableitungen des Namens *Ewald* Bd. IV, 420. Not. 2. *Ewald* selbst will den Namen von d. rabbin. חזין (Bewahrer, Wächter) ableiten, so dass die Essener als Wärter, Diener Gottes dem Namen nach gleichbedeutend mit θεραπευταὶ θεοῦ wären.

[2] *Plin*. V, 17.: Ab occidente litora Esseni fugiunt, usque qua nocent. *Philo* l. l.: . . . . πλῆθος ὑπὲρ τετρακισχιλίους . . . . Οὗτοι . . . κωμηδὸν οἰκοῦσι, τὰς πόλεις ἐκτρεπόμενοι κτλ. Dagegen Fragm. apolog. pro Jud. b. *Euseb*. praep. ev. VIII, 11. (*Mang*. II, 632.): Οἰκοῦσι πολλὰς μὲν πόλεις τῆς Ἰουδαίας, πολλὰς δὲ κώμας, καὶ μεγάλους καὶ πολυανθρώπους ὁμίλους. *Joseph*. B. J. II, 8, 4: Μία δὲ οὐκ ἔστιν αὐτῶν πόλις, ἀλλ' ἐν ἑκάστῃ κατοικοῦσι πολλοί. Diese widersprechenden Nachrichten vereinigt *Dähne* gesch. Darst. d. jüd.-alex. Relig.-Philos. I, 473. durch die Annahme, dass die Einen dem praktischen Leben näher stehend in Städten, die Andern mehr dem beschaulichen (ordensmässigen) zugewandt, fern von den Städten lebten. (Vielleicht gehörten zu den erstern diejenigen, die nach *Joseph*. B. J. II, 8, 13. [Not. 3.] in der Ehe lebten.)

[3] Gütergemeinschaft, Hass des Reichthums und Luxus *Philo* l. l. p. 878.: . . . . ἐστὶ ταμεῖον ἓν πάντων καὶ δαπάναι καὶ κοιναὶ μὲν ἐσθῆτες, κοιναὶ δὲ τροφαὶ συσσίτια πεποιημένων. . . . . ὅσα γὰρ ἂν μεθ' ἡμέραν ἐργασάμενοι λάβωσιν ἐπὶ μισθῷ, ταῦτ' οὐκ ἴδια φυλάττουσιν, ἀλλ' εἰς μέσον προτιθέντες κτλ. οὔτε νοσοῦντες οὐχ ὅτι πορίζειν ἀδυνατοῦσιν

Essener. §. 275 a. 419

ἀμελοῦνται, πρὸς τὰς νοσηλείας ἐκ τῶν κοινῶν ἔχοντες ἐν ἑτοίμῳ κτλ. *Joseph.* 1 1. §. 3.: .... *θαυμάσιον παρ' αὐτοῖς τὸ κοινωνητικόν* ..... *νόμος γὰρ τοὺς εἰς τὴν αἵρεσιν εἰσιόντας δημεύειν τῷ τάγματι τὴν οὐσίαν, ὥστε .... τῶν ἑκάστου κτημάτων ἀναμεμιγμένων μίαν ὥσπερ ἀδελφοῖς ἅπασιν οὐσίαν εἶναι* .... *Χειροτονητοὶ δὲ οἱ τῶν κοινῶν ἐπιμεληταί*. §. 4.: *Καὶ τοῖς ἑτέρωθεν ἥκουσιν αἱρετισταῖς ἀναπέπταται τὰ παρ' αὐτοῖς ὁμοίως ὥσπερ ἴδια* κτλ. *Κηδεμὼν δὲ ἐν ἑκάστῃ πόλει τοῦ τάγματος ἐξαιρέτως τῶν ξένων ἀποδείκνυται, ταμιεύων ἐσθῆτα καὶ τὰ ἐπιτήδεια.* §. 3.: *Κηλίδα δὲ ὑπολαμβάνουσι τὸ ἔλαιον .... τὸ γὰρ αὐχμεῖν ἐν καλῷ τίθενται, λευχειμονεῖν τε διαπαντός.* Tagesordnung, Gebet, Waschungen, Arbeit und gemeinschaftliche Mahlzeiten §. 5.: .... *πρὶν ἀνασχεῖν τὸν ἥλιον οὐδὲν φθέγγονται τῶν βεβήλων, πατρίους δέ τινας εἰς αὐτὸν εὐχὰς ὥσπερ ἱκετεύοντες ἀνατεῖλαι. Μετὰ ταῦτα πρὸς ἃς ἕκαστοι τέχνας ἴσασιν ὑπὸ τῶν ἐπιμελητῶν διαφίενται, καὶ μέχρι πέμπτης ὥρας ἐργασάμενοι συντόνως, ἔπειτα πάλιν εἰς ἓν ἀθροίζονται χωρίον, ζωσάμενοί τε σκεπάσμασι λινοῖς, οὕτως ἀπολούονται τὸ σῶμα ψυχροῖς ὕδασι· καὶ μετὰ ταύτην τὴν ἁγνείαν εἰς ἴδιον οἴκημα συνίασιν, ἔνθα μηδενὶ τῶν ἑτεροδόξων ἐπιτέτραπται παρελθεῖν· αὐτοί τε καθαροὶ καθάπερ εἰς ἅγιόν τι τέμενος παραγίνονται τὸ δειπνητήριον. Καὶ καθισάντων μεθ' ἡσυχίας, ὁ μὲν σιτοποιὸς ἐν τάξει παρατίθησιν ἄρτους, ὁ δὲ μάγειρος ἓν ἀγγεῖον ἐξ ἑνὸς ἐδέσματος ἑκάστῳ παρατίθησι. Προκατεύχεται δὲ ὁ ἱερεὺς τῆς τροφῆς ..... ἀριστοποιησάμενος ἐπεύχεται πάλιν..... Ἔπειτα ὡς ἱερὰς καταθέμενοι τὰς ἐσθῆτας, πάλιν ἐπ' ἔργα μέχρι δείλης τρέπονται. Δειπνοῦσι δὲ ὑποστρέψαντες ὁμοίως.* ..... Strenge Unterordnung §. 6.: *Τῶν μὲν οὖν ἄλλων οὐκ ἔστιν ὅ τι μὴ τῶν ἐπιμελητῶν προςταξάντων ἐνεργοῦσι. Δύο δὲ ταῦτα παρ' αὐτοῖς αὐτεξούσια, ἐπικουρία καὶ ἔλεος..... Τὰς δὲ εἰς τοὺς συγγενεῖς μεταδόσεις οὐκ ἔξεστι ποιεῖσθαι δίχα τῶν ἐπιτρόπων.* §. 10.: *Διῄρηται δὲ κατὰ χρόνον τῆς ἀσκήσεως εἰς μοίρας τέσσαρας· καὶ τοσοῦτον οἱ μεταγενέστεροι τῶν προγενεστέρων ἐλαττοῦνται, ὥςτε, εἰ ψαύσαιαν αὐτῶν, ἐκείνους ἀπολούεσθαι, καθάπερ ἀλλοφύλῳ συμφυρέντας.* Aufnahme neuer Mitglieder, ihre Prüfung, ihre Vereidung §. 7.: *Τῷ δὲ ζηλοῦντι τὴν αἵρεσιν αὐτῶν οὐκ εὐθὺς ἡ πάροδος, ἀλλ' ἐπ' ἐνιαυτὸν ἔξω μένοντι τὴν αὐτὴν ὑποτίθενται δίαιταν..... Ἐπειδὰν δὲ τούτῳ τῷ χρόνῳ πεῖραν ἐγκρατείας δῷ, πρόςεισι μὲν ἔγγιον τῇ διαίτῃ, καὶ καθαρωτέρων τῶν πρὸς ἁγνείαν ὑδάτων μεταλαμβάνει· παραλαμβάνεται δὲ εἰς τὰς συμβιώσεις οὐδέπω...... δυσὶν ἄλλοις ἔτεσι τὸ ἦθος δοκιμάζεται.... Πρὶν δὲ τῆς κοινῆς ἅψασθαι τροφῆς, ὅρκους αὐτοῖς ὄμνυσι φρικώδεις, πρῶτον εὐσεβήσειν τὸ θεῖον, ἔπειτα τὰ πρὸς ἀνθρώπους δίκαια φυλάξειν ..... τὸ πιστὸν ἀεὶ παρέξειν πᾶσι, μάλιστα δὲ τοῖς κρατοῦσιν.... Καὶ ἂν αὐτὸς ἄρχῃ, μηδὲ πώποτε ἐξυβρίζειν εἰς τὴν ἐξουσίαν, μηδὲ ἐσθῆτι ἢ τινι πλείονι κόσμῳ τοὺς ὑποτεταγμένους ὑπερλαμπρύνεσθαι..... καὶ μήτε κρύψειν τι τοὺς αἱρετιστάς, μήτε ἑτέροις αὐτῶν τι μηνύσειν, καὶ ἂν μέχρι θανάτου τις βιάζηται. Πρὸς τούτοις ὀμνύουσι μηδενὶ μὲν μεταδοῦναι τῶν δογμάτων ἑτέρως, ἢ ὡς αὐτὸς μετέλαβε..... καὶ συντηρήσειν ὁμοίως τά τε τῆς αἱρέσεως αὐτῶν βιβλία, καὶ τὰ τῶν ἀγγέλων ὀνόματα.* Sittenzucht §. 8.: *Τοὺς δὲ ἐπ' ἀξιοχρέοις ἁμαρτήμασιν ἁλόντας ἐκβάλλουσι τοῦ τάγ-*

27*

ματος κτλ. . . . . §. 9.: *Περὶ δὲ τὰς κρίσεις ἀκριβέστατοι* κτλ. Ihre Beschäftigung *Philo* l. 1. p. 876.: . . . *οἱ μὲν γεωπονοῦντες, οἱ δὲ τέχνης μετιόντες, ὅσαι συνεργάτιδες εἰρήνης, ἑαυτοὺς τε καὶ τοὺς πλησιάζοντας ὠφελοῦσιν . . . . ὅσα πρὸς τὰς ἀναγκαίας χρείας τοῦ βίου ἐκπορίζοντες.* p. 877.: *βελῶν ἢ ἀκόντων ἢ ξιφιδίων . . . . οὐδένα παρ' αὐτοῖς εὕροις δημιουργόν . . . . ἀλλ' οὐδὲ ὅσα τῶν κατ' εἰρήνην εὐάλισθα εἰς κακίαν. Ἐμπορίας γὰρ ἢ καπηλείας ἢ ναυκληρίας οὐδ' ὄναρ ἴσασι. . . . Δοῦλος δὲ παρ' αὐτοῖς οὐδὲ εἷς ἐστιν.* Ihre Sitten, Ehelosigkeit *Joseph.* l. 1. §. 2.: *Οὗτοι τὰς μὲν ἡδονὰς ὡς κακίαν ἀποστρέφονται, τὴν δὲ ἐγκράτειαν . . . . ἀρετὴν ὑπολαμβάνουσι. Καὶ γάμου μὲν ὑπεροψία παρ' αὐτοῖς, τοὺς δ' ἀλλοτρίους παῖδας ἐκλαμβάνοντες . . . . τοῖς ἤθεσι τοῖς ἑαυτῶν ἐντυποῦσι· τὸν μὲν γάμον καὶ τὴν ἐξ αὐτοῦ διαδοχὴν οὐκ ἀναιροῦντες, τὰς δὲ τῶν γυναικῶν ἀσελγείας φυλασσόμενοι.* *Plin.* l. l.: Gens sola et in toto orbe praeter caeteras miru, sine ulla foemina, omni Venere abdicata. In diem ex aequo convenarum turba renascitur, large frequentantibus, quos vita fessos ad mores eorum fortunae fluctus agitat. Ita per seculorum millia (incredibile dictu) gens aeterna est, in qua nemo nascitur. *Joseph.* l. 1. §. 13.: *Ἔστι δὲ καὶ ἕτερον Ἐσσηνῶν τάγμα . . . . διεστὸς τῇ κατὰ γάμον δόξῃ. Μέγιστον γὰρ ἀποκόπτειν οἴονται τοῦ βίου μέρος, τὴν διαδοχήν, τοὺς μὴ γαμοῦντας . . . . Δοκιμάζοντες μέντοι τριετίᾳ τὰς γαμετάς, ἐπειδὰν τρὶς καθαρθῶσιν εἰς πεῖραν τοῦ δύνασθαι τίκτειν, οὕτως ἄγονται. Ταῖς δὲ ἐγκύμοσιν οὐχ ὁμιλοῦσιν, ἐνδεικνύμενοι, τὸ μὴ δι' ἡδονήν, ἀλλὰ τέκνων χρείαν γαμεῖν.* Gottesdienstliche Uebungen, Sabbathsfeier *Philo* l. 1. p. 876.: . . . *οὐ ζῶα καταθύοντες . . . . p. 877.: . . . . . Τὸ ἠθικὸν εὖ μάλα διαπονοῦσιν, ἀλείπτοις χρώμενοι τοῖς πατρίοις νόμοις . . . . . Τούτους ἀναδιδάσκονται μὲν καὶ παρὰ τὸν ἄλλον χρόνον, ἐν δὲ ταῖς ἑβδόμαις μάλιστα διαφερόντως. Ἱερὰ γὰρ ἡ ἑβδύμη νενόμισται, καθ' ἣν τῶν ἄλλων ἀνέχοντες ἔργων καὶ εἰς ἱεροὺς ἀφικνούμενοι τόπους, οἳ καλοῦνται συναγωγαί, καθ' ἡλικίας ἐν τάξεσιν ὑπὸ πρεσβυτέροις νέοι καθέζονται. . . . Εἶθ' ὁ μὲν τὰς βίβλους ἀναγινώσκει λαβών, ἕτερος δὲ τῶν ἐμπειροτάτων, ὅσα μὴ γνώριμα παρελθὼν ἀναγινώσκει· τὰ γὰρ πλεῖστα διὰ συμβόλων ἀρχαιοτρόπῳ ζηλώσει παρ' αὐτοῖς φιλοσοφεῖται. Joseph.* l. 1. §. 9.: *Καὶ ταῖς ἑβδομάσιν . . . . οὐδὲ σκεῦός τι μετακινῆσαι θαρροῦσι, οὐδὲ ἀποπατεῖν. Ταῖς δὲ ἄλλαις ἡμέραις βόθρον ὀρύσσοντες . . . . καὶ περικαλύψαντες τῷ ἱματίῳ, ὡς μὴ τὰς αὐγὰς ὑβρίζοιεν τοῦ θεοῦ, θακεύουσιν εἰς αὐτόν, ἔπειτα τὴν ἀνορυχθεῖσαν γῆν ἐφέλκουσιν εἰς τὸν βόθρον . . . . καίπερ δὴ φυσικῆς οὔσης τῆς τῶν σωματικῶν λυμάτων ἐκκρίσεως, ἀπολούεσθαι μετ' αὐτήν, καθάπερ μεμιαμμένοις, ἔθιμον.* Ihre strenge Sittlichkeit §. 6.: *Ὀργῆς ταμίαι δίκαιοι, θυμοῦ καθεκτικοί, πίστεως προστάται, εἰρήνης ὑπουργοί. Καὶ πᾶν μὲν τὸ ῥηθὲν ὑπ' αὐτῶν ἰσχυρότερον ὅρκου· τὸ δὲ ὀμνύειν αὐτοῖς περιίσταται* κτλ. Vgl. Antt. XV, 10, 4. *Philo* l. 1. p. 877.: *Παιδεύονται δὲ ὁσιότητα, δικαιοσύνην, οἰκονομίαν, πολιτείαν . . . . ὅροις καὶ κανόσι τριττοῖς χρώμενοι, τῷ τε φιλοθέῳ καὶ φιλαρέτῳ καὶ φιλανθρώπῳ.*

§. 275 b.

Therapeuten.

Diese, mit jenen wahrscheinlich auch dem Namen nach verwandt [1]), lebten in Aegypten [2]) fern von den Wohnungen der Menschen und fast ganz einsam, sich der strengsten Enthaltsamkeit und Beschaulichkeit befleissigend [3]).

[1]) *Philo* de vita contempl. p. 889.: Ἡ δὲ προαίρεσις τῶν φιλοσόφων εὐθὺς ἐμφαίνεται διὰ τῆς προςρήσεως· θεραπευταὶ γὰρ καὶ θεραπευτρίδες ἐτύμως καλοῦνται, ἤτοι παρ' ὅσον ἰατρικὴν ἐπαγγέλλονται κρείσσονα τῆς κατὰ πόλεις· (ἡ μὲν γὰρ σώματα θεραπεύει μόνον, ἐκείνη δὲ καὶ ψυχὰς νόσοις κεκρατημένας χαλεπαῖς καὶ δυςιάτοις, ἃς κατέσκηψαν ἡδοναί κτλ. ἢ παρ' ὅσον ἐκ φύσεως καὶ τῶν ἱερῶν νόμων ἐπαιδεύθησαν θεραπεύειν τὸ ὄν, ὃ καὶ ἀγαθοῦ κρεῖττόν ἐστι κτλ.

[2]) *Philo* l. l. 892.: Πολλαχοῦ μὲν οὖν τῆς οἰκουμένης ἐστὶ τοῦτο τὸ γένος ..... πλεονάζει δὲ ἐν Αἰγύπτῳ ..... μάλιστα περὶ τὴν Ἀλεξάνδρειαν. Οἱ δὲ πανταχόθεν ἄριστοι, καθάπερ εἰς πατρίδα θεραπευτῶν, ἀποικίαν στέλλονται πρός τι χωρίον ἐπιτηδειότατον, ὅπερ ἐστὶν ὑπὲρ λίμνης Μαρίας κείμενον κτλ.

[3]) Antritt dieser Lebensart *Philo* l. l. p. 891.: Οἱ δὲ ἐπὶ θεραπείαν ἰόντες, οὔτε ἐξ ἔθους, οὔτε ἐκ παρακλήσεώς τινων, ἀλλ' ὑπ' ἔρωτος ἁρπασθέντες οὐρανίου ..... εἶτα ..... ἀπολείπουσι τὰς οὐσίας υἱοῖς ἢ θυγατράσιν, εἶτε καὶ ἄλλοις συγγενέσιν ..... οἷς δὲ μὴ συγγενεῖς εἰσιν, ἑταίροις καὶ φίλοις. p. 892.: Ὅταν οὖν ἐκστῶσι τῶν οὐσιῶν, ὑπ' οὐδενὸς ἔτι δελεαζόμενοι φεύγουσι ἀμεταστρεπτί, καταλιπόντες ἀδελφοὺς κτλ. Wohnörter u. Wohnung ibid.: Μετοικίζονται δὲ οὐκ εἰς ἑτέραν πόλιν...... Ἀλλὰ τειχῶν ἔξω ποιοῦνται τὰς διατριβὰς ἐν κήποις ἢ μοναγρίοις, ἐρημίαν μεταδιώκοντες. p. 893.: Αἱ δὲ οἰκίαι τῶν συνεληλυθότων σφόδρα μὲν εὐτελεῖς εἰσι. ..... Οὔτε δὲ ἐγγὺς, ὥσπερ αἱ ἐν τοῖς ἄστεσιν ..... οὔτε πόῤῥω..... Ἐν ἑκάστη δὲ οἰκίῃ ἱερόν, ὃ καλεῖται σεμνεῖον καὶ μοναστήριον, ἐν ᾧ μονούμενοι τὰ τοῦ σεμνοῦ βίου μυστήρια τελοῦνται, μηδὲν εἰσκομίζοντες, μὴ ποτόν, μὴ σιτίον κτλ., ἀλλὰ νόμους καὶ λόγια θεσπισθέντα διὰ προφητῶν κτλ. Andächtige Beschäftigung ibid.: Ἀεὶ μὲν οὖν ἄληστον ἔχουσι τὴν τοῦ θείου μνήμην...... Δὶς δὲ καθ' ἑκάστην ἡμέραν εἰώθασιν εὔχεσθαι, περὶ τὴν ἕω καὶ περὶ τὴν ἑσπέραν κτλ. Τὸ δὲ ἐξ ἑωθινοῦ μέχρι τῆς ἑσπέρας διάστημα σύμπαν ἐστὶν αὐτοῖς ἄσκησις. Ἐντυγχάνοντες γὰρ τοῖς ἱεροῖς γράμμασιν φιλοσοφοῦσι τὴν πάτριον φιλοσοφίαν, ἀλληγοροῦντες...... Ἔστι δὲ αὐτοῖς καὶ συγγράμματα παλαιῶν ἀνδρῶν, οἳ τῆς αἱρέσεως ἀρχηγέται γενόμενοι πολλὰ μνημεῖα τῆς ἀλληγορουμένης ἰδέας ἀπέλιπον...... Οὐ θεωροῦσι μόνον, ἀλλὰ καὶ ποιοῦσι ᾄσματα καὶ ὕμνους εἰς θεόν κτλ. Enthaltsame Lebensart ibid. p. 894.: Ἐγκράτειαν δὲ ὥσπερ τινὰ θεμέλιον προκαταβαλόμενοι τῇ ψυχῇ, τὰς ἄλλας ἐποικοδομοῦσιν ἀρετάς. Σιτίον ἢ ποτὸν οὐδεὶς ἂν σιτῶν προςενέγκαιτο πρὸ ἡλίου δύσεως...... Ἔνιοι δὲ καὶ διὰ τριῶν

ἡμερῶν ὑπομιμνήσκονται τροφῆς. . . . . Τινὲς δὲ οὕτως ἀνευφραίνονται καὶ τρυφῶσιν ὑπὸ σοφίας ἑστιώμενοι . . . . . ὡς καὶ πρὸς διπλασίονα χρόνον ἀντέχειν. Gemeinschaftliche Sabbathsfeier ibid. p. 898.: Τὰς μὲν οὖν ἓξ ἡμέρας χωρὶς ἕκαστοι μονούμενοι . . . . . φιλοσοφοῦσι . . . . . ταῖς δὲ ἑβδόμαις συνέρχονται . . . . . καὶ καθ᾽ ἡλικίαν ἑξῆς καθίζονται κτλ. p. 894.: Παρελθὼν ὁ πρεσβύτατος καὶ τῶν δογμάτων ἐμπειρότατος, διαλέγεται καθεστῶτι μὲν τῷ βλέμματι, καθεστώσῃ δὲ τῇ φωνῇ, μετὰ λογισμοῦ καὶ φρονήσεως κτλ. Καθ᾽ ἡσυχίαν δὲ οἱ ἄλλοι πάντες ἀκροῶνται. . . . . . Τὸ δὲ κοινὸν τοῦτο σεμνεῖον, εἰς ὃ ταῖς ἑβδόμαις συνέρχονται, διπλοῦς ἐστι περίβολος· ὁ μὲν εἰς ἀνδρῶνα, ὁ δὲ εἰς γυναικωνῖτιν ἀποκριθείς. Καὶ γὰρ καὶ γυναῖκες ἐξ ἔθους συνακροῶνται, τὸν αὐτὸν ζῆλον καὶ τὴν αὐτὴν προαίρεσιν ἔχουσαι. . . . Τὴν δὲ ἑβδόμην πανίερόν τινα καὶ πανέορτον νομίζοντες εἶναι ἐξαιρέτου γέρως ἠξιώκασιν, ἐν ᾗ μετὰ τὴν ψυχῆς ἐπιμέλειαν καὶ τὸ σῶμα λιπαίνουσι. . . . . . Σιτοῦνται δὲ πολυτελὲς οὐδὲν, ἀλλὰ ἄρτον εὐτελῆ καὶ ὄψον ἅλες, οὓς οἱ ἁβροδίαιτοι παραρτύουσιν ὑσσώπῳ· ποτὸν ὕδωρ ναματιαῖον αὐτοῖς ἐστιν . . . . . καὶ ἐσθὴς δὲ ὁμοίως εὐτελεστάτη. Grosse Sabbathsfeier alle sieben Wochen ibid. p. 899.: Οὗτοι . . . ἀθροίζονται δι᾽ ἑπτὰ ἑβδομάδων. . . . . . Ἔστι δὲ προεόρτιος μεγίστης ἑορτῆς, ἣν πεντηκοντὰς ἔλαχεν. . . . . . Ἐπειδὰν οὖν συνέλθωσι λευχειμονοῦντες φαιδροὶ μετὰ τῆς ἀνωτάτω σεμνότητος . . . . . πρὸ τῆς κατακλίσεως στάντες ἑξῆς κατὰ στοῖχον ἐν κόσμῳ, καὶ τὰς τε ὄψεις καὶ χεῖρας εἰς οὐρανὸν ἀνατείναντες . . . . . προσεύχονται τῷ θεῷ θυμήρη γενέσθαι . . . . . τὴν εὐωχίαν. Μετὰ δὲ τὰς εὐχὰς οἱ πρεσβύτεροι κατακλίνονται, ταῖς εἰσκρίσεσιν ἀκολουθοῦντες. . . . . . Συνεστιῶνται δὲ καὶ γυναῖκες, ὧν πλεῖσται γηραλέαι παρθένοι τυγχάνουσι, τὴν ἁγνείαν . . . . . διαφυλάξασαι. . . . . . Διανενέμηται δὲ ἡ κατάκλισις χωρὶς μὲν ἀνδράσιν ἐπὶ δεξιὰ, χωρὶς δὲ γυναιξὶν ἐπὶ εὐώνυμα. p. 900.: . . . . . στιβάδες εἰσὶν εὐτελεστέρας ὕλης . . . . . παπύρου τῆς ἐγχωρίου . . . . . Διακονοῦνται δὲ οὐχ ὑπ᾽ ἀνδραπόδων . . . . . . ἐλεύθεροι δὲ ὑπηρετοῦσι τὰς διακονικὰς χρείας ἐπιτελοῦντες οὐ πρὸς βίαν κτλ. Οἶνος ἐν ἐκείναις ταῖς ἡμέραις οὐκ εἰσκομίζεται, ἀλλὰ διαυγέστατον ὕδωρ . . . καὶ τράπεζα καθαρὰ τῶν ἐναίμων κτλ. p. 901.: Ζητεῖ τις τι τῶν ἐν τοῖς ἱεροῖς γράμμασιν, ἢ καὶ ὑπ᾽ ἄλλου προταθὲν τι ἐπιλύεται. . . . . . Καὶ ἔπειτα (ὁ πρόεδρος) ἀναστὰς, ὕμνον ᾄδει πεποιημένον εἰς τὸν θεόν . . . . . Μεθ᾽ ὃν καὶ οἱ ἄλλοι κατὰ τάξεις . . . . . πάντων κατὰ πολλὴν ἡσυχίαν ἀκροωμένων, πλὴν ὁπότε τὰ ἀκροτελεύτια καὶ ἐφύμνια ᾄδειν δέοι· τότε γὰρ ἐξηχοῦσι πάντες τε καὶ πᾶσαι. p. 902.: Μετὰ δὲ τὸ δεῖπνον τὴν ἱερὰν ἄγουσι παννυχίδα. . . . . . Ἀνίστανται πάντες ἀθρόοι, καὶ . . . . . δύο γίνονται τὸ πρῶτον χοροὶ, ὁ μὲν ἀνδρῶν, ὁ δὲ γυναικῶν. . . . . . Εἶτα ᾄδουσι . . . . . ὕμνους . . . . . τῇ μὲν συνηχοῦντες, τῇ δὲ ἀντιφώνοις ἁρμονίαις ἐπιχειρονομοῦντες καὶ ἐπορχούμενοι. . . . . . Εἶτα . . . . . ἀνασμίγνυνται, καὶ γίνεται χορὸς εἷς ἐξ ἀμφοῖν, μίμημα τοῦ πάλαι συσταέντος κατὰ τὴν ἐρυθρὰν θάλασσαν . . . . (dieses Fest am 50. T. ist theils dem Jubeljahre nachgebildet, theils steht es in Beziehung auf den Auszug aus Aegypten, welches Land Symbol des sinnlichen Lebens, vgl. *Philo* leg. alleg. II, 1097.; de sacrif. Abel et Cain p. 136.).

Zweites Capitel.

Literatur.

§. 276.

Ursprung der hebräischen Schreibekunst.

(Hierzu Tafel 2.)

Wenn der Ursprung der Schreibekunst überhaupt wegen seines hohen Alters dunkel bleibt, so ist dagegen ausgemacht, dass, so wie die occidentalischen Alphabete [1]), auch die semi-

---

p. 903.: Μεθυσθέντες οὖν ἄχρι πρωΐας τὴν καλὴν ταύτην μέθην . . . . . πρὸς τὴν ἕω στάντες, ἐπὰν θεάσωνται τὸν ἥλιον ἀνίσχοντα . . . . , εὐημερίαν καὶ ἀλήθειαν ἐπεύχονται καὶ ὀξυωπίαν λογισμοῦ. Καὶ μετὰ τὰς εὐχὰς εἰς τὰ ἑαυτοῦ ἕκαστος σεμνεῖα ἀναχωροῦσι κτλ.

Die mit dem Systeme *Philo's* zusammenhangenden Lehren dieser Secten s. Bibl. Dogm. §. 182. 187. Aus den Aeusserungen des *Joseph.*: τὰ τῶν παλαιῶν συγγράμματα (§. 275 a. Not. 1. S. 418.), τὰ τῆς αἱρέσεως βιβλία (Not. 3. S. 419.); des *Philo*: ἔστι δὲ αὐτοῖς καὶ συγγράμματα παλαιῶν ἀνδρῶν (Not. 3. S. 421.) lässt sich mit *Hävernick* Einl. ins A. T. I, 1. 76. schliessen, dass sie ausser dem A. T. eigene Sectenbücher, apokryphische, alten Namen zugeschriebene, hatten. Angeblicher Zusammenhang der Essener mit den 'Εσσῆνες, Priestern der ephesischen Diana (s. *Hesych.* u. *Zonar.* s. h. v.) nach *Creuzer* Symb. IV, 404 ff. Persischer Ursprung derselben? Ueber ihren angeblichen Sonnendienst s. *Salmas.* Plin. exercitt. ad Solin. p. 611 sq. Ueber die *Ossener* des *Epiphan.* s. Dens. p. 610 sq. Ueber den angeblichen Zusammenhang des Christenthums mit dieser Secte s. Bibl. Dogmat. §. 212. u. die das. angef. Schriftst. Ueberhaupt vgl. *Bellermann* Nachrichten a. d. Alterth. üb. Essäer u. Therap. Berl. 1821. *Jos. Sauer* de Essenis et Therapeutis. Vratisl. 1829. *P. Beer* Gesch., Lehre u. Meinungen aller relig. Secten d. Juden u. s. w. (Brünn 2 Bde. 1822 f.) 1. Bd. *Gfrörer* krit. Gesch. d. Urchristenth. I, 2. 280 ff. *Ewald* IV, 420 ff. *Uhlhorn* in *Herzog's* RE. unt. Essener. *Grätz* l. c. III, 518 ff. *Jost* l. c. I, 207 ff. *Herzfeld* l. c. III, 368 ff. 388 ff. 399 ff. 509 ff. *Grätz* leugnet, zum Theil nach dem Vorgang von *Frankel*, die Aechtheit der philonischen Schriften über die Essener u. Therapeuten, u. hält demnach die Therapeuten für eine blosse Fiction; ihm stimmt in Betreff der Therapeuten *Jost* bei; dagegen *Herzfeld*.

[1]) *Herod.* V, 58. *Plin.* H. N. VII, 56. *Tacit.* Annal. XI, 14. *Bochart* Geogr. s. P. II. lib. I. *c.* 20. *Büttner* Vergleichungstafeln d. Schriftart. verschd. Völk. 1771. 4.

tischen alle, selbst das altpersische, aus dem phönicischen stammen, oder sich doch darauf zurückführen lassen [1]).

Ob nun aber die Erfindung dieser Schrift den Phöniciern [2]) oder den Babyloniern oder den Aegyptern [3]) oder gar den Hebräern [4]), und Erstern bloss die Verbreitung derselben beizulegen sei, ist hier ziemlich gleichgültig, da die Hebräer sich in jedem Falle früh im Besitze derselben befanden.

---

[1]) *Büttner's* Vergleichungstaf. *Kopp* semit. Paläogr. in s. Bild. u. Schrift. d. Vorz. 1821. II. §. 239 ff. Dessen Vermuthungen üb. d. armen. u. ind. Schrift §. 340 ff. *Gesen.* script. linguaeque Phoen. monumm. I, 62 sqq. *Weber* über den Ursprung des indischen Alphabets, in d. Zeitschrift der deutschen morgenl. Gesellsch. X, 389 ff., sucht, was *Kopp* schon vermuthet hatte, nachzuweisen, dass auch das indische Alphabet auf das semitische zurückzuführen sei.

[2]) *Plin.* V, 12.: Ipsa gens Phoenicum in gloria magna literarum inventionis. *Lucan.* Pharsal. III, 220.:
  Phoenices primi, famae si credimus, ausi
  Mansuram rudibus vocem signare figuris.
Hypothese *Hug's* (Erfindung d. Buchstabenschr. etc. 1801.), dass diese in Aegypten von Phöniciern gemacht sei. Gegen die ursprüngliche Bildung des semitischen Alphabets durch die Phönicier macht *Saalschütz* Archäol. I, 344 f. mit Recht die Namen der Buchstaben geltend, welche nicht sowohl auf ein handeltreibendes, als vielmehr auf ein Nomadenvolk hinweisen.

[3]) *Plin.* VII, 56.: Literas semper arbitror assyrias fuisse; sed alii apud Aegyptios a Mercurio, ut Gellius, alii apud Syros repertas volunt. *Diodor Sic.* V, 74.: Σύροι μὲν εὑρετὰὶ γραμμάτων εἰσί· παρὰ δὲ τούτων Φοίνικες μαθόντες τοῖς Ἕλλησι παραδεδώκασιν..... φασὶ τοὺς Φοίνικας οὐκ ἐξ ἀρχῆς εὑρεῖν, ἀλλὰ τοὺς τύπους τῶν γραμμάτων μεταθεῖναι μόνον. *Cic.* de Nat. Deor. III, 23.: Mercurius ... dicitur .... Aegyptiis leges et literas tradidisse: hunc Aegyptii Thoyth appellant. Den Babyloniern schreiben die Erfindung zu *Saalschütz* zur Gesch. der Buchstabenschrift u. s. w. (1838) §. 18. und Archäol. I, 353. *Hupfeld* ausführl. hebr. Gramm. I, 1. 33. *Wuttke* Entstehung u. Beschaffenheit des phönizisch-hebräischen Alphabets u. d. Zeitschrift der deutschen morgeul. Gesellsch. XI. *Herzfeld* Gesch. des Volkes Jisrael III, 85 f. *Renan* histoire des langues sémit. I, 113. Wogegen *Just. Olshausen* v. Urspr. d. Alphab. in Kieler philol. Studien (1841.) S. 20. bemerkt, dass bei diesem Volke die Keilschrift herrschend gewesen sei. Vgl. *Leyrer* in *Herzog's* RE. unt. Schriftzeichen S. 7 f.

[4]) *Eupolemus* b. *Euseb.* praep. evang. IX, 26.: τὸν Μωσῆ ..... γράμματα παραδοῦναι τοῖς Ἰουδαίοις πρῶτον, παρὰ δὲ Ἰουδαίων Φοίνικας παραλαβεῖν, Ἕλληνας δὲ παρὰ Φοινίκων. Vgl. Artapanus

§. 277.

Gebrauch der Schreibekunst bei den Hebräern.

Vor Mose keine Spur einer schriftlichen Aufzeichnung, auch nicht in der verschönernden Sage [1]: mit Mose der Gebrauch der Schrift in Inschriften, nämlich auf den Gesetztafeln und am Schmucke des Hohenpriesters (2 Mos. XXVIII, 9. 36.) und auf dem Berge Ebal (5 Mos. XXVII, 12 ff. Jos. VIII, 12.) — welches letztere Denkmal nur verdächtig ist —; dann werden Moses auch grössere schriftliche Aufzeichnungen zugeschrieben (2 Mos. XVII, 14. XXIV, 4. 4 Mos. XXXIII, 2. 5 Mos. XXXI, 24.), was bei ihm, der in Aegypten seine Erziehung genossen hatte, nicht unwahrscheinlich ist [2]); auch

ebendas. IX, 27. Mit *Hitzig* Erfindung d. Alphabets (Zürich 1840.) ist *Olshausen* a. a. O. S. 4 ff. geneigt die Erfindung den Hebräern zuzuschreiben, aber nicht als eine rein unabhängige wie *H.*; sondern Mose, den er für den Erfinder hält, habe die theils symbolische theils phonetische Schrift der Aegypter zu einer rein phonetischen für die hebräische und somit alle semitischen Sprachen umgebildet. Es wäre diess ein neues unermessliches Verdienst um die Menschheit-Bildung, welches dem grossen Gesetzgeber zukäme! — Die Gründe aber, welche dagegen sprechen, s. bei *Saalschütz* I, 350 ff. *Ewald* I, 70 f. Bei der Voraussetzung, dass Moses aus der ägyptischen Zeichenschrift das hebräische Alphabet gebildet habe, müsste man annehmen, dass Völker, wie die Phönicier und Babylonier, erst von den Hebräern das Alphabet erhalten hätten, eine Annahme, die geschichtlich unhaltbar ist. — Der Charakter des hebräischen Alphabets lässt kaum bezweifeln, dass es semitischen Ursprungs ist; da sich aber bis jetzt geschichtlich nicht ermitteln liess, welchem semitischen Volke die Erfindung desselben zuzuschreiben sei, so bleibt nur übrig, es auf ein semitisches Urvolk zurückzuführen (vgl. *Ewald* I, 72.); sehr wahrscheinlich ist es dann, dass die Hebräer in Aegypten von den Hyksos das durch ägyptischen Einfluss vielleicht modificirte semitische Alphabet sich aneigneten. Vgl. *Ewald* II, 8 f. *Leyrer* l. c. 8 ff.

[1]) Mittel dem Gedächtniss zu Hülfe zu kommen 1 Mos. XXXI, 46. L, 11. Richt. VI, 24. 2 Sam. I, 18.

[2]) Vgl. die skeptische Untersuchung von *Vater* Comm. üb. d. Pentat. III, 522 ff. *v. Bohlen* Gen. XXXVII ff.; dgg. *Hengstenb.* Pentat. I, 430 ff. *Ewald* I, 66 ff., welcher geneigt ist, selbst ein vormosaisches Schriftthum bei andern semitischen Völkern anzunehmen. *Leyrer* l. c. S. 1 f.

im B. Jos. (XVIII, 9. XXIV, 26.) Gebrauch der Schrift. Mit Samuel und David wird dieser Gebrauch sicherer und häufiger (1 Sam. X, 25. vgl. §. 256 c. Jer. XXXII, 10. XXXVI, 2.). Es gab (zu Fertigung von Briefen und Vorträgen) eigene Schreibmeister, welche ihr Schreibzeug (קֶסֶת הַסֹּפֵר) am Gürtel trugen (Ez. IX, 2. 11.) [1].

§. 278.
Althebräische und Quadratschrift.

Einer jüdischen Ueberlieferung zufolge [2] sollen sich die Hebräer vor dem Exile der bei den Samaritanern üblichen Schrift bedient haben; und wirklich ist letztere im Wesentlichen mit der auf den makkabäischen Münzen eine und dieselbe, und selbst die abweichende Gestalt des samaritanischen *Thau* steht mit der althebräischen Kreuzfigur in graphischer Verwandtschaft [3]. Dagegen ist die behauptete Umänderung der Schrift durch Esra unglaublich und sicherlich fabelhaft, und nur so viel wahrscheinlich, dass eine solche Schrift-

---

[1] Wie noch jetzt im Orient, *Harm.* Beobb. II, 469. III, 479.
[2] Gem. Sanhedr. f. 21, 2. 22, 1.: In principio data est lex Israeli בכתב עברי, scriptura Hebraea et lingua sancta: postea data est illis in diebus Esrae בכתב אשורית, scriptura Assyriaca et lingua Aramaea: postea elegerunt Israelitae scripturam Assyriacam et linguam sanctam, et reliquerunt idiotis scripturam Hebraicam et linguam Chaldaicam. Qui sunt illi idiotae? Resp. R. Chasda: Cuthaei. . . . . . Licet lex non data sit per manum ejus (Esrae), mutata tamen est per manum ejus scriptura, quum vocatur nomen ejus אשורית, quia ascendit cum eis ex Assyria. *Origen.* Hexapl. I, 86.: . . . . . ἐν τοῖς ἀκριβέσι τῶν ἀντιγράφων Ἑβραϊκοῖς ἀρχαίοις γράμμασι γέγραπται (τὸ τετραγράμματον), ἀλλ' οὐχὶ τοῖς νῦν· φασὶ γὰρ τὸν Ἔσδραν ἑτέροις χρήσασθαι μετὰ τὴν αἰχμαλωσίαν. Ad Ez. IX, 4.: τὰ ἀρχαῖα στοιχεῖα ἐμφερὲς ἔχειν τὸ Ταῦ τῷ τοῦ σταυροῦ χαρακτῆρι. Nach ihm *Hieron.* prolog. galeat. Opp. ed. Martian. I, 317.: Certum est, Esdram scribam legisque doctorem post captam Hierosolymam et instaurationem templi sub Zorobabel alias literas reperisse, quibus nunc utimur, cum ad illud usque tempus iidem Samaritanorum et Hebraeorum characteres fuerint. Comm. in Ez. IX.: In antiquis Hebraeorum literis, quibus usque hodie utuntur Samaritani, extrema Thau litera crucis habet similitudinem.
[3] *Hupfeld* in d. Studd. u. Krit. 1830. 281. Die samaritanische Schrift beurtheilt man am besten nach der Probe aus einer sehr alten Hdschr. b. *Blanchini* II, 604.

Umänderung durch den Einfluss des Exils allmählig vor sich gegangen sei, wie sich eine ähnliche mit der Sprache zugetragen hat[1]). Die Quadratschrift (nach *Kopp* eine kalligraphische aus Currentschrift entstandene Schrift) schliesst sich nahe an die palmyrenische an, letztere aber hängt mit der alt-aramäischen zunächst zusammen[2]): es ist daher nichts natürlicher, als dass die aus Babylonien zurückkehrenden Juden letztere dort angenommen und nach und nach zu der heutigen Gestalt ausgebildet haben.

Es handelt sich nur um die Bestimmung des Zeitpunktes, wo die Quadratschrift oder die ihr zum Grunde liegende aramäische die althebräische bei den Juden ganz verdrängt hat. Dass der letztern die Makkabäer sich für ihre Münzen bedienten, könnte in der Anhänglichkeit an das Alte, vielleicht auch in der grössern Bequemlichkeit des dem phönicischen verwandten Schriftcharakters für den Handel seinen Grund gehabt haben[3]). Dagegen ist es sehr wahrscheinlich, dass die Samaritaner mit dem von den Juden erhaltenen Pentateuch (Einl. ins A. T. §. 86.) zugleich deren Schrift angenommen haben[4]), woraus folgt, dass in der letzten Zeit

---

[1]) *Gesenius* Gesch. d. hebr. Spr. S. 156. *Leyrer* l. c. S. 10 ff. *Ewald* Lehrb. der hebr. Sprache, Ausg. 7. S. 43. Auf Esra selbst führt die Umänderung der Schrift zurück *Bleek* Einleitung ins A. T. S. 725 ff. *Hupf.* dagegen findet in jener talmudischen Ueberlieferung so wenig historischen Gehalt, dass er selbst das W. אשורית für missverstanden hält und ihm mit *Michael.* Or. Bibl. XXII, 133. die ursprüngliche Bedeutung *gerade*= מרבָּע beilegen will.
[2]) Vgl. die Vergleichungstafel bei *Kopp* S. 157. *Hupfeld* ausf. Gramm. S. 32. und die nebenstehende T. — S. auch die Tafel bei *Herzfeld* l. c. III, 160. und die Tafel des phönicischen (altsemitischen) Alphabets bei *Levy* phönicische Studien, Heft 1.
[3]) *Gesen.* Gesch. d. hebr. Spr. S. 159.
[4]) *Hupfeld* a. a. O. S. 280. Die Samaritaner als ein Mischvolk mit überwiegenden aramäischen Elementen würden, wenn sie eine Schrift gehabt, eine aramäische, nicht die althebräische gehabt haben. *Gesen.* (a. a. O. S. 158 f. Comm. de Pent. Samar. p. 16.) nimmt nach *St. Morinus* an, die Samaritaner hätten die jüdischen in Quadratschrift geschriebenen Handschriften in ihre eigene Schrift umgeschrieben; aber diese an sich unwahrscheinliche Annahme wird durch die samaritanischen Varr., die auf ziemlich unsichere Weise aus Verwechselung von Quadratbuchstaben erklärt werden (Comm. l. l.), nicht genug gestützt.

des Nehemia (§. 51.) wenigstens noch ein Theil der Hdschrr. des A. T. in der althebräischen Schrift geschrieben war. Der Umstand, dass die palmyrenische Schrift noch im 3. Jahrhundert n. Chr. gangbar ist, berechtigt nicht mit *Kopp* (§. 101.) die Entstehung der Quadratschrift ins 4. Jahrhundert herabzusetzen. Denn ist auch die letztere aus der erstern entsprungen, so konnten beide neben einander bestehen. In Anschliessung an die jüdische Ueberlieferung nimmt *Winer*[1]) an, dass sich schon in Babylonien eine der palmyrenischen ähnliche Currentschrift gebildet hatte, welche die Juden im Exil kennen lernten und mit nach Palästina brachten. Aber dagegen erhebt sich die Schwierigkeit, dass ein so häufiger Gebrauch der aramäischen Schrift, als zur Bildung einer Currentschrift nöthig war, in Babylonien unerweislich ist (§. 276. Not. 3. S. 424.).

Soviel ist sicher, dass die Quadratschrift in ihrer heutigen Gestalt mit den Finalbuchstaben, den Taggin u. s. w. vom Talmud und Hieronymus vorausgesetzt wird, dass sich von ihr Spuren in der Mischna finden, und die Stelle Matth. V, 18. auf sie hinweist. Da nun „die mit der Schrift vorgegangene Veränderung zur Zeit des Talmuds und selbst des Origenes so alt und unvordenklich war, dass sie sich ins Dunkel der Fabel gehüllt hatte" (*Hupfeld*): so kann man zwar annehmen, dass die Quadratschrift im 1. oder 2. Jahrhundert n. Chr. durch die jüdische Kalligraphie zur heutigen Gestalt ausgebildet worden [2]), muss aber den Ursprung ihres wesent-

---

[1]) RWB. Art. Schreibk. Vgl. *Eichh.* Einl. ins A. T. §. 66.

[2]) *Hupfeld* nach *Whiston* tent. restaur. gen. text. V. T. b. *Carpz.* Crit. s. p. 926 sqq. Nachdem er die Ableitung der Q.-S. aus dem babylonischen Exile bestritten, stellt er folgende Ansicht auf (S. 800.): „Bis auf wenige Jahrhunderte vor Chr. herrschte in ganz Vorderasien aramäische (syrische) Sprache u. phönicische Schrift. Als aber unter den Aramäern mit der aufblühenden literarischen Cultur der Schriftgebrauch stärker wurde, kam eine Bewegung in die bisher ziemlich unverändert gebliebene Schrift, deren Wirkung wir auf zwei Arten westaramäischer Denkmäler finden, die sich aber auch den aramäisch redenden Juden mittheilen und ähnliche Entwickelungen veranlassen musste, als sie bald nach den Zeiten der Makkabäer durch das immer häufiger werdende Abschreiben ihrer heiligen Bücher ebenfalls stärkern Schriftgebrauch bekamen.

lichen Charakters und ihren allgemeinen Gebrauch früher setzen, etwa in die Zeit, wo die Synagogen entstanden, weil nachher die Annahme einer fremden Schrift kaum begreiflich wird.

Die Meinungen der älteren Gelehrten, welche die Q.-S. für die ursprüngliche hielten [1]), oder im Gegensatze damit diesen Vorzug der samaritanischen zuerkannten [2]), haben jetzt nur noch geschichtliche Merkwürdigkeit.

§. 279 a.
Vocale und andere Zugaben der Schrift.

Dass die heutigen Vocale der hebräischen Schrift eine spätere Erfindung sind, lässt sich als ausgemacht anneh-

Bei den Aramäern bildete sich die Schrift ungestört allmählig zu einer Cursiv aus (Estrangelo, spätere syrische Schriftart). Bei den Juden aber griff bald ein kleinlicher kalligraphischer Geschmack in die Entwickelung hemmend ein, und brachte sie endlich zum völligen Stillstand u. s. w." Vgl. Ausführl. Gramm. S. 34 f. Auch *Ewald* Lehrbuch S. 44. lässt die alte (phönicische) Schrift der Hebräer erst in den letzten Jahrh. v. Chr. durch die assyrische (Quadratschrift) verdrängt werden. *Bleek* Einl. ins A. T. S. 725 ff., welcher die Umänderung der Schrift dem Esra zuschreibt, nimmt an, dass die althebräische (phönicische) Schrift sich nach den Zeiten des Esra besonders bei den ägyptischen Juden erhalten habe und dass von diesen die Samaritaner ihre Handschriften des Pentateuchs bekommen hätten.

[1]) *Joa. Buxtorf.* diss. philol. theol. IV. de literar. hebr. gen. antiqu. No. 4. *Wilh. Schickard* Bechinath Happeruschim p. 82. *Hottinger* exercitatt. antimorin. p. 33 sqq. *Steph. Morin.* de lingua primaeva II, 10. p. 317. *Wasmuth* vindiciae S. hebr. Script. p. 35 sqq. *Loescher* de causis ling. hebr. p. 216 sqq. *Lightfoot* hor. hebr. ad Matth. V, 18. *Pfeiffer* crit. sacr. p. 72. *Carpzov* crit. S. p. 228 sqq. u. A., welche letztere aufführen. *Buxtorfs* u. A. Annahme einer doppelten Schrift, einer heiligen (der Q.-S.) und gemeinen (der Schrift auf den makkabäischen Münzen).

[2]) *R. Joseph Albo* Ikkarim III, 16. f. 81, 2. *Jo. Morin.* exercitt. ad Pentat. samar. II, 1. §. 6. p. 91 sqq. *Jos. Scaliger* de emendat. tempp. p. 185. animadverss. ad Chron. *Euseb.* p. 62. 103. *Is. Voss.* diss. de LXX interpr. c. 29. de Orac. Sibyll. c. 15. *Lud. Cappell.* arcanum punct. I, 6. diatribe de veris et antiquis litt. Hebr. 1645. *Walton* Prolegg. III, 33. *Jos. Dobrowsky* de antiqu. Hebr. characteribus 1783. (vgl. *Michael* Or. Bibl. XXII, 121 ff.) u. a. von *Pfeiffer* und *Carpz.* angeführte Schrr.

men [1]). Und zwar sprechen dafür folgende Gründe: 1) die schwankende und abweichende Aussprache der Alten, besonders der LXX [2]); 2) die Ungewissheit des *Hieronymus* in Ansehung der Aussprache mancher WW. [3]); 3) auch im

---

[1]) Das spätere Alter der heutigen Vocalzeichen haben behauptet: *El. Levita* praef. III. ad Masoreth Hammasoreth, 1539; *Raim. Martini* pugio fidei 1678.; *Nic. Lyran.* in Hos. IX.; *Mart. Luther* de schemhamphorasch Judaeor. *Lud. Capell.* arcanum punctat. revel. 1624. u. Critica s. 1650. *Jo. Morin.* exercitatt. bibl. II, 12. c. 3—5. *Walton* Prolegg. 1П, 40 sqq. u. A. Neuerlich *J. D. Michael.* v. Alter d. hebr. Voc. (verm. Schr. II, 1 ff.). *Eichh.* Einl. ins A. T. I, 154 ff. 3te Ausg. *Bauer* crit. S. p. 135 sqq. *Jahn* Einl. ins A. T. I, §. 94 f. *Gesen.* Gesch. d. hebr. Spr. 185 ff. *Hupfeld* Studd. u. Krit. 1830. 549 ff. *Bleek* I. c. S. 732 ff. *Ewald* Lehrbuch S. 62 ff. u. A.

[2]) *Montfaucon* quo modo vett. interprr. hebraice legerint (Hexapl. Orig. II, 394 sqq.). *Gesen.* a. a. O. S. 191.

[3]) Comm. ad Hab. III, 5.: Pro eo, quod nos transtulimus *mortem*, in Hebraeo tres literae sunt positae דבר absque ulla vocali, quae si legantur dabar, verbum significant, si deber, pestem. In Jerem. IX, 22.: Verbum hebr., quod tribus literis scribitur דבר (vocales enim in medio non habet), pro consequentia et legentis arbitrio, si legatur *dabar*, sermonem significat, si *deber*, mortem, si *daber*, loquere. Ep. 125. ad Damas.: Idem sermo et iisdem literis scriptus diversas apud eos et voces et intelligentias habet, e. c. pastores et amatores iisdem literis Res Ain Jod Mem (רעים): sed pastores *roim* leguntur, amatores *reim*. Vgl. Quaest. in Gen. XXXVI, 24. XXXVIII, 12. Comm. in Jes. XXVI, 14. Mehr b. *Hupf.* S. 574 f. *Hieron.* folgt oft bloss dem Zusammenhange, oft der Autorität seiner bessern Vorgänger, namentlich des *Symmach.* u. *Theodot.*, hauptsächlich aber der jüdischen Autorität („Hebraeus, qui me docuit, asserebat"). Dagegen ist er anderwärts ganz entschieden über die Aussprache und Erklärung. Quaest. ad Gen. XLVII, 31.: Hoc loco quidam frustra simulant, adorasse Jacob summitatem sceptri Josephi . . . . ., cum in Hebraeo multum aliter legatur: „et adoravit Israel ad caput lectuli." In Jes. V, 9.: . . . juxta Hebraicum vertimus, u. dgl. Aeusserungen mehr. Anderwärts beruft er sich auf den Accentus. Comm. in Jon. III, 1.: Satis miror, cur ita translatum sit, cum in Hebraeo nec literarum nec accentuum nec verbi sit ulla communitas: *tres* enim dicitur שלש et *quadraginta* ארבעים. Allein dass hieraus weder für die heutigen Vocalzeichen (*O. G. Tychsen* üb. d. Alter d. hebr. Puncte in *Eichh.* Repert. III, 135 ff.), noch für andere (*Dupuis* sur les voyelles de la langue Hébr. in Hist. de l'acad. des Inscript. XXVI, 279 sqq. vgl. den Auszug, Repert. II, 276 ff.) der Schluss gelte, zeigen Stellen wie:

Talmud kommt die Punctation nicht vor[1]); 4) die Analogie der samaritanischen, syrischen und arabischen Schrift; 5) das keine Vocale voraussetzende Keri und Chethib; 6) die künst-

Epist. 126. ad Evagr.: Non refert, utrum Salem, an Salim nominetur, cum vocalibus in medio literis perraro utantur Hebraei, et pro voluntate lectorum atque varietate regionum eadem verba diversis sonis atque accentibus proferuntur. Quaest. in Gen. II, 23.: Potest quippe Issa (אִשָּׁה) secundum varietatem accentus et assumtio (יֵשׁ) intelligi. Comm. ad Tit. III.: Si forte erraverimus in accentu, in extensione et brevitate syllabae, vel brevia producentes, vel producta breviantes, solent Judaei irridere nos maxime in aspirationibus et quibusdam cum rasura gulae proferendis. Accentus nämlich ist dem *Hieron.* wie das griech. προσῳδία alles, was der Buchstabenschrift noch zur lebendigen Rede fehlt, sowohl Vocalisation als Aussprache der Consonanten (*Hupf.* S. 580.). *Jahn* Einl. I, 346. findet Erwähnung der Vocalpuncte in Quaest. ad Gen. XIX, 33., welche Stelle aber bloss von den punctis extraord. handelt.

[1]) *Buxtorf* Tiber. p. 80.: Apud Talmudicos nulla expressa punctorum mentio legitur; sensu tamen ipsorum memoriam apud eos contineri, praestantissimi interpretes Hebraei ajunt, z. B. Berachoth f. 62, 2.: Quare non abstergunt sordes manu dextra, sed sinistra? *R. Nachman f. Is.* dixit: Propterea quod ostendit ea accentus legis, (טעמי תורה). Glossa *R. Salom.*: Accentus legis, i. e. cantus accentuum Scripturae (נְגִינוֹת טַעֲמֵי מִקְרָא) .... tam in punctatione quam elevatione vocis. Erubim f. 53, 1.: Filiis Judae, qui accurati fuerunt in lingua sua, confirmata est lex eorum in manibus eorum: filiis Galilaeae, qui non accurati fuerunt in lingua sua, non confirmata est lex eorum in manibus eorum .... filiis Judae, qui de lingua sua sunt accurati et statuunt sibi signa (סִימָנִים), confirmata est lex eorum in manibus eorum etc. Hier soll (nach *Tychsen* S. 110.) סִימָנִים eben so wie טְעָמִים Vocale bedeuten; aber 'ט sind nichts anderes als sententiae, Satzabtheilungen (vgl. Einl. ius A. T. §. 80 a.), und 'ס sind Kenn- und Denkzeichen (symbola) zur Unterstützung des Gedächtnisses, unter Anderm Wörter, die den Inhalt und die Aufeinanderfolge der verschiedenen Materien eines Textes bezeichnen, gleichsam Titel; auch gehören dahin die durch die Formel: „lies nicht so, sondern so" bezeichneten künstlichen Varianten oder Textumbiegungen (*Hupf.* S. 667. 569 f.). , In andern Stellen des Talmud ist Streit über die Aussprache einzelner Wörter (M. Aboda sara II, 5. wo für die Lesung דּוֹדֶיךָ statt דּוֹדַיִךְ auf den Zusammenhang verwiesen wird; vgl. *Buxt.* Tib. p. 88. *Gesen.* S. 194.). Legende von Joab, der seinen Lehrer wegen einer ihm falsch angegebenen Aussprache getödtet habe (Baba bathra f. 21. 1. *Buxt.* p. 87.).

liche Beschaffenheit des Vocalsystems, die Namen der Zeichen, ihre Verwandtschaft mit den entsprechenden arabischen; endlich 7) die Sitte unpunctirter Synagogenrollen [1]).

Dasselbe gilt von den diakritischen Zeichen [2]) und Accenten [3]). Das Dasein der heutigen Vocalisation ist für das 11. Jahrhundert bewiesen [4]), und ihr Ursprung mag einige Jahrhunderte früher fallen [5]).

§. 279 b.

Die Meinung von *Gesenius* u. A., dass die Schrift ursprünglich ohne alle Vocalbezeichnung gewesen sei, hat die Thatsache der vocallosen phönicischen Inschriften und die Gewissheit, dass bis zur Zeit der alten Uebersetzer und des Talmuds der Text des A. T. unpunctirt war, für sich. Dabei aber bilden die quiescirenden Buchstaben י ו eine Schwierigkeit, indem der Begriff des Quiescirens ohne Vocalzeichen nicht wohl Statt finden kann [6]). Die Meinung, dass man sich ehedem der Lesemütter י ו, auch wohl א, häufiger be-

---

[1]) Unkritische Gegengründe der Vertheidiger der Ursprünglichkeit der Vocale: *Buxt.* Tib. c. 9. 10. *Buxt.* fil. tract. de punct. origine 1648. Anticrit. s. vind. verit. hebr. adv. Lud. Cappell. 1653. *Wasmuth* vindic. p. 114 sqq. *Loescher* de causis ling. hebr. II, 3. §. 8 sqq. *Pfeiff.* critic. s. p. 83 sqq. *Carpz.* crit. s. p. 243 sqq. u. A.
[2]) *Hieron.* de nomm. hebr. ad litt. S.: Una, quae dicitur Samech et simpliciter legitur, quasi per *s* nostram literam describatur: alia Sin, in qua stridor quidam non nostri sermonis interstrepit: tertia Zade etc. Ad Am. VIII, 12. באר שבע pro varietate accentuum vertitur puteus juramenti (שְׁבֻעָה) aut puteus satietatis (שָׂבָע) aut septem (שֶׁבַע). Quaest. in Gen. II, 23. (Not: 0. S. 430.). Sota f. 5, 2. Moed Katon f. 5, 1. b. *Buxt.* Tib.: Ne legas שָׁם, sed שֵׁם.
[3]) Einl. ins A. T. §. 80 a. b. *Gesen.* a. a. O. S. 219 ff.
[4]) Ebend. §. 93.
[5]) Nach *Hupf.* S. 815. fällt derselbe zwischen die Aufzeichnung des Talmuds und das Aufblühen der philologisch-biblischen Wissenschaften unter den Juden nach ihrer Uebersiedlung in den Westen, also etwa zwischen das 7. oder 8. und 10. Jahrh. Vgl. *Bleek* l. c. S. 736 ff.
[6]) *Kopp* Bild. u. s. w. II. §. 39. *Hupfeld* ausf. Gramm. S. 61. Indessen ist das ה am Ende nicht ein wirklich quiescirender Buchstabe?

dient habe, welche dann nach Einführung der Punctation wieder getilgt worden seien ¹), wird durch die Thatsache widerlegt, dass diese Leseuütter nur oder doch am häutigsten in den spätern BB. des A. T. und in Hdschrr. erscheinen, welche neuer als der Ursprung der Vocalzeichen sind.

Die richtige Ansicht ist diese ²). Ursprünglich war die Vocalisation der hebräischen Sprache einfacher als späterhin, und hatte nur drei Laute A, I, U. Die letztern beiden wurden mit י ו, der erstere gar nicht bezeichnet, sondern galt als natürlicher Vocal jeder Sylbe, die nicht י ו hatte, z. B. קטל, דבר, so dass in dieser Hinsicht die hebräische Schrift Sylbenschrift war. Als nun bei Fortbildung der Sprache die Vocalisation sich mannichfaltiger gestaltete, so reichten natürlich die alten Vocalzeichen ו י nicht mehr aus; und so war die hebräische Schrift in einem gewissen Zeitraume fast, und bei defectiver Schreibung ganz ohne Vocalbezeichnung. Späterhin, zumal nach dem Aussterben der Sprache, half man sich etwas mit den häufiger gebrauchten Lesemüttern, und ganz spät, als das Bedürfniss die heiligen Schriften in den Synagogen geläufig vorlesen zu können immer dringender wurde, kam man auf den Gedanken einer durchgreifenden Vocalbezeichnung durch Striche und Puncte.

Die Annahme älterer Hülfsmittel der Aussprache, eines *puncti diacritici* (wie bei den Syrern) oder weniger einfacher Vocalzeichen ³), hat keine äussern Beweisgründe für sich: der Talmud und *Hieronymus* wissen davon nichts. Allerdings ist die Punctation der Syrer und Araber der hebräischen vorangegangen ⁴).

---

¹) *Cappell.* arcan. I, 18 sq. vgl. *Vogel* ad *Cappell.* crit. sacr. I, 53. *Br. Walton* Prolegg. III, 49. *Paul.* Memor. VI, 129. *Hezel* hebr. Sprachl. S. 121. *Bellerm.* Handb. I, 88. (Gegen den Beweis aus *Hieronymus* s. *Michael.* verm. Schr. II, 107.).
²) *Hupf.* im Hermes XXXI, 1. 16 ff. Ausf. Gr. S. 54 ff. *J. Olsh.* a. a. O. S. 24 ff. Ders., Lehrb. der hebr. Sprache. Braunschw. 1861. S. 53 ff. *Ewald* Lehrb. S. 48 ff.
³) Für gewisse Aussprache-Zeichen ist *Dupuis* (Repert. a. a. O. S. 288.); für drei Vocalpuncte *Michael.* Comment. de Syr. vocalibus (Comm. Brem. 1763.) p. 171 sqq. *Eichh.* Einl. I. §. 69. *Trendelenburg* im Repert. XVIII, 78 ff. *Bauer* crit. s. §. 15.
⁴) *Hupfelds* in Studd. u. Kr. a. a. O. 786 ff. lehrreiche Geschichte

Die ursprüngliche Schrift der Hebräer wurde wahrscheinlich schon von der Rechten zur Linken geschrieben¹) und mit mehr oder weniger Vernachlässigung der Wortabtheilung²).

§. 280.
Schreibmaterialien.

Lange Zeit, besonders zu öffentlichen Denkmälern, bediente man sich fester Massen: des Steines (2 Mos. XXXI, 18.)³); des Bleis oder Kupfers (Hiob XIX, 24. 1 Makk. VIII, 22. XIV, 27.)⁴); des Holzes (Ez. XXXVII, 16. wahrscheinlich auch Jes. VIII, 1.)⁵) und dazu schwerer Griffel (Hiob XIX, 24. Jer. XVII, 1.).

---

des Ursprungs und Fortgangs der Punctation bei dem Syrern und Arabern.

¹) *Herod.* II, 36.: Γράμματα γράφουσι καὶ λογίζονται ψήφοισι. Ἕλληνες μὲν ἀπὸ τῶν ἀριστερῶν ἐπὶ τὰ δεξιὰ φέροντες τὴν χεῖρα, Αἰγύπτιοι δὲ ἀπὸ τῶν δεξιῶν ἐπὶ τὰ ἀριστερά. Die Schreibart βουστροφηδὸν ist später.

²) Abweichungen der alten Uebers. in der Wortabtheilung; *Eichh.* I. §. 103. *Kennicot* diss. gen. §. 28. Gegen die Annahme eines gänzlichen Mangels von Wortabtheilungen bei den Alten (*Eichh.* I. §. 73. alte Ausg.) s. den Censor theol. p. 263 sqq. *Jahn* Arch. I, 1. 477. Einleit. ins A. T. a. a. O. S. 354. *Kopp* §. 77 ff. *Eichh.* I, 73. n. Ausg. Finalbuchstaben hat *Kopp* §. 63. schon in einer palmyrenischen Inschrift nachgewiesen. Vgl. *Gesen.* Monum. Phoen. III. tab. 5. *Bleek* l. c. S. 740. u. *Leyrer* l. c. S. 16.

³) *Plin.* H. N. VII, 56.: Epigenes apud Babylonios 720 annorum observationes siderum coctilibus laterculis inscriptas docet. Vgl. *Nieb.* R. II, 290 f. 300. Taf. XLIII, E. 361.

⁴) *Wehrs* v. d. Papiere u. d. Schreibmassen, deren man sich vor Erfind. d. Pap. bediente (1779.) S. 17 ff. Hesiods ἔργα auf Blei, *Pausan.* IX, 31. 771. *Wolf* Prolegg. p. LX. *Plin.* XIII, 11.: . . . . publica monumenta plumbeis voluminibus. Ein bleiernes Buch bei *Montfauc.* Palaeogr. p. 16.

⁵) Solons Gesetze, *Diogen. Laert.* I, 45. *Aul. Gell.* II, 12. Leges duodecim tabularum. Tabulae ceratae. *Plin.* l. l. pugillarium usum fuisse etiam ante Trojana tempora invenimus apud Homerum (Il. VI, 169.)

Schreibmaterialien. §. 280.

Schriftstellerei wurde erst möglich durch leichtere Materiale wie Baumblätter, Baumrinde [1]), besonders Thierhäute [2]), Leinwand [3]), Papyrus [4]). Aus welchem von den drei letzten Materialien die Buchrollen, מְגִלּוֹת (Jer. XXVI, 4.) der Hebräer vorzüglich bestanden haben, lässt sich nicht gewiss bestimmen [5]). Briefe (§. 256 c.) schrieben sie wahrscheinlich auf Papyrus (vgl. 2 Joh. 12.). Uebrigens bedienten sie sich der schwarzen Tinte, דְּיוֹ (Jer. XXXVI, 18. vgl. 2 Cor. III, 3. 2 Joh. 12.) wie die Aegypter (*Rosellini*), vielleicht ausnahmsweise auch des Goldes (Antt. XII, 2, 10.) sowie der rothen Farbe, und des Schreibrohres, das man mit dem Schreibermesser, תַּעַר (Jer. XXXVI, 23.), zurechtschnitt.

---

[1]) *Plin.* l. l.: in palmarum foliis primo scriptitatum (*Sonnerat* R. n. Ostind. u. China S. 101.), deinde quarundam arborum libris. *Wehrs* S. 38 ff. 43 ff.

[2]) *Herod.* V, 58.: Καὶ τὰς βίβλους διφθέρας καλέουσι ἀπὸ τοῦ παλαιοῦ οἱ Ἴωνες ὅτι κοτὲ ἐν σπάνι βίβλων ἐχρέωντο διφθέρησι αἰγέησι τε καὶ οἰέησι· ἔτι δὲ καὶ τὸ κατ' ἐμὲ πολλοὶ τῶν βαρβάρων ἐς τοιαύτας διφθέρης γράφουσι. *Plin.* l. l.: Mox aemulatione circa bibliothecas regum Ptolemaei et Eumenis, supprimente chartas Ptolemaeo.... Varro membranas Pergami tradidit repertas.

[3]) *Plin.* l. l.: ... mox et privata (monumenta linteis voluminibus) confici coepta. Ueber den richtigen Verstand dieser Stelle s. *Wolf* l. l. p. LXI. Gegen eine höchst falsche Deutung *Eichhorns* (Einl. §. 63. S. 144. a. A., zurückgenommen in der n. A.) s. *Vater* Comm. III, 527 ff. Liv. IV, 10.: .... veteres annales .... linteos.

[4]) *Plin.* l. l.: hanc (papyrum) Alexandri M. victoria repertam, auctor est M. Varro, condita in Aegypto Alexandria. Antea non fuisse chartarum usum. S. dgg. *Wolf* l. l. p. LIX sq. Nach *Rosellini* (vgl. All. LZ. 1841. No. CX, 267.) kommt Papyrus als Schreibmaterial schon unter den verschiedenen Pharaonen-Dynasticen vor. Vgl. übrigens *Plin.* l. l. c. 11. 12. u. dz. *Guilandin.* Comment. in 3 Plin. cap. de papyro. *Caylus* Diss. sur le Papyrus, Mém. de l'Acad. Roy. des Inscr. XXVI, 267. *Montfauc.* sur la plante appellée Papyrus, ebend. VI, 592. *Wehrs* S. 54 ff.

[5]) Für Thierhäute s. *Maimon.* Hilc. Thephil. I, 3. Schalscheleth Hakkabalah f. 29, 1. *Joseph.* Antt. XII, 2, 10. Tr. Sopherim I, 1. — Vgl. zu diesem §. *Leyrer* l. c. S. 17 ff.

Zweites Hauptstück.
Schöne Künste.

§. 281.
Dichtkunst.

Von den beiden Hauptarten hebräischer Dichtung, der lyrischen und epischen, ist die erstere allein in einem gewissen Grade, auch im Rhythmus [1]), ausgebildet, und umfasst mehrere Zweige, auch die didaktische Dichtung und Rednerkunst, indem bei dem Hebräer noch Alles unter der Herrschaft der Phantasie und des Gefühls steht. Der vorherrschende Charakter ist religiös (Einl. ins A. T. §. 260 ff.).

§. 282.
Musik. Instrumente.

Die musikalischen Instrumente, כְּלֵי שִׁיר (2 Chron. XXXIV, 12.) waren

I. Saiteninstrumente, נְגִינוֹת, welche *gegriffen* oder *gerührt* (זָמַר, נִגֵּן, נָגַן) wurden. 1) כִּנּוֹר ($\kappa\iota\vartheta\acute{\alpha}\rho\alpha$, $\kappa\iota\nu\acute{\nu}\rho\alpha$ LXX), Davids

---

[1]) Comment. über d. Psalmen, Einleitung. — Die Annahme einer epischen Dichtung bei den Hebräern wird mit Recht bestritten von *Ewald* die poet. Bücher des A. B. I, 14 ff. *Ewald* selbst aber l. c. S. 19., wie auch *Böttcher* u. *Hupfeld* sprechen den Hebräern dramatische Dichtung zu. S. dagegen *Lücke* Versuch einer vollständ. Einl. in die Offenbar. Joh. 2 Aufl. S. 389 ff. u. *Keil* Einl. ins A. T. 1. Aufl. S. 368. Wie es sich aus dem religiösen Charakter des hebr. Volkes erklärt, dass seine Poesie vorzüglich religiöse Lyrik war, neben der es selbst die sog. weltliche Lyrik zu keiner höhern Entwickelung brachte, so erklärt es sich auch eben daraus, dass die Hebräer zu keiner epischen u. dramatischen Poesie kamen. Während das Epos bei den Hebräern durch die ihnen eigenthümliche theokratische Geschichtschreibung vertreten wird, fehlt ihnen überhaupt bei vorherrschender Subjectivität der objectiv plastische Sinn, der für die Schöpfung des Dramas erforderlich ist. Der lyrischen Poesie trat nur die didaktische als Spruchdichtung zur Seite, aus der sich aber bald die vollendetere Weisheitslehre entwickelte, welche eben so wie die prophetische Beredtsamkeit von der Poesie nur die Form entlehnte. Das Buch Hiob u. Koheleth als Gedichte zu bezeichnen, dem widerstrebt durchaus der Inhalt dieser Bücher.

Dichtkunst. Musik. §. 281. 282. 437

Instrument (1 Sam. XVI, 16. 23.), wahrscheinlich der Cither oder Guitarre ähnlich [1]. 2) נֶבֶל (νάβλα, νάβλιον, nablium) [2], vielleicht der Harfe ähnlicher [3]. Beide dienten zwar der Freude (Ps. XXXIII, 2. LXXI, 22. Neh. XII, 37. Jes. V, 12. Am. VI, 5.; mit der Chinnor zogen Buhlerinnen umher, Jes. XXIII, 16.), aber nicht allein (vgl. Jes. XVI, 11. Hiob XXX, 31.). Im B. Dan. kommen noch vor: 3) סַבְּכָא (Dan. III, 5. σαμβύκη), ein dreieckiges viersaitiges harfenähnliches Instrument [4]; 4) פְסַנְתֵּרִין oder פְּסַנְטֵרִין, ψαλτήριον (Dan. III, 5.), ein harfenähnliches Instrument, das eigentlich μαγάδις hiess [5].

II. Blasinstrumente. Die seltneren und zum Theil fremden sind: 1) עוּגָב (1 Mos. IV, 21. Hiob XXI, 12. XXX, 31.

[1] *Joseph.* Antt. VII, 12, 3.: *Ἡ μὲν κινύρα δέκα χορδαῖς ἐξημμένη τύπτεται πλήκτρῳ. Theodoret.* Quaest. 34. ad 3. Reg. Dagegen 1 Sam. XVI, 23. XVIII, 10. XIX, 9., wo D. mit der Hand spielt. *Suid.:* κινύρα ἀπὸ τοῦ κινεῖν τὰ νεῦρα. Vgl. *Pfeiffer* üb. d. Musik d. Hebr. (1779.) S. 27 ff. Eine wahrscheinlich ähnliche Abbildung s. bei *Nieb.* R. I, 177. Taf. 26 B. Nach Schilte Haggibborim c. 6. (b. *Ugolini* T. XXXII. p. 67.) ist es die Harfe.
[2] *Athen.* deipnos. IV, 175.: Σιδωνίου νάβλα. *Ovid.* A. A. III, 327.
[3] *Joseph.* l. l.: *Ἡ δὲ νάβλα δώδεκα φθόγγους ἔχουσα τοῖς δακτύλοις κρούεται.* Dgg. Ps. XXXIII, 2. CXLIV, 9. — *Jahn* Arch. I, 1. 497. u. *Pfeiffer* S. 23. vergleichen es mit dem Instrumente bei *Nieb.* R. I, 179. Taf. 26. II. *Hieron.* (unächte) Ep. ad Dardan. (Opp. ed. Martian. II, 544. V, 192. ed. Vallars. XI, 2. 279.) giebt dem Nablium eine forma quadrata. Anders *Isidor.* Origg. III, 20. vom Psalterium: Est similitudo citharae barbaricae in modum Δ literae; sed psalterii et citharae haec est differentia, quod psalterium lignum illud concavum, unde sonus redditur, superius habet, et deorsum feriuntur chordae, et desuper sonant, cithara autem contra concavitatem ligni inferius habet. Psalterio autem Hebraei decachordo usi sunt. Nach Schilte Hagg. c. 5. p. 63. ist es die Laute. Bei *Rosellini* (ägyptische Denk. vgl. Allg. LZ. 1842. No. CX, 270.) kommen grosse Harfen mit 7—20 und mehr Saiten vor, kopt. Tebuni, vermuthlich das hebr. נֶבֶל, dann eine Laute, unsrer Guitarre ähnlich, vermuthlich das כִּנּוֹר.
[4] *Suid.:* Σ. ὄργανα μουσικὰ τρίγωνα. *Athen.* XIV, 633.: ..... ὀξύφθογγον εἶναι μουσικὸν ὄργανον τὴν σαμβύκην ..... τετραχόρδῳ ὄντι. IV, 175.: Καὶ τὸ τρίγωνον δὲ καλούμενον ὄργανον Ἰόβας. .... Σύρων εὕρημά φησιν εἶναι, ὡς καὶ τὸν καλούμενον λυροφοίνικα σαμβύκην. Vgl. XIV, 637. Sambucistriae in Rom, Liv. XXXIX, 6.
[5] *Athen.* XIV, 686.: Ἀπολλόδωρος ..... ὁ νῦν, φησὶν, ἡμεῖς λέγομεν ψαλτήριον, τοῦτ᾽ εἶναι μάγαδιν ..... *Τελέστης* ..... πεντάχορδόν φησιν αὐτὴν εἶναι.

Ps. CL, 4.), kein Saiteninstrument, sondern nach *Targ.*, *Hieron.*, Rabb. die Schalmei oder *Sackpfeife*, so viel als 2) סוּמְפֹּנְיָה (Dan. III, 5. X, 15., wofür die hebr. Uebers. jenes setzt), συμφωνία, ital. *Sampogna* [1]; 3) מַשְׁרוֹקִיתָא (Dan. III, 5. *Theod.* σύριγξ), die *Panflöte*, aus mehrern an einander gereiheten Rohrpfeifen bestehend, ein noch jetzt im Oriente übliches Hirteninstrument [2]). Die eigentlich hebräischen Blasinstrumente sind: 4) חָלִיל (1 Kön. I, 40. Jes. V, 12. XXX, 19. Jer. XLVIII, 36. LXX αὐλός, einmal Ps. V, 1. נְחִילָה), *Pfeife*, *Flöte*, die wahrscheinlich von verschiedener Art war [3]). Es ist das Instrument des Klagliedes (§. 263.), diente aber auch der Freude (1 Kön. I, 40. Jes. XXX, 29. V, 12.). 5) שׁוֹפָר, auch קֶרֶן הַיּוֹבֵל, שׁ' הַיּוֹבֵל (Jos. VI, 5. 2 Mos. XIX, 16. LXX σάλπιγξ [4]), κερατίνη, *Horn*, *lituus* [5]), im Kriege (Hiob XXXIX, 25. Jer. IV, 5.) und bei Feierlichkeiten (2 Sam. VI, 15.),

---

[1] Schilte Hagg. c. 2. p. 40.: Samponia est ..... quasi uter sphaericus, pelliceus, qui in se conjungit duas partes, ita ut dimidium tibiae sit in parte superiori, et dimidium in inferiori etc. Nach *Jahn*, *Pfeiffer* soll es die Panflöte (No. 3.) sein.

[2] *Nieb.* R. I, 181. *Russel* NG. v. Alepp. I, 208.

[3] Verschiedene Materie, *Pollux* IV, 9.: Ἡ ὕλη τῶν αὐλῶν κάλαμος, ἢ χαλκός, ἢ λωτός, ἢ πύξος, ἢ κέρας, ἢ ὀστοῦν ἐλάφου, ἢ δάφνης τῆς χαμαιζήλου κλάδος. Die aus Buchsbaum verfertigte hiess ἔλυμος, eine Erfindung der Phrygier, und war verschieden, mit verschiedenen Löchern versehen. *Athen.* IV, 176. Von der phönicischen Flöte ibid. S. 174..... οἱ Φοίνικες .... ἐχρῶντο αὐλοῖς σπιθαμιαίοις τὸ μέγεθος, ὀξὺ καὶ γοερὸν φθεγγομένοις ..... Ὀνομάζονται δὲ οἱ αὐλοὶ γίγγροι ὑπὸ τῶν Φοινίκων ἀπὸ τῶν περὶ Ἄδωνιν θρήνων· τὸν γὰρ Ἄδωνιν Γίγγρην καλεῖτε ὑμεῖς οἱ Φοίνικες. Doppelflöte bei Griechen und Römern, vgl. *Nieb.* R. I, 180. Taf. 26. Nach Erachin II, 3. bedienten sich die Leviten eines Mundstücks von Rohr. מָחוֹל ist nicht Flöte (*Pfeiffer* S. 46.) noch auch Tintinnabulum oder Sistrum (Schilte Hagg. c. 2.).

[4] d. h. die alexandrinische krumme, welche γνούη hiess, und zur Zusammenberufung des Volks bei Opfern gebraucht wurde, *Jahn* S. 504. nach *Potter* Arch. II, 168. *Eustath.* ad Il. XVIII, 219. Nach Rosch haschana III, 3. war das zum Neujahr-Ausblasen übliche Schophar gerade, das hingegen zum Ausblasen der Feste krumm. Krumme Rinder- oder Widderhörner sind noch jetzt unter dem Namen Sch. in der Synagoge üblich.

[5] *Hieron.* in Hos. V, 8.: Buccina pastoralis est, et cornu recurvo efficitur, unde et proprie hebraice Sophar, graece κερατίνη appellatur.

besonders aber zum Ausblasen des Jubeljahrs gebräuchlich. Man blies es *dehnend* (מָשַׁךְ). 6) חֲצֹצְרָה, die *gerade Trompete*, LXX σάλπιγξ, *tuba* [1]), im Kriege und zum heiligen Gebrauche von den Priestern (4 Mos. X, 9 f.) in verschiedener Weise (Vs. 3 ff.) geblasen, eig. *gestossen* (תָּקַע).

III. Schlaginstrumente. 1) תֹּף, دُفّ, *Düff*, span. *Adduffa*, *Tambourin*, *Handpauke* (LXX τύμπανον) [2]), Instrument der Tänzerinnen (Richt. XI, 34. Ps. LXVIII, 26. u. a. St.), die es mit den Fingern schlagen, um sich damit im Takte zu erhalten. 2) צֶלְצְלִים, מְצִלְתַּיִם (2 Sam. VI, 5. 1 Chron. XIII, 8.; מְצִלּוֹת Zach. XIV, 20. sind Schellen als Zierrathen an Pferden), *Becken*, *Castagnetten*, *cymbala* [3]). 3) מְנַעַנְעִים (2 Sam. VI, 5.), *Vulg. sistra* [4]). 4) שָׁלִשִׁים (1 Sam. XVIII, 6.), wahrscheinlich der *Triangel*, nach *Athen.* IV, 23. eine syrische Erfindung.

---

[1]) *Joseph.* Antt. III, 12, 6.: Μῆκος μὲν ἔχει πηχυαῖον ὀλίγῳ λεῖπον· στενὴ δ' ἐστὶ σύριγξ αὐλοῦ βραχὺ παχυτέρα, παρέχουσα δὲ εὖρος ἀρκοῦν ἐπὶ τῷ στόματι πρὸς ὑποδοχὴν πνεύματος εἰς κώδωνα ταῖς σάλπιγξι παραπλησίως τελοῦν. *Büsing* de tubis Hebr. p. 10 sqq., deren Abbildung auf dem Triumphbogen des Titus b. *Reland* de spoliis etc. c. 4 ; auf einer Münze b. *Fröhlich* annal. Syr. T. XVIII. No. 17. *Jahn* Tab. V. No. 5. Auf ägyptischen Denkmälern kommt die gerade Kriegs-Trompete häufig vor. *Hengstenb.* d. BB. Mos. etc. S. 134 f. nach *Rosellini* und *Wilkinson*.

[2]) *Isidor.* Origg. II, 21.: Tympanum est pellis vel corium ligno ex una parte extensum, est enim pars media in similitudinem cribri. *Nieb.* R. I, 180 f. Taf. 26. fig. P, wo am Rande metallene Scheiben befindlich.

[3]) *Nieb.* a. a. O. beschreibt zwei Arten, eine grössere (wie unsere Becken) und eine kleinere, die letztere am Daumen und Mittelfinger jeder Hand getragen, welche *Pfeiffer* und *Jahn* in צֶלְצְלֵי שָׁמַע und תְּרוּעָה Ps. CL, 5. finden. Nach *Joseph.* Antt. VII, 12, 3.: Κύμβαλα ἦν πλατέα καὶ μεγάλα χάλκεα, war in der Tempelmusik die grössere üblich. Vgl. übrigens *Lampe* de cymb. vet. b. *Ugolin.* XXXII.

[4]) Das Sistrum war in Aegypten üblich, besonders beim Dienste der Isis, *Plutarch.* de Is. et Os. c. 63. *Jabl.* Panth. I, 259. Auf ägyptischen Monumenten kommt es in dieser Beziehung nicht vor. Allg. LZ. 1841. CX, 271. nach *Rosellini*.

Ueber andere in Psalmenüberschriften vorkommende Instrumentnamen wie נְחִילוֹת, שׁוֹשַׁן s. Einl. zu Ps.-Comm. S. 24 ff. Vgl. aber Comm. zu den Ps. Ausg. 5. — Nach Erachin f. 10, 2. (vgl. Saal-

§. 283.

Ursprung, Ausbildung und Beschaffenheit der hebräischen Musik.

Als Erfinder der Musik wird 1 Mos. IV, 21. *Jubal* genannt, und ihr Ursprung ist unstreitig alt [1]). Der Gebrauch des Chinnor kommt schon vor 1 Mos. XXXI, 27., am sichersten zuerst 1 Sam. X, 5., und dessen Meister war David. Samuel in den Prophetenschulen und dieser dichterische König, welcher die Musik in den Cultus (§. 227.) und bei Hofe einführte (§. 148.), scheinen zur Ausbildung derselben am meisten beigetragen zu haben. Von ihrer wahren Beschaffenheit wissen wir geschichtlich wenig, und können nur von der Art der Instrumente und des Rhythmus, von der Verbindung mit Gesang und Tanz, und von der Beschaffenheit der alten griechischen und der heutigen morgenländischen Musik [2]) auf eine grosse Einfachheit, besonders auf den Mangel der Harmonie mit Wahrscheinlichkeit schliessen. Ein Zusammenspiel fand indess Statt (אֶחָד 2 Chron. V, 13.)[3]), und man hatte eine Unterstimme in der Octave (שְׁמִינִית Ps. VI, 1. XII, 1.). Wie weit der Gesang der Hebräer ausgebildet gewesen, ist eine Hauptfrage. Da man keine Beweise hat, dass sie wie die Griechen Musikschrift kannten (man hat fälschlich die von den heutigen Juden נְגִינוֹת genannten Accente dafür gehalten)[4]), und ihre Instrumente ziemlich unvollkommen ge-

---

schütz Gesch. und Würdigung d. Mus. b. d. Hebr. 1829. S. 136.) wäre im Tempel eine Art Orgel מַגְרֵיפָה gewesen.

[1]) Die ältesten Harfen, die man in den Sculpturen gefunden, sind in einem Grabe nahe bei den Pyramiden zu Gizeh, zwischen 3 u. 4000 J. alt. *Hengstenb.* d. BB. Mos. u. s. w. S. 136. nach *Wilkinson*.

[2]) *Nieb.* R. I, 175 f. *Volney* R. I, 325. *Tournef.* voy. III, 89. *L. Mont.* II, 33. S. 54.

[3]) Dass auch bei den alten Aegyptern die verschiedenen Spieler concertartig zusammenwirkten, sieht man auf Taf. 29. b. *Rosellini* Monum. civil P. III. Allg. LZ. 1841. CX, 271. — Von dem trefflichen Einklange des therapeutischen Gesanges s. *Philo* de vit. contempl. p. 902. (§. 275 b.).

[4]) Schilte Hagg. c. 2. Entzifferungsversuche von *Speidel* unverwerfl. Spuren v. d. alten Dav. Singkunst, b. *Forkel* S. 156. *Anton* in *Paulus* Rep. I, 160. II, 80. III, 1 ff. vgl. die Beurthei-

wesen zu sein scheinen: so hat man angenommen, sie seien nicht über die Cantillation hinausgekommen ¹). Und hätte der alte christliche Kirchengesang, der doch unstreitig aus dem Psalmen-Gesange abstammt, in nichts mehr als Cantillation bestanden ²): so läge darin ein starker Beweis. Eine Cantillation ist auch die in der heutigen Synagoge übliche feierliche Vortragsweise des Gesetzes, wobei die Accente die Modulation der Stimme vorschreiben. Indessen ist die Melodie eine so natürliche naheliegende Erfindung, dass es kaum begreiflich wäre, dass sie den Hebräern, welche die Musik mit solcher Liebe pflegten und bei Gastmählern und sonst sich an ihr ergötzten, sollte versagt gewesen sein ³). Auch muss der christliche Kirchengesang nach demjenigen, welchen *Ambrosius* in der abendländischen Kirche einführte, und nach dessen Wirkungen zu urtheilen ⁴), mehr als Cantillation gewesen sein. Zwar wurde der ausgebildetere antiphonische Gesang in der morgenländischen Kirche (woher ihn *Ambrosius* entlehnte), erst später eingeführt ⁵), aber dabei doch eher die jüdische als die heidnische Musik nachgeahmt ⁶). Den Tact müssen die alten Hebräer in irgend einer Weise gekannt haben, weil sonst der Gebrauch der Schlag-Instrumente nicht begreiflich wäre.

---

lung b. *Saalschütz* v. d. Form d. hebr. Poesie u. e. Abh. üb. d. Mus. d. Hebr. (1825.) S. 376 ff.
¹) *Forkel* S. 161. M. Comment. üb. d. Pss. S. 65.
²) *Isidor.* de officiis eccles. I, 5.: Primitus Ecclesiam ita psallere solitam, ut modico flexu vocis Psalmos modularetur, ita ut psallens pronuncianti vicinior esset quam canenti. *Plin.* epp. X, 97.: . . . . . carmenque Christo quasi Deo dicere secum invicem.
³) *Sualschütz* Gesch. u. s. w. S. 116 ff.
⁴) *Ambros.* Hexaem. III, 5.: . . . . . responsoriis Psalmorum, cantu virorum, mulierum, virginum, parvulorum consonans undarum fragor resultat. Exposit. Ps. I.: . . . . . in unum chorum totius numerum plebis coire. Dispares citharae nervi, sed una symphonia. *Augustin.* Confess. IX, 6.: Quantum flevi in hymnis et canticis tuis suave sonantis ecclesiae tuae vocibus commotus acriter?
⁵) *Augusti* Handb. d. christl. Archäol. II, 125.
⁶) Den therapeutischen Chorgesang sieht *Euseb.* H. E. II, 17. für denselben an, der in der christlichen Kirche noch üblich sei.
Die älteren Schriften über die hebräische Musik, gesammelt von *Ugolini* (Thes. XXXII.), s. verzeichnet bei *Forkel* S. 173 ff.

§. 284.
Tanz.

Der Tanz, noch nicht zum Dienste der Wollust herabgewürdigt wie heutzutage [1], sondern der Religion und dem Patriotismus geweiht (Richt. XXI, 19 ff. 2 Sam. VI, 5. 1 Sam. XVIII, 6.), wurde auch von Männern nicht verschmäht [2]). Die Beschaffenheit desselben können wir einigermaassen aus dem heutigen griechischen und morgenländischen abnehmen, welcher in halbkreis- oder kreisförmigen Bewegungen (מָחוֹל) mit regellos rhythmischen Schritten und Geberden besteht [3]).

§. 285.
Bau- und bildende Künste.

Die Baukunst hatte, nach dem salomonischen Tempel zu urtheilen, phönicischen Ursprung und Charakter [4]). Die Bildnerei, durch das mosaische Gesetz keineswegs ganz ausgeschlossen, durch den stets herrschenden Götzendienst aber weit mehr gefördert, wird wie bei den Aegyptern mehr der heiligen Symbolik als der reinen Schönheit gedient haben. Von Malerei wenig Spuren (Ez. VIII, 10. XXIII, 14.) [5]).

Vgl. überhaupt zu §. 282 u. 283. *Winer* unt. Musik. *Saalschütz* Archäol. I, 272—296. u. *Leyrer* in *Herzog's* RE. unt. Musik.
[1]) *Niebuhr* R. I, 183 f. *L. Montague* II, 33. 54.
[2]) Einen Männer-Tanz zu Ehren eines Heiligen sah *Nieb.* B. S. 27.
[3]) *Nieb.* R. I, 184. *L. Mont.* II, 30. 39. *Hasselqu.* S. 30. *Arv.* III, 271. *Irwin.* R. S. 273. *Mayeux* les Béd. III, 12. Comm. üb. d. Pss. S. 63. Ausg. 5.
Vgl. Val. *Roesler* de choreis vet. Hebr. Alt. 1726. 4. *Saalschütz* Archäol. I, 296 ff. *Winer* RWB. u. *Leyrer* in *Herzog's* RE. unt. Tanz.
[4]) Vgl. jedoch §. 224. Not. 2. S. 330. u. *Rütschi* in *Herzog's* RE. unt. Baukunst. *Saalschütz* Archäol. I, 303 ff. *Keil* II, 190 f.
[5]) Vgl. *Winer* unt. Bildnerei. — Die Schrift von *F. de Saulcy* histoire de l'art judaïque, Paris 1858. entspricht nicht den Anforderungen, welche an eine hebräische Kunstgeschichte zu stellen sind.

www.ingramcontent.com/pod-product-compliance
Lightning Source LLC
Chambersburg PA
CBHW031958300426
44117CB00008B/820